Heinrich Preschers

Neues genealogisches Handbuch auf das Jahr MDCCLXXVIII

Erster Teil

Heinrich Preschers

Neues genealogisches Handbuch auf das Jahr MDCCLXXVIII
Erster Teil

ISBN/EAN: 9783743622968

Hergestellt in Europa, USA, Kanada, Australien, Japan

Cover: Foto ©ninafisch / pixelio.de

Weitere Bücher finden Sie auf **www.hansebooks.com**

Genealogisches Handbuch

auf das Jahr
MDCCLXXVIII.

enthaltend

die Geschlechtstafeln

des

in- und auffer dem H. R. Reich blühenden

Adels ꝛc.

Erster Theil.

Mit Röm. Kayſ. und Chur-Sächſ. Freyheit.

Frankfurt am Mayn
in Verlag des adelichen Handbuchs-Comptoirs 1778.

Wichtige Anzeige.

Handbuch Eine hohe Noblesse in der
nach dem Leben und wahren Familien=
let, mithin zu Ersehung derer einzel=
, Caracter, Vermählung, Geburts=
und Täge, auch Wohnorte wenigstens
ersonen, und also auch zu einem Addreß=
oll; So wird gebeten

ige Geschlechter welche noch nicht darin
ebst Wohnorte derer Haupt=Personen,
or Ablauff eines jeden Jahres=

rliche Verbesser= und Abänderungen an
ermählung, Geburts=Sterb=Jahr und
n, längstens 3. Monathe vor erstbemerk=
ico nebst 4. fr. Einschreib=Geld vor der
an Endes bemeldtes Comptoir hochge=
ben.

Des adelichen Handbuchs=Comptoir
in Frankfurt am Mayn.

Dem

Hochwürdigsten

des Heil. Römischen Reichs

Fürsten und Herrn,

HERRN

Adam Friederich,

Bischoff zu Bamberg

und

Würzburg

2c. 2c.

auch

auch

Herzogen

zu

Franken

ꝛc. ꝛc.

Meinem gnädigsten Fürsten
und Herrn

Hochwürdigster Fürst,

Gnädigster Fürst und Herr!

Da aus den wichtigsten Regierungs-Geschäfften, welchen Euer Hochfürstlichen Gnaden zu allgemeiner Bewunderung vorstehen,

ner Großmuth, Huld und
iese vortrefliche Eigen-
ervorleuchten, welche das
des Würdigsten Für-
rblich machen; So lebe
vOresten Hoffnung, eben
d theilhaftig zu werden,
Mich zu Höchstdero Für-
i nahe, und Höchstdenen
in diesjährig Freyherr-
s Handbuch unterthänigst
und solchem Höchstdero
Nahmen submissest vor-

ühe mich darinnen haupt-
ie Genealogien Eines Ho-
. woraus gar oft die Ers-
= Bischoff= und Fürsten-
thümer

thümer die Preißwürdigsten Regenten erhalten, in der Blüthe vorzulegen. Allein die vollſtändige Erreichung dieſer Abſicht iſt ſo mühſamer als manche Hohe Glieder derſelben mit Einſendung ihrer Geſchlechts-Nachrichten zurückhalten, und dieſerwegen die jüngere Succeſſion und Perſonalien bey ſelbigen fehlen.

Nur die Höchſtdenenſelben angeſtamte huldreichſte Beurtheil- und Genehmigung dieſes Buchs, wird meine Arbeit erleichtern, und jene Hinderniſſe entfernen.

Geruhen demnach Euer Hochfürſtlichen Gnaden, daſſelbe zu Höchſterleuchter Einſicht und als ein Denkmal der ſubmiſſeſten Ehrfurcht gnädigſt an= u. aufzunehmen, ſo wird
dieſer

rhabene Vorgang eines
lauchtigsten Kenners
Werk mehr als Beyfall=
r die stärkste Aufmunte=
n, alles zu dessen Vollkom=
anzuwenden.

ιerHochfürstlichen Gna=
htigen Schutz empfehle Ich
Mich aber zu Höchsten Hul=
Gnaden, und bin mit der
Submission

r Hochfürstlichen
Gnaden

unterthänigster Diener
Gerhard Friedrich Albrecht.

W. T.	Verbesserter Januarius.	☉ L.	Neuer Januarius.	
	Ev. Luc. 2.		Ev. Luc. 2.	
D.	1 Neu Jahr	♌	1 Neu Jahr	
F.	2 Abel, S.	♌	2 Macarius	
S.	3 Enoch	♍	3 Genofeva	
1.	Ev. Matth. 2.		Ev. Matth. 2.	
S.	4 D. Math.	♍	4 D. Titus	
M.	5 Simeon		5 Thelespor.	
D.	6 Ersch.Chr.	♎	6 H 3 Kön.	☽ den 6. Jan.
M.	7 Raymund		7 Lucianus	Vormitt. um 9
D.	8 Balthasar	♏	8 Erhardus	Uhr 17 Min.
F.	9 Caspar		9 Julianus	
S.	10 Paul. Einf.	♏	10 Agatho	
2.	Ev. Luc. 2.		Ev. Luc. 2.	
S.	11 1 Erhard.	♐	11 1 Hyging	
M.	12 Reinhold		12 Tatiana	
D.	13 Leontius		13 Veronica	☉ den 13 Nach-
M.	14 Felix	♑	14 Hilarius	mitt. um 2 Uhr
D.	15 Habacuc		15 Paul. Einf.	25 Min.
F.	16 Marcell9		16 Marcell9	
S.	17 Ant. Einf.	♒	17 Ant. Einf.	
3.	Ev. Joh. 2.		Ev. Joh. 2.	
S.	18 2 Prisca	♒	18 Na. Jes.	
M.	19 Ferdinan.		19 Canutus	
D.	20 Fab. Seb.	♓	20 Fab. Seb.	☾ den 20. Jan.
M.	21 Agnes		21 Agnes	Nachmitt. um
D.	22 Vincent.	♓	22 Anastasi9	2 Uhr 13 Min.
F.	23 Emerent.		23 Mar. Ver.	
S.	24 Timoth.	♈	24 Zama B.	
4.	Ev. Matth. 8.		Ev. Matth. 8.	
S.	25 Paul. Bek.	♈	25 3 P. Bek.	
M.	26 Polycarp		26 Polycarp	
D.	27 Chrysost.	♉	27 Jo. Chrys.	
M.	28 Carolus	♉	28 Raymun.	● den 28. Jan.
D.	29 Samuel		29 Aquilin.	Nachmitt. um
F.	30 Adelgund	♊	30 Martina	3 Uhr 37 Min.
S.	31 Valerius	♊	31 P. Nol.	

Verbefferter Februarius.	C S L	Neuer Februarius.	
Ev. Math. 8.		Ev. Math. 8.	
1 4 Brigitta		1 4 Ign. M.	
2 M. Rein.		2 Mar. Licht	
3 Blasius		3 Blasius	☽ den 4. Nach=
4 Veronica		4 Andr. Corf.	mitt. um 5 Uhr
5 Agatha		5 Agatha	31 Min.
6 Dorothea		6 Dorothea	
7 Romuald.		7 Romuald.	
Ev. Math. 13.		Ev. Math. 13.	
8 5 Salom.		8 5 J. de M.	
9 Apollonia		9 Apollonia	
10 Scholast.		10 Scholast.	
11 Severinus		11 Calocerius	○ den 11 Febr.
12 Gaudent.		12 Eulalia	Nachm. um 3
13 Benignus		13 Fusca J.	Uhr 40 Min.
14 Valentin.		14 Valentin.	
Ev. Math. 20.		Ev. Math. 20.	
15 Septuag.		15 Septuag.	
16 Juliana		16 Juliana	
17 Constant.		17 Donatus	
18 Simeon		18 Simeon	
19 Barbatus		19 Mansuet.	☾ den 19. Vor=
20 Eleuther.		20 Eleuther.	mitt. um 11 U.
21 Eleonora		21 Eleon. f.	38 Min.
Ev. Luc. 8.		Ev. Luc. 8.	
22 Sexages.		22 Matthias	
23 Eberhard		23 Mar. v. C.	
24 Matthias		24 Primitiv.	
25 Tarasius		25 Nicephor.	
26 Faustinus		26 Alexand.	
27 Leander		27 Leander	● den 27. Vor=
28 Romanus		28 Romanus	m. 5 Uhr 38 M.

W. L.	Verbesserter Merz.	C S L.	Neuer Merz.	
9.	Ev. Luc. 18.		Ev. Luc. 18.	
S.	1 Herrnfn.		1 Quinquag.	
M.	2 Jovinus		2 Simplici9	
D.	3 Fastnacht		3 Cunegund.	
M.	4 Casimirus		4 Ascherm.	
D.	5 Theophil.		5 Eusebius	
F.	6 Fridericus		6 Basilius	☽ den 6. Vorm.
S.	7 Thom. Aq.		7 Thom. Aq.	um 1 Uhr 0 M.
10.	Ev. Matth. 4.		Ev. Matth. 4.	
S.	8 1 Invoc.		8 1 Invoc.	
M.	9 Prudenti9		9 Francisca	
D.	10 40 Ritter		10 40 Märt.	
M.	11 Quat.		11 Quat.	
D.	12 Gregorius		12 Gregorius	
F.	13 Nicephor.		13 Euphr. f.	☉ den 13. Vorm.
S.	14 Mathilda		14 Math. f.	6 Uhr 12 M.
11.	Ev. Math. 15.		Ev. Math. 17.	
S.	15 1 Remin.		15 Remin.	den 20. Tag u.
M.	16 Cyriacus		16 Heribert	Nacht gleich,
D.	17 Gertraud		17 Gertrud.	Frühlings An-
M.	18 Alexander		18 Patritius	fang.
D.	19 Josephus		19 Josephus	
F.	20 Hubertus		20 Joachim	☾ den 20. Vorm.
S.	21 Benedict.		21 Benedict.	8 Uhr 2 M.
12.	Ev. Luc. 11.		Ev. Luc. 11.	
S.	22 3 Oculi		22 3 Oculi	
M.	23 Victorin.		23 Victorin.	
D.	24 Gabriel		24 Gabriel	
M.	25 M. Verk.		25 M. Verk.	
D.	26 Theodorus		26 Ludgerus	
F.	27 Rupertus		27 Joh. Einf.	● d. 28. Nach-
S.	28 Günther.		28 Tistus	m. 4 Uhr 45 M.
13.	Ev. Joh. 6.		Ev. Joh. 6.	
S.	29 4 Látare		29 4 Látare	
M.	30 Guido		30 Quirinus	
D.	31 Amos Pr.		31 Balbina	

Verbesserter April.	C S L.	Neuer April.	
1 Theodora		1 Hugo	
2 Theodosia		2 Franc. d. P	
3 Christiana		3 Pancratiq	☽ den 3. Vorm.
4 Isidorus		4 Isidorus	8 Uhr 22 Min.
Ev. Joh. 8.		Ev. Joh. 8.	
5 5 Judica		5 5 Judica	
6 Sixtus		6 Cälestin.	
7 Epiphaniq		7 Hermann	
8 Dionysius		8 Dyonisius	
9 Prochorus		9 M. Cleoph.	
10 Ezechiel		10 Mar. Sch.	☉ den 11. N.
11 Leo		11 Leo P.	um 9 Uhr 3 M.
Ev. Math. 21.		Ev. Math. 21.	
12 6 Palm.		12 6 Palmt.	
13 Hermen.		13 Hermen.	
14 Tiburtius		14 Susanna	
15 Basilius		15 Anastasia	
16 Gründon.		16 Gründon.	
17 Charfreyt.		17 Charfreyt.	
18 Apollon.		18 Apollon.	
Ea. Marc. 16.		Ev. Marc. 16.	
19 H. Ostern		19 H. Ostern	☾ den 20. Apr.
20 Ostern.		20 Ostern.	Nachm. um 1
21 Osterd.		21 Anselmus	Uhr 32 Min.
22 Soterus		22 Lotharius	
23 Georgius		23 Georgius	
24 Alex. M.		24 Adalbert.	
25 Marc. Ev.		25 Marc. Ev.	
Ev. Joh. 20.		Ev. Joh. 20.	
26 Quasim.		26 Phil. Jac.	● den 27. Apr.
27 Tertulian		27 Erwinus	Nachmitt. um 1
28 Vitalis		28 Vitalis	Uhr 34 Min.
29 Sibylla		29 Petr. M.	
30 Josua		30 Cath. S.	

Den 19 April Frankfurther Messe Anfang.

W. T.	Verbesserter May.	☽ L.	Neuer May.	
F.	1 Phil. Jac.		1 Walburg.	
S.	2 Athanasi9		2 Athanasius	
18.	Ev. Joh. 10.		Ev. Joh. 10.	
S.	3 2 Miser.		3 2 † Erfind.	☽ den 3. May
M.	4 Florian		4 Monica	Nachmitt. um
D.	5 Pius		5 Theodorus	5 Uhr 2 Min.
M.	6 Josias		6 Joh. v. Pf.	
D.	7 Gottfried		7 Stanisla9	
F.	8 Stanisla9		8 Mich. Erf.	
S.	9 Hiob		9 Greg. Naz.	
19.	Ev. Joh. 16.		Ev. Joh. 16.	
S.	10 3 Jubilate		10 3 Jubilat	☉ den 11. May
M.	11 Mamert.		11 Gangolp.	Nachmitt. um
D.	12 Nereus		12 Achilles	6 Uhr 41 Min.
M.	13 Servatius		13 Servatius	
D.	14 Christian		14 Bonifac.	
F.	15 Sophia		15 Isidorus	
S.	16 Ubaldus		16 Joh. Nep.	
20.	Ev. Joh. 16.		Ev. Joh. 16.	
S.	17 4 Cantate		17 4 Cantate	
M.	18 Liborius		18 Venantius	
D.	19 Cälestinus		19 Petr. Cäl.	☾ den 19. May
M.	20 Bernard		20 Bernard.	Nachmitt. um
D.	21 Felix		21 Ubaldus	3 Uhr 18 Min.
F.	22 Julia		22 Helena	
S.	23 Desiderius		23 Desider.	
21.	Ev. Joh. 16.		Ev. Joh. 16.	
S.	24 5 Rogate		24 5 † Woche	
M.	25 Urbanus		25 Urbanus	
D.	26 Eduardus		26 Phil. Ner.	● den 26 May
M.	27 Beda		27 Mag. d. P.	Vormitt. um 9
D.	28 Sim. Chr.		28 Sim. Chr.	Uhr 11 Min.
F.	29 Restitut.		29 Maximus	
S.	30 Felix		30 Felix	
22.	Ev. Joh. 15.		Ev. Joh. 15.	
S.	31 6 Exaudi		31 6 Exaudi	

Verbesserter Junius.	C s L.	Neuer Junius.	
1 Proculus		1 Fortunat.	☽ den 2. Jun.
2 Blandina		2 Blandina	Vorm. um 3 U.
3 Erasmus		3 Clotilda	6 Min.
4 Ulrica		4 Optatus	
5 Sancius		5 Bonifac.	
6 Norbertus		6 Norbert. f.	
Ev. Joh. 14.		Ev. Joh. 14.	
7 H. Pfingst.		7 H. Pfingst.	
8 Pf. mont.		8 Pf. mont.	
9 Pf. dienst.		9 Pelagia	
10 Quatemb.		10 Quatemb.	☉ den 10. Jun.
11 Barnabas		11 Barnab.	Vormitt. um 4
12 Basilides		12 Basil. f.	Uhr 26 Min.
13 Tobias		13 Anton. f.	
Ev. Joh. 3.		Ev. Math. 28.	
14 Trinitat.		14 H. Dreyf.	
15 Parisius		15 Vitus	
16 Aurelian.		16 Ludgard.	
17 Avitus		17 Adolphus	☾ den 18. Vor-
18 Marcell.		18 Fronleich.	mitt. um 1 Uhr
19 Gervasius		19 Protasius	20 Min.
20 Sylverius		20 Sylver.	
Ev. Luc. 16.		Ev. Luc. 14.	den 21. Jun.
21 1 Alban.		21 2 Aloys.	längster Tag u.
22 Achatius		22 Paulinus	Somm. Anf.
23 Edeltrud.		23 Zeno f.	● d. 24. Nach-
24 Joh. Täuf.		24 Joh. Täuf.	mitt. um 4 Uhr
25 Eulogius		25 Prosper	18 Min. mit ei-
26 Jeremias		26 Jo. u. Pa.	ner sichtbaren
27 7 Schläf.		27 Ladisl.	☉ finsterniß
Ev. Luc. 14.		Ev. Luc. 15.	
28 2 Leos		28 M. Heims.	
29 Pet. Paul		29 Pet. Paul	
30 Ehrndr.		30 Paul. ged.	

W. T.	Verbesserter Julius.	C L	Neuer Julius.	
M.	1 Theobald.		1 Theodorus	☽ den 3. Jul.
D.	2 Mar. Heims.		2 Proces.	Vormitt. um
F.	3 Cornelius		3 Arno	3 Uhr 21 Min.
S.	4 Oseas		4 Udalricus	
27.	Ev. Luc. 15.		Ev. Luc. 5.	
S.	5 3 Philom.		5 4 Domit.	
M.	6 Isaias		6 Isaias	
D.	7 Partänius		7 Wilibaldᵘ	
M.	8 Kilianus		8 Kilianus	
D.	9 Cyrillus		9 Cyrillus	☉ den 9. Jul.
F.	10 7 Brüder		10 7 Brüder	Nachmitt. um
S.	11 Pius		11 Pius	7 Uhr 23 Min.
28.	Ev. Luc. 6.		Ev. Matth. 5.	
S.	12 4 Henric.		12 5 Patern	
M.	13 Margar.		13 Anacletus	
D.	14 Bonav.		14 Bonav.	
M.	15 Camillus		15 Henricus	
D.	16 Walther.		16 Mar. v. C.	☾ den 17. Jul.
F.	17 Alexius		17 Alexius	Vormitt. um
S.	18 Symph.		18 Frideric.	8 Uhr 36 Min.
29.	Ev. Luc. 5.		Ev. Marc. 8.	
S.	19 5 Ruth		19 Jacobus	
M.	20 Elias		20 Margar.	
D.	21 Daniel		21 Praxedes	den 22. Hunds-
M.	22 M. Magd.		22 M. Magd.	tage Anfang.
D.	23 Albertina		23 Apollin.	● den 24 Jul.
F.	24 Christina		24 Christina	Vormitt. um ●
S.	25 Jacobus		25 Christoph	Uhr 2 Min.
30.	Ev. Matth. 5.		Ev. Matth. 7.	
S.	26 6 Anna		26 7 Anna	
M.	27 Berthold.		27 Panthal.	
D.	28 Innocent.		28 Nazarius	
M.	29 Martha		29 Martha	☽ den 31. Jul.
D.	30 Beatrix		30 Abdon	Vormitt. um
F.	31 German.		31 Ignatius	6 Uhr 16 Min.

Verbesserter Augustus.	C. L.	Neuer Augustus.	
1 Pet. Kett.		1 Pet. Kettf.	
Ev. Marc. 8.		Ev. Luc. 16.	
2 7 Gustav		2 8 Port.	
3 Augustus		3 Steph Erf.	
4 Perpetuus		4 Dominic.	
5 Oswaldus		5 Mar. schnee	
6 Verkl. Chr.		6 Verkl. Chr.	
7 Cajetanus		7 Albertus	☉ den 8. Vor-
8 Ladislaus		8 Cyriacus	m. 9 Uhr 17 M.
Ev. Matth. 7.		Ev. Luc. 19.	
9 3 Roman.		9 9 Laurent.	
10 Laurent.		10 Asteria	
11 Tiburtius		11 Susanna	
12 Clara		12 Clara	
13 Hippolit.		13 Hippolit.	
14 Eusebius		14 Euseb. f.	☽ den 15. Nach-
15 M. Him.		15 M. Him.	m. 2 Uhr 19 M.
Ev. Luc. 16.		Ev. Luc. 18.	
16 9 Isaac		16 10 Roch.	
17 Mamans		17 Liberatus	
18 Helena		18 Agapitus	
19 Sebald		19 Sebaldus	
20 Bernard		20 Bernard.	
21 Privatius		21 Cyriaca	● den 22. Vor-
22 Timoth.		22 Philib. f.	m. 8 Uhr 45 M.
Ev. Luc. 19.		Ev. Marc. 7.	
23 10 Zach.		23 Barthol.	den 23. Hunds-
24 Barthol.		24 Eutychius	Tage Ende.
25 Ludovicus		25 Ludovicus	
26 Irenæus		26 Zephyrin.	
27 Gebhard.		27 Ruffus	
28 Augustin.		28 Augustin.	☽ den 29. Nach-
29 Sabina		29 Joh. Enth.	m. 11 Uhr 43 M.
Ev. Luc. 18.		Ev. Luc. 10.	
30 11 Benj.		30 Sch. eng. f.	
31 Raym.		31 Raym.	

Den 17. August Mainzer Messe Anfang.

W. T.	Verbesserter September.	CS X.	Neuer September.	
D.	1 Aegidius		1 Aegidius	
M.	2 Tobias		2 Steph. K.	
D.	3 Serapia		3 Euphemia	
F.	4 Moyses		4 Rosalia	
S.	5 Nathan		5 Laur. Just.	
36.	Ev. Marc. 7.		Ev. Luc 17.	
S.	6 12 Magn9		6 13 Zachar.	☉ den 6. Nach=
M.	7 Regina		7 Regina f.	mitt. um 9 Uhr
D.	8 Mar. Geb.		8 Mar. Geb.	24 Min.
M.	9 Gorgonius		9 Gorgonius	
D.	10 Sostenes		10 Nic. Tol.	
F.	11 Prothus		11 Hyacinth.	
S.	12 Auton.		12 Na. Mar.	
37.	Ev. Luc. 10.		Ev. Matth. 6.	
S.	13 13 Macr.		13 14 Ph. M.	☾ den 13. Nach=
M.	14 † Erhöh.		14 † Erhöh.	mitt. um 8 Uhr
D.	15 Nicomed.		15 Nicomed.	0 Min.
M.	16 Quatemb.		16 Quat. f.	
D.	17 Lambert.		17 Lambert.	
F.	18 Thom. V.		18 Th. V. f.	
S.	19 Januar.		19 Jan. f.	
38.	Ev. Luc. 17.		Ev. Luc. 7.	
S.	20 14 Frider.		20 Mathäus	● den 20. Nach=
M.	21 Matthäus		21 Eustasius	mitt. um 7 Uhr
D.	22 Mauritius		22 Mauritius	46 Min.
M.	23 Joel		23 Linus	den 23. Tag u.
D.	24 Gerardus		24 Gerardus	Nacht gleich,
F.	25 Cleophas		25 Cleophas	HerbstAnfang.
S.	26 Cypriaus		26 Eusebius	
39.	Ev. Matth. 6.		Ev. Luc. 14.	
S.	27 15 Cosm.		27 Michael	☽ den 28. Nach=
M.	28 Wencesl.		28 Wencesl.	mitt. um 7 Uhr
D.	29 Michael		29 Fraternus	0 Min.
M.	30 Hieron.		30 Hieron.	

Den 6. Frankfurter Messe Anfang.

Verbesserter October.	C S L.	Neuer October.	
1 Remigius		1 Remigius	
2 Leodegar.		2 Otto B.	
3 Candidus		3 Candidus	
Ev. Luc. 7.		Ev. Matth. 22.	
4 16 Franc.		4 Ros. Kr. fest	
5 Fides		5 Placidus	
6 Charitas		6 Bruno C.	☉ den 6. Vor-
7 Spes		7 Marc. P.	mitt. um 8 Uhr
8 Ephraim		8 Brigitta	32 Min.
9 Dionysius		9 Dionysius	
10 Amalia		10 Franc. B.	
Ev. Luc. 14.		Ev. Matth. 9.	
11 17 Aemil.		11 18 Germ.	
12 Maximil.		12 Maximil	
13 Colom.		13 Eduardus	☾ den 13. Vor-
14 Callistus		14 Burcard.	mitt. um 2 Uhr
15 Theresia		15 Theresia	18 Min.
16 Gallus		16 Gallus	
17 Florent.		17 Hedwigis	
Ev. Math 22.		Ev. Math. 22.	
18 18 Lucas		18 19 Luc. Ev.	
19 Ptolom.		19 Ferdinand	
20 Caprasius		20 Wendel.	● den 20. Vor-
21 Ursula		21 Ursula	mitt. um 9 Uhr
22 Cordula		22 Cordula	43 Min.
23 Severinus		23 Pet. Pasc.	
24 Salomon		24 Felix B. f.	
Ev. Matth. 9.		Ev. Joh. 4.	
25 19 Adelh.		25 Sim. Jud.	
26 Amandus		26 Evaristus	
27 Frument.		27 Ivo	
28 Sim. Jud.		28 Cyrilla	☽ den 28. Nach-
29 Narcissus		29 Narcissus	mitt. um 2 Uhr
30 Hartman		30 Serapion	16 Min.
31 Wolfg.		31 Wolfg. f.	

W. T.	Verbesserter November.	⚹ L.	Neuer November.	
44.	Ev. Math. 22.		Ev. Math. 18.	
S.	1 20 All. Heil.		1 Aller Heil.	
M.	2 Justus		2 Aller Seel.	
D.	3 Hubertus		3 Malachias	
M.	4 Charlotta		4 Car Bor.	
D.	5 Ericus		5 Zacharias	☉ den 4. Nach-
F.	6 Leonardus		6 Leonardus	m. um 7 Uhr 45
S.	7 Erdmann		7 Engelbert.	Min.
45.	Ev. Joh 4.		Ev. Math. 22.	
S.	8 21 Claud.		8 22 Godefr.	
M.	9 Theodorus		9 Theodorus	
D.	10 Jonas		10 Andr. Ab.	
M.	11 Martinus		11 Martinus	
D.	12 Cunibert.		12 Mart. P.	☾ den 11. Vor-
F.	13 Hugo		13 Didacus	m. 10 Uhr 55
S.	14 Levinus.		14 Jucund9	Min.
46.	Ev. Math. 18.		Ev. Matth. 9.	
S.	15 22 Leop.		15 Mar. Opf.	
M.	16 Ottmar.		16 Eucherius	
D.	17 Eugenius.		17 Greg. Th.	
M.	18 Marimus		18 Odo	
D.	19 Elisabeth		19 Elisabeth.	● den 19. Vor-
F.	20 Edmund		20 Fel. v. Val.	m. 3 Uhr 5 M.
S.	21 Mar. opf.		21 Gelasius	
47.	Ev. Math. 22.		Ev. Math. 24.	
S.	22 23 Ernest.		22 24 Cäcilia	
M.	23 Clemens		23 Clemens	
D.	24 Chrysog.		24 Joh. v. †	
M.	25 Catharin.		25 Catharin.	
D.	26 Conradus		26 Conradus	☽ den 27 Vor-
F.	27 Baruch		27 Virgilius	mitt. um 8 Uhr
S.	28 Sostenes		28 Florent. f.	15 Min.
48.	Ev. Math. 21.		Ev. Luc. 21.	
S.	29 1 Advent		29 1 Andreas	
M.	30 Andreas		30 Nathan.	

Verbesserter December.		Neuer December.	
1 Candida		1 Eligius	
2 Bibiana		2 Bibiana	☉ den 4 Dec.
3 Cassianus		3 Franc.Xav.	Vorm. 6 Uhr
4 Barbara		4 Barbara	0 Min. sichtba-
5 Abigail		5 Sabbas	re Finsterniß.
Ev. Luc. 21.		Ev. Math 11	
6 2 Nicol.		6 D. 2 Adv.	
7 Antonia		7 Ambros.	
8 Mar. empf.		8 M. empf.	
9 Gorgonia		9 Leocadia.	
10 Judith		10 Melchiad.	☾ den 10. Dec.
11 Waldem.		11 Damasus	Nachm. 10 Uhr
12 Synesius		12 Justinus	30 Min.
Ev. Math. 11.		Ev. Joh. 1.	
13 3 Lucia		13 3 Advent	
14 Spirid.		14 Nicasius	
15 Irenäus		15 Irenäus	● den 18. Dec.
16 Quatem.		16 Quat. f.	Nachm. 10Uhr
17 Lazarus		17 Lazarus	39 Min. un-
18 Gratian		18 Grat. f.	sichtb. ☉ Fin-
19 Abraham		19 Nemes. f.	sterniß.
Ev. Joh. 1.		Ev. Luc. 3.	
20 4 Christ.		20 Thomas	
21 Thomas		21 Themist.	Den 21. kürz-
22 Demetri		22 Florus	ter Tag, Win-
23 Ignatius		23 Victoria.	ters Anfang.
24 Adam, Ev		24 Adam, Eva	☽ den 26. Dec.
25 H. Christ.		25 H. Christ.	Nachm. 11Uhr
26 Stephan		26 Stephan	38 Min.
Ev. Luc. 2.		Ev. Luc. 2.	
27 Joh. Ev.		27 Joh. Ev.	
28 Unsch. K.		28 Unsch. K.	
29 Jonathan		29 Thom. B.	
30 David K.		30 David	
31 Sylvester		31 Sylvester	

Erklärung
derer vorkommenden Abkürzungen.

Amt. vor Amtmann.	Feld=Zeugmeister.	K.K. vor Kayſ. Königl.
a.H. aus dem Hauſe.	G.L. vor General.Lieut.	Mgr. vor Margräflich.
Ch. vor Cammerherr.	G.M. vor General.Maj.	Ob. vor Ober.
Cj. vor Cam. Junker.	Gr.Cr. vor Groß=Creutz.	O.R. vor Ord. Ritter.
D. vor Dame.	G. vor Gemahl.	R.A. vor Roth. Adl.
Dmh. vor Domherr.	g. ver gebohren.	R. vor Rath.
Eh. vor Erbherr.	† vor geſtorben.	R. vor Wohnung.
F. vor Freyherr.	Gf. vor Graf.	Rittm. vor Rittmeiſter.
F. vor Fürſtlich.	Gfl. vor gräflich.	T. vor Tochter.
G.F.M.L. vor General Feld=Marſchall=Lieut.	Hzl. vor Herzoglich.	V. vor vermählt.
G.F.W. vor General= Feld=Wachtmeiſter.	Hofj. vor Hofjunker.	W. vor Wittwe.
G.Z. vor General	Hofm. vor Hofmeiſter.	w. vor würklich.
	Jagbj. vor Jagdjunker.	
	Jägerm. vor Jägermeiſt.	

Adelmann v. Adelmannsfelden.

Dieſes uralte adeliche und nunmehro Freyherrliche, zum Rs. Ritter Canton Kocher gehörige Hauß in Schwaben, beſitzet das Erb=Marſchall=Amt bey der gefürſteten Probſtey Ellwangen. Sein Stammſchloß Adelmannsfelden liegt in Francken. Wolframm v. A. hat um das Jahr 1276 als der ſechſte Land=Comman= deur an der Etſch u. Johannes v. A. zu Ausgang des 15ten Seculi als Groß=Meiſter des Teutſchen=Ordens ge= lebet, u. Johann Chriſtoph v. A. gieng An. 1687. als gefürſteter Probſt zu Ellwangen mit Tod ab, deſſen Bruder Wilhelm das obgedachte Erb=Marſchall=Amt auf ſein Geſchlecht gebracht hat.

A.   Freyh.

Adelmann. Adelsheim.

Eyh. Joseph Anselm Maria Adelmann v. u. zu Adelmannsfelden, g. 3. Jun. 728. Hr. auf Hohenstadt, Schechingen u. Leinweiler, K. auch K. K. w. Camh. u. R. des St. Mich. O. Command. u. Gr. Cr. Fstl. Regensp. u. Ellwang. Geh. R. Erb-Marschall des Stiffts Ellwangen Ob. Amtm. zu Heuchlingen u. Rit. R. des Canton Kocher. R. Ellwangen.

Geschwister: 1) Jos. Anton Patricius, g. 27. Oct. 1724. † 1. Merz 726. 2) Franz Phil. Marquard, g. 29. Jan. 1726. 3) Joh. Eleonora Maria Ernest. g. 1729. † 1734. 4) Maria Anna Cath. Jul. g. 6. Jun. 1731. 5) Franz Georg Frid. g. u. † 1732. 6) Xaveria Barb. g. 3. Dec. 1737.

Eltern: Philipp Rudolph Anton †. Erbmarschall des Fürstl. Stifts Ellwangen. G. I. Maria, Carolina, Joh. Carl Fhn. v. Westernach u. Mariæ Annæ Cath. Freyin v. Freyberg T. g. 1697 V. 1720. † 1. Jul. 1721. im ersten Kindbette. II Maria Anna Francisca, Franz Marquard Fhn. v. Stain zum Rechberg u. Mariæ Freyin v. Freyberg in Justingen T. g. 1701 V. 1723.

Gros-Eltern: Wilhelm III. † G. I. N. N. II. Maria Cath. Galli Fhn. v. Ulm zu Erbach u. Mariæ Elis. Freyin v. Welden T. †.

Adelsheim.

Dieses Fränkische alte adeliche Haus führete vor alten Zeiten den Namen Dürn oder Walddürn. Popo von Dürn, Ritter und Stamvater desselben, erbauete An. 298. das Schloß Adelsheim am Ottenwald, und nahme den Namen davon an. Es besitzet noch jetzo sein Stamhaus, das Städtlein Adelsheim nebst Edelfingen, Sennfeld, Wachbach, Lautenberg, Nassau, Neckarbünau zc. und ist dieserwegen bey denen RS. Ritter-Cantons Ottenwald und Mittel-Rhein immatriculiret. Auch waren 7 Personen v. A. in denen Stiftern Bamberg, Würzburg, Worms, Ellwangen, Comburg, Bruchsal, Teutschen Orden zc. aufgeschworen.

A. Linie

A. Linie zu Sennfeld.

Herr Chriſtoph Leop. Frid. Wilh. von Adelsheim, auf Sennfeld u. Edelfingen ꝛc. Mgr. Baad. Camj. u Ob. Forſtm. zu Pforzheim, g. 13. Merz 1745. G. Clara Maria Louiſa, Eberh. Frid. Jhn. v. Ellrichshauſen ꝛc. u. Cath. Marg. v. Gemmingen, a. d. H. Hornberg. T. g. 11 Sept. 1745. V. 24. Aug. 1775. R. Pforzheim.

Tochter: Amalia Carol. Frid. Johannetta, g. 5. Aug. 1776.

Geſchwiſter (Erſter Ehe) 1) 2) 3) 4) Friderica. Wilhelmina. Fridrich u. Charlotta. † jung. 5) Carl Wilh. Eckard, g. 22. Dec. 1731. 6) Eberh. Louiſa Wilh. g. 7. Dec. 1732. 7) Hedwig Carol. Charl g. 9. Jan. 1734. 8) Carl Aug. g. u. † 1735. 9) Eliſ. Heinr. Aug. g. u. † 1736. 10) Friderica, g. 28. Feb. 1737. 11) Aug. Maria Phil. g. 1738. † 1741. 12) u. 13) Phil. Carl u. Chriſtoph Frid. g. u. † 1739. (2ter Ehe) 14) Frid. Aug g. u. † 1743. 15) Carl Phil. Maximil. g. 18. Apr. 1746. 16) N. N

Eltern: Frid. Heinr. g. 18. Jun. 1694. † G. I. Sidonia Heinr. v. Stammern. V. 1725. † 24 Jun. 1740. II. Joh. Soph. Frid. Joh Chriſtoph v. Stetten zu Kocherſtetten, u. An. Eleon. v. Jöbſtelsberg, a. d. H. Hemmhofen, T. g. 2. Jan. 1719. V. 22. Sept. 1742. † 8. May 1776.

Vat. Geſchw. a) Joh. Phil. Gottfr. Würtenberg. Hauptm. g. 2. May 1675. † 1704. G. Maria Jul. v. Stetten. V. 1702. †.

Kinder: 1) Joh. Phil. Gottlieb, g. 1702. † in K. K. Kr. Dienſten. 2) Joh. Phil. Gottlieba, g. 28. Nov. 1704. b) Chriſtina Maria, g. 2. Sept. 1676. † 14 Jan. 1741. c) Maria Phil. Charl. g. 5. Merz 1678. † 29 Apr. 1730. d) Joh. Phil. Chriſtoph, Anſpach. Lieut. † 1704 beym Schellenberg. e) Joh. Ernſt, Würtenb. Ob. Forſtm. g. 19. Apr. 1681. †. f) Soph. Suſ. g. 12 Merz 1683. † 13 Apr. 1743. g) Joh. Chriſtoph, Würtenb. Ob. Lieut. g. 18. Jul. 1685. †. h) Frid. Louiſa, g. 29 Jan. 1687. †. i) Phil. Roſina, g. 19 Nov. 1688. †. k) Magd. Phil. Gottlieba, g. 1690. †. l) Carl Chriſtoph Frid. K. K.

w. R. Würtenb. Camj. u. des Canton OttenwaldRit.
R. g. 23 Feb. 1692. † G. Dor. Eberh. Louisa, Joh.
Frid. v. Ellrichshausen auf Assumstedt ꝛc. u. Magd. Jul.
v. Neipperg T. V. 28 May 1733. † 5 Dec. 1734. II.
Dor. Charl. Wilh. Wolff Sigm. v. Jaxtheim, auf
Ober-Megersheim, u. Frid. Dor. v. Neipperg T. V 17
Feb. 743. † 7 Oct. 746. III. Eva Christina Mariana, g. 1
Jan. 1726. der vorigen Schwester. V. 3 Aug. 1747.
Kinder: (Erster Ehe) 1) Franc. Jul Mariana Heinr.
Wilh. g. 28 Oct 1734. (2ter Ehe) 2) Frid. Carol Wilh.
g. 9. Feb. 1744. 3) Sigm. Christoph Phil. Leop. g. 1745
† 1746. (3ter Ehe) 4) Jul. Phil. Wilh. g. 22 Jul. 1748.
Gros-Elt. Joh. Conr. g. 3. Jul. 1649. † 8 Jun. 1716. G.
Clara Maria, Joh. Christophs Kolben v. Rheindorff auf
Assumstadt, u. Barb. Rindeln v. Allershausen T. g. 19
Jul. 1655. V. 1674. † 17 Sept. 1714.

B. Linie zu Wachbach.

Herr Rudolph Christian v. Adelsheim auf Wachbach ꝛc.
g. 25 Sept. 1716. Holländ. Hauptm. G. Charl. Wilh.
Amalia, Aug. Frid. Fhn. v. Pöllnitz, u. Frid. Wilh. v.
Reibold, a. d. H. Rößnitz T. g. 15 May 1725. V. 1749.
Geschwister: (Erster Ehe) 1) 2) 3) Carl Fridrich, Carl
Ludw. u. Soph. Charl. † jung. 4) Phil. Wolfg. Ad. g.
1712. 5) Frid. Christian, g. 3 Dec. 1714. (2ter Ehe) 6)
Carl Albr. Frid. Stunde in K. Schwed. u. Hessen-Cas-
sel. Kr. Diensten. 7) Soph. Carol. Christina, g. 13 Oct.
1729. 8) Ludw. Frid. g. 25 Dec. 1730. 9) Wolffg.
Ernst, g. u. † 1731. 10) Ernst Christian, g. 12 Merz
1732. 11) Phil Frid. g. u. † 1733. 12) Anton, g. 10 Aug.
1734. 13) Christina Louisa Albert. g. 1736. † 1742. (3.
Ehe) 14) Sophia Christiana Renata, g. 26 Jan. 1739.
Eltern: Wolffg. Adam, Hohenloh-Weickersh. Hofm. g.
1682. †. G. I. Jul. Eleon. Johann Wilh. Ernstens v.
Stetten auf Kocherstetten ꝛc. u. Mariæ Benig. von
Muggenthal, a. d. H. Leybach T. g. 1675. V. 1706. †
1717. II. Mar. Elis. Ther. Behaim v. Schwarzbach. V.
1726. † 27 Sept. 1736. III. Charl. Dor. Christoph
Reinh. v. Reizenstein auf Nesselreuth, u. Soph. Elis. v.
Schönfels, a. d. H. Stöckten T. V. 1738.

Vat.

Vat. Geschw. 1) Carl Phil. g. 3 Febr. 1684. † als Lieut. bey Speyerbach. 2) Jul. Ernestina, g. 14 Feb. 1686. †. 3) Anna Louisa, g. 16 Feb. 1688. † 24 Jan. 1732.
Gros-Elt. Jacob Ernst, g. 1661. † 16 Apr. 1689. G. Brigitta Sabina, Ad. Phil. v. Muggenthal zu Leybach, u. Mariæ Barb. v. Eyb T. g. 1655. V 1681. † 1701.

Appold.

Die Herren dieses edlen Hauses besitzen die zum Canton Altmühl gehörige beyden Ritter-Güther Trendel u. Mebenberg, und sind deshalben bey demselben immatriculiret. Ihre Vor-Eltern sind in Thüringen seßhaft gewesen, und von da in das Fürstenthum Brandenburg-Onolsbach gekommen.

Herr Carl Wilh. Frid. v. Appold zu Mebenberg u. Trendel, g. 15 Oct. 1741.

Geschwister: 1) Frid. Louisa, g. 4 May 1740. 2) Soph. Alexand. Carol. g. 21 Merz 1743. G. Carl Aug. Frid. von Stetten zu Kocherstetten ꝛc. Anspach. Camh. g. 24 Sept. 1739. V. 1765. 3) Wilhelm. Ernestina Frid. g. 9 Oct. 1744. 4) Christiana Charl. Eleon. g. 19 Jan. 1746.

Eltern: Gotthard Frid. Brandenb. Onolsbach. Geh. Hof- u. Reg. R. g. 13 Sept. 1703. wurde 1740. nebst seinem Bruder zu Rügland beym Canton Altmühl immatriculiret, acquirirte 1744 auf dem Ritter-Convent zu Schwobach, das Ritter-Guth Trendel als ein freyes Alodium. G. Ros. Isabella, Conrad Ernst. v. Jaxtheim zu Kaltenbrunn, u. Cathar. Rosinæ v. Wiesenthau T. g. 11 May 1722. V. 19 May 1739.

Gros-Elt. Georg Nicolaus, g. 10 Sept. 1671. Brand. Onolzbach. w. Ministr, Geh. R. Lehen-Probst, wie auch Abgesandter bey dem Fränk. Crayß-Convent, † 11 Dec. 1739. G. Anna Cath. Gotthard Joh. v. Marquart, u. Annæ Mariæ v. Mohr, T. g. 11 Jun. 1674. V. 19 Jun. 1695. † 23 Jul. 1731.

Arnim.

Dieses Haus, wovon ein Herr Anno 1179. bey dem Turnier zu Nürnberg war, ist An. 926 in die Mark gekommen, und hat sich nachgehends in Pommern, Meissen, u. in der Ober- und Nieder Lausnitz ausgebreitet. Eine Branche davon hat sich nach Franken gewendet und daselbsten die zum Rs. Ritter-Canton Geburg gehörige Ritter-Güther Seidwitz und Windischen Leibach acquiriret, weshalben Sie bemerktem Canton incorporiret ist. Der ordentliche Stammherr dieser itzt blühenden Hauptlinie, ist Christoph v. A. welcher im Jahr 1500 im Herzogthum Magdeburg, Kreißau, Schattberg, Gladau, Theesen, Hohenfeden u. Brandstein besessen.

Herr Carl Lud. Gottfried v. Arnim, g. 26 Feb. 1730.

Geschwister: 1) Christoph Phil. Joh. g. 29 Merz 1732. 2) Peter Joh. Wilh. g. 29 Jun. 1734. 3) Frid. Alexander, g. u. † 1737. 4) Sus. Charl. g. 10 Aug. 1738. 5) Christian Leop. Gottlieb, g. u. † 1742.

Eltern: Moriz Bernh Erdm. g. 31 Merz 1706. Brand. Culmbach. edler Ritt. Lehen-Ger. Assessor. Kaufte A͞o. 1745. die Ritter-Güth. Windisch-Laibach u. Tiefenthal. G. Soph. Jos. Charl. Henr. Peter Joh. Albr. v. Rabenstein, Hn. zu Rabenstein, u. Rosinæ Sophiæ v. Zettwitz T. g. 25 Jul. 1701. V. 1729.

Vat. Bruder: Phil. Heinr. Peter, g. 10 Jul. 1703. Herr auf Nairitz u. Losau ꝛc. G. I. Maria Christina, Mich. Imhof, u. Lucretiæ v. Sparre T. g. 24 Jan. 1693. V. 30 Oct. 1726. † 1732. II. Eleon. Joh. Sus. Ludvvig Ernst Marschalls v. Herren-Gosserstädt, u. Rosinæ Sophiæ Marschallin v. Ebnet T. g. 1700. V. 1733.

Kinder: 1) Maximil. Christina, g. 15 Dec. 1727. 2) Joh. Wilh. Erdm g. 30. Apr. 1729.

Gros-Elt. Wilhelm, auf Seidwitz, Bühl u. Losau, g. 2 Dec. 1664. † 16 Dec. 1725. G. Maria Sophia, August Morizens v. Kanne auf Haidhof ꝛc. u. Sophiæ Christinæ v. Ramin, a. d. H. Böck, T.

Auffsees.

Ein Turnier Ritter= und Stiftsmäßig zum Fränkischen RS. Ritterschaftl. Canton Gebürg gehörig Freyherrl. Haus, wovon Friedrich v. Auffsees Anno 1165. zum Turnier nach Zürch gekommen, der ordentliche Stammherr aber aderitzt florirenden Herren, Otto Sen. v. Auffsees ꝛc. nebst seiner Gemahlin Alheid v Streitberg Anno 1323. bekannt war. Es ist Fränkischen Ursprungs und hat sehr ansehnl. mit Ober= und Nieder=Gerichten versehene Güther, dessen Stammhaus Auffsees fast mitten im Canton liegt, und sich in die ältere Hauptlinie zu Freyenfels und in die jüngere zu Auffsees eintheilet.

I. ältere Haupt=Linie zu Freyenfels.

Freyh. Phil. Heinr. Anton Maria v. Auffsees, Herr zu Freyenfels, Weyher, Neidenstein, Kaynach, Stechendorff, Mengersdorff, Truppach und Obernsees ꝛc. ꝛc. K. w. R. Chur=Cölln auch Fstl. Bamberg. Geh. R. des K. Land=Ger. zu Bamb. Landrichter u. Ob. Amtm. zu Burg Ebrach u. Schönborn, des St. Mich O. Gr. Er. des R. A. O. R. u. der Ritterſch. zu Franken Orts Gebürg Rit. R. ꝛc. g. 10 Sept. 1715. wurde 1742 bey der Krönung Caroli VII. zum Ritter des H. R. R. geschlagen, und kame den 3 Oct. 1743 zum Besitz der Fidei-Commiſs - Güther als dritter Erb. G. I. Mar Sophia Helena, Joh. Ernst Schutzbar, gt. Milchling, u. Evæ Mar. Amal. Truchseßin v. Pommersfelden T. g. 16 Sept. 1716. V. 7 Aug. 1740. † 21 Febr. 1752. II. Maria Christiana Joh. Cath. Philip. Johann Veit Carl Wilh. Heinr. v. Redwiz ꝛc. u. Mariæ Evæ Freyin v. Hettersdorff a. d. H. Stöckach, T. g. 24 Jun. 1738. V. 3 Nov. 1756. R. Bamberg.

Kinder: (1ter Ehe) 1) Maria Anna Phil. Ester Cath. Antonetta, g. 24 May 1741. Stiffts=D. des K. Stiffts zu Halle in Tyrol. 2) Maria Carol Ther. Jos. Sophia, g. 11 Aug. 1742. G. Adam Christoph Fried. Wilh. v. Redwiz zu Küps ꝛc. Fstl. Bamb. Geh. u. Hof=Kr. R. G. F. W. Commend. der Vestung Vorcheim u. Inhab. eines Infant. Reg. g. 6 Aug. 1711. 3) Maria Joh. Jos.

Jul. Cath. g. 25 Nov. 1743. G. Franz Joseph Fhr. v.
Koeth zu Wanscheid, Chur=M. Camh. u. Hof=R. † 21
Apr. 1768. 4) Joh. Phil. Ignaz Nepom. Maria, g. 27
Nov. 1745. Fſtl. Bamberg. Hof=R. u. Hof Cavalier.
5) Phil. Franz, g. 26 May 1747. † 25 Jul. 1748. 6)
Maria Anna Franc. Amalia, g. 16 Nov. 1748. Bene=
dictinerin des Adel. Stiffts zu Nieder=Prün. 7) Ma=
ria Cath. Jul. g. 18 Nov. 1749. † 8 Feb. 1751. 8) Cle=
mens Aug. Frid. g. 30 Sept. 1750. † Dec. 1750. (2ter
Ehe) 9) Adam Frid. Carl Ignaz Maria, g. 17 Oct.
1757. Domherr zu Bamberg.

Eltern: Philipp Frid K. w. R. Chur=M. Geh. R. u. Rit=
terhauptm. des Cantons=Gebürg, g. 15 Feb. 1691.
wurde 21 Dec. 1717 zweyter Fidei-Commiſs-Erbe † 3
Oct. 1743. G. Anna Maria Joh. Anton Conrad Phi=
lipperts v. Roſenbach, u. Mariæ Eſther, Gräfin v. Sta=
dion T. g. 23 Oct. 1696. V. 25 Sept. 1714. † 2 Feb. 1771.

Pat. Geſchw. 1) Maria Cath. g. 8 Merz 1685. †. G. Ale=
xand Gerh. Sigm. v. Leſchvvitz zu Glaßhütten. V. 8
Merz 1707 ult. Fam. † 28 Nov. 1728. 2) Carl Dietr.
g. 4 Aug. 1686. † 14 Jun. 1742. Domh. zu Bamb. u.
Würzb. reſpect. Dom=Cantor u. Probſt des Collegiat=
Stiffts zu St. Gangolff in Bamberg, Fſtl. Bamb. u.
Würzb. Geh. R. 3) Soph. Franc. g. 10 Aug. 1688. †
1733. G. Dietr. Sigm. v. Kunſperg zu Tuſchnitz. Fſtl.
Bamb. u. des Fränk. Crayſes Oberſter u. Command.
der Veſtung Roſenberg ob Cronach, ,g. 5. May 1685.
V. 1720. † 4. Jun. 1739. 4) Anna Barb. g. u. † 1690.
5) Chriſtoph Heinr g. u. † 1692. 6) Anna Maria, g.
26. Sept. 1693 † 12 Feb. 1694. 7) Joh. Gottfr. g. 6
Nov. 1694. † 5 Jan. 1695. 8) Philippina Fried. g. 20
Apr. 1697. † 3 Merz 1699. 9) Amalia Juſtina, g. 20
Sept. 698 † 24 Jan. 699. 10) Anna Joſ. Charl. g. 19
Merz 696. G. Marquard Carl I ud. Fhr. v. Gutten=
berg &c. g. 13 Jun 686. V. 21 Jul. 737. 11) Cath.
Eleon. g. 14 May 700 † 727. Sie war anfänglich eine
der erſten St. D. bey St. Anna zu Würzb. G. I. Joh.
Phil. v. Münſter zu Breitenlohe, Fſtl. Würzburg.
Camh. V. 723 † 726. 11. Georg Ernſt, Fhr. v. Heders=
dorf &c.   Gros=

Aufffees.

Gros-Elt. Heinr. Chriſtoph, K. w. R u. Rit. R. des Cantons Geburg, g. 1 May 662 wurde 1 May 715 Erſter Fidei. Commiſs-Erb, † 21 Dec. 1717. G. Anna Eleon. Eliſ. JuliiGottfried v. Erthal zu Erthal u. Elfershauſen ꝛc. u. Mariæ Martæ v. Weiler T.g.665.V. 4. Jul. 684 † 19 Aug. 715.

II. Jüngere Haupt-Linie zu Aufffees.

Freyh. Joh. Veit Carl Diet. Ernſt Bernh. Phil. Mich. v. Aufffees, g. 29 Sept. 734.

Geſchwiſter: 1) Fried. Joſeph Ferd. g. 736 † 16 Oct. 744. 2) Lothar. Franz Ludw. Anton, Poſth. g.7 Dec. 737.

Eltern: Joh. Philipp, g. 23 Sept. 700 K. Rittm. bey dem Graf Lanthier Cüraſ. Reg. † 737 bey Türkiſch Berghofen in Ungarn. G. Maria Jul. Franciſca, Georg Heinr. Wilh. v. Würzburg zu Obern- u. Untern Mittwitz, u. An. Ther. v. Mauchenheim gt Bechtoldsheim T. V. 733.

Vat. Geſchw. a) Wilh. Fried. g. 19 Dec. 676 gebl. 702 vor Landau, als Hauptm. bey dem Fränk. Cr. Drag. Reg. b) Ama'. Roſina, g. 18 Sept. 679. G. Georg Chriſtoph, v. Schaumberg zu Schaumberg u. Effelter. c) Carl Chriſtoph, g 12 Oct. 683 † 28 May 722 Lieut. bey dem Fränk. Cr. Hohenzoller. Reg. G. Maria von Adolzheim. V. 715.

Sohn: Fried. Chriſtoph, g. 25 Sept. 718 Herr zu Plankenſtein u. Zochenreuth. Schwur 728 bey dem Dom-Capitul. zu Bamberg, reſig. aber 741. G. LouiſaFrid. Joh. Chriſtoph v. Berlichingen zu Jagſt- u. Ohlhauſen u. Eleon. Sib. v. Ruſwurm, a. d. H. Greifenſtein T.V. 741 deſſen

Töchter: 1) Joh. Eleon. g. 741. 2) Charl. Sophia Sib. g. 22. Jun. 742. 3) Eberh. Carol. Soph. Charl. g.6 Nov. 743. 4) Frid. Maria, g. u. † 745.

d) Eva Cath. Barb. g. 18 Merz 686. G. Joh. Franz Zollner v. Brandt zu Biſchofsberg u. Draßdorf V. 708 † 708. e) Chriſtian Ernſt Jac. Adam, g. 28 Sept. 688 † 27 Oct. 746 Chur-M. Camb. Fſtl. Bamberg. Geh. wie auch Hof- u. Kr. R. Obriſter von der Leibgarde zu Pferd,

Pferd, G.M. Commendant der Stadt Bamberg, Ober-
Commend. der beyden Vestungen Vorcheim u. Cro-
nach, Obrister über ein Reg. zu Fuß und eine Comp.
Husaren, des R. A. O. R. u. Obrist-Wachtm. bey dem
Fränk. Cr. Cüraß. Reg. Erb Schenk des Hoch-Stiffts
Bamberg u. Sen. Famil. G. Sophia Louisa, Joh Phil.
v. Brambach u. Elis. Rebec. v Geismar T. V. 716.
f) Ludw. Carl, g. 19 Jul. 690 † 22 Jul. 727 Fähndr.
bey dem Fränk. Crayß. G. I. Cath. Barb. Joh. Lud. v.
Brandenstein, zu Wüstenstein, u. An. Soph. Mufflin v.
Ermreuth T. II. Jul. |Catb. Johann Julii v. Waldeck
zu Fach, u. Sophiæ Jul. v. Eselsburg T.
Kinder: 1) Frid. Lud. g. 2 Sept. 717 in K. Pr. Kr. Dien-
sten. G. Eleon. Carol. Fried. Christiana, Fried. Julii
v. Schlammersdorff zu Plankenfels u. Soph. Elis. v.
Leiningen T. V. 28 Aug. 738.
Sohn Christoph Siegfr. Heinr. g. 8 Oct. 740. 2) Dor.
Philip. g. 8 Jan. 719 G. Joh. Christian v. Budeweis
V. 739. 3) Maria Sophia.
g) Dietr. Ernst, g. 19 Aug. 692 † 19 Aug. 693. h) Dor.
Sophia, g. 29 Merz 694. G. Adam Heinr. v. Wenck-
heim zu Schwanberg. V. 30 May 719. i) AnnaSophia,
g. 28 May 696. G. Joh. Amand. v. Baschwitz. k) Carl
Diet. Jobst Bernh. Ernst, g. 8 Aug. 698 Teutsch. O.
R. Raths-Gebieter u. Commandeur zu Bernsheim in
der Ballen Altenbisen, Chur-Cölln. Cam. Fstl. Bamb.
Geh. R. Hof- u. Kr. R. Obrister u. Commend. zu Vor-
cheim, u. Obristl. bey dem Fränk. Cr. Guden. Inf. Reg.
Gros Elt. Friedrich, g. 21 Nov. 650 † 18 Jan. 726 Hr.
zu Auffsees, Heckenhoff, Plankenstein u. Zochenreuth,
Lieut. bey dem Fränk. Crayß. Stiffter derer Linien
des Stammhauses zu Auffsees, Seckenhof u. Plan-
kenstein. G. Maria Sabina, Hans Wilh. v. Auffsees
zu Wüstenstein ꝛc. u. Evæ Joh. Fuchsin v. Walburg
T. V. 7 Sept. 676 †.

Bellersheim gt. Stürtzelsheim.

Dieses uralte adeliche zur Mittel-Rheinischen Rs.
Ritterschaft gehörige Geschlecht ist so lange edel, daß
man

Bellersheim gt. Stürtzelsheim.

man seinen Ursprung wegen Abgang richtiger Urkunden die nebst dem Familien-Archiv in dem 30 jährigen Krieg verlohren worden, nicht bestimmen, wohl aber vermittelst einiger alten Lehenbriefe dessen Adelstand über tausend Jahre zurückleiten kann. Ehemals blühete es in 22 Branchen, die sich durch Beynahmen von einander unterschieden u. den grösten Theil der Wetterau bewohnet haben, wovon 21 ausgestorben, und nur noch die einige v. Bellersheim gt. Stürtzelsheim floriret, welche zum Theil die Flecken Muschenheim Münzenberg ꝛc. in der Wetterau besitzet.

Herr. Wilh. Christoph Christian v. Bellersheim gt. Stürtzelsheim, g. 17 Jan. 1720 holländischer Major. G. Annetta Dorot. v. Hofen. V. 21 Jun. 753. R. Muschenheim, in der Wetterau.

Kinder: 1) Joh. Heinr. Phil. Georg, g. 9 † 11 May 754. 2) Wilh. Fried. Ernst, g. 9 Sept. 755. † 30 Sept. 757. 3) Louisa Dor. Sus. Wilh. g. 6 Nov. 756. 4) Phil. Wilh. Amoena, g. 7 Sept. 758. † 16 Jun. 763. 5) Charl. Louisa, g. 10. Jan. 762. † 18. Apr. 774. 6) Ernst Joh. Phil. Fried. g. 17 Feb. 765. 7) Wilh. Hennetta Anton. Erdmuta Carol. g. 14 Sept. 768. 8) u. 9) Amal. Eleon. u. Phil. Amoena, Zwillinge, g. 9 Febr. 770. letztere † 18 Feb. u. erstere † 24 Feb. 770.

Geschwister 1) Ernst Lud. Christian, g. 9 Nov. 708. Hessischer Lieut. † 8 Jun. 770. 2) Anna Dor. Wilh. Eleon. g. 16. Dec. 1709. † 8. Jun. 763. 3) Frid. Joh. Philipp, g. 29 Nov. 712. 4) Louisa Elis. Hel. Franc. g. 19 May † 25 Aug. 715. 5) Fried. Maria Sophia, g. 24 Jan. † 12 Merz 719. 6) Philipp Fried. g. 14 Feb. 724. Holl. Mineur-Hauptm. G. Anna Elis. Phil. Eleonora, Joh. Adolph v. Glauburg u Sibil. Eleon. Henriettæ v. Pappenheim T. V. 28 Nov. 766. R. Münzenberg. 7) Amoena Christina, g. 31 Jul. 726. † 12 Jul. 773.

Eltern: Phil. Heinrich, g. 1 Nov. 688. † 30 Oct. 758. Solms Braunfels. Oberst-Lieut. u. Ob. Forstm. G. Sab. Louisa Augustina v. Schwalbach. V. 23 Aug. 707. † 23 Jul. 747.

Vaters Geschwister: 1) Aug. Casimir, g. 4 May 670. †

12 Aug. 701. Holländischer Hauptm. 2) Amal. Anna Elis. g. 19 Aug. 672. † 4 Nov. 708. G. N. v. Winther zu Kirchayn in Hessen. 3) Florentina Jul. g. 2. † 11 Feb. 674. 4) Joh. Moritz Ernst, g. 7 Feb. 675. † 4 Dec. 696. 5) Charl. Henrietta, g. 4 Merz † 8 Aug. 677. 6) Soph. Elis. g. 10 Apr. † 6 May 678. 7) Magd. Sabina, g. 30 Merz 679. † 7 Oct. 749.

Gros-Elt. Joh. Ernst, g. 5 May 646. † 8 Oct. 729. G. I. N. v. Einsiedel, V. 3. May 669. † 15 Merz 686. II. N. v. Knoblauch, V. 13 Nov. 688. † 18 Jan. 731 ohne Kinder.

Berckheim.

Dieses uralt adelich, Ritter-Stifftmäßig u. Freyherrliche Haus im Elsaß, so mit dem Freyherrlichen Haus Andlau daselbst, einerley Ursprung, und den Nahmen von dem ohnweit Andlau gelegenen Städtgen u. Schloß Berckheim hat, ist bey der Rs. Ritterschaft in Schwaben Orts Neckar Schwarzwald und Ortenau, wie auch bey der Frey-ohnmittelbaren Ritterschaft im Unter-Elsaß immatriculiret, u. besitzet in beyden Ritterbezirken ansehnliche Güther. Es theilet sich in die Linien zu Jebsheim, zu Krautergersheim u. zu Rapoltsweyler.

A. ältere Linie zu Jebsheim.

Freyh. Phil. Fried. v. Berckheim, g. 16 Feb. 731 Hr. zu Schoppenweyher, Jebsheim, Krautergersheim, Junchenheim, Allmänsweyher u. Wittenweyher rc. K. franz. Hauptm. quitt. 755 Zugeordneter einer Frey ohnmittelbaren Ritterschaft im Untern-Elsaß. G. Maria Octavia Louisa, Christian Sigm. Frh. v. Glaubitz u. Franc. Frid. Octaviæ, Freyin v. Landsperg älteste T. V. 9 Jun. 766. R. Strasburg.

Kinder: 1) Fried. Egenolph, g. 3 May 770 † 9 Apr. 772. 2) Carol. Octav. Louisa, g. 22 Oct. 771. 3) Louisa Henr. Soph. g. 16 Dec. 772. 4) Sigm. Frid. g. 9 May 775.
Geschwister: a) Ludw. Eberh. g. 22 Feb. 730 † 28 Jul. 750. zu Jena b) Heinrica Eleon. g. 733 † 744.
Eltern: Ludw Fried. g. 18 Dec. 698 † 22 Apr. 733 G. Joh. Helena, Wolff Phil. Heinr. Fhn. Eckbrecht v. Dürckheim T. V. 22 Sept. 728. † 3 Sept. 752.

Vat.

Berckheim.

Vat. Geſchw. 1) Joh. Eberh. g. 21 May 696 † 25 Feb. 764. G. Fried Dor. Joh. Chriſtoph Fhn. v. Oberkirch T. V. 12 Jan. 722. 2) Eleon. Henrica, g. 26 Oct 701. G. Phil. Fried. v. Berckheim zu Rapoltsweyler

Gros-Elt. Georg Fried. g. 21 Feb. 662 † 26 Jun. 718 Sen. Fam. G. I. Joh. Eliſ. Johann Wolffg. Frh. v. Oberkirch T. V. 691 † 19 Jul. 694. II. Charl. Eliſ. Hans Jac. Fhn. v. Breiten-Landenberg, u. Henricæ Goeldrich v. Sigmarshoffen T. V. 30 Jun. 695 † 2 May 722.

Stifter dieſer Linie: Wilhelm II. Frh. v. B. g. 585 † 665. G. Barb. Freyin v. Remchingen. Er war der älteſte Sohn Egenolphi III. v. B.

B. Mitlere Linie zu Krautergersheim.

Freyh. Egenolph Sigism. v. Berckheim, g. 27 Sept. 694. Sen. Fam. K. Franz. Obriſt-Lieut. u. des K. Franz merite militaire O. R. Hr. zu Krautergersheim, Junchenheim u. Jebsheim. G. I. Franc. Freyin von Landsperg, † 732. II. Sophia Forſtner v. Dambenois.

Tochter: Eva Louiſa Eliſ. g. 731.

Geſchwiſter: 1) Fried. Rudolph, g. 687 K. Franz. Hauptmann. †. G. Louiſa, Fhn. Jac. Fried. v. Bock, u. Mar. Urſ. Freyin Zorn v. Bulach T.

Tochter: Mar. Anna Sophia, g. 727 † 732 Stiftsd. der weltl. RS. Fürſtl. Abtey zu Andlau.

2) Cath. Barb. g. 690. † G. N. Fhr. von Berenfels.

3) Franz Samuel, g. 707 K. Franz. Obriſt der Cavallerie, des K. Franz. O. du merite militaire, u. des R. A. O. R. Zugeordneter einer Frey ohnmittelb. Ritterſch. im Untern Elſaß, Städtmeiſter zu Strasburg u. der daſigen Univerſität Canzlar. G. Eleon. Charl. Suſ. Samſon Ferd. Fhn. v. Landſperg, u. Octav. Sab. Freyin v. Bernhold T. V. 749 † 750.

Eltern: Chriſtian Eberhard, g. 636 † 708 K. Franz. Hauptm. u. Rit. K. der immediaten Ritterſch. im Untern Elſaß. G. I. Mar. Euphroſina. Bechtold Fhn. Waldner v. Freundſtein u. Reg. Freyin v. Mittelhäſen T. V. 25 Oct. 660. II. Cath. Freyin von Landsperg, † 746.

Berckheim.

Gros-Elt. Hans Rudolph II. g. 587 † 664 K. Rittm. u. hernach Rit. R. der Ritterſch. im Untern Elſaß. G. I. Suſ. Barb. Michael, Fhn. v. Nippenburg u. An. Mar. Freyin v. Aſchamen T. II. Eliſ. Freyin v. Stein.

Stifter dieſer Linie: Ebengedachter Hans Rudolph II. Egenolphi III. zweyter Sohn.

C. Jüngere Linie zu Rappoltsweyler.

Freyh. Ludw. Carl v. Berckheim, g. 4 Jan. 726. Hr. zu Krautergersheim-Junchenh. Allmansweyher u. Jebsheim, Mgr. Baad. Geh. Reg. R. u. Landvogt der Landgraffſchaft Sauſenberg u. Herrſchaft Röteln G. Franc. Louiſa, ChristianSig. Fhn. v. Glaubitz u. Franc. Frid. Octav. Freyin v. Landſperg jüngſte T. V. 5 Oct. 773.

Sohn: Carl Chriſtian, g. 12 Aug. 774.

Geſchwiſter: 1) Fried. Carol. g. 7 Jul. 722 † 4 Sept. 744. 2) Eliſ. Charl. g. 10 Oct. 723. G Phil. Reinh. Fhr. v. Berſtett. 3) Dor. Wilh. Louiſe Joh. g. 15 Jan. 728. 4) Chriſtian Ludw. g. 6 Jul. 729 K. Franz. Commendant von dem Reg. Royal-Deuxponts, des pour le merite militaire O. R. quit. 76. G. Soph. Jacobea, Wolffg. Chriſtoph, Fhn. v. Rathſamshauſen zu Ehenweyher, u. Chriſtianæ Dor. Freyin v. Hexing T. V. 20 Feb. 764.

Kinder: a) Carol. Soph. g. 19 Apr. 765 † 27 Jun. 769. b) Carol. Chriſtiana, g. 26 Jun. 766 † 20 Dec. 766. 5) Wilh. Aug. Eleon. Soph. 29 Aug. 732. G. Franz Ludw. Waldner v. Freundſtein. V. 751.

Eltern: Phil. Fried. g. 17 May 686 † 3 Oct. 733 Hanau Lichtenberg. Geh. R. Reg. u. Rent-Cammer-Präſid. zu Buchsweiler, auch Ob. Amtm. zu Lichtenau u. Willſtett Sen. Fam. G. Eleon. Henrica, Georg Fried. Fhn. v. Berckheim zu Jebsheim, u. Charl. Eliſ. Freyin von Breiten-Landenberg T. V. 20 Feb. 721 † 25 Apr. 762.

Vat. Schweſter: Eleon. Eliſ. g. 31 Dec. 681 † 714. G. Phil. Jac Fhr. v. Berſtett.

Gros-Elt. Joh. Wilh. g. 20 Oct. 652 † 26 Nov. 723. Sachſ. Weimar. Obriſtwachtm. G. Joh. Eliſ. Philipp Jac. Fhn. Wurmſer v. Vendenheim u. Agathæ Eliſ. Freyin

Freyin von Bernhold T. V. 18 Jun. 677. † 10 Feb. 706.

Stifter dieser Linie: Egenolph IV. Egenolphi III. jüngster Sohn.

Stammvater derer drey Linien: Egenolph III. g. 552 † 24 Dec. 629; welcher Marg. Freyin v. Lichtenfels zur Gemahlin hatte.

Berga.

Dieses alte Sächsische Haus wird zur Rs. Rittersch. an der Altmühl gerechnet, weil es das Rittergut Zwernberg, welches demselben incorporirt ist, besitzet. Dermahlen blühen zwey Linien davon, nehmlich die ältere in Thüringen und die jüngere in Franken, wovon der ordentliche Stammherr Siegmund v. Berga nebst seiner Gemahlin Ottilia von Spitznaß Anno 530 lebte.

I. ältere Linie in Thüringen.

Herr Georg Heinr. v. Berga, Ebhr. zu Wechmar, Vargel u. Weidensee, Sachs. Goth. Obrister. G. Erdmuta Eleon. Sophia, Adolph Benj. v. Theler, Ebhn. zu Wohla, Jana und Gersdorff, u. Mariæ Soph. Thumsin, a. d. H. Franckenhausen T.

Geschwister: 1 Joh. Justus, Fstl. Hohenzoller. Ob. Jägerm. zu Hechingen, †. 2) Anna Sophia, G. Joh. Georg v. Uttenrod, Sachs Goth. Obrister. 3) Francisca Eleonora Ernestina, † 745. G. Georg Ernst Holzschuher v. Aspach auf Harlach, in Sachs. Goth. Kr. Diensten, g. 708. V. 733. 4) Jul. Eleon. G. Anton Lud. v. Kraft zu Ingersleben. 5) Eva Joh. Marg. †. G. Joh. Wilh. v. Bülzingslöwen, Sachs. Weisenfels. Amtshauptm. zu Haynroda. 6) Joh. Maria Christiana Soph. G. Hans Ulr. Aug. v. Döring zu Nehmiz.

Eltern: Georg Otto, † 1 May 722 Hohenloh Neuenstein. R u. Ob. Amtm. zu Ordruff, Stiffter der Linie in Thüringen. G. I. Anna Sophia v. Gleichen, a. d. H. Ingersleben. II. Anna Marg. v. Thüna zu Molzdorf.

Vat. Geschw. 1) Justus, Fstl. Münster. Major, †. G. Anna Soph. v. Buttlar, 2) Wolg. Ernst, (Siehe die Linie in Franken.) 3) Veronica †. G. Joh. Fried. von Wangenheim zu Sonnenborn. Gros=

Gros=Elt. Joh. Christoph, lebte Anno 625. 645. 650. G. Maria Magdalena, Wolffg. Dietr. v. Volgstätt, u. Reginæ Mar. v. Zengen T.

II. Jüngere Linie in Francken.

Herr Carl Fried. Benj. v. Berga, Erbh. zu Wechmar, Vargel, Zwernberg u. Weidensee.

Eltern: Ludw. Ernst, g. 687† 735. G. Soph. Dorothea, Heinr. v. Wackerbart, u. Christinæ Dor. Jul. v. Crailsheim T.

Pat. Geschw. a) Joh. Ernst, g. 19 Oct. 684 † 11 Apr. 696. b) Frid. Ernst, g. 685 Kaiserl. Lieut. † in der Bataille bey Villa Franca. c) Christian Ernst, g. 12 Oct. 692 Domh. zu Arlesheim bey Basel. d) Joh. Ernst, g. 19 Oct. 696 Onolsbach. Camh. u. Reiß=Stallm. †. G. Aug. Sophia, Frid. v. Gemmingen zu Meyenfels, u. Sophiæ Marg. v. Gemmingen, a. d. H. Burg, T. g. 704. V. 724.

Kinder: 1) Louisa Aug. g. 31 Jan. 725 † 745. 2) Frid. Aug. Maria Louisa, g. 24 Jul. 726. 3) Eleon. Magd. g. u. † 727. 4) Carl Fried. Ludw. Ernst, g. 13 Apr. 728 † 20 Jul. 729.

Gros=Eltern: Wolffg. Ernst, g. 645 † 731 Würtemb. Camh. u. Ober=Stallm. (Stiffter der Linie in Francken) G. I. Christiana Elis. Otto Wilh. v. Diemar, u. Christinæ Sab. v. Bastheim T. V. 683 † 705. II. Philip. Louisa Biedenbachin v. Treuenfels. V. 716 †

Berlichingen.

Dieses ist ein uralt Fränkisch Reichs Freyes Turnier= Ritter= u. Stifftmäßiges Geschlecht, welches seinen Sitz u. vornehmste Güther in u. um den Ottenwald wie auch in der Gegend Windsheim hat. Es führet seinen Nahmen von dem alten Schloß u. Stammhauß Berlichingen, so unterhalb des Klosters Schönthal befindlich, heutiges Tags aber theils denen Hrn. v. Berlichingen selbsten, theils auch ebengedachtem Closter zuständig ist. Es besitzet die Schlösser u. Dörfer Berlichingen, Eichholzheim, Eschenau, Hagenbach, Helmstädt. Hödigenbeyern, Jarthausen, Illesheim, Korb, Kottschach, Merchingen, Milz,

Neuen=

Berlichingen.

Neuenstätten, Olhausen, Roßach und Sennfeld, welche sämtlich dem Rs. Ritter-Canton Ottenwald einverleibt sind, und ist Hans v. B. der Freche genannt, ordentlicher Stammvater aller jetzt florirenden Herren dieses Geschlechts.

Linie zu Illesheim.

Freyh. Joh. Carl v. Berlichingen, Hr. auf Illesheim, Korb, Hagenbach, Hettigenbeurn ꝛc. Kaiserlicher und des Rs. Ritter Canton Ottenwald Rit.R.g. 23 Sept. 720 R. Illesheim bey Windsheim.

Geschwister: 1) Sophia Maria, g. 713 2) Sophia Charl. g. 20 Aug. 714. 3) Magd. Cath. g. 716. 4) Johann Reinh. Bernh. g. 30 Nov. † 2 Dec. 723. 5) Carl Lud. Phil. g. 1 Apr. 725. 6) Ernest. Maria, g. 15 Jan. 727. 7) Fried. Wilh. g. 7. † 12 Feb. 728. 8) Carl Christian Fried. g. 1. Jun. 732.

Eltern: Jacob Christian Ernst, g. 6 Nov. 672. † Brand. Culmbach. Geh. Kr. R. Ob. Amtm. zu Hohenegg u. des K. A. O. R. G. Joh. Charlotta, Joh. Christoph, Fhn. v. Kunsberg u. Mariæ Franciscæ Freyin v. Lützelburg T. g. 1 Feb. 692. V. 16 Febr. 712. †.

Vaters Geschwister: a) Joh. Heinr. Moritz, g. 26 Sept. 675. † 738. Fstl. Würzburg Obrister u. Stammherr einer Linie zu Unter-Eicholzheim. G. I. Eva Maria Juliana, Hans Phil. v. Berlichingen zu Roßach ꝛc. u. Mariæ Magd. v. Helmstadt T. V. 14 Sept. 711 †. II. Benigna Maria Albertina, Christoph Albr. v. u. zu Adelsheim ꝛc. u. Mariæ Jul. Freyin v. Stein zu Nassau T. g. 673 †.

Kinder: 1) Joh. Philipp, g. 9 Jul. 712. † 13 Feb. 713. 2) Frid. Carl, Kais. Lieut. g. 713 † 735. 3) Frid. Wilh. g. 715 in Würzburg. Kr. Diensten. G. Louisa Amalia, Joh. Walthers v. Sternfels u. Charl. Louisæ v. Bettendorf T. V. 742.

b) Joh. Robert, g. 5 Apr. 678. † 16 Merz 705. Kais. Legat. Cavalier. c) Cath. Soph. Jul. g. 25 Sept. 681 † 13 Jun. 688. d) Agnes Magd. Felicitas, g. 5 Feb. † 11 Merz 686. e) Carl Heinr. g. 23. Sept. 687. † 12 Jan. 688.

Gros-Eltern: Joh. Ernst, g. 647 † 28 May 718. Hr. zu Illesheim, Hödigenbeuern, Korb u. Hagenbach ꝛc. G. Elisab. Bärin v. Bärenburg, aus Oesterreich, Heinr. Albr. v. Berlichingen W. † 28 Oct. 717.

Beroldingen.

Dieses Freyherrliche (ursprünglich aus der Schweiz herstammende Turnier-Ritter- und Stifftmäßige Haus, hat seinen Nahmen von einem uralten Schloße, wobey eine Capell und gestifftete Pfründe, gleiches Nahmens auf dem Seeligsberg bey Altdorff dem Regierungs-Ort der Eydgenossenschaft Ury ist. Sonst theilete es sich in fünf Linien, welche aber bis auf die zu Gündelhart erloschen. Gegenwärtig ist es dem Schwäbischen Rs. Ritter-Canton am Högau u. Algau einverleibt, u. ist Andreas v. Beroldingen, der um das Jahr 477 bekannt war, der ordentliche Stammherr aller heut zu Tage lebenden Herren dieses Hauses. Ein mehreres S. in dem Handbuch von 776.

Freyh. Joseph Anton II. v. Beroldingen, g. 10 Aug. 703 Hr. zu Gündelhart, Hürhausen, Berenburg ꝛc. wurde 743 zum Director von der unmittelbaren Freyen Rs. Ritterschaft Landes in Schwaben, Orts am Algau, Högau u. Bodensee erwählet. G. I. Maria Anna, Freyin v. Roll zu Bernau. II. Maria Febronia, Freyin v. Freyberg u. Eisenberg. R. Gündelhart bey Strasburg.

Kinder: 1) Maria Ursula, g. 1 May 734. G. Joh. Phil. v. u. zu Razenried. 2) Maria Anna, g. 18 Aug. 735 † Stifftd. in dem adel. Freyweltlichen Stifft Edelstätten. 3) Maria Antonia, g. 20 Merz 737 Aebtißin in dem Adel. Closter zu Frauenwald St. Benedicti O. 4) Joseph Anton Sigm. g. 9 Sept. 738 Capitularh. zu Speyer u. Hildesheim, Ritterh. in der Ritterschaft Odenheim, Probst der Collegiat-Stifter ad St. Johannem & Guidonem zu Speyer, Archidiac. zu Nettlingen, Geh. R u. Cam. Präsid. zu Speyer. 5) Franc. Cœlestin, g. 8. Oct. 740 Domh. zu Hildesheim. 6) Maria Walpurga, g. 15 May 742. †. G. Phil. Eberh. Mohr v. Wald, gt. Etler, †. 7) Ignat. Joseph, g. 31 Dec.

Beroldingen.

Dec. 744 Domh. zu Speyer u. Hildesheim, Ritterh. in der Fſtl. Ritterſch. Murbach u. Archidiac. zu Elze. 8) Conrad, g. 28. Oct. 746 Domh. zu Coſtanz. 9) Leopold, g. 30 Aug. 748 Teutſch. O. R. in der Ballen Etſch u. am Geburg. 10) Maria Ottilia, g. 13 Dec. 749. G. Phil. v. Neuenſtein. 11) Paul Joſeph, g. 19 May 754.

Geſchwiſter: Franz Cœleſtin, g. 2 Jan. 705 Domh zu Coſtanz u. Domcuſtos † 757. 2) Marquard, g. 30 Jan. 706 Domh. zu Regensburg 3) Sebaſtian, g. 28 Nov. 708 Ritterh. u. Cantor des Fſtl. Ritterſt. zu Murbach, † 4) Maria Anna, g. 17 Jul. 710 †. G ChriſtophGiel v. Gielsberg, †. 5) Franz Otto, g. 21 Apr. 713 Ritterh. u. Gros=Decan des Fſtl. Ritterſt. Murbach. 6) Leopold, g. 17 Nov. 715 Domh. u. Dom=Decan zu Paſſau, †. 7) Maria Xaveria, g. 26 Nov. 718. G. Joſeph Anton, Fhr. v. Hornſtein. 8) Maria Barb. g. 8 Merz 720 Stifftd. in dem Fſtl. Stifft Seckingen. 9) Joſeph Maria Gabriel, g. 18 Merz 723 Domh. zu Coſtanz.

Eltern: Joſeph Anton, I. † 16 Sept. 744. G. Maria Barb. Roth v. Schröckenſtein. †

Vat.Geſchw. 1) Maria Regina, † 730 gieng in das Cloſter Paradeis, Ord. St. Franciſci, u. wurde 720 Aebtißin. 2)Joſ. Anton. 3) Franz Caspar, † in Kaiſ. Kr. Dienſten in der Schlacht bey Marſal den 4 Oct. 693. 4) Cæleſtinus, begabe ſich in die uniirte Fürſtl. Stiffter Murbach u. Luders St. Bened. Ord. welche in der Folge in ein Welt-Geiſtl. Fſtl. Ritterſtift verändert worden, u. wurde Anno 704 zum Coadjutor daſelbſt erwählet, trat nach Abſterben ſeines Vorgängers Philippi Eberhardi Fürſtens v. Löwenſtein im Jahr 720 die Regierung an, u. erhielte ſomit dortig Fſtl. Abbatial= Würde, † 737, nachdem Er ein ſehr gottſelig· und im ganzen Elſaß bekanntes ruhmvolles Leben geführet hatte.

Gros=Elt. Caspar Conrad, † 21 Jul. 702. G. I. Anna Sib. v. Liebenfels. II. Anna Maria v. Beroldingen, a. d. H. Sonnenberg.

Beulwitz.

Dieses ursprünglich Schwarzburg= u. Voigtländische uralte Turnier= Ritter= und Stiftsmäßige Haus, wovon schon Anno 1569 Dieterich v. B. Ritter-Hauptm. bey dem Rs. Ritter-Canton Gebürg war, ist von den alten Sorben entsprungen, die sich an der Saale niedergelassen. Sein Stammhaus Beulwitz war ein Fürstlich-Schwarzburgischer ohnweit Jena gelegener Ort und Lehen. Der Stammherr ist Hartmudus oder Hartmundus, v. u. zu B. Schwarzb. Rudolstädt. Rath u. Castellan, so 1265 gelebet, von welchem man die richtige Abstammung bis jetzo darthun kann. Es theilet sich in 2 Haupt-Branchen, wovon die ältere, die Schwarzburg- die jüngere aber die Voigtländische genennet, und beyde sich in verschiedene Linien abtheilen. Gutta v B. war 1200 Closterfrau zu Ilm im Weimarischen, Albrecht v. B. J. V. D. war 1342 Dom=Capitularherr des hohen Domstiffts zu Naumburg, Conrad v. B. 1383 Johannit. Ord. Rit. u. Dieterich v. B. 1420 Capitularherr des hohen Dom=Stiffts zu Meissen und Naumburg. Das mehrere S. in dem Handbuch von 1777.

I. ältere oder Schwarzburg. Haupt=Linie.
A. zu Löhma.

Herr Fried. Ernst v. Beulwitz, auf Stöben ꝛc. g. 11 Apr. 705 Hzl. Weimar. u. Eisenach. erster Camj. Obrist-Wachtm. Rit. des K. Pr. O. de la Generosité u. Sen. Fam. G. Jul. Charlotta, Phil. Albr. Fhn. v. Gaisberg, u. Sib. Cath. v. Imhoff, a. d. H. Kirchentellinsfurth T g. 18 May 711. V. 13 Jan. 746.

Kinder: 1) Aug. Carl Phil. g. 2 Jun. 747 zu Weimar, Mgr. Baad. Hof=J. u. erster Premieur Lieut. bey dem Leib Grenad. Corps zu Carlsruhe. 2) Ernst Christian, g. 20 Dec. 748. 3) Frid. Louisa, g. 22 Jun. 751. 4) Joh. Heinerica, g. 22 Aug. 756. G. Gustav. Ferdin. Wilh. v. Biedenfeld, Würtemb. Camj. u. Hauptm. bey der Leibgarde zu Fuß. V. 15 Jul. 776.

Geschwister: a) Soph. Frid. Aemil. g. 691 † 25 Oct. 733 G. Joh. Aug. Graf v. Kospoth, auf Schildbach, Reuss-Plaui-

Beulwitz.

Plauischer Hauptmann u. Kr. Marsch-Commissarius. V. -11 † 743. b) Anna Sophia. g. 18 Dec. 698 † Sachsen Zeitzische Hofd. zu Schleisingen. c) Albr. Anton. g. 15 Apr. 697 Würtemb. w. Camh. Ritm. u. des K. Pr. de la Generosité O. R. † 22 Nov. 751. G. Charl. Aug. v. Hoff. V. 27 Nov. 731 † 12 Jul. 756.

Kinder: 1) Ludw. Fried. Carl, g. u. † 733. 2) Joh. Heinr. Albrecht, g. 737 K. Pr. Premieur-Lieut. 3) Aug. Carl Heinr. g. 30 Apr. 739 Würtemb. w. Camh. u. Obrist-Lieut. bey der Leibgarde zu Fuß. 4) Ludw. Anton, g. 6 Nov. 742 Würtemb. Camj. u. Hauptm. G. Christiana Charl. Fried. v. Neubronn, g. 31 Merz 753. V. 30 Apr. 772.

    Kinder: aa) Ludw. Christian, g. 11 Aug. 773. bb) Joh. Carol. ChristianaFrid. g. u. † 774. cc) Franz Joh. Carl Christian, g. 27 Dec. 775. dd) Carl Aug. Gottlob, g. 9 Apr. 1777.

5) Carl Fried. † 1 Jun. 755. 6) Aug. Günther Heinr. g. 747 Hof-Cavalier bey der regierenden Frau Herzogin zu Würtemberg.

d) Jul. Dor. g. 26 May 700 † 731. G. Joh. Fried. v. Thüna, Sachs. Eisenach Hauptm. V. 722. e) Christiana Elis. g. 26 Jul. 702 † 735. G. Aug. Heinr. v. Thüna, Sachs Weisenf. u. Eisenach. Camj. V. 725. f) Wilh. Heinr. g. 706 † jung.

Eltern: Heinr. Christoph, Erb-Lehn- u. Gerichtsherr auf Löhma, Eichicht, Schala, Stetten u. Griesheim, Schwarzburg-Rudolstädt. Haushofm. g. 642 † 710. G. I. Sophia Frid. v. Bendeleben, II. Aemil. Juliana, Nic. Ernsten v. Güntherodt auf Zoppten u. Volckstädt ꝛc. u. Helenæ Doroth. v. Zehmen T. a. d. H. Elodra, g. 28 Dec. 672. V. 4 Jun. 696 † 20 Jan. 740.

Vat. Geschw. a) Reg. Barb. g. 653 † 720. G. Veit Christian v. Beulwitz, auf Eichicht ꝛc. b) Gottfr. Christian, † G. Cath. Magd. Christoph Adams v. Reizenstein, auf Hohenberg u. An. Barb. v. Zettwitz a. d. H. Neuburg T. g. 22 Apr. 658. V. 20 Nov. 693. †.

Kinder: Eleonora, g. 699. lebt zu Oedinburg in Ungarn. G. Hans Georg v. Reizenstein K. K. Hauptm. g. 692.

692 † 4 May 744. in Pavia. V. 1 Jan. 724. 2) Ludw. g. 698 K. K. Major. † ik Ungarn 738. 3) Christoph Ernst, g. 694 † 757. K. Dänisch w. Geh. Conferenz R. Canzlar des Herzogth. Hollstein, des Dannebrog= u. de l'union parfaite O. R. G. I. Bibiana Heinr. Joh. Christoph v. Wallbrunn, auf Partenheim u. Eberh. Heinr. v. Stockheim T. V. 16 Aug. 725 † im ersten Kindbett. II. N. N. v. Warnstædt, K. Dän. Hofd. V. 30 Jul. 743.

Kinder: 1) Ernst Alexander, ⚔ ledig. 2) Sophia Heinr.

Gros=Elt. Hans Christoph, lebte noch 1653 †. Schwarz= burg. Rudolstädt. Ob. Forstm. G. Eva Maria, Hans v. Zettwiz, auf Neuberg u. Joh. Rollenhœfer v. Bur= ckersdorff T. †.

B. zu Burg=Lemnitz.

Herr Wilh. Ludw. v. Beulwitz, g. 30 May 742 Herz. Würt. Camh. u. Major bey der Leibgarde zu Fuß.

Geschwister: 1) Berhardina Christiana Wilh. g. 746. G. N. v. Wurmb, Schwarzb. Rudolstädt. Haus= Mar= schall. 2) Frid. Elis. Louisa, g. 16 Oct. 748 StiftsD. zu Rudolstadt. 3) Joh. Frid. g. 21 Sept. 750 † 773. Nassau=Saarbr. Ob. Jägerm. zu Saarbrücken.

Eltern: Ludw. Frid. auf Burg=Lemnitz, g. 8 Jul. 703 † 757 Schwarzb. Rudolstädt. Camj. u. Obrister. G. Wilh. Christina Elis. Georg Christoph v. Beulwitz, auf Löhma u. Eichicht, u. Mariæ Elis. v. Dobeneck auf Kaulsdorf T.

Vat. Geschw. 1) Aemilia Sophia, g. 25 Feb. 701. 2) Georg Frid. g. 15 Merz 705 † jung. 3) Aug. Aemil. g. 13 May 707. G. N. v. Haacken. 4) Moritz Adolph, g. 15 Jun. 708 Chur=Sächs. Major des Prinz Xaver. Reg. 5) Juliana Heinr. g. u. † 709. 6) Soph. Ernest. g. 15 Jan. 711. 7) Antonia Charl. g. 12 Jun. 712. 8) Christoph Carl. g. u. † 714. 9) Soph. Jul. g. 18 Oct. 717. 10) Heinrich Ernst, g. 719 war anfänglich Page zu Stuttgard.

Gros=Elt. Wolffg. Conr. g. 657 † 26 May 723. Schwarz= burg. Rudolst. Obrister. G. Jul. Susanna Heinr. Wilh.

von

Beulwitz.

von Beulwitz zu Grießheim, u. Sophiæ Suſ. v. Dobeneck auf Kaulsdorf T. †.

C. zu Grießheim.

Herr Anton Ludw. v. Beulwitz, g. 7 Nov. 708 wurde 736 Kaiſ. Lieut.

Geschwister: a) Aug. Soph. Magd. g. 30 Oct. 711 †. 4 Nov. 746. G. Ernſt Frid. v. Knckpuſch, Schwarzb. Rudolſtädt. Cam̃. und Reiſe Stallm. V. 30 Oct. 732. b) Frid. Eliſ. g. 8 Merz 714. c) Albr. Wih. Ernſt, g. 6 Apr. 715 † 22 Merz 756 Hofmeiſter u. Cam̃. bey der Prinzeßin zu Neuſtadt an der Linde. G. Chriſtina Jul. Moſer v. Vilſeck, † 751.

Kinder: 1) Carl Fried. g. 30 May 743 † jung. 2) Aug. Ludw. g. u. † 744. 3) Wilh Frid. Louiſa, g. 11 Oct. 745 Hofd. zu Neuſtadt an der Linde. 4) Carol. Frid. Dor. g. 10 Apr. 747. G. Carl Aug. Fhr. v. Palm, Hzl. Würt. Camh. u. Maj. V. 24 Sept. 775. 5) Wilh. Ludw. u. 6) Chriſtian Ludw. † in der Kindheit.

d) Wilh. Chriſtiana, g. 24 Jan. 717. e) Chriſtian Aug. g. 15 Nov. 718. f) Henrietta Magd. g. u. † 720. g) Aemilia Jul. g. u. † 722 (aus zweyter Ehe) h) Ernſt, g. 22 Dec. 728. i) Albertina Frid. g. 13 Jul. 730. k) Joh. Frid. g. 17 Jan. 733.

Eltern: Wilh. Ludw. g. 6 Apr. 681 †. G. I. Aug. Aemilia, Nicol. Ernſt v. Güntherodt auf Zoppten ꝛc. u. Eliſ. Magd. v. Rauſchenblatt a. d. H. Sellenſtädt, T. g. 11 Dec. 690. V. 3 Jan. 708 † 3 Dec. 723. II. Soph. Helena, Georg Ulr. v. Beulwitz zu Rottleben T. g. 21 Apr. 697. V. 23 Apr. 727.

Vat. Geſchw. a) Adam Frid. † 1 Apr. 705. G. Chriſtiana Magd. Joh. Carl v. Boſe, u. Chriſtinæ Sib. v. Schönfeld, a. d. H. Breitenherda T. V. 698 †.

Tochter: Soph. Eliſ. g. 700. G. Joh. Frid. Freyh. v. Noſtitz, Kaiſ. Obriſt u. Commendant eines Würtenberg. Infant. Reg. V. 735.

b) Agn. Magd. g. 1656. † 721. G. Caſp. Chriſtoph v. Reitzenſtein auf Wölborn g. 21. Feb. 655. † 737 c) Amalia, † 10 Apr. 735. G. Hans Albr. v. Brandenſtein auf Rockendorf u. Krölta. d) Erdmann Frid. † 16 Jahr alt.

alt. e) Jul. Suf. g. 679 †. G. Wolff Conr. v. Beulwitz
zu Burg Lemnitz.
Gros-Elt. Heinr. Wilh. g. 621 † 19 Febr. 701 Schwarz-
burg Rudolstädt. Hof-Wittums-Junker. G. I. Agnes
Genoveva v. Hilldorf, a. d. H. Hirschdorff. II. Soph.
Susanna, Sigm. Ludw. v. Dobeneck auf Kaulsdorf ꝛc.
u. Cordulæ Joh. v. Schaumberg, a. d. H. Schaumberg
T. g. 12 Jun. 652. V. 9 Jul. 678 † 30 Apr. 723.

D. zu Rottleben.

Herr Wilh. Frid. v. Beulwitz, g. 5 Sept. 722 Herz. Co-
burg-Saalfeld. Hof- u. Reg. R. G. N. N.
Geschwister: 1) Joh. Frid. g. 5 Dec. 720 † ledig zu Eger
746. 2) Frid. Louisa, g. 16 Dec. 721 † 11 Nov. 722. 3)
Soph. Louisa, g. 13 May 724. G. Carl Christoph v.
Biela. V. 745. 4) Ludw. Frid. g. 30 Sept. 725 † jung.
5) Georg Frid. g. 23 Aug. 727 † 12 Nov. 732. 6) Carl
Frid. g. 28 Dec. 729. 7) Christiana Louisa, g. 731.
Eltern: Anton Frid. g. 29 Jan. 692 † Schwarzb. Rudolst.
w. Geh. R. Canzlar u. Confistorial Præsid. zu Fran-
kenhausen. G. Louisa Suf. Georg Conr. v. Branden-
stein auf Positz. u. Mariæ Suf. v. Beust, a. d. H. Lan-
gen-Orla T. g. 27 Nov. 698. V. 14 Jan. 720 †.
Vat. Geschw. a) Joh. Frid. g. u. † 694. b) Christina Dor.
g. 1 Aug. 695 †. G. Hans Wilh. v. Beulwitz auf Pis-
gramsreuth. V. 25 Jul. 719 † c) Sophia Helena, g.
21 Apr. 697 †. G. Wilh. Ludw. v. Beulwitz auf Griess-
heim †. d) Joh. Frid. g. 10 Aug. 698 † 12 Feb. 726. e)
Joh. Georg, g. 30 Apr. 700 Sachsen-Merseburg. Hof-
u. Justitz-R. †. G. I. Louisa Charitas, Freyin v. Zech.
V. 1 Jan. 728 † 29 Dec. 729. II. Marta Carol. Georg
Carl v. Pflug auf Ehrenhayn u. Joh. Henriettæ v. Bü-
nau, a. d. H. Lichtenwalde T. V. 2 Jul. 729.
Kinder: (1ter Ehe) 1) Carl Wilh. Ludw. g. 27 Dec.
728. (2ter Ehe) 2) Maria Sophia, g. 28 Apr. 730 † 731.
3) Christiana Heinr. g. 18 May 731 † 732. 4) Henriet-
ta Elis. Carol. g. 14 Apr. 733. 5) Joh. Wilh. g. 5 Mertz
735.
f) Maria Cath. g. 20 Jul. 703 † 9 Mertz 769. G. Christian
Ulr. Fhr. v. Ketelhodt, Fürstl. Schwarzb. Rudolstädt.
w.

Beulwitz.

w.Geh.R.Canzlar ꝛc. v. 25 Nov. 729. g) Anton Heinr. † in der Kindheit.

Gros-Eltern: Georg Ulrich, Schwarzb. Rudolstädt. w Geh. R. Canzlar u. Consistorial-Præsid. g. 22 Sept. 661 † 14 Oct. 723. G. Martha Cath. Hans Otto von Brandenstein auf Oppurg u. Doroth. Elis. v. Steinsdorf, a. d. H. Ober-Böhmersdorf T. g. 24 May 664. v. 4 Jan. 691 †.

    E. zu Löhma und Eichicht.

Herr Christian Erdm. Frid. v. Beulwitz auf Eichicht, g. 15 Merz 722.

Schwester: Wilh. Christiana Elis. g. 18 May 720. G. Ludw. Frid. v. Beulwitz auf Burglemnitz.

Eltern: Georg Christoph, Schwarzb. Rudolstädt. Camj. u. Ob. Forstm. zu Leutenberg, g. 11 Jul. 695 †. G. Maria Elis. Christoph Erdm. v. Dobeneck auf Kaulsdorf u. Mariæ Christinæ v. Beulwitz, a. d. H. Rottleben T. g. 10 Jul. 696. †.

Vat. Geschw. S. der Linie D. Vat. Geschwister.

Gros-Eltern: Veit Christian, Schwarzb. Rudolstädt. Ob. Forstm. g. 30 Jan. 663 † 1 Apr. 733. G. Reg. Barb. v. Beulwitz, a. d. H. Löhma †.

    II. Jüngere oder Voigtländische Hauptlinie.
    F. zu Dobenreuth, Obern-Theils und Neuhauß.

Herr Gottl. Erdm. v. Beulwitz, auf Dobenreuth, Oberntheils u. Neuhauß, g. 26 Sept. 741.

Geschwister: 1) Heinr. Louisa, g. 25 Aug. 730. 2) Ad. Heinr. g. 18 Jul. 732 † 733. 3) Erdm. Heinr. g. 20 Dec. 734 † 1 Nov. 740. 4) Louisa Christiana Frid. g. 28 Dec. 735. G. Heinr. v. Weldeck. V. 1 Jun. 757. 5) Heinr. Wilh. g. 3 Apr. 737 in K. Pr. Kr. Diensten. 6) Joh. Soph. g. 20 Sept. 739. 7) Christiana Sophia, g. 25. Jan. 743 † 13 Jan. 749. 8) Christiana Jul. Magd. g. 4 Nov. 745. 9) Heinr. August, g. 7 May 747.

Eltern: Joh. Heinr. g. 19 Dec. 702 † 26 Sept. 748 Brandenb. Culmb. Obrist-Lieut. Commendant, Cami. u. edler Ritter Lehen-Gerichts-Assessor. G. Christiana Soph. Wolff Heinr. v. Feilitsch, u. Erdmuthæ Louisæ v. Beulwitz T. aus dem Hause Töpen.

Vat. Geschw. 1) Christ. Magd. † G. ChristophFrid. v. Lengefeld auf Laaßen ꝛc. †. 2) Soph. Magd. g. 17 Jun. 716. G. Heinr. Christian v. Feilitsch auf Tanhof. 3) Frid. Wilh. g. 17. Jun. 705 Brandenb. Culmb. Hauptmann. G. I. Joh. Dorothea, Alban Heinr. v. Dobeneck auf Kirschkau. u. Eleon. Jul. v. Langenhagen, a. d. H. Böhmsdorff T. II. Anna Sophia, Christoph Heinr. v. Oberniz auf Bucha ꝛc. u. Aemil. Jul. v. Dobeneck, a. d. H. Kaulsdorff T.

Kinder: 1) Heinr. Frid. g. 731 Camj. u. Hauptm. zu Anspach. 2) Joh. Wilh. gieng in Culmbachische Dienste.

Gros-Elt. Georg Adam, g. 29 Sept. 676 † 31 Jan. 727. G. Erdmutha Maria, Ad. Heinr. v. Beulwitz auf Dobenreuth, Unterntheils ꝛc. u. Annæ Sophiæ v. Kospodt, a. d. H. Franckendorff T. g. 671 † 720.

G. zu Dobenreuth Untern-Theils.

Herr Erdm. Heinr. v. Beulwitz, auf Dobenreuth, Untern-Theils, Schwand u. Kemmeten, g. 7 Nov. 710. G. Christiana Charl. v. Raaben.

Kinder: 1) Heinr. Christoph. 2) Frid. Aug. 3) Ernst Heinr. 4) Maria Charl.

Geschwister: a) Christoph Heinr. g. 28 Merz 712 †. b) Erdm. Fried. g. 17 Dec. 713.

Eltern: Erdmann Frid. g. 689 † 716 Brand. Culmb. Camj. u. Hauptm. G. Christiana Magd. Alban Heinr. v. Dobeneck auf Kirschkau T.

Vat. Schwester: Erdmutha Maria, g. 671 † 720. G. Georg Adam. (S. die Gros-Eltern der Linie F.)

Gros-Elt. Adam Heinr. g. 641 † 705. G. I. Anna Soph. Anton v. Kospodt auf Frankendorf ꝛc. u. Soph. Elis. v. Zwingenberg, a. d. H. Wenigen-Auma T. V. 670. II. Martha Cath. v. Naundorff, a. d. H. Caßen.

H. zu Töpen.

Herr Anton Heinr. v. Beulwitz auf Töpen, g. 28 Dec. 742 Würtenb. Camj. u. Rittm. bey der Garde zu Pferd, quitt. 1775 und gienge auf seine Güther.

Geschwister: 1) Christoph Heinr. g. 8. Sept. 732 † 27 May 733. 2) Soph. Heinr. g. 4 Dec. 733. 3) Juliana Wilh. g. 9 Nov. 734. 4) Charl. Frid. u. 5) Erdmutha Dor.

Beulwitz.

Dor. g. 27 Oct. 735 Zwillinge, letztere † 11 u. erstere 19 Apr. 740. 7) Maria Sophia, g. 2 Apr. 738. † 15 May 740. 8) Carl Heinr. g. 13 Apr. 739. 9) Soph. Dor. g. 20 Jul. 740. 10) Ad. Christian, g. 11 Oct. 741. 11) Ferdinand Heinr. g. 20 May 744. 12) Christoph Erdm. g. 22 Jul 745. 13) Christoph Heinr. g. 10 Sept. 746. 14) Charlotta Ernest. g. 25 Merz 749. 15) Christian Aug. g. 6 Aug. 750.

Eltern: Ernst Heinr. g. 10 Dec 710 † 775 Brandenb. Culmb. Hauptm. bey der Infanterie. G. Charl. Joh. Christoph Heinr. v. Obernitz auf Bucha u. Thausa T. g. 31 Merz 731. V. 20 Jan. 732.

Vat. Brüder: Erdm. Heinr. Ernst, g. 9 Sept. 709 † 5 Merz 710. 2) Heinr. Wilh. g. u. † 7 Dec. 711.

Gros.Elt. Heinr. Wilh. g. 688. † 12 May 711 in Brand. Onolzb. Kr. Diensten bey der Cavallerie. G. Erdmutha Rosina, Joach. Ernst v. Reizenstein, auf Dürnthal u. Joh. Eleon. v. Reizenstein, a. d. H. Froschgrün. T. g. 11 Jan. 689. V. 23 Sept. 708 † 22 Dec. 723.

I. zu Fenzigau.

Herr Ad. Ernst Erdm. v. Beulwitz auf Fenzigau ꝛc. Brand. Culmb. Lieut. g. 10 Nov. 710. G. Eva Maria Sigm. Ernst v. Baumsdorf auf Lipperts ꝛc. u. Annæ Just. v. Beulwitz, a. d. H. Sachsen-Vorwerck T. g. 24 Jan. 701. V. 8 Dec. 737.

Tochter: Sus. Charl. g. 25 Nov. 738 † 27 Sept. 740.

Geschwister: a) Christoph Ad. Herm. g. 18 u. † 22 Oct. 696. b) Carl Heinr. Leopold, g. 12 u. † 18 Oct. 697. c) Christoph Carl Erdm. g. 8 Oct. 698 † Kays. Hauptmann bey dem Goth. Drag. Reg. d) Christiana Charl. g. 28 Sept. 700. G. Frid. Wilh. Bergler v. Berglass, Reuß Plauischer Hauptm. e) Heinr. Leopold, g. 10 Aug. 705 Brand. Culmb. Hauptm. bey der Infant. G. Maria Cath. Peter Joh. Albr. v. Rabenstein u. Ros. Soph. v. Zettwitz, a. d. H. Ascha T. Wilh. Ludw. v. Oberlænder auf Cottenau Wittwe u. Erbin. V. 8 Jan. 737 † 19 Oct. 748 ohne Erben. f) Christoph Fried. Erdm. g. 27 Nov. 714 K. K. Lieut. des Hagenbach. Reg.

Eltern:

Eltern: Adam Heinr. Deputirter der Reuß-Plauischen Ritterschafft im Voigtlande, † 1 Feb. 734. G. Dor. Barb. Sib. Ernſt Chriſtoph v. Reizenſtein auf Froſch- u. Schneckengrün, u. Mariæ Barb. v. Feilitſch, a. d. H. Feilitſch T. g. 15 Jul. 677. V. 23 May 694 † 20 May 728.

Vat. Geſchw. 1) 4 Brüder † in der Kindheit. 2) Roſ. Eliſ. † ledig. 3) Cath. Maria, Poſth. g. 29 Jun. 673 † 707. 4) Chriſt. Dor. † 29 Sept. 726. G. I. Frid. v. Reizenſtein. II. Joach. Ernſt v. Reizenſtein auf Dürn- thal ꝛc. Major u. Ritterſchafftl. Deputatus. 5) Chriſtoph Heinr. g. 6 May 673 † 8 Oct. 728. G. Maria Barbara, Rud. Ernſt v. Dobeneck auf Hohendorf, u. Roſ. Magd. v. Reizenſtein, a. d. H. Schönberg T. V. 5 Feb. 698 † 10 Merz 735.

Gros-Elt. Ad. Frid. g. 14 Sept 622 † 24 Merz 673. G. Maria Marg. Hans Heinr. v. Brandenſtein auf Loſau ꝛc. u. Annæ Dor. v. Magwiz, a. d. H. Zadelsdorff T. g. 30 Jun. 635. V. 1 May 656 † 9 Febr. 699.

K. zu Hohendorff.

Herr Chriſtoph Frid. Erdm. v. Beulwitz auf Hohendorff ꝛc. Gft. Reuß-Plauiſcher Forſtm. zu Ebersdorf, g. 6 Oct. 707.

Geſchwiſter: 1) Ernſt Heinr. g. 18 Nov. 698 gienge 2 Apr. 718 in Kayſ. Kr. Dienſte nach Ungarn, ſodann nach Rußland, worauf man bey der Familie keine weitere Nachricht erhalten. 2) Maria Roſ. Soph. g. 24 Jun. 702 † 1 Jun. 740. 3) Anna Dor. g. 4 Febr. 704. 4) Carl Frid. g. 1 May 706 gienge in Kayſ. Kr. Dienſte u. † 20 Dec. 728 zu Preiſing. 5) Chriſtoph Adam, g. 5 Aug. 710 † 5 Dec. 734 K. Pohln. u. Churſächſ. Lieut. 6) Soph. Barb. g. 16 Sept. 714. 7) Soph. Eleon g. 1 Jun. 717.

Eltern: Chriſtoph Heinr. G. Maria Barb. v. Dobeneck. S. vorhergehender Linie Vaters Geſchwiſter.

Gros-Elt. S. dieſe bey der Linie zu Fenzigau.

L. zu Erlbach und Kloſchwitz.

Herr Chriſtian Alexand. v. Beulwitz auf Erlbach ꝛc. g. 14 Feb. 721. G. Chriſtiana Sophia, Phil. Carl v. Schir- ding

ding auf Brambach, u. Christinæ Eleon. v. Rœder, a.
d. H. Marienau T. g. 6 Merz 722. V. 19 Jun. 749.
Tochter: Agnes Christiana Antonetta, g. 6 May 750 † 24 Jan. 751.
Geschwister: a) Joh. Frid. g. u. † 2 May 705. b) Joh. Louisa, g. 27 Oct. 706. c) Christiana Wilh. g. 27 Apr. 712. G. Wilh. Ludw. v. Schwarzenfels, auf Freyberg ꝛc. K. Pohln. u. Churf. Land-Cam. R. V. 8 Aug. 738. d) Charl. Eleon. g. 2 Apr. 714 † 11 Merz 749. G. Christian Gottlieb v. Tümpling auf Sorna ꝛc. K. Pohln. u. Churf. Ober-Forst- u. Wildm. zu Arnsdorf. V. 12 Jun. 736. e) Christian Aug. K. Pohln. u. Churf. Amtshauptm. zu Plauen, g. 20 Aug. 715. G. Dor. Elis. Philipp. Carl v. Schirding T. Schwester der obenstehenden. V. 13 Jan. 750. f) Ad. Frid. g. 27 May 717 † 6 Jul. 731. g) Jul. Dor. g. 16 Jan. 719. G. Carl Sigm. v. Schirding auf Brambach ꝛc. K. P. u. Churf. Camj. u. Ob. Forst- u. Wildm. der Graffsch. Henneberg. V. 29 Dec. 747. h) Joh. Adolph, g. 11 Jun. 722 † 26 Merz 723.
Eltern: Alexan. Christian, g. 19 Jun. 678 † 13 Jun. 727 K. P. u. Churf. Camj. Ob. Forstm. des Erzgeb. Crays. u. Amtshauptm. der Aemter Plauen u. Voigtsberg. G. Agnes Dorot. Hans Joach. v. Reibold auf Kloschwitz u. Claræ Louisæ v. Uffel, a. d. H. Roschütz T. g. 24 Oct. 683. V. 9 Jan. 704 † 9 May 750.
Vat. Geschw. (1ter Ehe) 1) Soph. Barb. g. 10 Jan. 668 † 5 Dec. 723. G. Georg Ad. v. Reizenstein auf Conradsreuth, Deput. der Voigtländ. Ritterschaft. V. 697 † 11 Merz 736. 2) Anna Cath. g. 17 May 669. †. G. Aug. Heinr. v. Boxberg auf Sachsenberg †. 3) Joh. Sus. g. 15 Aug. 670 G. Georg v. Reizenstein auf Conradsreuth, Deput. der Hofischen Ritterschaft. †. (2ter Ehe) 4) Florentina Elis. g. 21 Nov. 680 †. G. Joh. Frid. von der Oelßnütz auf Bomsdorff, Gsl. Reuß-Plauisch. Hofm. V. 23 Apr. 700 †. 5) Hel. Dorot. g. 22 May 683 † 9 May 742. 6) Eleon. Victor. g. 1 Merz 689 † 22 Nov. 736. G. Joh. Jul. v. Kötschau, K. Pol. u. Churf. Hauptm.

Gros-

Gros-Elt. Ad. Frid. g. 21 Feb. 683 † 23 Oct. 693. (Stammh. dieser Linie) G. I. Urs. Soph. v. Dobeneck. V. 11 Nov. 662 † 20 Merz 671. II. Johanna, Georg Rud. v. Reizenstein auf Schönberg ꝛc. u. Joh. Mulz v. u. zu Waldau T. g. 7 Nov. 653. V. 9 Nov. 672 † 13 Nov. 710.

M. zu Sachsen Vorwerck.

Herr Ernst Heinr. v. Beulwitz, Gfl. Reuß-Plauisch. Lieut. g. 20 Merz 715. G. Joh. Dor. Soph. v. Kötschau, g. 18 Jan. 715. V. 15 Jun. 747.

Kinder: 1) Heinr. Carl. Joh. g 21 Apr. 748. 2) Ludw. Frid. Carl, g. 15 Oct. 749.

Geschwister: 1) Eleon. Magd. g. 18 Sept. 703 † 732. G. Joh. Christoph Helmhard Muffel v. Ermtreut †. 2) Maria Soph. g. 8 Feb. 706. 3) Hel. Soph. g. 12 Sept. 709. 4) Heinr. Christina Maria, g. 1 Apr. 712. 5) Carl Ferd. Aug. g. 28 Oct. 719 K. P. u. Churf. Lieut.

Eltern: Carl. Sigm. g. 2 Jul. 676 † 30 Jan. 740 Gfl. Reuß-Plauisch. R. Höf- u. Forstm. zu Lobenstein. G. Joh. Helena, Christoph Carl, v. u. zu Reizenstein auf Kulmitz ꝛc. u. Evæ Magd. v. u. zu Wildenstein T. V. 30 Nov. 702 †.

Pat. Geschw. 1) Anna Justina, g. 26 Dec. 674 † 5 May 736. G. Sigm. Ernst v. Baumsdorf auf Lipperts. V. 698 † 4 May 725. ult Famil. 2) Eva Maria, † 738. G. Christoph Ad. v. Dobeneck auf Göritz ꝛc. Deput. der Reuß-Plauisch. Ritterf. †.28 Dec. 742.

Gros-Elt. Christoph Frid. g. 13 Sept. 652 † 28 Feb. 722 Churf. Rittm. G. Eleon. Walburga, Georg Rud. v. Reizenstein auf Schönberg ꝛc. u. Annæ Marg. v. Reizenstein, a. d. H. Reizenstein T. g. 28 Aug. 643 V. 9 Jul. 672 † 10 Jul. 707.

N. zu Hoffeck.

Herr Wolff Adam v. Beulwitz auf Hoffeck ꝛc. G. Anna Gertrauda, Joach. Ernst Fhn. Truchseß v. Wetzhausen zu Schweickershausen, u. Mariæ Amal v. Ebersberg gt. Weyers T. g. 683. V. 717. †.

Kinder: 1 Christiana Dor. Frid. †. 2) Adam Carl †.

Geschwister: 1) Dor. Ros. g. 14. Sept. 679 † 24 Aug. 750.

750. 2) Agnes Soph. †742 3) Elis. Magd. †742. 4) Soph. Barb. u. 5) Anna Reg. †734.

Eltern: Christoph Wilh. †711. G. Ros. Reg. Johann Heinr. v. Reizenstein auf Selbitz, u. Annæ Reg. v. Magwitz T. V. 23 Jul. 678 †.

Vat.Geschw. a) Anna Ros. † 13 Apr. 649 in der Kindh. b) Ros. Magd. †. G. Joh. Georg v. Dobeneck auf Feilitsch †. c) Eva Sus. †20 Feb. 657. d) Christoph Heinr. †. G. Christina Magd. v. Magwitz, a. d. H. Weißdorff, †.

Sohn: Christoph Frid. g. 7 Apr. 682 gieng in Churs.Kr. Dienste, †.

e) Georg Ernst, †. G. Anna Soph. v. Wildenstein, a.d.H Marletsreuth, †.

Tochter: Sus. Soph. G. Joh. Heinr. v. Weisbach.

Gros-Elt. Wolff Christoph, auf Hirschberg ꝛc. †694. (Stammh. dieser Linie) G. Anna Rosina, Hans Heinr. v. Reizenstein auf Selbitz ꝛc. u. Ros. v. Wildenstein, a. d. H. Schlopp T. V. 10 Nov. 746.

Bibra.

Dieses uralte nunmehro Freyherrliche Geschlecht in Franken, so zur dasigen Ritterschaft am Steigerwald gehöret, hat sein Stammschloß Bibra im Stift Würzburg an der Tauber. Es besitzet in diesem Stift das Unter-Marschall-Amt u. die Rittersitze Schwobheim, Irmelshausen ꝛc. Marquard v. B. wird An. 1209 zu Worms, Ernst v. B. An. 1235 zu Würzburg u. Heinrch v. B. An. 1296 zu Schweinfurt unter die Turniers-Genossen gezählet. So wie seine edle Vorforderen in den ältesten Zeiten die wichtigste Stellen bey hohen Ertz-Dom-Cathedral-Stifftern, Ritter-Orden ꝛc. bekleidet, eben so unterscheidet es sich gegenwärtig, indeme es mit dem Hochwürdigsten Fürsten und Herrn, Herrn Heinrich, Freyh. v. Bibra, Hn. zu Schnabelweid ꝛc. des H. R. R. Fürsten, erwählt und bestättigten Bischof des Hochstiffts Fulda, Jhro Majestät der Röm. Kayserin Ertz Canzlar, durch Germanien und Gallien Primas, ꝛc. pranget; und ist der ordentliche Stammherr aller in verschiedenen Linien

jetzt

jetzt blühenden Freyherren, Berthold v. Bibra, so Anno 1280 lebte.

A. Hauptlinie zu Adelsdorff.

Freyh. Carl Jos. Ant. Jul. Gottf. Joh. v. Bibra, Hr. zu Adelsdorff ꝛc. g. 29 Nov. 745.

Geschwister: 1) Joh. Jul. Henr. Charl. Christiana Louisa g. 11 Apr. 744 † 22 Merz 745. 2) N. N.

Eltern: Lothar. Franz, Hr. zu Adelsdorff, g. 27 Nov. 696 † Fstl. Bamberg. Hauptm. bey dem Fränk. Cr. Conting. zu Fuß. G. I. Ernestina Maria, Ernst Gottlieb v. Nimptsch, u. Joh. Florentinæ, Freyin v. Rüdel T. g. 13 Nov. 710. V. 13 Jan. 731 † 26 Aug. 742. II. Soph. Christiana, Joh. Ernst Truchsessens v. Wezenhausen, ꝛc. u. Jul. Soph. v. Stein zu Altenstein, a. d. H. Nordheim T. g. 21 Feb. 704. V. 743 † 24 Apr. 744. III Justina Elis. Franc. Ernestina, Joh. Ad. Auers v. Herrenkirchen zu Hohenstein, u. Just. Marg. Freyin v. Guttenberg, a. d. H. Kirchleuß T. g. 14 Jun. 719 V. 9 Sept. 744.

Pat. Geschw. a) Fridr. Christoph, g. 680 † 681. b) Elis. Barb. Jul. g. 30 Jul. 681 † 714. G. Friedem. Ludw. v. Witzleben zu Elgersburg ꝛc. Sachs. Hildburgh. Camj. u. Landschaffts-Deputatus zu Gotha V. 700 † c) Eleon. Ros. g. 15 Jan. 674 †. d) Carl Heinr. g. 25 Aug 685 † 746 Kaiserl. Hauptm. bey dem ehemaligen Bibraischen Drag. Reg. u. Brand. Culmb. Oberschenk. G. An. Luc. v. Reizenstein, u. Brig. Amal. v. Zettwitz T. V. 13 Dec. 707.

Kinder: 1) Franz, g. 1 Jan. 714 Kais. Fähndrich, † 737 in Ungarn. 2) Joh. Constantina Ant. Silv. Carol. g. 22 Sept. 715. 3) Josepha † 18 Jahr alt.

e) Marquard Phil. g. 16 Feb. 687 † 693. f) Georg Phil. Heinr. g. 26 Jun. 688 † 708 im Niederländ. Kriege. g) Joh. Ludw. Gottfr. g. 3 Oct. 690 † K. w. R. Fstl. Bamb. Geh. R. u. Ob. Amtm. zu Kupfferberg, u. Rit. R. des Cantons Steigerwald. G. Maria Polixena, Freyin v. der Ehr aus Oesterreich. V. 716. h) Joh. Christoph, g. 7 Febr. 692 † 31 Oct. 716. i) Eva Jul. Charl. g. 22 Apr. 694 † 11 Jan. 743. k) Georg Frid. Hartm.

Bibra.

Hartm. g. u. † 695. 1) Carolina, g 8 Jan. 700. G. Carl Marqu. Christoph v. Weitershausen, Bamb. Geh. R. u. Ob. Amtm. zu Vilseck. m) Joh. Georg, g. u. † 701. n) Tochter, g. u. † 703. o) Todte T. g. 706. p) Anselm. Fridr. g. 14 Sept. 705. G. Cristiana Wilhelm. Philipp Jhn. v. Seckendorff Aberdar ꝛc. u. Joh. Dor. v. Seckendorff Gutend T. g. 23 Jul. 707. V. 29 Merz 731.

Kinder: 1) Christiana Dor. Carol. g. 24 Oct. 732. 2) Ernestina Jul. Soph. g. 13 Jan. 734. 3) Christian Joh. Franz Ludw. g. 30 Jan. 735. 4 Carol. Soph. g. 5 Merz 737. 5) Hans Ernst, g. 738 † 740. 6) Carl Fridr. Jul. g. 23 Merz 740. 7) Wilh. Phil. Ehrenr. Christoph g. u. † 741. 8) Joh. Amal. Ernest. g. 25 Feb. 743. 9) Wilh. Ernst Lothar. g. 14 Aug. 744. 10) Wilh. Franc. Soph. Eleon. g. 6 Jan. 747.

Gros-Elt. Christoph Echard, Hr. zu Adelsdorff, Frankenwinheim u. Schnabelweyd, Kays. G. F. M. L. Chur-M. G. M. Obrister über ein Reg. Drag. u. Commendant der Stadt u. Vestung Erfurth, g. 657 Vertauschte Ober-Euerheim für Adelsdorff, † 29 Jan. 706 G. I. Jul. Salome, Frid. Eitels v. Buttlar zu Krautheim u. Evæ Cath. Zollnerin v. der Hallburg T. g. 656. V. 679 † 696 II. Christiana, Joh Heinr. Rüdensv. Collenberg zu Bödigkheim auf Eberstadt, u. Sus. Ros. v. Wolmarshausen T. g. 667. V. 697 † 742.

B. Zu Swebheim.

Freyh. Joh. Phil. v. Libra, Hr. zu Schwebheim, Lengsfeld ꝛc g. 8 Feb. 717. G. Louisa Soph. Ernest, Wolfg. Daniel v. Boineburg zu Lengsfeld ꝛc. u. Mar. Jos. v. Harstall T g. 24 Jun. 723. V 2 May 741 † 745.

Sohn Leop Franz Phil. Jos Matth g. 24 Feb. 742.

Geschwister: 1) Charl. g. 716 Chanoinesse zu Asbeck in Westphalen. 2) Josepha. g. Oct. 718 Chanoinesse eben daselbst.

Eltern: Gottfr. Christoph, g. 685 † 16 Sept. 733 Würzburg. G. F. M. L. von der Infant. Obrister über ein Reg. Infant. u. Ob. Amtm. zu Kizingen. G. Maria Urs. Georg Wilh. Spechts v. Bubenheim, u. Mar. Joh. v. Werdnau T. V. 712 † 728.

C   Vat.

Bibra.

Pat. Geschw. 1) Maria Franc. g. 702 † 722. 2) Joh. Ignat. g. 695 † 9 Sept. 729 Würzb. Camh. u. Hof-R. G. Maria Anna, Joh. Christoph Voitens v. Rhineck, u. Mar. Cath. Freyin v. Hedersdorff T. g. 28 Jun. 700. V. 9 Feb. 722.

Kinder: 1) Joh. Phil. g. 723 † 724. 2) Maria Cath. Wilh. g. 724 G. Franz Jos. Fhr. Pfreumbdner v. Bruck zu Weyher ꝛc. V. 20 Oct. 746. 3) Maria Joh. Charl. g. u. † 726.

Gros-Elt. Hans Ernst, g. 663 † 709 Kays. Vice-Roy in Neapolis u G. F. Z. wie auch Fstl. Würzb. commandir. General, Geh. wie auch Hof- u. Kr. R. Obrister über ein Reg. zu Fuß u. Commend. der Vestung Marienberg (Stifter der Linie zu Schwebheim.) G. Maria Anna Agnes, Joh. Christ. v. Tastung zu Eckersda u. Mariæ Joh. v. Rosenbach T. Franz Alb. Mart. Voitens v. Rhineck W. V. 688 † 728.

C Zu Schnabelweyd.

Fürst Heinrich, Freyh. v. Bibra, Hr. zu Schnabelweyd, Troschenreuth ꝛc. des H. R. Reichs Fürst u. Bischof zu Fulda, Ihro Majestät der Römischen Kayserinn Erz-Canzlar, durch Germanien u. Gallien Primas ꝛc. g. 22 Aug. 711 erwählet 22 Oct. 759 R Fulda.

Geschwister: 1) Phil. Wilh. Fstl. Bamberg. Camh. u. Obrist bey dem Fränk. Cr. Contingent, g. 12 May 714. G. Carolina, Freyin Breitenbach v. Büresheim. V. 26 Merz 745. 2) Franz Joh. Anton Christoph, g 16 Feb. 703 † 28 Jan. 739 Teutsch. O. R. Commandeur zu Blumenthal u. Cron-Weisenburg, Chur Cöll. Geh. R. Ob. Marsch. u. Präsid. zu Mergentheim. 3) Frid. Cristoph, g. 1 Jan. 704 † Jan. 705. 4) Joh. Rudolph Carl, g. 14 Dec. 704 Teutsch. O. R. u. Haus-Command. zu Aschhausen, Chur-Cöll. Camh. General von der Infant. u. Erb-Truchses des Hochst. Bamberg. 5) Maria Eleon. Cath. Sib. g. 2 Aug. 706. G Christoph Carl Maximil. v. Eglofstein ꝛc. Fstl. Bamberg. Geh. wie auch Hof- u. Kr. R. G. M. Obrister über ein Reg. zu Fuß, u. Commend. zu Bamberg ꝛc. g. 694 † 746. 6) Cath. Elis. Josepha, g. 28 Oct. 708. G. Christoph Carl

Carl Maximil. v. Wiesenthau zu Wiesenthau ꝛc. Fſtl. Bamberg. Obriſter bey dem Fränk. Cr. Curaß. Reg. g. 3 Merz 697. V. 4 Jan. '729 †743. 7) Maria Magd. Cathar. Charl. g. 11 Nov. 709 G. Carl, Graf v. Taufkirchen, Chur-Cöll. Camh. V. 30 Jul. 738 8) Mar. Sophia Cath. g. 23 Oct. 712. G Carl Ludw Voit v. Rhineck, in Kayſ. Kr. Dienſten, g. 698. V. 739 9) Phil. Wilh. Fſtl. Bamb. Camh. u. Obriſt bey dem Fränk. Cr. Conting. g. 12 May 714. G. Carol. Anſelm Franz Ferd. Breitenbach v. Büresheim u. Sophiæ Amal. v. Rotenhan T. V. 26 Merz 745.
Kinder: Franz Carl Maria Caſimir Joh Nepom. g. 4 Merz 746 † 3 Feb. 762 Domh. zu Würzburg.
10) Georg Chriſtoph, g. 24 Jun. 715. Grenad. Lieut. bey dem Fränk. Cr Inf Reg. † 734 bey Philippsburg.
Eltern: Heinr. Carl, g. 20 Feb. 666 †11 Jan. 734 Erb-Truchſes des Hochſtifts Bamberg u. Erb-Marſchall des Herzogth. Würzburg, Chef derer ſämtl. Fränk. Cr. Truppen, commandir. General der Cavallerie, Obriſter über ein Reg. Drag. Fſtl. Bamb. u. Würzburg. Geh. wie auch Hof- u. Kr. R. Obriſter über ein Reg. zu Fuß, Commend. zu Vorchheim und deren Centhen-Amt und Ober-Schultheis. (Stifter der Linie zu Schnabelweyd:) G. Maria Joh. Tereſia, Marqu. Franz v. Eyb, u. Cath. Sophiæ Schenkin v. Stauffenberg T. g. 13 Feb. 685 V. 28 Aug. 701 †.
Gros-Elt. Georg Chriſtoph, jun. Hr. zu Schwebheim, Ober- u. Unter-Euerheim, Gleicherwieſen u. Schnabelweyd Ritterhauptm. des Cantons Rhön-Werra, u. Rit. R. des Cantons Steigerwald. g. 2 Dec. 635. †. G. Maria Barb. Erhard Bronſarts v. Schweickershauſen zu Vorſehenen u. Chriſtinæ Barb. v. Aulack a. d. H. Paulinen T. †.

D: Jüngere Hauptlinie zu Bibra.

Freyh. Franz Ludw. Ernſt Joſ. Ign. v. Bibra, g. 29 Oct. 735 Capitularh. zu Maynz u. Domicellarh. zu Bamb.
Geſchwiſter: 1) Maria Anna Franc. g. 737. 2) Carl Phil. Heinr. Rud. Joſ. g. 738 Capitularh. zu Würzburg. 3) Maria Sophia Joſ. g. u. †740. 4) Hartmann Chriſtoph

stoph Joseph, g. 4 May 741. 5) Carl Diet. Phil. Ant.
g. 28 Oct. 742 † 30 Merz 743. 6) Maria Eleon Elif.
Jof. g. 24 Jun. 744. 7) Frid. Wilh. Hartm. g. 19 Feb.
746.

Eltern: Joh. Phil. Carl Jof. Fftl. Bamberg=Würzburg=
Conſtanz=u. Augſpurg. Geh. R. u. bevollmächtigter
Geſandter in Regenſpurg, wie auch Fftl. Würzb. Ober=
Amtm. zu Meüllrichſtadt ꝛc. dann des Kayſ. Landgerichts
zu Franken Aſſeſſor, g. 16 Apr. 706. G. Joh. Charl.
Franc. Sophia, Joh. Ernſt Schuzbars gt. Milchling, u.
Evæ Mar. Amal. Truchſeßin v. Pommersfelden T.
g. 714. V. 734.

Vat. Schweſter: Maria Cath. g. 12 Feb. 705. G. Marqu.
Joh. Eberh. Ant. Horneck v. Weinheim. Chur=M.
Camh. Fftl. Bamb. Hof=R. Vice=Dom der Stadt
Bamberg u. Ob. Amtm. zu Schönbrunn u. Burg Eb=
rach. V. 723 † 743.

Gros=Elt. Chriſtoph Ditr. g. 4 Jun. 676 † 24 Aug. 731
Fftl. Würzb. Geh. R. u. Ob. Amtm. zu Biſchoffsheim.
G. Maria Cath., Phil. Valent v. Ehrthal zu Ehrthal, u.
Cath. Barb. v. Auffſees T. g. 14 Apr. 684. V. 13 May
704 †.

E. Aeltere Hauptlinie zu Irmelshauſen

Freyh. Lebr. Gottlob Frid. Wilh. v. Bibra, g. 28 Apr.
709 K. w. R. Heſſen=Caſſel. Geh. Legat. R. u. Rit. R.
des Cantons Röhn=Werra, G. Jul. Rebecca, Mel=
chior Albr. v. Lehrbach u. Annæ Jul. v. Haxthauſen T.
V. 30 Merz 740. R. Irmelshauſen.

Kinder: 1) Gottfr. Heinr. Ludw. g. 11 Sept. 743.
2) N. N.

Geſchwiſter: 1) Erneſt. Henr. Louiſa, g. 24 Jun. 701 †
18 Dec. 745. G. Frid. Krafft v. Erffa, Chur=Hannover.
Geh. R. zu Hannover, g. 4 Jan. 688. V. 27 Dec. 720
† 15 Jun. 741. 2) Lebr. Phil. Ludw. g. 4 Sept. 702 †
17 Apr. 726. 3) Eliſ. Sophia, g. 22 May 705. Im Adel.
Stift zu Waſungen. 4) Lebr. Gottfr. g. 15 May 708.
In Onolsb. u. Fränk. Cr. Kr. Dienſten

Eltern: Georg Hartm. g. 8 Apr. 668 † 16 Aug. 725 K.
w. R. Würt. Reg. R. zu Stuttgard u. Rit. R. des Can=
tons

Bibra. Bodmann.

tons Röhn u. Werra. G. I. Magd. Phil. Johanna, Phil.
Georg Bernholds v. Eschau u. An. Elis. Bernholdin v.
Eschau, aus der Elsasser Linie, T. V. 13 May 700 † 15
Jun. 710. II. Sophia Louisa, Joh. Ludw. v. Minni-
gerode u. Soph. Aug. Köthin v. Wanscheid T. g. 11 Jan.
668. V. 3 Jan. 711 † 14 Aug. 725. ohne K.
Gros-Elt. Hans, Hzl. Goth. u. Römhild-Glücksburg.
Geh. R. Rit. Hauptm. des Cantons Rhön u. Werra,
g. 20 Oct. 634 ‡ 9 Feb. 695. G. Mar. Dorot. Hans Hartm.
v. Erffa u. An. Sophiæ v. Scheiding T. g. 15 Dec. 636.
V. 19 Nov. 661 † 24 Jul. 690.

F. Jüngere Hauptlinie zu Irmelshausen.

Freyh. Ernst Frid. Carl. v. Bibra, Hr. zu Irmelshausen,
Aubstadt und Bahra, g. 6 May 738.
Geschwister: 1) Christian Frid. Wilh. g. u. † 740. 2) Soph.
Doroth. Louisa Wilh. g. u. † 742. 3) Eugen. Georg Aug.
Gottfr. g. 2 Apr. 742. 4) Frid. Louisa Maria Christiana,
g. 31 Dec. 744.
Eltern: Georg Heinr. Ernst, g. 8 Jan. 707 Hzl. Hild-
burg. Oberjägerm. G. Dor. Frider. Friderich Paul v.
Hönn u. Mariæ Dor. v. Beck T. V. 20 Aug. 735.
Vat. Geschw. 1) Christiana Sab. Eleon. g. 709 † 710. 2)
Joh. Frid. Carl. Wilh. g. 28 Apr. 711. 3) Dorot. Chri-
stiana Mart. Soph. g. 14 Feb. 714. G. Franz Eberh.
Frid. Fhr. v. Bibra, Hr. zu Irmelshausen, Aubstadt u.
Bahra, Kays. Hauptm. g. 16 Jan. 705. V. 24 Merz
736 † 10 Nov. 738. 4) Sus. Rosina u. Joh. Georg,
Zwillinge, g. 715; erstere † 733 letztere aber 715.
Gros-Elt. Eitel Ernst, g. 4 Merz 671 ‡ 20 Aug. 730
Kays. Hauptm. (Stifter der Linie zu Irmelshausen.)
G. Eva Sophia Rosina, Hans Georg v. Schaumberg
zu Strösendorff rc. u. Mariæ Dorot. Marschallin v.
Ebneth T. g. 7 Feb. 686. V. 18 Feb. 706 † 21 Jun. 742.

Bodmann.

Dieses uralte Turnier-Ritter- u. Stiftsmäßige Haus
floriret in Schwaben am Bodensee, nach Zeugniß der be-
währtesten Historienschreiber, schon seit 720 u. stammet
ab von denen alten Grafen v. Lindau. Ihr Anherr solle

um

um diese Zeit von Warino, Herzogen in Allemanien zum Burggrafen auf dem Schloß Bodmann bestellet worden seyn, worauf dessen Nachkommen lange Zeit fast die ganze Gegend am Bodensee innen gehabt, u. davon den Namen behalten. Schon An. 896 war Lambrecht Ritter v. B. bekannt, u. Caspar Herr v. Bodmann ist An. 938 auf dem ersten Turnier zu Magdeburg Wappenkönig gewesen. Zu gleicher Zeit hat Silunger v. B. gelebt, der wegen seiner gegen die Hunnen erwiesenen Tapferkeit von dem Kayser Heinrico I. ein besonderes Privilegium erhalten. Von dem Stammhaus deren v. Bodmann solle der Bodensee den Namen bekommen haben. Zu Zeiten der alten Fränkischen Carolinger ware dieses eine Vestung u. Kays. Pallast, wovon mehrere alte Kays. Privilegia, besonders auch jene die in der Fstl. Abtey Reichenau verwahret, den Beweißthum machen, in welchen der Schluß lautet: Datum in Palatio nostro Imperiali Botama &c. Conrad v. Bodmann lebte An. 1307 auf eben diesem Schloß, als in diesem Jahre dessen Sohn Johannes durch eine von dem Gewitter entstandene Feuersbrunst, um das Leben kame. Sein Enkel Johannes, der durch die Vorbitt des Heiligen Johannes des Täufers, auf die wunderbarlichste Weise gerettet worden, stiftete allda die noch existirende u. dem Rs. Stift Sallmansweil incorporirte Wallfahrtskirche, u. bewohnte nicht weit davon auf einem gegen über ligenden Berg das neue Schloß u. Vestung gleiches Namens, so erst in Schwedischen Kriegszeiten An. 1644 abgebrandt worden. Seine beyde Söhne theilten sich in 2 Linien, Johannes heurathete Anna, Herzogin von Urßlingen, u. machte die erste: sein Bruder Johann Conrad heurathete Anastasia v. Geroldseck, u. stiftete die v. Bodmann Möckingische zweyte Linie. Des letzteren Sohn Johannes, insgemein der Landstürzer genannt, durchreisete fast ganz Europa, u. Johannes der ältere v. Bodmann widersetzte sich An. 1392 denen Böhmen, als sie denen Teutschen das St. Georgen-Panier strittig machen wollten, u. wurde dabey von 131 Gräflich-Freyherr- u. Adel-Häusern unterstützet. Johannes u. Frischhans, dann Hans Conrad alle 3 Gebrudere

Bodmann.

brüdere v. Bodmann, errichteten schon An. 1425 u. 1438 die erste Successions- u. Familien-Verträge, die durch Johann Wolfgang v. B. An. 1541 vermehret, u. erst An. 1773 wieder gänzlichen renoviret worden. Es hat aber dieses nunmehro Freyherrl. Haus so viele Merkwürdigkeiten, daß alle solche hieher zu bringen, der Raum nicht gestattet, sondern man will sich nur auf jene Stellen beziehen, die Kays. Majäst. bey Erhebung in den Freyh. Stand, dem Diploma allergnädigst inseriren lassen, u. in dem Handbuch von 1777 enthalten sind.

Die von beyden Hauptlinien Bodmann u. Möckingen entsprossene Neben-Branchen, als v. Bodmann zu Kargeck v. B. zu Güttingen, v. B. zu Wiechs, v. B. zu Hohenkrähen u. zu Homburg, sind bereits im Mansstamm erloschen, u. bestehet dermalen dieses Freyherrliche Haus nur noch in denen 2. ursprünglich errichteten Linien v. Bodmann zu Bodmann u. v. Bodmann zu Möckingen. Siehe das weitere in dem Handbuch von 1777.

I. ältere Linie v. Bodmann zu Bodmann.

Freyh. Joh. Adam v. u. zu Bodmann, Besitzer der Herrschaft Bodmann u. angehöriger Ortschaften, Beyder Röm. auch K. K. Apostol. M. M. w. Camh. g. 21 Sept. 740. G. Maria Eva Eleonora, Joh. Franz Adam Wilh. Jhn. v. Hacke zu Schweinds Baindt u. Mariæ Evæ Jos. Claræ Franc. Freyin v. Bodmann zu Güttingen T. g. 8 Nov. 739. V. 7 May 764. R. Bodmann am Bodensee.

Kinder: 1) Joh. Adam, Expectant bey dem Hohen Dom-St. zu Costanz, g. 23 Merz 765. 2) Joh. Vincenz g. 12 Oct. 768. 3) Joh. Nepomuc, g. 16 May 771. 4) Joh. Joseph, bey dem Malthes. Ord. recipirt, g. 9 Nov. 773. 5) Joh. Franz, g. 14 Jan. 775. 6) Maria Eva, g. 14. Febr. 776.

Schwester: Maria Regina, G. Franz Xaveri, Jhr. von Rinck v. Baldenstein, Jstl. Basel. Landvogt zu Dellsperg.

Eltern: Joh. Adam Rupert Maria, † 27 Jan. 741. G. I. Maria Gabriela Ursula, Freyin v. Schauenberg † 28 Jan.

Jan. 738. II. Maria Violanta Freyin v. Bodmann auf
Wiechs, v. 22 Nov. 739.
Gros Elt. Joh. Adam, K. w. R. u. Director der RS.
Ritterſ. im Högau, Algau u. Bodenſee. † 742. G. Ma-
ria Anna Freyin v. Kageneck, † 728.
II. Jüngere Linie v Bodmann zu Möckingen.
Freyh. Joh. Joſ. v. Bodmann zu Möckingen, Hr zu Mö-
ckingen, Lückeringen, Güttingen, Freudenthal und
Wiechs, K. w. R. u. Director der RS. Ritterſ. im Hö-
gau, Algau u. Bodenſee, g. 719. G. I. Maria Soph.
Freyin v. Hornſtein auf Dreyhohenſtoffen ꝛc. †. II. Ma-
ria Gaudentia Freyin v. Bubenhofen. R. Möckingen.
Sohn: Joh. Baptiſt, Fſtl. Eichſtädt. R. u. Pfleger zu
Sandſee. G. Maria Antonia Freyin v. Zehmen.

Boecklin v u. zu Boecklins-Au.

Dieſes uralte Turniermäſige adeliche, ſeit langer Zeit
aber RS. Freyherrliche Hauß, deſſen Urſprung einige
von denen Triboc, andere aber aus dem Utinger Thal
in Schwaben herleiten wollen, blühete ſchon als adelich
Anno 1150 im Elſaß. Welch anſehnliche hohe Würden
verſchiedene derer v. B. ehemals in Stiftern, Ritter-
Orden, Kriegs-und Civil-Dienſten beſaſſen, iſt aus der
Geſchichte zu ſeinem Ruhm bekannt. Es iſt nebſt ſeinen
ſehr vielen Ortſchäften und Güthern ſowohl in der Kaiſ.
ohnmittelbaren RS. Ritterſchaft in Schwaben, Ortenau-
iſchen Bezircks, als auch bey der Königl. Frey ohnmit-
telbaren Ritterſchaft in dem Untern Elſaß ſchon über 300
Jahre immatriculiret. Sein jetziges Stammhauß iſt das
Schloß Ruſt ohnweit Ettenheim, wobey es den ſehr gro-
ſen Flecken gleiches Namens, mit hoher u. niederer Ge-
richtsbarkeit, und mit allen hohen u. niederen Herrlich-
keiten beſitzet. Ein mehreres hiervon S. in dem Hand-
buch von 1775.
Freyh. Franz Fried. Sigm. Aug. Boecklin v. u. zu Boeck-
lins-Au, g. 28 Sept. 745. Hr. zu Ruſt, Biſchheim am
Saum u. Knoblochsburg, Mitherr des Amts Kehl, der
Baronie Fleckenſtein, wie auch der Dörfer Obenheim,
Allmannsweyer u. Wittenweyer ꝛc. des K. A. O. R.
Bran-

Brandenb. wie auch Hohenlohe Langenburg. Adel. ꝛc. Geh. R. u. Herzogl. Würtemberg. w. Camh. Adel. Beysitzer der freyen K. Stadt Strasburg, der K. Rö. Academie der Naturforscher, der Academie der Arcadier in Rom, der Chur. Bayer. Gesellschaft Sittlich u. Landwirthschaftl Wissenschaften zu Burghausen, der öconomischen Gesellschaft in Bern u. der Hessen Homburg. Patriotischen Gesellschaft und anderer gelehrten Societäten Ehren Mitglied ꝛc. G. Charl. Louisa Wilhelmina, Joh. Phil. Wilh. Fhn. v. Röder zu Dierspurg, u. Cath. Charl. Freyin v. Johann zu Mundelsheim T. g. 22 Merz 743. V. 31 Aug. 765. R. Ruhe, bey Ettenheim.

Kinder: 1) Wilh. Aug. Louisa, g. 3 Jun. 766 † 21 Jul. 767. 2) Frid. Wilh. Carl Leopold, g. 1 Jun. 767 Lir. Lüneb. Page. 3) Carol. Christiana Aug. g. 28 Feb. 769 4) Carl Frid. Christian Ferdinand, g. 16 Jun. 770. Br. Lüneb. Page. 5) Ludw. Theob. Phil Aug. g. 23 Aug. 771. 6) Franz Carl Joh. Sigm. g. 24 Sept. 772. 7) Phil. Ferd. g. 31 Aug. † 14 Sept. 773. 8) Aug. Carl Ehrenfr. g. 27 Nov. † 8 Dec. 774. 9) Wilh. Aug. Jos. Alex. g. 22 Jun. 776. 10) Frid. Soph. Henr. g. 16 Oct. 777.

Eltern: Franz Jacob Christian, g. 704 † 762 des K. Pr. de la Generos O. R. Fstl. Nassau-Using. w. Camj. u. Adel. XXI. zu Strasburg ꝛc. G. Charl. Franc. Soph. Eleonora, Frid. Wilh. Fhn. v. Dungern, u. Ernest. Wilh. Freyin v. Fargel, T. g. 720. V. 744.

Gros Elt. Jacob Christoph, g. 684 † 736 Adel. XIII. u. Städtmeister der Stadt Strasb. G. Maria Magd. Philipp Jacob Fhn. v. u. zu Rippenheim u. Mariæ Ursulæ, Freyin v. Volz zu Altenau, T. † 763.

Boineburg.

Dieses vortrefliche Hauß hat seinen Ursprung in Hessen, wo das Stammhauß Boineburg zwischen Sontra u. Eschwegen lieget. Zu solchem gehöret ein ganzes Gericht von 13 Dorfschaften und etlichen Höfen. Im XIV. Seculo ließe sich eine Branche in Francken bey dem Ritter-Canton Rhön-Werra nieder, welche die ansehnlichen Güther

Lengsfeld, Gehauß, Weiler u. Hörda, die Altenburg in Heßen u. das Burg Guth Felsberg, dann verschiedene Lehenschaften, Zehenden und Zinßen im Waldeckischen besitzet. Hans v. B. gt. Rosch, kame 996 zum Turnier nach Merseburg, Hilda v. B gabe 1042 beym Turnier zu Halle Rudolph v. Rechberg den andern Dank, Heinr. v. B. ist Anno 1074 zum Abt u. Fürsten des H. R. R. in Hirschfeld erwählet worden, und Bernhard v. B. welcher Gertraud Schenckin v. Schweinsberg zur Ehe hatte, der ordentliche Stammherr des ganzen Hauses.

Lengsfelder Wilhelminische Linie.

Herr Carl Wilh. v. Boineburg, zu Lengsfeld g. 6 Jan. 712. Fstl. Heßen-Cassel. Major Rit. R. u. Truhenmeister des Cantons Rhön-Werra, Buchischen Quartiers. R. Lengsfeld.

Geschwister: a) Christoph Caspar, g. 16 Nov. 708. †. G. Christina Charlotta, Reinh. Hartrards v. Hundelshausen zu Harmuthsachsen u. Berneburg, dann Evæ Christinæ, v. Hundelshausen T. V. 734.

Sohn: Joh. Phil. g. 736.

b) Ludw. Daniel, g. 30 Nov. 713.

Eltern: Joh. Phil. g 667 † 732. G. Eva Cath. Caspar Adams v. ju. zu der Thann auf Hußar ꝛc. u. Annæ Marg. Trottin v. Solz T. g. 671. V. 698. † 736.

Vat. Geschw. a) Hans Christian, †. G. Anna Juliana, Rab Senioris v. Wegmar u. Annæ Jul. v. Hörda T. †. b) Georg Frid. Joh. O. R. ✝ 693. am Rhein im Franz. Krieg. c) Anna Marg. † ledig. d) Anna Christina, † ledig. e) Maria Elis. † ledig. f) Joh. Ludw. †. G. Maria Cordula Lucretia, Georg Ernst v. Buttlar zu Grumbach u. Annæ Dor. v. Radenhausen T. †.

Kinder: 1) Christoph Ernst, g. 7 Dec. 716 in Kr. Diensten. 2) Ludw. Wilh. g. 13 Apr. 719. 3) Sophia Cath. g. 21 Apr. 721. Klosterfrau zu St. Thomas. 4) Charl. Cath. g. 11 Nov. 722. 5) Louisa Leopold. g. 6 Jan, 725. 6) Joh. Mariana, g. u. † 727. 7) Joh Philipp Carl g. 22 Jun. 728. 8) Anna Cath. Barbara, g. 6. Dec. 729.

g) Hans Christoph, †. G Philippina, Gernand Phil. v. Riedt u. Marg. Annæ v. Meschede T. †.

Kinder:

Kinder: 1) Christiana Phil. † jung. 2) Eva Cath. † jung. Gros-Elt. Hermann Christoph, †. G. Martha Elisabeta, Joh. Phil. v. Baumbach zu Dannenberg ꝛc. u. Annæ Elis. v. Hundelshausen T. ꝛ.

Breidenbach zu Breidenstein u. gt. Breidenstein.

Dieses Stiftsmäßige altadeliche Geschlecht, so bey des H. R. R. Burg Friedberg aufgeschworen, florirte, so weit man zuverläßige Nachrichten davon hat, schon im Anfang des 13ten Jahrhunderts. Gerlach v. B. wird bereits in einer Urkunde vom Jahr 1213 von dem damaligen Erzbischof Siegfried zu Maynz angeführet. Conrad v. B. war 1319 Teutschen Ordens-Ritter und Commenthur zu Sachsenhausen bey Frankfurt am Mayn. Der Stammvater dieses in zwey Hauptlinien sich getheilten Geschlechts, Ludwig v. B, der ältere, wurde 1332 von Volperten von Seelbach und Heinrich von Hoenfels bey Biedenkopf erschlagen, seine beyden Enkel Gerlach der ältere und Johann der ältere waren Stiffter gedachter beyder Hauptlinien. Jener behielt den unveränderlichen Geschlechts-Namen von Breidenbach zu Breidenstein, dieser nannte sich aber von Breidenbach gt. Breidenstein. und so ist der Name auf die Nachkommen beyder Linien, welche zur Heßischen Ritterschaft gehören, bis auf jetzige Zeiten fortgepflanzet worden. Die Stammsitze beyder Linien sind in Breidenstein, einem in dem Heß. Darmstädtischen Amte Blankenstein einverleibten Grund Breidenbach gelegenen Orte befindlich. Von diesem Grund Breidenbach sind beyde Linien auch gemeinschaftliche Erb- und Mitgerichtsherren. Das nähere S. in dem Handbuch von 1777.

I. Hauptlinie von Breidenbach zu Breidenstein.

Herr Georg Frid. Wilh. v. Breidenbach zu Breidenstein, Erb- u. Mitgerichtsh. des Grund Breidenbachs, zu Breidenstein, Hessen-Darmstädt. w. Geh. Rath, des Gesamt Hofgerichts zu Marburg Hofrichter, Ober-Vorsteher der adelichen Stiftungen in Hessen, Burgmann zu Friedb. u. des Kais. St. Jos. O. R. g. 25 Nov. 733.

33. G. Frid. Soph. Elis. Eleonora, Adam Gottlob v. Schönfeld zu Thürn, Brandstein u. Jodiz ꝛc. u. Louiſæ Elis. Schenkin zu Schweinsberg u. Höllrich ꝛc. T. Georg Ernst Victors v. Brücken gt. Fock (eines Churländischen Adelichen) W. g. 27 Oct. 740. V. zum 2tenmal 1 Merz 759.

Kinder: 1) Charl. Louisa Wilh. g. 4 Jan. 760. 2) Frid. Phil. Carol. g. 18 Jan. 761. 3) Ludw. Carl Georg Gottlob, g. 4 Jan. u. † 9 May 762. 4) Adam Fried. Carl, g. 9 Feb. 764 † 8 Feb. 765. 5) Georg Ludw. Hans Frid. g. 1 May 765. 6) Carol. Frid. Christiana, g. 4 Oct. 766.

Geschwister: a) Carl Phil. Christian, Joh. Heinr. Wilh. K. Großb. und Chur-Braunschw. Lüneburg. Lieut. der Garde zu Pferd in Hannover, g. 12 Aug. 751. (Stiefbruder aus des Vaters 2ter Ehe) b) Christiana Anna Cath. g. 13 Feb. 753. (Stiefschwester aus des Vaters 3ter Ehe) G. Siegm. Fhr. von und zu der Thann, Herz. Sachs. Weymar- u. Eisenachischer Ob. Forstm. V. 12 Nov. 771.

Eltern: Ernst Ludw. Burggraf zu Friedberg, K. Grosbrit. u. Churbraunschw. Lüneb. G. M. u. Inhaber eines Reuter-Reg. g. 12 Nov. 699 † 22 Jan. 755. G. I. Dor. Joh. Wilh. Frid. Siegfr. v. Tastungen auf Friederode, u. Charl. v. Hannstein T. g. 11 May 718. V. 21 Jun. 732 † 2 Dec. 733 im 1ten Kindbett. II. Henr. Maria Anna Jul. Frid. Phil. Adams Fhn. v. Thüngen, u. Soph. Charl. Hölzel v. Sternstein T. g. 25 Nov. 736. V. 9 Jun. 750 † 14 Aug. 741 ebenfalls im ersten Kindbett. III. Frid. Cath. Marg. Georg Heinr. Fhn. v. Müller zu Lengsfeld auf Wehler u. Gehäuß ꝛc. u. Barb. Cath Schmidt auf Altenstädt ꝛc. Carl Frid. v. Hundelshausen W. g. 5 Merz 717 V. zum 2tenmal den 7 Jan. 752 lebt noch als W. zum andernmal zu Lengsfeld im Fuld.

Vat. Geschw. 1) Anna Magd. g. 22 Dec. 695 † Nov. 768. G. I. Ludw. Eitel v. Linsingen zu Jeßberg, Sachs. Goth. Hof-R. nachher Obervorsteher der adel. Stifftungen in Hessen, † 26 Oct. 721 ohne Erben. II. Otto Heinr. v. Adelepsen, auf Adelepsen, K. Grosbrit. u. Chur-

Breidenbach.

Churbraunschw. Lüneb. G. M. zu Pferd u. Inhaber eines Drag. R. † 3 Merz 751 ebenfalls ohne Erben. 2) Frid. Soph. g. 24 Dec. 697 † jung. 3) Lud. Wilh. Ferd. g. 5 Jun. 702 † 738 zu Lissa in Ungarn, als K. Grosbr. u. Churbraunschw. Lüneb. Hauptm. des Harling. Drag. Reg. Burgm. zu Friedberg. 4) Louisa Dor. Maria Charl. g. 31 Dec 704 Aebtißin des adel. Fräuleinklosters zu Mariensee im Hannöverischen. 5) Aug. Frid. g. 706 †. G. Matthias v. Bülow, K. Grosbrit. u. Churbraunschw. Lüneb. Obrister zu Pferd. V. 15 Aug. 724. †. 730. 6) Max. Joh. Christian, g. 10 Sept. 707 † 7 Sept. 759 als K. Großbr. u. Churbraunschw. Lüneb. G. M. zu Pferd u. Inhaber eines Drag. Reg. auch Burgm. zu Friedb. ꝛc. zu Hannover an den in der Action bey Uelzen empfangenen Wunden, ohnverehlicht. 7) Marg. Carol. g. 13 Sept. u. † 30 Dec. 708. 8) Fried. Alexander, g. 3 Nov. 709 † 747 als Königl. Großbrit. u. Churbraunschw. Lüneb. Hauptm. des Freudemann. Reg. zu Fuß, auch Burgm. zu Friedb an einer bey Laffelt empfangenen Wunde ohnverheurathet. 9) Ludw. Joh. Carl, g. 15 Sept. 714 blieb den 14 Feb. 761. bey dem von ihm unternommenen Angrif der Franzosen vor Marburg, als K. Großbrit. u. Churbraunschw. Lüneb. G. L. zu Pferd, u. Inhaber eines Drag. Reg. auch Burgm. zu Friedb. ohnvermählt. Gros-Elt. Georg Heinr. K. Großbrit. u. Churbraunsch. Lüneb. G. M. zu Pferd, Inhaber des Leibr. zu Pferd, u. Commendant zu Hameln, auch Burgm. zu Friedb. † 10 Merz 728. G. Sophia Gertraud, Albr. Ernsts v. Adelepsen. u. Anna Magd. v. Bützow T. V. 689. † 11 Jan. 739.

II. Hauptlinie von Breidenbach gt. Breidenstein in Breidenstein.

Herr Carl Frid. v. Breidenbach gt. Breidenstein, Erb-u. Mitgerichtsherr des Grundes Breidenbach, zu Breidenstein u. Bellinghausen, Fstl. Fuld. Geh. R. u. Ober. Einnehmer der Ritterschaft in Hessen, g. 20 Apr. 717. G. Wilh. Eleon. Sophia, Wallrath Carls v. Döring zu Elmshausen, u. Annæ Mariæ Grauß v. Mörsch T. u. N.

von

v. Hartleben, Hessen-Cassel. Hauptm. der Inf. W. v. 743 † 11 Nov. 770.

Kinder: 1) Joh. Frid. Ludw. Carl, g. 21 Jul. 746 † 9 Sept. 761. 2) Anna Aug. Frid. g. 24 Nov. 747. G. Franz Christoph, Fhr. v. Meyerhofen zu Aulenbach, Fstl. Fuld. Geh. R. u. Vicedom zu Fulda. V. 23 Sept. 772. 3) Wilh. Charl. g. 12 Jan. 749. 4) Friederica Sophia Charlotta, g. 14 Merz 752. G. Conr. Hilmar Carl von der Malsbur, Hessen-Cassel. Obrister. V. 25 Sept. 773. 5) Caspar Frid. Carl, g. 19 Sept. 753 Chur-Trierisch. Lieut. 6) Johannette Frid. Elis. g. 21 Sept. 755. 7) Carol. Phil. Louise, g. 17 Aug. 757 † 758. 8) Sophia Charl. Louisa, g. 19 Dec. 759. 9) Joh. Georg Wilh. g. 9 Jun. 761 † 17 Aug. 762.

Geschwister: a) Elis. Dor. † 25 Apr. 711 jung. b) Soph. Charl. † 24 May 711 jung. c) Ludw. Conrad, † 11 Merz 713 jung. d) Sophia Louisa Christina, g. 3 Jul. 718 Priorin des adel. Fräul. Stiffts Ober-Werth bey Coblenz. e) Georg Lud. Ernst, Fstl. Fuld. Ober-Jägerm. zu Fulda, g. 23 Apr. 720 led. f) Georg Aug. Frid. † 11 Jul. 746. g) Dor. Carol. Anna Eleon. † 28 Aug. 732.

Eltern: Joh. Phil. Fstl. Fuld. Ob. Jägerm. g. 681 † 765. G. Anna Agnesa, Joh. Balth. v. Nordecken zu Rabenau, u. Cath. Dor. v. Nordeck zu Rabenau T. † 755.

Vat. Geschw. 1) Joh. Wilh. Moritz, † 701. 2) Maria Sophia Anna Frid. g. 2 Nov. 678 † 703. G. Joh. Balth. Lud. v. Buseck, gt. Brandt, † 712. 3) Anna Hel. Eleon. g. 630 † 722 led. 4) Joh. Ludw. g. 684 † 703 als Darmstädt. Fähndr. in der Belagerung vor Landau.

Gros-Elt. Georg Otto, Hessischer Obrister, g. 1 Merz 641 †. G. Dor. Christiana, Wilh. Christoph v. Buseck, gt. Brandt, u. Soph. Jul. v. Hanxleden T. †.

III. Nebenlinie von Breidenbach, gt. Breidenstein zu Bellingshausen ist seit 1775 in männlichen Stamm †. befindet sich aber bis auf die 6te Generation in dem Handbuch von 1777.

IV. Nebenlinie von Breidenbach, gt. Breidenstein zu Saalmünster, ist gleich mit ihrem Stifter in männl.

Erben

Erben und nachgehends gänzlich †. stehet aber so wie
die vorhergehende in dem Handbuch von 1777.

Bünau.

Dieses Turnier-Ritter-und-Stiffsmäßige Haus, wovon Demuth v. Bünau im Jahr 996 beym Turnier zu Braunschweig ware, besitzet ansehnl. Güter in Sachsen. Folgende Branche ist beym Rs. Ritter Canton Geburg immatriculiret und hat die Fränkische Rittersitze Bůg, Fort, Brand und Mausgesees, wovon der ordentliche Stammh. Rudolph v. Bünau zu Ober-Eula ꝛc ums Jahr 1400 lebte.

Herr Günther v. Bünau, zu Dreben, Bůg, Forth, Brand und Maußgesees, g. 8 Jun. 725.

Geschwister: 1) Sophia Amalia, g. u. † 720. 2) Heinr. g. 16 Jan. 722 Erb-Lehn-u. Gerichtsh. zu Müglentz, des Joh. Ord. zu Drösig, Deumen, Priesteblich u. Langendorff, Tempelh. in Sachsen. 3) Rudolph, g. 26 Jul. 723 in Brand. Culmb. Kr. Diensten. 4) Heinrich, g. 5 Oct. 727 in Churf. Kr. Diensten.

Eltern: Rudolph, g. 1 Sept. 669 † 24 Dec. 727 des Joh. Ord. zu Drösig, Deumen, Priesteblich u. Langendorf, Tempelh. in Sachsen. G. Charl. Felicitas, Joh. Gottfried Ehrenr. Stettners v. Grabenhof zu Neubůrg, u. Bened. Felicit. Wolfskeelin v. Reichenberg T. g. 16 Sept. 695. V. 6 Dec. 719. † 20 Dec. 729.

Gros-Elt. Rudolph, g. 642 † 673 Burggraf auf den Rothenberg. G. Dor. Sabina, Rud. Achat. v. Schaumberg, zu Burg Geilenreuth ꝛc. u. Reg. Jul. v. Eglofstein T. †.

Burckhard v. der Klee.

Ein Reichsfreyherrlich unmittelbares auch der K. K. Landschaft Marggrafthums Mähren einverleibtes Geschlecht.

Freyh. Franz Lud. Burckhard von der Klee, Hr. der Mährischen Herrschaft Ballebau u. Stranka. K. K. Nieder-Oester. Reg. R. G. Maria Christina, des Geh. Rs.

Referendarii, K. w. Hofr. u. St. Steph. O. R. Franz Georg v. Leykam T. R. Wien.
Kinder: 1) Franz Georg. 2) Theresia.
Schwester: Maria Anna, G. Franz Bernh. Fhr. v. Hallberg. Hr. der RS. Herrschaft Fußgenheim u. Ruchheim des, der Ober-Rhein. RS. Ritterschaft incorporirten Guths Eggersheim u. des nach Zweybrückenlehnbaren Dorfs Heuchelheim ꝛc. Gan Erbe zu Mommenh. u. Bechtoldsheim, des K. Franz. St. Lazari O. R Chur-Pf. Camh. Hzl. Würtenb. Camj. u. Fidei-Commiss Inhaber.
Eltern: Joh Christoph †. w. K. RS. Hofr. G. Maria Rosina v. Nilsche. †.

Caemmerer v. Worms gt. v. Dalberg.

Dieses grose Haus, aus welchem eine geborne v. Dalberg, und vermählte v. Ingelheim, im Jahr 935 einem Herrn v. Plauen im Turnier zu Magdeburg den andern Dank gab, gehöret zwar unter verschiedene Ritterschafften: Es hat aber schon von Kayser Carl V. das Privilegium Exemptionis, & de non evocando subditos &c. erhalten. Welches Privilegium auch von allen hernach gefolgten Kaysern, auch sogar von dem Rheinischen Reichs-Vicariat bis auf Ihro jetzige Allerglorwürdigst herrschende Kayserliche Majestät bestättigt worden. Nebst diesen so hohen Prärogativen haben noch die Cämmerer v. W. gt. v. D. die Ehre, des H. R. R. Erste u. Erb-Ritter zu seyn; wie denn in jeder Kayserkrönung bey dem Ritterschlag allemal einer v Dalberg im vollständigen Harnisch vor allen andern zum Ritter geschlagen, und vorhero von dem Kayserlichen Herold dreymal aufgeruffen wird.

Im Jahr 990 bis 999 war Heribert sonst Everget genannt, Bischof zu Cölln, aus dem Dalbergischen Geschlecht. Sodann im Jahr 1583 bis 1601 war Wolfgang von Dalberg Erzbischof und Churfürst zu Maynz, und endlich im Jahr 1726 war Adolph von Dalberg Abt u. Fürst zu Fulda, unter welchem die dortige Dom-Capitularen die Päbstl. Erlaubniß bekamen, goldene Ordens-Kreuze zu tragen, wozu Hugo Philipp von Dalberg sehr
vieles

Caemmerer v. Worms gt. v. Dalberg.

vieles beygetragen hat. Der ordentliche Stammvater des nunmehro in vielen Linien getheilten Dalbergischen Hauses ist **Philipp Franz Eberhard**. Dieser hatte zwo Söhne, Wolf Eberhard und Franz Ekenbert; Aus dem ersten entstand die Maynzer Linie, und aus dem zwoten die Hernsheimer oder Mannheimer Linie. Das mehrere S. in dem Handbuch von 1777.

A. ältere Haupt= oder Dalbergische Linie.

Frrh. **Franz Carl Anton**, Cämmerer v. Worms gt. v. Dalberg, derer Erz= Dom= und Cathedral= Stiffter Maynz, Trier u. Worms Capitularherr und respect. Chor-Bischoff, Chur-Trier. Geh. Rath, g. 27 Aug. 1717. R. Maynz.

Geschwister: a) Hugo Phil. Eckenbert, g. 702. V. 729 † 754 Fstl. Fuld. Geh. R. u. Ober=Amtm. zu Hamelburg. G. Soph. Mar. An. Josepha, Joh. Franz Fhn. Zobel v. Giebelstadt zu Darstadt u. Soph. Franc. Freyin v. Frankenstein T. g. 713. V. 729 † 774.

Kinder: 1) Adolph Franz Wolfg. g. 14 Oct. 730 Capitularh. zu Bamberg u. Minden, Chur= Tr. u. Fstl. Augspurg. Geh. R. 2) Maria Anna Jos. Franc. Soph. g. 18 Sept. 731. G. N. Fhr. v. Eberstein. 3) Carl Fried. Valent. Anton Bonifac. Pet. v. Alcantara, g. 24 Dec. 732 † 736. 4) Lothar. Gottf. Joh. Heribert, g. 6 Nov. 733 † 8 Merz 734. 5) Maria Magd. Jos. Phil. g. 25 Jan. 735 †. 6) Maria Anna Anton. Ther. g. 28 Aug. 738. G. N. v. Radenhausen. 7) Gottlob Amand Leop. Augustin Bened. g. 30 Oct. 739 Fstl. Speyer. w. Geh. R. G. Sophia, Phil. Franz v. Reuß gt. v. Haberkorn T. R. Eßingen bey Neustadt an der Hardt. 8) Franz Carl, g. 18 Jul. 746 Fstl Fuld Cam̃. G. Augusta, Joh. Phil. v Guttenberg zu Sternberg T. R. Wallhausen.

b) **Lothar. Frid.** † 720 Domh. zu Trier, Würzb. und Speyer. c) **Frid. Ant. Christ.** g. 706 Hr. zu Heßloch, Gabsheim, Mommernheim u Bechtoldsheim, des H. R.R Erster Erb=Rit. des Kays. St. Jos. O. Commandeur, Kays w. R. Chur=M. Geh. R. Hof-Cammer Vice-Präsident, Chur= Pf. Ob. Amtm. zu Veldenz ic. u. erbetener Hauptm: der Ober= Rhein. Ritterschaft,

† Jul. 775 machte die Heßlocher Linie aus. G. Soph. Elis. Xaveria, Franz Phil. Caspar Fhn. Wambolds v. Umbstadt ꝛc. u. Mariæ Charl. Freyin v. Kesselstadt T. g. 723. V. 738.

Kinder: 1) Maria Anna Louisa Soph. Walb. Charl. g. 8 Aug. 739. G. Joh. Frid. Carl Max. Rsgf. v. Ostein K. auch K. K. w. Geh. R. u. Cämmerer. V. 23 Jan. 759. 2) Franz Frid. g. 21 Merz 751 Chur M. Camh. Adel. w. Hof. u. Reg. R. auch Exspectant der weltl. Stadthalterey u. Hofmarschallstelle des Fürstenth. Worms. d) Carl Adelbert, † klein. e) Anna Sophia † in der Kindheit. f) Clara Jos. Amalia, † klein. g) Maria Magd. Lucretia, † 733. G. FranzAlexand. Casim. Fhr v. Dehrn. V. 730 h) MariaAnnaHeinrica, g. 710. G. Joh. Heinr. Fhr. v. Ziebel, Ob. Amtm. zu Luxemburg, †.

Eltern: Franz Eckenbert, Kays. w. Geh. u. ReichshofR. Chur-M. Trier. u. Fstl. Würzb. Geh. R. Vicedom zu Maynz u. erbetener Hauptm. der Ober-Rhein. Rs. Rittersch. † G I. Joh. Francisca, Joh. Fhn. Fuchsens v. Dornheim u. Mariæ Joh. v. Rosenbach, T. g. 679. V. 701 † 706. II. Anna Louisa, Fridr. Dict. Cämmerers v. Worms Fhn. v. Dalberg u. Mariæ Claræ Gräfin v. Schönborn T.

Vat. Geschw. 1) Joh. Carl, † jung. 2) Damian, † 725 Domh. zu Maynz u. Würzb. 3) Joh. FranzEckenbert, † jung 4) Joh. Heribert, † 712 Domh. zu Würzb. 5) Frid. Eckenbert, † in der Jugend. 6) FranzAnton, † 725 Fstl. Würzb. Geh. R. G. F. M. L. Obrister über ein Reg. zu Fuß, u. Commendant auch Ob. Amtm. der Stadt u. Vestung Königshofen. 7) Phil. Wilh. † 724 Domh. zu Worms. 8) Hugo Ferd. † in der Jug. 9) Damian Casim. † 717 vor Belgrad, des Teutsch. O. R. Kays. G. W. u. Obrist über ein Reg zu Fuß. 10) Maria Clar Cath. G. Joh. Frid. Cämmerer v. Worms, Fhr. v. Dalberg, Chur-M. Geh. R. u. Ob. Amtm. zu Lohr, † 722. 11) Adolph, g. 678 wurde 726 zum Abt u. Fürsten des H. R. R. in Fulda erwählet, † 737. 12) Wolff Eberhard. (S. folgende Linie.

Gros-Elt. Phil. Franz Eberh. Kays. w. Geh.R. u. Cammer=

mer-Ger. Präsident, wurde nach Ableben seiner Gemahlin Dom-Probst zu Worms u. † 696. G. Anna Cath. Franc. Johann Cämmerer v. Worms, Fhn. v. Dalberg, u. Annæ Antonettæ Freyin von der Leyen T. V. 662 †.

B. Jüngere oder Hernsheimer Hauptlinie.

Freyh. Franz Heinr. Cämmerer v. Worms gt. v. Dalberg, g. 716 des Kayſ. St. Joſ. O. Gr. Prior, Kayſ. Camh. der Kayſ. u. des H. R. R Burg Friedberg Burggraf, Chur-M. u. Trier Geh. R. weltl Statthalter zu Worms, Chur-Pf. Ob. Amtm. zu Oppenheim u. erbetener Ober Rhein.Ritt.R.†. G. Charl. Gräfin v. Elz, † 766.

Kinder: 1) Carl Theod. Ant Maria, g. 8 Feb 744 Dom-Capitular zu Maynz, Würzb. u. Worms, Chur-M. Geh. R. u. Statthalter zu Erfurt. 2) An. Maria Joſ. g. 21 Merz 745. G. Franz Carl, Regr. von der Leyen, K K. w. Geh. R. u. Cämmerer, des Erzſtiffts Trier Erb-Truchſes, Burgm. zu Friedb. u. Command. des K. St. Joſ O. V. 16 Sept. 765 † 3) Heribert, g. 752 Churpf. Camh. G. N. v. Ulner zu Dieburg. 4) Wolfgang, g. 758 Domicellar zu Speyer ꝛc.

Geſchwiſter: 1) Joh. Philipp, g. 714 † 723. 2) Carl Phil. Damian Joſ-Ferd. g. 10 Oct. 717 Jubilarius u. Dom-Dechant zu Maynz u. Trier, auch Chor-Biſchof zu Trier, Dom-Probſt zu Worms, Chur-M. Geh. R. u. Statthalter ꝛc. 3) Aug. Philippina, g. 718 † 719. 4) Maria Thereſ. g. 721 † 740. G. Joh. Wilh. Ulner v. Dieburg, Chur-Pf. Camh. u. Reg. R. g. 715. V. 739. 5) Wolfg. Wilhelm, g. 723.

Eltern: Wolfg. Eberhard, † 737 Hr. zu Hernsheim u. Abenheim, Kayſ.w.Geh.R.Churpf.Geh. R. Cammer-Präſid. u. Ob. Amtm. zu Oppenheim (Stammh. der jüngern Linie,) G. Maria Anna, Joh. Erwein, Fhn. Greiffenclau v. Vollraths ꝛc. u. An. Liobæ Freyin v. Sickingen T. g. 695. V. 713.

Vat. Geſchw. Siehe der erſten Linie Vaters Geſchwiſter.
Gros-Elt. Siehe eben bemerkter Linie Gros-Eltern.

Cappler v. Oeden gt. Baußz.

Dieses alt Adelich und Freyherrliche Geschlecht führete in älteren Zeiten nur den Nahmen Capplar oder Cappler. Die Hochstiffter Bamberg, Würzburg wie auch der Maltheser, Johanniter u. Teutsche Orden dann die Adliche-Stiffter Pforzheim u. Himmelpforten haben daraus Mitglieder erhalten. Es besizet bey dem Rs. Ritter Canton Ottenwald nebst dem Stammhauß Oeden, auch Willebach u. Eschelbrunn. Heinrich C. lebte 1280. u. ein anderer gleiches Nahmens mit seiner Gemahlin Anna v. Gültlingen 1322. welches die Stamm-Eltern derer jezt blühenden Herren sind.

Freyh. Frid. Wilh. Cappler v. Oeden gt. Baußz, zu Oeden, Willebach u. Eschelbrunn, g. 23 Apr. 738 R. Heilbronn.

Geschwister: 1) Carl. Aug. † jung. 2) Wilh. Louisa Eberh. † jung. 3) Frid. Christina, † jung. 4) Christoph Eberh. g. 26 Nov. 743 K. Pr. Prem. Lieut. 5) Joh. Gotf. g. 14 Jul. 745 K. Franz. Prem. Lieut. 6) Christian Wolfg. g. 4 Jun. 747 K. Pr. Prem. Lieut. 7) Reinh. Dietr. g. 13 Sep. 748 K. Pr. Lieut. 8) Charl. Sophia, g. 9 May 753 Priorin in dem Adel. Fräul. St. zu Pforzheim.

Eltern: Eberh. Dieterich, g. 10 Nov. 700 † G. Wilh. Sophia Louisa, Joh. Christoph Stettner v. Grabenhof zu Lobenbach u. Claræ An. Henricæ T. Ellrichshausen T. g. 10. Merz 714. V. 1 Jul. 735.

Vat. Geschw. 1) Joh. Frid. g. 16 Febr. 698. K.K. Hauptmann. † 20 Sept. 1731 zu Mantua. 2) Phil. Jul. Magdalena, g. 26 Sept. 1699. †. G. Gg. Heinr. v. Oberlænder, Hauptm. des Teutschherrisch Fränk. Cr. Contingents, † 1736. 4) Kinder, sämmtlich †. 7) Maria Albert. Charl. g. 4 Merz 707. † 77¹. Aebtissin zu Pforzheim. 8) Wilh. Christoph, g. 2 Febr. 709. K.K. Hauptmann † 15 Apr. 732. 9) Wolffg. Frid. g. 15 Sept. 712. † in K.K. Kr. Dienst. in Ital.

Gros-Elt. Wolffg. Eberh, g. 20 Jun. 666. † 30 Merz 724. zu Willebach. G. Eva Marg. Cath. Johann Phil. v. Dienheim zu Angeldorn u. Mariæ Cath. v. Waldhof T.

Dun-

Dungern.

Ein Rs. Freyherrl. Haus in dem Breisgau, so zum Ritter-Canton am Neckar Schwarzwald, Ortenauischen Bezircks gehöret, und sich in die ältere und jüngere Linie abtheilet.

I. Aeltere Linie.

Freyh. Carl Frid. v. Dungern, g. 18 Dec. 727 Fstl. Isenburg. Ober-Forstm. G. I. Charl. Frid. du Bos du Thil, Carl Werner v. der Asseburg, auf Eggeußstädt W. g. 7 Jun. 734. V. 758 † 20 Sept. 775. II. N. v. Gemmingen. V. 776. R. Wenings, im Isenburgischen.

Kinder: 1) Sophia Victoria Carol. g. 15 Jan. 759. 2) Wolffg. Ascanius, g. 23 Apr. 762. 3) Carol. Ernest. Ferd. g. 3 Aug. 769. 4) Carl Ferdin. Lud. g. 8 Jul. 771.

Schwestern: a) Charl. Franc. Sophia Eleonora, g. 720. G. Franz Jac. Christian, Boecklin v. u. zu Boecklins-Au, Hr. zu Rust, Obenheim, Bisten, Mitherr zu Kehl, des K. Preuß. de la Generosité O. R. Fstl. Nassau-Using. w. Camj. Adel XXIr zu Straßburg ꝛc. V. 744 † 762. b) Cath. Charl. G. Joh. Phil. Wilh. v. Röder Hr. zu Diersburg u. Reichenbach, K. K. w. R. u. Präsident des Ritter-Cantons Ortenauischen Bezirks, †.

Eltern: Frid. Wilh. Gst. Oetting-Oetting. Geh. R. u. Ob. Amtm. † 749. G. I. Cunigunda v. Schauenburg, †. II. Ernest. Wilh. Freyin v. Fargel. V. 26 Febr. 721 † 4 Apr. 739.

Vat. Schwestern: a) Juliana, G. Wilh. Moritz, Jhr. v. Roth, K. K. G. L. u. Inhaber eines Reg. Infant. †. b) Aug. Maria, G. Christian Casimir Terzi v. Cronenthal, Fstl. Baaden-Durl. Ober-Forstm. †.

II. Jüngere Linie.

Freyh. Carl Phil. v. Dungern, Fstl. Nassau-Using. Hof-Marschall. G. N. v. Wurmser. R. Bieberich.

Kinder: 1) Fridrich 2) Louisa 3) Carolina.

Eltern: Carl, K. K. G. F. Z. †. G. Christina v. Haller zu Reitenbuch.

Gros-Elt. Beyder Linien. Otto Wilhelm, Hr. zu Weyher

her u. Ottenweyher, Mgr. Baad. Durl.Geh.R. Landvogt der Mgrfsch. Hochberg u. de la Fidelite O. R. †.

Ebersberg gt. Weyhers.

Das Alterthum dieses Turniermäßig adelichen=jetzt zum Theil Freyherrlichen Geschlechts, welches vornemlich in Franken und am Rhein, vormals auch in Hessen blühete, haben schon Gauhe, von Hattstein, Biedermann und andere der bewährtesten Geschlechtskündiger dargethan. Daß es schon in alten Zeiten vorzügliche Würden begleitet, davon gibt Burchard von Ebersberg, welcher schon 1240 Domherr zu Würzburg war, ein triftiges Beyspiel. Es theilet sich in zweyen Hauptästen in die ältere Linie zu Gersfeld, und eine jüngere, welche den Freyherrl. Titul und Namen derer ausgestorbenen Herren von Leyhen angenommen. Die Stammsitze der Familie sind Gersfeld, so zum Canton Rhön und Werra Buchischen Quartiers=Arienschwang u. Bechtoldsheim aber zu den Rheinischen Ritter=Craysen gehören. Die Güther Weyhers und Ebersberg, welche im Fuldischen liegen, gehöreten ehemals auch zu diesem Geschlechte, sind aber nun davon abkommen. S. das Handbuch von 1777.

Herr Georg Fridrich v. Ebersberg gt. Weyhers, Erbh. zu Gersfeld, Mgr. Brand. Onolzb. u. Culmbach. Lieut.
g. 1 Aug. 734 unvermählt. R. Anspach.

Geschwister: 1) Maria Phil. g. 26 Merz 719 † 767 led. 2) Frid. Amalia, g. 16 Jun. 720 Aebtissin des adel. Closters zu Wenigsen im Hannöver. 3) Sophia Charl. g. 9 Jun. 721. Hofd. am Gfl. Sayn-Witgensteinischen Hofe. G. Heinr. Wilh. Adolph Hermann Ernst, von Westrem zum Gutacker, Gfl. Sayn=Witgenstein. u. Hohenst. adel. Hofm. g. 8 Oct. 721. V. 6 Oct. 757. 4) Adam Frid. g. 4 Dec. 722 † 27 Dec. 769 als K. Großbritt. u. Churbraunschw. Lüneb. Major und Ausschuß des Cantons Rhön u. Werra, Buchis. Quartiers. 5) Eleon. Christiana, g. 7 Jun. 724 Chanoinesse des adel. St. Waytzenbach in Franken. 6) Joh. Wilh. g. 6 Jul. 725

Ebersberg gt. Weyhers.

725 † 31 Merz 752 7) Dor. Wilh g. 22 Aug. 726. G. Ernst Lud. v. Trümbach, K. Dän. Legat. R. 8) Soph. Jul. g. 6 Jan. 728 † als ein Kind. 9) Eva Rosina, g. 27 Merz 729 † 769 als Canoinesse des adel. St. in Lippstadt, in der Graffsch. Mark. 10) Carl Gottlieb, g. 21 May 730 Fstl. Würzb. Major. G. N. Joh. Heinr. Christoph v. Auer T. V. 757.

Kinder: 1) Joh. Christoph, g. 758. 2) Ernst, g. 762.

Eltern:: Georg Ludw. Erbh. zu Gersfeld, des Cantons Rhön u. Werra Buch. Quart. Ausschuß u. Truhenmeister, g. 6 Aug. 685 † 20 Oct. 740. G. Marg. Eleon. Phil. Frid. Fhn. v. Schlitz, gt. Goern, u. Soph. Phil. v. Ilten, a. d. H. Gersdorf, T. g. 11 Apr. 693. V. 12 Jun. 718 † 774 zu Wenigsen im Hannöverischen bey ihrer T. der Frau Aebtißin daselbst.

Vat. Geschw. 1) Ernst Frid. v. Ebersberg gt. Weyhers u. Leyen, Herr zu Arienschwang u. Gersfeld, Chur-M. Camh. Obrist über ein Infant. Reg. u. Fstl. Fuld. Geh. R. g. 24 Merz 687 wurde 734, als Er den Namen u. das Wappen des mit seinem Schwiegervater Hans Eberh. Fhn. v. Leyen † Geschlechts angenommen, in die Freyherrn Würde erhoben u. 745 bey der Kays. Krönung Francisci I. zum Rs. Ritter geschlagen, † 762. G. Anna Phil. Amalia, Freyin von Leyen u. Erbin von Arienschwang, Kays u. Chur-M. G. F. Z. auch Geh. R. u. Vicedoms im Eichsfeld, u. Isabellæ Antonettæ, Freyin v. Leyen T. V. 719

Kinder: a) Franz Eberh. Christoph Jos. Erbh. zu Arienschwang, Bechtoldsheim u. Gersfeld, Chur-M. Geh. R. auch Ob. Amtm. zu Orb u. Hausen, sodann des Canton Ober-Rheinstroms Ritt. R. g. 10 Nov. 721 b) Maria Anna Rosina Carol. g. 19 Nov. 722 † 742 G. Anshelm Franz, Fhr. Ritter v. Grünstein, Chur-M. Geh. R. Hofmarschall u. Ob. Amtm. zu Hausen. V. 742 c) Hugo Carl Jos. Isabell, g. 14 Sept. 724 Erbh. zu Arienschwang u. Gersfeld, Chur-M. Cám. des Chur-Cöll. St. Mich. O. R. Fstl. Fuld. Ob. Stallm. Camj. Command. der Leibgarde zu Pferd, u. Ob. Amtm. zu Geyß, †. G. Louisa Cath. Elis. Joh. Phil. Ernsts v.

Buseck, Gan-Erbens u. H$. zu Eppelbrunn u. Mariæ Annæ Felicitas Cunig. Ant. Jos. v. Buttlar T. g. 12 Sept. 728. V. 746.
Kinder: 1) Amand Phil. Ernst, g. 23 May 747 K. K. u. Chur-M. w. Camh. auch Hof und Reg R. 2) Frid. Leop. Georg, g. Oct. 748.
d) Bonifacius Adolph Heinr. Ernst Ludw. Frid. g. 11 Jan. 727 Domh. zu Fulda und Ober-Einnehme Präs.
2) Joh. Phil. Christoph, Erbh. zu Gersfeld, g. 24 Oct. 692 Hess. Cassel. Rittm quitt. 729 † 739. G. I Anna Christiana Sophia, Christoph Casp. Ihn. v. u. zu der Thann, u. Joh. Soph. v. Witzleben T. g. 699. V. 718 † 19 Nov. 726. II. Helena Louisa, Dietr. v. Schicken, Erbh. auf Quetsch, Ramsin in Hessen, u. Christinæ Sidonien v Thumen, a. d. H. Demmenhorf T. g. 24 Aug. 706. V. 729 †.
Kinder: (1ter Ehe) a) Joh. Eleon. Maria, g. 4 Oct. 719 †. b) Christoph Caspar, g. 21 Jul. 725 † gleich nach der Taufe. (2ter Ehe) c) Eva Christina Eleon. g. 7 Sept. 731 †. d) Adolph Ludw. Ernst, g. 17 Jul. 732 † 734. e) Leopold Ernst Phil. g. 3 Jul 735 ward als Fähndrich des Cassel. Leib-Drag. Reg. von einem aus Hatzfeld im Duel erschossen. f) Hel. Louisa Frid. g. 15 Sept. 737 † 29 Dec. 744.
3) Anna Maria Sus. g. 683 † 722 led. 4) Anna Petronella, g. 689 †. G. Wolffg. Sigm. Voit v. Salzburg zu Salzburg, Rödelmayer u. Querbach, Fstl. Würzb. Geh. R. Ob. Amtm. zu Ebern u. Süßlach. V. 719 † 748 ohne Kinder.
Gros-Elt. Adam, Erbh. zu Gersfeld, Ausschuß u. Truhenmeister des Canton Rhön u. Werra Buchis. Quartiers, g. 29 Oct. 656 † 29 Nov. 707. G. Eva Maria, HansGeorg v. Rußwurm zu Bonnland u. Marthæ Cunigundæ v Hütten a. d. H. Frankenberg T. V. 27 Jun. 681 † 4 Feb. 735.

Ellrichshausen.

Dieses uralte Turnier-Ritter-und Stiftsmäßige Freyherrliche Haus stammet aus Franken, u. besitzet bey dem Canton

Ellrichshausen.

Canton Ottenwald die Ritter-Güther Assumstadt, Jagstheim, Schöpfloch, Züttlingen ꝛc. Friedrich v. E. war Anno 942 auf dem Turnier zu Rothenburg u. noch 10 Herren v. E. auf denen nachfolgenden. Augspurg hatte aus ihnen einen Fürsten u. Bischof, zwey davon waren Fürsten u. Hochteutschmeistere, und verschiedene Damens waren Aebtissinnen u. Priorinnen in einigen Stiftern.

Freyh. Eberh. Frid. Wilh. v. Ellrichshausen, auf Assumstadt, Züttlingen, Jagstheim u. Schöpfloch ꝛc. des Canton Ottenwalds Rit. R. g. 15 Dec. 714. G. Cath. Marg. Eberhards v. Gemmingen auf Hornberg und Dreßklingen ꝛc. u. Anne Clare v. Züllnhard T. g. 3 Jul. 720. V. 28 Dec. 739. K. Crailsheim.

Kinder: 1) Charl. Eberh. Amal. Mariana, g. 9 Jan 742. 2) Reinh. Wilh. g. 16 Merz 743. 3) Frid. Reinh, g 12 Jun. 744. 4) Clara Maria Louisa, g. 11 Sept. 745. G. Christoph Leopold Frid. Wilh. v. Adelsheim auf Sennfeld, Mgr. Baad. Ob. Forstm. zu Pforzheim u. Camj. V. 24 Aug. 775. 5) Carl Sigm. Rumpold, g. 23 Sept. 747. 6) Ludw. Eberh. g. 18 Oct. 749 K. K. Lieut. 7) N. N.

Geschwister: 1) 2) Joh. Jul. Cath. u. Frid. Dor. Zwillinge, g. u. † 712. 3) Eva Maria Frid. g. u. † 713. 4) Wilh. Amal. g. 716 † 728. 5) Eberh. Dor. Louisa, g. 24 Sept. 718 † 5 Dec. 734. G. Carl Christoph v. Adelsheim auf Sennfeld, K. w. R. Würtemb. Camj. u. Rit. R. des Cantons Ottenwald. V. 28 May 733 †. 6) Carl Reinh. g. 5 Jan. 720 K. K. General. 7) Cuneg. Jul. Maria, g. u. † 721. 8) Joh. Jul. g. u. † 723.

Eltern: Joh. Friedrich, g. 28 Oct. 680 † 24 May 723. K. K. w. R. K. Dänisch. Obrist-Lieut. der Cavall. u. des Cantons Ottenwald Rit. R. G. Magd. Jul. Eberhard Frid. v Neipperg, u. Evæ Dor. Greckh. Kochendorff T. g. 3 May 691. V. 18 Feb. 711.

Vat. Geschw. a) Dor. Maria, g. u. † 676. b) Eleon. Jul. g. 16 Nov. 677 † 23 Feb. 721. G. Phil. Ernst v. Berlichingen auf Jagsthausen. V. 13 Jun. 705. c) Anna Cuneg. g. 4 Jul. 679 † 718. G. Joh. Albr. v. Stetten auf

Kocherstetten. V. 698. d) e) f) g) † jung. h) Joh. Christoph, g. 23 Jan. 687 † 27 Dec. 748 K. w. R. u. Ritt. R. des Cantons Ottenwald. G. Maria Elis. Ludwig v. u. zu Weiler u. Mariæ Elis. v. Gemmingen a. d. H. Bürg T. V. 27 Dec. 714 †.

Kinder: 1) Maria Eleon. † jung. 2) Amal. Elis. g. 18 Jun. 717. G. Bernhard, Fhr. v. Stackelberg, K. Schw. u. Hess. Cassel Obrister. V. 27 Dec. 734. 3) u. 4) Magd. u. Amalia † jung. 5) Frid. Mariana, g. 3 Oct. 722. G. Frid. v. u. zu Weiler. V. 19 May 750. 6) Ludw. Reinhard † jung. 7) Joh. Charl. g. 16 Febr. 726. 8) Joh. Christoph, g. 24 Nov. 728 † als Fähndrich zu Reggio in Italien 11 Nov. 747.

i) Joh Ludw. † jung. k) Maria Charl. g. 9 Jun. 690. Posth. † 22 Oct. 741. G. Phil. Ernst v. Stetten auf Kocherstetten, Sachs. Goth. Rittm. bey den Curassiers, g. 671 † 726.

Gros=Elt. Joh. Christoph, g. 30 Oct. 654 † 24 Merz 690 Ritt. R. des Cantons Ottenwald. G. Maria Cun. Joh. Jac. Kolb v. Reindorff auf Assumstadt, u. Annæ v. Herda, a. d. H. Brandenburg T. g. 14 Aug. 657. V. 9 Jan. 676 † 17 Nov. 703.

Erthal.

Dieses grose Haus, wovon schon im Jahr 938 Jacob von Erthal zu Magdeburg turnirte, gehöret zu dem Fränkisch. RS. Ritterschaftl. Canton an der Baunach. So wie seine edle Vorforderen in den ältesten Zeiten die höchsten Stellen bey denen Hohen Erz=Domstiffter, Rit. Ord. ic. bekleidet, auch aus solchen Heinrich von Erthal im Jahr 1248 zum Abt und Fürsten des H. R. R. zu Sulda erwählet worden, eben so unterscheidet es sich gegenwärtig, indeme es mit Einer derer Säulen des H. R. R. dem hochwürdigsten Fürsten und Herrn, Herrn Friedrich Carl Joseph Freyh. v. u. zu Erthal, des H. Stuhls zu Maynz Erz=Bischof, des H. R. R. Erz=Canzlar und Churfürsten auch des H. R. R. Fürsten u. Bischoff zu Worms ic. pranget. Es ist der ordentliche Stammherr derer jetzt in zwey Linien florirenden Herren dieses vornehmen

Erthal.

men Hauses, Albert von Erthal, welcher im Jahr 1130 bekannt war.

I. ältere Linie.

Churfürst Frid. Carl Joseph Fhr. v. u. zu Erthal, g. 3 Jan. 1719 des H. Stuhls zu Maynz Erz-Bischoff des H. R. R. durch Germanien Erz-Canzlar u. Churfürst, erwählt 18 Jul. 1774 Bischof zu Worms 26. Jul. ejusdem anni. R. Maynz.

Geschwister: 1) Lothar. Franz Michael, g. 22 Nov. 717 des Kaif. St. Jos. O. Cammandeur, K. K. wie auch Chur-M. Geh. R. Vice-Obrist-Cám. u. Ob. Amtm. zu Lohr. 2) Heinr. Carl Ignat. g. 28 Dec. 720 † 6 Merz 721. 3) Maria Anna Magd. g. 31 Jul. 723 † 19 Sept. 774. 4) Mar. Soph. Marg. g. 16 Jul. 725 †. 5) Joh. Nepom. Lud. Christian, g. 1 Jan. 727 † 6 Jun. e. a. 6) Maria Amal. Elif. Franc. g. 16 Jul. 728 †. 7) Franz Lud. Phil. Carl Anton, g. 15 Sept. 730 Kayf. Con-Commissarius bey der Reichs-Versammlung zu Regenspurg, K. K. Geh. Rath u. Domh. zu Bamberg u. Würzb. 8) Phil. Carl Frid. Gottfr. Anton, g. 1 Sept. 736 † 7 Merz 737. 9) Carl Dietr. Wolff, Damian Xaver. g. 4 Dec. 738 † 740. 10) Mar. Anna Aug. Jos. Nepom. g. 19 May 744 †.

Eltern: Phil. Christoph, K. w. Geh. R. u. Gesandter, Chur-M. Confer. Minister, Ob. Marschall, Ob. Inspector des Erzstifftisch. Salzwerks u. der Glas-Factoreyen, Vice Cam. Präsid. St. A. O. R. u. Rit. R. des Cantons Rhön u. Werra, g. 8 Febr. 689 †. G. I. Maria Eva, Adolph Joh. Fhn. v. Bettendorf, u. Annæ Mariæ Cämmererin v. Worms, Freyin v. Dalberg. T. † 13 Dec. 738. II. Maria Elif. Claudia, Paul Nicolai, Gr. v. Reichenstein, u. Mariæ Annæ, Gräfin v. Rechberg T. Joh. Frid. Fhn. v. Venningen W.

Gros-Elt. Phil. Valent. K. w. R. Fstl. Würzb. Geh. R. Ob. Schultheis u. Ob. Amtm. zu Trimperg, des K. Landger. zu Franken Assessor, u. Rit. R. des Cantons Rhön u. Werra, g. 661 † 26 Apr. 707. G. Cath. Barb. Joh. Casimir, Fhn. v. Auffees, Hn. zu Weyher, u. Mariæ Ursulæ v. Wiesenthau T. g. 6 Nov. 663, V. 683 † 3 Sept. 720.

Erthal

II. Jüngere Linie.

Freyh. Carl Frid. Wilh. v. u. zu Erthal, g. 27 Merz 717 Capitularh. zu Maynz, auch der K. u. Cathedral Stifter Bamberg u. Würzb. respective Capitular= u. Domicellarh. Fstl. Bamb. u. Würzb. w. Geh. R. Geistl. Reg. Präsid. u. General Vicarius. R. Würzburg.

Geschwister: 1) Joh. Christoph Carl, g. 30 Jun. 712 Canonicus zu Elwangen, resign. 731 Hauptm. bey dem Fränk. Cr. Drag. Reg. †732. 2) Phil. Dietr. Sigm. g. 714 Domh. zu Worms, Elwangen u. Comburg. 3) Mar. Charl. Sab. g. u. †713. 4) Mar. Magd. g. u. †715. 5) Georg Phil. Valentin, g. 20 Dec. 718 †Domh. z. Maynz, resign. G. I. N. Franz Anton Wolffg. Schütz v. Holzhausen, u. An. Barb. v. Guttenberg T. II. N. Joh. Phil. Wilh. Fhn. v. Hohenfels u. N. Freyin Korbet v. Katzenelnbogen T.

Kinder: Fünf Töchter, wovon die zweyte vermählet an Frid. Carl, Fhn. Zobel v. Gibelstatt zu Messelhausen ꝛc. Chur=Maynz. u. Würzb. Geh. R. Ob. Amtm. zu Carlstatt u. des Kais. St. Jos. O. R.

Eltern: Carl Frid. g. 5 May 681 Fstl. Würzb. u. Onolzbach. Geh. R. commandir. Obrister über das Fränk. Cr. Drag. Reg. Commend. u. Ob. Amtm. der Vestung u. Stadt Königshofen im Grabfelde, † 26 Aug. 726. G. Magd. Barb. Joh Georg v. Schaumburg zu Strössendorf, Altenburg u. Mariæ Dor. Marschallin v. Ebneth T. V. 711 †720.

Gros=Elt. Dietr. Christian, g. 656 † 16 Febr. 687. Kais. Obrist=Wachtm. bey denen Curassiers. G. Mar. Clara, Wilh. Albr. v. Schaumberg zu Dundorf u. Dor. von Ostheim T. g. 644. V. 674 † 703.

Eyb.

Die Herren dieses edlen Hauses sind ursprünglich Franken. Ihr Stammhaus Eyb, welches im Rs. Rittersch. Canton Altmühl, ohnweit der Residenz-Stadt Onolsbach lieget, gehöret dermahlen diesem Marggräflichen Haus. Hingegen besitzen Sie die ansehnliche Ritter Güther Dettelsau, Dörzbach, Eyrolein, Ramersdorf, Vestenberg

stenberg und Wiedersbach ꝛc. Im Jahr 1197 waren Bilgram v. Eyb beym Turnier zu Nürnberg. Anno 1496 wurde Gabriel v. Eyb zu Eyburg zum 52ten Bischoff und Fürsten des R.R. in Eichstädt ꝛc. Anno 1580 wurde Martin v. Eyb zu Eyburg zum Bischoff und Fürsten des H. R. R. zu Bamberg, und Johann Martin im Jahr 1697 zum 63ten Bischoff und Fürsten des H. R. R. zu Eichstädt erwählet, und ist der ordentliche Stammherr derer gegenwärtig blühenden zwey Linien Peregrinus oder Pilgram von Eyb, welcher zu Zeiten Kaisers Henrici VI. Anno 1197 bekannt war.

I. ältere Hauptlinie.

Herr Jul. Frid. Franz v. Eyb, g. 12 May 706. Hr. auf Dörzbach, Rammersdorf, Mösbach und Widerspach ꝛc. K. K. w. Cämm. u. R. Chur-Cölln. Obrist, Fstl. Eichstädt. Geh. R. u. Pfleger zu Arberg, des Cantons Altmühl erster Rit. R. u. Truhenmeister. R. Arberg.

Geschwister 1) Albr. Heinr. g. 5 Aug. 695. † 11 Apr. 698. 2) Joh. Soph. g. 25 Jan. 699. 3) Frid. Charl. g. 700. G. Carl Wilh. v. Thüna, Sachs. Saalfeld. Camj. V. 721. 4) Frid. Carl, g. 10 Jul. 702. Teutsch O. R. Command der Balleyen Francken und Hessen, Chur-Cölln. w. Geh. R u. Reg. Präsident zu Mergentheim. 5) Lud. Wilh. g. 704. Kays. Hauptm. blieb 738 in Ungarn.

Eltern: Joh. Albr. g. 14 Aug. 667. † 725. G. Soph. Magd. Hans Georg, v. Redwitz zu Burckersdorf und Sabinæ Barbaræ v. Künsperg T. g. 10 Jun. 679. V. 4 Oct. 696. †. 8 Oct. 707.

Vat. Geschw. a) Joh. Ludw g. 23 Jan. 671. † 718. G. I. Christiana Dor. Anselm Hans Christoph v. Egloffstein zu Geilenreuth ꝛc. u. Annæ Rosinæ v. Rabenstein ai d. H. Adlitz T. Georg Heinr. v. Redwitz zu Weissenbrunn W. V. 696. † 713. II. Anna Eleon. Reg. Philipp Jac. Fhn. v. Jobstelsberg ꝛc. und Mariæ Cath. Freyin v. Wildenstein a. d. H. Strahlenfels T. Otto von Lauter zu Weißdorff W.

Kinder: 1) Joh. Christiana Soph. g. 28 Sept. 697. †. 2) Carl Lud. g. 13. Febr. 699. †. 3) Frid. Carolina, †.

G.

G. Pet. Phil. v. Seyfertiz. 4) Eberh. Louisa, G. Pet. Phil. v. Seifertiz, welcher sie nach ihrer Schwester Absterben geheurathet. 5) Albr. Ernst, Brand. Onolsb. Camh. u. Ob. Forstm. G. Soph. Charl. Conr. Wilh. Sigm. v. Eglofstein zu Eglofstein ꝛc. u. Louisæ Magd. Freyin v. Laßberg T. g. 710. V. 730.

Kinder: 1) Maria Louisa Reg. g. u. † 732. 2) Wilh. Christian Ernst Carl, g. 9 Sept. 734. † 8 Sept 747. 3) Ernst Ludw. Franz Wilh. g. 22 Dec. 737 † 31 Merz 738. 4) Carl Frid. Alexand. g. 13 Febr. 743. Br. Anspach. Camh. R. Anspach. 5) Frid. Lud. g. 4 Dec. 746 Brand. Anspach. Hauptm. R. Anspach.

b) Die übrige 13 sämtlich †.

Gros Elt. Albr. Ludw. v. E. zu Dörzbach, Kamersdorf u. Wiedersbach, Kays. w. K. Brand. Onolsbach. Ob. Amtm. zu Wasserdrüdingen u. Rit. Hauptm. des Cantons Ottenwald, g. 1 Apr. 639. †715. G. Joh. Catharina, Joh. Heinr. Schärtels v. Burtenbach zu Sammheim u. Griesing, u. Joh. Cath. v. Sternenfels T. g. 647. V. 666 † 720.

II. jüngere Hauptlinie.

Herr Frid. Carl Franz v. Eyb, auf Dörzbach ꝛc. 31 Aug. 743. Einer ohnmittelbaren RS. Ritterschaft am Ottenwald, Ausschuß. R. Dörzbach bey Mergentheim.

Geschwister: 1) Franz Ludw. g. 5 Feb. 727 des Teutsch. O. R u. Commenthur zu Virnsperg. 2) Maria Walb. g. 6 Jul. 728. 3) Heinr. Adam, g. 6 Nov. 729. 4) Maria Joh. g. u. † 731. 5) Maria Soph. Sib. g. 20 Oct. 732. 6) Christoph Gottfr. Gustav, g. 6 Dec. 733 Capitularh. zu Eichstädt. 7) Maria Anna Franc. Walb. g. 16 Sept. 738.

Eltern: Alexand. Joh. Martin, zu Dettelsau, Erbschenk des Hochst. Eichstädt, Fstl. Eichst. Geh. R. Ober-Amtm. zu Arberg, u. Brand. Onolsb. Cám. g. 2 Nov. 698 †. G. I. Ida Maria, Christoph Romani, Fhn. v. Freyberg u. Eisenberg ꝛc. u. Idæ Mariæ, Freyin v. Stein, zu Rechtenstein T. g. 699. V. 726 † 741. II. Maria Anna Cath. Joachim Giels Fhn. v. Gielsberg ꝛc. u. Mariæ Euphros. Freyin v. Freyberg T. g. 711 V. 742.

Fechenbach.

Vat.Geſchw. 1) Chriſtoph Ant. g. 696 † jung. 2) Maria Franc. g. 700 Kloſterfrau zu Ehingen. 3) Maria Thereſ. Carol g. 702 † jung. 4) Frid. Chriſtoph Lud. Aug. g. 23 Feb. 704 † jung.

Gros-Elt. Chriſtoph Anton, g. 26 Aug. 663 † 707 Erb-Schenk des Hochſt. Eichſtädt ꝛc. Erb-Cäm. des Hauſes Brand. Onolsbach, u. Hauptm. bey dem Schwäb. Cr. Infant. Reg. G. Maria Franc. Ther. Franz Jacob Fhn. v. Bernhauſen, u. Amal. Cath. Erb-Marſchallin des H. R. R. u. Gräfin v. Pappenheim T. g. 677. V. 694 † 711.

Fechenbach.

Dieſes edle Haus, welches ſeit denen älteſten Zeiten in denen Erz-Hohen-Dom- und Ritter-Stifftern aufgeſchworen, iſt Rheinländiſchen Urſprungs; Es hat ſich aber mit der Zeit nach Franken gewendet, und zum Theil beym löbl. Canton Röhn-Werra, zum Theil aber beym Canton Ottenwald niedergelaſſen, und beſitzet nebſt anderen ſchönen Güthern auch Laudenbach und Sommerau. Es theilet ſich in zwey Linien, wovon der ordentliche Stammherr Eberhard Senior v. Fechenbach um das Jahr 1255 lebte.

A. ältere Hauptlinie zu Laudenbach.

Freyh. Joh. Phil. Carl Anton v. Fechenbach, g. 15 Jun. 708. Hr. auf Laudenbach, Sommerau u. Roßhof, K. u. K. K. w. Geh. R. St. Georgii O. Biſchof u. Gr. Cr. des Domſt. zu Würzb. Capit. u. Cellar. inful. Probſt u. Hr. zu Alten-Oettingen, Fſtl. Würzb. w. Geh. R. Conf. Miniſt. u. Conſiſt. Präſid. auch bey der allgemeinen Reichsverſamlung bevollmächt. Geſandter. R. Regenſpurg.

Geſchwiſter: a) Chriſtoph Hartm. g. 709 Chur-M. Camb. Geh. R. u. Ob. Amtm. zu Amorbach. G. Soph. Leopold. Char. Joſ. Thereſ Joh. Phil. Hartm. Ernſts v. Buſeck u. Mariæ Annæ Felicitas v. Buttlar T. g. 723. V. 745.

Kinder: 1) Joh. Wilh. Franz, g. 746. 2) Maria Charl. Franc. g. 747. 3) Joh. Phil. Hartm. g. 748. 4) Maria Anna Felicitas, g. 749. 5) Phil. Ant. Franz Ignaz Joh. Nepom.

Fechenbach.

Nepom. g. 10 Feb. 750 zu Maynz, Trier u. Würzb. Domicellarh. auch Hof=u. Reg. R. † 4 Jul. 760. b) Maria Amalia, g 698 †. G. I Veit Ernst v. Rechberg. II. Joh. Ant. Ernst v. St. Vincent. Y. 728. c) Carl Ludw. g. 699 zu Fulda, Capitularh. u. Probst zu St. Peter, † d) Maria Jos. g. 704 †. e) Soph. Amal. g. 706 † 732 Ursulinerinn zu Würzb. f) Franz Wilh. g 711 † 747 Kays. wie auch Churbayr. Obrister u. Commendant.

Eltern: Joh. Reichard, † 716 Hr. zu Laudenbach ꝛc. Fstl. Würzb. Geh. wie auch Hof=u. Kr. R. G. F. M. L. Obrister über ein Reg. zu Fuß u. Commend. zu Würzb. G. I. Maria Antonia, Humbrecht Christoph, Fhn. Schenkens v. Castell u. MariæBarb. v. Remlingen, T. II. Jos. Maria Elisab. Marquard Franz. v. Eyb. zu Dettelsau u. Cath. Sophiæ Schenkin v. Stauffenberg T. † 746.

Vat. Geschw. 1) Joh. Christoph, † 697 des Teutf. O. R. u. Haus=Commandeur zu Ellingen, wie auch Kays. Hauptm. 2) Anna Lucretia. G. Daniel Lud. v. Mansbach. 3) Joh. Christian. 4) Maria Amalia.

Gros=Elt. Hans Georg †. G. Sib. Gertraud, Joh. Conr. v. Breidenbach, gt. Breidenstein zu Saalmünster, u. Amal. Cath. v. Münster a. d. H. Nieder Wehrn T. †.

B. jüngere Hauptlinie zu Sommerau.

Freyh. Phil. Franz Christoph v. Fechenbach, Chur=M. Cämmerer. G. F. W. Obrister u. Inhaber eines Reg. zu Fuß. G. N. Freyin Horneck v. Weinheim. R. Maynz.

Kinder: N. N.

Geschwister: 1) Carl Frid. g. 697 Chur=M. Camh. Hof=u. Reg. R. auch Vice Hofmarschall, †. 2) Hartm. Sigm. Reichard, † 746. des Teutf. O. R. u. Command. zu Münerstadt. 3) Joh. Phil. Adolph. 4) Maria Sophia Joh. †. 5) Jos. Dorot. Amal. † 6) Eva Maria Amalia. 7) Charl. Frid. 8) Joh. Doroth. 9) Sophia Theresia. 10) Maria Sus. Gregoriana.

Eltern: Joh. Philipp, Hr. zu Sommerau, g. 3 Aug. 660 † 735 Chur=M. G. R. G. Elis. Christ. Joh. Ernst v. Fechen=

Fechenbach. Forstern.

Fechenbach, u. Mar. Jul. Voitin v. Rhineck T. g. 676. V. 696 † 742.
Vat. Geschw. a) Joh. Gottfr. Lorenz, g. 13 Aug. 653 † Chur-M. Drag. Hauptm. G. I. Soph. Magd Casp. Rudolph, Schenkens v. Schweinsberg, u. Joh. Magd. v. Buseck T. II. Regina Cordula, Georg Holzschuhers v. u zu Aspach. u. Annæ Marg. v. Wildenstein, a. d. H Strahlenfels T. g. 700. V. 721.
Kinder: 1) Joh. Ottilia Magd. G. Carl Ludw. de Gregouire. 2) Joh. Christina, Closterfrau zu Marienberg. 3) Anna Magd. G. Georg Rüd v. Collenberg, FKL. Würzb. G.F.J. ɪc. 4) Christoph Maxim. † 716 Venetian. Major. 5) Sophia Maria Philip.
b) Maria Antonia, g. 26 Sept. 654 † 30 Aug. 737. G. I. Rudolph Eberh. v. Buseck. II. Phil. Franz Edm. v. Buseck, Hr. zu Eppelbrunn. c) Franz Joach. g. 657 † 664. d) Joh. Wilh. Philippert, g. 20 Nov. 662 †.
Gros-Elt. Adolph Ernst, g. 604 † 669 (Stifter der jüngern Linie.) G. Joh. Elis. Johann Conr. v. Breidenbach, gt. Breidenstein zu Saalmünster ɪc. u. Amal. Cath. v. Münster, a. d. H. Nieder-Wehrn T. V. 652 † 698.

Forstern.

Dieses adeliche Haus, welches wegen des Ritter-Guths Busch-Schwobach beym RS. Ritter-Canton Altmühl immatriculiret ist, stammet von der in den Thüring-und Meißnischen Landen schon vor langen Zeiten bekannten Forsterischen Familie her, wovon in Fabri Staats-Canzley und den daselbst bemerkten Scribenten ein mehrers zu finden.
Herr Frid. Carl v. Forstern, Hr. zu Herbsleben, Burghausen u. Busch-Schwobach, Fstl. Schwarzb. Sondersh. Camh. g. 30 Jan. 712. G. Wilh. Günther, Henrietta, Frid. Jonæ v. Bilzings-Löwen ɪc. u. Annæ Magd. v. Rauschenplatt, a. d. H. Denkenhausen u. Dassel T. V. 733. R. Sondershausen
Kinder: 1) Albert. Rud. Christiana, g. 11 Dec. 733. 2) Günter Heinr. Frid. g. 10 Apr. 736 † 12 Feb. 744 3) Günter

Forstern.

Günther Carl Adolph, g. 31 May 737. 4) Antonetta Soph. Ernſt. g. 31 Jul. 738 G. Frid. Leop. v. Hahn, Sachſ. Goth. Camh. u. Ob. Forſtm. zu Schwarzwald. 5) Eliſ. Sophia, g. 740. 6) Regina Carol. Wilh. g. 27 Feb. 742. 7) Auguſta Charl. g. 2 Apr. 743. 8) Jacob Frid Wilh. g. u. † 745. 9) Chriſtian Wilh. Frid. g. 26 Oct. 747.

Geſchwiſter: a) Georg Frid. g. 6 Merz 694 † 10 Dec. 724. G. Lucia Charl. Hartm. Vizthums v. Eckſtädt auf Klein-Bargila, u. N. v. Daſſel T. V. 724. Deſſen **Tochter:** Frid. Charl. Poſth. g. 9 Feb. 725 † 16 Apr. 745. G. Chriſtoph Heinr. v. Zanthire, Chur-Sächſ. Hof u. Reg. R. g. 10 Feb. 713. V. 743.

b) Frid. Euphroſ. Sophia, g. 24 Feb. 696 † 17 Feb. 726. G. Chriſtoph Erdm. v. Reitzenſtein. In Chuſ. Kr. Dienſten. V. 724. c) Jacob Wilh. g. 29 Oct. 705 † 9 Nov. 722.

Eltern: Jacob Wilh. g. 667 K. Pr. Geh. R. u. Adminiſtrator der Graffſchaft Geyern, † 20 Aug. 722. G. Euphroſ. Reg. Chriſtoph Sinolds, gt. v. Schütz, u. Annæ Reginæ Paumgärtnerin T. g. 669. V. 690 † 732.

Vat. Bruder: Georg, g. 4 Oct. 667 Goth. Geh. R. u. Conſiſt. Präſid. im Fürſtenth. Altenburg, † 21 Nov. 726. G. I. Maria Eliſab. Sidonia v. Fiſcher. V. 691 † 695. II. Anna Marg. v. Bonhorſt a. d. Hannöveriſchen. V. 697 † 706.

Kinder: a) Joh. Frid. Wilh. g. 692 † 736 Goth. Hof- u. Juſtitz-R. im Fürſtenth. Altenburg. G. Jul. Beata, Günthers v. Bünau zu Wildenhayn T. g. 696. V. 722 † 742. Deſſen

Söhne: 1) Aug. Frid. Georg, g. 20 Jul. 726 † 18 Feb. 742. 2) Wilh. Theodor, g. 29 Jul. 730.

b) Frid. Sophia Chriſtiana, g. 694 †. G. Joh. Hartwig v. Gersdorf. Sachſ Weiſenfelſ. Camj. u. Ob. Forſtm. V. 719 † 734. c) Georg, g. 698 † 723. d) Anna Helena, g. 699 † 736. G. Hartm. Chriſtoph Vizthum v. Eckſtädt, Churſ. Obriſter. V. 724. e) Jul. Aug. g. 704. G. I. Heinr. Lud. v. Vaſold, Goth. Hauptm. V. 721 † 733. II. N. v. Reineck, Sachſ. Weim. Obriſter.

Gros=Elt. Jacob Wilh. g. 634 Br. Onolsbach. Geh. R. Hofr. Präsid. Landsch. Director u. Abgesandter bey dem Fränk. Cr. Conv. † 26 Apr. 709. G. An. Sophia Schöllen, g. 639 † 667.

Forstmeister v. Gelnhausen.

Dieses Freyherrlich uralt adelich=Turnier=Ritter= u. Stiftsmäsigen Geschlechts, Edler Ursprung erstrecket sich so weit in das Höchste Alterthum grauer Zeiten, daß, da es anjezo seinen Nahmen von einer Reichs=Erb=Charge führet, man dessen ehemalig eigentlichen Geschlechts Nahmen kaum entwickeln kan. Schon zu Zeiten Kaysers Friderici I. Barbarossæ oder des Rothbärtigen, welcher die Burg Gelnhausen erbauet, daselbsten in denen Jahren 1180. 1186. 1188. sein Hoflager u. verschiedene Reichstäge gehalten, wurde es mit unter die Edelsten des Reichs gezehlet, u. erschiene damahls schon in der Person Friderichs F. v. G. mit der Hoff=Charge eines Kayserl. Reichs=Forstmeisters, wie dasselbe dann auch solche u. die damit verknüpfte Reichs=Forstmeisterey in der Burg Gelnhausen, bis auf den heutigen Tag, von Kayser zu Kaysern als ein ansehnlichs Reichs=Lehen zu einem Mann=Leben empfängt u. träget, dahero auch Kayser Sigismundus in seiner Satzung verordnet gehabt, daß keiner als ein gebohrner Forstmeister zu dem Reichs Forst=Amt gelangen solle u. könne. Dieses Geschlecht ist sowohlen in der Fränkisch=Schwäbisch= als Rheinischen Reichs=Ritterschaft u. denen Chur-Cöllnisch=Bergisch=u. Hessischen Landständen Collegiis als Ritterbürtig aufgeschworen, u. gehöret noch würcklich zu der Mittel-Rheinischen Reichs=Ritterschaft wegen seiner um u. nächst Gelnhausen besitzenden unmittelbaren Güthern und Reichs=Herrschaften; In Ansehung derer im Ertz=Stift Cölln u. Herzogthum Bergen, besitzenden Güthern aber zu dasiger Landständischer Ritterschaft. Unter denen vielen weltlichen u. Geistlichen Ordens=Rittern, Domherren, Chorherren, ansehnlichen Gelehrten, Hof- u. Militair Personen, so aus diesem Geschlecht entsprossen, sind folgende die Merkwürdigste, u. zwar Erstens weltliche u. geistliche

geistliche Ordens-Ritter: Stephan F. v. G. ziehet mit Kayser Friderico dem Rothbärtigen 1188. als Ritter in das gelobte Land, u. bekomt von diesem Creutzzuge das rothe Creutz zur Wappen Zierde, wie dieses dann in dem Himmelblauen Wappen-Schild nebst den 7. goldenen Holtzspänen dem auf einer Wolfsangel stehenden gecrönten Wolfskopff gerade gegenüber stehet. Friderich F. v. G. ist in dem An. 1235. zu Würzburg gehaltenen algemeinen Reichs Turnier, u. Hans F. v. G bey jenem zu Eßlingen im Jahr 1374, u. leztlich Caspar F. v. G. bey dem zu Landshut An. 1439. gehaltenen Reichs Turnier mit u. unter die vorzüglichste Ritter gezehlet. Henne F. v. G. wird 1429. Ritter des H. Grabes zu Jerusalem u. tritt 1459. in den Johannitter-Orden über. 1505. Gerh. F. v. G Teutsch-Ord. Ritter, Commenthur zu Marienberg in Preusen. 1525. Werner F. v. G. Teutschen-Ord. Ritter, Commenthur zu Coblenz. Einer von jenen so mit aus Preusen nach Abfall des Hochmeisters Marggraff Albrechts v. Brandenburg mit Walther v. Cromberg entwichen. 1562. Henne F. v. G. Teutsch-Ord. Ritter. 1639. Werner F. v. G. Maltheser Ritter, Kayserlicher Obrister. 1710. Philipp Benedict F. v. G. Teutsch-Ord. Ritter-Rathsgebieter der Balley Franken, Commenthur zu Blumenthal, Oberamtmann des Scheuerberger Gebiets, Stadthalter in Schlesien, endlich Hoch- u. Teutschmeisterischer Geheimer Rath, Land Commenthur der Balley Francken, Commenthur zu Sachsenhausen u. Ellingen, Chur-Mayntzischer Geheimer Rath u. Obrist-Hofmarschall. Zweytens Dom- u. Chorherren: Im Jahr 1487. war Dieterich F. v. G. Domherr zu Maynz u. Probst zu Setbold. 1504. Heinrich F. v. G. Domherr zu Maynz. 1512. Hans F. v. G. Domherr zu Speyer u. Worms. 1515. Dieterich F. v. G. Domherr zu Maynz, Chorherr zu St. Alban, Vorsteher der Pfarrkirchen St. Peter u. Paul zu Münster vor der Höhe. 1542. Rudolph F. v. G. Domherr zu Maynz, Dechant zu St. Alban. 1674. Joh. Phil. Joachim F. v. G. Domherr zu Würzburg, Chorherr zu St. Burcard daselbst. Drittens Gelehrte, Hoff- u. Militair-Personen: 1530. Caspar F. v. G. J. V. D. u. Professor

zu

zu Tübingen. 1347. Ludwig F. v. G Kayserl. Rath u. Reichs Schultheis zu Gelnhausen. 1474. Balthasar F. v. G. Burggraf u. Reichs-Schultheis zu Gelnhausen. 1509. Bernhard. F. v. G. Churpfälzischer Rath u. Pfand-Amtmann zu Gelnhausen. 1560. Sebastian F. v. G. Chur-Maynzischer Rath, Hoffmeister u. Amtmann zu Höchst am Mayn. 1564. Achatius F. v. G. Churpfälzischer Obrister von der Leibgarde u. Friderich F. v. G. Churpfälzischer Hauptmann. 1589. Balthasar F. v. G. Churpfälzischer Rath u. Pfand-Amtmann zu Gelnhausen. 1594. Hector F. v. G. Churpfälzischer Rath u. Hofmarschall. 1596. Martin F. v. G. Chur-Maynzischer Rath u. Hof-Marschall. 1640. Joh. Heinrich F. v. G. Chur-Pfälzischer Rath. 1653. Lucas Heinrich F. v. G. Burggraf zu Gelnhausen, Fuldaischer Rath u. Ober-Schultheis zu Fulda 1660. Fridrich Franz F. v. G. Chur-Maynzischer Rath. 1670. Joh. Heinrich F v. G. Chur-Maynzischer Rath u. Cämmerer. 1712. Joh. Phil. Fridrich F. v. G. Chur-Maynzischer Cämmerer, Geheimder Rath u. Ober-Amtmann der Aemter Haussen, Orb, u. Burgjossa. Vid. Joh. Christian Johannis Scriptores rerum moguntinarum Spicilegium tabularu litterarumque vetermSpicileg. I. in diplom. miscel. Linings Reichs-Archiv. Gropp. Collect. Script. Wirceburg. Burgemeister Bibl. Equest. Senckenbergs Jus publ. privat. Zinckens Adels Lexicon. Humbracht u. das Hattstein-u. Nürnberger Wappenbuch ꝛc.

Freyh. Carl Franz Ferd. Christian Jos. Forstmeister v. Gelnhausen, g. 8 Jul. 747 Hr. zu Kinzighausen, Aufsenau, Neuendorf, Steinbach u. Neuernburg, Chur-M. w. Cämmerer, Adel. Hof-Reg. u. Hofger. R. wie auch Burgmann zu Gelnhausen G. Carol. Franc. Theresia, Freyin v. Steinen zur Scherpffe, Erbt. zur Scherpffe, Romedi u. Combach, g. 7 Aug. 747 Stiftsd. des Fstl. weltl. Stiffts zu Münsterbilsen, resig. 30 May 775. V 1 Jun. 775. R. Maynz.

Eltern: Franz Ludw. Joseph, g. 8 Sept. 721 † 3 Apr. 763 Churpf. Cäm. Schweitzer-Garde Hauptm. des Chur. Cölln. St. Mich. O. Gr. Cr. Director u. Baumei meister der Burg Gelnhausen. G. I. Maria Adolphina Aug. Theresia, Jost Edmund Franz, Fhn. v. Reuschenberg zu Setterich u. Mar. Clar. Freyin v. Virmund zu Neersen T. Erb=T zu Reuschenberg, Hassenfeld, Irresheim u. Neuernburg, g. 16 Merz 719 Stiftsd. des Freyweltl. St. zu Süsteren, resig. 1 Aug. 746. V. 14 Aug. e. a. † 20 Jul. 752. II. Maria Magdal. Sophia, Freyin v. Boynenburg zu Lengsfeld, Gan=Erbin zu Lengsfeld, Weilar u. Gehaus. V. 2 Feb. 757.

Vat. Geschw. 1) Magd. Marg. Elis. g. 1 Apr. 719 † 12 Oct. 721. 2) Damian Wilh. Casp. g. 10 May 723 Domh. zu Paderborn u. Minden, Probst des Collegiat-Stifts zu St. Johann in Minden, Sänger zu St. Peter in Frizlar. 3) Joh. Juliana, g. 17 May 724. G. Fhr. v. Maierhoffen zu Aulenbach, Chur=M. R. u. Ob. Amtm. zu Klingenberg, † 742. 4) Christoph Franz, g. u. † 725. 5) Adolph Adelbert Benedict, g. 724 † 729. 6) Mariana Elis. g. u. † 727. 7) Maria Louisa Carol. Ursula, g. 13 Jun. 728 † 28 Feb. 775. G. Constant. Phil. Fhr. v. s. zu Hattstein, † 769 Chur=Trier. Cämmer. u. Director der Burg Gelnhausen. 8) Carl Frid. Franz Ant. Hartard, g. 9 Merz 731 Teutsch. O. R. Coadjutor der Balley Coblenz, Commandeur zu Muffendorf, Chur=Cölln. Cäm. Geh. Staats=u. Kr. R. G. F. W. u. Obrist=Stallm. 9) Magd. Elis. Jos. g. 734 † Sept. 766. G. Clemens Aug. Fhr. v. Weichs zu Rösberg, Chur= Cölln. Geh. R. u. Ob. Jägerm. 10) Hugo Phil. Marian, g. 736 Chur=Cöll. Cäm. Lieut. von der Garde u. Rittm. von denen Münster. Dragonern.

Gros=Elt. Joh. Phil. Frid. g. 682 † 6 Oct. 740 Posth. Chur-M. Cämmer. Geh. R. u. Ob. Amtm. zu Haussen, Orb, u. Burgiossa, Director u. ältester Baumeister der Burg Gelnhausen. G. Anna Marg. Elisab. Martin Ludw. Fhn. v. Schleiffraß zu Reichloß u. Mariæ Magd. Freyin v. Vicken zum Hayn T. g. 10 May 704. V. 20 Jun. 717 † Merz 770.

Frankenſtein.

Dieſes Turnier-Ritter und Stiftsmäßige Haus, wovon Arbogaſt von Frankenſtein An. 984 das Turnier von Coſtniz beſuchte, iſt im vorigen Seculo von der Rheiniſch-zur Fränkiſchen R. Ritterſchaft gekommen, und beſizet nebſt andern conſiderablen Güthern in den Rheiniſchen Landen ſein Stammhaus Frankenſtein, beym Canton Steigerwald aber, das Ritter-Guth Uhlſtadt cum appertinentiis. Deſſen Vorfordere waren von deren älteſten Zeiten her, bey denen Hohen Erz- und Dom-Stiffter Maynz, Bamberg, Würzburg, Worms, Speyer, wie nicht weniger bey dem Hohen Teutſchen Orden aufgeſchworen, und hatten die höchſten Stellen dabey begleitet, wie dann Worms und Speyer im XVI und XVII. Bamberg aber im jezigen Seculo das Glück hatte, die preiswürdigſte Zweige davon als ihre Biſchöffe, Fürſten und Landesherren zu verehren. Es iſt der ordentliche Stammherr aller jezt blühenden Herren dieſes Hauſes Ludwig I. welcher An. 1115. am Leben geweſen, und deſſen Nachkommen in zweyen Linien floriren.

A. Zu Ockſtadt.

Freyh. Franz Chriſtoph Carl Phil. Hugo v. Frankenſtein zu Ockſtadt, g. 14 Oct. 747 derer Erz-Hohen Domſtifter zu Maynz u. Würzb. Capitularh. zu Trier Domicellarh. u. des Ritter-Stiffts ad S. Alb. bey Maynz Capitularh. R. Maynz.

Geſchwiſter: 1) Joh. Phil. Ant. Franz, g. 1 Oct. 746. Domh. zu Würzb. 2) Phil. Ludw. Emericus Franc. g. 29 Oct. 755 † 768 Domh. zu Würzb.

Eltern: Carl Frid. Ferdin. Valentin Xaverius, g. 716 Chur-M. Camh. wie auch Hof u. Reg. R. G. Charl. Eliſ. Thereſia, Carl Frid. Melchior Fhn. v. Keſſelſtadt u. Antonettæ Iſabellæ Ther. Freyin v. Frens zu Kendenich T. g. 726. V. 744 †.

Pat. Geſchw. 1) Mar. Anna Magd. Ferd. g. 710 G. Carl Ferd. Fhr. v. Sickingen. V. 730. 2) Lothar. Frid. g. u. † 712. 3) Franz Ferd g. u. † 713. 4) Mar. Eleon. Cath. Eliſ. g. 715. G. Carl Otto Theod. Fhr. v. Gemmingen

Frankenstein.

V, 738. 5) Hugo Phil. Erwein, g. 720 † 721. 6) Maria Sophia, g. 721 † 726. 7) Carl Valent. Franz Phil. g. 11 Oct. 722 † 773 Domsänger zu Würzb. Erzpriester zu St. Victor in Maynz, Geh. R. Hof-Cam. Präsid u. Domh. zu Würzb. 8) Maria Jul. Charl. g. 726. 9) Maria Sophia Eva Margar. g. 727 † 730.

Gros-Elt. Frid. Gottfr. Rudolph, g. 686 † 738 Chur-M. Geh. R. u. Ritter-Hauptm. der Mittel-Rhein. Ritterschaft. G. Maria Marg. Adolph Joh. Carl v. Bettendorf u. Annæ Mariæ Cämmererin v. Worms, Freyin v. Dalberg T. V. 708 †.

B. Zu Frankenstein und Uhlstadt.

Freyh. Joh. Phil. Ludw. Ignat. v. Frankenstein u. Uhlstadt, g. 28 Jul. 700 Dompropst zu Würzb. Kays. auch Fstl. Bamberg. u. Würzb. w. Geh. R. u. Probst zu Wächterswinkel. R. Würzburg.

Geschwister: 1) Mar Phil. g. 694 †. G. Wolffg. Anton, Fhr. v. Münster, Chur-M. Camb. g. 687. V. 712 † 3 Dec. 721. 2) Joh. Phil. Anton, g. 27 Merz 695 wurde als Domh. zu Maynz u. Bamb. Probst zu St. Martin in Forchheim, wie auch Chur-M. Geh. R. u. Vicarius Generalis in spiritualibus den 26 Sept. 746 einmüthig zum 57sten regierenden Bischoff u. Fürsten des H. R. R. zu Bamberg erwählet. † 753. 3) Joh. Carl Frid. Maximil. g. 696 anfänglich Chur-Trier Camh u. Fstl. Würzb. Hof R. u. Hof-Cavalier, von 743 aber Teutsch. O. R. in der Balley Franken, †. G. Maria Joh. Anna, Eitel Ernst Wolffskeels v. Reichenberg zu Rottenbauer u. Mar. An. Kottwizin v. Aulenbach T. V. 719 † 739.

Kinder: a) Joh. Phil. Anton Ignat. g. 720 † 723. b) Joh. Wilh. Gottfr. Carl, g. 18 Feb. 722 † 30 Jul. 737 Domh. zu Würzb. c) Maria Franc. Frid. Suf. Jacob. g. 16 Dec. 739 † 740.

4) Maria Cath. Jacob. Jos. g. 23 Merz 698 † 1 Jul. 734. G. Marq. Carl Ludw. Fhr. v. Guttenberg ꝛc. g. 13 Jan. 686, V. 14 Nov. 715 †. 5) Joh. Carl Ernst Maria, g. 701 Chur-M. Geh. R. Ob. Stallm. u. Ob. Amtm. zu Amöneburg u. Neustadt. G. Henrica Joh. Antonia, Carl Anton

Fuchs v. Bimbach.

ton Ernst Graf v. Elz, u. Hel Cath. Freyin Wambol-
din v. Umbstadt T. V. 733.
Eltern: Joh. Frid. Adolph, † 701 Fstl Würzb. Ober-
Amtm. zu Jagstberg. G. Maria Franc Marg. Marq.
Franz v. Eyb, u. Sophiæ Cath. Schenkin v. Stauffen-
berg T. V. 693. †.
Vat. Geschw. 1) Joh. Carl Ludw. blieb in Ungarn wider
den Türken. 2) Maria Marg. 3) Anna Maria Phil. 4)
Doroth. Magd. † 4 Sep. 714. G. I. Adam Hartm. Voit
v. Rhineck zu Wertheim g. 639 † 680. II. Hans Eitel
Truchseß v. Wezhausen, g. 18 Dec. 674 Kays. Curas-
sier Obrister, † 687. 5) Maria Sophia Jul. † 714. G.
Joh. Wilh. Zobel v. Giebelstadt ꝛc. Würzb. Geh. R. Ob.
Stallm. Obrist der Garde zu Pferd ꝛc. †.
Gros-Elt. Joh. Frid. g. 618 Fstl. Würzb. Hofmarschall
u. Ob. Amtm. zu Kißingen und Neustadt an der Saal. †.
G. I. Anna Maria, Christophs v. Eppe u. Marg. v.
Amelungen T. II. Anna Marg. Adolph Georg Voi-
tens v. Salzburg u. Mariæ Magd. Fuchsin v. Dorn-
heim T. III. Anna Marg. Phil. Adam Voitens v. Salz-
burg u. Mariæ Amaliæ v. Thüngen T. †.

Fuchs v. Bimbach.

Ein Turnier-Ritter-Stifftmäßig, Reichsgräfl. und
Freyherrliches Haus, so zum Fränk. RS. Ritter-Canton
Baunach gehöret, unter dessen Vorforderen im Jahr
1485 Hartung Fuchs im Turnier zu Onolsbach stunde,
und Anno 1539 Christoph Fuchs, zum Bischof und Fürst
zu Brixen erwählet wurde, der ordentliche Stamm-herr,
Johannes Fuchs v. Bimbach zu Bimbach ꝛc. Fürstl.
Würzb. Hofmeister, mit seiner Gemahlin Johannetta v.
Hohenstein aber 1480 lebte.
Freyh. Christoph Franz Veit Lud. Phil. Anton Maria
Fuchs v. Bimbach u. Dornheim, Hr. zu Glasenau,
Burg-Breitbach u. Schweinshaupten, g. 15 Aug. 728.
Geschwister: 1) Anna Ther. Aug. g. 1 Jun. 727 Stiftsd.
zu Eaisge in Westphalen. 2) Maria Anna Soph. Amalia
Jos. g. 1 Jun. 727 Stiftsd. zu Heresheim in Westpha-
len, Zwilling mit Ersterer. 3) Anna Maria Charl. Ama-
lia

lia Dorothea, g. 26 Aug. 729. 4) Mar. An. Ther. g. 15 Feb. 731. 5) Ad. Phil. Ernſt, g. 3 Jan. 732. 6) Mar. An. Eſt. Joh. g. 15 Merz 733. 7) Mar. Magdal. Ern. Jul. g. 26 Apr. 734. 8) Frid. Ernſt. Joſ. Chriſtoph Eugen, g. 16 Aug. 736 † 738. 9) Carl Phil. Hein. Sigm. g. 6 Jan. 738.

Eltern: Joh. Phil. Dieter. Ernſt, g. 702 Fſtl. Würzb. Hofr. u. Ob. Amtm. zu Biſchoffsheim vor der Rhön. G. I. Maria Sophia Ther. Franz Anton Ferd. Fhn. v. Welden, Hn. zu Hohholtingen u. Laubheim, dann An. Mariæ Norbert. Schenkin Freyin v. Stauffenberg T. g. 2 Feb. 702 V. 724 † 10 May 726. II. Mar. Aug. Thereſia, Georg Heinr. Wilh. v. Würzburg zu Ober- u. Unter-Mitwitz, u. Annæ Thereſiæ v. Mauchenheim gt. Bechtoldsheim T. g. 708. V. 726 †.

Gros-Elt. Lud. Reinhold, Fſtl. Würzb. G. M. u. Obriſter über ein Reg. zu Fuß. (Stifter der jetzt blühenden Freyh. Linie.) g. 666 blieb 704 vor Rain in Bayern. G. I Maria Joh. Johannis Fhn. Fuchſens v. Dornheim, zu Mayn-Sontheim ꝛc. u. Mariæ Joh. v. Roſenbach T. g. 678. V. 692 † 676. II. Anna Ther. Agatha, Caſp. Dietr. v. Droſte zur Fichte, dann Cat. Eliſ. v. Nilhauſen T. V. 700 †.

Gaisberg.

Dieſes alte adeliche zur Rs. Ritterſchafft am Kocher und Schwarzwald gehörige Haus, ſtammet aus Schwaben, allwo es in dem Herzogthum Würtemberg das Stammhaus Schneith im Ramsthal, Schöckingen, Schaubeck, Kleinbottwar, Hohenſtein ꝛc. beſeſſen und theils noch beſitzet. Auch ware es vor vielen Jahren zu Coſtanz ſeßhaft, und ſchriebe ſich bloß Geyßberger. Nach Stumphii Chronick p. 349 baute Geyßberger, Burgermeiſter von Conſtanz, Armenberg unter Ermatingen im Thurgau am Bodenſee gelegen, von Grund auf. Antoni G. von Coſtanz, Ritter, wurde 1497 Burger zu Zürch, † 1504 ſamt ſeiner Gemahlin und liegen zu St. Gallen begraben, wo ihnen ihr Sohn Franz, welcher 1504 zum 55ten Abt allda erwählet worden, eine beſondere Capelle, Begräbniß und Altar, die Gaißberger Capelle genannt,

auf-

Gaisberg.

aufrichten lassen. Franz † 1529 zu Roschach am Bodensee, wurde nach St. Gallen gebracht und in der dunkeln Capellen begraben, und ist Fritz v. G. welcher 1392 Vogt zu Schorndorf war, der Stammherr aller blühenden Linien dieses Geschlechts, keineswegs aber Nicolaus, wie Gauhe meldet.

I. A Linie zu Schöckingen.

Freyh. Phil. Heinr. v. Gaisberg auf Schöckingen, Hzl. Würt. Vice Ober-Jägerm. Camj. u. Ober-Forstm. zu Kirchheim unter Teck, Sen. Fam. g. 19 Oct. 719. G. Ernest. Christina v. Wöllwarth a. d. H. Essingen. R. Stuttgard.

Kinder: 1) Joh. Carl Fridr. g. 748 Würtenb. Camj. u. Rittm. der Garde zu Pferd. 2) Elis. Frid. g. 751. G. N. v. Kospodt, Ob. Forstm. zu Neustadt. 3) Johanna Heinr. g. 752. 4) Ludw. Heinr. g. 753 Würtenb. Hoff- u. Jagdtj.

Eltern: Fridr. Heinr. g. 5 Oct. 675 † 722 Würtenb. Hauptm. der Leib-Drag. G. Maria Cleopha v. Biedenbach.

Vat. Geschw. 1) Eberh. Albr. †. 2) Ein Sohn tod g. 3) Ludw. Heinr. †. 4) Heinr. Maria Sib. †. 5) Joh. Charl. g. 6 Nov. 677. †. 6) Joh. Heinr. g. 676 † 20 Merz 736. 7) Carl Ludw. g. 673 †. 8) Magd. Eleon. Charl. †.

Gros-Elt. Joh. Heinr. g. 637 † 25 Feb. 687 Würtenb. Reg. R. u. Hofgerichts-Assessor zu Tübingen. G. Joh. Sib. v. Kaltenthal, † 19 Jan. 705.

II. B. Linie zu Schöckingen.

Freyh. Carl Ludw. Albr. v. Gaisberg auf Schöckingen, g. 20 Sept. 734. Mgr. Baad. Ober-Jägerm. recipirter Joh. O. R. u. Mitglied der Künste u. Wissenschaften in London. R. Carlsruhe.

Schwester: Christina Henrietta. G. Carl Wilh. Albr. Fhr. Göler v. Ravenspurg, Kapf. u. des Cantons im Creichgau Rit. R.

Eltern: Phil. Albrecht, g. 15 Dec. 704 † 16 Dec. 739 Würtenb. Camj. u. Forstm. auf dem Engelberg. G. Louisa Frid. v. Leutrum, a. d. H. Heydach.

Vat. Geschw. A. Doroth. Sibilla. G. Adolph Christoph v.

v. Schleppengrell, Würtenb. Forſtmeiſt. zu Freuden-
ſtadt. B. Friderica Alb g. 3 Apr. 699 † 5 Oct. 772. G.
Georg Frid. Buwingshauſen v. Walmerode, Wür-
tenb. Hauptm. C. Reg. Henr. G. KrafftPhil. v. Göll-
nitz, Würtenb. Dragoner-Hauptm. D. Frid. Phil. Albr.
G. N. N. v. Göllnitz. E. Frid. Gottlieb, Würtenb.
Camj. u. Forſtm. zu Kirchheim an der Teck. G Maria
Aug. Louiſa, Phil. Ad. v. Gemmingen auf Widdern
u. Hel. Mar. Chriſtinæ v. Gemmingen a. d. H. Fürfel-
den T. g. 17 Feb. 726.

Kinder: a) Frid. Carl Reinh. Würtenb. Camh. u. Ober-
Forſtm. zu Neuenburg. G. Johanna Hen. v. Göllnitz.
Kinder: 1) Chriſtina. 2) Louiſa. 3) Auguſta. 4) Phil-
lipp Albr. Sigm. Frid, 5) Carolina. 6) Johanna. 7)
Charlotta. 8) N. N.

b) Joh. Dieterich, in Würtenb. Kr. Dienſten. c) Gottlieb,
in nemlichen Dienſten d) Maria Frid. Stiftsd. im
Adel Stifft Oberſtenfeld. e) Louiſa. f) Auguſta Henr.
g) Johanna. G. Carl Eberh. v. Gültlingen auf Berneck.

F. Sophia Frid. g. 703 †. G. Cath Eliſ. g. 25 Jan. 712 †
4 Nov. 770. G. Wilh. Frid. Herm. v. Franken. Wür-
tenb. Obriſter, † 6 Sept. 773. H. Ferd. Wilh. g. 2 Jul.
708 † 6 Aug. 760 Würtenb. Forſtm. auf dem Reichen-
berg. I. Frid. Albr. g. 14 Apr. 710 † 16 Jan. 763 Wür-
tenb. Land-Ob. Jägerm. Camh. u. Ob. Forſtm. G.
Maria An. Sib. v. Gollen, † 762.

Kinder: 1) Carl. Frid. g. 19 Nov. 749 Würtenb. Camj.
G. N. N. Müllerin. 2) Phil. Albr. g. 22 Jan. 752 K. K.
Huſaren-Lieut. 3) Sophia Anna Reg. g. 13 Merz 753.
G. Wilh. Dietr. v. Pleſſen, Würtenb. Camj. u. Rittm.
der Garde zu Pferd.

K. Juliana Charl. g. 24 May 713. G. Caſpar Wilh. v.
Pleſſen, K. Pr. Major, †. L. Maria Henr. g. 17 Feb.
717. G. Carl Chriſtoph Jhr. v. Helmſtätt, Hr. zu Bi-
ſchofsheim ꝛc. K. u. Rit. R. des Cantons Ercichgau V.
4 Nov. 742.

Gros Elt. Frid. Albr. g. 12 Feb. 673 † 16 Merz 747
Würtenb. Camh. u. Ob. Forſtm. Erhielte Schöckingen
wegen ſeiner Verdienſte als ein Kunkel-Lehen. G.
Sophia

Gaisberg.

Sophia Frid. v. Münchingen, g. 31 Merz 674 † 8 Jan. 757.
Gr. Vat. Geschw. a) Ulrich Albr. g. 18 Nov. 671 † 24 Jan. 672. b) Phil. Albr. g. 21 Jan. 676 † 6 Merz 752 Würtenb. Gen. F. M. Lieut. Commendand en Chef aller Herzogl. Trouppen, auch Cranß=Contigents, Land=Vestungen, Ober=Vogt der Städte u. Aemter Besigheim, Mundelsheim, Güglingen und Pfaffenhofen, Rit. des Gr. J. O. ꝛc. G. Cath. Sib. Joh. Ernſt v. Imhoff auf Kirchentellinsfurt, u. Magd. Kuchel v Kuchlinseck T. g. 15 Apr. 682. V. 19 Apr. 700 † 13 Jan. 733.
Kinder: 1) Ludw. Ernſt, g. 30 Oct. 701 † 24 Jul. 740. 2) Augusta Phil. g. 11 Aug. 705 † 25 May 749. 3) Eberh. Frid. g. 3 Sept. 709 † 26 Jul. 722. 4) Jul. Charl. g. 18 May 711. G. Frid. Ernſt v. Beulwitz, Herz. Weimar=u. Eiſenach Major. V. 13 Jan. 746. (S. die Linie zu Löhma v. Beulwitz.) 5) Franz Ludw. g. 29 Nov. 713 † 20 Sept. 715. 6) Johanna Henr. g. 6 Oct. 716 † 7 Oct. 774. G. Caspar Ernſt v. Studnitz, Würtenb. Camb. Oberschenk u. Ober=Vogt. V. 8 Feb. 748 † 4 Oct. 751. 7) Ludovica Heinr. g. 23 Nov. 719 † 23 Oct. 774 8) Eberh. Louiſa g. 11 May 723 † 19 Oct. 773.
c) Maria Frid. Franc. G. I. Franz Carl v. Münchingen, Hohenloiſ. Stallm. II. Joh. Frid. v. Vahrenbühler auf Hemmingen d) Ernſt Frid. g. 679 † 17 Oct. 761 Würtenb. Camj. u. Forſtmeiſt. zu Schorndorf ꝛc.
Kinder: 1) Carl Ludw. Würtenb. Capitain. G. Erneſt. Louiſa Rechlerin v. Schwandorff, † 10 Jul. 764. 2) Fridrich † 3) Charlotta Heinr. †. 4) Louiſa.

C. Linie zu Schneith.

Freyh. Eberh. Ludw. v. Gaisberg, auf Schneith, Hohenſtein ꝛc. Hzl. Würt. w. Geh. R. Hofmarschall, Gouberneur des Collegii Illuſtri zu Tübingen, u. Rit. des Gr. J. O. G. Wilh. Soph. Maria Albert. v. Dachröden, † 769. R. Stuttgard.
Kinder: 1) Carolina Wilh. 2) Louiſa Erneſt. 3) Carl Franz, g. 760 † 20 Oct. 768.

Schweſter:

Gaisberg.

Schwester: Christiana Magd. G. I. Georg Ludw v. Horn, Würtenb. Fähndrich, † II. Christoph Frid. v. Gleichen, Würtenb. Major.

Eltern: Eberh Frid g. 5 Jan. 685 † 16 Apr. 728 Würtenb. Cmj. u. Forstm. G. Anna Joh. v. Bachmeister, g. 19 Jun. 708 † 753.

Vat. Bruder: a) Ernst Conrad, Würtenb. Geh. R. Ob. Hofm. des Collegii Illustri zu Tübingen, u. Rit. des Gr. J. O. G. Magd. Elis. v. Reischach.

Töchter: 1) Elis. Maria Louisa, † 2 Eberhardina, g. 724 † 19 Nov. 742. G. Ad. Heinr. v. Schütz, Würtenb. Camj. u. Reg. R.

b) Georg Ludw. K. K. Hauptm. G. Barbara Sophia v. Weyler.

Kinder: 1) Soph. Louisa, † als StiftsD. im Stift Oberstenfeld. 2) Ludw. Frid † als K. Pr. Lieut. im Krieg.

Gros-Elt. Eberh ;Ernst, g. 31 May 650 † 695. G. Maria Magd. Joh. Goorg Schertel v. Burtenbach auf Mauren u. Mgr. Jac. v. Remchingen T. g. 650 † 23 Jan. 712.

Gr. Vat. Geschw. 1) Joh Sebast. g. 1 Aug. 655 † 23 Feb. 713 K. w. K. Rit. R. u. Ausschuß des Cantons Kocher. G. Maria Cath. Georg Wolffs v. Kaltenthal auf Altingen u. Mariæ Cunig. v. Sternfels T. V. 675 † 6 Merz 730. (Sind die Stamm- u. UrGros-Eltern der folgenden Linie.) 2) Eitel Hans, g. 6 Apr. 659 † Würtenb. Rittm. 3) MariaSab. g. 2 Nov 662 † 31 Jan. 748. G. Christian Ludw. v. Pöllnitz auf Unter Ruxingen u. Röpsen, Sachs. Weymar. Hof-M. Cammer-R. u. Würt. R. † 722. 4) Maria Frid. g. 2Dec. 665 † . G. Anton Joh. v. Wartmann, K. Pohln. u. Chrf. Obrist, † 20 Jan. 712 unglücklicher Weise

D. Linie zu Schaubeck.

Freyh. Carl Christian Benjam Frid v. Gaisberg, g. 18 Nov. 748 Hzl. Würt. Camj. u. Hauptm. des Grenadier-Garde-Reg. R. Stuttgart.

Schwester: Joh. Maria Dor. Frid. g. 8 Jul. 747 † 753.

Eltern: Benjam Frid. auf Schneith u. Helffenberg, g. 15 Oct. 719 † 5 Jan. 776. G. Maria Charl. Horneck v. Horn-

Gayling v. Altheim. 79

Hornberg, a. d. H. Helffenberg, g. 16 Nov. 715 † 769.
VatersBrüder: (a) Joh. Heinr. Frid. g. 24 Jul. -15. † 759. G. Christina Aug. Wilh. v. Ziegesar, g. 4 Feb. 721.
Kinder: 1) Frid. Carl, g. 2 Sept. 747 Würtb. Hofj. G. Aug. Wilh. Elis. v. Franken. 2) Elis. Mar. Ther. g. 19 Jul. 748. G. Herm. Albr. v. Franken, ehemals Würtb. Major.
b) Phil. Sebast. g 723 † als Würtb. Hauptmann.
Gros-Elt. Joh. Ernst, g. 29 Sept. 684 † 5 Apr. 725 Würt. Major. G. Magd. Dor Philip. Heinr. v. Göllnitz auf Waldenstein, u. Dorot. Frid. v. Reischach T.
Gr. Vat. Geschw. a) Agnes Ludovica Cunig. g. 4 Apr. 680 †. G Georg Wilh. v. Reischach auf Nußdorf ꝛc. K. Reichs Hof-R. Würtb. w. Geh. R. Reg. R. Präsid. u Ober-Vogt zu Kirchheim unter Teck, † 10 Jan. 1724.
b) Frid. Sebast. g. 28 Oct. 682 † 740 Würtb. Rittm. der Garde zu Pferd. G Charl. Reg. v. Biedenbach.
Kinder: 1) Joh. Carl Frid. g. 718 Würtb. Camh u. Ob. Forstm. G. Charl v Buttlar. 2) Charl. Elis. † 772. G. N. d'Haindel, K. Franz. Capitain.
c) Jul Sophia, g. 7 Nov. 693. G. Frid. Lud. v. Stein auf Nieder-Stozingen. V. 713 † 3 Jan. 725.

Gayling von Altheim.

Ein alt adelich und Freyherrliches Geschlecht, dessen Güther theils in Elsaß u. Rheinlande theils in Francken an den Grenzen der Chur-Maynzisch-Hessen-Darmstädt- und Hanau-Münzenbergischen Landen gelegen sind. Einer dessen ersten Stammväter ist Wessel G. v. A. der im Jahr 1254 lebte. Zu Ende des XVII. Seculi theilete es sich in zwey Hauptlinien, die noch beyde blühen. Die ältere hat ihren Sitz im Elsaß und die jüngere in Francken und den mittelrheinischen Gegenden.

A. Aeltere Linie.

Freyh. Lud. Wilh. Frid. Gayling v. Altheim, g. 8 Sept. 740. Hzl. Zweybrück. Obrister und Ober-Jägermeister. R. Schloß Buchsweiler im Elsaß.
Geschwister: a) Christian Heinr. g. 11 Oct. 743 Mgr. Baad.

Baad. Reg. Kirchen R. Hof und Ehe Ger. Vice-Präsid. Geh. Reg. R. u. Gesandter beym Schwäbischen Cr. G. Augusta v. Berstett. R. Carlsruhe.
Kinder: 1) Carolina, g. u. † 774. 2) Christina, g. 15 Dec. 775. 3) Carl Frid. Aug. g. 21 Feb. 777.
b) Heinr. Jacob, g. 3 Jan. 745. Hzl. Zweybrück. Oberschenck Camh. u. Obrister. c) Carol. Aug. g. 748. G. Lud. Asmus von Eßbeck.
Eltern: Frid. Jacob, K. Franz. Rittmeist. †. G. Aug. Eleonora, Frid. Ernst v. Doben u. Edmutä Soph. v. Löser a. d. H. Hannichen T. † 24 Dec. 775.
Vat. Geschw. (1ter Ehe) a) Wilh. Heinr. u. b) Christian Reinhard, † in der Jugend. c) Maria Salome. d) Jul. Dor. e) (2ter Ehe) Phil. Reinh. † 11 Feb. 741. Erster Hanau. Geh. R. u. hernach Heß. Darmst. Praesid. der Graffsch. Hanau-Lichtenberg. G. Maria Böcklin v. Böcklins-Au. f) Christian Frid. g) Heinr. Aug. h) Carl Alexander ✝. i) Christoph Lud. †. k) Christiana Soph.
Gros-Elt. Phil. Christoph, g. 1 May 654. † 705. Hanau-Lichtenberg. Geh. R. u. Praesid. (Haupt der ältern Linie.) G. I. Maria Magd. Freyin v. Fleckenstein. II. Anna Eleon. Wurmserin v. Wendesheim. S. ferner Vat. Geschw. der jüngern Linie.

B. Jüngere Linie.

Freyh. Eberh. Frid. Gayling v. Altheim, g. 5 Apr. 714. Heß. Hanau. Camh. u. Ober-Amtmann zu Babenhausen. Sen. Fam. G. Aug. Wilhelmina, Frid. Aug. Wilh. v. Reischach zu Reichenstein u. Aug. Elis. Pfauen v. Riepurg T. g. 2 Sept. 734. V. 9 Aug. 751. R. Babenhausen.
Kinder: 1) Frid. Wilh. Lud. g. 16 Jun. 753. Hessen-Hanau. Prem. Lieut. gegenwärtig bey der Engl. Armee in Nord-America. 2) Lud. Wilh. Frid. Bugust, g. 14 Oct. 758. Hessen-Hanau. Reg. und Hofger. Assessor. 3) Wilh. Carl Fridrich Philipp Ludewig g. 22 Nov. 761. Hessen-Hanau. Fähndrich bey der Engl. Armee in Nord-America. 4) Carol. Wilh. Aug. g. 27 Jul. 766.
Geschwister: a) Magd Salome, g. 21 Oct. 695. G. N. v. Wiedenhold, Hzl. Würtemb. Reg. R. b) Lud. Bernhard,

Gayling v. Altheim.

hard, g. 28 Merz 697. K. K. Hauptm. † bey Mirlazza in Italien. c) Eberh. Leopold, g. 5 Aug. 699. † 4 May 777 Mgr. Baad. Geh. R. Ob. Hof Marschall u. des de la Fidelité O. R. G. Soph. Christina, Heinr. Sigm. v. Stutternheim auf Serba u. Sabinä v. Pordau a. D. H. Holstriz T. g. 26 Apr. 718. V. 738 † 25 Dec 768.

Tochter: Louisa Wilh. g. 28 Dec. 738. Hofd. zu Wolffenb. d) Joh Eberhardina, g. 12 Feb. 701. G. Lud. Carl v. Wöllwart, des Sawb. Cr. G. M. V. 29 Aug 729. e) Charlot. Elis. g. 13 Jul 705 †745. G. Eberh. Lud. Ernst Schenck v. Geyern auf Syburg, Hzl. Würtemb. Geh. R. u. Hofmarschall. V. 730. f) Eleon. Frid. g. 30 Aug. 706. †. G. Ernst v. Rau zu Holzhausen, Hessen Cassel. Geh. R. †. g) Christina Louisa, g. 23 May 708. G. N. v. Hering, Hzl. Goth. Geh. R. wie auch dieses u. des Cassel. Hofes Comitial-Gesandter †. h) Wilh. Frid. g. 27 Sept. 709. †. G. Conrad Lebr. Marschall v. Biberstein auf Reichstädt, K. Pr. G. L. der Caval. V. 739. †. 28 Jan. 768. i) Joh. Heinrietta, g. 19 Merz 717. † 764. G. Carl Frid. v. Geismar, Hess. Hanau. Geh. R. u. Ober=Jägerm.

Eltern: Leop. Lud. g. 666. † 751. Hzl. Würt. Geh. R. u. Ob. Hofmeister (Haupt der jüngern Linie) G. Christina Elis. Joh. Bernhard von Sternenfels und Cath. Elis. v. Menzingen T. V. 694 †.

Vat. Geschw. 1) Heinr. Dietr. K Franz. Obrister, † vor 723. 2) Phil. Christoph, S. Die Gros=Elt. der ältern Linie. 3) Joh. Reinh. † vor 697. 4) Frid. Casimir, †. K. Franz. Fähndr. 5) Eva Magd. †. 6) Anna Salome. †. G. Jacob Goeler v. Ravensburg.

Gros=Elt. u. gemeinschaftliches Haupt beyder Linien: Phil. Heinr. † 679. Hanau=Lichtenberg. Geh. R. G. Matta Salome, Phil. Dietr. Böcklin v. Böcklins=Au, und Annä Mariä von Berstett T. †.

Gebsattel.

Das Stammhaus dieses Turnier=Ritter=und Stifts= mäßigen Hauses ist das Städtgen Gebsattel bey Rothen= burg

burg an der Tauber, welches jezo dem Ritterſtift Com-
burg gehöret. Gegenwärtig beſitzet es die Ritter-Güther
Sontheim, Lebenhan u. Leutershauſen, weswegen es
dem Rs. Ritter-Canton Rhön u. Werra incorporirt iſt.
Unter ſeinen Vorforderen hat es Philipp v. Gebſattel,
welcher Anno 1235 zu Würzburg turnirte, u. Johann
Philipp, welcher Anno 1599 zum Biſchoff und Fürſten
des S.R.R. zu Bamberg erwählet wurde, zum ordentli-
chen Stammherrn aller jetzt florirenden Herren aber
Götz v Gebſattel, welcher in einer Urkunde de 1180 ge-
funden wird.

Freyh. Franz Phil. Bonifacius Auguſtin v. Gebſattel,
g. 724 Herr auf Lewenhan, Leutershauſen u. Sontheim,
Fſtl. Würzb.Ober-Hofmarſchall Ritt. R. des Cantons
Rhön u. Werra, Ob. Amtm. zu Werneck u. Dettelbach,
u. des Kayſ. Landger. Herzogth. zu Franken Aſſeſſor.
G. I. Maria Franciſca Gotlieba, Freyin v. Hettersdorf.
V. 752 † 6 Jan. 779. II. Maria Jul. Freyin v. Buben-
hofen. V. 770 † 771. III. Soph. Carol. Joſ. Freyin von
Bechtoldsheim. V. 10. Dec. 771. R. Würzburg.

Kinder: 1) Maria Ther. †. 2) Maria Joſ. Aug. 3) Ant.
Ther. Joſ. †. 4) Frid. Daniel Phil. Carl Joſ. des Dom-
St. zu Eichſtädt u. des Ritter-St. zu St. Burcard in
Würzb. Domicellar. 5) Phil. Conrad Franz Joſ. 6) La-
thar Carl Anſelm Joſ. des Dom-St. zu Würzb. Do-
micellar, g. 20 Jan. 761. 7) Ant. Conſtantin Carl Joſ.
8) Maria Anna Ther. Joſ. 9) Franz Chriſtoph Joſ. Ca-
ſimir. 10) Ther. Joſ. Aug. 11) Maria Anna Carol. Joſ.
12) Maria Carol. Sophia Thereſia Walburgis.

Geſchwiſter: a) Daniel Joh. Anton, g. 29 Sept. 718 Wey-
biſch-z. Würzburg, Fſtl. Würzb. u Bamb. Geh. u. Geiſtl.
R. auch Capitular und Cuſtos zu St. Burcard in
Würzburg. b) Conſtantin Wilh. Frid. g. 26 Dec. 721
Herr auf Sontheim u. Lengsfeld, Fſtl. Fuld. Hof-Ca-
valier u. des Ob. Rhein. Cr. Major † G. Aug. Frid.
Bernh. Wolff Daniel Jun. v. Boineburg zu Lengsfeld
u. Weiler u. Mar. Joſ. von Harſtal T.V. 26. Dec. 741.

Kinder: 1) Maria Anna Charl. g. 742. 2) Leopold Frid.
Carl, g. 743 u. † 748. 3) Ludov. Soph. g. 744. 4) Au-
guſtin

guſtin Daniel Anton Wilh. g. 745. 5) Erneſtina, g. 746 u †. 748. 6) Joh. Ernſt, g. u. † 748. 7) Lothar. Auguſtin Daniel, Fſtl. Würzb. Hauptm. 8) Thereſia, Nonne zu Seßlingen in Schwaben. 9) Antonetta. 10) Francisca, Urſulinerin zu Kizingen.

c) Adolph Amand Caſimir, Dom-Capitular u. Policey-Präſident zu Fuld, g 722.

Eltern: Joh. Gottfr. Chriſtian, g. 2 Feb. 680 Chur-Cöll. Camb. des Ob. Rhein. Cr. Obriſter Gen. Quartier-M. u. Deputat. des Orts Rhön u. Werra, †. G. Anna Ther. Chriſt. Juliana, Joh Balth v. u. zu Baſtheim, u. Aemil. Chriſtianæ v. Butlar T. † V. 717.

Vat. Geſchw. 1) Joh. Hartmann, †. 2) Maria Eva, †. 3) Sophia Juliana, G. Franz Carl v Redwitz, Heſſen-Caſſel. Lieut g. 15 Oct. 681 † 12 Dec. 732. 4) Sigm. Ernſt Gottfr. † 717.

Gros-Elt. Ferd Gottfr. Hr. zu Trappſtadt, Streifdorf, Sontheim u. Leutershauſen, † 716. G. Amalia Mar. Gottfr. von Ebersberg, gt. Weyhers u. Sib. Roſinæ v. Thüngen T. †.

Geismar.

Dieſes Haus iſt aus der Rheiniſchen Ritterſchaft entſprungen, nach Heſſen gekommen, und hat ſich ſodann bey der Fränkiſchen Ritterſchaft Orts Rhön u. Werra begütert. u. iſt Werner v. Geismar, ſo Annam v. Büten zur Ehe gehabt, ordentlicher Stammherr aller jetzt blühenden Herren dieſes Hauſes.

Herr Carl Frid. v. Geismar, g 709 Fſtl. Heſſen-Hanauiſcher Geh. R. u. Ob. Jägerm. G. Joh. Henrietta, Leopold Ludw. Gayling v. Altheim, u. Chriſtinæ Sophiæ v. Sternenfels T. † 764. R. Hanau.

Kinder: 1) Joh. Frid. Charl. g. 748. G. David Leopold v. Hohorſt, Major bey dem Hannöv Infant. Reg v. Scheiter. 2) Wilh. Frid. g 751 Hofj. u. Hauptm. bey dem Heſſen-Hanauiſ. Reg. Erbprinz 3) Aug. Wilh. Carol. g. 752 † 28 Dec. 776. G. Frid. Maximil. von Glauburg, Fſtl Iſenb. Birſtein. Hofmarſ. V. 11 Merz 775. 4) Mariana Charl. g. 753.

Geſchwiſter:

Geschwister: 1) Magd. Clara Elis. g. 700 †. G. Joh. Adolph Gottlieb v. Freudenberg, Hessen-Darmstädt. Obrist u. Command. zu Giesen, †. 2) Wilh. Friderica, g. 701.

Eltern: Wilh. Frid. † 7:6 Hessen-Darmstädt. Obrist u. Camj. G. Phil. Sibilla, Joh. Phil v. Buseck, gt. Münch, u. Soph. Mariæ v. Steinling T. †.

Vat. Geschw. a) Jobst Heinr. Herm. g. 5 Merz 684 † Hessen-Darmst. Geh R. u. Ob. Stallm G. I. Charl. Elis. Hans Reink v. Utterod zu Scharfenberg u. An. Soph. v. Marschall, a d. H Burgholzhausen T. II. Frid. Louisa, Frid. v. Geismar, u. Soph. Sus. v. Hoff T. V. 737 †.

Kinder: 1) Ludw. Reinh. u. 2) Charl. Dor. Zwillinge, g. 11 Nov. 718.

b) Rebec. Elis. † 735. G. Joh. Phil. v. Brambach, Chur-M. Obrist-Lieut. V. 688 † 724. c) Anna Phil. Maria. G. Wallrad Ferd. v. Maldiß, Jstl. Nassau-Using. Ob. Forstmeister † 716.

Gros-Elt. Wilh. Ernst, Ober-Versteher der 4 hohen Hospitäler in Hessen, wie auch Jstl. Hessen-Darmst. Obrister u. Ob. Amtm. †. G. Joh. Magd. Heinr. Dietr. v. Grünrodt zu Borna u. Mariæ Reb. v. Dynhausen T. †.

Gemmingen.

Dieses ist eines der vornehmsten, reichsten und weitläuftigsten adel. Häuser in Deutschland, welches schon in den ältesten Zeiten die herrlichsten Güther in Schwaben u. Francken besessen, wovon Heinrich v. Gemmingen An. 1165 den Turnier in Zürch auf eigene Kosten besuchte. Das hohe Erzstifft Maynz hat von demselben einen Erzbischof u. Churfürsten, das Hochstifft Eichstädt einen Bischof u. Fürsten, das Hochstifft Augspurg einen Bischof u. Fürsten, das hohe Stift Lindau eine Aeb itzin u. Fürstin erhalten. Die hohen Dom-Capitul zu Maynz, Eichstädt, Augspurg, Speyer, Worms, Costanz, Bruchsal u. Ellwangen, zählen über obbenannte Fürsten noch 25 Herren v. G. welche als Capitulares die vornehmsten Würden bekleidet haben. Beym hohen Maltheser-Orden

Gemmingen.

den hat Ein Herr, und beym hohen Teutschen Orden haben drey Herren dieses Geschlechts, die Ritterliche Würde mit Commandeur-Stellen verknüpft erhalten. Im Ks. Ritter-Canton Ottenwald besitzet es die ansehnlichste Ritter- und andere Güther, in Schwaben aber das Stammhaus Gemmingen nebst vielen beträchtlichen Ritter-Sitzen bey denen Cantons Creichgau u. Kocher. Ein mehreres hievon S. in dem Handbuch von 1776.

I. Aeltere Hauptlinie zu Guttenberg und Nieder Steinach.

Herr Philipp v. Gemmingen, g. 22 Jul. 702 Herr zu Guttenberg, Bonnfeld, Hoffenhard, Mühlbach, Wollenberg, Kalberzhausen, Nieder-Steinach, Altenberg u. Thalheim, K. R. u. Director bey dem Schwäb. Canton Creichgau. G. Elis. Marg. Phil. Wilh. v. Rackeniz auf Perneck ꝛc. u. Sibillæ Dor. Eberh. v. Sperberseck T. g. 714 V. 732. R. Guttenberg am Neckar.

Kinder: 1) Phil. Dietr. g. 736. 2) Sophia Elis. g. 738.

Geschwister: a) Frid. Casimir, g. 22 Oct. 694 Onolsb. Camj. wie auch Hof-Reg. u. Appellations Ger. R. G. Eleon. Charl. Ludw. Carl v. Wöllwarth zu Lauterburg u. Joh. Eberh. Gaylingin v. Altheim T. V. 737.

Sohn Frid. Reinhard, g. 738.

b) Aug. Benedicta, g. 29 Jun. 696 †. c) Reinhard, g. 6 Nov. 698 †. 8 Jun. 773 Mgr. Baad Cam. Präsid. des Gr. Jagd. u. de la Fidelite O. R. G. Maria Magd. v. Bärenfels, g. 15 Dec. 708. V. 16 Jul. 748.

Kinder: 1) Carl Frid. Aug. Reinh. g. u. † 749. 2) Lud. Eberh. g. 17 Sept. 750. G. Louisa Aug. Alex. Magni v. St. Andreé zu Königspach T. g. 12 May 754. V. 27 Sept. 775.

Tochter Charl. Maria, g. 30 Jan. 776.

3) Bened. Elis. g. 30 Nov. 751. G. Carl v. Geusau, Mgr. Baad. Camh. u. Holländ. Obrist-Lieut. g. 8 Dec. 741. V. 17 Aug. 773. 4) Aug. Frid. g. 25 Apr. 753. G. Georg v. Ahlefeld. V. 24 Aug. 770.

d) Maria Elis. g. 16 Sept. 700. G. Frid. Aug. v. Hardenberg, g. 673 † 722.

Eltern: Frid. Christ. v. Gemmingen zu Guttenberg, Baden-

Gemmingen.

Baaden-Durl. Ober-Stall- u. Obrist-Wachtm. g. 4 Jul. 676 blieb 702 bey Hünningen. G. Bened. Helena, Reinhards v. Gemmingen, zu Hornberg u. Mariæ Elis. v. Neuperg T. g. 10 May 674. V. 692 †.

Pat. Geschw. 1) Sophia Floriana, g. 673 † G. Joh. Lud. v. Stetten zu Kocherstetten. g. 667. V. 694 † 697. 2) Clara Jul. g 678 †. G. Joh. Franz v. Vorburg. V. 604 †.

Gros-Elt. Wolff Frid. Mgr. Baad. Ob. Stallm. g. 1645 † 690. G. Eva Maria, Joh. Frid. Gölers v. Ravensburg u. Soph. Annæ Aemil. v. Warnstädt T. V. 670 † 691.

II. Jüngere Hauptlinie zu Hornberg.

Herr Hans Weitpr. v. Gemmingen zu Hornberg, Grumbach ꝛc. g. 24 Nov. 723 Hr. auf Hornberg, Grumbach, Michelfeld ꝛc. K. Grosb. u. Chur-Hannóver. Geh. R. auch Rit. R. des Cantons am Ottenw. G. Freyin v. Schmidtburg, verwittwete v. Gemmingen. R. Darmstadt.

Kinder: 1) Tochter. 2) Sohn †.

Geschwister: 1) Louisa Johannetta Charl. g. 22 Jul. 718 † 737. 2) Lud. Eberh. g. 9 Nov. 719 K. Grosb. und Churbraunſ. Lüneb. w. Geh. R. Staatsminister und Grosboigt zu Celle. 3) Amal. Elis. g. 22 Merz 721. 4) Soph. Dor. g. 12 Nov. 722.

Eltern: Ernst Ludw. Hessen-Darmstädt. w. Geh. R. u. Reg. Präsid. g. 2 Sept. 685 †. G. Barb. Dor. Hans Reinhards v. Utterodt auf Scharfenberg, u. Annæ Sophiæ Marschallin v. Herren Gosserstädt, a. d. H. Burgholzhausen T. g. 12 Sept. 696. V. 717 †.

Pat. Geschw. 1) Elis. Dor. g. 14 Oct. 682 † 726. G. Eberh. Ernst v. Kamynzky, † 726. 2) Anna Benedicta † 687. 3) Carl, g. u. † 689.

Gros-Elt. Weitprecht, g. 3 Nov. 642 Hessen-Darmstädt. w. Geh. R. u. Präsident, † 702. G. I. Esther Cath Maxim Adam, Grafens v. Geyersberg u. Osterburg, dann Cath. Salome, Freyin v. Ed T. V. 681 † 689. II. Maria Dor. Joh. Bertram Fhn. v. der Reck auf Horf, u. Adelheid Quabin v. Landscron T. V. 693 † 705

Gemmingen.

Gros=Vat.Geschw. A) Erpff, g. 641 † 688. G. Maria Rosamunda Phil. Conr. v. Liebenstein u. Annæ Elis. Thummin v. Neuenburg T. V. 676. B. Uriel v. Gemmingen zu Hornberg und Rappenau, g. 25 Merz 664 † 707 K. w. R. u. Director der Schwäb. Ritterschaft beym Canton Creichgau. (Stammherr einer Linie zu Hornberg und Rappenau.) G. Urs. Esther Joh. Erasm. Rothhafs v. Hohenberg, u. Mariæ Eleon. v. Kaltenthal T. V. 681 † 710.

Kinder: 1) Eleon. Elis. Bened. g. 31 Oct. 683 † 718. G. Eberh. v. Gemmingen zu der Burg und Presteneck, g. 674. V. 703 † 716. 2) Joh. Phil. u. 3) Weitprecht † jung. 4) Joh. Adam, g. 15 Aug. 689 Würtenb. Geh. R. T. 5) Weitpr. g. 693 † 699. 6) Charl. Sophia, g. 21 Nov. 695. V. 748 † 748. G. Frid. Ludw v. Kniestädt. Fstl. Würtenb. Camh. u. Obrister, †. 7) Clara Aug. g. 4 Nov. 697 †. G. Heinr. Reinh. Günther, Röder von Drenfeld. 8) Carl Lud. g. 6 Aug. 700 Würtenb. Geh. Legat. R. 9) Frid. Louisa, g. 704. 10) Uriel Posth. g. 707 Würtenb. Obrister.

C) Rheinhard v. Gemmingen zu Hornberg u. Dreßklingen, (Stammherr einer Linie zu Dreßklingen.) Baaden=Durl. w. Geh R. Ober=Hofmarschall u. Reg. Präsident, g. 31 Dec. 665 † 707. G. Maria Elis. Bernh. Ludw. v. Neipperg zu Gleichenberg, u. Hel. Magd. von Hallweil T. V. 673 † 722. Dessen

Kinder: a) Benedicta Helena, g. 10 May 674. G. Frid. Christ. v. Gemmingen zu Guttenberg, Mgr. Baad. Ob. Stall= u. Ob Wachtm. g. 670. V. 692 blieb 702 bey Hünningen. b) Aug. Sophia, g. 2 Apr. 676 † 723 Cam. Fräul. bey der Engl. Prinzes. v. Wallis u. Hofmeisterin der Kön. Kinder. c) Reinhard, K. w. R. Hessen=Darmst. Geh. R. Ritter=Hauptm. des Cantons am Ottenwald, der dreyen Ritter=Crayse General= und der Fränk. Rittersch. Special-Director, g. 5 Nov. 677 † 750. G. Maria Dor. Amalia, Georg Frid. Fhn. v. Künsperg ꝛc. u. Marthæ Mariæ Truchsesin v. Wetzhausen, a. d. H. Wetzhausen, T. g. 683. V. 709. Dessen

Kinder:

Gemmingen.

Kinder: 1) Reinhard, g. 710 Kaiſ. Obriſter. 2) Charl.
Maria Eliſ. g. 711 Stiftsd. zu Iſtenfeld. 3) Eber-
hard Aug. g. 717 † Mgr. Baad. Ob Voigt zu Carls-
ruh u. Camſ. G. Chriſtina Sophia, Franz Reinhard
v. Gemmingen zu Bonnfelden, u. Sophiæ Hel. v.
Prettlach T. g. 4 Jan. 735. V. 3 Jan. 754. 4) Bene-
dicta Henrietta, g. 719. 5) Mariana, g. 722 † 729.
6) Drey Söhne u. 3 Töchter, ſo ſämmtlich in der
Kindheit †.

d) Mechtild, g. 13 Sept. 680 †. G. Joh. Frid. Franz,
Fhr. v. Stein an der Lohn V. 701. e) Cath. Benigna,
g. 2 Jul. 682 †. f) Eberhard, g. 684 † 686. g) Chriſti-
na, g. 8 Jul. 686 † G. Phil. Reinh. Langwert v. Sim-
mern, Mgr. Baad. Geh. R. u. Ob. Jägerm. h) Eber-
hard, g. 2 Sept. 688 † Kayſerl. Obriſter u. Commen-
dant eines Reg. zu Fuß. G. Anna Clara, Frid. Dietr.
von Züllnhard, u. Sophiæ Amaliæ v. Gemmingen, a. d.
H. Meyenfels T. V. 709 †.

Kinder: 1) Sophia Charl. g. 27 Apr. 710. G. Burch.
Dietr. v. Weiler. 2) Eberhard, g. 27 Feb. 713 Wür-
tenb. Obriſter. 3) Maria Joh. g. 17 Apr. 716. 4)
CarlSigm. g. 15 Jun. 718. † 737. 5) Cath. Marg. g. 3
Jul. 770. 6) Sigm. g. 26 Merz 724. 7) Benedicta, g.
4 Merz 726. 8) Otto Heinrich, g. 29 Oct. 727.

i) Fridrich, g. 6 Jan. 691. G. Maria Flandrina, Phil.
Wilh. Fhn Thums v. Neuenburg u. Mariæ Jul. Anton.
Freyin v. Muggenthal a. d. H. Strahlenfeld T. II.
Wilh. Leop Joh Ernſt Rüden v. Collenberg und Böck-
heim, u. Annæ Claræ v. Adelsheim, a. d. H. Adels-
heim T.

Sohn: Joh. Phil. g. 5 Dec. 729.

k) Ludw. g. 27 Sept. 694 K. Großb. u. Chur-Hannöv.
Ob. Appellat R. zu Zelle. l) Maria Soph. g. 16 Nov. 697.

D) Eberhard, g. 647 † 648. E) Lud. Frid. g. u. † 650.
F) Clara Anaſtaſia, g. 652 † 709. G. Georg Frid. von
Schmidberg, †.

III. Linie zu Bonnfelden.

Freyh. Joh. Frid v. Gemmingen zu Bonnfelden, g. 20
Jul. 719 Mgr. Anſpach. Geh. R. u. Ob. Kammr. ꝛc.

Geſchwiſter:

Gemmingen.

Geschwister: 1) Ludw. Reinh. g. 17 Jul. 721 †27 Apr. 740 in Würtenb. Kr. Diensten. 2) Alexander, g. 13. Jul. 722 †744 als Lieut. in Sardinien. 3) Maria Christina Franc. g. 24 Jul. 723. G. I. Georg Wilh. von Maldiss. Nassau-Saarb. Ob. Forstm. † 11 Merz 760. II. Joh. Carl, v. Stalburg, Nassau-Saarbr. Geh. R. V. 764 4) u. 5) Zwillinge † gleich nach der Geburt. 6) Carl Wilh. Frid. g. 726 † 728. 7) Frid. Amalia, g. 18 Aug. 727. 8) Joh. Wilh. g. u. † 728. 9) Charl. Wilh. Joh. g. 22 Dec. 731. V. 760 †. G. Frid. v. Geusau, Mgr. Baad. Land-Vogt u. de la Fidelite O. R. † 4 Jun. 774. 10) Aug. Louisa Soph. g. u. † 733. 11) Christiana Sophia, g. 4 Jan. 735. G. Eberhard Aug. von Gemmingen zu Hornberg. Mgr. Baad. Ober-Vogt. V. 3 Jan. 754 †. 12) Carl Rud. g. 17 Aug 737 K. K. Hauptm. 13) Aug. Wilh. g. 18 Aug. 738 Würtenb. Camb. General-Adjutant, Obrist-Lieut. u. des St. Charles militaire O. R. 14) Lud. Reinhard, g. 6 May 740.

Eltern: Franz Reinh. g. 692 † 751 Mgr. Baad. Land-Vogt zu Durlach. G Sophia Helena, Joh. Rud. von Preitlad, K K. G. J. M. u. Mariæ Franc. Bock von Blesheim T. g. 20 Oct. 701. V. 718.

Vat. Geschw. a) Maria Jul. g. 685 †. G. Gottfr. Lor. Ant. v. Burloe aus Wessphalen. V. 711. b) Eberhard Frid. g. u. † 686. c) Maria Phil. g. 687. G. Joh Christoph v Berlichingen zu Jarthausen. V. 706 † 22 Jan. 741. d) Bleickard Diet. g. 689 †. G. Christina Doroth. Frid. Jac. Gölers v. Ravensburg u. Mariæ Solome Gayling v. Altheim T. V. 1 Sept. 711.

Kinder: 1) Frid. Jac. g. 20 Aug. 712 †. G. Clara Frid. Joh. Wolffg. Greck v. Kochendorff, u. Mariæ Magd. v Gemmingen, a. d. H. Widdern T. g. 708 V. 737 †.

Kinder: aa) Christiana Jul. g. 7 Nov. 738. bb) Frid. Diet. g. 740.

2) Christian Diet. g. 10 Merz 714 † 738. 3) Wilh. Reinh. g. 12 Feb. 716. 4) Christiana Salome, g. 25 Aug. 717. 5) Frid. Helena, g. 8 Jul. 719. G Joh. Frid. v. Berlichingen zu Jarthausen u. Merchingen. V. 737. 6) Albertina

bertina Charl. g. 22 Merz 721. 7) Eberh. Bleickard,
g. 23 Dec 722 † 25 Jan. 723. 8) Anna Regina, g. 7
Apr. 724 † 26 Oct. 726 9) Wilh. Jul. g. 11 Jun. 726.
10) Franc. Bernh. Carol. g. 728 † 729. 11) Phil. Dor.
g. u. † 729. 12) Eberhard Jul g. 18 Aug. 731.
e) Wolff Dietr. g. u. † 691. f) Wilh. Diet. g. 694 † 696
Gros=Elt. Bleickard Dietr. g. 630 † 23 Oct. 685. G. I.
Amalia v. Zocha † ohne K. II. Anna Sophia v. Rabitz
† ohne K. III. Sabina Barb. Georg Albr v. Woll=
marshausen zu Amblishagen, u. Evæ v. Münster T.
† ohne K. IV. Maria Phil. Wilh. Heinr. v. Adels=
heim, u. Mariæ Elis. v. Gemmingen a. d. H. Mayen=
fels T. g. 17 Jan. 658. V. 685 † 717.

Geuder v. Heroldsberg.

Obgleich der Ursprung dieses uralten Hauses wegen
seiner grauen Zeiten nicht kann ausfindig gemacht wer=
den; So ist doch gewiß, daß es in der Mitte des XIII.
Seculi das Schloß Cammerstein besessen, u. bey denen ed=
len Franken in grossem Ansehen gestanden. Die Cammer=
steiner Linie wendete sich Anno 1349 nach Nürnberg, und
breitete sich nicht nur daselbsten, sondern auch auf dem
Lande in Francken, Schwaben, Elsaß u. in denen Kais.
Erblanden mit ihren Aesten aus. Wegen ihrer angebohr=
nen Tugend und Tapferkeit bekleideten sie bey Kayser,
Königen, Churfürsten u. der RS. Ritterschaft in Fran=
cken, Orts Gebürg und Altmühl, die wichtigste Ehren Ci=
vil= u. Militair=Stellen. Dermahlen blühen 2 Linien,
davon die ältere den Zunahmen Rabensteiner von einer
ihrer Vorforderinnen angenommen, darüber ein Kays.
Diploma erhalten, u. auf dem Lande wohnet, die jünge=
re hingegen, bey dem Fränkischen RS. Ritter=Canton
Gebürg immatriculiret u. die vornehmsten Ehren-Stel=
len zu Nürnberg bekleidet u. ist Sigmund I. Geuder,
Ritter, welcher mit seiner Gemahlin v. Cammerstein
Anno 1270. lebte, ordentlicher Stamm=Herr derer jetzt=
bemerkten zweyen Branchen.

I. ältere

Geuder v. Heroldsberg.

I. ältere oder Rabensteiner Linie.

Herr Adam Rudolph Frid. v. Geuder, gt. Rabensteiner zu Heroldsberg u Stein, g. 28 Apr. 743.

Geschwister: 1) Heinr. Frid. g. u. † 741. 2) Sara Joh. Maria, g. 14 Apr. 742. 3) Frid Jac. g. u. † 744. 4) Joh. Adam, g. 18 Sept. 745. 5) Sara Joh. Frid. g. 28. Sept. 746.

Eltern: Frid Wilh. g. 701 in Kr. Diensten bey dem Fränk. Cr. Drag. Reg. G. Veronica Maria, Joh. Simon Wilcken v. Bißlohe u. Mariæ Sabinæ, Amtmännin v. der Heyden T. V. 740.

Vat. Schwester: Elis. Charl g. 703 † 740. G. Joh. Joachim Nützel v. u. zu Sündersbühl, † 747 als der letzte seines Namens, Schild u. Helms.

Gros=Elt. Wilh. Rud. Fſtl. Nassau=Siegen. Camj. u. Hauptm. † 1 Sept. 706 im Lager bey Hagenbach. G. N. Moserin v. Bilsed.

II. Jüngere Linie zu Nürnberg.

Herr Joh. Adam Rud. Carl v. Geuder, Erb=Gerichts=u. Lehns Herr zu Heroldsberg, Hr. auf Stein u. Untersdorf ic. K. w. R. des Fränk. Rs. Ritter=Cantons Gebürg, Ritter=R. Cronhüter u. Verwahrer derer Rs. Kleinodien bey des H. R. R. Freyen Stadt Nürnberg u. des dasig ältern Geh. R. g. 6 Jul. 718. G. Maria Magd. Eleon. Christoph Gottfr. Kressens v. Kressenstein u. Mariæ Magd. Fürerin v. Haimendorf T. V. 741 † 27 Nov. 746. R. Nürnberg.

Kinder: 1) Carl Ad. Bened. Rud. g. 13 Jul. 743. 2) Maria Eleon. Magd. Theodora, g. 31 Merz 745. 3) Sus. Regina Maria, g. 4 Nov. 746.

Eltern: Carl Benedict, g. 26 Merz 670 † 16 Oct. 744 K. w. R. Rit. des K. Pr. Ord. pour les merites, des ält. Geh. R. u. Reichs=Schultheis zu Nürnberg. G. I. Mar. Hel. Esaiæ Pfinzings v. Henfenfeld u. Mar. Sab. Jenischin v. Neuhof T. II. Sibilla Eleon. Paul Tuchers v. Simmelsdorf zu Simmelsdorf ic. u. Mariæ Helenæ Holzschuherin v. Neuenburg T. V. 4 Dec. 714.

Gros=Elt. Joh. Ad. Georg Christoph, g. 18 Oct. 641 † 5 Oct. 718 K. w. R. des ältern Geh. R. vorderster Losungs-Herr u. Reichs-Schultheis zu Nürnb. G. Regina, Joh. Paul Kolers v. Neuhof u. Reginæ Tucherin v. Simmelsdorf, T. V. 3 Merz 668 † 717.

Gleichen gt. Ruswurm.

Dieses edele Haus gehöret zur Fränkischen RS. Ritterschaft Cantons Rhön und Werra und blühet in Franken und im Herzogthum Weimar.

Herr Frid. Wilh. v. Gleichen gt. Ruswurm, auf Greiffenstein, Bonnland und Ezelbach, des K. A. O. Gr. Cr. Brand. Culmb. Geh. R. Reiß-Ob Stallm. u. Rit. Ausschuß des Cantons Rhön u. Werra. g. 717. G. Antonetta Heidlofin, V. 753. R. Bonnland.

Kinder: 1) Johanna, g. 754. 2) Friderica, g 756.

Bruder: Christian Ernst, g. 719 Mgr Bayreuth. Obrister u. R. A. O. R. † 768. G. Christiana Soph. Christoph Ludw. v. Burgsdorf auf Derzow u. Christianæ Dor. v. Gleichen a. d. H. Tannroda T. g. 729. V. 763.

Kinder: 1) Frid. Soph. Heinr. g. 764. 2) Wilh. Heinr. Carl, g. 765.

Eltern: Heinrich, g. 681 † 767 Mgr. Bayreuth. Ob. Jägerm. Geh. R. u. R. A. O. R. G. Dor. Carol. Sophia, Ernst Frid. v. Ruswurm auf Greifenstein u. Soph. Petronellæ Rüd v. Collenberg T. g. 693 † 748.

Vat. Geschw. a) Wilh. g. 680 † 734 als K. Franz. Obrist-Lieut. vor Philipsburg. b) Carl, g. 684 † 752 Schwarzb Rudolstädt. Obrist. c) Ernst, g. 688 † 761 Mgr. Bayr. Geh. R Ob. Jägerm. u. des R. A. O. Gr. Cr. G N. Templin v. Cronschild.

Sohn: Carl Heinr. g. 736 K. Dän. Camh. u. des Dannebrog u. R. A O. R.

d) Maria Christiana. G. N. v. Metsch.

Gros-Elt. Hans Christ. g. 656 † 713. Primus acquirens v. Ezelbach, Sachs Saalfeld. Major. G. Maria Veronica, Phil. Jac. Wurmser v. Vendenheim u. Aemil. Wurmserin a. d. H. Sundhausen T. g. 660, V. 678 † 743.

Gorler

Goeler v. Ravenspurg.

Die Herren dieses Geschlechts sind ursprünglich alte edele Turnier-Stifts- u. Rittermäsige Rheinländer, welche ihre Herkunft von dem Römischen Helden Valerio Corvino herleiten. Als etwas besonderes ist dabey zu bemercken, daß daraus noch zwey große besondere Familien, nehmlich die Herren v. Menzingen u. die Herren v. Helmstatt entsprungen sind. Der ordentliche Stammherr aller jezt blühenden Herren, welche wegen ihren considerablen Güthern zum Rs. Ritter-Canton Creichgau u. zu der Voigtländischen Ritterschaft gehören, ist Raban G. v. R. welcher Elisabeta v. Gemmingen zur Gemahlin hatte u. An. 1287 lebte.

Freyh. Carl Wilh. Albr. Goeler v. Ravenspurg, g. 24 Sep. 728 Hr zu Sulzfeld, Ravenspurg, Kieselbronn ꝛc. Kayf. u. Rit. Rath des Cantons Creichgau. G. Christina Henrietta, Phil. Albr. Fhn. v. Gaißberg auf Schöckingen u. Louisæ Frid. v. Leutrum, a. d. H. Heydach T. R. Sulzfeld.

Geschwister: 1) Lud. Frid. g. 7 Dec. 717. 2) Ferd. Eberhard, g. 5 Jan. 719. 3) Joh. Bernhard, g. 27 Jul. 720 4) Dieter. Reinh. g. 20 May 723. 5) Engelhard Frid. g. 726 † jung. 6 Engelh. Benedict, g. 9 Dec. 729. 7) Adriana, g. 22 May 730. G. Carl Ernst Lud. v. Stetten zu Kocherstetten, Mgr. Baad. Ob. Forstm. u. Ob. Bergwercks Inspector auch de la Fidelité O. R. V. 751 † 26 Apr. 775. 8) Sabina, g. 732. 9) Regina, g. 734. 10) Frid. Jacob, g. 16 Dec. 736 †.

Eltern: Eberh. Fridrich, g. 14 May 695 † Kayf. u. Rit. R. des Cantons Creichgau. G. Maria Regina, Frid. Jac. Goelers v. Ravenspurg zu Sulzfeld u. Annæ Salome, Gaylingin v. Altheim T. †.

Vat Geschw. 1) Ernestina, g. 15 Jan. 693 †. G. Bernh. Heinr. v. Uixküll. 2) Frid. Maria, g. 697 †. G. Joh. Frid. v Degenfeld zu Neuhauß, Rit. R. des Cantons Creichgau. 3) Joh. Fridrich, g. 5 May 701. 4) Ferd. Fridrich, g. 703 †. 5) Bernh. Veronica, g. 705 †. 6) Lud. Frid. g. 21 Sep. 707 Churpf. Ob. Amtm. zu Simmern,

mern. G. Wilh. Friderica, Phil. Casp. Fhn. v. Hor=
necks W. 7) Anna Bernhard. g. 9 Feb 710 † 6 Feb. 767. G.
Wolfg. Frid. Eberh. Fhr. v. Helmstatt zu Bischofs=
heim, Churpf. Camh. 8) Joh. Bernh. Nicolaus, g. 4
Sep. 712.

Gros=Elt. Ludw. Ferdinand, g. 10 Jan. 664 †. G. Ma=
ria Cath. Sab. Bleickhard, Fhn. v. Helmstatt zu Bisch=
ofsheim ꝛc. u. Evæ Christinæ, v. Remchingen T. V.
9 May 688 †.

Greiffenklau zu Vollraths.

Diese Turnier=Ritter= u. Stiftsmäsige zum RS. Rit=
ter Canton Baunach gehörige Familie, führet von dem
3 Meilen von Maynz gelegenen Schlosse Vollrath, den
Beynahmen. Im Jahr 1511. war Reichart G z. V.
Churfürst zu Trier, An. 1616 Georg Fridrich G. z. V.
Bischoff zu Worms, An. 1699 Johann Philipp, Bischoff
zu Würzb. u. An. 1749 Carl Philipp Heinrich G. z. V.
Bischoff zu Worms, der ordentliche Stammherr aber
Werner Sen. G. z. V. ist An 1149 verstorben.

Freyh. Phil. Carl Anton Ignat v. Greiffenklau zu Voll=
raths, g. 3 Aug. 735 Hr. auf Gereuth, Haffenpreppach,
Albersdorff ꝛc. Fstl. Würzb. Geh. R. Ob. Stallm. Ob.
Amtm. zu Jagstberg u. Rit. R. des Cantons Baunach.
R. Würzburg.

Geschwister: 1) Maria Phil. Franc. g. 18 Feb. 717. G.
Joh. Frid. Ant. Val. Zobelv. Giebelstadt zu Darstadt ꝛc.
Fstl. Würzb. Geh. R. V. 732. 2) Joh. Phil. g. 20 May
718 zu Maynz, Trier u. Würzb. Domh. auch Chur=M.
u. Trier. Geh. R. † 773. 3) Maria Soph. Ther. g. 5 Oct.
719. G. Carl Jos. Boos v. Waldeck, Chur=M. Camh.
V. 736. 4) Lothar. Franz Phil. Carl Heinr. g. 22 Apr.
721 Domh. zu Würzb. Probst zu St. Alban, Fstl.
Würzb. Geh. R. u. Landrichter des Herzogth. Franken.
5) Wilh. Christoph Heinr. Hartm. g. u. † 722. 6) Franz
Wilh. Frid. Ferd. Reich. g. 1 Aug. 723. 7) Christoph
Franz Ad. Marsil. Mart. g. 11 Nov. 725 Domh. zu
Würzb. † 12 Jul. 750. 8) Adolph Carl Phil. g. 23 Aug.
727. 9) Maria An. Jos. g. 21 Merz 729. 10) Maria Ther.

An.

Greiffenklau zu Vollraths.

An. Lioba, g. 6 Merz 732. 11) Maria An. Soph. Polix. Antonia, g. 14 Merz 733. 12) Maria Eleon Amal. Soph. g. 8 Merz 734. 13) Maria Carol. Ther. Esther, g. 23 Jul. 737. 14) Joh. Gottfr. Lothar. Franz, g. 16 Dec. 738 Domh. zu Würzb. u. Dechant des Rit. St. Comburg. Eltern: Lothar. Gottfr. Heinr. g. 9 Sep. 694 Kayf. w. R. Chur-M. u. Fstl. Würzb. Geh. R. u. Ob. Hofmarschall, Ob. Amtm. zu Dettelbach u. Werneck, Rit. R. des Cantons Baunach, †. G. I. Maria An. Franc. Esther Joh. Werner, Fhn. Schenckens v. Stauffenberg u. Mariä Soph. v. Rosenbach T. g. 1 Merz 697. V. 714 † 26 Aug. 723. II. Anna Marg. Lotharü Frid. Fhn. v. Hoheneg u. Evä Mariä v. Bernhausen T. V. 724 †.

Vat. Geschw. 1) Franz Phil. Georg, g. u. † 689. 2) Carl Phil. Hein. g. 1 Dec. 690 wurde 14 Apr. 749 zum Bischoff u. Fürsten des H. R. R. zu Würzb. u. Herzogen in Francken erwählt, † 25 Nov. 754. 3) Franz Erwein, g. 8 Apr. 693 † 16 Apr. 720 Domh. zu Bamb. u. Würzb, auch Cononicus zu Comburg. 4) Maria Anna, g. 9 Nov. 695 †. G. Wolf. Eberh. Cämmerer v. Worms Fhr. v. Dalberg. V. 713. 5) Wilh. Damian, g. 698 † 704. 6) Maria Ther. Hel. g. 18 Aug. 701. G. Wolfg. Fhr. v. Stechau, V. 725. 7) Joh. Phil. Jos. Ignat, g. 706 † in der Jug. 8) Anna Lioba, g. 708. G. Carl Heinr. v. Warsberg. V. 727. 9) Franz Carl, g. 721 † jung. 10) Maria Anna Soph. g. 722. G. Joh Ferd. Seb. Fhr. v. Sickingen zu Hohenburg. V. 739. 11) Damian Hugo Casim. Frid. g. 5 Jun. 723 zu Maynz, wie auch zu Worms u. St. Alban Capitular ꝛc. 12) Phil. Ernst Marsil. Ferd. g. 30 Jun. 724 Domh. zu Würzb. † 12 Jul. 750. 14) Franz Carl Phil. Anton, g. 726. 14) Adolph Wilh. Franz, g. 727.

Gros-Elt. Joh. Erwein. g. 19 Dec. 663 † 727 Erb-Truchseß des Ertz-St. Maynz, Chur-M. Geh. R. Vice-Dom im Rheingau, Rit. Hauptm. u. Burggr. zu Fridberg. G. I. An. Lioba, Franz Fhn. v. Sickingen u. Annä Marg. Gräfin v. Metternich zu Beilstein T. V. 688 † 704. II. Maria Cath Johann Frid. Kottwizens v. Aulenbach u. Annä Beatrix v. Rheinach T. V. 705 † 715.

III.

III. MariaAn. Waldpottin v. Baſſenheim, V. 716 † 717. IV. Maria Dor. Ferd. Johann Lud. Fhn. v. Frankenſtein u. Annæ Magd. v. Breitbach zu Büresheim T. V. 719 † 732.

Gremp v. Freudenſtein.

Dieſes alte adeliche Geſchlecht iſt muthmaßlich in Schwaben entſproſſen, jedoch ſeit hundert und mehr Jahren bey der Mittel-Rheiniſchen RS. Ritterſchafft u. der Burg zu Gelnhauſen recipiret.

Herr: Joh. Wolffg. Adam Gremp v. Freudenſtein, g. 31 Aug. 746 Burgmann der Burg Gelnhauſen. G. Iſab. Marg. Frid. v. u. zu Vercken. R. Gelnhauſen.

Kinder: 1) Franc. Soph. Frid. g. 7 Feb. 773. 2) Frid. Henrietta Charl. g. 28 Sept. 774. 3) Chriſtian Moritz, g. 4 Feb. 776.

Eltern: Chriſtian Jacob, † Fſtl. Löwenſt. Werth. Präſident u. der Burg Gelnhauſen älteſter Baumeiſter. G. Joh. Soph. Maria, Chriſtoph Adam Rud. v. Zettwitz u. Joh. Sophiæ v. Reizenſtein, a. d. H. Conradsreuth T. †.

Gros-Elt. Jacob Chriſtian, G. v. F. †. G. Anna Euphroſina N. N. v. Wenckſtern u. N. N. Waldner v. Freindſtein T. †.

Gr. Vat. noch lebender Bruders Enkel, Chriſtian Frid. G. v. F. G. N. v. Ried, †.

Groſchlag zu Dieburg.

Dieſes uralte adeliche jetzo Freyherrl. Haus, wovon Friedrich Groſchlag Anno 942 beym Turnier zu Rothenburg an der Tauber ware, iſt eines derer älteſten beym RS. Ritter Canton am Ottenwald. Es hat ſich von allen Zeiten her, nicht von, ſondern zu Dieburg geſchrieben, weil es alda ſein Stammhaus nebſt dazu gehörigen vieler Güthern, ſowohl in als auſſer der Stadt hat, daſelbſten Burgherr u. mit hohen u. niedern Gerichtsbarkeiten verſehen iſt. Bey denen hohen Erz-Domſtifftern, Rit. Orden, ꝛc. hat es zu allen Zeiten die anſehnlichſten Würden bekleidet u. iſt ſeiner erhabenen Verdienſte wegen von weyl. Kanſers Leopoldi Maj. in des H. R. R. Frey- u. Edlen

Groschlag zu Dieburg.

Edlen Pannerherren-Stand erhoben worden, wovon der
ordentl. Stammherr aller jetzt blühenden Herren, Ans-
helm Groschlag oder Groloch zu Dieburg ist, welcher
im Jahr 1254 lebte.

Freyh. Carl Frid. Wilibald v. Groschlag zu Dieburg, Hr.
zu Messel, Sickenhofen, Hergetshausen, Eppertshau-
sen u. Reibach, g. 15 Nov. 729 K. u. Chur-M. Geh. R.
erster Confer. Minister, Gros-Hofmeist. u. Ob. Amtm.
resig. 774 K. Franz Minister am Ob. Rhein. Er. Burgm.
zu Friedberg, u. St. Steph. O. R. G. Soph. Helena
Walpurgis Tecla, g. 25 Jun. 753 Hugo Joh. Phil. Rs.
Graf v. Stadion u. Mariæ Annæ Teclæ Walpurg.
Freyin v. Stauffenberg T. V. 774. R. Dieburg bey
Franckfurt. a. M.

Tochter: Maria Anna Walp. Tecla, g. 21 Aug. 775.

Geschwister: 1) Lothar. Franz Frid. Erwein, g. 2 Jun.
714 † 734 Domh. zu Maynz. 2) Maria Anna Rosina, g.
11 Sept. 725 †. 3) Franz Ludw. Christoph Adolph, g.
3 Dec. 726 † jung. 4) Ludw. Hugo Phil. g. 11 Aug. 728
†. 5) Franz Ferd. Valentin, g. 28 May 730 †. 6) Phil.
Jos. Joh. g. 11 Apr. 732 †. 7) Phil. Carl Georg, g. 13
Jun. 734 †. 8) Casimir Olivier Franz, g. 23 Jul. 734
†. 9) Rud. Lothar. Phil. Casp. g. 3 Jan. 737 † 17 Jun.
750 Domh. zu Maynz. 10) Ludov. Charl. Sophia, g.
6 Feb. 738 †. 11) Phil. Soph. Dor. Gabriela, g. 8 Nov.
739. G. Rs. Graf v. Bergen, K. K. w. Geh. R. ꝛc.
V. 763.

Eltern: Phil. Carl Anton, Käys. w. Geh. R. Cäm. Ger.
Präsid. u. Rit. des Pohln. Weis. A. O. †. G. Mari. Phil.
Franc. Joh. Casp. Fhn. v. Bicken zum Hayn, u. Mar.
Annæ, Cämmererin v. Worms, Freyin v. Dalberg T.
u. Erbin als die letzte ihres Geschlechts. V. 723.

Pat. Geschw. 1) Franz Rud. Domh. u. resp Dom-Can-
tor zu Maynz u. Worms, wie auch Canonic. Capitul.
des Rit. St. zu St. Alban †. 2) Phil. Erwein, des
Teutsch. O. R. Raths-Gebieter der Balley Franken u.
Commandeur zu Heilbronn, Chur-M. Geh. R. u. Ob.
Stallm. †. 3) Ferdinand, † 708 Chur-M. Camh. u.
Hauptm. 4) Sophia, Stiftsd. zu Münsterbilsen †. 5)

Charl-

Charlotta †. 6) Magdalena, Carmelitterin zu Cölln, †. Gros-Elt. Joh. Phil. Ernſt, Chur-M. Geh. R. u. Ob. Amtm. zu Gernsheim † 716. G Anna Helena, Heinr. Frid. Fhn. Wambolds zu Umſtadt ꝛc. u. Annæ Mariæ, Freyin v. Schönborn T. †.

Groß v. Trockau.

Dieſes Turnier-Ritter- u. Stiftsmäßige Haus, von deſſen Vorforderen ſich Friedrich Groß, Ao. 996 beym Turnier zu Braunſchweig befande, iſt Wendiſchen Urſprungs, u. während des Hunnen- u. Gothiſchen Kriegs wider die Chriſten, durch einen der tapferſten Wenden, Namens Groß, welcher von Günthern v. Schlüſſelberg gefangen nach Franken geführet, Ao. 934 getauft u. mit dem Namen Günther beleget worden, nach Franken gekommen, u. ſich ſodann von dem, unter andern habenden Ritter-Güther, zum Ritter-Canton Geburg gehörigen Ritter-Guth Trockau, Groß v. Trockau genennet, wovon erſt bemerkter Günther Groß, der ordentliche Stammherr aller jetzt florirenden Herren iſt.

Freyh. Otto Phil. Erhard Ernſt Groß v. u. zu Trockau, g. 15 Jun. 710 derer hohen Domſtiffter zu Bamberg u. Würzb. reſp. Dom-Dechant, Capitul. Probſt zu St. Stephan in Bamb. Fſtl. Bamb. u. Würzb. Geh. R. u. Statthalter zu Würzb. R. Würzburg.

Geſchwiſter: 1) Sidonia Maria Amalia Roſina, g. 6 Apr. 712. G. Adalbert Gottfr. Frid. Joh. Bruno, Fhr. v. Roſenbach, g. 13 Jun. 701 Fſtl. Fuld. Geh. R. V. 740 2) Maria Joh. Sophia, g. 23 Jun. 714. G. Joh. Phil. Veit v. Würzburg zu Mittwitz, g. 712. V. 738. 3) Franz Anton Phil. Gottfr. Chriſtoph, g. 23 Aug. 715 Domh. zu Eichſtädt. 4) Ernſt Phil. Frid. g. 20 Sept. 716 des Rit. St. zu St. Burcard in Würzb. 5) Ulr Rud. Wilh. g. 19 Nov. 717 † 19 Feb. 718. 6) Rud. Wilhelm Carl Ludw. g. u. † 719. 7) Maria Ther. g. 13 Jul. 720 † 6 May 722. 8) Maria Cath Eliſ. Joſ. g. 14 Oct. 721. G. Joh. Phil. Sen. Fhr v. Münſter. V. 745. 9) Carl Ludw. Caſimir Wilh. g. 31 Jan. 723 Fſtl. Bamb. Pfleger zu

Velden-

Gunderode.

Veldenstein. G. Maria Anna, Lothar. Gottfr. v.
Greiffenclau, u. An. Magd. v. Hoheneg T.
Kinder: 1) Ad. Frid. Gottfr. Lothar. Jos. Maria, g. 14
Merz 758 Domh. zu Würzb. u. Domicellar zu Bamb.
2) Otto Phil. Erh. Jos. Maria, g. 19 Feb. 761 Domicellar zu Bamb. u. Würzb. 3) N. N.
10) Christina Elis. Charl. Walburg. g. 10 Dec. 725. 11)
Marqu. Wilh. Max. Gottfr. g. 10 Dec. 725. 12) Anshelm Phil. Frid. g. 23 Apr. 727 Domh. zu Würzb, Capitularh. zu Eichstädt u. St. Burcard. 13) Maria Franc.
Cordula, g. 22 Oct. 728 † 17 Merz 729.
Eltern: Marqu Wilh. g. 684 † 728 Fstl. Bamb. Hofr. u.
Pfleger zu Veldenstein. G. Maria Anna, Joh. Erh.
Christoph, Fhn. v. Guttenberg ꝛc u. Mariæ Annæ,
Freyin Fuchsin v. Dornheim T. g. 6 Jun. 693. V. 708 †.

Gunderode.

Dieses altadeliche Geschlecht, so sich in vielen Gegenden Deutschlandes ausgebreitet, ist ursprüngl. aus Meissen. Folgende Branche welche zu den Rheinischen Rs. Ritterschafften gehöret, ist An. 1587 durch Rudolph v. G. unter die alte adel. Geschlechter der adel. Gan-Erbschafft Alt-Limpurg zu Frankfurt a. Mayn aufgenommen worden, welche sich nunmehro in 4 Linien abtheilet u. sowhl daselbst als in der Wetterau u. Saarbrücken blühet.
Weiters S. das Handbuch von 1775.

I. Linie.

Freyh. Carl Justinian v. Gunderode, g. 9 Oct. 712. G.
Cath. Eleon. Just. v. Kayb, † 749. R. Frankfurt a. M.
Tochter: Frid. Marg. Just. g. 17 Dec. 747. G Philipp
Maxim. v. Gunderode, Fstl. Hessen-Hanau. Geh. Leg.
R. V. 767.
Eltern: Reinh. Bonavent. Gst. Solms-Laubach. Hofm.
† 720. G. Anna Marg. v. Glauburg, † 751.
Gros-Elt. Philipp Wilh. Gerichts-Schultheiß zu
Frankf. † 689. G. Anna Maria v. Scholier, † 676.

II. Linie.

Freyh. Joh. Maxim. v. Gunderode, Hr. zu Höchst an der
Nidder, Fstl. Hessen-Hanau. Geh. R. u. Ob. Amtm. g.
4 Feb.

4 Feb. 713. G. Suſ. Maria v. Kellner, † 757. !R. Höchſt in der Wetterau.
Kinder: 1) Philipp Maxim. Fſtl. Heſſen-Hanau. Geh. Leg.R. g. 13 Aug. 745. G. Frid. Marg. Juſtina v. Günderode V. 767.

Sohn: Carl Maxim. g. 28 Merz 769.

2) Frid. Juſtinian, g. 8 Nov. 747 Herz. Würtemb. Camh.

3) Hector Wilh. g. 16 Jul. 755 Mgr. Baad. Camj. auch Hof-Ger. u. Reg. R.

Geſchwiſter: a) Juſtinian, g. 18 Feb. 721. G. Eliſ. Charl. v. Schneider. V. 750.

Kinder: 1) Maria Salome, g. 5 Nov. 752. 2) Fridr. Maxim. g. 14 Dec. 753. 3) Joh. Wilh. g 17 Feb. 756 † 16 Jun. 777. 4) Charlotta, g. 24 May 762. 5) Frid. Juſt. g. 1 Feb. 765. 6) Wilhelmina, g. 28 Jun. 768.

b) Suſ. Maria, g. 19 Dec. 729. G. Joh. Chriſt. v. Adlerflycht, Schöff u. des R. zu Franckf. V. 750.

Eltern: : Frid. Maxim. K. w. R. älterer Schöff u. des R. zu Franckf. †. G. Suſ. Maria v. Ruland, † 758.

Gros-Elt. Hector Wilh. † 700. G. I. Jùl. v. Bodeck, † 679. II. Maria Marg. v. Syvertes, † 690.

III. Linie.

Freyh. Criſt. Maxim. v. Günderode, g. 20 Merz 730. G. Louiſa Dorot. Agata v. Drachſtätt. V. 758.

Kinder: 1) Louiſa Soph. Vict. Aug. Henriet. Frid. g. 10 Nov. 759. 2) Carl Wilh. g. 3 Oct. 761. 3) Frid. Max. Wilh. g. 7 Aug. 772.

Eltern: Carl Gottfr. Gſt. Iſenb. Meerholz. Ob. Forſtm. † 741. G. Maria Ludov. v. Graß, † 763.

Gros-Elt Joh. Achilles, Gſt. Iſenb. Meerholz. R. u. Hofm. † 701. G. Louiſa Benigna de Meauſſe de la Rienville, † 729.

IV. Linie.

Freyh. Hieron. Maxim. v. Günderode, Fſtl. Naſſau-Saarb. Präſident, g. 22 Apr. 730. G. Suſ. Maria Eliſ. v. Stalburg. V. 729 † 14 Feb. 776. R. Saarbrücken.

Kinder: 1) Carol. Wilh. Soph. Louiſa, g. 23 Nov. 761. 2) Ludw. Franz Juſtin. Maximil. Anton Carl, g. 18 Merz 763. 3) Carl Wilh. g. 19 Merz 765.

Eltern:

Guden oder Gudenus.

Eltern: Joh. Maxim. Fſtl. Iſenb. Birſtein.Hofm. † 741.
G. Eliſ. Charl. Freyin v. u. zum Jungen, † 739.
Gros-Elt. Vorſtehender Johann Achilles in der dritten Linie.

Guden oder Gudenus.

Eine Seit 1700 zur Ober-Rhein. Rs. Ritterſchafft gehörige Freyherr- u. adeliche Familie welche wegen denen in Oeſterreich beſitzenden Herrſchaften, daſigen Landſtänden Herrenſtandes einverleibet iſt. Sie iſt Niederländiſcher Abkunfft, von wannen ſie ſich zu Zeiten daſiger Revolutionen, gegen Ober-Deutſchland gewendet, u. ſich in die Aeltere, Mitlere u. Jüngere Linie getheilet hat.

I. Aeltere Linie.

Freyh. Joh. Baptiſt Franz v. Paula Joſeph v. Gudenus, g. 23 Jun. 721 Hr. derer Herrſchaften Wandhofen an der Tane, Hardenſtein u. Fölling in Oeſterreich. G Maria Octavia, Chriſtian Ferd. Grafens v. Nimptſch, u. Mariæ Magd. Freyin v. Gilleis T. V. 15 Jan. 744.
Kinder: 1) Franz v. Paula, g. 28 Merz, † 8 Jul. 746. 2) Maria Magd. g. 19 Apr. 747. G. Rüdiger Joſ. Graf u. Hr. v. Stahrenberg, K. K. Camh. u. Intendenz-R. zu Trieſt. V. 29 Jun. 773. 3) Maria Antonia, g. 29 Jun. 748. G. Claudius del Meſtri Fhr. v. Scœmberg K. K. Camh. V 19 Merz 776. 4) Maria Joſ. g. 22 Jan. 750. 5) Joh. Baptiſt g. 16 Decemb. 751 † 9 Jun. 752. 6) Joh. Heinr. g. 10 Aug. 753. 7) Joh. Joſ. g. 19 Merz 755 Hr. zu Rottenlota u. Hogowiz K. K. Ob. Lieut. Tilliriſchen Reg. 8) Maria Agnes, g. 2 Jun. † 22 Nov. 757.
Geſchwiſter: a) Carl Joſeph Joh. Baptiſt g. 16 Aug. 717 † 28 Apr. 726. b) Leop. Franz v. Paula Joſeph. g. 26 Nov. † 16. Dec. 718. c) Maria Walpurgis, g. 22 Merz 720. G. Joh. Joſeph Volkart Thadd. Graf v. Auersberg, Fhr zu Schönberg Hr. der Herrſchaften Peylenſtein, Eineck u. St. Leonard am Forſt des Herzogth. Krain, der Windiſchen Mark Erb-Cämmerer u. Marſchall. Kayſ. Camh u. Nieder-Oeſterreich. Landſch.

sch. Verordneter. V. 21 Apr. 738. Sie † 15 Decemb. 743. Er tritt den 2 Jan. 746 mit Antonia Gräfin v. Papersberg in die zweyte Ehe, und † 16 May 764. d) Maria Agnes Jos. g. u. † 25 Jan. 724. e) Franz v. Paula Phil. Jos. g. 15 Dec. 724 † 23 Feb. 725. f) Franz v. Paula Joh. Nepom. g. 4 Apr. 728 † 27 Merz 764. g) Phil. Jos. Ant. v. Padua, g. 1. Merz 729 † 16 Dec. 738.

Eltern: Phil. Ferd. g. 681 Hr. der Herrschaften Hardenstein u. Fölling in Oesterreich, Pfandherr der Herrsch. Hollitsch in Ungarn, Chur=M. Geh. R. u. residirender Minister am Kays. Hofe † 2 Jan. 1731. G. Josepha, Georg Fhn. v. Scheller zu Ungarshausen, u. Joh. Pflügelin v. Wolfsegg T. Sie tritt mit dem K. K. Camh. Grafen v. Secau in die 2te Ehe 9 Feb. 745 u. wird zum andernmal W. 30 Merz 761.

Pat. Geschw. 1) Franc. g. 677 †. G. Franz v. Mensheng, Hr. zu Heimberg am Wald in Oesterreich. V. 690. 2) Maria Ther, g. 678 †. G. Anton Heinr. Fhr. v. Kellern, Kays. Hof=Cam. R. Sr. Cathol. Maj. Carl III. Hofr. u. Spanisch. Deputirter. V. 29 Sept. 710. Sie † 7 Jul. 715. Er † 8 Sept. 737. 3) Susan Jos. Felicitas, g. 19 Merz 679 †. G. Joh. Jac. v. Linker u. Lützenwick, Hr. zu Dennstett u. Niedertiefenbach in Thüringen, Churm. Geh. R. V. 705. Er † 14 Nov. 730. Sie 22 Apr. 742. 4) Jac. Christ. Rud. g. 3 Jun. 680 † Churm. am Kays. Hof residirender Minister 705 legte diese Charge nieder 706 lebte in der Stille, u. † 16 Nov. 742. 5) Joh. Albert, g. 10 Dec. 685 erhielte 703 die, durch Absterben Graf Sigmund v. Thun erledigte Commenderie Malthefer=O. bey St. Johann in Wien, begiebt sich 705 nach Rom, ward Päbstl. Hausprälat, Referendarius beyder Signaturen, u Mitglied mehrerer Congregationen dasigen Hofes, † 12 Nov. 746. 6) Joh. Cath. Elis. g. 1695 † 5 Nov. 1776. G. I. Joh. Joseph, Fhr. v. Braßican, K. Nieder=Oesterreich. Landrechten Beysitzer. V. im Oct. 723 † 28 Merz 728. II. Wolffg. Ant. Graf v. Ueberacker, Hr. zu Sighartstein u. Pfangau, Fstl. Salzb. Camh. Hof-Kr.

Kr. R. u. Landschaffts=Verordneter. V. im Jan. 730
† 7) Philippina, Clarif=Ord. in St. Nicolai=Kloster
zu Wien 710 unter dem Namen Amalia. Sie begieng
ihr 50jähriges Professions=Jubiläum 761. 8) Eleon.
Leopoldina, G. I. Joseph Albr. Reichard, Gr. Klötzel,
Fhr. zu Altenach, Hr. zu Schallaburg und Sechten=
berg, K. Nieder=Oesterreich. Landrechten Beysitzer.
V. 721. Er † 737. II. Franz Maria, Graf v. Ferrari,
Kays. Obrister. V. 17 Jan. 741. Sie † 760. 9) Maxi.
miliana, geistlich in dem adel. Kloster zu Tulle in Oe=
sterreich unter dem Namen Augustina, † 727. 10) Ca-
rolina geistl. in dem neml. Closter unter dem Namen
Cœlestina, † 28 Aug. 742. 11) Gisberta Ther. † 6 Feb.
766 ledig. 12) Ant. Franz, g. 17 May 687 Churpf.
Geh. R und Vice=Präsid. des Hofger zu Mannhem,
722 Churm Geh. R. u. residirender Minister am Kays.
Hofe. G. I. Charl Maria v. Petternhausen. V 711
† 20 Apr. 749. II. Maria Ther. verwit. Freyin v.
Rentwich, g Freyin v. Bertram. V. 20 Jan. 750. Er
† 30 Apr. 754. Sie 30 Julii 766.
Kinder: a) Suf. Charl. Marg. g. 712. G. Ferd. Franz,
Frh. v Thomaß, Hr. zu Niedernondorf in Oesterreich,
V. 27 Oct. 742. Sie † 23 Jan. 756. b) Maria Clara
Ther g. 2 Jul. 715. G. Franz Jhr Heuel v. Diefen=
au, Hr. zu Schiltern, Cronsegg, Hartmannsdorf u.
Breitenaich, K. K. Nieder=Oesterreich. Landrechten
Beysitzer. Er † 766. Sie 770. c) Joh. Albr. Christ.
g 29 Sept 716 Churm. Hof= u Reg. auch Hof= Ger.
R. 743. d) Antonet. Ther. Charl. g. 11. Nov. 720. G.
Georg Frid. v. Lasser. V. 8. May 741. Sie † 2 Merz
763. Er 3 Aug. 769. e) Franz Fortunat. Engelh. g.
717 Kays. Cornet Pfalz = Sulzbach. Reg. Curaßier †
734. f) Joh. Sigm. g. 18 Feb. 722 Fstl. Würzb. Hof=
und Reg. R. 746. G. Eleon. Franz Emmer. Casp.
v. Bielstein, u. Mariæ Sidoniæ v. Thúna zu Marien=
thal T. V. 9 Oct. 748.
Sohn: Anton Franz, g. 24 May 750 Fstl. Schwarzb.
Sondersh. Hof= u. Jagdj.
g) Ferd. Joseph Lor. Herm. g. 727. h) Wilh. Ursula.

Guden oder Gudenus.

G. Achatius, Fhr. v. Rebentiſch in Mähren. v. 19 Merz 748. Sie † 763. i) Eleon. Franc. G. Fhr. Lor. Dan. Eowargias, Hr. zu Utwarhölli in Siebenbürgen, Kayſ. K. Aſſeſſor Tabulæ Regiæ zu Hermanſtadt, v. 751. k) Chriſt. Franz Ant. g. 27 Nov. 735 Lieut. des Kayſ. K. Altaun. Reg. Dragoner, Chevalier bey der teutſch. adel. Garde 764 Crayß-Hauptm. des Viertel Obermannhartsberg in Nieder-Oeſterr. 766. G. Antonia, Levin Fhn. v. Exenburg in Siebenb. u. Eliſab. Freyin v. Erbach T. v. 4. Feb. 768.

Kinder: 1) Phil. Xaver Chriſt. Anton Nepom. Ferrerius, g. 15 Sept. 772 † 15 Aug. 1773. 2) Joh. Nepom. g. 7 Sept. 773. 3) Joſ. Chriſtoph, g. 13 Nov. 1775. 4) Xaver. Dominicus, g. 4. Jan. † 15 Februar. 1777.

Gros-Elt. Chriſtoph, der jüngere, Hr. der Herrſch. Hardenſtein u. Fölling in Oeſterreich, Churm. Geh. R. u. reſidirender Miniſter am Kayſ. Hofe, g. 16 Feb. 632. (der zweyte Sohn Morizens v. Gudenus, Ur-Vaters dieſer 3 Linien.) in des H. R. R. Panner- und Freyherrnſtand erhoben 20 Sept. 696 † 3 Merz 705. G. Clara Maria, Fhn. v. Thavonat, u. Mariæ v. Carlshoſen T. V. 676, eine Mutter von 24 Kindern.

II. Mittlere Linie.

Freyh. Phil. Franz v. Gudenus, g. 30 Jul. 710 Hr. zu Umpfenbach, Churm. Geh. R. G. F. M. L. Obriſter u. Inhaber eines Reg. zu Fuß. G. Soph. Joh. Charl. Chriſtiana, Heinr. Sigm. v. Schaumberg auf Ziegenfeld, Erb-Cämmer. des Hochſtiffts Eichſtätt, u. Amaliæ Phil. Heuslein v. Eusenheim T. V. 23 Apr. 754.

Kinder: a) Ferd. Heinr. Valent. Sigm. g. 24 Nov. 755 Domicellar der Stiftskirche zu Aſchaffenb. 770. b) Anna Chriſt. Phil. Amalia Dorot. g. 2 Jan. 757. c) Val. Ferd. Leop. Alexand. g. 23 Oct. 760 † 22 May 763. d) Carl Franz Wilh. Ernſt, g. 16. Jan. u. † 14 May 763. e) Maria Anna Magd. Franc. g. 10 Aug. 764 † 4 Sept. 765. f) Carl Wilh. Joſ. Adam Franz, g. 13 Aug. 766. g) Maria Soph. Anna Joh. g. 2 Febr. u. † 13 May 768.

Bruder

Guden oder Gudenus.

Bruder: Valent. Ferd. Leop. g. 24 Jun. 712 Scholaster u. Capitular der Stiftskirche zu Aschaffenburg, Senior u. Jubilarius.

Eltern: Joh. Christoph, g. 26 Nov. 676 Churm. Hof= und Reg. R. G. Anna Marg. Christina, Hans Emmerich v. Gobel zu Weilersbach, u. Annæ Cath. v. Görtz T. V. 30 Sept. 709. Er † 14 Aug. 712.

Vat. Geschw. 1) Anna Barb. g. 10 May 671 † 675. 2) Maria Cath. g. 4 Dec. 672. G. Veit Franz, Fhr. v. Reigersberg, Hr. zu Randeck, K. Reichshofr. Churm. Geh. R. Camb. u. Amtm. zu Cronberg. V. 19. Aug. 692. Sie † 18 Octob. 727. Er 28 Dec. 734. 3) An. Maria, g. 26. Nov. 674. G. Wilh. Jacob v. Tatphes, Churm. Hof-Cammer-R. V. 697. Er † 1 Apr. 705. Sie 25 Apr. 751. 4) Christina, g. u. † 681. 5) Theod. Cath. Franc. g. 4 Oct. 684 † 22 Sept. 708. 6) Sus. Magd. g. 11 Nov. 686 † 22 Jul. 711. 7) Val. Ferd. g. 19 Jun. 679 Jstl. Baaden-Baad. Hofr. 706 des Kays. u. Rs. Cammerger. Beysitzer 724. Der im Jahr 696 der ältern Linie dieses Geschlechts ertheilte Reichs-Panner- und Freyherrnstand ward 732 auf ihn und seine beyde obgenannte Bruders-Söhne u. sammtl. Descendenz extendiret. G. Mar. Cath. Ther. Gottfr. Fhn. v. Wachtendonck, u. Evæ v. Hulde T. V. 26 Dec. 706 † 15 May 737. II. Frid. Jul. Eberh. Frid. vom Holz zu Alsdorf, u. Louisæ Amaliæ v. Wolmarshausen, T. Joh. Christoph v. u. zu Menzingen W. V. 11 May 739 † 19 Jan. 740. III. Aug. Soph. Charl. Albrecht Fhn. v. Elstern, u. Eleon. Polixenæ v. Leutrum in Ertingen T. u. Erbin v. Diemantstein, Heinr. Bernard, Fhn. v. Stein zum Altenstein W. V. 30 Oct. 740. Er † 9 Merz 758. Sie 3 Merz 767.

Kinder: a) Sohn g. u. † 741. b) Frid. Rosa, g. 14 Jul. 742 † 13 Merz 743. c) Sohn, g. u. † 30 Jul. 744.

Gros-Elt. Urban Ferd. g. 28 Aug. 634 Churm. Hof-R. G. Loth. Mecht. Elis. Mathiæ v. Birrich u. Annæ v. Laufenberg T. V. 16 Apr. 670. Er † 9 Merz 698. Sie 22 Sept. 720.

Guden oder Gudenus.

II. Jüngere Linie.

Herr Joh. Jac. Jos. Franz v. Gudenus, g. 2 Feb. 721 Hr. zu Isenrode u. Lauenburg in Thüringen.

Brüder: 1) Frid. Wilh. Moriz Bernard, g. 20 Aug. 718 Domicellar der Stiftskirche B. M. V. in Erfurt, † 4 Jul. 733. 2) Ignaz Christoph Aloysius, g 16 Septemb. 729. Tritt in K. Kr. Dienste quitt. 755 u. ward Beysitzer der Churm. Civil- und Criminal-Gerichte zu Erfurt, 760 Amtm. zu Azmannsdorf. G. Maria Phil. Frid. Phil. v. Bellmont, u. Mariä Charl. v. Gerstenberg T. Adam Georg v. Fensterer auf Ulrichshalm W. V. 26 Nov. 760. 3) Anselm Frid. Adolph, g. 19 Apr. 731 Sänger u. Capitular St. Severi in Erfurt. 4) Adolph Damian Franz, g. 13 Apr. 733 Churm. Lieut. Breeken. Reg. zu Fuß. 5) Ferd. Moriz, g. 10 Merz 735 Lieut. bey dem nemlichen Reg.

Eltern: Daniel Moriz, g. 7 Merz 681 Stadtschultheiß zu Erfurt, fürsitzender Reg. R. u. Präsid. dasiger Civil- u. Criminal-Ger. G. I. Maria Salome, Hartm. Jacob v. Ehrencron u. Salome v. Lasser T. V. 711 † 24 Merz 727. II. Maria Barb. Joh. Jac. v. Bielstein u. Agathæ v. Bingen T. V. 21 Nov. 728. Er † 22 Merz 749. Sie 28 Dec. 761.

Vat. Geschw. a) Maria Anna, g. 667 †. G. Anselm Franz v. Molitoris, Churm. Reg. R. zu Erfurt. V. 687. Er † 18 Nov. 710. Sie 10 Nov. 718. b) Adelgunda, g. 669 † Benedictinesse in St. Ciriaci-Kloster zu Erfurt 685, ward zur Aebtißin erwählt 697, schlug diese Würde aus u. † 26 Aug. 728 als Prior. c) Christoph Ignaz, g. 4 Aug. 674 Bischof zu Anemoe, Erzbischöfl. Maynz. Sufraganeus durch Thüringen, Hessen u. Eichsfeld, Dechant des Stiffts St. Severi in Erfurt, † 11 Dec. 747. d) Joh. Leop. g. 21 Sept. 676 Bischof zu Pergamo. Sufraganeus zu Worms, Dechant des St. Pauli-Stiffts daselbst, Domh. zu Costanz, geweihet zu Rom 711 † 17 Merz 713. b) Beata Franc. g. 2 Feb. 679. G. Joh. Adam v. Eck, Kays. Obr. Lieut. Sicking. Reg. zu Fuß. V. 706. Er † 9 Nov. 726. Sie 27 May 745. f) Frid. Wilh. g. 9. Feb. 683 des Fränk. Crays.

Guttenberg.

Cranſ. G. F. Z. Obriſter u. Inhaber eines Regim. zu Fuß. G. I. Anna Eliſ. Maria Emiliana, Phil. Rudolph Grafens v. Tättenbach u. Rheinſtein, u. Helenæ Chriſtianæ v. Buttlar auf Mariengarten T. V. 724 † 29 Dec. 734. II. Dor Sophia, Otto v. Pflug, u. Chriſtianen Benig. v. Schaumberg a. d. H. Stöckigt T. Conr. Sigm. v. Poytolsky, u. Franz Maxim. Aloys Fhn. v. Kordiz W. V. 20 Oct. 739. Er † 13 May 757. Kinder: 1) Suſ. Thereſ, Cath. g. 726. G. N. v. Broun, K. K. Hauptm. May. Heſſen. Reg. zu Fuß. V. 751. Er † 758. 2. Erneſt Joſ. Adelgunda, g. 727. G. Carl Frid. v. Beckhofen, Churbayer. Obriſter. V. 746. Sie † 771. 3) Maria Anna Walburgis, g. 728 Urſulinerin zu Erfurt, unter dem Namen de St. Eſprit, 24 May 749 † 16 Apr. 771. 4) Wilh. Emil Maria, g. 730. G. N. N. v. Marſchall, Chur-Bayr. Reg. R. zu Burghauſen. V. 754. Sie † 757. 5) Moriz Albert Joh. Zwilling mit der Vorigen, † 733. 6) Maximil. Chriſtoph Mathias, g. 24 Febr. 732 des Fränk. Crayſes Rittm. Dreßk. Reg. Curaßier. 7) Joh. Nepom. Niclas Wilh. g. 17 Dec. 734 des Fränkiſ. Crayſes Hauptmann Anſpach. Drag. Reg. † 7 Jun. 773.

Gros-Elt. Joh. Moriz, g. 24 Feb. 639 Churmaynz. Stadtſchultheiß zu Erfurt, fürſitzender Reg. R. und Präſident daſiger Civil- u. Criminal-Gerichten. G. Maria Cath. v. Benning. V. 666. Er † 2 May 688.

Guttenberg.

Dieſes Turnier-Ritter- u. Stiftsmäßige Haus, welches An. 1700 in des H. R. R. Freyherrn-Stand erhoben worden, u. wovon Gertraud v. G. An. 968 im Turnier zu Merſeburg zur Schau u. Helm Theilung erwählet, ein anderer v. Guttenberg An. 1080 in Augſpurg turnirte, u Johann Gottfried v. G. im XVII Sæculo zum Biſchof u. Fürſten des H R. R. zu Würzburg erwählet wurde, iſt urſprüngl. aus Franken. Seine uralte Vorfahren nenneten ſich v. Plaſſenberg, von einem Schloß gleiches Namens, und fiengen erſt an, ſich v. Guttenberg zu nennen, als ſie das Stammhaus u. die Veſte Gut-

Guttenberg 2 Stunden v. Culmbach erbauet hatten. Es gehöret wegen seinen sehr ansehnlichen Ritter-Gütern zu denen Rs. Ritterschaftl. Cantons Gebürg, Rhön-Werra, Steigerwald u. Baunach, u. ist Fridrich v. Guttenberg, genannt Plassenberg, welcher um das Jahr 1201 bekannt war, der ordentliche Stammherr aller jezt blühenden Herren dieses Hauses, so sich in verschiedene Linien abtheilen.

A. Hauptlinie zu Guttenberg.

Freyh. Franz Wilh. Phil. v. Guttenberg, Hr. auf Breitenreuth, Kummendorf u. Steichenreuth ꝛc. g. 13 Jun. 1727 Fstl. Würzburg. Geh. R. Ob Stallm. u. Ob. Amtm. zu Hoffingen u. Lauringen. Rit. R. des Cantons Gebürg R. Hoffingen.

Geschwister: 1) Phil. Anton Christoph Ernst, g. 18 Nov. 717 Capitularh. zu Würzburg, auch derer Dom- u. Ritter-Stiffter Worms u. Comburg Capitul. Fstl. Würzb. Geh. R. u. weltl Reg. Präs. 2) Franz Hartm. Carl, g. 6 Jan. 719 † 13 Merz 722. 3) Mar. Franc. Jos. Charl. g. 25 Feb. 721. G. Constantin Christ. Carl Joh. Georg, Fhr. v. Pöllniz, Fstl. Würzb. Geh. R. ꝛc. Ob. Jägerm. D. 742. 4) Carl Diet. Jos. g. 3 Merz 722 Capitularh. zu Würzb. Fstl. Bamb. w. Geh. R. u. Hof-Cammer-Präsid. 5) Christ. Phil. Heinr. Jos. g. 3 May 723 in Fstl. Würzb. Kr. Diensten. 6) Maria Christ. Anna Felicitas, g. 1 Nov. 724. 7) Maria Marg. Esther Sophia, g. 31 Dec. 725 † 16 May 738 als Ursul. zu Klzing. 8) Mar. An. Jocob. Ther. g. 6 Feb. 729.

Eltern: Marqu. Carl Ludw. K. w. K. Churm. auch Fstl. Würzb Geh. R. des Kays. Landger. Herzogt. zu Franken Assessor, Ob. Amtm. zu Schlüsselfeld, Thüngfeld u. Prölsdorf, Geleits-Hauptm. u. Ritter-Hauptm. des Cantons Gebürg, g. 13 Jan. 686 †. G. I. Mar. Cath. Jac. Josepha, Joh. Frid. Adolph Fhn. v. Frankenstein, u. Mariæ Franc. Marg. v. Enb T. II. Jos. Charl. Heinr. Christoph, Fhn. v. Auffees, u. Annæ Eleon. Elisab. Freyin v. Erthal T. g 19 Merz 696. D. 21 Jul. 737 †.

Gros-Elt. Georg. Abrah. g. 10 Sept. 655 † 700 Hauptmann

Guttenberg.

mann beym Fr. Er. Drag. Reg. G. Cathar. Magd. N.
v. Wiesenthau zu Wiesenth. ꝛc. u. Brigitta v. Schaum=
berg T. g. 1 Oct. 663. V. 14 Nov. 681 † 694.

B. Zu Steinenhaus.

Freyh. Joh. Phil. v. Guttenberg, Hr. zu Guttenberg,
Steinenhaus ꝛc. g. 28 Apr. 709 Capitularh. zu Würzb.
Jubilar. Probst zu St. Martin in Vorchheim, Fstl.
Bamb. w. Geh. R. R. Würzburg.

Geschwister: a) Joh. Gottfr. Phil. Jos. g. 8 Nov. 689
des Herzogth. Franken, Ober = Erb = Marschall, Fstl.
Bamb Geh. R. Pfleger u. Ob. Amtm. zu Bodenstein ꝛc.
† 3 May 747. G. Maria Anna Ther. Jos. Franc. Christ.
Marq. Alex. v. Heydenheim zu Münster u. Hausen ꝛc.
u Joh. Franc. v. Welden, a. d. H. Laubheim T. g. 13
Jul. 692. V. 28 May 713.

Kinder: 1) Mar. Anna Cath. Franc. Jos. g. 22 Merz
714 Stiftsd. zu Nivelle. 2) Mar. Joh. Eva Franc.
g. u. † 716. 3) Otto Phil. Carl Marq. Alex. Moriz,
g. 24 Feb. 717 Fstl. Bamb. Camh. Hofr. u. Pfleger zu
Bodenstein ꝛc. 4) Sohn, g. u. † 6 Merz 718. 5) Joh.
Franc. Mariana Ther. g. 25 Jun. 719 Stiftsd. zu Ni=
velle. 6) Mar. Cord. Jos. Ther. g. 25 Apr. 721. 7)
Franc. Soph. Amal. g. 24 Feb. 723 † 725. 8) Georg
Wilh. Casimir Ulr. Franz Ant. Ernst, g. 9 Jul. 725
in Kr. Diensten bey dem Fränk. Cr. 9) Amal. Mar.
Rosina Ther. Walburgis, g. 12 Jan. 727. 10) Charl.
Amal. Soph. g u † 728. 11) Joh. Gottfr. Max. Christ.
Amal. g. u. † 729. 12) Wilh. Christ. Soph. Magd.
Barb g. 28 Apr. 732. 13) Carl Franz, g. 733 † 735.

b) Mar. Soph. g. 11 Jun. 688 † 721. G. Georg Ernst,
Fhr. v. Hedersdorf, Fstl. Würzb. Ob. Amtm. zu Hof=
fingen u Lauringen. V. 710 † 739. c) Mar. Ah. Barb.
g. 692 †. G. I. Joh. Ernst Schütz v. Holzhausen. II.
Franz Anton Wolff Schütz v. Holzhausen, † 739. d)
Ernst Wilh. Franz Anton, g. 12 Jun. 694 Fstl. Wrzb.
Obrist=Lieut. bey der Leib = Garde u. Ob. Amtm. zu
Geroldshofen. e) Wilh. Ulrich, g. 11 Jan. 695.
Domh. zu Bamb. und Würzb. Probst des Kays. St.
von der alten Capelle zu Regenspurg u. Ob. Pfarrer
zu

Cronach, Fſtl. Bamb. u. Würzb. Geh. R. † 27 Jul.
767. f) Franz Georg, g. u. † 696. g) Georg Caſimir
Wilh. g. 24 Feb. 697 † 19 Dec. 740 Domh zu Eichſtädt
u. Augſp. wie auch Dechant zu St. Burckhard in Würzb.
h) Maria Eva Brigitta, g. 14 May 700. G. Phil. Val.
Voit v. Salzburg zu Rödelmayer ꝛc. g. 28 Aug. 690. V.
718 † May 740. i) Maria Roſina Ther. g. 13 May 701.
G. Carl Sigm. Phil. v. Redwiz zu Küps ꝛc. g. 29 Jul.
687. V. 726 † 742. k) Lothar. Franz, Hr. zu Kirch-
lauter ꝛc. g. 3 Merz 705. (Stiffter der Linie zu Kirch-
lauter.) G. Mar. Soph. Joh. Phil. Horneck v. Wein-
heim u. Mar. Marg. v. Eyb T. V. 728. l) Lud. Eman.
Hugo, g. 23 Jul. 711. (Stiffter der Linie zu Stern-
berg.) G. Anna Marg. Franc. Caroli Ignatii Ottonis
v. Falkenſtein u. Joh. Mariæ v. Boineburg T. V. 740.
Eltern: Carl Chriſt. g. 659 † 719 Fſtl. Würzb. Geh. R.
u. Ob. Amtm. zu Wald-Aſchach, wie auch Rittm. bey m
Fränk. Curaßier-Reg. G. Maria Anna Anton. Joh.
Phil. Waldpots v. Baſſenheim zu Oßbrück u. Mar. Cath.
v. Frankenſtein T. g. 3 Merz 699. V. 11 Jul. 687. † 743.
Gros-Elt. Gottfr. Wilh. g. 22 Apr. 683 Mgr. Bran-
denb. R. u. Pfleger zu Bodenſtein, wie auch Ob. Amtm.
zu Gößweinſtein u. Leyhenfels †. G. Mar. Cunig. Urſu-
la, Joh. Gottfr. v. Guttenberg zu Kirchlauter ꝛc. u. An.
Eliſab. v. Eltz T. V. 743.

Habermann.

Dieſes adeliche Geſchlecht iſt der Fränkiſchen Ritter-
ſchaft bey den beeden Cantons Rhön-Werra und Steiger-
wald immatriculiret.
Herr: Pet. Joſ. Franz v. Paula Joh. Nepom. v. Haber-
mann, g. 22 Merz 754 beeder Stifter zu Frizlar u.
Aſchaffenburg Canonicus.
Geſchwiſter: 1ter Ehe) 1) eine Schweſter g. u. † 12 Feb.
753. 2) Maria Anna Salome Ther. Walburga, g. 26
Jul. 755 † 1 Merz 757. 3) Suſ. Barb. Magd. Walbur.
g. 22 Dec. 756. 2ter Ehe) 4) Joh. Phil. Pet. Chriſtoph
Anton, g. 10 Dec. 762. 5) Maria Ther. Walburga. g.
15 Dec. 763 † 28 Apr. 764. 6) Joh. Carl Frid. g. 24
Jan.

Jan. 765 des St. B. M. V. in Frankfurt Canonicus.
7) Georg Jof. Maria Joh. Nepomuc, g. 11 May 766.
8) Lud. Wilh. Jof. Maria, g. 30 May 767 † 16 Aug.
767. 9) Amalia Sophia Elif. Jof. Maria, g. 12 Aug. 768.

Eltern: Joseph Corneli, g. 26 Merz 723 Erb. u. Ger.
Herr zu Unsleben u. Erlabronn, Fürstl. Würzb. Geh.
R. u. Hofkanzler, auch Fuld. Geh. R. G. I. Maria
An. Hel. Theodora, Georg Jof. v. Wagner, Fstl. Fuld.
Geh. R. Hofkanzlers u. Ob. Amtm. zu Bibrastein, u.
Annæ Saleme, Brauer T. g. 30 Jun. 728. V. 11 Aug.
751 † 2 Jan. 757. II. Maria Jul. Wilh. Ernest. Rufina,
Joh. Phil. v. Diemar zu Walldorf, Fstl. Würzb. Ob-
ristwachtm. u. Amal. Sophia Elif. v. Redwiz zu Weif-
senbronn T. g. 9 Apr. 734. V. 21 Jan. 762 † 19 Aug.
768 R. Würzburg.

Vat. Geschw. a) Joh. Pet. Franz Lud. g. 15 Sept. 720
beeder Stiftern zu unser Lieben Frauen in Frankfurt,
Dechant, u. zu St. Leonard alda, Capitular u. Cantor,
Erzbischöflich. Maynz. Geistl. R. b) Ignaz Frid. Peter,
g. 21 Aug. 725 † 7 Dec. 726. c) Suf. Barb. g. 24 Feb.
728. G. Joh. Pet. v. Ortmann, Kayf. Rs. Cam. Ger.
Assessor. V. 3 Apr. 752 † 12 Merz 775. d) Georg Jof.
Ignaz Joh. Nepomuc, g. 20 May 731 K. K. w. Drag-
oner Obristwachtm. e) Maria Magd. Ther. g. 29 Oct.
733 † 21 Jul. 765. G. Joh. Veit, v. Diemar zu Wall-
dorf, Chur-Trier. Camh u. Fstl. Würzb. Obristwachtm.
V. 19 Jan. 764. f) Eva Maria Magd. Barb. g. 15 Jul.
736. G. Lud. Wilh. Christoph, v. Jaxtheim, Hr. zu Er-
labronn, Fränk. Crayses Infanterie Haupm. V. 19
Sept. 763 † 3 Apr. 771. g) Maria Francisca Joh. Ne-
pomucena, g. 10 Merz 741 G. Carl Theodor, v. l'Eau,
des H. R. R. Ritter, Kayf. Reichs-Cam. Ger. Assessor.
V. 13 Sept. 762.

Gros-Elt. Franz Lud. g. 24 Merz 690 Erb. u. Gerichts-
Herr zu Unsleben, Kayf. Rs. Hof-R. Fstl. Würzb. Geh.
R. Hof-Canzler, Hof-Kr. R. u. Conservator Universi-
tatis, † 20 May 749. G. Suf. Barb. v. Alter, g. 27 Feb.
698. V. 9 May 719 † 14 Apr. 748.

Hallberg.

Ein Freyherrliches Geschlecht deſſen Stamm Vater Chriſtian v. H. war. Es blühet in 3 Linien I. zu Fußgenheim, II. zu Bockum-Iſtumerthurn u. III. zu Broich. Die erſte iſt der Ober-Rhein. Rs. Ritterſchaft, die zwey andern aber der Jülich-u. Bergiſchen Landſchaft incorporirt. Kayſer Carolus VI. hat dieſem Geſchlecht ſeinen alten Adel- u. Ritterſtand mit Vermehrung ſeines alten Wappens beſtättiget, u. die Linie zu Fußgenheim 1731. die zu Bockum aber 1751. eine weitern Wappen-Vermehrung erhalten.

I. zu Fußgenheim.

Freyh. Franz Bernh. v Hallberg, Hr. der immediaten Rs. Herrſchaft Fußgenheim u. Ruchheim, des, der Ober-Rhein. Rs. Ritterſchaft einverleibten Guths Eggersheim u. des nach Zweybrücken lehnbaren Dorfs Heuchelheim ꝛc. Ganerbe zu Mommernheim u. Bechtolsheim, des K. Franz. St. Lazari O. R. Chur-Pf. Cämh. Herz. Würtb. Camj. u. Fideicommiſſ Inhaber. G. Mar. Anna, Joh. Chriſtoph Fhn. Burch. v. der Klee u. Mar. Roſ. Ther. v. Nilſche T. † 18 May 777 R. Wien.

Tochter: Charlotta, g. 17 May 777.

Geſchwiſter: 1) Joh. Carl Caſpar, Domh. zu Regenſpurg, Abbas Commendatarius ad St. Laudum in Frankr. u. Capitularh. des Freyadel. St. ad St. Gereonem in Cölln. 2) Jacobina Philip. G. N. Beranville v. Villander, K. Franz. Rittm. † 764 3) Mar. Julia, Stiftsd. in der K. Franz. Abtey St. Stephan zu Rheims 4) Wilh. Theodor, K. K. Legat. R. † 756. 5) Franz Joſeph, K. K. Ober-Lieut. unter Pallavicini, † 758. 6) Aug. Eliſab. G. Fhr. v. Colli, K. K. Obriſt Lieut. unter Caprara. 7) Maximilian, † ledig 757.

Eltern: Jac. Tillmann, K. K. w. Geh. R. Chur-Pf. Staats-Miniſter u. Hof-Canzlar. (Stifter dieſer Linie) † 744. G. Maria Joſepha, Fhn. Bernh. v. Francken T. †.

II. zu Bockum-Istumerthurn.

Freyh. Theodor v. Hallberg, Hr. zu Bockum, Istumer-
thurn, Erbh. der Jülichischen Herrsch. Wachendorff,
der Adel. Rittersitze Luxheim, Reyenberg u. Ketterich,
Istumerthurn im Cöllnischen u. Bockum im Bergi-
schen, Chur-Pf. w. Adel. Geh. R. u. Ober-Amtm. zu
Oppenheim, des Chur Pf. Löwen O. R. u. dermahli-
ger Envoye extraord. zu Dreßden. G. Marg. Henriet-
ta, Freyin v. Horsch zu Pasch. R. Dreßden.
Kinder: 1) Mathias. g. u. † 756. 2) Alexand. Ferd. g.
756. 3) Lucia, g. 758. 4) Maria An. g. 760 † 763. 5)
Math. Carl Anselm, g. 765. 6) Constantin, g. 766.
Eltern: Bernh. Heinr. Chur-Pf. Jülich- u. Berg. Geh.
u. Hof-R. † (Stifter dieser Linie.) G. N. N.

III. zu Broich.

Freyh. Tillmann Peter v. Hallberg, Hr. zu Broich,
Bracheln, Lohmar, Abbendorf, Menden u. Rauschen-
dorff im Jülich- u. Bergischen. G. Rosa Freyin v.
Quadt Wickerath zu Alsbach R. Broich im Jüllschi-
schen.
Kinder: 1) Elis. Petrina. 2) Theodor Maria Isidor.
3) Aug. Adolph. 4) Maria Anna.
Bruder: Bernh. Joseph, Hr. zu Broich, Lohmar, Wi-
schemproz u. Rosseläer ꝛc. Vicomte zu Montenár. G.
Freyin v. Reul.
Kinder: 1) Franz. 2) Elis. Josephina.
Eltern: Dieterich Theodor. Hr. zu Broich, Lohmar u.
Brachelen ꝛc. Chur-Pf. Hof-R. (Stifter dieser Linie)
G. N. N.

Hedersdorff.

Dieses Haus hat sich in alten Zeiten, wegen des im
Besitz gehabten ansehnlichen Guts Bessenbach am Spes-
sart gelegen, von Bessenbach genennet, bis endlich der
ordentliche Stamm-Namen Hedersdorff allerseits bey-
behalten worden ist. Es darf mit dem Rheinländischen
Hause dieses Namens nicht confundiret werden, indeme
es sowohl in Ansehung des Wappens als auch des Ur-
sprungs

sprungs von solchem gar sehr unterschieden, u. Fränkischen-jenes aber Rheinländischen Ursprungs ist.

A. Aeltere Haupt-Linie.

Freyh. Adolph Anselm Carl Gottfr. v. Hedersdorff, g. 26 Feb. 730 Domh. zu Würzb. res.g. 771.

Geschwister: 1) Phil. Adolph Wilh. g. 709 † Domh. zu Maynz u. Speyer, Capitularh. des Ritt. St Comburg, Capitularh. u. Decanus des Ritt. St St. Victor in Maynz. 2) Maria Charl Doroth. Soph. Christ. g. 710 †. 3) Anton Soph. Maria Magd. g. 712. G. Jos. Leop. Joh. Fhr. v Petrasch. 4) Franc. Lucr. Joh. Wilhelm. g. 714 Closterfrau zu Schmerlenbach unter dem Namen Genoveva. 5) Mar. Anna Carol. g. 715 † 6) Amalia Jos. g. 716. V. 30 Aug. 733 † 15 Jun. 734. G. Joh. Jos. Sibert v. Künsperg zu Kürmsees Fstl. Bamb. u. Würzb. Cämmerer. Hof-R u. Amts-Hauptm. zu Cronach ꝛc. g. 704. 7) Christoph Phil. Franz Theod. Gottfr. g. 117 † 8) Ant. Georg Adolph Heinr. g. 719 Capitularh. der beyden Rit. St. Comburg u. Burckhard in Würzb. 9) Maria Esther Christina, g. 720. 10) Mar. Eva, g. 722. 11) Maria Charl. Cathar. g. 30 Nov. 723. G. Carl Diet. v. Künsperg zu Nagel ꝛc. Churm. u. Fstl. Bamb. Camh. Hof-R u. Ob. Amtm. zu Teuschnitz, g. 20 Jul. 722 V. 8 Feb. 746. 12) Franz Gottlieb Phil. Ernst, g. 725. G. Maria An. Ther. Joh. Phil. Veits v. Würzburg u. Mariæ An. Franc. v. Breidbach zu Büresheim T. g. 737.

Kinder: 1) Christoph Franz Lothar. Aloys. g. 7 Sept. 761 Domicellar zu Würzb. 2) N. N.

13) Theres. Mar. Anna, g. 727. 14) Maria Anna Sophia Franc Gottlieba, g. 728. 15) Jos. Ant. Casim. g. 731 †.

Eltern: Phil. Emrich Philipert, Fstl. Würzb. Geh. R. u. Ob. Amtm. wie auch Major bey dem Fränk. Boineburg. Crans. Reg. † 749. G. Cath. Charl. Brigitta, Georg Abraham Fhn. v. Guttenberg zu Guttenberg ꝛc. u. Cath. Magdal. v. Wiesenthau T. g. 693 V. 708 † 736.

B. jüngere Hauptlinie.

Freyh. Franz Ant. Heinr. Wilh. v. Hedersdorff, g. 20 Nov. 732 Domh. zu Würzburg.

Helmſtatt.

Geſchwiſter: 1) Anna Anton. Dor. g. 711 †. 2) Otto Phil. Franz Carl, g. 712 im Fſtl. Stift zu Fulda. 3) Joh. Sidon. Maria Franc. g. 714. G. Joh. Phil. Wolffs-keel v. Reichenberg zu Rottenbauer ꝛc. Fſtl. Würzb. O-briſt bey dem Fränk. Crayß-Dragon. Reg. g. 691 V. 733. 4) Anna Maria Wilhelm. g. 716 im Cloſter zu Alten-burg bey Wetzlar. 5) Maria Eva Cath. g. 13 Apr. 718. G. Joh. Veit Carl Wilh. Heinr. v. Redwitz zu Schmölz ꝛc. in Fſtl. Fuld. Dienſten, g. 714 V. 735. 6) Carl Theod. Wilh. Cſim. g. 727 † 729. 7) Wilh. Gottfr. Phil. g. 734. 8) Carl Wilh Heinr. Joſ. g. 735. 9) Phil. Chriſt. Ernſt Wilh, g. 736.

Eltern: Georg Ernſt. Hr. zu Stöckach u. Beſſenbach ꝛc. Fſtl. Würzb. Geh. R. u. Ob. Amtm. zu Hofheim u. Stadt Lauringen, g. 15 Oct. 681 † 739 G. I. Mar. Soph. Carl Chriſt Fhn. v. Guttenberg zu Guttenb. ꝛc. u. Mar. An-næ Ant. Waldpotin v. Baſſenheim T. g. 688. V. 710 † 721. II. Cath. Eleon. Heinr. Chriſt. Fhn. v. Auffſees ꝛc. u. Anna Eleon. Eliſ. v. Erthal T. g. 700 V. 726 † 727 III. Mar. Joſ. Augusta, Joh. Ernſt Schutzbars gt. Milch-ling u. Evæ Mar. Amal. Truchſeßin v. Pommersfelden T. g. 711. V. 732.

Gros-Elt. beyder Linien: Georg Adolph, Fſtl. Würzb. Geh. R. u. Ob. Amtm. zu Wald-Aſchach u. Rothenfels, † G. An. Dorotea, Joh. Adolph Hundens v. Saut-heim u. An. Cath. v. Brand T. †.

Helmſtatt.

Dieſes immediate vornehme Freyherrl. u. Gräfliche Geſchlecht zu Biſchofsheim im Creichgau u. Hinſingen in Lothringen, ſtammet nach Gauhens Bericht, von den Gölern v. Ravenſpurg ab; indeme Carl Gölers v. R. jüngſter Sohn Namens Ulrich, ſeinen Sitz auf dem im Creichgau gelegenen Schloſſe Helmſtatt genommen und ſich davon zugenahmet. Mit dieſem fängt Humbracht die ordentliche Stammreihe an und führt ſie in 5 Tafeln aus. Von deſſen Nachkommen war Raban, Kayſers Wenzels u. Ruprechts Canzler, hernach Kayſers Si-gismundi Rath, darauf An. 1396 Biſchoff zu Speyer,

An. 1420 Erzbischoff u. Churfürst zu Trier, worauf Er
An. 1439 resignirte, nachdeme Ihm sein Nachfolger
im Erzstiffte, Jacob v. Sirck 60000 fl. ausbezahlet u. im
Bißthum Speyer seinem Vetter Reinhard v. H. die Succession zuwege gebracht hatte. Im Jahr 1478 wurde Ludwig v. H. Bischoff zu Speyer, sein Bruder Namens Ulrich hingegen war Dom=Probst zu Worms und sturbe
1488. Hans Philipp v. H. Herr zu Bischofsheim, Berwangen, Hasselbach, Flienspach, Oberbügelhoff u. der
Herrschaft Hiesingen in Lothringen, geb. 1545 † 1594
war Churpfälzischer Marschall und Gesandter in Schweden, dessen erste Gemahlin Agnes Landschadin v. Steinach
so An. 1580 †. 6 Kinder, die leztere hingegen Dorotea
Landschadin v. Steinach 3 Kinder hinterlassen, wovon
folgende Linien abstammen.

A. Freyh. Linie zu Bischofsheim im Creichgau.
Freyh. Carl Christoph v. Helmstatt, g. 8 Jul 717 Hr. zu
Bischofsheim, Berwangen, Hasselbach, Flienspach,
Oberbüchel, Helmhof ꝛc. Kayſ. u. des Cantons Creichgau Rit. Rath. G. Henrietta Maria v. Gaisberg, g. 17
Feb. 717. V. 4 Nov. 742. R. Bischofsheim, im Creichgau.
Kinder: 1) Frid. Carl, g. 30 Aug. 743 † 18 Jan. 748. 2)
Carol. Henrietta, g. 5 Feb. 745 † 11 May 775. 3) Phil.
Heinrich, g. 12 Merz 746 † 11 Feb. 748. 4) Christoph
Ferd. g. 11 Merz u. † 17 Jul. 747. 5) Charlotta Frid.
Henrietta, g 30 Jun. † 24 Aug. 749. 6) Bernhardina
Maria Wilh. g. 5 Aug. 750 † 21 Jan. 769. 7) Carl Valentin, g. 7 Oct. 751 † 13 May 753. 8) Joh. Gottlob,
g. 30 Sept. † 22 Oct. 753. 9) Sophia Julian. Eleon.
g. 12 Aug. 755. G. Franz Carl Frid. v. Gemmingen
zu Hornberg, K. K. Cämmerer u. Hauptm. g. 27 Aug.
747 V. 2 Dec. 776. 10) Christiana Ernest. g. 11 Jun. 757.
Geschwister: a) Charlot. Frid. Elis. g. 27 u. † 31 Oct.
708. b) Wolg. Frid. Eberh. g. 14 Nov. 711. Churpf.
Cämmerer. G. I. An. Bernhard. Gœlerin v. Ravenspurg g. 9 Feb. 710. V. 29. Nov. 736 † 6 Feb. 767. II.
Mar. Jos. Fel v. Tettenborn, g. Dec. 748 V. 5 Jun. 769.
Kinder: (1ter Ehe) 1) Wolfg. Frid. Carl, g. 18 † 20
Sept. 737. 2) Carol. Frid. Louisa, g. 3. Oct. 738 †

Helmstatt.

14 Jan. 773. G. Carl Graf v. Wiser. 3) Jul. Elis. Ernest. g. 12 Sept. 739 † 18 Feb. 769. 4) Frid. Carl Ferd. g. 16 Nov. † 11 Dec. 740. 5) Reinhard. Frid. g. u. † 742. 6) Wolfg. Frid. Bernh. g. u. † 743. 7) Maria Joh. g. 28 Aug. † 10 Decemb. 744. 8) Heinr. Adam, g. 13 Jul. † 10 Oct. 747. 9) Aug. Mariana, g. 3 Jan. † 3 Oct. 750 (2ter Ehe.) 10) Pleickhard Carl Nepom. Jos. g. 23 Jul. 770 † 16 Dec. 776. 11) Louisa Maria Theres. Charl. Wilh. Sophia, g. 16 May 774. c) Mar. Ernest. Veronica, g. 15 Aug. 713 † 6 Feb. 775. G. Frid. Gotth. v. Koseritz, V. 24 Nov. 750 † 31 Dec. 766. d) Wilh. Carolina, g. 17 Merz 715. e) Frid. Louisa, g. 11 † 13 May 716.

Eltern: Wolffg. Heinr. g. 681 † 720 Herz. Würtenb. Hauptm. G. Juliana Charl. Tritschlerin v. Falckenstein g. 17 Aug. 690. V. 16 May 706 † 11 Dec. 761.

Vat. Geschw. 1) Joh. Ludw. Carl, g. 667 Würtenb. Dragoner Obrister † 11 Sept. 709 bey Malblaquet. G. N. v. Jom. 2) Maria Sab. Cath. g. 668 † 735. G. Lnd. Ferd. Goeler v. Ravenspurg. Canton Creichgau Rit. R. V. 688. 3) Maria Constantia Philip. g. 669 † 707. 4) Frid. Ottilia, g. 670 † 740. 5) Maria Elis. g. 672. G Frid. Ernst Hoffer v. Lobenstein. V. 697. †. 6) Christoph Casimir, g. 673 † 676. 7) Weyrich Eberh. g. 676 Herz. Würtenb. Lieut. † 722. 8) Louisa Christina Felicit. g. 677 † 744. 9) Joh. Frid. g. 679 † 744 Bad. Durlach. Obrister. 10) Sophia Elis. g. 683 † 684. 11) Maria Cath. Jul. g. 656. G. Obrist v. Basold. V. 732.

Gros-Elt. Carl Valentin, g. 647 † 702 Churpf. Camh. und des Cantons Creichgau Rit. R. G. Maria Ernest. v. Venningen g. 649. V. 666 † 698.

B. Gräfliche Linie zu Hinsingen in Lothringen.

Graf Pleickhard Maximil. Augustin Gr. v. Helmstatt, Hr. zu Hinsingen in Lothr. g. 28 Aug. 728. G. Louise Eleon. Montmorancy de la Vall, g. 15 Jul. 733. V. 747.

Geschwister: a) N. Graf v. Helmstatt ꝛc. †. b) N. Graf v. Helmstatt ꝛc. †.

Heußlein v. Eusenheim.

Eltern: Pleickhard Gr. v. Helmstatt † G. Eleon. Henrietta Comteße de Potier.
Vat. Geschw. a) N. Graf v. Helmstatt zu Hinsingen †. b) N. Gräfin v. Helmstatt zu Hinsingen †. G. N. d'Ornsoville.
Gros-Elt. Pleickhard † 744. G. Maria Josephina Comteße de Potier †.
Stamm- u. Ur-Ur-Gr. Elt. beyder Linien: Pleickhard Ritter † 636 u. Ludw. Carl Anton, Creichgauischer Ritt. R. † 632 beyde, Söhne des Eingangs bemerkten Churpfälzis. Marschals u. Gesandtens Joh. Philipp v. H.

Heußlein v. Eusenheim.

Dieses Turnier Ritter- u. Stiftsmäßige Haus schriebe sich in alten Zeiten Surzlin, Sußlin u. Suselin. Im XIV. Seculo aber fienge es an, sich Heußlein zu schreiben. Der Zuname Eusenheim erwuchs aus seinem alten adelichen Stamm-Gut Eusenheim. Dermalen besitzet es die unmittelb. Rs. Ritter-Güter Sachsendorf, Bilgendorf ꝛc. mit welchen es dem Canton Geburg einverleibt ist, nebst diesen aber das Burg-Guth u. Ritterlichen Ansitz zu Rißingen, welcher mit seinen Zugehörungen dem Canton Rhön-Werra incorporiret, u. ist der ordentliche Stammherr aller jezt florirenden Herren, Otto Sußlin v. Ussenheim, welcher mit seiner Gemahlin v Gößheim ums Jahr 1100 bekannt war.

Freyh. Heinr. Hartm. Ignat. Donat. Heußlein v. Eusenheim, Rißingen, Sachsen- u. Bilgendorf, Fstl. Würzb. Geh. R. u. Ob. Forstm. zu Hundelshausen, Posth. g. 17 Feb. 720. G. Veron. Jos. Amal Joh. Wolfg. Frid. Anton Fhn. v. Münster zu Baßbühl ꝛc. u. Mariæ Phil. Freyin v. Frankenstein T. g. 25 Sept. 715. V. 12 Dec. 740. † 24 Jun. 767. R. Rißingen, am Sauerbrunnen in Franken.

Kinder: 1) Franz Ant. Donat. g. 13 Jan. 742 Fürstl. Würzb. Hauptm. u. Camh. 2) Maria Charl. Phil. Amal. Anna, g. 22 Jan. 743 † in der Jug. 3) Phil. Franz Wilh. Donat, g. 16 Aug. 744 † in der Jug. 4) Maria An.

Heußlein v. Eusenheim.

An. Phil. g. 9. Jan. 746. G. Christ. Ludw. Heinr. v. u. zu Redwitz, Fstl. Fuld. Hof-R. V. 7 Feb. 763. 5) Joh. Ludw. Carl Wilh. Hermenegild Donat. g. 13 Apr. 747 † in der Jug. 6) Carl Heinr. Georg Donat. g. 11 Dec. 748 † 12 Nov. 749. 7) An. Soph. Elis. g. 23 Merz 750. 8) Mar. Anna Jos. g. 29 Apr. 752 † in der Jug. 9) Phil. Christoph Jos. Donat. g. 27 Aug. 753 † in der Jug. 10) Adam Jos. Maria Valent. Donat. g. 25 May 755 Domicel. zu Würzb. 11) Carl Anton Franz de Paula, g. 26 Jul. 756 Domicellar zu Würzb.

Geschwister: 1) Otto Diet. Gottfr. g. 18 Jun. 687 † 5 Aug. 691. 2) Mar. Cath. g. 9 Nov. 682 † 26 Apr. 684. 3) Carl Sigm. g. 12 Jun. 684 † 15 Aug. 691. 4) An. Cath. Soph. g. 17 Aug. 686. G. Otto Phil. Fhr. v. Schrottenberg ꝛc. V. 12 Feb. 708. 5) Cathar. Eleon. g. u. † 688. 6) Maria Joh. g. u. † 690. 7) Marsil. Christ. Heinr. g. u. † 691. 8) Marsil. Christ. Anton, g. 18 Sept. 692 † 3 Aug. 693. 9) Lothar. Franz Jos. g. 12 Feb. 694 † 10 Sept. 713. 10) Regina Mar. Charl. g. 16 Jun. 695 † 744. G. Heinr. Sigm. v. Bengroth. V. 719. 11) Amal. Phil. g. 9 Oct. 696 † G. Heinr. Sigm. v. Schaumberg zu Klein-Ziegenfeld. V. 722. 12) Phil. Heinr. g. 25 May 699 † 10 Jan. 702. 13) Mar. Anna Franc. Cord. g. 9 Sept. 717. G. Georg Adam v. Barell zu Mayerhoff ꝛc.

Eltern: Heinr. Christ. g. 28 May 656 Churm. Fürstl. Bamb. Geh. u. Hof-Kr. R. auch Ob. Amtm. zu Niessen ꝛc. Er erbte von seinem Bruder Joh. Gottfr. die Ritter-Güter Sachsendorf, Schönfeld u. Bilgendorf zum Canton Gebürg gehörig, † 26 Aug. 719 G. I Maria Franc. Soph. Julii Gottfr. v. u. zu Erthal, u. Mar. Marthæ v. Weiler T. II. Mar. Charl. Wilh. Amal. Joach. Ignat. v. Rothenhan zu Merzbach u. Mariæ Elis. v. Wernau T. †.

Vat. Geschw. a) Marsil. g. 651 † 702 Teutsch. O. R. Command. zu Freudenthal u. Ulm, Stadthalter der Cumanis. Herrschaft in Ung. b) Otto Herm. g. 652 Kays. Rittm. blieb den 3 Jul. 694 wider die Franz.

c) Eva Elif. g. 653 † 732. G. I. Erasm. v. Joſſa, Kayſ. Hauptm. II. Arnold v. Wilram aus Schwed. Kayſ. Rittm. †. d) Eutel. Fridr. g. 655. Kayſ. Cornet, blieb 674 bey Euſſsheim. e) Maria Frider. g. 3. Apr. 659 † 684. G. Julius Gottfr. v. u. zu Erthal. V. 680. f) Mar. Cathar. g. 3 Dec. 662 † 729. g) Joh Eutel, g. 21 Jul. 664 † 6 Dec. 694 Capitularh. des Hochſt. zu Fulda. h) Joh. Gottfr. g. 16 Jul. 657 wurde 24 Jan. 699 meuchelmörderiſ. Weiſe in ſeinem Garten erſchoſſen. G. I. Mechtildis, Martins v. der Thann u. Annæ Johan. v. Stein zu Altenſtein T. II. Mar. Amal. Ernſt Alexand. Fhn. v. Auffees zu Truppach u. Mariæ Ruſinæ v. Lindenfels T.

Kinder: 1) Carl Sigm. Ernſt, g. 697 † in der Jug. 2) Ruſina Cath. Eleon. g. 698 † jung. 3) Otto Chriſt. Phil. g. 699 † in der Kindheit.
i) Georg Anton, g. 11 Oct. 665 †, k) Joh. Michael Eitelhard, g. 21 Jun. 666 †.
Gros-Elt. Adam Valent. g. 614 † 6 Aug. 679. G. Cath. Joh. Chriſt. v. Harſtal zu Dittdorf u. Mar. Margarethæ v. Kärpen T. †.

Hiller v. Gaertringen.

Dieſe alte adelich, nunmehro Freyherrliche Familie, ſtammet aus Bayern, hat ſich aber ſeit vielen Seculis in Schwaben ausgebreitet, daſelbſt das zur Schw. Reichs-Ritterſchaft gehörige im Canton Neckar und Schwarzwald gelegene Gut Gaertringen an ſich gebracht u. ſich davon benamet. Schon vor etlichen 100 Jahren haben die Herren v. H. das Indigenat in Rom erhalten, u. ſchon von langen Zeiten her, haben ſie den Namen Johann, zu einem Familiennamen gemacht.

Freyh. Joh. Frid. Hiller v. Gaertringen, g. 25 Jul. 715 K. K. Major G Charl. Fhn. Rüdt v. Collenberg u. Freyin v. Degenfeld. T. B. 753.
Geſchwiſter: a) Joh. Carl Chriſtoph, g. 25 Sept. 716 war K. K. Rittm. G. Carol Louiſa, Heinr. Fhn. v. Bünau u. Henriette Freyin v. Bünau a. d. H. Weeſenſtein T. b) Joh. Siegfrid, g. 19 Apr. 727 Hzl. Würt. Obr.

Obr. Lieut. u. des St. Carl O. R. G. N. Fhn. Schil‑
ling v. Canstadt u. Louisæ Freyin v. Bernardin T. V.
761.
Kinder: 1) Joh. Carl Siegfried, g. 762. 2) Carolina
Wilhel. g. 763.
c) Joh. Wilh. Ferdinand, g. 30 Jan. 730. Hzl. Würt.
Obrist‑Lieut. d) Joh. Eberhard, g. 13 Feb. 731. e) Joh.
Rudolph, g. 13 Jan. 735 K. Pr. Hauptm. G. Jul. Do‑
rothea Fhn. Hans Sigm. v. Hagen, auf Grünberg in
der Neumarck u. Joh. Jul. v. Lehwald T.
Kinder: 1) Joh. Christoph Rud. g. 3 Nov. 771. 2) Joh.
August Frid. g. 11. Nov. 772.
Eltern: Johann II. g. 687 trat 712 das Rit. Gut Gaer‑
tringen an. Hzl. Würt. Reg. R. † 18 Jan. 756. G.
An. Mar. Sophia, Christoph Frid. Fhn. v. Preyssing ꝛc.
u. Reg. Salome Freyin v. Rohrbach T. welche ihm das
Voigtländische Rittergut Fattigau zubrachte u. 15
Söhne und 3 Töchter mit ihm zeugte, wovon nur noch
2 Töchter und 6 Söhne am Leben sind.
Vat. Geschw. 1) Joh. Ros. g. 684 †. G. Fhr. v. Mor‑
taigne, Holländ. Ambassadeur bey der Reichs‑Ver‑
samml. zu Regenspurg, mit welchem sie 6 Kinder er‑
zeugte. 2) Henriette Dor. g. 689 †. G. Fhr. v. Greif‑
fenberg, auf Freyenhagen. K. Pr. Geh. R. u. Landes‑
Direct. 3) Joh. Rud. Eberh. g. 707. Ober‑Hofmeist.
bey der verwittweten Fr. Erb‑Princeß zu Würtenb. †
19 Dec. 756.
Gros‑Elt. Johann I. g. 658 † 715 Hzl. Würt. Geh. R.
u. Comitial‑Ges. zu Regenspurg. G. N. Freyin v.
Brattilien ⚥.

Holz.

Die Herren vom Holz, wovon Friedrich v. Holz zu
Hinternholz An. 1165 beym Turnier zu Zürch gewesen,
gehören zu dem ältest‑ u. ansehnlichsten Reichs‑Adel in
Schwaben, woselbsten Sie beym Rs. Ritter‑Canton Ko‑
cher viele schöne Güter besitzen. Sie haben sich auch schon
vor geraumen Jahren beym Fränkischen Canton am Ot‑
tenwald einverleiben lassen, zumalen da sie nach Abgang
der

der Herren v. Wollmarshausen verschiedene dahin gehörige ritterl. Ansitze erlangt.

Herr Gottfried vom Holz auf Alfdorf, Aichelberg, Wollmarshausen, Amblishagen, St. Bartholomäi, Hagenhof u. Hengstfeld, g 31 May 716. G. N. Schenckin v. Geyern R. Amblishagen bey Anspach.

Kinder: 4. wovon ein Sohn eine Truchsessin v. Wezenhausen zur Ehe hat.

Geschw. 1) Wilh. Frid. g. 19 Nov. 714 † 715. 2) Antonia Charl g. u. † 717. 3) Frid. Juliana, g. 1 Nov. 718. G. Joh. Phil. Adam v. Berlichingen zu Jagst- u. Ohlhausen, g. 708. V. 744. 4) Soph. Jul. g. 21 Feb. 720 † 8 May 730. 5) Carl Maxim. g. 2 Oct. 721 † 17 May 730. 6) Georg. Frid. g. u. † 723. 7) Charl. Sidonia, g. 4 Jul. 724 † 24 Dec. 728. 8) Christina Sophia, g. 29 Jul. 725 † 16 Jul. 726. 9) Georg Frid. g. u. † 727. 10) Phil. Marg. g. 10 Apr. 728. 11) Hel. Jul. g. 21 Jun. 730 † 28 May 713.

Eltern: Eberh. Frid. g. 6 Oct. 692 † Hr. auf Alfdorf ꝛc. Kays. w. R. u. Rit. R. des Cantons am Kocher. G. Sophia Jul. Eberh. Frid. v. Buwingshausen zu Wallmerod u. Soph. Marg. v. Crailsheim T. V. 713.

Vat. Geschw. 1) Gottfr. Albr g. 11 Jul. 689 † 691. 2) Soph. Charl. g. 24 Merz 691 †. G. Joh. Diet. v. Zülnhard, Deputatus beym Canton Ottenwald ꝛc. V. 712. 3) Louisa Amal. g. 6 Oct. 693. G. Frid. Jobst v. Witzleben auf Moschleben, Würt. Ob. Forstm. zu Schorndorf ꝛc. V. 709 † 736. 4) Frid. Jul. g. 27 Merz 695. G. Joh. Christoph v. Menzingen, Würtemb Obrist, g. 686. V. 716 † 720. 5) Georg Frid. g. 27 Jun. 696 blieb 716 wider die Türken bey Peterwardein. 6) Elif. Charl. g. 14 Sept. 697. G. Joh. Georg v. Mildau. 7) Anna Cath. g. 8 May 700. G. Joh. Frid. Fhr. v. Lasberg.

Gros-Elt. Eberh. Frid. Brand. Culmb. R. u. Land-Hauptm zu Neustadt an der Aisch, g. 23 Sept. 693 † 28 Dec. 797. G. Louisa Isabella, Christoph Albr. v. Wollmarshausen auf Amblishagen ꝛc. u. Annæ Cath.

Freyin

Freyin v. Degenfeld T. g. 23 Sept. 673. V. 9. Oct. 688 † 17 Jul. 708.

Hutten zu Stolzenberg.

Ein Turnier-Ritter- u. Stiftsmäßig zur Fränkischen RS. Ritterschaft Cantons Baunach gehöriges Haus, welches unter seinen Vorforderen Karius v. Hutten, welcher An. 1308 zum Abt u. Fürsten des H. R. R. in Herrschfeld, Christoph Franz, so 724 zum Bischoff und Fürsten des H. R. R. in Würzburg, Franz Christoph aber, welcher 744 zum Fürsten des H. R. R. in Speyer erwählet wurde, u. Ludwig v. Hutten, der 286 bekannt war, zum Stammherrn aller jezt florirenden Descendenten hat.

Freyh. Adelbert Phil. v. Hutten zu Stolzenberg, g. 25 Jun. 713 Jubilarius, dann derer Ritter-Stiffter Comburg u. Bruchsal Capitul. u. Fstl. Bamb. w. Geh. R. Geschwister: a) Phil. Wilh. g. 7 Dec. 701 Fstl. Würzb. Geh. R. Hofmarschall u. Ob. Amtm. zu Carlstadt, †. G. Maria Carol. Dorot. Joach. Ignatii v. Rothenhan zu Merzbach, dann Mariä Amaliä Truchseßin v. Wezenhausen T. V. 5 Sept. 729.

Kinder: 1) Frid Carl, g. 16 Jun. 730. 2) Franz Phil. Christoph Jos. g. 9 Nov. 730 Dom-Dechant zu Speyer, Fstl. Speyer. w. Geistl. Geh. R, des Ritterst. St. Alban bey Maynz. Capitul. u. des Collegiat-Stiffts St. Germain zu Speyer Probst u. Archidiaconus. 3) Maria Joh. Elis. g. 15 Apr. 733 † 21 Jul. 739. 4) Maria Anna Amalia, g. 14 Oct. 734. 5) Carl Georg Anton, g. 11 Feb. 736 † 20 Jul. 739. 6) Phil. Wilh. Franz Ferd. g. 19 Dec. 737 K. K. Ob. Lieut. des Colloredoisch. Drag. Reg. 7) Maria Magd. Charl. g. 28 Merz 739. 8) Joseph Carl, g. 28 Aug. 740. 9) Christoph Wilh. Jos. g. 25 Merz 744.

b) Franz Christoph, g. 6 Merz 706 Bischoff u. Fürst des H. R. R. zu Speyer, † 20 Apr. 770. c) Wilh. Anton, g. 6 Feb. 709 Domh. zu Maynz u. Würzb. wie auch des Collegiat-Stiffts St. Alban zu Maynz, † 7 Oct. 759.

d) Maria Rosina, † in der Jugend. e) Ursula Felicitas, † als ein Kind. f) Mar. Elif. g. 10 Novemb. 710 Stiftsd. bey St. Anna zu Würzb. g) Mar. Joh. g 14 Jul. 715 Stiftsd. zu Bonn im Stift Dyskirchen h) Josepha Franc. † in der Jug. i) Maria Cath. † jung. k) Ludov. Cath. Franc. † jung. l) Albert Frid. † in der Jug. m) Phil. Ther. g. 13 Merz 712 † 6 Jan. 735. G. Franz Alexander, Fhr. v. Dehren. V. 29 May 734.

Eltern: Franz Ludw. † 728 Kayſ. u. Fſtl. Wrzb. Geh. R. u. Ob Amtm. zu Geroldshofen. G. Joh. Juliana, Philipp Caſpar, Fhn. v. Bicken u. Mariæ Magd. Phil. Freyin v. Walderdorf T. V. 700.

Gros-Elt. Johannes, † 690 Fſtl Wrzb. R. u. Ob. Amtm. zu Maynberg u. Haßfurth. G. An. Maria, Joh. Adam v. Hagen zu Motten, u. Annæ Cath. Urſulæ v. Dieburg T. †.

Jungkenn gt. Münzer v. Mohrenstamm.

So wenig der Urſprung, dieſes Freyherrl. Geſchlechts zu beſtimmen iſt; ſo finden ſich doch verſchiedene Nachrichten, daß es in den älteſten Zeiten ſeinen Siz in denen Rheiniſchen Landen gehabt, den im Speyeriſchen Gau an der Haard gelegenen Münzeriſchen Hof als ſein Stammhauß beſeſſen, u. im XII. u. XIII. Seculo zu Speyer floriret habe. In der Zeit Folge gelangte es zu andern beträchtlichen Ritter-Güthern als Dahlheim, Freinsheim, Erbolzheim, Flohrborn, Roxheim, Adelmansfelden, Lüberaſſen ꝛc. u. iſt bey dem Rs. Ritter Canton am Kocher immatriculiret.

Freyh. Frid. Carl v. Jungkenn gt. Münzer v. Mohrenſtamm, K. Pr. Hauptm. unter dem Infant. Reg. Briezke zu Weſel.

Geſchwiſter: 1) Carl Alexand. Gottlieb, K. Pr. Hauptm. quit. Mgr. Bayr. Camh. u. R. A. O. R. †. G. Dor. Maria v. Pfeil. 2) Georg Franz Eberh. K. Pr. Prem. Lieut. unter Briczke. 3) Frid. Louiſa Chriſtiana Wolpertina. G Frid. Wilh. Moriz v. Romberg, K. Pr. Major.

Eltern: Martin Eberh. K. Pr. G. M. u. Chef eines Fuſelier

lier Reg. † 80. Jahralt. G. Eleon. Magd. Jul. v. Bohenstein. V. 733.
Gros=Elt. Joh. Emanuel, † Capit. unter den Drag. G. An. Soph. v. Hiltprand †.
Ur.Gr.Elt. Gregorius Phil. † Chur=Pf.Obrist Lieut. unter den Drag. G. Christiana v. Spannenberg, †.
Klee S. Burckhard.

Kniestedt.

Dieses alte Haus gehöret ursprünglich zu dem ältesten Niedersächsischen Adel. Im Stifft Hildesheim, nahe bey dem Flecken Salzliebenhalle, im Amte Liebenburg, ist sein Stammhaus Kniestedt. Gegen Ende des XV. Seculi theilete es sich in zwey Linien; Arndt stiftete die Braunschweigische= Haus aber die Würtenbergische Linie wovon Friedrich Ludwig v. K. An. 1721 seinen Antheil am Stammhaus an Julium, v. Arndts Nachkommen verkaufte. Letztere ist der schwäbischen Rs. Ritterschafft am Kocher, Neckar=Schwarzwald u. Ortenau incorporiret u. besitzet die in dem Würtenbergischen gelegene Ritter=Güther Heutingsheim, Riebgarten, Schaubeck, Klein=Bottwar ꝛc Humbracht meldet, daß Arnold v. K. Ministre des Sächsischen Herzogs Heinrich der Löwe genannt, gewesen, Johann v. K.An 1243 als Domherr zu Hildesheim † u. Achilles v. K. An.1326 Ritter genannt worden.

I. Würtembergisch Linie

Freyh. Eberhard v. Kniestedt auf Kniestedt, Schaubeck ꝛc. K. R. Würtemberg. Geh.R. des Gr. I. O.R. u. derer Rs. Ritterschafften am Kocher, Neckar=Schwarzwald u. Ortenau Rit.R. u. Ausschuß. R. Heutingsheim.
Geschwister: a) Levin Uriel, Baad. Durlach. Camj. g 26 Merz 716 † 14 Sept. 756. G. Marg. Magdalena v. Wiederhold v. Weidenhofen, g. 1 May 724.
Kinder: 1) Charl. Aug. Louisa, g. 19 Jun. 746 † 12 Aug. e. a. 2) Charl. Aug. Louisa, g. 24 Apr. 748 † 18 Jul. 760. 3) Carol. Wilh. Louisa, g. 18 Jul. 749 ⸗ 8 Sept. e. a. 4) Carl Ludw. Christoph, g. 23 Feb. 751 Mgr. Baad. Camj. Hof= u. Reg. R. 5) Frid. Ludw. Uriel,

g. 3 Feb. 753 Würtenb. Camj. u. Hauptm. bey dem
Leib-Grenadier-Garde-Reg. 6) Frid. Carl Eberh. g.
6 Jul. 755 Würtenb. Camj. u. Reg. R.
b) Eberh. Louisa, g. 24 Oct. 724. G. Franz Carl v. N.
Würtenb. G. M. c) Christian Wilh. K. Pr. Obrist-
Wachtm. d) Ludw. Frid. Alexand. Hauptm. in Hol-
länd. Diensten. † 6 Apr. 777. e) Carl Maxim. † jung.
Eltern: Frid. Ludw. g. 9 Merz 684 † Würtenb. Geh. R.
u. Ober-Stallm. G. Charl. Sophia, Ulrichs v. Gem-
mingen zu Hornberg, u. Ursulæ Esther Nothafft v. Ho-
henberg T. g. 21 Nov. 695. V. 715 † 748.
Vat. Geschw. (1ter Ehe) 1) Carl Maxim. g. u. † 686. 2)
Marg. Sib. g. 687 † 688 (2ter Ehe) 3) Sib. Marg. g. 2
Nov. 693 †.
Gros-Elt. Levin, † Würtenb. R. Ober-Stallm. u. Ob.
Vogt. G. I. Anna Eleon. Phil Gottfr. v. Wachenheim
u. Marg. Riedesel v. Eisenbach T. II. Annæ Lucretia,
Rudolphs v. Bünau u. Elis. Schenckin v. Schweins-
berg T. †.

II. Braunschweigische Linie zu Kniestedt.

Freyh. Georg Heinr. Gottschalck v. Kniestedt, Erb-u. Ge-
richts-Herr auf Kniestedt u. Burgdorff, Braunschw.
Lüneburg. Ober-Hauptm. u. der Hildesheimisch. Rit-
terschafft Deputirter, g. 19 Merz 734. G. Frid. Louisa,
Thedel Bodo v. Kniestedt u. Hedwig Mariæ v. Knuth
a. d. H. Ludorf T. g. 3 Aug. 745. V. 20 Nov. 763.
Kinder: 1) Frid. Julius, g. 20 Nov. 765. 2) Charl. Elis.
g. 18 Aug. 767. 3) Carol. Louisa, g. 21 May 770. 4)
Heinr. Jul. g. 2 Merz 772. 5) Thedel Heinrich, g. 11.
Feb. 774.
Schwester: (2ter Ehe) Charl. Louisa, g. 7 Dec. 739 † 19
May 766 als Canonisse zu Steterburg.
Eltern: Frid. Carl, Braunschw. Lüneb. Ober-Forstm. G.
I. Ros. Elis. Georg Frid. Hors v. Ozellowiz auf Nien-
dorff u. Sab. Elis. v. Cram a. d. H. Oelper T. † 23 Merz
734. II. Charl. Doroth. Joh. Carl v. Cram auf Lese T.
Vat. Geschw. 1) An. Magd. Sophia, † 715. 2) Levin
Otto, † 21 Dec. 753 Braunschw. Lüneb. Obrist. 3) The-
del Bodo, Braunschw. Lüneb. G. M. G. Hedw. Maria,
Ad.

Ad. Lev. v. Knuth auf Ludorf, u. Corneliæ v. Knuth
a. d. H. Aasmarck jetzo Knuthenburg T. † 747.
Tochter: Frid. Louisa, g. 3 Aug. 745. G. Georg Heinr.
Gottsch. v. Kniestedt. (Siehe oben.)
4) Heinr. Gottschalck † 702. 5) Christ. Frid. g. 5 Jul.
700 † 12 Dec. 765 Comitial-Gesandter zu Regenspurg.
Gros-Elt. Heinr. Julius, † 700. G. Sophia Jul. Christians
von der Trautenburg gt. Beyern auf Ottleben u. An.
Magd. v. Cram a. d. H. Oelper T. g. 672 † 30 Sept. 721.

Künsperg.

Die Freyherren v. Künsperg sind ursprünglich alte
edele Francken u. gehören zu dem Turnier-Stifts- u. Rit-
termäsigen Adel dieses Crayses. Sie besitzen die wichtigen
Ritterlichen Ansitze Bindloch, Danndorff, Ermreuth,
Guttenthau, Hain, Horb, Kürmsees, Lehen, Mandel,
Maynlauß, Thurnau ꝛc. welche Theils dem Canton Ge-
bürg Theils aber dem Canton Steigerwald, theils auch
der Voigtländischen Ritterschaft einverleibt sind. Im
Jahr 935 war Anton v. K. beym Turnier zu Magdeburg,
u. An. 1392. Seifried v. K. beym Turnier zu Schaffhau-
sen ꝛc.

I. Linie zu Thurnau.

Freyh. Frid. Carl Ludw. Ernst, v. Künsperg, Hr. auf
Thurnau, Ermreuth, Kays. R. Hrz. Würtb. Geh. R.
u. Ober-Hof-M. Br. Onolzbach. Bayreuth. Camh. R.
A. O. R. u. Rit. R. des Cantons Gebürg ꝛc. g. 19 Merz
733 R. Bayreuth.
Geschwister: 1) Frid. August, g. 30 Nov. 724. 2) Joh.
Frid. Franz Christian, g. 7 Apr. 726. 3) Maria Anna
Sophia Christiana Charl. Frid. g. 23 Jun. 729. 4) Wlh.
Jul. Dorothea, g. 14 Apr. 731. 5) Frid. Wilh. Erdm.
g. 28 Sep. 736 † 1 May 737.
Eltern: Eucharius Ferd. Carl, g. 20 Dec. 695 Kays. w. R.
K. Grosbrit. Camh. u. Rit. R. des Cantons Gebürg,
† 29 Merz 739. G. Albert. Dor. Louisa, Joh. Frid. Fhn.
v. Bothmar, zu Lauenburg ꝛc. u. Justinæ Sophiæ v.
Moldeck T. V. 8 Sep. 723 †.
Pat. Schwest. Joh. Charlotta, g. 6 Nov. 672. G. Jac.
Christian

Christian Ernſt, v. Berlichingen, zu Illesheim ꝛc. Br. Culmbach. Geh. Kr. R. u. Ob. Amtm. zu Hoheneg. V. 16 Feb. 712 † 746.

Gros-Vtr. Joh. Chriſtoph, g. 1 Jun. 657 Brand. Culmbach. R. u. Amtm. zu Culmbach, Major bey dem Fränk. Crayß u. Stiffter dieſer Linie, Wurde An. 1696. nebſt ſeinem Bruder in des H. R. R. Freyherrn-Stand erhoben † 12 Jun. 696. G. Maria Francisca, Henr. Ernſt Fhn. v. Lüzelburg ꝛc. u. Evæ Jacobeæ Böcklin v. Böcklins-Au T. V. 686 † 739.

II. Zu Sain u. Danndorff.

Freyh. Wolffgang Heinr. v. Künsperg, Hr. auf Danndorf, Hain, Tuſchniz ꝛc. Kayſ. u. Rit. R. des Cantons Gebürg, g. 25 Feb. 711 R. Danndorff.

Geſchwiſter: 1) Georg Wilh. g. 29 Sep. 701 Domh. zu Halberſtadt, reſig. 742. G. Chriſtiana Maria Sophia, Chriſtoph Caſimir v. Wallenfels auf Ober-Röyla ꝛc. u. Eliſ. Mariæ v. Bünau T. 2) Joh. Chriſtian Phil. g. 24 Feb 703. wurde 720 in Jena erſtochen. 3) Ernſt Sigm. Aug. g. 2 Jul. 704. K. Däniſcher älteſter Camj. † 738. 4) Joh. Chriſtoph Wilh. g. 15 Jun. 707 K. Grosbrit. Lieut. bey der Hannöver. Leib Garde † 22 May 738. 5) Carl Alexander, g. 10 Aug. 709 Brandb. Culmbach. Camh. u. Reg. R. auch Rit. R. des Cantons Gebürg †. G. Soph. Eleon. Frid. Georg Frid. v. Reitzenſtein auf Nentſchau ꝛc. u. Annæ Eliſ. v. Stockhauſen T. V. 744.

Eltern: Johann Chriſtoph, g. 12 Aug. 661 Kayſ. w. R. Brand. Culmbach. älteſter Camj. u. General-Adiutant, älteſter Rit. R. des Cantons Gebürg, † 27 Jun. 732. G. Maria Cordula, Carl Heinr. Jhn Teufel v. Birckenſee, auf Teublitz ꝛc. u. Cath. Cordulæ v. Lindenfels T. g. Feb. 679 V. 24 Aug. 700 † May 742.

Pat. Geſchw. a) Julius Heinr. g. 12 u. † 30 Merz 655. b) Frid. Wilh. g. 18 Sep. 656 † 1 Aug. 657. c) An Cath. g. 24 Aug. 657 †. d) Chriſtoph Frid. g. 7 Apr. 660 † 30 Apr. 677 zu Jena. e) An. Cath. g. u. † 662 f) Georg Adam, g. 663 † 9 Apr. 713 Deputatus des Cantons Gebürg. G. Anna Roſina, Wilh. Heinr. Marſchalls, v. Ebneth zu Ebneth ꝛc. u. Urſulæ Barb. v. Seilitſch T. V. 687 †.

Kinder:

Kinder: 1) Joh. Fridrich, g. 687 † 690. 2) Sophia Amalia, g. 688.†. G. I. Hans Georg Iunior v. Schaumberg zu Strösendorff ꝛc. K. Pohl. u. Chur-Sächf. Hauptm. †. II. Bernh. Wilh. v. Künsperg zu Schmeilsdorff ꝛc. Kayſ. Hauptm. † 739. 3) Maria Chriſtina, g. 689 † 719 G. Joh. Lud. v. Würzburg, zu Ober u. Unter Mitwitz. Hauptm. †. 4) Dorot. Eleonora, g. 16 Jun. 692 † 11 Jan. 722. G. Carl Sigm. Phil. v. Redwitz zu Küps, Theiſenorth u. Hayn, K. w. K. Sachſ. Hildburgh. Geh. R. Ob. Forſt u. Jägerm. u. Rit. Hauptm. des Cantons Geburg, g. 29 Jul. 687. V. 10 Nov. 710 † 742. 5) Noch 3 Söhne u. 1 Tochter ſind in der Kindheit †.
g) Sabina Sophia, g. 665 †. G. Weigand Lud. v. Lengenfeld zu Laſen †. h) Sophia Dorot. g. 669 †. G. Joh. Frid. v. Lengenfeld zu Laſen †. i) Anna Cath. g. 667 †. G. Carl Joſeph, v. Zettwitz †.

Gros-Elt. Adolph Auguſt (Stiffter dieſer Linie) g. 3 Aug. 632 † 18 Apr. 681. G. I. Magd. Sabina, Hans Wilh. v. Wildenſtein zu Strahlenfels ꝛc. u. Mariæ Cath. Füchſin v. Wallburg T. g. 630. V. 654 † 12 Feb. 658. II. Cath. Eliſabeta, Joh. Frid. Fuchſens v. Wallburg zu Wincklern u. Sab. v. Jägernreuth T. V. 12 Jun. 659 †.

Langenſchwartz.

Ein adeliches Haus, welches die zur Fränkiſchen Rs. Ritterſchafft Cantons Röhn-Werra, gehörige Dörfer Langenſchwartz, Hechelmannskirchen u. Schloʒau, nebſt völliger Gerichtsbarkeit zur Helfte beſitzet.

Herr Ferd. Joſ. v. Langenſchwartz g 747 Mitherr v. Langenſchwartz, Hechelmannskirchen u. Schloʒau, Chur-Pf. Ob. Lieut. bey dem Leib Reg. R. Mannheim.
Geſchwiſter: 1) Maximiliana, 2) Barbara, u. 3) Philippina, † jung. 4) Mariana Veronica, g. 742.
Eltern: Ludw. Anton, † 770 Fſtl. Würzburg. Obriſt-Wachtm. G. Charlotta v. Otto.
Pat. Geſchw. 1) Otto, † jung. 2) Max. Raban, † Canonderer Rit Stiffter in Wimpffen u. Fritzlar. 3) Mar. † 760. G. N. v. Baſtheim, Fſtl. Fuld. Ob. Forſtm. †. 4) Caro-

Langwerth v. Simmern.

Carolina, G. Adam v. Mansbach, K. Schw.disch. Hauptm. 5) Constantin, † 764 Canon. in Fritzlar. 6) Aemiliana, Nonne. 7) Franz, Fstl. Fuld. Camj. u. Hofr. † 757. 8) Juliana, Nonne. 9) Joh. Carl, Canon. in Fritzlar.
Gros-Elt. Joh. Otto, †. G. I. Eva Maria, v. Mayerhofen in Aulenbach. I. Maria v. Bastheim, †.

Langwerth v. Simmern.

Dieses Haus gehöret zur Mittel-Rheinischen Rs. Ritterschafft. S. das Handbuch von 1776.
Freyh. Georg Reinh. Langwerth v. Simmern, K. Grosbrit. u. Chur-Hannöv. Landdrost. G. Melosina Soph. Christian Wilh. v. Campen u. Freyin v. Hammerstein T. K. Elfeld, bey Maynz
Kinder: 1) Fridrich, K. Grosbrit. Hof-R. in Hannover. 2) Carl, K. Grosbrit. Hofger. R. 3) Ernst, K. Grosbrit. Fähndrich. 4) Louisa Charl. Chanoinesse zu Mariensee im Hannöverischen 5) Amalia. 6) Henrietta.
Geschwister: a) Carl Phil. † Fstl. Hessen-Hanau. Reg. R. b) Christ. Ludw. † Mittel-Rhein. Rit. Hauptm. G. Juliana v. Löw.
Kinder: 1) Ludwig, † 772. 2) Sophia Friderica.
c) Adolph Frid. Chursachs. Obrist-Lieut. G. Joh. Rosina v. Bürgel gt. Fleckenbühl.
Sohn: Joh. Ernst Georg, g. Merz 766.
d) Johanna, G. N. v. Thon, K. Schwed. Land-R. e) Aug. Louisa, G. N. v. Bettendorff, Chur-Maynz. Geh. R. Hofmarschall u. Ob. Amtm. zu Königstein, †. f) Henrietta Carol. G. N. v. Stein zu Nassau, Chur-Maynz. Cämmerer. g) Mar. Franc. G. N. v. Kayn. Chursachs. Hauptm. h) Maria Anna, Stiftsd. zu Schacke.
Eltern: Phil. Reinhard, Mgr Baad. Ob. Jägerm. u. Geh. R. †. G. Christiana, Reinh. v. Gemmingen auf Hornberg u. Mariæ Elis. v. Neipperg a. d. H. Gleichenberg T. g. 8 Jul. 686 † 729.
Gros-Elt. Georg Christoph, †. G. Maria Cathar. Wolff v. Gemmingen auf Hornberg u. An. Marg. v. Wallbrun T. g. 649 † 698.

Lehrbach.

Lehrbach.

Die Herren von Lehrbach wurden vielmals auch mit dem Namen Lairbach geschrieben gefunden. Sie besitzen das Stammhaus Lehrbach und andere wichtige Güther, weßhalber Sie dem Rs. Ritter-Ort Rhön u. Werra einverleibt sind. Melchior I. v. u. zu Lehrbach ist der ordentliche Stammherr aller jetzt florirenden Herren dieses Hauses. Er war An. 1500 bekannt, u. hatte zur I. Gemahlin Amaliam v. Döring gt. Biedenkap. II. Elisabetam v. Weitershausen, dessen Descendenten in zweyen Linien blühen.

A. Aeltere Haupt-Linie.

Freyh. Joh. Adolph Frid. Reinh. v. u. zu Lehrbach, g. 7 Jun. 727.

Geschwister: 1) Maria Anna Sophia Jos g. 14 Apr. 726. 2) Franz Sigm. Adelbert Frid. g. 11 May 729 des hohen Teutsch. O R. der Ballen Franken, Commenthur zu Ellingen, Maynz, Cloppenheim ꝛc. K. K. w. Geh. R. bevollmächtigter Minister bey denen Höfen zu Maynz u. Mannheim, wie auch bey dem gesamten Ober-Rheiniss. Crayß, Hochteutschmeister. w. Geh. R. R Maynz. 3) Mar. Magd. Norbertina Louisa, g. 16 Jul. 732 † 734. 4) Christoph Carl Adelb. Leop. g. 11 Apr. 737. 5) Damian Hugo Phil. g. 21 Jun. 738.

Eltern: Carl Wilh. g. 699 † Fstl. Speyer. w. Geh. R. u. Vicedom zu Bruchsal. G. I. Bernh. Polexina, Franz Wilh. v. Harstall zu Dietdorff ꝛc. u. Annæ Cordulæ, Freyin v. Auffees a. d. H. Mengersdorf T. g. 1 Sept. 703. V. 720 † 15 Merz 724, II. Mar. Cath. Elis. Franc. Joh. Phil. v. Rotschau, u. Mar. Magd. v. Friesenhausen T

Pat. Geschw. 1) Reinh. Heinr. Fstl. Münster, Obrister u. Commend. der Stadt u. Vestung Münster. 2) Conr. Christ. Teutsch. O. R. Rathsgebieter der Ballen Franken u. Commandeur zu Kapfenburg. 3) Martin, Fstl. Würzb. Cam. u. Hauptm. † 727. 4) Sophi. Barb. † ledig. 5) Maria Christina Albertina, G. I Adolph Melchior v. u. zu der Thann, Fstl. Hess. n. Cassel. Obrister

ster über ein Reg. Infant. blieb. 704 bey Höchstädt. II. Joh. Frid. v. Meusenbuch, Hessen=Casselisch. Obrister über ein Reg. zu Pferd, † 726. 6) Franz, †. 7) Reinh. Christoph, Kays. Hauptm. † 737. 8) Soph. Cath. Sab. † 737. G. I. Joh. Heinr. v. Roeder zu Diersburg, Hessen=Darmst. Hauptm. II. Frid. Carl v. Minnigerode, Hessen=Darmst. Geh. R. u. Ob. Jägerm. †. 9) Jul. Rebecca, G. Lebr. Gottlob Frid. Wilh. Fhr. v. Vibra, Hr. zu Irmelshausen ꝛc. K. K. K. Schwed. u. Hessen=Cassel. Geh. Legat. R. auch Rit. R. des Cantons Rhön=Werra. g. 709. V. 740.

Gros=Elt. Melchior Albr. Stammherr der ältern Linie, g. 645 † 23 Sept. 711. G. Anna Joh. Martins v. u. zu der Thann u. Annæ Joh. v. Stein zu Altenstein T. II. Anna Cath. Joh. Reinh. v. Harstall zu Dietdorff u Evæ Elis. v. Schade zu Gräfenstein T. III. An. Jul. Simon Morizens v. Harthausen zu Diedenhausen u. Annæ Mariæ von der Schulenburg T. †.

B. Jüngere Haupt=Linie.

Freyh. Ludw. Eberh. v. Lehrbach, g. 27 Jun. 735.

Geschwister: 1) Augusta Charl. g. 13 Jul. 734. 2) Elis. Friderica, g. 6 May 737 † 23 Merz 738. 3) Carl Lebr. g. 12 Sept. 738.

Eltern: Reinh. Georg Wilh. g. 15 Jun. 687. Der Adel. Stifter in Ober=u. Unter Hessen Ob. Vorsteher, Hessen=Darmst. Geh. R. u. Obrister von der Leibgarde, †. G. I. Sophia v. Meuschenbach zu Reckroda, g. 687 † 732. II. An. Rebecca, Claus Dietr. Fhn. Spiegels zum Diesenberg, v. u. zu der Nieder=Ubel ꝛc. u. Hedw. Aug. von dem Busch a. d. H. Hünefeld T. V. 733 †.

Vat. Schwestern: 1) Amalia Phil. g. 683 †. G. Moriz Sigm. v. Ziegesar, Fstl Nassau=Using. Geh. R. u. Ob. Amtm. zu Idstein. V. 713 †. 2) Sophia Elis. g. 685 †. G. Rud. Walther v. Werda, gt. Nodling, Erb=Lehn= u. Gerichtsh. zu Angerod. V. 711 †.

Gros=Elt. Gottfr. Christoph, g. 30 Aug. 654 † 721. (Stammh. der jüngern Linie.) G. I. Hel. Albert. Cath. Joachim Phil. v. u. zu Rückingen ꝛc. u. Annæ Mariæ v. Westphalen T. II. Anna Jul. Georgens v. Scholey u. Annæ Christinæ v. Gilse T. †. Leubelfing.

Leubelfing.

Dieses Freyherrliche Haus hat seinen Ursprung in Bayern, wo das Stammhaus gleiches Namens annoch befindlich ist. Es blühet dermalen in zwey Haupt-Linien: die ältere, welche 1696 von dem Kayser Leopold in den Reichsgrafen-Stand erhoben worden, ist in Bayern begütert, und die jüngere, welche 1642 aus Bayern nach Franken gegangen, besitzet die zur unmittelbar Reichsfreyen Ritterschafft, an der Altmühl, gehörige Ritter-Güther Falbenthal u. Unter-Erlbach.

Freyh. Wolf Phil. v. Leubelfing, Hr. auf Falbenthal, Unter Erlbach 2c. g. 31 Oct. 714 K. w. R. Obrist des Fränk. Crayß. Cür. Reg. Treskow, Brand. Onolzb. Geh. R. Obrist u. Command. der Leibgarde, Camh. Ob Amtm. zu Hohentrüdingen 2c. Rit. R. des Cantons Altmühl. R. Hohentrüdingen.

Geschwister: 1) Christoph Diet. Ludw. K. K. Obristlieut. g. 706 † 757. 2) Christian Frid. K. K. G. F. W. u. des Mar. Ther. O. R. g. 710 † 28 Apr. 775. 3) Helena Soph. Albert. g. 21 Dec. 712. G. Christoph Heinr. Rudolph v. Seiß, Brandenb. Culmb. Major † 22 May 754. 4) Mar. Cordula, g. 722.

Eltern: Christoph Phil. g. 652 † 727. G. Cordula Euphros. Conrad Diet. v. Reizenstein u. Hel. Cordulæ v. Reichshoffen T. † 752.

Gros-Elt. Wolf Phil. g. 657 † 21 Merz 687. G. Maria Cath. Paul Sigm. Rieters v. Kornburg u. Philipp Jacob. Rieterin v. Kornburg T. † 724.

Leutrum v. Ertingen.

Eine der ältesten adelichen Familien in Schwaben, welche sich von ihrem alten Stamm-Sitze Ertingen schreibet, in dem Marggrafthum Baaden-Durlach die schönen Ritter-Güter Heydach, Würm, Liebeneck, Nippenburg, Mauer 2c. besitzet, und die ansehnlichsten Chargen allda bekleidet. Paul Leutrum v. E. wurde An. 1451 von dem Marggraf Jacob zu Baaden wegen seiner Güter zu Pforzheim von aller Schatzung befreyet. Die Familie

milie ist dem RS. Ritter Canton Neckar u. Schwarzwald
incorporiret, u. floriren nur noch wenige davon.

Freyh. Phil. Christoph Leutrum v. Ertingen, auf Heyz
dach, Liebeneck, Nippenburg, Mauer, Würm ꝛc. K. K.
R. Mgr. Baad. Geh. R. der Fr. Margr. Ob. Hofm.
des Fidelité O. R. u. Rit. R. des Cantons Neckar u.
Schwarzwald g. 28 Jul. 700 G. Mar. Elisabeta, Frid.
v. Rothberg u. Elis. Veron. v. Rothberg T. g. 15 Nov.
713 † 748 R. Carlsruhe.

Kinder: lebende 1) Carl Lud. Phil. g. 7 Aug. 739 Mgr.
Baad. Camh. und Rit. R. des Cantons Neckar und
Schwarzwald. G. Soph. Wilhelmina, Joh. Casimir
v. Gemmingen zu Bürg u. Presteneck T. 2) Frid. Wilh.
Reinhard, g. 2 May 742 Mgr. Anspach. Camh. u. R.
A. O. R.

Bruder: Ernst Fridrich, Mgr. Baad. Cammermeist. G.
An. Marg. v. Sperberseck. V. 717 †.

Kinder: a) Maria Juliana, G. Alexand. Magnus v. St.
Andrée zu Königsbach, K. K. Obrist Lieut. des Fide-
lité O. R. u. Rit. R. des Cantons Creichgau. b) N. N.
G. Daniel Frid. v. St. Andrée auf Königsbach, K. K.
G. F. Z. M. g. 712 † 775. c) N. N.

Eltern: Ernst Ludwig, g. 10 Nov. 655 † 21 Feb. 734
Mgr. Baad. Durl. Geh. R. Director der RS. Ritterſ.
am Neckar u. Schwarzwald. G. Frid. Juliana, Joh.
Eberh. v. Stockheim u. Jul. Heinrica v. Klosen zu
Heidenburg T. g. 9 Aug. 668 † 25 Dec. 742.

Gros-Elt. Ernst Fridrich, g. 23 Jun. 616 † 30 Sept.
703 Mgr. Baad. Durl. Geleits-Hauptm: in Pforzheim.
G. An. Barbara, Frid. v. Stein zu Stozingen u. Annæ
Reg. v. Knörringen T. V. 2 Dec. 651 †.

Lichtenstein.

Diese adeliche Familie so in Franken und insonder-
heit in dem Coburgischen ansehnliche Güter besitzet, gehö-
ret zu dem RS. Ritter Canton Baunach, und hat schon
An. 1080 dem Reichs-Turnier beygewohnet.

Herr Fridrich Carl v. Lichtenstein, Hr. auf Lahm, Heili-
gersdorf, Wiesen, Geyersberg, Lichtenstein ꝛc. g. 2 Jun.
722

Liebenstein.

722 Kayſ. K. Sachſ. Goth. Geh. R. Erſter Miniſter, Ob. Aufſeher des Crais-Amts Eiſenberg u. Rit. R. des Cantons Baunach. R. Gotha.

Geſchwiſter: 1) Florina Sophia, g. 11 Jun. 716. G. Otto Chriſtian v. Lenthe zu Lenthe ꝛc. K. Großbrit. Geh. R. V. 11 Jun. 737. 2) Joh. Juliana, g. 20 u. † 29 May 720. 3) Louiſa Charl. g. 11 Jun. 721. G. Otto v. Münchhauſen, auf Schwepper ꝛc. K. Großbritt. Droſt der Hannöver. Aemter Steyersberg u. Liebenau V. 3 May 742. 4) Heinr. Julius, g. 7 Jun. 7:3. 5) Hermann, g. u. † 6 Jun. 737. 6) Anna Metta Eleon. g. 7 Jul. † 4 Aug. 738. 7) Carolina Eleon. g. 27 Sep. 739. 8) Johanna Henrietta, g. 10 Nov. 740 † 14 Apr. 742. 9) Dorot. Friderica, g. 7 Jun. 742.

Eltern: Adam Heinr. Gottlob, Poſth. Hr. zu Lichtenſtein, Lahm, Heiligersdorf, Geyersberg, Wieſen, Dürrenhof, Memmelsdorf u. Tramershof, Burgmann zu Friedberg, Kayſ. w R. Heſſen-Darmſtädt. Geh. R. u. Rit. Hauptm. des Cantons Baunach, g. 28 Dec. 693 † 759. G. I. Anna Urſul. Cath. Gebhard Joh v. Alvensleben auf Erxsleben ꝛc. u. Cath. Sophiæ v. Bartensleben T. † 9 Jun. 717. II. Carol. Juliana, Valentin Voitens v. Salzburg zu Eichenhauſen ꝛc. u. Annæ Jul. v. Stein zu Oſtheim T. † 7 Jun. 723. III. Sidonia, Herrmann Riedeſels Sn. v. Eiſenbach ꝛc. u. An. Mettæ Riedeſelin Freyin v. Eiſenbach in Lauterbach T. g. 17 Dec. 714. V. 19 Sep. 736.

Vat. Schweſter: Sophia Margar. g. 1 Nov. 692 † 10 Merz 717. G. Chriſtoph Joh. Wilh. v. Speſſart auf Unsleben ꝛc. Sachs. Hildburgh. Geh. R. V. 5 Dec. 715.

Gros-Elt. Adam Heinrich, g. 17 Jun. 666 † 21 Jul. 693 Truhen-Meiſt. des Cantons Baunach. G. Florina Marg. Georg Phil. v. Veltheim auf Deſtädt u. Beyenrode, Domherrns zu Magdeburg, u. Louiſæ v. Stammer T. g. 2 Feb. 675. V. 22 Nov. 691.

Liebenſtein.

Dieſes Turnier-Ritter- und Stiftsmäßige Haus in Schwaben, wovon Albrecht v. L. An. 1235 als Ritter auf dem

dem Turnier zu Würzburg erschiene, dessen Stamm- und Fideicommis-Güter in dem Würtembergischen liegen, u. dem Canton Kocher immatriculiret sind, bey welchem Ritter-Viertel es seit dessen Errichtung begütert und incorporiret ist, hat die Ehre, unter seine Vorfordere, von welchen verschiedene auf hohen Erz-Dom-Cathedral-Stiftern u. Ritter-Orden aufgeschworen, Jacob v. L. zu zählen, welcher im XVI. Seculo des H. Stuhls zu Maynz Erzbischof u. Churfürst war. Es theilet sich in die ältere oder Eschenbacher- und in die jüngere oder Jebenhäuser Linie ab.

I Aeltere oder Eschenbacher Linie.

Freyh. Frid. Wilh. v. Liebenstein, g. 19 Oct. 739 Churm. Cämmerer u. des Brandenb. R. A. O. R. G. Aug. Mariana Isab. Franz Frid. v. Werneck, Herz. Würtenb. G. F. Z. Canzler u. Commandeur des St. Carl Militaire O. u. Marianæ Freyin v. Menzingen T. g. 23 Jun. 742. V. 7 Apr. 766. R Eschenbach.

Kinder: 1) Carl Frid. Franz, g. 22 Aug. 767. 2) Carol. Frid. Mariana, g. 9 Merz 769. 3) Carl Frid. Ludw. g. 16 Oct. 770. 4) Carol. Henr. g. 11 Apr. 772. 5) Phil Carolina Fridr. Wilh. g. 3 Sep. 777.

Geschwister: 1) Magd. Phil. Maximiliana, g. 9 Octob. 740. 2) Carl Frid g. 5 Oct. 741 Herz. Würt. Camh. u. Reiß. Ob. Stallm. 3) Carol. Joh. g. 25 Nov. 742. 4) Joh. Ludw. Frid. g. 1 Apr. 749 Mgr. Baad Ob. Vogt zu Birckenfeld. 5) Joh. Carol. Frid. g. 1 Dec. 754. G. Marx Phil. v. Neubronner, Hauptm. unter dem Baat. Schwäb. Cr. Reg. V. 16 Sept. 773 † 10 Merz 775.

Eltern: Frid. Max. g. 16 Aug. 710 Kais. K. Churm. Cämmerer, Herz. Würt. Geh. R. Ritt des R. A. O. u. Canton Kocherischer Ritt. R. † 19 Aug. 764. G. Mar. Marg. g. u. verwittw. Schillingin v. Canstadt, g. 711. V. 25 Nov. 738 † 2 Jul. 766.

V at. Schwester: Frid. Doroth. Posth. g. 24 Merz 714 G. Joh. Wilh. Diet. Schilling v. Canstadt, Herz. Würt. Camh. u. Ob. Forstm. der Herrschaft Heydenheim. V. 710.

Gros-Elt. Frid. Ludw. g. 12 Jan. 674 † 714 G. Phil. Elis.

Elis. Phil. Gottfr. Fhn. v. Vohenstein zu Adelmans-
felden u. Thalheim u. Jul. Marg. Freyin v. Sperwer-
seck T. † 20 Dec. 765.

II. Jüngere oder Jebenhäuser Linie.
Freyh. Phil. Frid. g. 20 Dec. 724 erhielte 16 Aug. 745 v.
Sr. Churf. Durchl. zu Bayern als damaligen Reichs-
Vicario Veniam ætatis u. wurde 30 Aug. 764 Churm.
Cämmerer u. Sen. Fam. G. Cath. Frid. Carl Fhn. v.
Schmidberg zu Lehren-Steinsfeld u. Aderspach, u.
Mariæ Ernest. Freyin vom Stein zu Vechingen T. g.
21 May 726. V. 12 Oct. 745. R. Jebenhausen bey
Göppingen.
Kinder: 1) Phil. Heinr. Frid. g. 6. Oct. 752 K. Franz.
Premier-Lieut. unter Royal Suedois. 2) Maximil.
Wilh. Frid. g. 27 Apr. 754 K. Franz. Lieut. unter
Royal Deux-Ponts. 3) Eberh. Constantia Christiana,
g. 20 Sept. 755. G. Andr. Heinr. Fhr. v. Schüz, Hr.
zu Pflommern, V. 25 Nov. 773. 4) Antonetta Carol.
Jos. g. 29 Jan. 757. 5) Carl Ludw. Frid. g. 28 Jul.
762. 6) Joseph Aug. Frid. g. 24 Jan. 765.
Eltern: Frid. Reinh. g. 22 Dec. 689 † 8 Jun. 733. G.
Maria Charl. Ludw. Heinr. Grempen v. Freudenstein
u. Mariæ Sus. Freyin v. Closen auf Heidenburg T. g. 9
Jan. 707. V. 3 Sept. 723 † 3 Sept. 761.
Gros-Elt. Phil. Albr. g. 4 May 646 † 4 Feb. 695
(Stammherr aller jeztlebenden Herren.) G. Sophia
Marg. Veit Joach. v. Jaxtheim u. Joh. Theodorä v.
Engelbronn T. V. 30 Dec. 670 † 702.

Lincker v. Lützenwick.

Dieses Geschlecht stammet ursprünglich aus Hessen.
Schon 1286 wurde es zu den alt adelichen Geschlechtern
gezehlet, und vor 300 Jahren hatte es das in der Graf-
schaft Holzapffel gelegene Schloß u. Rittergut Däbert-
hausen erkauft. Es blühet in 2 Linien u. gehöret zur Ob.
Rheinischen Rs. Ritterschaft.

A. Zu Sluhrstett
Freyh. Carl Frid. Ernst Lincker v. Lützenwick, Hr. zu Sluhr-
stett,

stett, Hzl. Weimar. Ob. Consistorial-Vice-Präsid. u. Landsch. Direct. G. N. v. Raschau.

Geschwister: 1) Joh. Ludw. Ernst, K. Pr. Land.R. im Opelnf. Cr. G. Freyin v. Prittwitz, a. d. H. Hönningen. 2) Frid. Lud. Christian, K. Pr. Hauptm. G. N. v. Happe. 3) Heinr. Frid. Christian, Hildburgh. Hof-R. G. N. v. Schell. 4) Joh. Aug. Ernst, Brand. Anspach. Hof- u. Justiz-R.

Eltern: Ernst Christian, Herz. Würt. Geh. Legat.R. Reichs-Hof-R. u. endlich Kays. K. Geh. R. † 750. G. Wilh. Frid. Elis. Christ. Frid. Fhn. v. Seckendorf u. Frider. Wilh. Marschallin v. Ebneth T.

Pat. Geschw. a) N. N. Weimar. Hof-R. u. Camj. b) N. N. G. der Sachs. Gothaische Amtshauptm. v. Heinrichen.

Gr. Pat. Nicol. Christ. g. 2 Apr. 643 K. Reichs-Hof-R. Hr. zu Fluhrstett u. Ketschau. In des H. R. R. Freyherrenstand erhoben 700 † 28 May 726.

B. Zu Denstett.

Freyh. Joseph Joh. Jac. Lincker v. Lützenwick, Hr. zu Denstett, Thalborn u. Niedertiefenbach, g. 25. May 747. G. Louisa Ernest. Henr. v. Bünau.

Geschwister: a) Joh. Jos. Cajetan, g. 22 Nov. 748 K. Franz. Lieut. Els. Reg. zu Fuß. b) Franz Dan. Herm. g. 5 Apr. 752.

Eltern: Joh. Dan. Christ. g. 29 Apr. 708 auf Denstett, Thalborn u. Niedertiefenbach, Churm. Geh. R. ward 747 nebst seinem Bruder in des H. R. R. Freyherrnstand erhoben, † 28 Merz 771.

Pat. Bruder: Phil. Wilh. Albr. g. 24 Jan. 710 Brachte die Herrschaft Ronsberg in Böhmen käuflich an sich, K. K. Geh. R. Churm. Conferenz-Minister u. Directorial-Gesandter zu Regens. G. Mar. An. Benigne, des K. K. Geh. R u. Gesandtens im Haag Thadei Fhn. v. Reischachs, u. Mar. An. Iden Freyin v. Bodmann T. V. 29 Aug. 746.

Sohn: Joh. Franz, g. 6. Febr. 753 Chur-Trier. Camh.

Gros-Elt. Joh. Jacob, Hr. zu Denstett u. Niedertiefenbach, Churm. Geh. R. † 14 Dec. 730. G. Sus. Jos. Felicilicitas, Christoph Jhn. v. Gudenus u. Claræ Freyin v. Thavonat T. V. 705 † 12 Apr. 742.

Linſingen.

Dieſes uralte Freyherrliche Ritter- u. Stiftsmäßige Haus, welches schon An. 1231 mit ansehnlichen Güthern u. Würden in der Wetterau anſäßig gewesen, hat sich zu allen Zeiten in den Wissenschaften u. Waffen sehr distinguiret u. blühet gegenwärtig in verschiedenen Gegenden Teutschlandes. So kommt Ludwig v. L. Miles, im Jahr 1232 als der erste weltliche Zeuge in einem Instrument vor, so auf Päbstlichen Befehl über die Wunderwerke St. Eliſabeth, Landgräfin in Thüringen, verfertiget wurde, worinnen dessen Zeugniß einen sehr Einsichtsvoll u. ehrlichen Mann zu erkennen giebt. Thilo v. L. wird zu Anfang des XIV Seculi als Domherr zu Minden, Johann v. L. als der 54te Domdechant zu Fulda u. 23te Probst zu St. Peter daselbst, Johann Philipp v. L. An. 715 unter dem Namen Gotthard, als Capitular zu Fulda, u. Friedrich v. L. ordentlicher Stammherr aller jezt blühenden Linien, im Jahr 478 als einer der vornehmsten Schiedsleute über die Streitigkeiten wegen der Schlösser Alten- u. Neuen-Gleichen an der Eichsfeldischen Gränze zwischen Braunschweig u. Hessen, gefunden. Nach Abgang der 2 ältern Linien v. Jesberg u. Jesberg Marpurg, stehen die jüngere Linien zu Birckenfeld, Ringelrode, Burgwalde, Weerth u. Tilleda, im besten Flor. Das weitere hievon S. in dem Handbuch von 1775.

A. Vom Steinern Hof zu Birckenfeld u. Udra.

Freyh. Joh. Wilh. v. Linſingen, g. 10 Feb. 724 K. Großb. u. Chur-Braunsch. Obrist, jeziger Commandant der Hannöv. Truppen in Minorca.

Kinder: 1) Jul. Dorot. Carol. Joh. Bernh. g. 27 Sept. 767. 2) Maria Carol. Doroth. g. 27 Nov. 768. 3) Martin. Frid. Joh Bernh. g. 12 Merz 772.

Geſchwiſter: a) Anna Jul. g. 10 Apr. 722 † 18 Merz 756. G. Ludwig v. Hanſtein zu Unterſtein, Major. V. 741. b) Charl Sophia, g. 13 May 726. G. Ernſt v.

v. Westerhagen zu Berlingerode, Churpfälz. Hauptm. V. 745. c) Carol. Dor. Frid. g. 12 Apr. 728. G. August v. Wangenheim, Chur-Braunschw. Hauptm. V. 3 Merz 750. d) Wilh. Lucia Carol. g. 16 Apr. 730. G. Carl Frid. v. Hanstein zu Oberstein, Drost zu Minden im Hannöv. V. 11 Feb. 753. e) Doroth. Frid. g. 10 Jul. 733. f) Bernh. Thilo Curt Eitel, K. Grosbr. u. Chur-Brauns. Major, g. April 736. G. Aemilia Mariana Georgina v. Wreden.

Kinder: 1) Artemisia Jul. Johannetta, g. 25 Apr. 765. 2) Wilh. Otto Carl Bernh. g. 8 Sept. 766. 3) Joh. Georg Adolph Aug. g. 3 Jun. 768. 4) Charl. Carol. Louisa, g. 19 Sept. 769. 5) Eine Tochter g 777.

g) Julius Ludw. Joh. Henr. g. 28 Aug. 739 K. Grosbr. u. Chur-Braunschw. Major. G. Charl. Doroth. Elis. v. Schenck. V. 763.

Sohn: Ernst Wilh. g. 764 † 765.

h) Carl Christian, g. 6 Jan. 742 K. Grosb. u. Chur-Hannöver. Major bey der Königin Dragon. Reg. i) Frid. Wilh. Albr. g. 6 Jan. 748 in nemlichen Diensten Fähndrich bey dem Prinz Mecklenb. Reg.

Eltern: Joh. Wilh. g. 24 Oct. 695 † 16 May 768. G. Christiana Jul. Treusch v. Buttlar a. d. H. Willershausen, g. 10 Jun. 701. V. 10 Jan. 721 † 4 Apr. 773.

Vat. Geschw. a) Hans Adam Curt. G. N. b) Wilh. Charl. †. c) Joh. Philipp, g. 1 Jan. 703. G. I. Soph. Phil. v. Hattorf. II. Cath. Soph. v. Büchler. III. Cath. Mariana v. Götz a. d. H. Ollershausen.

Kinder: 1) Joh. Phil. g. Jul. 749 † 750. 2) Frid. Wittekind Sigm. g. 16 Dec. 772.

Gros-Elt. Eitel Georg, g. 651 Rittm. unter Royal Allemand in Franz. Diensten, Sen. Fam. † 726. G. Maria Cath. v. Linsingen, a. d. H. Oberhof zu Birckenf. † 734.

B Zu Ringelrode im Eichsfeld.

Freyh. Joh. Ernst Frid. v. Linsingen, g. 2 Feb. 730. G. Maria Elis. v. Linsingen. V. 748. R. Ringelrode.

Kinder: 1) Joh. Philipp, g. 19 Jan. 749 † 5 May 753. 2) Joh. Doroth. g. 12 Sept. 751 Stiftsfr. zu Stardard

Linsingen.

dard in Westphalen, Bernhard. O. 3) Carol. Christina, g. 1 Nov. 753. 4) Carl Aug. g. 27 Oct. 755 † 8 Jul. 757. 5) Christina, g. 30 Merz 758. 6) Joh. Carl, g. 9 Febr. 760 † 31 Oct. 766. 7) Christ. Josepha, g. 22 May 762. 8) Carl Ludw. g. 22 May 764. 9) Sus. Elis. g. 16 Sep. 767. 10) Joh. Frid. g. 16 Jan. 770. 11) Maria Frid. Jos. g. 6 Feb. 773.

Geschwister: 1) Cath. Maria Christina, g. 16 Jan. 733. G. August v. Westernhagen zu Berlingerode 2) Eleon. Dorot. Jul. g. 13 Jan. 738 † 27 Nov. 741. 3) Moriz Wilh g. u. † 744.

Eltern: Joh. Christoph, g. 27 Aug. 685 † 31 Merz 746. G. Cath. Elis. v. Buttlar, g. 14 Dec. 701 † 16 Jun. 746.

Vat. Geschw. 1) Doroth. Elis. g. 9 Sept. 691 † ledig. 2) Joh. Phil. g 2 Oct. 692. Wurde 701 auf dem Hochstift Fulda aufgenommen, that 25 Oct. 702 Profession u. bekame den Namen Gotthard, wurde 715 Capitular, † 23 Feb. 721. 3) Eleon. Marg. g. u. † 693. 4) Phil. Lucia, g. 27 Oct. 695 † ledig. 5) Carl Ferd. Acharius, g. 27 Dec. 696 † 12 Jan. 700. 6) Maria Antonetta, g 26 Dec. 697 †. G. Frid. v. Westerhagen auf Heigerburg, Churm. Obrist-Lieut. 7) Cath. Jul. Frid. g. 26 Merz 698 † Stiftsfr. zu Duisb. 8) Phil. Casp. † 738 ledig, General unter denen Rs. Truppen. 9) Christoph Wilke, † 718 ledig. Kays. Capit. unter den Dragonern. 10) Bernh. Franz Anselm †.

Gros-Elt. Heinr. Dietr. †. G. Anna Cath. v. Bischhausen, †.

C. Vom Ober-Hofe zu Birckenfeld.

Freyh. Hans Albr v. Linsingen, g. 14 May 701 K. Pr. Hauptmann, Sen Fam.

Geschwister: a) Otto Reinh. Falcke, †. b) Maria Cath. Elis. g. 677 † 16 Apr. 734. G. Eitel Georg v. Linsingen †. c) Ernst Frid. Hartm (Stamm Vater der Linie zu Weerth) †. d) Phil. Wilh. Dietr. Sachs-Gotha- u. Fstl. Schwarzb. Obrister, † Apr. 756. G. Sidonia Eleon. v. Westernhagen a. d. H. Berlingerode, †. e) Franz Moriz, Sachs. Goth. Obrister von dem Dragon.

gon. Reg. ☨ 5 Oct. 760. G. Sophia Charl. v. Westernhagen, a. d. H. Berlingerode, † 20 Jan. 762.
Kinder: 1) Mechtildis Wilhel. g. 18 Oct. 718 † ledig 2 Jul. 751. 2) Ludw. Aug. g. 22 Feb. 719. Churm. Land-R. des Eichsfeldes. G. Josepha v. Hausen, g. 26 Nov. 756 eine Schw. der Fürst. v. Löwenst. Wertheim. Tochter: Sophia, g. Sept 770.
3) Joh. Maxim. g. 12 Aug. 720 Sachs. Goth. Camh. u. Obrist-Lieut. von den Dragon. G. N. v. Bünau aus Toepla bey Eisenberg, † 776. 4) Joh. Dorot. g. 13 Oct. 721 † 776. 5) Carl Heinr. g. 16. Nov. 722 † in Sard. Kr. Diensten. 6) Cath. Soph. Dor. g. 11 May 726 ☨ G. Carl v. Bodungen zu Martefeld. V. 731. 7) Otto Wilh. Christian, g. 22 May 730 Heß. Obrist-Lieut. u. Chef eines dermahlen in Amerika stehenden Grenad. Bataillons.

f) Anna Dor. Wilh. † Jul. 760. G. I. Erich v. Weyhe auf Friedland. II. Wilh. Albr. v. Bülzingsleben. III. Hans Caspar v. Hagen, Eichsfeld. Vice-Stadthalter. g) Franzelina Cath. Louisa, †. G. Anton Ernst v. Hopfgarten auf Schlottheim. V. 714. h) Joh. Eitel, Sachs. Goth. Capit. Lieut. vom Drag. Reg. †. i) Thiele Caspar Elmershaus, † 711 Churm. Fähndrich. k) Anselm Ludw. † 725 Chur-Hannöv. Lieut. l) Elis. Sophia, Stiftsfr. zu Fischbeck, g. 3 Nov. 691 † 763 G. Ernst Heinr. v. Westernhagen auf Berlingerode. V. 715. m) Hans Haimart Christian, g. 4 May 700 † 2 Sept. 757 Chur-Hannöv. Capitain. G. Joh. Doroth. v. Linsingen.
Kinder: 1) Ludw. Albr. g. 29 Oct. 742 † 16 May 758 in Chur-Braunsch. Kr. Diensten. 2) Joh. Carol. g. 15 Jul. 745. 3) Jul. Charl. g. 5 Jan. 748 † 3 Merz 752. 4) Carl Frid. g. 11 Feb. 750 in K. Pr. Kr. Diensten. 5) Wilhel. Ernest. g. 9 Dec. 751. 6) Sus. Dorot. g. 20 Oct. 754 † 1 Feb. 756. 7. Christian Wilh. g. 17 Jan. 756 Chur-Braunschw. Officier bey dem Reg. Goldacker jetzund in Minorca.

n) Christoph Carl, g. 29 Apr. 703 Chur-Hannöv. G. M. u. Chef eines Infant. Reg. G. Sus. Philip. v. Minnigerods

Linsingen

gerode aus Giebelhausen, g. 11 Feb. 732. V. Feb. 750.

Kinder: 1) Joh. Carl Wilh. g. 29 Apr. 753 † 19 Merz 767. 2) Ernst Ludw. g. 13 Aug. 754 Chur-Braunsch. Canzley- u. Hof-Ger. Assessor zu Stade. 3) Sophia Charl. g. 14 Sept. 755 St. u. Clost. Fräul. zu Wulfinghausen, in dem Calenbergischen. 4) Eleon. Louisa, g. 8 Aug. 757 † 14 Oct. 758. 5) Georg Fridr. Wilh. g. 17 Sept. 759 † 22 Jan. 760. 6) Dorot. Frid. g. 18 Sept. 762 design. Stiftsfr. zu Fischbeck 7) Aug. Heinr. g. 14 Aug. 764. 8) Carl Ludw. g. 13 Jun. 767. 9) Frid. Wilh. g. 18 Jun. 769. 10) Georg Aug. g. 20 Nov. 770.

o) Joh. Ehrh. g. 29 Nov. 704 † 29 Sept. 745 als K. Pr. Capit. in der Bataille bey Soor. p) Heinr. Ernst Christian, g. 4 Apr. 711 K. Pr. Ob. Forstm. † Nov. 747. G. Caroline de la Motte de la Chevalerie, † 764 als Ob. Hofmeisterin zu Schwedt.

Eltern: Hans Albr. g. 27 Dec. 645 † 9 Jan. 718 Churmaynz. Obr. u. Ober-Landger. Assessor. G. Antonetta Ursula v. Hoxthausen. II. Anna Wilh. Charl. v. Zersen. III. Anna Eleon. v. Bülzingsleben †.

Vat. Geschw. 1) Cath. Veron. †. 2) An. Reg. †.

Gros-Elt. Thilo Reinh. †. (Stifter der Linie vom Ober-Hofe zu Birckenfeld.) G. Adelheid v. Campen, a. d. H. Stau, †.

D. Zu Burgwalde.

Freyh. Adolph Ernst v. Linsingen, g. 10 Feb. 723 Kr. Pr. Obrist-Wachtm. u. C. M. C. H. G. Henr. Eleon. Sophia, verwitbete v. Worbis, g. 1 Oct. 706. V. 23 Oct. 753.

Geschwister: a) Frid. Aug. Christ. g. 31 Dec. 721 † 18 Feb. 775 Anhalt-Zerbst. erster Geh. R. Canzlar u. Cam. Präsident. G. I. Elis. Wendula v. Milkau † 12 Nov. 757. II. Doroth. Carol. v. Rieben, g. 2 May 727. V. 13 Feb. 761.

Kinder: 1) Joh. Frid. Carl Ernst, g. 14 Merz 755 Anh. Zerbst. Hauptm. bey der Infant. 2) Charl. Joh. Augusta, g. 31 May 756. 3) Aug. Adolph, g. 20 Aug. 757 †

† 1 Jun. 762. 4) Carl Wilh. Lud. g. 29 Sept. 761 Anhalt-Zerbst. Lieut. bey der Cavallerie. 5) Franz Victor, g. 21 Jun. 763 Anhalt-Zerbst.Lieut. bey der Cavallerie. 6) Louisa Aug. Magd. g. 14 Dec. 765 design. Stiftsfr. zum H. Grabe. 7) Frid. Carol. Adelheid, g. 1 Feb. 771.

b) Joh. Sibilla, g. 26 Aug. 725 Anhalt-Zerbst. Hofd. † 21 May 766. c) Dietr. Lud. g. u. † 728. d) Aug. Christ. Wilh. g. 14 Dec. 729 Holländ. Obr. Lieut. bey dem Reg. Sachsen Gotha. G. Joh. Christ. Jul. Paulina v. Uslar, g. 19 Apr. 754. V. 23 Jun. 771.

Söhne: 1) Joh. Heinr. Frid. Carl, u. 2) Joh. Ernst Lud. Zwillinge, g. 4 Merz 772 der jüngste † 20. ej. m. & a. 3) Christian Carl Phil. Gottlieb Leonh. Heinr. g. 6 Feb. 776 zu Namur.

c) Carl Ludw. g. 20 Merz 731 K. Portugies. Brigadier von der Cavallerie des K. Franz. pour les merites O. R. u. vormaliger Mestre de Camp. f) Christ. Gotthelf, g. 17 Dec. 732 † 2 Sept. 762 Anhalt-Dessau. Land-Cam. R. g) Victor Leopold, g. 4 Feb. 734 † 21 Aug. 735. h) Frid. Christiana, g. 15 Merz 735 G. Carl Gottlob Jhr. v. Nostitz, Anhalt-Zerbst. Geh. R. zu Jevern. V. 15 Jun. 761. i) Carl Wilh. g. 29 May 737.

Eltern: Dietr. Ernst Heinr. g. 12 Feb. 687 Anh. Zerbst. Geh. R. u. Canzlar, † 19 May 762. G. Joh. Magd. v. Avemann, g. 15 Jun. 703. V. 23 Nov. 719.

Vat. Geschw. a) Agnesa Magd. g. 18 Nov. 683 † b) Anna Dorot. g. 12 Dec. 685 † 4 Nov. 749. c) Lud. Eitel Werner, g. u. † 688. d) Anna Magd. Agnesa, g. 27 Jul. 690 †. e) Sus. Cath. Elis. g. 5 Nov. 692 †. G. N. v. Hann, Heß. Major. f) Otto Christoph, g. 5 Apr. 696 † 2 Merz 697. g) Anna Jul. g. 697 † 24 Apr. 750. h) Frid. Albr. Eman. g. 11 Merz 698 Stiffter der ausgestorbenen 2ten Heschhauischen Linje, Churm. Obr. Lieut. † 25 Merz 765. G Maria Anna Reg. v. Linsingen, † 20 Jul. 759.

Kinder: 1) Mar. Joh. Christina, g. 17 Apr. 727 † 19 Jun. 769. Fundirte eine Stiftung für die Fräuleins
der

der Familie. 2) Anna Magd. Lud. g. 10 Oct. 728 † 21
Oct. 769 Stiftsfräul. Ord. St. Bernh. zu Starkart
in Westphalen. 3) An. Cath. Dorot. g. 13 Feb. 730 †
22 Nov. 764.
Gros-Elt. Frid. Heinrich, † 29 Jun. 701 Churm. Ca-
pitain. G. Susanna v. Hannstein. V. 27 May 682 †
27 Jul. 702.
   E. Zu Weerth, im Lüttichischen.
Freyh. Claudius Eman. v. Linsingen, g. 8 Jan. 750
Geschwister: 1) Hel. Josephina, g. 14 Nov. 751 St.
Fräul. in dem adel. Stift und Abtey Fürstenberg in
Franken, that Profession Sep. 777. 2) Jul. Ther. Rosa,
g. 6 Apr. 758. 3) Jos. Frid. Christ. Albr. g. 16 Aug.
760.
Eltern: Ernst Albr. Anton Arnold Marcellus Wilh. g.
25 Sept. 719 † 4 Jun. 768 als Holländ. Major. G.
Maria Anna de Brias. V. 21 Jan. 749.
Vat. Geschw. 1) Charlotta. 2) N. N.
Gros-Elt. Ernst Frid. Hartm. (Stamm-Vater der
Weerth Linie.) † Apr. 756 Churm. Obrist-Lieut. und
Command. zu Starckenberg. G. N. N.
   F. Zu Tilleda.
Freyh. Dietr. Anton v. Linsingen, g. 18 Jul. 692 Kön.
Pohl. u. Chur-S Hauptm.
Eltern: Albr. Anton, g. 671 † 698. G. Eva Jul. Christ.
Heinr. v. Dewitz, Land-R. in Pommern T.
Gros-Elt. Victor, † Fürstl. Schwarzb. Rudolst. Land-
Hauptm. G. Veronica Magd. v. Ebra, a. d. H. Ich-
stadt. V. 29 Jan. 646 †.

Löw v. u. zu Steinfurt.

Ein Ritter- u. Stiftsmäßig zur Mittel-Rheinischen
Rs. Ritterschaft gehörig Freyherrliches Haus in der
Wetterau, dessen Stammhaus Steinfurt ist.
Freyh. Joh. Frid. Ferd. Löw v. u. zu Steinfurt, Hr. u.
Mit-Gan-Erbe zu Staden, Florstadt ꝛc. g. 1 Jan. 709
K. Grosbritt. u. Churbr. Lüneb. Ob. Cämh. Comman-
deur des Kais. St. Jos. O. Regiments Burgm. zu
Friedberg u. Rit. R. des Cantons Mittel-Rhein. G.

I. Charlotta Löw v. u. zu Steinfurt † 16 Apr. 740. II.
Soph. Diede zum Fürstenstein V. 14 Oct. 749. R.
Staden, bey Friedberg.
Kinder: 1) Carl Georg Herm. Wilh. g. 3 Sept. 750
Fähndrich bey dem Hannöv. v. Rhedischen Reg. 2)
Mariana Eleon. Euphr. g. 751. 3) Frid. Louisa Sus.
g. 752. G. Fhr. Schenck v. Schweinsberg. 4) Joh.
Carl, g. 10 Nov. 753 Braunsch. Lüneb. Hof-J. 5)
Phil. Frid. g. 26 Jan. 755 Mgr. Baad. Hof- u. Jagd-
Junk. 6) Sigm. Christoph Gustav, g. 7 Nov. 757. 7)
Friderica Henr. g. 761.
Bruder: Frid. Wilh. g. 3 Jan. 697 † 12 May 751 Kön.
Dän. Etats R. u. Reg. Burgm. zu Friedb. G. I. Soph.
Eleon. Am. v. Waßborn zu Ernsthofen †. II. Elis. Hed-
wig v. Passow.
Sohn: Joh. Hugo Wilh. g. 22 Aug. 750 K. Pr. Lieut.
Eltern: Johann, g. 10 Sept. 662 † 28 Merz 710 Burg-
graf zu Friedb. Rit. Hauptm. Hessen-Darmst. Geh. R.
u. Ob. Amtm. zu Nidda. G. I. Anna Ilsche v. Bü-
low zu Hirzholm. V. 694. II. Hedwig Riedesel zu Ei-
senbach. V. 709 †.
Gros-Elt. Eberhard, g. 7 Jun. 633 † 14 Feb. 701 Reg.
Burgm. zu Friedb. G. Maria Sib. v. u. zum Stein †.

Mauchenheim gt. Bechtoldsheim.

Conrad v. Mauchenheim, Ritter, ordentl. Stamm-
herr dieses Hauses, hatte seine edele Ahnen bey der imme-
diaten Rs. Ritterschaft am Rheinstrom, und war Anno
1297 bekannt. Seine hohe Nachkommen blühen in 2
Linien und sind dem Rs. Ritter-Canton Steigerwald
einverleibt.

I. ältere Linie.

Freyh. Frid. Wilh. v. Mauchenheim, gt. Bechtoldsheim,
Erbh. der Gan-Erbschaftlichen Oerter Schornsheim,
Mommirnheim u. Bechtoldsheim, g. 11 Aug. 724. G.

Mauchenheim gt. Bechtoldsheim.

Eltern: Frid. Ludw. g. 4 Aug. 699 † 744 Sachſ. Goth.
Ob. Schenk. G. Aug. Chriſtiana v. Leitzſch, v. 730.

Vat. Geſchw. 1) Phil. Reinh. g. 28 Merz 696 † 726. 2) Phil. Ludw. g. u. † 697.

Gros-Elt. Phil. Ludw. Wilh. g. 22 Merz 666 † 739 Gſt. Hanauiſ. Ob. Jägerm. G. I. An. Mar. v. Edelsheim. v. 695 † 701. II. Magd. Eleon. v. Plückſburg. v. 702.

II. Jüngere Linie.

Freyh. Conſtantin Adolph v. Mauchenheim gt. Bechtoldsheim, g. 11 Dec. 714 Kaiſ. w. R. Fürſtl. Würzb. Geh. R. u. Ob. Amtm. zu Kitzingen ꝛc. des Kayſ. Land Ger. Herzogth. Frankens Aſſeſſor u. Ritt. Hauptm. des Cantons Steigerwald. G. Maria Franciſ. Joh. Franz Ludw. Knebel v. Katzenelenbogen u. Joh. Claræ Schenckin v. Caſtel T. R. Kitzingen.

Kinder: a) u. b) N. N. c) Hartm. Phil. Joſ. g. 22 Apr. 755 Domicellar zu Würzb. reſig. 773.

Geſchw. 1) Hartm. Franz Wilh g. 21 Nov. 713 Domh. zu Hildesh. Archidiac. zu Wallenſee u. Dechant zu St. Burkhard in Würzb. 2) Joh. Phil. Chriſt. Franz Ignat. Cajet. g. 19 Jan. 709 † 29 Apr. 770 Dompropſt zu Würzb. Geh. R. u. Hof-Cam. Präſident zu Bamb. 3) Joh. Ernſt Erwein Wilh. Ignat. g. 16 May 710 † 27 Jun. 735 Domh. zu Würzb. u. Chorh. des Ritt. St. Comburg. 4) Maria Charl. g. 26 Jan. 711 Stiftsd. bey St. Anna zu Würzb. 5) Ludw. Ignat. g. 7 Sept. 712 † 713. 6) Maria Joh. g. 4 Jan. 716. G. Franz Phil. Ign. Ant. v. Bettendorf. v. 734. 7) Franc. Maria, g. 12 Dec 716. 8) Maria Anna, g. 8 Merz 718. 9) Joſ. Cath. g. 11 Merz 719. 10) Joh. Phil. Franz, g. u. † 720. 11) Maria Amal. g. 19 Nov. 721. 12) Wilh. Franz, g. 29 Jan. 723 † 9 Oct. 750 Domh. zu Trier u. Würzb. 13) Joh. Wilh. g. u. † 724. 14) Soph. Ther. g. 19 Jun. 725 Urſulinerin zu Würzb. 15) Eſter Eliſ. g. u. † 5 Nov. 726.

Eltern: Reich. Phil. Ant. Fſtl. Würzb. Geh. R. Oſ. Hof-Marſchall u. Ob. Amtm. zu Dettelbach u. Wernec̃,

Minnigerode.

eck, g. 8 Jan. 683 † 735. G. Maria Aug. Soph. Graf Fuchs v. Bimbach u. Dornheim ꝛc. u. Mar. Rosinæ Freyin Greiffenclau v. Vollraths T. g. 691. V. 708 †.
Vat. Geschw. 1) An. Maria Jul. g. u. † 679. 2) Maria Marg. Soph. g. 25 Oct. 680 † 681. 3) Eva Jos. g. u. † 682. 4) Anna Theres. g. 10 Sept. 684 †. G. Georg Heinr. Wilh. v. Würzburg, zu Ober= u. Unter=Mittwitz ꝛc. g. 679. V. 704 † 724. 5) Maria Johanna Jos. g. u. † 683.
Gros-Elt. Frid. Hartm. g. 10 Jun. 650 † Fstl. Würzb. R. u. Ob. Amtm. zu Kizingen ꝛc. G. An. Maria, Juliæ Gottfr. Ihn. Fuchs v. Dornheim u. Annæ Barb. v. Oberstein T. u. Erbin, Wolfg. Christoph v. Streitberg zu Burg=Grub W. g. 650. V. 678 † 727.

Minnigerode.

Dieses alte Ritter= u. Stiftsmäßige Haus, so bey des H. R. R. Burg Friedberg aufgeschworen, u. nebst seinen Haupt=Güthern dem Gericht Allerberge im Schwarzb. Sondershäusischen, noch beträchtliche Güther im Hannöverischen u. auf dem Eichsfelde hat, entspringet aus dem alten Geschlecht derer Riemen, dessen Stamm-Vater Don Otto Corrigia, ein edler Römer, unter Carolo M. gegen die alten Sachsen gestritten, und zur Belohnung seiner treuen Dienste, das Gerichte Allerberge zwischen Duderstadt u. Nordhausen erhielte, so noch wirklich von dem Geschlecht besessen wird. Das mehrere S. in dem Handbuch von 776.

I. Zu Silckerode.
A. Auf denen Ober=Höfen.

Herr Frid. Ludw. Christoph v. Minnigerode, g. 7 Apr. 731 Heßen=Cassel. Obrist=Lieut. der Infant. Ritt. des Kays. St. Jos. O. u. Burgm. zu Friedberg. G. Soph. Dorot. Elon. Casp. Adam Erh. Fhn. v. Genso, u. Claræ Wilhelm. Christianæ v. Weisenbach T. V. 5 Jan. 769.
Kinder: 1) Wilh. Aug. Carl Frid. Ludw. g. 6 Feb. 770. 2) Henr. Joannetta Frid. g. 18 Feb. 771. 3) Ludw. Wilh. Frid. Carl, g. 22 Merz 772 † 17 May e. a. 4) Ludw.

Ludw. Ernſt Wilh. Levin, g. 24 Dec. 773. 5) Amalia
Eleon Charl. Louiſa, g. 14 Aug. 775.
Geſchwiſter: a) Georg Ludw. g. 720 Chur=Hannöv. Ca=
pit. der Infant. des K. St. Joſ. O R. u. Burgm. zu
Friedberg. b) Carl Frid. g. 721 Holländ. Obriſt. St.
Joſ. O. R. u. Burgm. zu Friedb. c) Joh. Frid. g. 722
Chur=Hannöv. Obriſt des Caval. Reg. v. Eſtor, St.
Joſ. O. R. u. Burgm. zu Friedb. G. Charl. Doret.
Wilh. v. Minnigerode. d) Heinr. Carl, g. 724 Holländ.
Major, St Joſ. O R. u. Burgm. zu Friedb. e) Adam
Wilh. Frid. g. 726 Waldeck. Obriſt=Lieut. St. Joſ.
O. R. u. Burgm. f) Wilh. Henr. Chriſtiana, g. 729.
G. Aug. Wilh. Fhr. v. Tettenborn, K. Pr. Hauptm.
g) Chriſtiana Frid. Louiſa, g. 734.
Eltern: Joh. Melchior, g. 687 † 756 des H. Röm. RS.
Burg Friedb. Burgm. G. Aug. Erneſtina, Joh. Sigm.
v. Wurmb a. d. H. Crimberode u. An. Dorot. v. Spie=
gel zum Dieſenberg T. g. 693 †.
Gros=Elt. Joh. Ludw. g. 633 † 694 Heſſen=Darmſt.
Ob. Forſtm u. Burgm. zu Friedb. G. Cathar. Apoll,
v. Oynhauſen †.

B. Auf dem Untern=Hof.

Herr Aug. Wilh. v. Minnigerode, g. 719 Chur=Hannöv.
Ob. Jägerm. G. Louiſa Aug. Frid. v. Minnigerode,
Heſſen Darmſt. Ob. Jägerm. u. N. v. Lehrbach T.
Eltern: Wilh. Frid. g. 685 † 722 Heſſen Caſſel. Rittm,
G. Dorot. Louiſa v. Bortfeldt.
Gros=Elt. Hans, g. 656 † 702. G. Hedwig Dor. v.
Winzingerode.

II. Zu Bockelhagen.

A. Vor dem Schulenberge.

Herr Frid. Wilh. v. Minnigerode, Chur=Hannöveriſch.
Fähndr.
Eltern: Hieron. Phil. Frid. g. 689 † 754 Chur=Sächſ.
Lieut. G. Maria Cath. Bachrott.
Gros=Elt. Jobſt Burchard, g. 641 † 703. G. Soph.
Cath. v. Spiegel zum Dieſenberg, von der Rothen=
burg.

B Auf dem Hohen-Hause.

Herr Henr. Carl Ludw. v. Minnigerode. g. 715 Sen. Fam.

Geschwister: a) Aug. Burchard Frid. g. 712 † 750 K. Pr. Rittm G. Sophia Henr Christiana, Wilh. Frid. v. Minnigerode u. Dor. Louisæ v. Bortfeld T.

    Kinder: 1) Heinr. Carl Ludw. g. 748, 2) Louisa, g 750. G. N. v. Bielau.

b) Henr. Char. Ecbertina, g 718.

Eltern: Hans Adam, g. 679 † 729. G. Dorot. Charl. v. Minnigerode.

Gros-Elt. Jobst Burchard, S. die Linie A. vor dem Schulenberge.

C. Auf dem Oberhof.

Herr Frid. Georg Christian v. Minnigerode, g. 746. G. N. N. v. Bielau.

Kinder: 1) N. N. 2) N. N.

Schwester: Frider. Bernhardina, g. 745.

Eltern: Ernst Wilh. g. 707 † 748 Fürstl. Schwarzb. Lieut. G. Maria Eleon. v. Mühlenfels.

Gros-Elt. Adam, g. 672 † 727. G. Hedwig v. Tettenborn.

D Auf des Forstmeisters Hof.

Herr N. N. v. Minnigerode.

Geschwister: a) N. N. b) N. N. G. Claus Frid. v. Reden, Chur-Hannöv. Berg-Hauptm. zu Clausthal. c) N. N.

Eltern: Albr. Frid. Ludw. g. 721 † Hessen-Darmst. Obrist. G. I. Friderica v. Minnigerode. II. N. N. v. Keudel.

Gros.Elt. S. Eltern der Linie B. zu Silckerode.

III. Zu Wollershausen, im Hannöverischen.

Herr Ernst Ludw. v. Minnigerode, g. 721 Chur-Hannöv. Licent-Commissarius, des K. St. Jos. O. R. u. Burgm. zu Friedb. G. I. Jeanetta Cath. Georg Frid. v. Utterod auf Scharfenberg, u. Dor. Soph. v. Bobenhausen a. d. H. Oppach T. g. 24 May 724 †. II. N. N. v. Steinsdorf.

[Kinder:

Kinder: 1) Charl. Soph. Wilhelm. g. 750. G. Carl Lud.
v. Minnigerode, Chur-Hannöv. Major. 2) Henrietta
Ernest. Wilh. g. 752 † 773. G. N. v. Wreden, Chur-
Hannöv. Capitain 3) Frid. Dor. 4) Sohn. 5) N. N.

Geschwister: a) Georg Wilh. g. 725 Chur-Hannöv. Ca-
pit. St. Jos. O. R. u. Burgm. zu Friedb. b) Heinr.
Wilh. g. 726 Chur-Hannöv. Capit. St. Jos. O. R. u.
Burgm. zu Friedb. G. N. N Götz v. Ollenhausen.

Kinder: 1) Wilhelmina, g. 752. G. N. von Hopfgar-
ten. 2) Aug. Wilhelm.

c) Sophia Charl. g. 729. G. Wilh. Georg v. Utterott,
Chur-Hannöv. Camj. St. Jos. O. R. u. Burgm. zu
Friedb. g. 26 Apr. 726.

Eltern: Georg Lud. Heinr. Wilh. g. 685 † 748 Chur-
Hannöv. Licent-Commissarius u. Burgm. zu Friedb.
G. Sibilla Cath. v. Bobenhausen.

Gros-Elt. S Gros-Eltern zu Gilderode Lit. A.

IV. Zu Giboltehausen auf dem Eichsfelde.

Herr Carl Lud. v. Minnigerode, g. 733 Chur-Hannöv.
Major. G. Charl. Sophia Wilh. Ernst Ludw. v. Min-
nigerode u. Joannettæ Cath. v. Utterott, T.

Kinder: 1) Georg. 2) Wilhelmina. 3) N. N.

Geschwister: a) Hans Wilh. Christoph, g. 729 Hessen-
Rothenburg. Drost zu Bobenten. b) Dietr. Albr. g.
731 Chur-Hannöveris. Obr. c) Sus. Phil. g. 11 Feb.
732. G. Christoph Carl v. Linsingen, Chur-Hannöv.
G. M. d) Sophia Charl. g. 736. G. Hans Frid. Ernst
v Hopfgarten.

Eltern: Carl Otto g. 695 † 736 Hessen-Cassel. Hauptm.
G. Charl v. Bobenhausen.

Gros-Elt. Hans Caspar, g. 657 † 704. G. Philippina
v. Bülsingsleben.

Münster.

Dißes edele Fränkische Turnier- Ritter- u. Stiffts-
mäßige Haus, wovon ein Herr An. 1080 zu Augspurg tur-
nirte, hat seine Rittersitze theils bey dem Rs Ritter-Can-
ton Rohn-Werra, theils bey dem Canton Steigerwald,
massen demselben die beträchtliche Ritter-Güther Brei-
ten-

tenlohe, Burghaßlach, Burglauer, Euerbach, Klein-
Eybstadt, Lißberg, Niederwehren ꝛc. zustehen. Es blü-
het in zwey Linien, u. ist Heinrich v. Münster, welcher An.
1200 bekannt war, der ordentliche Stammherr aller jetzt
blühenden Descendenten.

A. Zu Euerbach.

Freyh. Joh. Phil. Otto Carl. v. Münster, auf Nieder-
wehren, Euerbach u. Pfandhausen, K.w.R. Fstl. Fuld.
Geh. R. Conferenz-Minister u. Rit. R. des Cantons
Rhön-Werra, g. 5 Apr. 719. G. Maria Adelh. Franz
Ant. Wolffg. Schützens v. Holtzhausen u. Mariæ Annæ
Barb Freyln v Guttenberg T. V. 745 R. Niederwehren.
Kinder: 1) Amand Ant. Mar. Joh. Nepom. g. 19 Feb. 746
Domicellar zu Würzb. 2) Carl Phil. Ignat. Jos. g. 19
Jul. 747. Domh. zu Würzb. resing. 10 Jul. 773 Fstl.
Bamberg. Camh. u. Ob. Amtm. zu Forchheim. 3) Heinr.
Phil. Damian Georg Nicol. g. 25 Apr. 760 Domh. zu
Würzburg.
Geschwister: 1) Maria Francisca Magdalena, g. 11 May
714 † 25 May 732. 2) Veronica Josepha Amal. Joh. g.
25 Sept. 715 † 24 Jun. 767. G. Heinr. Hartm. Ignat.
Donat. Heußlein v. Eusenheim zu Sachsendorf ꝛc. Fstl.
Würzb. Geh. R. u. Ob. Forstm. g. 17 Feb. 720. V. 12
Dec. 740. 3) Lothar. Franz Ant. Hartm g. 4 Feb. 717
Fstl. Würzb. Camh. u. G F. M. L. 4) Cath. Elisab.
Ernest. Maria, g. 11 Feb. 718. 5) Carl Wilh. Christoph,
g. u. † 720. 6) Ludw. Ernst Caspar. g. 6 Jan. 723 † 11
Apr. 742 Churm. Grenadier-Lieut.
Eltern: Wolffgang Fridrich, g. 687 † 721 Chum. wie
auch Fstl. Bamb. Camh u. Ob. Amtm. zu Marloffstein
ꝛc. Rit. R. des Cantons Rhön-Werra. G. Mar. Phil
Joh. Frid. Adolph, Jhn. v. Frankenstein zu Uhlstadt ꝛc.
u. Mariæ Franc. Marg. v. Eyb T. V. 712.

B. Zu Breitenlohe.

Freyh. Hugo Phil. Hartm. Jos. v. Münster, g. 23 Feb. 742.
Geschwister: 1) Maria Eva Wilh. Ther. g. 26 Feb. 740.
2) Mar. Ther. Clara Franc. Soph. Jos. g. 17 Feb. 741. 3)
N. N.
Eltern: Phil. Augustin Hartm. g. 709 Chur-Cöln. Camh.

wie auch Fstl. Würzb. Ob. Amtm. zu Rimpert. G. Mar. Phil. Marg. Joh. Ludw. Anton v. u. zu Hattstein u. Mariæ Ther. Sab. Gräfin v. Tättenbach u. Rheinstein T. g. 714. V. 739.

Vat. Geschw. 1) Franz Jos. Ludw. g. 21 Jul. 708 Fstl. Würzb Camb. Hof-R. u. Ob. Amtm zu Hofheim u. Stadt Lauringen. 2) Joh. Maria Magd. g. 710 † 713. 3) Hartm Frid. Anton, g. 711 Churm. Truchseß. 4) Louisa Cord. Ant. g. 713. 5) Maria Amalia Charl. g. 715. 6) Wilh. Franz Heinr. g. 716 Fstl. Würzb Lieut. blieb 739 in Ungarn wider die Türken. 7) Esther Mar. Anna Sabina, g. 717 † 721. 8) Lucr. Soph. Phil. g. 719. 9) Ant. Adam Heinr. g. 720 † 733.

Gros-Elt. Joh. Phil. Sen. K w. R. Churm. Camb. Fstl. Würzb Geh. R. Vicedom in Würzb. Ob. Amtm. zu Heidingsfeld, Rit. R. des Cantons Steigerwald u. Deputatus des Cantons Rhön-Werra. G. I. Maria Wilh. Georg Adolph Jhn. v. Hedersdorf u. Dorot. Hundin v. Saulheim T. V. 707 † 744. II. Mar. Cath. Elisab. Jos. Marq. Wilh. Grosens v. u. zu Trockau u. Mar. Annæ Freyin v. Guttenberg T. g. 14 Oct. 701. V. 745.

Palm.

Von diesem Gräflich u. Freyherrlichen zum Rs. Ritter Canton am Kocher gehörigen Haus kann mann in Ansehung seines Ursprungs nur dieses melden, daß es aus denen Kayserlich Oesterreichischen Erblanden herrühre und schon im XVI. Seculo in Böhmen floriret und sich sehr hervorgethan hate.

I. Gräfliche Linie.

Graff: Carl Joseph v. Palm, K. K. Cämmerer.
Schwester: Maria Josepha.
Eltern: Carl Jos. Gr. v. P. K. K. Geh. R. u. Ccn Commissarius auf dem Rs. Tag zu Regenspurg † G. Maria Ther. Freyin v. Plettenberg, V. 745 † 13 May 760.
Gros-Elt. Joh. David Jhr. v. P. K. K. Cam. R. Referendarius u. General Kr. Commissariatamts Canzley Director. † G. An. Maria v. Mondenz †.

II. Freyherrliche Linie.

Freyh. Carl August v. Palm, Hzl. Würt. Camh. u. Obrist-Wachtm. g. 739. R. Stuttgart.

Geschwister: a) Carol. Aug. Wilh. g. 738. b) Frid. Christian, g. 740 Hzl. Würt. Hof-Ger. Assessor. c) Carl Aug. Lud. Mgr. Baad. Hauptm. u. Canzl. d) Carl Aug. Christian, K. K. Lieut. unter dem H. Darmst. Drag. Reg. G. Carol. Frid. Dorot. v. Beulwitz. auf Griesheim. V. 24 Sept. 775. e) Frid Joh. Louisa.

Eltern: Joseph Christian, Hzl. Würt. Geh. R. G. I. N. v. Behrenfels, † ohne Kinder. II. N. v. Behrenfels.

Vat. Geschw. a) Joh. Jonathan, † 768. b) Joh. Bapt. Jacob. Hzl. Würt. Camh. u Land Ob. Jägerm. der gefürsteten Graff. Mömpelgard. G. Carol. Helena v. Behrenfels † 777.

Kinder: 1) Carol. Aug. Christiana. 2) Carol. Frid. 3) Carl Jonathan. 4) Fridrich Reinh. 5) Mariana Johanna. 6) Albertina Helena. 7) Christiana Eleonora.

Gros-Elt. Joh. Jonathan † 740. G. Anna Rosina Marg. v. Schweyer.

Gr. Vat. Geschw. A. Joh. David. S. Gros-Elt. der ersten Linie. B. Franz † 740 K. K. Grenad. Hauptm. unter Damnitz. C. Joh. Heinr. G. N. N.

Kinder: a) Joh. Heinrich. G. N. N.

   Kinder: 1) Dav. Heinr. K. K. Hauptm †. 2) Eberhard Heinr. 3) Christian Heinr. 4) Soph. Elis. G. Fhr. v. Senckenberg, K. Rs. Hof-R. †. 5) Susanna, G. Fhr. v Urcul, Hzl. Würt. Staats-Minister.

b) Franz Gottlieb, K. K. General Einnehmer † 749. G. Renata Elis. v. Mayer. c) Leopold Carl, Churf. Geh. R. † 776. G. Wilhel. v. Weisenbach.

Pflummern.

Diese uhralte Ritterliche Familie stammet urspünglich aus Schwaben, von einem Guth gleiches Namens, welches Pilgram v. Pflummern, der Ritter, nebst seinen Nachkommen An. 1180. besessen und dieserwegen sowohl die

Pflummern.

die Familie als das Guth selbsten dem Schwäbischen Rs.
Ritter Canton Donau incorporiret ist. Und gleichwie
noch vor der Mitte des 17ten Seculi der Kayserliche
Obrist Peter v. Pflummern als Besitzer des RitterGuths
Ober u. Unter-Helffenberg zu dem Ritter Viertel am
Kocher als Mitglied aufgenommen worden auch schon
den 30ten May 1645. einen errichteten Plenar-Conventz Receß als Mitglied mit unterschrieben u. besegelt hat; So geruhten Ihro Kayf. Mayst. in Rucksicht
dieses alten Ritterstandes aus eigener Bewegung die
Familie v P. neuerdings in des H. R. R. Freyherren=
Standt zu erheben, welche nunmehro von zweyen
Brüdern Hieronimo I. u. Henrico VIII in 2 Haupt=
Branchen fortgeführet wird. Ein mehreres hievon S. in
dem Handbuch von 1777.

I. Ignatianische Linie von Hieronimo I.

Freyh. Joh. Aurel. v. Pflummern, g. 2 Aug. 710 Wurde
von Kayf. Mayst. An. 744 in des H. R. R. Freyherren
Stand erhoben. Ware Fstl. St. Gallischer Hofmar=
schall. G. MariaLudov. Freyin v. Ruplin auf Cevicin.

Sohn: Joseph, g. 745 Fürstenberg. Hof=Cavalier.

II. Josephinische Linie von Henrico VIII.

Freyh. Franz Jos. v. Pflummern g. 10 Dec. 735 Hr. zu
Oberndorff, K. K. w. Ob. Amts R. der gefürsteten
Marggraff. Burgau. G. MariaJos. Maximil. Antonia
Gräfin v. Durau auf Neuershaussen, g. 8 Nov. 739.
V. 26 May 766 R. Günzburg.

Kinder: 1) Maria Walburga, g. 6 Apr. 767. 2) Mar.
Antonia, g. 29 Jun. 769. 3) Franz Jos. Ferd. Joh.
Nepom. g. 25 Nov. 771.

Eltern: Joh. Franz Meinrad, g. 7 Oct. 706 Hr. der Stadt
u. Herrschaft Oberndorff am Neckar. K. K. w. Regim.
R. Wurde 777 mit seiner Descendence von K. M. in
des H. R. R. Freyherren Stand erhoben. Sen. Fam.
G. Mar. Jos. Beatrix v. Maurer auf Cronegg, V. 7
Sept. 732 † 1 Aug. 777.

Vat. Bruder: Jos. Matheus, g. 21 Sept. 708 Patricius
der Rs. Stadt Augspurg, des Geh. R. u. Hospit.
Pfleg. G. I. Mar. Affara v. Rehlingin auf Haltenberg

† 734. II. Mar. Franc, v. Pflummern, V. 12 Feb. 737.
Kinder: 1ter Ehe a) Jos. Melchior Magn. g. 6 Sept. 734. 2ter Ehe b) Maria Franc. g. 18 Feb. 748. G. Christoph v. Rehlingin auf Haltenberg, des Inneren Geh. R. u. Burgerm. zu Augspurg.
Gros Elt. Josephus I. v. P. † 708. G. Mar. Theres. v. Holzingin, † 729.

III. Franz Thadäische Linie von Genr. VIII.

Herr: Joh. Rupert. v. Pflummern, g. 27 Jul. 716 Patricius der Rs. Stadt Biberach, des Geh. R. u. Pfarr-Pfleg. G. Mar. Jos. v. Eggs, V. 18 Jun. 742 R. Biberach.
Sohn: Leop. Augustin, g. 16 Nov. 746 Gst. Bissingin-Nippenburg. R. u. Ob. Amtm. zu Schramberg.
Geschwister: 1) Mar. Franc. g. 20 May 715. G. Jos. Math. v. Pflummern Patricius des Geh. R. u. Hosp. Pfleg. der Rs. Stadt Augspurg. 2) Anton, g. 18 Ap. 721 Fstl. Regensp. u. Elwang. Geistl. R. R. Biberach. 3) Ignat. Pirminius, g. 5 Jan. 724 Fstl. Augsp. Hof-R. † 18 Nov. 752. 4) Jos. Eustach. g. 725 Kays. Fähndr. unter Königsegg † 7 Apr. 747. 5) Carl Marquard, g. 727 Gst. Bissingin Nippenburg. R. u. Ob. Amtm. zu Schramberg, † 18 Oct. 774. G. Mar. Hel. Freyin v. Beck auf Wilmentingen. V. 767.
Kinder: a) Mar. Crescentia, g. 3 Aug. 770. b) Mar. Anna, g. 20 Aug. 772. c) Mar. Amal. Notburga, g. 20 Aug. 773.
6) Mar. Ludovica, g. 728 G. Carl Jos. v. Brandenburg, Hauptm. des Baad. Durlach. Schwäb. Cr. Reg. V. 752 † 23 Dec. 758. 7) Joh. Pirmin. g. 1 Jun. 732 Ob. Lieut. des Gst. Wolffeg. Schwäb. Cr. Reg.
Eltern: Franz Pirmin. Gst. Fugger. gemeinschaftl. R. u. Pfleger der Herrschaft Borsperg u. Laugna, † 28 May 740. G. Maria An. Antonia v. Ayblingen auf Schlacht-Egg. V. 712 † 18 Nov. 760.
Vat. Geschw. † Joh. Aloysius, g. 8 Sep. 692 Fstl. Costanz. Hof R. † 764. G. Mar. Euphrosina Freyin v. Sanda auf Landensperg † 753.
Kinder: 1) Mar. Euphrosina, g. 724. G. Franz Ant. v. Klock † Patr. Biber. † 775. 2) Maria Franc. g. 727. G.

G. Chriſtoph Fhr. v. Ilſung auf Tratzberg † 761. 3)
Mar. Anna, g. 728. G. Auguſtin Roth v. Reuthe †
768. 4) Joh. Aloyſius, g. 30 Aug. 731 Fſtl. Augspurg.
Geh. R. bey der Reg. zu Dillingen. G. Mar. Antonia
Edle v. Schad. V. 765.
Kinder: a) Frid. Aloyſius, g. 5 Merz 766. b) Joh.
Bapt. Seraphina, g. 24 Jun. 774.
5) Fidelis Magn. g. 10 Jan. 734 Fſtl. Conſtanz Hof-R.
der RS. Stadt Biberach Patricius, Burgerm. u. Hoſ-
pital-Pfleger. G. Mar. Anna v. Lemppenbach. V.
765.
Kinder: a) Mar. Antonia, g. 12 Dec. 765. b) Franz Xa-
ver, g. 1 Apr. 769. c) Mar. An. Walburga, g. 21 Apr.
771.
B) Franz Ignat. g. 7 Nov. 701 Patricius u. Lehen-R.
der RS. Stadt Ueberlingen, des RS. Gotteshaus Pe-
tershauſen R. u. Ob. Amtm. † 753. G. Mar. An. v.
Raithlinger † 771.
Sohn: Franz Ignat. g. 738 Patr. u. des Innern.
Geh. R. auch Hoſpit. Pfleg. zu Ueberlingen. G.
Mar. Franc. Joſt à St. Georgin, V. 775.
Gros-Elt. Franz Thadæus, † 714. G. Mar. Flora v.
Eslensperg, † 736.

Plettenberg.

Dieſes vornehme Haus, woraus 1706 Fridrich Chri-
ſtian als Biſchof u. Fürſt des H. R. R. zu Münſter † iſt
1042 zu Halle, u. 1209 zu Worms auf dem Thurnier er-
ſchienen. Es theilet ſich in die Gräflich. u. Freyherrliche
Linie. Erſtere wurde 1750 in die unmittelbare Reichs-
Graffſchaft Wittem eingeſetzet, und blühet nebſt der an-
dern im Stift Münſter. Schon im 14ten Seculo hatte
ſich eine Branche in Liefland niedergelaſſen, wovon der
berühmte Heermeiſter u. Reichsfürſt Walther v. P. ge-
weſen, die aber jetzo †. Von der Münſteriſchen Haupt-
linie war Joh. Caſp. v. P. in dem 17ten Seculo Ober-
hofrichter zu Münſter. Hieronimus v. P. that ſich in
dem 30jährigen Kriege als Schwediſcher Obriſt hervor.
Georg v. P. war Kayſerl. Miniſter u. wohnte 648 den
Frie-

Friedenstractaten zu Oßnabrück als Abgesandter bey. Bernhard Freyherr u. Deputirter der Westphälischen Ritterschaft hinterließ Eingangsgedachten Fürsten zu Münster, u Ferdinand, Decanum zu Paderborn u. Canonicum zu Münster. Dieterich Heinrich, Herr in Strahlfeld, Münsterischer Geh. Rath befand sich An. 1713 auf dem Reichstag zu Regenspurg als Abgesandter wegen Münster, Paderborn, Hildesheim, Kempten u. Fulda u. † daselbst, u. Friedrich Christian Freyherr v. P. empfieng als gevollmächtigter Gesandter von Baden-Durlach An. 1714 die Lehn am Kayserl. Hofe.

I. Gräfliche Linie.

Graf: Franz Jos. Mar. v. Plettenb. g. 19 Merz 714 Hr. zu Nordkirchen, Erbcämm. des Erzst Cölln, Erbm. im Stift Münster, K. K. w. Geh. R. u. Cämm auch Holl. Brigad. der Leibgarde des Statthalters. Wurde im Oct. 75c in die unmittelb. Rs. Graffsch. Wittem eingesezt, G. Aloysia; F. Franz Ant. v. Lamberg T. g. 13 Jun. 718. V. 10 Nov. 737. St. Cr. O. O.

Kinder: 1) Franz Jos. g. 5 Nov. 738 K. K. Cämm. † 6 Oct. 760. 2) Franz Ant. g. 1 Jan. 740 K. K. Cämm. † 30 May 766. G Sophia, Freyin v. Drost zu Füchten, V. im Aug. 764. (II. G. Clem Aug. Fhr. v. Drost zu Bischering, Fstl. Münst. Geh. R. V. 15 May 768.) 3) Aloysia, g. im Febr. 741 Stiftsd. zu Nancy. 4) Clem. Aug. g. 23 Dec. 742 K. K. Hauptm. Cämm u Erbm. des Hochst. Münst. † 26 Merz 771. G. Mariana, Rs. Freyin v. Galen zu Dinklåg.

Sohn: Max. Frid. g. 20 Jan. 771.

5) Bernhardina, g. 7 Merz 743. St. Cr. O. O. G. Dominicus Andr. Gr. v. Kaunitz Rittberg Questenberg. 6) Fridrich, g. 24 Dec. 746 Probst zu Wildeshausen. 7) Maria, g. 750 Stiftsd. zu Wien 8) Mar. Anna, g. 4 Aug. 756 Stiftsd zu Nottulen in Westphal.

Schwester: Bernh. Mar. Soph. Franc. g. 6 Sept. 719 war Canoniß. zu Thorn; St. Cr. O. D † 15 Apr. 768. G. Joseph-Franz Bonaventura, Gr. v. Schönborn, † 24 Jan. 772.

Plettenberg.

Eltern: Ferdinand, g. 25 J. 690 Churcölln. Prem. Min. Kaif. Geh. R. u. Gef. vom Niederrhein. u. Westphäl. Cr. Rsgf. 724 des G. Vl. R. Kaif. Botschaft. am Päbstl. Hof, † 18 Merz 737. G. Bernh. Alexandrina Fhn. Dietr. Conr. Adolph v. Westerhold zu Lombeck T. g. 16 Apr. 695. V. 717 St. Cr. O. D.

Vat. Bruder: Bernh. Wilh. zu Lehnhausen, g. 27 Jul. 695 † 12 Apr. 730. G. Agnes Soph. Fhn. Dietr. Conr. Adolph v. Westerhold zu Lombeck T. g. 696 V. 721.

Kinder: a) Jof. Clemens, g. 23 Merz 723 Churc. Geh. Land= u. Kriegsr. Drost zu Werl, Nehem u. Ottinghausen, Erb=Cämm. des Herzogth. Westphalen G. Clara Regina Adriana, Ernst Dietr. Ant. v. Drost zu Füchten T. V. 28 Nov. 745.

Kinder: 1) Clem. August, g. 25 Dec. 746 † 20 Merz 747. 2) Soph. Bernh. g. 20 Jul. 749 † 11 Apr. 750. 3) Bernhardina, g. 20 May 752. 4) Clara Louisa, g. 16 Aug. 754.

b) Clem. Aug. g. 26 Oct. 724 Domh. zu Paderborn und Münster, Domicell. zu Mainz u. Probst des freyweltl. Fräul. St. zu Lippstadt, Hr. zu Dieckburg. c) Bernh. Ursula, g. 23 Dec. 726 Stiftsd. zu Metelen. d) Ferdin. Jof. g. 21 Jan. 728 Domh. zu Münster, Hildesh. u. Paderborn, Fstl. Hildesh. Geh. R. e) Clara Franc. g. 19 Merz 730 † 739.

Gros Elt. Joh. Adolph, † 698. G. Mar. Franc. Theref. Gudula, Fhn. Degenh. Adolph v. Metternich Gracht T. g. 28 May 667. V. 683 †.

II. Freyherrliche Linie.

Freyh. Clem. August v. Plettenberg, g. 19 May 719 Hr. v. Gräbel u. Grümberg, K. K. w. Cammerh. Teutsch D. R. auch Rathsgeb. und Commenth. zu Beckefort der Balley Altenbiesen.

Geschwister: 1) Franz Arn. g. 4 Jul. 716 Fstl. Würzb. R. † 175. 2) Mar. Theref. g. 8 Merz 723 † 13 May 760. G. Carl Jof. Gr. v. Palm, Kaif. Geh. R. u. ehemal. Concommiss. auf dem Rstag zu Regenspurg. V. 745 †.

Eltern: Frid. Christian, g. 6 Aug. 686. K. K. Geh. R. u. erster Comit. Gej. zu Regensp. † im Nov. 744. G. Mar. Johanna, Fyn. Joh. Adolph, v. Gymnich T. g. 24 Nov. 690. V. 16 Jun. 715 St. Er. O. D. † 8 May 745.

Pöllnitz.

Diese vornehme Familie ist so alt, daß man wegen ihres eigentlichen Ursprungs nichts sicheres ausfindig machen kann. So viel ist gewiß, daß sie schon in denen grauesten Zeiten das Stammhaus Pöllnitz in dem Chursächsisch Neustädtischen Crayse bey Weida, innen gehabt u. in selbiger Gegend stark begütert gewesen. Das ganze Geschlecht hat ungemein viele Güter in verschiedenen Ländern besessen, und hat noch jezo eine beträchtliche Anzahl, welche in Chur-Sachsen, in dem Voigtländischen Crayse, im Neustädtischen Crayse, im Leipziger Crayse, im Thüringischen Crayse, im Fürstenthum Altenburg, im Königreich Preussen in der Mark Brandenburg, in Siebenbürgen liegen, u. noch andere so zu der RS. Ritterschaft in Franken, Schwaben u. am Rheinstrom gehören. Ueberhaupt aber ist von diesem edlen Geschlechte zu sagen, daß es sich an den meisten Höfen Teutschlands ungemein verdient, u bey der RS. Ritterschaft u. verschiedenen Hochstiftern gar sehr berühmt gemacht hat, und ist Heinrich oder Heinze v. P. auf Schwarzbach u. Neusorge welcher mit seiner Gemahlin Eva Rosin v Erlbach, in den Jahren 1487 u. 1497 lebte, Stammherr aller heutiges Tages blühenden Branchen.

Freyh. Carl Anton v. Pöllnitz, Hr. auf Hundshaupten, Aschbach, Hayda, Hahn, Wüstenbach 2c Kays. K. Chur-Trier. u. Fstl. Bamb. Geh. R. derer RS. Ritterschaften zu Franken, Geburg u. Steigerwald, erbetener Rit. Hauptm. u. Kath. R. Bamberg.

Geschwister: 1) Charl. Cath. G. I. Anton Heinr. v. Merz. † II. N. N. 2) Constantin Christoph Carl Joh. Georg, Fstl. Würzburg. Geh. R. Ob. Jägerm. Ob. Amtm. zu Schlüsselfeld u. Rit. R. des Cantons Steigerwald. G. Maria Franc. Jos. Charl. Marquard Carl Lud. Fyn. v. u.

u. zu Guttenberg ꝛc. u. Mariæ Cath. Jul. Jos. Freyin
v. Frankenstein zu Uhlstadt T. g. 25 Feb. 721 V. 5 Novemb. 742. R. Würzburg. 3) Maria Anna, G. Ad.
Christoph Frid. Wilh. v. Redwiz zu Küps ꝛc. Fürstl.
Bamberg. Hof-Kr. R. Camh. Obrist u. Commend. der
Vestung Rosenberg ob Cronach, g. 6 Aug. 711. V. Merz
743.

Eltern: Wilh. Georg Ernst Lud. g. 689 Fstl. Bamberg.
Ob. Amtm. zu Kupfferberg, Steinach u. Wartenfels,
auch Deputatus des Rs. Ritter Cantons Gebürg †
22 Septemb. 741. G. Christiana Sabina, Joh. Georg
v. Schaumberg zu Altenburg ꝛc. u. Mariæ Dor. Marschallin v. Ebneth T. g. 10 Septemb. 692. V. 23 May
711 †.

Vat. Geschw. a) Marq. Carl Christoph Anton, Kays. w.
R. Churm. auch Fstl. Bamberg. Geh. R. Ob. Hofm.
u. Pfleger zu Scheßlich u. Siech, Rit. Hauptm. des
Cantons Steigerwald, † 7 Sep. 742. b) Anna Cath.
Franc. Marg. † 729. G. I. Marsil. Frid. v. Obentraud,
II. Joh. Wilh. v. Buttlar, auf Mariengard, Churm.
Camh. u. Major. III. Franz Anton Schliderer v. Lachen, K. Pohln. u. Chursächs. Camh. auch Churpfälz.
Geh. R.

Gros-Elt. Ferd. Johann, Fhr. v. P. Hr zu Aschbach,
Hundshaupten, Hayda, Tagmans, Hohen- u. Wüstenbuch, Leuzenhof, Stechenthumbach u. Weißmain †.
G. Helena Charlotta, Wolff Heinr. Fhn v u. zu Thüngen u. Roßbach, dann Sophiæ Eleon. Voitin v. Rhineck
T. g. 657 † 13 Feb. 723.

Racknitz.

Diese Freyherrliche zum Rs. Ritter-Canton am Kocher gehörige Familie ist Oesterreichischer Abkunft. Georg
v. R. der um das Jahr 145. lebte, wurde ein Grosvater Christophori, welcher mit einer Gemahlin, des letzten Grafens von Pernegg Tochter, ansehnliche Güther erheurathet. Sein Sohn Mauritius hat vom Kaiser Ferdinando I. zuerst die Freyherrliche Würde erhalten. Er
wurde ein Vater Francisci, welcher Gallum von R. Kays.
Cam-

Cammerherrn hinterließ, u. Anno 1629 durch das Religions- u. Restitutions- Edict genöthiget wurde, seine Güther in Steyermark zu verlassen.

Freyh. Phil. Frid. Adam v. Racknitz, Herr auf St. Ulrich, Ober-Marburg, Künberg, Berneck, Haunsheim Heinsheim u. Zimmerhof ꝛc. Kays. R.Hzl.Würt.Geh. R. des R. A. O. Gr. Cr. u. Ritt. Hauptm. des Cant. Kocher. R. Heinsheim bey Giengen.

Geschw. (1ter Ehe) 1) Elisab. Margar. G. Phil. Jhr. v. Gemmingen, Hr. zu Guttenberg, Bonnfeld ꝛc. Kays. R. u. Director des Cantons Creichgau. (2ter Ehe) 2) Christoph Heinr. † 751. 3) Louisa Elisabetha, † 757. G. Aug. Christoph, Graf von Degenfeld Schonburg, des R. A. O. Gr. Cr. u. Canton Kocher. Ritt.R. † 4) Joh. Gustav, † 764. Hzl. Würtemb. Haus-Marschall u. des St. Carl militaire O. R. G. MariaWilh.Franc. Henr. Jul. v. Adelsheim. † 768.

Kinder: a) Carl Frid. Mgr. Brand. Hof-J. u. Reg.Assessor. b) Phil. Christoph Eugen. c) Johanna Wilh. † 1757.

Eltern: Phil Wilh. † des Cantons Kocher Ritt R.G. I. Sib. Dorot. Eberh. v. Sperberseck. II. Joh.Charl. Schade von der Salwey.

Vat. Geschw, a) Joh. Frid. G. Joh. Jul. v. Stain zu Bechingen.

Kinder: 1) Frid. Lud. † 770. 2) Carl Wilh. 3) Henriet. Maria † 775 G. Carl Wilh. Lud. Jhr. v. Stain, K. K. G. F. W. † 777. 4) N. N. G. N. v. Reitzenstein.

b) Maria Cath. G. N. Schertel v. Bürtenbach, Major. c) Eleon Charl. G. Phil. Lud. v. Bettendorff. d) Constantia, G. Georg Christian v. Lindau, Hauptm. e) Eva Christina, G. N v. Wöllwarth zu Polsingen. f) Cæcilia Renata. g) Mar. Polixena.

Gros-Elt. Christoph Erasmus † Churpf. Cämmerer. G. Mar. Elis. v. Geitzkoffler †.

Redwitz.

Dieses vornehme Fränkische Haus, wovon schon im Jahr 942 Erich v. Redwitz zum Turnier nach Rothenburg an der Tauber kame, besitzet dermahlen nicht nur das Stammhaus Redwitz, 2 Stunden von Cronach im Rs. Ritter-Canton Gebürg, sondern auch andere sehr considerabele Ritter Güther u. Seniorat Lehen, welche sämtlich erst bemerktem Canton einverleibet sind, und ist der ordentliche Stammherr aller jetzo florirenden Herren, Ernst, welcher im Jahr 1179 bekannt war.

I. Lini zu Schmölz.

Freyh. Joh. Veit Carl Wilh. Heinr v. u. zu Redwitz, g. 10 Aug. 714 Hr. zu Schmölz u. Theisenorth, coinvestirter Herr auf Redwitz, Küps, Weisenbrunn, Wildenroth, Steinberg, Unterlangenstadt, Dornlach und Burkersdorf ꝛc. K w R. Fstl. Eichst. Geh. u. der Rs. Rittersch. in Franken, Orts Gebürg Rit. R. G Maria Eva Cath. Fhn. Georg Ernst v. Hedersdorf und Mariæ Christianæ Sophiæ, Freyin v Guttenberg, a. d. H. Steinenhaus, T. g. 13 Apr. 718 V. 25 Jul. 735. R. Schmölz, in Franken.

Kinder: 1) Maria Sophia Franc. Ther. Carol. g. 16 August 736. 2) Cath Christiana Joh Carol. Ther. g. 24 Jun. 738. G. Phil. Heinr Ant. Maria, Fhr. v. Aufsees ꝛc K w R. Churcölln. auch Fstl. Bamb. Geh.R. Land-Richter u Ob. Amtm. zu Burg-Ebrach, St. Mich. Ord. Commandeur u. Gr. Er des Cantons-Gebürg Ritt. R. ꝛc. V. 3 Nov. 756. 3) Franz Carl Heinr. Wilh. Philipp, g. 5 Oct 739 derer Domst. Bamb. u. Eichstädt. Domicellar u. Fstl. Bamb. Hof R. 4) Heinr. Joh. Christian, g. 24 Merz 741 † 19 Aug. 752. 5) Eleon. Louisa, g. 8 Jul. 742 † 29 Decemb. 77. G Carl Sigm. Fhr. v. Kynsberg auf Kirmensees ꝛc. Fstl. Bamb. Hofr. u. Ob. Amtm. zu Steischerfeld u. Hollfeld. 6) Christoph Benedict, g. 4 Decemb. 744 Fstl. Bamb. Grenad. Hauptm. u. Jagdj. 7) Wilh. Ludw. g. 10 Aug. 746 Churm. Camb. u Jagdj. 8) Franz Joseph Bernh. g. 12 May 748 Fstl. Bamb. Hof-R. Hof-Cavalies lier u. Ob. Amtm. zu Brunach. 9) Joh. Carl, g. 18 May 750 † 24 Jun. 756. 10) Frid. Ant. Georg Wilh. g. 10 Sept. 751 Fſtl. Würzb. Edelknab. 11) Phil. Veit Gottlieb u. 12) Carl Dietr. Ernſt, Zwillinge. g. 5 Apr. 753 erſter † 18 Jun. 766. 13) Maria Joſepha, g. 5. Aug. 754. 14) Ant. Joſ. Heinr. g. 29 Merz 756 Churm. Cammerknab. 15) Phil. Ant. g. 4 Dec. 758.

Geſchwiſter: 1) Chriſtoph Ernſt Adam, g. 28 Apr. 711 lebt als Cloſterherr zu Langheim unter dem Namen Benedictus. 2) Maria Ther. 3) Magd. Eliſ. Eleon. Petronella, g. 12 Dec. 716. 4) Amal. Roſina Soph. Thereſia, g. 14 Feb. 718. G. Hartm. Ernſt v. Harrſtal zu Trefurth u. Mühla, Sachſ. Eiſenach. Camj. u. Huſar. Lieut. g. 14 Feb. 718. V. 11 Jan. 736. 5) Chriſt. Carl. 6) Phil. Wilh. g. 22 Sept. 723. 7) Jul. Chriſtiana. 8) Carl Joſeph, g. 725. 9) Franz Ludw. g. 15 Sep. 726. 10) Caſim. Sigm. g. 28 Jul. 728 †. 11) Maria Marg. Frid. g. 7 Nov. 729 in dem Adel. St. St. Urſulä zu Kitzingen.

Eltern: Franz Carl, g. 15 Oct. 681 † 12 Dec. 732 Fſtl. Heſſen-Caſſel. Lieut. Stifter dieſer Linie. G. Sophia Jul. Ferd. Gottfr. v. Gebſattel, dann Amaliæ Mariæ v. Ebersberg gt. Weyers, T.

Pat. Geſchw. 1) Adam Georg Frid. Ernſt, g. u. † 699. 2) Georg Frid. g. 9 Oct. 670 † 14 Apr. 671. 3) Silveſter Joh. Gottfr. (S. die Gros-Eltern der folgenden Linie.) g. 14 Jan. 672 † 2 Merz 735. G. Martha Eliſ. Wilh. Chriſtoph v. Boineburg zu Weiler, u. Mariæ Suſ. v. Buttlar, a. d. H. Diettlaß T. V. 5 Jan. 697. 4) Joh. Chriſtian, g. u. † 673. 5) Eva Urſula, g. 13 Feb. 674 † 9 Oct. 741. G. Fhr. Carl Heinr. v. Auffeeß. V. 3 Jun. 693. † 6) Alex. Heinr. g. 20 Jun. 676 K. Pohln. u. Chur-Sächſ. Major, † 745. G. Iſab. Sidon. von der Leyen, Erbin v. Künßheim. 7) Joh. Adam, g. 3 Jan. 680 † 18 Oct. 711 Maltheſ. O. R. u. Fſtl. Heſſen-Caſſel. Obriſt-Lieut.

Gros-Elt. Gottfr. Lud. Alex. g. 640 Kayſ. Rittm. und Rit. R. des Cant. Gebürg, † 20 Oct. 685. G. I Joh. Marg. Sig. v. Waldhof zu Paſtborhof u. Urſ. Cath. v. Lieben-

Liebenstein, T. II. Eva Susan. Georg Reinh. v. Redwiz zu Redwiz, u. Evæ Barb. v. Schaumberg, T. V. 688 †.

II. Linie zu Redwiz.

Freyh. Georg Christoph Heinr. Gottfr. Lud. Franz Carl v. u. zu Redwiz, g. 1 Jun. 739.

Brüder: 1) Alex. Christoph Carl Lud. Phil. g. u. †738. 2) Frid. Carl Wilh. Max. Pet. Joh. Albr. g. 3 Jul. 740.

Eltern: Frid. Carl Ant. Ernst, g. 20 Dec. 711 † 8 Jan. 743. G. Anna Eleon. Soph. Christoph Lud. Lochner v. Hüttenbach zu Lindenberg u. Sophiæ Louisæ Charl. Pfreumbdner v Bruck T. g. 710. V. 8 Nov. 736.

Vat. Geschw. 1) An. Urs. Christina, g. 17 Dec. 697. V. 721 † 8 Apr. 730. G. Georg Christoph v. Reizenstein auf Fischbach, des R. A. O. R. u. Hauptm. der Vogtländ. Rittersch. 2) An. Cath. g. 698 † 699. 3) Phil. Christoph Ludw. g. 19 Oct. 699 K. K. Hauptm. † bey Panzora. 4) Maria Frid. Dorot. g. 23 Nov. 700 †. 5) Jul. Barb. Eleon. g. 23 Feb. 702. G. Wilh. Ernst v. Harstall, Fstl. Bamb. Hauptm. V. 722. 6) Maria Amal. Sab. g. 30 Jun. 703 † 741. G. Frid. v. Rauchab †. 7) Soph. Maria, g. u. † 705. 8) Anna Charl. g. u. † 708.

Gros-Elt. Silvester Joh. Gottfr. g. 14 Jan. 672 † 2 Merz 735 Fstl. Würzb. Drag. Hauptm. G. Martha Elisab. Wilh. Christoph v. Boineburg u. Mar. Sus. v. Buttlar a. d. H. Dietlass T. g. 25 Jan. 666. V. 5 Jan. 697 † 15 Feb. 738.

Reizenstein.

Dieses vortrefliche Geschlecht gehöret zum ältesten Turnier-Stift- u. Rittermäßigen Adel in Franken. Sein Stammhaus Reizenstein liegt im Culmbachischen Voigtlande, Höfischen Bezirks. Es ist eines der weitläuftigsten Häuser u. besitzet gar viele wichtige Ritter-Güther, als Bärenstein, Conradsreuth, Epplaß, Froschgrün, Leupoldsgrün, Lipperts, Marxgrün, Nentsche, Niedernberg, Posek, Prex, Regnizlosa, Reppisch, Schönberg, Schönbrunn,

brunn, Schönkirch, Schneckengrün, Schwarzenbach, Schwarzenstein, Zelbiz, Tiefendorf, Zoppoten ꝛc. Die ganze Familie theilet sich in 3 Hauptlinien, in die Reizensteinische, Schwarzensteinische u. Schönbergische, welche sich abermals in gar viele Linien zergliedern, und theils zum Rs. Ritter-Canton Gebürg, gröstentheils aber zur Voigtlandischen Ritterschaft gehören.

A. Linie zu Hartungs.

Herr Christoph Heinr. v. Reizenstein, Hr. auf Fischbach, Hartungs, Lipperts Epplaß, Leopoldsgrün ꝛc. Fstl. Nassau-Saarbrück. Obrist-Wachtm. u. Rit Ausschuß des Cantons Gebürg, g. 9 May 728. R Fischbach.

Geschwister: a) Anna Dor. Elis. Eva, g. 13 Nov. 721 † 750. G. Otto Georg Phil. Fhr. v. Guttenberg, Herr zu Kirchleuß ꝛc. V. 8 Jun. 743 in Brand. Onolsbach: Hof u. Kr. Diensten. 2) Joh. Phil. Adam Ferd. g. 16 Nov. 722 Brand. Culmbach. Camh. ꝛc. 3) Maria Christiana Sophia Theresia, g. 22 Nov. 724. G. August Tritschler v. Falckenstein V. 751. 4) Hedw. Florentina Frid. Louisa, g. 27 Feb 725. G. Ludw. Frid. Heinr. v. u. zu Egloffstein, Biberach, Cunreuth ꝛc. V. 22 Aug 745. 5) Gottlob Carl Heinr. Nathanael, g. 25 Merz 726 in Brand. Culmbach. Kr. Diensten. 6) An. Joh Henrietta. g. 22 Apr. 729.

Eltern: Georg Christoph, † Sachs. Coburg. Camh. Br. Culmbach. edler Rit. Lehen Ger. Assess. R. A O. R. Deput. der Rs. Ritters ch. Gebürg u. Rit. Hauptm. der Voigtländ Ritters ch. G. I. An. Urs. Christiana, Silvester Joh Gottfr. v. Redwitz zu Theisenorth und Martæ Elis. v. Boineburg a. d. H. Weiler T. † 730. II. Sus. Charlotta, Joh. Albr. v. u. zu Rabenstein, Rabeneck ꝛc. u Rosinæ Sophiæ v. Zettwiz a. d. H. Asch u. Krugsreuth T. Joh. Ad. Erdm. Fhn. v. Guttenberg zu Reizendorf ꝛc. W. †.

Gros-Elt. Wolff Christoph v. Reizenstein auf Hartungs, Lippertsgrün u. Lipperts, Stammherr dieser Linie †. G Dorot. Hedwig, Georg Christoph v. Sparenberg auf Bettenburg ꝛc. u. An. Sabinæ Truchsessin v. Wezhausen, a. d. H. Bundorff T. †.

B.

B. Zu Conradsreuth im Obern Theil.

Herr Gottfr. Christoph Leonh. v. Reizenstein auf Conradsreut im obern Theil u. Hadermansgrün, Brand. Culmbach. edler Rit. Lehen Ger. Assess. g. 2 Merz 712. G. Clara Elis. Joachim Georg Titschlers v. Falckenstein u. Ellefeld u. An. Christinæ v. Wolffersdorff, a. d. H. Wolffersdorff T. g. 8 Dec. 713. V. 7 Feb. 737. R. Conradsreuth.

Kinder: 1) Traugott Lebr. g. 11 Nov. 731 2) Christiana Soph. g. 7 Dec. 738. 3) Frid. Johanna, g. 19 Aug. 740 † 26 Aug. 748. 4) Joh. Carolina, g. 13 Jan. 742. 5) Christoph Carl, g. 17 Jul. 743. 6) Gottl. Christian g. 9 Merz 745. 7) Eleon. g. 23 Jun. 748.

Geschwister: a) Carl Alex. g. 14 Aug. 685 † 14 Feb. 686. b) Joh. Florentina, g. 6 Octob. 686 † 726. G. Wolff Andr. Metsch v. Reineck auf Crötenbruck V. 15 Feb. 718. c) Christiana Florent. g. 4 Octob. 687 † 24 May 698. d) Soph. Dor. Florent. g. 689 † 690. e) Jos. Heinrich, g. 691 † 692. f) Rosina Florent. g. 693 † 739 G. Christoph Carl Aug. v. Falckenstein auf Ködiz. V. 18 Jul. 723. g) Erdm. Anton, g. 28 Merz 695 Kays. Grenad. Hauptm. † 29 May 741 an seinen in der Schlacht bey Mollwitz empfangenen Blessuren. G. Christiana Frid. v. Holdern.

Kinder: 1) Maria Anna Eleon. Bernhard. g. 22 Feb. u. † 12 Sept. 733. 2) Maria Anna, g. 734. 3) Augusta Frid. Florent. g. 739.

h) Soph. Florent. g. 14 Jul. 696 † 5 Jul. 747. G. Joh. Heinr. v. Dobeneck auf Schlegel, Brand. Culmbach. Camh. V. 15 Jun. 718. i) Maria Soph. Florent. g. 12 Merz 695 † 29 Apr. 750. G. Phil. Frid. v. Zettwitz auf Neidberg ꝛc. k) Christoph Carl, g. 31 Merz 701 † 1 Jun. 733 Stammherr einer Linie zu Hadermansgrün. G. Sab. Barb. v. Zettwitz a. d. H. Schönbach, V. 12 Feb. 726.

Kinder: 1) Joh. Magd. Theres. g. 24 Aug. 727. 2) Maria Soph. u. 3) Helena Marg. Zwillinge, g. 16 Feb. 729. 4) Christiana Soph. g. 731. 5) Christoph Heinr. g. 732.

1) Hel. Florent. g. 7 Apr. 702 G Heinr. v. Bünau, Chur-
Sächs. Obrister. V 17 Oct. 748. m) Christiana Soph.
Florent. g. 5 Jul. 703 † 18 Apr. 731. n) Carl Anton.
g. 17 Jan. † Nov. 705. o) Soph Dor. g. 709 † 710.
Eltern: Christoph Heinr. Stammh. dieser Linie, g. 17
Jan 661 † 28 May 723. G I. Maria Sophia, Gustav
Bernh. v. Beulwiz, u. An. Magd. v. Hoym a. d. H.
Kittliz T. † 22 Oct. 699. II. Joh. Maria, Christoph
Ernst v. Reizenstein auf Reizenstein u. Culmiz u. Evæ
Magd. v. Wildenstein T. † 20 Dec. 750.
Vat. Geschw. a) 7 Brüder u. 2 Schwestern, so alle †.
b) Georg Adam. Siehe Eltern der folgenden Linie.
Gros-Elt. Christoph Ernst, Stammh. der blühenden
Linie zu Conradsreuth obern u. untern Theils, g. 17
Jul 625 † 22 Jun. 683. G. Anna Cath. Veit Heinr.
v. Machwiz auf Weisdorf u. An. Elis. v. Zimmern a.
d. H Heydersleben T. g. 643. V. 658 † 27 Merz 711.
   C. Zu Conradsreut im untern Theil.
Herr Georg Rudolph v Reizenstein auf Conradsreut
im untern Theil, g. 31 Oct. 712 üb erkame in der brü-
derlichen Theilung An. 736 den untern Theil des
Ritterguths Conradsreuth.
Geschwister: a) Christoph Ernst Adam, auf Ködiz, K.
Dänisch. Lieut. g. 21 Octob. 698. G. Sophia v. Schau
aus Dannemark.
Kinder: 1) Christoph Ernst, † in der Kindh. 2) Sophia
Elisab. 3) Carolina.
b) Soph. Cath. g. 27 Jun. 701. G Phil. Ferd. v. Rei-
zenst. auf Selbiz u. Froschgrün, Br. Culmb. Camj. u.
Lieut. c) Ad. Fr. g. 9 Sep. † 7 Dec. 702. d) Georg Chr.
g. 29 Sept. 703 Churpf. Obrist-Lieut. G. N. N. e)
An. Dorot. g. 1 Dec. 705 † 5 Feb. 751. f) Christiana
Louisa, g. 22 Sep. 707. g) Joh. Catharina, g. 18 Oct.
709 † 31 Sep. 712.
Eltern: Georg Adam, g. 10 Dec. 673 † 11 Merz 736
Deputat. der Höfschen Ritterschaft u. Stammherr die-
ser Linie. G. I Sophia Barb. Adam Frid. v. Beulwiz
auf Erlbach ꝛc. u. Ursulæ Sophiæ v. Dobeneck T. g. 668.

Reizenstein.

v. 697 † 732. II. Sab. Wilh. Sophia v. Buttlar a. d.
H. Ziegenberg. V. 733 ohne Kinder.
Vat. Geschw. u. Gros-Elt. Siehe vorstehende Linie.

D) Zu Hohenberg.

Herr Caspar Christoph Liebm. v. Reizenstein, g. 4 Feb.
721 Brand. Culmbach. Camh. ꝛc. G. Maria Amal.
Christiana Carol Wilh. Adam Christoph Joh. Stie=
bars v. Buttenheim auf Aisch ꝛc. u. Annæ Soph. Frey=
in v. Wildenstein a. d. H. Marlesreuth T. g. 19 Jul.
725. V. 744. R. Bayreuth.
Kinder: N. N.
Geschwister: 1) Christiana Cath. Eleon. g. 2 Feb. 714.
G. Christoph Lud. Frid. v. Wurm. V. 749. 2) Louisa
Frid. g. 4 Merz 716. G. Aug. Heinr. v. Dießkau auf
Kizen. 3) Wilh. Amalia, g. 30 Aug. 719. 4) Carl Erdm.
g. 10 Jun 722.
Eltern: Casp. Erdm. v. R. auf Hohenberg u. Hähnigen,
g. 5 Feb. 690 † G. Amalia Charl. v. Beust, a. d. H.
Hähnigen bey Altenburg. V. 713 †.
Gros-Elt. Jobst Caspar, g. 15 Merz 660 Stammh. dieser
Linie † 700. G. Anna Cath. v. Falckenstein, a. d. H.
Röhrenhof †.

E. Zu Tiefendorf.

Herr Georg Heinr. Wilh. v. Reizenstein, auf Tiefendorf,
g. 10 Dec. 728. G. Sophia Elis. v. Reizenstein auf
Sparenberg u. Blindendorf. V. 4 Aug. 744.
Kinder: 1) Heinr. Erdm. Carl Wilh. g. 5 May 749. 2)
N. N.
Geschwister: a) Anna Maria Sophia, g. 16 May 724. b)
Ernestina Wilh. g. 25 Sept. 725 † 28 Nov. 732. 3) An=
na Christina Aemilia Henrica, g. 13 Nov. 730 † 6 Aug.
731. 4) Christian Wilh. g. 15 Aug. 733 in Brand.
Culmbach. Hof= u. Kr. Diensten. 5) Christiana Wilh.
g. 22 Apr. 736. 6) Frid. Erdm. Wilh. g. 739 † 740.
Eltern: Wolfg. Christ. Wilh. g. 29 Dec 699 † 19 Merz
744. G. I. Charl. Christiana, Christian Albr. v. Fei=
litsch auf Töpen ꝛc. u. Dor. Magd. v. Feilitsch, a. d. H.
Treuen T. † 740. II. Erdmuta Magd. v. Reizenstein.
V. 22 Jan. 741.

Vat. Geſchw. a) Chriſtoph Dan. g. u. † 691. b) Gottlob Erdm. g 691 † 693. c) Chriſtiana Florent. Felicit. g. 694 † 699. d) Erdmuta Eberhard. g. 18 Jan. 696 † G. I. Joh. Sigm. Heinr. v. Feilitſch auf Kürbitz ꝛc. Brand. Onolsbach. R. u. Camj. V. 729 Geſchieden. II. Joh. Sigm. v. Sidliz, in Brand. Culmbach. Kr. Dienſt. V. 19 Jan. 717. e) Anna Eliſ. Roſina, g. 698 † 700. f) Chriſtoph Ernſt, g. 701 † 702. g) Carl Frid. g. 21 Jul. † 8 Sep. 705.

Gros-Elt. GeorgPet. Ernſt, v. R. auf Tiefendorf, Birck u. Sachsbühl Brand. Culmb. Obriſt Lieut u. Stammh. dieſer Linie, g. 13 Merz 662 † 740. G An. Sibilla, Chriſtoph Dan. v. Feilitſch auf Trogen ꝛc. u. An. Eliſ. v. Pöllnitz, a. d. H. Dreitſch T. g. 670. V. 690 †.

Riedeſel zu Eiſenbach, Erbmarſchalle zu Heſſen.

Dieſes uralte Freyherrliche Geſchlecht, deſſen Beſitzungen theils in dem Fränckiſchen Ritter-Canton Rhön und Werra, theils in Ober- und Nieder-Heſſen liegen, theilete ſich ehedem in zwey Hauptlinien, die Volpertiniſche und Conradiniſche, davon die erſtere den 3 Apr. 1756. mit Hermann Ludwig Riedeſel, Freyherrn zu Eiſenbach u. Hermannsburg, Heſſen Caſſeliſchen Geheimden Kriegs-Rath ausſturbe. Die noch blühende Conradiniſche Hauptlinie theilet ſich I. in die Ludwigsecker Linie zu Trunsbach u. Ludwigseck. II. in die Eiſenbacher Linie, welche ſich ehedem in die zu Eiſenbach u. Altenburg zergliederte wovon die leztere mit Hermann Riedeſel Freyherren zu Eiſenbach auf Altenburg, Erbmarſchall u. Sächſiſchen General-Lieutenant An. 1751. ausſtarb, worauf ſich die erſtere abermahls in die zu Eiſenbach und Altenburg abtheilete. III. in die zu Lauterbach, ſo ſich in die Linie zu Lauterbach, welche den 30 May 1724. mit Georg Riedeſel, Freyherrn zu Eiſenbach auf Lauterbach, Erbmarſchall zu Heſſen, Chur-Pfälziſchen Cammerherren erloſche, und die zu Sickendorf vertheilet.

Riedesel zu Eisenbach.

I. Ludwigsecker Linie.
A. Zu Trunßbach.

Herr: Volprecht Herm. Frid. Riedesel zu Eisenbach auf Ludwigseck Trunßbach, g. 9 Merz 732 H. Darmst. Geh. R. Ob Jägerm. Commend der Garde zu Pf. u. des Ruß. St. Annen O. R. G. An. Soph. Carol. Hermine, Frid. Gg. Riedesel zu Eisenbach auf Ludwigseck u. Soph Dor. v. Schenck zu Schweinsberg T. V. Jul. 777. R Darmstadt.

Geschwister: a) Christiana Soph. g. 5 May 734 Chanoinesse zu Schildeschen †. b) Joh. Wilh. g. 2 Jul. 735 K.K. Obrist Lieut. c) Eleon. Sus. G. Carl Amand Fhr. v Hettersdorff zu Stockach. V. 30 Merz 758 d) Johanneta Elis. G. Frid. Aug. Fhr v. Arnim. V 26 Jul. 760. e) Maria Adolph Louisa, g. 11 Jul. 741 † 27 May 743. e) u f) Zwey Brüder † in der Jug.

Eltern: Volpr. Frid. Adolph Jul. Adam, K. Schwed. u. H. Cassel. Rittm. des Leib Reg. zu Pf. g. 22 Nov. 700 † 28 Jun. 741. G. Eleon. Wilh. Sophia, Wilh. Frid. v. Zettwitz auf Liebenstein u Christianæ Dor. v. Rohrscheidt T. V. 14 Apr. 731 † 742.

Gros-Elt. Frid. Hermann, † 5 Merz 704 Cornet unter einem Venetian. Reg. G. Johanneta Elisabeta, Joh. Frid. v. Buttlar zum Ziegenberg u. An. Sidoniæ v. Buttlar T.

B. Zu Ludwigseck.

Herr: Christian Frid. Wilh. Riedesel zu Eisenbach auf Ludwigseck, K. Franz. Lieut. bey Royal Alsace, g. 20 Feb 753.

Geschwister: a) An. Soph. Carol. Hermine, g. Jan. 749. G. Volpr. Herm. Frid. Riedesel zu Eisenbach auf Ludwigseck Trunßbach H. Darmst. Geh. R. Ob. Jägerm. Commend. v. der Garde zu Pf. u. des Ruß. St. Annen O. R. V. Jul. 777. b) Carol. Frid. Sus. Wilh. g. 1 Feb. 751. c) Charlotta, g. 2 Jul. 755.

Eltern: Frid. Georg, Erbmarschall, Heß. Cassel. Geh. R. u. des Heß. Gold. Löwen O. R. g. 5 Merz 703 † 9 Nov. 775. G. I. Soph. Dor. v. Schenck, N. v. Truchses W. V. 748 † 756. II. Soph. Louisa, v. Trott zu Solz, g. 21 Nov. 718. V. 763.

Gros-Elt. Jost Volprecht, Erbmarschall, der Ritterschaftl. Stiffter in Hessen Obervorsteher. † 733. G. I. An. Dor. Christina, Adolph Frid v Baumbach zu Binsförth u. Suf. v. Ruswurm auf Bonnland T. II. Eva, Frid. Trott zu Soltz u. Marg. v. Riedesel T.

Stifter der Ludwigseckerischen Linie: Volpert Riedesel zu Eisenbach, Erbmarschall, Hess. Cassel. Rath, Obrister u. Commendant zu Ziegenhain † 632

II. Die Eisenbacher Linie.
A. Zu Eisenbach.

Freyh. Georg Lud. Riedesel zu Eisenbach, Obrist-Lieut. bey denen Herren General Staaten der vereinigten Niederlanden, g. 10 Nov. 725. G. Soph. Louisa Dor. Juliana, Hans Volpert Riedesel Fhn. zu Eisenbach auf Altenburg u. Carol. Elis. Dor. v. Schenck zu Schweinsberg u. Höllrich T. g. 10 May 748 V. 16 Jan 771.

Geschwister: a) Hermann, K. Grosbrit. u. Braunschw. Geh. R. g. 25 Oct. 712 † 28 Aug. 773. b) An. Cath. g. 713 † 755. c) Sidonia, g. 17 Dec. 714. G. Adam Heinr. Gottlob v. Lichtenstein, Rit. Hauptm. des Cant. Baunach, V. 19 Sept. 736 † 759. d) An. Marg. g. 727. G. Fhr. v. Redwitz, Br. Culmbach. Camh. † 758. e) Hedwig Amalia, g. 729 † 733.

Eltern: Hermann, Erbmarschall. Burggraf zu Friedberg, Hess. Darmst. Geh. R. u. Ob. Amtm. zu Nidda, g. 11 Jul. 682 † 19 May 745. G. An. Metta Cath. Georg Riedesel Fhn. zu Eisenbach auf Lauterbach, u. Joh. Amal. Dieden zum Fürstenstein T. g. 2 Jun. 691 † 26 Dec. 747.

Gros-Elt. Georg, Obrister in Venetianischen Diensten, g. 1 Jan. 647 † 19 Aug. 704. G. Maria, Bodo v. Bodenhausen, u. An. Cath. v. Koseritz T. †.

B. Zu Altenburg.

Freyh. Joh. Herm. Riedesel zu Eisenbach auf Altenburg, K. Pr. Camh. u. Gesandter am Kayserl. Hofe, g. 10 Nov. 740. R. Wien.

Geschwister: a) Frid. Helen. Elis. g. 14 Aug. 742. G. Christoph Aug. Graf v. Degenfeld Schomberg, Hzl. Würtenb. Obrister. V. 3 Aug. 762. b) Phil. Gotthard,

g. 16 Apr. 746 † 7 Nov. 750. c) Soph. Louisa Dor. Jul. g. 10 May 748. G. Gg. Lud. Riedesel Fhr. zu Eisenbach, Holländ. Obrister, V. 16 Jan. 771. d) Sus. Hel. Amal. g. 19 Feb. 751 † 25 Apr. 752. e) Leop. Phil. Fridrich, g. 18 May u. † 7 Jul. 753.

Eltern: Hans Volpert, K. Pr G. L. u. Obrister über ein Reg. zu Fuß, g. 7 Dec. 696 † 13 Oct. 757. G. Carol. Elis. Dor. Schenckin zu Schweinsberg u. Höllrich. V. 5 Feb 737.

Gros-Elt. Siehe vorstehender Linie Gros-Eltern.

Stiffter Der Eisenbacher Linie: Georg, Riedesel zu Eisenbach, Statthalter zu Marburg † 632.

III. Die Lauterbacher Linie.
A. Zu Lauterbach welche 30 Merz 724 †.
B. Zu Sickendorff.

Freyh. Joh. Wilh. Riedesel zu Eisenbach auf Lauterbach, K. Grosbrit. u. Chur-Braunschw. Geh. R. des Chur-Pf. Gold. Löwen O. R. g. 4 Nov. 705. G. I. Soph. Hedwig, v. Borck, V. May 734 † 769. II. Carol. Elis. Dor. Schenckin zu Schweinsberg u. Höllrich, Hans Volpert Riedesel Fhn. zu Eisenbach auf Altenburg W. V. 4 Apr. 771.

Kinder: 1) Wilh. Hermann, g. 23 Apr. 735 † Chur-Braunschw. Justiz R. zu Stade. 2) Louisa Dor. Marg. g. 2 Dec. 736 † 755. 3) Frid. Adolph, g. 3 Jul. 738 Hzl. Braunschw. G. M. jezo in America. G. N. v. Nassau.

   Kinder: Drey Töchter.

4) Lud. Volpert, g. 3 Dec. 740 †. 5) Joh. Conrad, g. 20 Nov. 742 Hzl. Braunschw. Camh. Obrist Lieut. u. General Adjutant. G. Friderica, Sigm. Grafen v. Heiden Hompesch u. An. Soph. Dor. v. Riedesel T. V. 8 Sept. 773.

   Kinder: a) Dorothea. b) Carl.

6) Ernst. Gg. Albr. g. 13 Nov. 744 † 30 Sep. 745. 7) Carl Georg, g. 21 Nov. 746 Hzl. Würtenb. Camh. u. Reg. R.

Geschwister: a) Carl Lud. g. 15 Oct. 707 † 30 Jun. 709. b) Gg. Frid. R. z. E. auf Sickendorf, g. 11. Oct. 708 K. K. G M. c) Volpert Christian, g. 9 Merz 710. Churs. G. L. d) Johann, g. 7 Jun. 711 † 754 Holländ. Hauptm.

e) Ludwig, R. z E. auf Stockhausen, g. 712 H. Cassel. Obrister u. General Adjutant. f) Christiana Charl. g. 1 Jan. 716 † 28 Jul. 717.
Eltern: Adolph Hermann, R. Fhr. z. E auf Lauterbach u. Sickendorf, Erbmarschall, Hzl. Eisenach Hofmarschall, g. 18 Apr. 675 † 734. G. Soph. Juliana, Heinr. v. Reckroth zu Brandenburg u. Marthæ Christinæ v. Hagen T. V. 2 Jan. 705 † 733.
Gros-Elt. Hans Volpert R. Fhr z. E. auf Sickendorf † 18 Jan. 681 G. An. Sidonia, Jobst v. Reckroth zu Brandenburg u. Magd. v. Wersabe T. †.
Stiffter der Lauterbacher Linie: Johann Riedesel zu Eisenbach, † 632.
Gemeinsamer Stamm-Vater des ganzen jezt lebenden Geschlechts: Conrad Riedesel zu Eisenbach † 12 Merz 593.

Roeder.

Dieses alte Freyherrliche Haus gehöret zur RS. Ritterschafft in Schwaben, Ortenauischen Bezirks.
Freyh. Phil. Ferd. Roeder v Diersburg, g. 744 Herzogl. Braunschw. Lüneb. Hauptm, der Garde zu Fuß u. Camj. G. Carolina, Freyin v. Schütz.
Sohn: Phil. Carl, g. 771.
Schwester: Charl. Louisa Wilh. g. 22 Merz 743. G. Franz Frid. Sigm. Jhr Böcklin v. u. zu Böcklins Au, des R. A. O. R. Brand. wie auch Hohenlohe Langenb. Adel. w. Geh. R. Hzl. Würt. w. Camb. Adel. Beysitzer des Regiments der freyen Königl. Stadt Strasburg. ꝛc.
Eltern: Joh. Phil. Wilh. Kayf. R u. der RS. Ritters. in Schwaben Ortenauischen Bezirks Präsident † 771. G. Cath. Charlotta, Phil Ferd. Fhn. v. Johani zu Mundolsheim u. Eleon. Sidoniæ Freyin v. u. zu Fleckenstein T. g. 719 † 748.
Gros-Elt. Joh. Phil. † 709 G. Franc. Charl. Dorothea, Joh. Georg Fhn. v. Edelsheim u. Franc. Mar. Ursula Freyin v. Eckwersheim, T. † 725.

Rotenhan.

Dieses Turnier-Ritter- u. Stiftsmäßige Haus, wovon Wolf v. Rotenhan An. 996 beym Turnier zu Braunschweig erschiene, gehöret zu der Fränkischen Reichs-Ritterschaft, Orts Baunach, u. ist der ordentliche Stammherr aller jetztblühenden Herren u. Frauen desselben, Ludwig Senior v. Rotenhan zu Rotenhan, welcher nebst seiner Gemahlin Sophia v. Bibra An. 1249 gelebet hat. Es floriret gegenwärtig in der ältern Hauptlinie zu Rentweinsdorf u. in der jüngern zu Mertzbach.

I. Aeltere Haupt-Linie zu Rentweinsdorf.

Freyh. Joh. Frid. v. Rotenhan, g. 9 Jul. 713 Hr. auf Rentweinsdorf, Eyrichs-Hoff, Fischbach, Ebelsbach, Sendelbach u. Herreth rc. des Kays. hohen Dom St. in Bamberg, Erb-Unter-Cämmerer, Kays. R. Churm, Geh. R. Camh. u. Ritter-Hauptm. des Fränk. Cantons Baunach. R. Rentweinsdorff.

Geschwister: 1) Elis. Doroth. Rosina Charl. g. 14 Jul. 712. G. Frid. Christian Ludw. Fhr. v. Stein zu Grossen-Kochberg u. Groben-Gereuth, Reichshofrath, Hzl. Sachs. Coburg. Geh. R. u. Ambass. auf dem Reichstag zu Regensp. V. 731 † 738. 2) Soph. Amal. Martha Joh. g. 714 † 724. 3) Dor. Frid. Jul. g. 2 Oct. 716. 4) Soph. Florent. g. 23 Dec. 717 Hofd. zu Bayreuth † 735. G. Franz Carl v. Schacht, Hz. Würtenb. G. M. u. Camh. V. 752. 5) Carl, g. 29 Febr. 720 Coburg- u. Saalfeld. Camh. 6) Sibilla Eleon. g. 20 Jan. 722 Hofd. zu Onolsbach. 7) Joh. Sophia g. 23 Aug. 724 † 1 Jan. 725.

Eltern: Phil. Albr. g. 13 Sept. 671 † 16 May 725 R. w. R u. Ritt. R. des Cantons Baunach. G Dor. Frid. Cath. Georg Frid. Sen Fhn. v. Künsberg zu Thurnau u. Doroth. Cordulæ v. Lindenfels T. g. 688. V. 711.

Gros-Elt. Valent. Jul. Sen. Familiæ, Erb-Cämmerer des Hochstifts Bamberg Fstl. Bambergisch. Edler Lehen-Ger. Assess. u. Ritt. R. des Cantons Baunach, † 27 Nov. 680. G. Anna Christina, Adam Herm. v. Rotenhan zu Eyrichshofen rc. u. Amaliæ Cath.

Stiebarin v. Buttenheim T. g. 24 Sept. 634 V. 654 † 699.

II. Jüngere Hauptlinie zu Merzbach.

Freyh. Carl Joh. Alexander v. Rotenhan, zu Merzbach, Neuhausen u. Pfauhausen, g. 23 Apr. 710. G. Maria Joh. Amalia, Joh. Ferd Fhn. v. Sickingen u. Sidoniæ Philip Freyin Kottwizin v. Aulenbach T. g. 10. Feb. 716 V. 30 Sept 737 † 19 May 740.

Söhne: 1) Heinr. Franz Jos. g. 3 Sept. 738. 2) Heinr. Carl Wilh. g. 6 Sept. 739 Domh. zu Würzb.

Geschwister: 1) Maria Sophia Amalia, g. 12 Nov. 687. G. Ansh. Franz Ferd. Fhr. v. Breidbach, Churm. Camh. Hof-R. u. Ob. Amtm. zu Nieder-Ulm u. Algesheim. V. 708. 2) Maria Cordula, g. u. † 689. 3) Marquardt Georg Franz, g. 23 Merz 691 trat 708 in den Jesuiter-Orden u. † in demselben 733. 4) Maria Franc. Heinr. g. u. † 692. 5) Juliana Cath. g. 4 Sept. 693 † 727. G. Franz Anton v. Murach, Churm. Camh. u. Ob. Amtm. zu Krautheim. 6) Maria Marg. Louisa, g. 28 Apr. 695. Priorin bey den Ursulinerinnen zu Kitzingen. 7) Gottfr. Phil. g. u. † 696. 8) Franz Lothar Wilh. g. 17 Dec 696. Domh. zu Bamb. u. Würzb. Fstl. Bamb. Cam. Präsid. †. 9) Carl Ludw. Hartm. g. u. † 698. 10) Maria Charl. Wilh. Amal. g. 8 Jun. 699. G. Heinr. Christoph Heuslein v. Eusenheim, zu Sachsendorf ꝛc. Churm Fstl. Bamb. Geh. u. Kr. R. Ob. Amtm. zu Nießen, Weyßmayn ꝛc. g. 656. V. 716 † 719. 11) Maria Anna Franc. g 30 Jun. 700 † 19 Dec. 701. 12) Maria Jos. g. u. † 702. 13) Maria Dor. g. 7 Merz 705 † 5 Jan. 707. 14) Maria Carol. Doroth. g. 712. G. Phil. v. Hutten zu Stolzenberg Fstl. Würzb. Geh. R. Ob. Hofm. u. Ob. Amtm. zu Carlstadt, V. 5 Sept. 729.

Eltern: Joach. Ignat. g. 66? † 19 May 736 K. w. K. Fstl. Bamb. Geh. auch Hof u. Kr. R. Land- u. Edler Lehen-Richter, Ob. Amtm. zu Zeil u. Rit. R. des Cantons Baunach. G. I. Maria Elis. Veit Wolfens v. Wernau u. An. Elis. v. Freyberg T. † 702. II. Mar. Amal. Hans Eitel Truchsessen v. u. zu Wezenhausen u. Magd. Dor.

Schaumberg.

Dor. Freyin v. Frankenstein T. g. 18 Octob. 682. V. 22 Nov. 703 †.

Gros-Elt. Georg Wolf, g. 616 † 1 Merz 695 K. Camh. u. Rs. Hof-R. Fstl. Bamb. Hof-Kr. R. Land-Hofm. Ob. Schultheis zu Bamb. u. Ob. Amtm. zu Zeil. G. Marg. Sus. Julii Rudolphs v. Neuhausen u. Agnes Agat. Voitin v. Salzburg T. g. 634. V. 650 †.

Schaumberg.

Dieses Turnier-Ritter- u. Stiftmäßige zum Rs. Ritter-Canton Gebürg u. Rhön-Werra gehörige Geschlecht, ist uralt u. deswegen besonders berühmt, weil daraus 2 Cardinäle, 3 Fürsten des H. R. Reichs, 5 Domdechante u. 19 Domherrn auf denen Bißthümern Bamberg, Würzburg u. Eichstädt erwählet worden sind. Rudolph v. S. ware An. 942 beym andern Turnier zu Rothenburg. Moriz v. S. turnierte An. 1209 zu Worms. Schweicker v. S. turnierete An. 1487 eben daselbst rc. In alten Zeiten blüheten einsmals 16 Hauptlin. zu gleicher Zeit davon, welche aber bis auf die Linien zu Strösendorf, Völckershausen, Zigenfeld u. Stöckigt wieder erloschen. Heutiges Tags besitzet es viele ansehnliche Güther in Francken, Sachsen u. Voigtlande.

I. Zu Strösendorff.

Herr Frid. Carl Joh. Nepomuc v Schaumberg, Hr. auf Strößendorf rc. Fstl. Bamberg. Camh. Hof-R. Ob. Jägerm. Ob. Amtm. zu Scheßlich u Rit. R. des Cant. Gebürg g. 23 Jan. 738. G N. von Guttenberg. R. Bamberg.

Bruder: Joh. Phil. Anton, g. 8 Feb. 748 Domherr zu Bamb.

Eltern: Heinr. Carl v. S. zu Altenburg ob Burgundstadt, Strösendorf, Weidnitz u. Hof rc. g. 6 Febr. 699 † Fstl. Bamberg. Geh. R. Ob. Jägerm. Ob. Amtm. zu Senftenberg, K. A. D. R u. Rit. R. des Cantons Gebürg. G. Maria Eleon. Joh. Christoph v. u. zu Werdenstein u. Mar. Ther. Constantiæ v. Eyb. T. V. 10 Jul. 736.

M

Pat. Geschw. 1) Joh. Wilh. g. 28 Oct. 681 † 30 Nov. 737. Brand. Onolsb. Geh. R. Ob Stallm. u. Ob. Amtm. zu Schönberg. G. Louisa Vorot. Burch. Christoph Grafens v. Münch, Rus. Gen. Lieut. u. Christinæ v. Wizleben T. g. 30 Sep. 713. V. 13 Oct. 730. 2) Eva Sophia Rosina, g. 7 Feb. 686 † 21 Jun. 742. G. Eitel Ernst Fhr. v. Bibra auf Irmelshausen ꝛc. Kays. Hauptm. V. 18 Feb. 706 † 20 Aug. 730. 3) Joh. Sabina Cath. g. 688 † 690. 4) Magd. Barbara, g. 22 Aug. 689 † 720. G. Carl Frid. v. Erthal zu Leuzendorff ꝛc. Fstl. Würzb. dann Brand. Onolsb. Geh. R. Obrister über das Fränkische Crays Dragoner Reg. Commend. u. Ob. Amtm. der Vestung u. des Amts Königshofen im Grabfelde. V. 3 Feb 711 † 26 Aug. 726. 5) Joh. Georg, g. 21 Sep. 690 † 9 Merz 723 K. Pol. u. Chursächs. Hauptm. G. Sophia Maria, Georg Ad. v. Künsperg zu Hain ꝛc. u. An. Rosinæ Marschallin v. Ebneth T. V. 717.

Tochter: Maria Theres. Charl. Wilh. Sophia, g. 25 Jul. 720.

6) Joh. Dorotea, g. 25 Aug. 691 †. G. Jul. Heinr. v. Nostiz, Brand. Onolsb. Geh. R. Landschafts-Direct. u. Ob. Amtm. zu Roth. V. 26 Apr. 726. 7) Christiana Sab. g. 10 Sep. 692 †. G. Wilh. Georg Ernst Ludw. Fhr. v. Pöllniz zu Hundshaupten ꝛc. Fstl. Bamb. Ob. Amtm. zu Kupfferberg ꝛc. V. 23 May 711 † 741. 8) Joh. Gottfried, g. 693 † 704. 9) Charl. Elisabeta, g. 6 Nov. 694 † 22 Nov. 740. G. Joh. Christoph Frid. Stiebar v. Buttenheim zu Buttenheim ꝛc. V. 22 Apr. 714 † 726 10) Ursula Maria Eleon. g. 4 Jan. 696 †. G. Georg Heinr. v. Redwiz zu Melanger ꝛc. V. 20 Jan. 720. †. 11) Maria Anna, g. 1 Jan. 697 †. G. Wolff Christoph v. Zettwiz, auf Asch, Hauptm. V. 6 Feb. 735. 12) Soph. Amal. g. u † 698. 13) Amalia Carol. g. 17 Nov. 702. G. Georg Ad. v. Zettwiz auf Asch. V. 734. 14) Wilh. Charl. Martha Sophia, g. 26 Merz 704.

Gros-Elt. Joh. Georg † 23 May 720 Fstl. Bamb. Ob. Forstm. u. Ob. Amtm. zu Kupfferberg. G. Maria Dorotea,

Schaumberg.

rotea, Wilh. Heinr. Marschall v. Ebneth zu Ebneth ꝛc. u. Ursulæ Barb. v. Feilitsch T. † 4 Nov. 733.

II. Zu Völckershausen.

Herr Gottfr. Heinr. Ferd. v. Schaumberg auf Völckershausen, g. 7 Jul. 714 Prälat der adel. Benedictiner Abten zu Siegburg, erwählt 762.

Geschwister: 1) Eva Sus. Cath. g. Nov. 711. G. Phil. Wilh. v. Gilß, Fstl. Würzb. Fähndrich. V. 742 † 2) Adolph Ernst Wilh. Kays. Fähndrich, g. 5 Oct. 716 † 738 in Ungarn ledig. 3) Joh. Phil. g. 7 May 719 † 27 Apr. 729.

Eltern: Joh. Gottfr. g. 27 Dec. 657 † 732. G. I. Anna Ursula, Wolf Christoph v. Schaumberg zu Etmansberg, u. Annæ Mariæ v. Weidmann. T. II. Ros. Soph. Joh. Sebast. Lochner v. Hüttenbach u. Annæ v. Eichelberg T.

Vat. Geschw. a) Hans Ulrich, zu Unterschwabach g. 19 Jan. 650 † unbeerbt. b) Anna Jul. Sus. g. 652 † G. I. Georg Sigm. v Ostheim zu Friesenhausen, Mainz. Drag. Hauptm. II. Johan Sebast. Lochner v. Hüttenbach, Hauptm. c) Joh. Wilh. z. Ober-Synan g. 16 Febr. 654 † 26 Oct. 716. G. Dorothea, Hans Gottfr. Fyn. Truchseß v. Wetzhausen zu Bundorf, u. Christinæ Sus. v. Erthal zu Leuzendorff T. V. 23 Nov. 682 † 27 Sept. 715.

Kinder: 1) Joh. Sigm. Phil. g. 683 Sachs. Coburg. Fähndrich † 701 ledig. 2) Joh. Eitel, g. 688 Waldeck. Oberstallm. †. 3) Joh. Wilh. g. 692 Kays. Hauptm. † 735 in Italien ledig. 4) An. Sus. g. 693 26 Jun. † 19 Decemb. 745. G. Gottlieb Fhr. Truchseß v. u. zu Wetzhausen. V. 19 Feb. 732. 5) Joh. Adam, Kaiserl. Hauptm. † 737 in Ungarn. G. Cath. Maria Gräfin v. Herberstein V. 737 lebten nur 10 Wochen in Ehe. 6) Georg Diet. g. 685 Kaiserl. Lieut. † 729. G. Anna Cath. Franc. Joh Ferd. Ehrenreich v. Völderndorf u. Waradin u. Evæ Elis. v. Birkich T. V. 720.

Tochter: Joh. Wilh. Rosina, g. 722 9 Oct. G. Ferd. Dietr. Fhr. Truchseß v. Wetzhausen. V. 11 Dec. 740.

Gros-Elt. Wilh. Ulrich, g. 2 Aug. 619 † 661. G. An. Dorothea, Wolff Heinr. v. Thüngen zu Thüngen u Stein, u. Johannæ v. Stein zu Nassau T. †.

III. Zu Zigenfeld.

Herr Carl Franz v. Schaumberg auf Zigenfeld g. 742 Fstl. Bamb. Camh. u. Jagdj. G. Charl. Soph. Frid. Louisa, Christ. Ludw. Fhn. v. Auffees zu Oberauffees u. Carol. v. Spiegel zu Pickelsheim T. V. 17 Apr. 775. R. Bamberg.

Geschwister: 1) Maria Soph. Joh. g. 4 Apr. 722. G. Joh. Gottf. Ernst Wolfskeel v. Reichenberg auf Liebstur u. Uittingen, Fstl. Würzb. Gen. Feldmarsch. Lieut. u. Obrist über ein Reg. Drag. 2) Sab. Carol. Joh. g. 15 Merz 723. G. Wilh. Marquard v. Egloffstein. des Fränk. Cr. Obristwachtm. Gudenus. Reg. 3) Charl. Elis. Henrietta, Geistl. in dem adel. Closter zu St. Thomas bey Andernach, g. 10 May 724. 4) Maria Elis. g. 24 Jul. 727. 5) Soph. Joh. Charl. Christiana, g. 12 Jul. 731. G. Philipp Franz Frh. v. Gudenus auf Umpfenbach, Churm. Geh. R. G. F. L. Obrist u. Innhaber eines Reg. zu Fuß. V. 22 Apr. 754. 6) Ernest. Maria Louisa, g. 16 May 734 Geistl. in dem adel. Closter zu Eibingen. 7) Eleon. Mar. Jul. g. 4 Apr. 737.

Eltern: Heinr. Sigm. g. 8 Aug. 699 Erb-Cämm. des Hochst. Eichstädt, S. Weim. Cammj. u. Rittmeister † 763. G. Amal. Philippina, Ulrich Christoph Heuslein v. Eusenheim u. Mariæ Franc. Sophiæ v. Erthal T. V. 721.

Vat. Geschw. a) Eva Soph. g. 697. G. Franz Joh. Erdm. Heinr. Fhr. v. Guttenberg Mgr. Anspach. Camj. V. 717. b) Elis. Cath. g. 30 Jun. 702 † 773 ledig.

Gros-Elt. Hans Phil. g. 29 Nov. 651 † 16 Feb. 730. G. Eleon. Cath. Hans Christoph v. Bengeroth u. Mariæ Schutzbarin gt. Milchling T. †.

IV. Zu Stöckigt.

Herr Carl Friedrich August v. Schaumberg auf Stöckigt g. 12 Nov. 721 Hes. Darmst. Obrister.

Geschwister: 1) Charl. Wilh. g. 19 Apr. 714. G. Peter v. Unruhe K. Poln. u. Churs. Obristlieut. V. 6 May 737

737. 2) Georg Sigm. g. 15 Jun. 715 Kaif. Fähndrich Wachtendonck. Regim. Inf. † 19 Apr. 734 in Italien. 3) Joh. Gottlob, g. 20 Jan. 717 Br. Culmb. Hauptm. u. Camj. † 23 Nov. 743. 4) Christian Ernst, g. 19 Aug. 718 K. Dän. Lieut. der Garde zu Fuß. 5) Henr. Carl Traug. g. 28 Merz 728.

Eltern: Georg Sigm. g. 16 Febr. 688 K. Poln. u. Churf. Obrist=Lieut. u. Cr. Commiss. im Vogtland. G. Mar. Dorothea, Georg Fried. v. Reitzenstein zu Nentschau, u. An. Dorot. v. Beulwitz a. d. H. Gottsmansgrün T. V. 13 Aug. 713.

Vat. Geschw. a) Dorot. Blandina, † 21 Jun. 709. G. Christoph v. Barell zu Untersteinach. V. 700. b) Anna Soph. † 19 Nov. 712. G. Hans Fried. v. Pflug zu Heckenwald Sachs. Eisen. Ob. Jägerm.

Gros-Elt. Georg Wilh. g. 645 † 10 Feb. 727. G. Genoveva Barbara, Georg Conr. v. Watzdorf zu Jöhnitz, u. Benigna Raabin a. d. H. Schönwaldt. T. V. 28 Dec. 663.

Gros=Vat. Schw. Maria Clara, g. 644 † 703. G. Christian Dieterich v. Erthal zu Leutzendorf, Kaif. Obristwachtm. bey den Cürassier. V. 674 †.

Schelm v. Bergen.

Eine ansehnliche Familie im Rheinlande, welche sich schon in den ältesten Zeiten in die Schelme v. Westerhofen u. v. Bergen vertheilet. Jene Linie ist An. 1292 † diese aber floriret noch u. hat den Beynamen von dem Hanauischen Städtgen, bey Frankfurt am Mayn.

Herr Joh. Ant. Wilh. Schelm v. Bergen, g. 13 Oct. 713 der Burg Gelnhausen ältester Baumeister u. Reg. Burgmann. G. Soph. Wilh. v. Olne, g. 2 Feb. 730. K. Meerholz.

Kinder: 1) Wilh. g. u. † 759. 2) Sophia, g. u. † 760. 3) Louisa Henr. g. 10 Apr. 762.

Geschwister: a) Georg Albr. g. 21 May 711 † 19 May 748. G. Christina v. Horn †.

Sohn: Christian Ludw. Fried. g. 26 Apr. 742 Burgm. der Burg Gelnhausen,

b) Joh. Carl, g. 25 Nov. 716 Reg. Burgmann der Burg Gelnhausen. G. Henrietta v. Buchenau, g. 3 Jul. 752. R. Gelnhausen.
Kinder: 1) Wilhelm, g. 21 Merz 771. 2) Carl, g. 27 Jul. 772 † 3) Elisabetha, g. 3 Dec. 773. 4) Henrietta, g. 11 Jun. 776.
c) Christian, g. 18 Jul. 723 † 744. d) Anna Magd. g. 13 Aug. 706 † 24 Jul. 710. e) Charl. Wilh g. 3 Dec. 708. G. Frid. Wilh. v. Horn. V. 9 Oct. 731 †. f) Albertina Elis. g. 1 Dec. 719.
Eltern: Christian Frid. g. 1 Jul. 682 † 28 Jan. 750 der Burg Gelnhausen ältester Baumeister. G. Soph. Dor. Mathias v. Olne u. Annæ Elis. Runckel v. Cronfeld T. †.
Gros Elt. Carl Philipp, g. 8 Feb. 642 † 27 Dec. 726 Herz. Pf. Zweybr. Ob. Amtm. zu Bergzabern, Churpf. u. Gft Hanauisch. Pfand-Amtm. zu Gelnhausen. G. I. Elis. Jul. Reichin v. Roseneck. II. Anna Magd. Paul. v. Ramingen, †.

Schenck v. Stauffenberg.

Dieses ansehnliche Haus, wovon Friedrich Schenck v. Stauffenberg An. 1119 im Turnier zu Göttingen rennete, kommt aus Schwaben, wo es vor Zeiten bey denen Schwäbischen Herzogen das Erb-Schenken Amt bekleidet hat. Sein Stammhaus Stauffenberg, liegt in der Grafschafft Zollern bey Hechingen. Gegenwärtig blühet es sowohl in Schwaben als in Franken u. ist wegen verschiedener wichtiger Ritter-Güther bey etlichen Fränkischen Cantons immatriculiret Es ist der ordentliche Stammherr der blühenden schwäbischen Linie Albert Schenck v. Stauffenberg zu Wulffingen, so im XVI. Seculo gelebet hat, von dessen Nachkommen Johann Franz im Jahr 1704 zum Bischof u. Fürsten des H. R. R. zu Constanz, An. 1737 aber zum Bischof und Fürsten des H. R. R. zu Augspurg erwählet wurde; Sebastian hingegen, welcher gleichfalls im XVI. Seculo gelebet hat, und von dessen Descendenten Marquard Sebastian An. 1683 zum Bischof u. Fürsten des H. R. R.

Schenck v. Stauffenberg.

in Bamberg erwählet wurde, ordentlicher Stammherr der Fränkischen Linie.

I. Schwäbische Linie.

Freyh. Joh. Franz Maria Schenck v. Stauffenberg, g. 11 Nov. 734 Domh. zu Würzburg u. Capitularh. zu Augspurg. R. Würzburg.

Geschwister: 1) Maria Theres. Walburg. Philipp. g. 28 Dec. 728. G. Hugo Joh. Phil. Carl Jos. Grf. v. Stadion zu Tannhausen, Churm. w. Geh. R. Ob. Amtm. zu Höchst u. Hoffheim, Erb-Truchseß des Bißthums Augspurg u. des Kays. St. Jos. O. Command. g. 29 Nov. 720. V. 25 Apr. 745. 2) Maria Soph. Ther. g. 729 † 735. 3) Maria Rosina, g. 733. 4) Joh. Lothar. Frid. g. 737. 5) Maria Anna Charl. g. 739. 6) Matqu. Anton Frid. g. 741. 7) Maria Rosina, g. 743. 8) Maria Jos. Henr. g. 745.

Eltern: Lothar Ludw. Hartm. g. 5 Aug. 694 † Fstl. Augsp. u. Constanz. Geh. R. Ob. Stallm. u. Pfleger zu Eißlingen. G. I. Anna Maria, Joseph Fhn. v. Reinach u. Mariæ Annæ Freyin v. Sickingen a. d. H. Hohenburg T. V. 727 † 731. II. Maria Joh. Jos. Marqu. Wilibald Ant. Schenckens, Grafens v. Castell ꝛc. u. Mariæ Rosinæ Freyin v. Freyberg T. V. 732.

Gros-Elt. Joh. Werner, Hr zu Wulffingen u. Ristissen, Fstl. Würzb. Geh. R. Ob. Stallm. Obrister von der Garde, u. Ob. Amtm. zu Maynberg, war als Gesandter bey den Friedens-Tractaten zu Utrecht, † 19 Nov. 717. G. I. Ursula Amalia, Dietr. v. Streitberg zu Greifenstein u. Burg-Grub ꝛc. u. Mariæ Amaliæ v. Guttenberg T. V. 682 † 687. II. Maria Soph. Franz Rud. v. Rosenbach u. Mar. Sidon. v. Hedersdorf T. V. 690 † 711.

II. Fränkische Linie.

Freyh. Frid. Carl Sebastian Schenck v. Stauffenberg.

Geschwister: 1) Maria Anna Ther. G. Jos. Franz Fhr. v. Freyberg. 2) Maria Rosina Franc. G. Joh. Franz Ant. Sidon, Fhr. v. Ulm zu Marbach, g. 24 Merz 723.

Eltern: Sebast. Carl Christoph, K. w. R. Fstl. Bamb. Geh. R. Ob. Stallm. Land-Richter u. Ob. Amtm. zu

184 Schmidberg. Schutzbar gt. Milchling.

Höchstädt auch derer Cantons Gebürg u. Kocher, Ritt.
R. †. G. Mar. Ther. Marqu. Wilibald Ant. Schen-
ckens Graf v. Castell ꝛc. u. Mariæ Rosinæ, Freyin v.
Freyberg T. V. 719 †.
Vat. Geschw. 1) Joh. Phil. † 724. G. Mar. Elis. Adolph
Joh. Carl Fhn. v. Bettendorf ꝛc. u. An. Mariæ, Cäm-
mererin v. Worms, Freyin v. Dalberg T. 2) Mar. An-
na Ther. † 734. G. Marqu. Jacob v. Razenried, K. w.
R. u. der R$. Ritterschafft im Högau Director.
Gros Elt: Joh. Phil. Ignatius, Hr. zu Ammertingen,
Bach, Greifenstein, Burg-Grub u. Heiligenstadt, †
722 G. Maria Magd. Georg Ferd. v. Riedheim zu
Hartungshausen ꝛc. u. Cath. Franciscæ v. Bubenho-
fen T. g. 653 †.

Schmidberg.

Dieses Reichsfreye Geschlecht gehöret zu dem R$.
Ritter Canton am Kocher.
Freyh. Carl August Emanuel v. Schmidberg, Hrzl.
Würt. Cam. G. Juliana Louisa Friderica v. Günde-
rode. R. Stutgard.
Sohn: Johann Fridrich Carl, g. 759 † 777.
Eltern: Fridrich Bernhard, † 759. G. Emilia Joh. Si-
donia v. Dachröden † 761.

Schutzbar gt. Milchling.

Nach denen ältesten Nachrichten muß dieses ansehn-
liche Turnier-Ritter- u. Stiftsmäßige Haus seinem Ur-
sprung nach, zur Rheinisch. Ritterschafft gezählet werden,
indeme es nach solchen bereits zu Anfang des XI. Seculi
in den Gegenden des Lahnstroms ansehnliche Güter be-
sessen u. den Ritterstand geführet hat. In älteren Zeiten
nennete es sich Schutzper, so aber mit dem XIII. Seculo
verändert u. dafür der Name Schutzbar gt. Milchling,
angenommen worden. Eine wieder erloschene Linie die-
ses Hauses wurde An. 1569 in des H. R. R. Freyherrn
Stand erhoben. Es blühet dieses Haus besonders in
Francken, dessen R$. Ritter-Cantons es einverleibet ist,
und

und hat sein Stammhaus Dreyß ohnweit Marburg noch würklich im Besitz. Unter seine Vorfordere zählet es besonders Wolfgang, welcher 1540 zum Hoch-Teuschmeister und Fürsten des H. R. R. erwählet wurde. Gegenwärtig floriret es in zweyen Linien.

A. ältere Hauptlinie.

Herr Phil. Wilh. Schutzbar gt. Milchling zu Dreyß, g. 5 Feb. 721.

Geschwister: 1) Louisa Magdal. g. 6 Jul. 710. G. Carl Dietr. v. Harstall zu Dietdorff, K. Schwed. u. Hessen-Cassel. Obrist-Wachtm. V. 728. 2) Carl Frid. g. 24 Aug. 711. 3) Maxim. Wilh. g. 16 May 713 † 714. 4) Mar. Anna Sophia Elis. g. u. † 715. 5) Charl. Helena, g. 24 Feb. 716. G. Ludw. Christoph v. Löwenstein, K. Schwed. u. Hessen-Cassel. Hauptm. V. 736. 6) Georg Levin, g. 20 Jan. 719 †. 7) Ludw. Ernst, g. 7 Jun. 722.

Eltern: Phil. VVilh. Hessen-Cassel. Obrister von der Leib-Garde zu Pferd. †. G. Eleon. Dorot. Adam Eckenbr. v. der Malsburg zu Nieder-Elsungen, u. Dor. Marg. v. Canstein T. V. 708.

Vat. Bruder: Peter Philipp †.

Gros-Elt. Joh. Conrad, Fstl. Würzb. Obrist-Lieut. u. Commandant der Vestung Marienberg ob Würzb. (Stammh. dieser jetzo blühenden ältern Linie.) †. G. Clara Anna Magdal. Joh. Phil. Jun. v. Buseck gt. Münch u. Sophiæ Mariæ v. Steinling T. †.

B. Jüngere Haupt-Linie.

Herr Joh. Phil. Hartm. Christoph Schutzbar gt. Milchling, g. 713 des hohen Teutschen O. R. Rathsgebieter u. Commandeur zu Würzb. auch Hoch u. Teutschm. w. Geh. R.

Geschwister: 1) Carl Philipp, g. 699 † 732 Fstl. Würzb. Camh. u. Ob. Amtm. zu Gemünden. 2) Franz Georg Heinr. g. 703 † 748 Domh. u. Geh. R. zu Bamb. 3) Maria Jos. Aug. g. 711. G. I. Georg Ernst, Fhr. v. Hedersdorf ıc. Fstl. Würzb Geh. R. u. Ob. Amtm. zu Hofheim u. Stadt Lauringen. V. 732 † 739. II. Joh. Adam Rud, Voit v. Rhineck zu Laudenbach Fstl. Würzb.

Würzb. Geh. R. u. Ob. Amtmann zu Lauda, g. 695.
V. 739. 4) Joh. Charl. Franc. Sophia, g. 714. G. Joh.
Phil. Carl Joseph, Fhr. v. Bibra ꝛc. Fſtl. Würzb. Bamb.
Conſtanz. u. Augſp. Geh. R. u. bevollmächtigter Geſandter beym Reichstag zu Regenspurg wie auch Fſtl.
Würzb. Ob. Amtm. zu Mellrichſtadt ꝛc. dann des Kayſ.
Landger. Herzogth. Franken Aſſeſſor, g. 706. V. 734.
5) Maria Soph. Helena, g. 16 Sept. 716. G. Phil.
Heinr. Ant. Maria, Fhr. v. Auffees, Hr. zu Freyenfels,
Weyher ꝛc. Chur-Cölln. Camh. Fſtl. Bamb. Geh. R.
u. Ob. Amtm. zu Baunach ꝛc. g. 715. V. 740. 6) Maria Salome Sophia, g. 717 † jung. 7) Maria Joſ. Cath.
Charl. g. 719. 8) Joh. Phil Franz, g. 723 † jung.

Eltern: Joh. Ernſt, Fſtl. Würzb R. Ob. Jägerm. u.
Ob. Amtm. zu Ebern u. Seßlach, Stammh. der jüngern Haupt-Linie, g. 673 † 728. G. Eva Maria Amalia, Diet. Ernſt, Truchſeſſen v. Pommersfelden zu
Pommersfelden, ꝛc. u. Cath. Magd. Marſchallin v.
Ebneth T. g. 680. V. 694.

Groß-Elt. Phil. Marqu. g. 620 † 689 Fſtl. Bamb. R.
Pfleger zu Giech u. Scheßlich. G. I. Judith, Joh. Herm.
Schenckens v. Schweinsberg, u. Annæ Eliſ. v. Hattſtein T. II. Margar. Conr. Adams v. Radenhauſen u.
Cunigundæ v. Hertingshauſen T. III. Anna Margar.
Georg Volkmar v. Geismar u. Sophiæ Chriſtinæ v.
Buſeck gt. Brand, T. †.

Schwarzach.

Dieſes Reichsfreye Geſchlecht gehöret zum Reichs-Ritter-Canton am Kocher.

Freyh. Franz Chriſtoph v Schwarzach Churm. u. Trieriſ. Geh. R. des Fſtl. Stifts Elwangen Erb-Truchſes,
Geh. R. Hofm. Ob. Amt. zu Kochenburg u. des Baad.
de la Fidelité O. R. † 770. G. Iſab Sophia Phil. Walburga v. Hohenfeld.

Tochter: Joſepha Ant. Reg. Thereſ. Walburga, g. 7
Merz 756.

Eltern: Chriſtoph Joſeph. G. Maria Joh. Thereſ. v.
St. Vincent.

Seckendorf.

Dieses heutiges Tages in Gräflich-Freyherr- u. Rs. Adel. Stande blühende u. zu verschiedenen Rs. Ritter-Cantons gehörige Haus, befindet sich so lange edel u. berühmt, daß niemand vermögend seinen Ursprung ausfindig zu machen. Es ist eines der ältesten Turnier-Ritter- u. Stiftsmäßigen Geschlechter, u. seine Vorfahren haben daben zum öftern die höchsten Ehrenstellen bekleidet. Viele aus ihnen wurden von denen hohen Orden u. Stiftern aufgenommen, wie Maltha, Mergentheim, Bamberg, Würzburg Eichstädt, Augspurg, Regenspurg, Passau, das Zeugniß geben, wo Sie die ansehnlichsten Präbenden innen gehabt, u. das Bißthum Eichstädt zählet sonderlich Herrn Caspar v. Seckendorf unter seine Bischöffe u. Fürsten. Des Röm. Kaysers Josephi I Majest. G. M. haben die Aberdarische Haupt-Linie im Jahr 1707 in des H. R. R. Frey- u. edlen Pannerherrn-Stand, nachgehends aber weyland des Kaysers Caroli VI. Majestät, den vor einigen Jahren verstorbenen großen General, Herrn Friedrich Heinrich v. Seckendorf aus Gutender Haupt-Linie, in des Heil. Röm. Reichs Grafenstand erhoben. Ein mehreres hievon S. in dem Handbuch von 1775

Freyh. Fridr. Carl v. Seckendorf, g. 16 Aug. 736 Hr. zu Markt Sugenheim, Ezelheim, Deutenheim, Duzental, Rudern, Hürfeld, Wonfurt u. Reinhardswinden auf Unterleinleiter u. das Weilbronnische Eigenthum ıc. des Kays. St. Jos. dann des Chur-Pfälz-Löwen-O. R. K. w. R. Brand. Ansp. w. Minister u. Geh. R. dirigirender Minister, Cam. Pr. u. Ob.Berg-Director in denen Fstl. Bayreuthis. Landen, dann der Rs. Ritterſch. am Steigerwald, erbetener Rit. R. schwöret auf als Burgm. bey der Kays. u. des Rs. Burg Friedberg den 16 Sept. 772. G. I. Joh. Wilh. Charl. Fhn. Christ. Ludwigs v. Seckendorf, zu Obern-Zenn u. Wilhelm. Charl. Gräfin v. Gronsfeld Diepenbroik, älteste T g. 6 Apr. 742. V. 17 Jun. 761 † 6 Aug. 766 II. Eleon. Elis. Lorenz Christoph Graf v. Brockdorf zu Schney u. Unterletterbach, u. Wilh. Agnesien, Freyin v. Stein zu Ostheim, älteste T. V. 6 Jun. 768. R. Bayreuth.

Kinder: 1) Friderica Carol. g. 23 Jun. 762. 2) Frid. Lud. Aberdar, g. 17 Jun. 763. 3) Sophia Henr. g. 29 Jun. 764. 4) Carl Aug. g. 15 Aug. 765 † 22 Jan. 766. 6) Ferd. Christoph, g. 6 Aug. 766 † 22 Nov. 766. 6) 2 Tochter g u. † 29 Jul. 769. 7) Carol. Sophia, g. 8 Aug. 770. 8) Soph. Ernest. g. 1 Oct. 771. 9) Frid. Carl Ernst, g. 9 Jan. 773. 10) Frid. Jeannetta, g. 18 Feb. 774.

Geschwister: 1) Soph. Frid. Wilh. g. 2 Jun. 734. G. Carl Frid. Erdm. Fhr. v. Künsberg, Hr. zu Wernstein ꝛc. des Burggrafth. Nürnb. oberhalb Gebürg Erbmarschall, g. 8 Nov. 730. V. 30 Nov. 753 † 28 Apr. 759. 2) Lud. Christoph Erdm. Kays. K. Hauptm. unter dem Joseph Colloredoischen Infant. Reg. g. 16 Apr. 738 † 5 Dec. 771. 3) Carl Hartm. Wilh. g. 29 Jun. 742 † 10 May 774. 4) Alexand. Frid. Wilh. K. K. Grenad. Hauptm. des von Jostischen Grenad Bataill. g. 2 Aug. 743. 5) Carl Sigmund, K. Sardinisch Obr. Lieut. bey dem Infant. Corps Royal Allemand, g. 26 Nov. 744. 6) Christoph Albr. Mgr. Brand. Ansp. w. Camh. Geh. Hof u. Reg. dann Cam. u. Landsch. R. u. designirter Joh. O. R. g. 12 Jun. 748. 7) Frider. Johanna, g. 2 Apr. 750. V. 23 Dec. 766. G. Frid. Wilh. Graf u. Herr zu Pappenheim, des H. R. R. Erbmarsch. K. K. w. Cämmerer, und des Baad Durl. O. R. g. 11 Sept. 737. 8) Jul. Sophia Ernestina, g. 25 Sept. 753.

Eltern: Joh. Wilh. Frid. g. 22 Feb. 708 † 11 Aug. 770 des Brand. R. A. O. R. K. w. R. Ifl. Brand. Culmbach. Minister u. Geh. R. dann der Rs. Rittersch. am Steigerwald, erbetener Rit. Hauptm. G. Soph. Frid. Henrietta v. Luchau. Erbfrau zu Unterleinleiter des Weilbronnis. Eigenthums, Draindorf, Pirkenreut auf Greifenstein u. Bonnland. V. 9 Sept. 732 W.

Pat. Geschw. 1) Frid. Christoph, des Joh. Maltheser-Ord. R. ꝛc. Senior u. Administrator des Freyh. Christoph Fridrich v. Seckendorfschen Fidei commisses,

K.

K. w. R. K. K. w. Cám. Joh. O. R. u. der RS. Rittersch. in Franken, Orts am Steigerwald erbetener Ritter-R. g. 12 Feb. 715. R. Weingartsreuth. 2) Carl Ludw. g. 10 Oct. 717 Hr. zu Untern-Jenn, Egenhausen ꝛc. Sub-Senior u. Administrator des so eben bemerkten Fidei commisses, K. K. w. Cám. u. G. F. W. G. Alex. Charl. Mariana Wilhelm. Christoph Ludw. Fhn. v. Seckendorf zu Oberzenn u. Wilhelm. Charl. Gräfin v. Gronsfeld Diepenbroik, 3te T. V. 4 Oct. 767. 3) Doroth. Christiana Ernest. g. 12 Sept. 720 Stiftsd zu Herforden.

Gros-Elt. Christoph Frid. des K. Pr. Schw. A. O. R. Br. Onolzb. Premieur-Min. u. Geh. R. Hof- u. Reg. Präsid. Kays Landr des Burggrafth Nürnberg, wie auch Ob: Amtm. der Städte u. Aemter Uffenheim, Maynbernheim, Kleinlankheim, Prichsenstadt, Cassel u. Stephansberg, Senior der Aberdar. Hauptlinie. u. Sub-Senior des ganzen Geschlechts, auch Stiffter jenes Fideicommisses, g. 31 May 679 † 6 Jan. 759. G. Frid. Wilhelm. Georg Christoph Marschalls v. Ebnet zu Ebnet, u. Dorot. Frid. Wolffskleen v. Reichenbach T. V. 16 Aug. 705 † 5 Nov. 737.

Seefrid.

Das Reichs adel. von Seefridische Geschlecht stammet ursprünglich ab von dem uralten adel. Geschlecht derer von See, davon einer Hans, der wegen seiner Ritterlichen Thaten zu Anfang des Eilften Seculi zum Ritter geschlagen wurde, der erste gewesen, der sich von See geschrieben, mit einer von Liersheim vermählet war, und so wie seine Nachkommen in einem weisen Schild einen gelben Hundskopf bis auf die Brust in dem Wappen geführet haben.

Diese von See haben lange Zeit zu Polsingen, Ursheim und Trendel am Hanenkamm ihren Ritter-Sitz auch zu Wembdengen einen Thurn innen gehabt, der bis auf den heutigen Tag stehet und davon die Gasse, so von dannen herabgehet im Seehof oder die Seegasse genennet wird.

Sonsten findet sich aus den Acten, Kauf- und Stiftungs-Büchern der Clöster Anhausen u. Zimmern, daß die von See, viel und ansehnliche Güter in beyde Clöster gestiftet und verkaufet, wie denn sonderheitlich Friedrich und Conrad von See, welche zu Anhausen in der alten Stifts Capelle begraben und dortselbst mit Schild und Helm abgemahlet sind, ihr Vermögen durch dergl. Verkauf- u. Stiftung dergestalt geschwächet, daß deren drey Brüder Stephan, Sigmund u. Hans von See, nachmals mit Bolsingen sich alleine behelfen, deren Schwester aber in das Closter Zimmern gehen müssen. Nach dem Zeugnis des Bruschius in seiner Chronica Monasteriorum Germaniæ Fol. 7 u 8 sind unter denen adel. Aebten des Closters zu Anhausen von An. 1221 bis 1376 sieben von See gewesen, davon derselbe Sigfridum von An. 1221 bis 1246. Ottonem von An. 1256-1261. Sigfridum von An. 1313-1326 und Uldaricum von An. 1354-1376 ausdrücklich benennet.

Als ein Ritter von See, der Kaiser Caroli IV. Rath war, im Jahr 1365 eine Friedenshandlung glücklich zu Stande brachte, sezte dieser Kaiser seinem Namen See, das Wort Fried bey, nennte ihn seinen Seefried und es verblieb dieser Name seinen Nachkommen, also, daß von dieser Zeit an, dieses Geschlecht sich in 2 Linien theilte, davon die eine von Seefried, die andere aber nach wie vor von See sich schriebe. Die Posteri dieses Otto von Seefried haben sich in Mähren, Kärnten und Ungarn lange Zeit aufgehalten, wie denn auch Nachricht vorhanden, daß noch würklich ein Geschlecht der von Seefried Herren Standes und stattlich begütert dortiger Orten floriren soll. Ein Theil derselben aber hatte das Schicksal in Armuth zu gerathen, sind aber, nach langen herumirren gleichwolen wiederum in ihr Vaterland zurückgekommen, und haben sich in der Gegend Wembdengen und Laub niedergelassen. Gott segnete hernach einige derselben nicht alleine wiederum mit Vermögen, sondern es wurde auch diesem Geschlecht, in Ansehung ihres alt adel. Herkommens das Eichstädt. Vogt- u. Casten-Amt erbl. verliehen, welches sie bey 200 Jahr lang innen gehabt

und

Seefrid.

und verwaltet haben, bis endlich nach und nach dieses uralte Geschlecht zu seinem vorigen Glanz und Ansehen wiederum gelangete, auch weyland Ihro Kaiserl. Majest. Carl der V. im Jahr 1546 einem damals lebenden von Seefrid das von diesem Geschlecht gegenwärtig noch führende adeliche Wappen, nemlich einen Mann in der rechten Hand zwey Seeblätter haltende mit blau und gelber Liberey verliehen hat. Gegenwärtig besitzet es die bey denen Rs. Ritter-Orten Steigerwald u. Gebürg immatriculirte eigenthümliche Ritter-Güther Buttenheim und Nirckag.

Herr Wilh. Christian Frid. v. Seefrid, Hr. auf u. zu Buttenheim, Nirckach, Brandenb. Onolzb. Culmb. w. Camb. g. 11 Apr. 741. G. Dorot. Elis. Soph. Friderica, aus dem An. 1762 in seinem Manns-Stamm erloschenen uralt Reichs-Adel. Geschlecht derer Stiebar v. Buttenheim g. 22 Jul. 746. R. Buttenheim.

Kinder: 1) Alexandrina Carol. Louisa Aug. Albertina g. 4 May 762. G. Carl Fried. v. Butler, Herr auf Wildprechtroda, Leimbach, Ditlas, Sachsen-Coburg-Meinung. Major. 2) Ernest. Aug. Fried. Louisa Carol. g. 9 Aug. 763. 3) Christiana Fried. Sophia g. 1 Aug. 764 4) Alexand. Aug. Heinr. g. 18 Sept. 765. 5) Soph. Christiana Carol. g. 9 Apr 767. 6) Frid. Carl Wilh. g. 28 May 768 † 11 Merz 772. 7) Carl Christ. g. 20 Nov. 769 † 24 Merz 770. 8) Christian Carl g. 20 Merz 771. 9) Frid. Carl Alex. g. 14 Jul. 772 † 20 Oct. 776. 10) Soph. Fried. Charl. g. 11 Oct. 773. 11) Wilh. Josepha Aug. g. 2 Dec. 774 † 2 Jun. 775. 12) Christiana Wilh. Albert. g. 28 Octob. 775 † 12 Oct. 776. 13) Sus. Fried. Carol. g. 23 Jan. 777 † 11 Apr. 777.

Geschwister: a) Christiana Doroth. Magd. † 754. G. Ferdinand v. Brandenstein auf Wüstenstein, Mgr. Anspach. Obrist-Lieut. †. b) Wilhel. Sibylla Louisa Henriette g. 28 Feb. 734. G. N. N. v. Heßberg, auf Eßhausen, Sachs. Hildburghaus. Obrister. c) Carl Wilh. Heinr. g. 6 Feb. 736 Brand. Onolsbach. Fähndrich † 753.

Eltern: Heinr. Wilh. Brandenb. Onolzbach. w. Geh. R. u. Craiß Gesandter † 745. G. Maria Magd. Freyin v. Müller, von Stadt Lengsfeld † 14 Jun. 757.
Gros-Elt. Georg Christian, Mgr. Anspach. w. Geh. R. u. Craiß Gesandter †. G. eine gebohrne v. Pirckel †.

Senfft v. Sulburg.

Dieses uralte Rs Freyherrliche Geschlecht hat sonsten den Namen Sulmeister gt. Senfft geführet u. zu Halle in Schwaben im XIII. Seculo die vornehmsten Ehrenstellen bekleidet, im XIV. Seculo aber den Namen Sulmeister fahren lassen, u. sich Senfft v. Sulburg von dem alten jeto aber ruinirten Schlosse Sulburg bey Ober Münckheim, welches es damals im Besitz gehabt, geschrieben. Es gehöret wegen seinen ansehnlichen Gütern zu denen Rs. Ritter-Cantons Ottenwald u. Kocher.

Freyh. Wilh. Frid. Senfft v. Sulburg, Hr. auf Wayenbach, Münkheim u. Ober-Oppenberg ꝛc. g. 23 Dec. 740 Herz. Würtenb. Haus-Marschall, Camh. u des Militaire S. Charles O. R. G. Ernest, Juliana, Alexand. Mag. Jhn. v. St. André u. Mariæ Jul. Freyin v. Leutrum T. g. 10 Jul. 750. R. Stuttgard.

Kinder: 1) Carl Frid. Alexand. g. 14 Jun. 770. 2) Charl. Ernest. Philip. Louisa, g. 25 Jun. u. † 7 Nov. 771. 3) Alex. Carl Daniel, g. 29 Sept. u. † 2 Oct. 772. 4) Carolina Juliana Louisa, g. 9 Nov. 774.

Schwestern: a) Carol. Amal. Louisa, g. 1 May 743. G. Lud Wilh. Phil. Fhr. v. Ellrichshausen auf Neidenfels ꝛc. Mgr. Brandenb. Camh. b) Ernest. Louisa Phil. g. 28 Sept. 746. G. Carl Frid. Fhr. Jett v. Münzenberg, Herz. Würtenb. Camh. u. Major bey dem Stein. Infanterie Reg.

Eltern: Joh. Wilh. Frid. g. 14 Sept. 700 † 17 Oct. 767 Mgr. Baad. Durlach. Camh. G. Louisa Jull. Friderica, Frid. Paul v. Henn u. Mariæ Dorot. v. Beck T. g. 27 Nov. 717 W

Gros-Elt. Phil. Heinr. Frid. g. 667 † 716 Churpf. Gr. Hauptm. †. G. Maria Benigna Freyin v. Berlichingen. II. Eleon. Barb. v. Bozheim, †.

Sickin-

Sickingen.

Dieses uralte Turnier-Ritter- u. Stiftsmäßige Geschlecht theilet sich jezt in das Rsgräfliche, dann in das Reichsfreyherrl. Haus. Es ist in denen Rs Rittersch. 3 Cransen in Franken, Schwaben und am Rhein mit ansehnlichen Rs. unmittelbaren Herrschaften, Schlössern u. Gütern von jeher u. noch ansäßig; auch die fürnehmste hohe Erz-Dom-Cathedral- u. Ritter-Stifter haben von diesem Geschlecht nicht nur Mitglieder sondern auch Fürsten u. Bischöffe unter sich gehabt. Im J. 1570 theilete es sich in 5. Linien, nemlich: Sickingen zu Sickingen, Sickingen zu Hohenburg, Sickingen zu Ebernburg, Sickingen zu Landstuhl, u. Sickingen zu Odenbach, wovon die drey lezte bereits in dem Manns-Stamm erloschen sind, die zwey erste aber noch bestehen. Kayser Carl V. hatte dem in der Reichs-Geschichte berühmten Helden Franz v. S. bereits die Reichsgräfliche Würde zugedacht, er verbath sich dieselbe aber, und seine Enkel die Stammhalter des Hauses Sickingen zu Sickingen, producirten im J. 1623 und gebrauchten nur das Rs. Freyherrl. Diploma. Eben diese Linie erhielte auch den 13 Jenner 1707 das Diploma über den österreichis. Herren-Stand, dann den 10 Merz 1711 von Kayser Joseph I. das Königl. Ungarische Reichs-Magnaten u. Baronats-Diplom, u. endlich wurde den 3 Merz im Jahr 1773 von Sr. jezo regierenden Kayserl. Majest. Joseph II. der Freyherr Carl Anton v. Sickingen samt seinen beyden Hrn. Söhnen, Carl Heinrich u. Wilhelm Friedrich für sich und ihre Descendenz in den, der Familie ehemals schon zugedacht gewesenen Rs. Grafenstand allergnädigst erhoben, wodurch eben diese Linie v. Sickingen zu Sickingen sich in 2 Aeste, nemlich in das Reichs-Gräfliche Haus v. Sickingen zu Sickingen, dann in das noch Reichsfreyherrliche Haus v. u zu Sickingen vertheilet. Das nähere S. in dem Handbuch von 1777.

A) v. Sickingen zu Sickingen, Reichs-Gräfl. Haus. Graf Carl Anton Joh. Damian des H. R. R Gr. v. Sickingen zu Sickingen, Kayf. Geh. R. u. des Churpf. St.

St. Hub. O. R. g. 702. G. Maria Charl. Maximil. Franz Maria Marqu. Paul Phil Graf v. Seinsheim u. Annæ Phil. Mariæ, Gräfin v. Schönborn T.g. 711 V. 733 † 747. R. Maynz.

Kinder: 1) Carl Albr. Clemens, g. 734 u. † 754. 2) Elis. Philipp. Walpurga Mar. g. 735 u. † 745. 3) Carl Heinr. Jos. g. 737 Churpf. Geh. R. an dem K. Franz. Hof, bevollmächtigter Minister u. Malthes O. R. 4) Wilh. Frid. Joh. Phil. Kays. u. K. K. w. Geh. R. Churm. erster Staats u. Conferenz Minister u. Malthes. O. R. g. 739. 5) Maria An. Clara Jos. g. 741 Stiftsd. des adel. St. zu Bouxieres † 760 6) Clemens Maximil. Phil. Alex. Jos. g. 742 † 743. 7) Joh. Frid. Carl, g. 744 † 761. 8) Aug. Elis. Carol. Maximil. g. 745. V. 770 mit Heinr. Franz Jhn. v. Rotenhahn, K. K. Camh. † 771.

Geschwister: S. der Freyherrl. Linie v. u. zu Sickingen Geschwister.

Eltern: Freyh. Joh. Ferd. Churpf. Geh. R. Obrist-Cäm. u. Premier-Staats-Minister † 719. G. Maria Sidonia Philip. Georg Phil. Jhn. v. Kottwitz zu Aulenbach u. Annæ Mariæ v Dernbach T. † 739.

Pat. Geschw. S. der Freyherrl. Linie v. u. zu Sickingen Vaters Geschw.

Gros-Elt. Freyh. Franz, g. 629 Kays. R. Churm. u. Churpf. Geh. R. Vicedom zu Maynz u. endlich Churpfälz. Cammer-Pr. † 715. G Anna Marg. Wilh. Jhn. v. Metternich-Winneburg u. Beilstein u. Annæ Eleon. Brömserin v. Rüdesheim T.

B) v. u. zu Sickingen, Freyherrl Linie.

Freyh. Jos. Carl Ferd. Franz v. u. zu Sickingen, g. 708 K. K. Camh. Churpf. Geh. R. Ob. Amtm. zu Bretten. des Churpf. St. Hub. O. R. u. Burgm. zu Friedb. G. Mar. Charl. Amal. Freyin v. Hacke, g. 730. V. 751 des Pf. St. Elisab. O. D.

Kinder: a) Mar. Elis. Aug. g. 752. b) Maria Franc. g. 753. c) Felicitas Mar. An. g. 754. d) Charlotta, Stifts-D. im Adel. Stift zu Cölln, e) Franz Anton, f) Wilhel-

Sickingen.

helmina, G. Fhr. v. Speth. g) Antonia, Stiffts-D. im adelichen Stift zu Regenspurg. h) Augusta.
Geschwister: 1) Wilh. Phil. Franz, g. 700 Domh. zu Trier, Paderborn u. Halberstadt, Chur-Cölln. Geh. R. u. Cammer-Präsid. zu Paderborn † 767. 2) Schweikard Ludw. g. u. † 701. 3) Maria Lucia Jos. g. 703. V. 726. G. Franz Anton, Fhr. v. Ragenegg, † 751. 4) Alexander Joh. Heinr. g. 705 Domh. und Domprobst zu Speyer u. Dom-Custos zu Trier † 772. 5) Joh. Phil. Christoph Frid. Anton, g. 706 Domh. zu Maynz † 763. 6) Ferd. Christoph Peter, g. 713 Dom-Custos zu Worms u. Domh. zu Würzb. u. Comburg, Fstl Würzb. Geh. R. u. Reg. Präsid. 7) Maximil. Joh. Jacob, g. 714 Domh. zu Würzb. u. Capitularh. zu St. Alban in Maynz. 8) Maria Joh. Amalia, g. 716. G. Carl Alex. Fhr. v. Rotenhahn, V. 737 † 740. 9) Leopoldina, g. 715. G. Maxim. Eman. Graf v. Thurn u. Taxis, V. 736 W. der Churf. von der Pfalz Obristhofmeist. u. des Pf. St. Elisab. O. D. 10) Franz Phil. Christian Ferd. Christoph, Kays. Hauptm. g. 710 † 735 in der Action bey Guastalla. 11) Anna Theres. †. 12) Maxim. Frid. Ignat. †. 13) Joh. Cath. Antonia, †. 14) Hartm. Ad. Joh. Frid. Ignat. †. 15) Schweickard Ludw. Frid. Georg †.

Eltern: S. Lit. A. v. Sickingen zu Sickingen, Reichsgräfliches Haus.

Vat. Geschw. a) Franz Anton, g. 659 Domh. zu Maynz, resign. Kays. Hauptm. † 689 in der Belagerung vor Maynz. b) Leop. Philipp †. c) Eleon. Ursula †. d) Eva Francisca †. e) Heinr. Schwieckard Oswald, Domh. zu Maynz u. Scholaster zu St. Alban, † 738. f) Damian Joh. Phil. K. K. Geh. R. G. F. M. Obrister u. Inhaber eines Reg. zu Fuß, Commandant zu Prag u. Gouverneur im Königreich Böheim, † 730. G. I. Maria Franc. v. Casnedi, † 726. G. II. Amalia v. Althan †. g) Heinr. Wilh. Jos. g. 674 Domh. zu Würzb. Kays. Geh. R. Churpf. Obrist-Cämmerer u. Premier-Staats-Min. Probst zu Eisenthal, † 757. h) Anna Libos. G. Erwin v. Greiffenclau zu Vollraths.

V. 688 † 715. 1) Phil. Lothar. Kayſ. Hauptm. blieb vor Wihaz in Ungarn.

Gros-Elt. S. Lit. A. von Sickingen zu Sickingen Rs-Gräfl. Haus.

C) v. Sickingen zu Hohenburg, Freyh. Linie.

Freyh. Joh. Nepom. Caſimir Ferd. v. Sickingen zu Hohenburg, K. K. Camh. u. Burgm. zu Friedb. g. 740. G. Amalia, Freyin Speth v. Zwyfalten. R. Coſtanz.

Schweſter: Maria Sophia, g. 742. G. Fhr. v. Baaden, der Vorderöſterreichiſchen Ritterſch. Präſid.

Eltern: Joh. Ferd. Sebaſt. v. Sickingen zu Hohenburg, g. 722 K. K. Geh. R. u. der Vorderöſterreichiſ. Ritterſch. Präſid. † 772. G. Mar. An. Sophia, Joh. Erwein. Fhn. Greiffenclau v. Vollraths u. Mariæ Dorot. Freyin v. Franckenſtein T. V. 739.

Pat. Geſchw. 1) Marqu. Joh. Franz Anton † in der J. 2) Joh. Franz Xaver. Fidelis, Dom-Capitularh. zu Bamb. Würzb. u. Speyer, †. 3) Frid. Aug. Caſimir, †. 4) Maria Anna Soph. Carol. g. 24 Oct. 698 †. G. Franz Marqu. Fhr. v. Hornſtein, g. 683. V. 716 †. 5) Maria Anna Franc. Ther. †. 6) Maria Anna Franc. Joſepha. G. Joh. Marq. Euſtachius, Fhr. v. Weſternach, Erbmarſchall des Fſtl. Stiffts zu Augſpurg, Trier. u. Ellwang. R. ꝛc. g. 693. V. 722 † 735. 7) Maria Anna Aug. Antonia Euphroſ. G. Frid. Heinr. Gr. v. Stadion u. Thanhauſen, Erbtruchſeß des Biſthums Augſp. ꝛc. g. 691. V. 724. 8) Maria Ther. †. 9) Mar. Anna Eliſ. †. 10) Maria Anna Urſula, †.

Gros-Elt. Ferd. Hartm. Kayſ. Geh. R. u. Stadthalter zu Freyburg. G. Maria Eliſ. Marg. Sidonia, Marqu. Joh. Wilh. des H. R. R. Erbmarſchall u. Grafens v. Pappenheim u. Mariæ Roſinæ Conſtantiæ Schenkin v. Stauffenberg T. g. 680. V. 697 † 734.

Sparr zum Greiffenberg.

Ein uralt adelich nunmehro Gräflich- u. Stiftsmäſiges Haus, welches ſich im Jahr 927 in der Mark Brandenburg niedergelaſſen, wo es Kayſer Heinrich I. als Er die Wenden u. Obotritten daraus vertrieben, mit
der

Sparr zum Greiffenberg.

der Grafschaft Greiffenberg u. Trampe belehnet hatte, wovon sich nachhero verschiedene Zweige in Schwaben u. Churpfalz begaben. An. 1165 wurde Anton auf dem Turnier zu Zürch unter die edele Ritter gezählet. An. 1322 wohnete Erhard dem Turnier zu Schaffhausen bey, u. An. 1436 ist einer v. Sparr auf dem Turnier zu Stuttgard unter die Grafen u. Herren gezählet worden. Um die Helfte des XVI. Seculi war Christoph, Churbrandenburgischer Rath u. Cammer-Director, nachhero aber Hofmarschall, u. um das Jahr 1570 Joachim, Malthes. Ritter u. Commenthur zu Maynz u. Sachsenhausen. Der Stamm- u. Ur-Gros-Vater dieser Pfälzischen Partenheimischen Linie, so wegen denen in Oppenheim besitzenden Güthern der Ober-Rheinischen Rs. Ritterschaft einverleibt, ist Rudolph, ehemalig Chur-Cöllnischer Obrist u. Canzlar.

Freyh. Joh. Carl v. Sparr zum Greiffenberg, g. 17 Sep. 698 Chur-Cölln. Geh. R. u. des St. Mich. O. R. Schwur 25 Sep. 739 als Domh. zu Münster auf, resign. 751. G. I. Theres. Casparina, Casp. Bernh. Shn. v. u. zu Weichs zur Wenne u. Theodor. Elis. Freyin v. Kerkering von der Borg T. g. 14 Aug. 731 † 17 Sep. 754 ohne K. II. Florentina Carol. Dieterich Wilh. v. Quadt zum Hofe u. Mariæ Florent. v. Eys gt. Beusdal a. d. H. Bruchhausen T. u. Erbin g. 5 Aug. 742 † 4 May 763.

Kinder: 1) Ferd. Anton, g. 1 Merz 756 Churpf. Fähndrich bey dem Leib-Reg. 2) Joh. Alexander, g. 14 May 759.

Bruder: Frid. Christian, Hzl. Würt. Obrist-Lieut. † ohne Kinder.

Eltern: Otto Uladislaus, Chur-Cölln. Obrister über ein Infant. Reg u. Gouverneur v. Rheinen †. G. An. Elisabeta, Dieter. Adolph v. Torck zu Northerringen u. Soph. Elis. v. Zwangbugel zu Oberfeld T. †.

Gros Elt. Anselm Casimir Ferd. des Bischoff zu Münster Bernhard v. Gahlen. S M. †. G. Marg. Petronella, Wenemars v. Recke zu Kembe u. Marg. Sib. v. Buhren zu Mengde T. †.

Gr. Vat. Brud. Nicolaus, † Teutsch. O. R. Rathsgebieter u. Commandeur zu Heilbronn.

Speth v. Zwyfalten.

Dieses vornehme Haus stammet aus Schwaben, woselbsten es eines derer ältesten ist, u. vor Zeiten das Erb-Truchsessen-Amt in dem Herzogthum Würtemberg besessen hat. Schon im Jahr 968 hat es die Turnier zu Merseburg, im Jahr 1080 zu Augspurg u. 1163 zu Zürch besuchet, nach welcher Zeit es sich in unterschiedene Linien getheilet, deren jede von ihren Ritter-Sitzen oder an sich gebrachten Gütern Beynamen angenommen. Unter diesen sind bekannt A. die Freyh. S. v. Z. gt. Frühauf, wovon Einer auf dem XVII. Turnier erschinen, B. die Frh. S. v. Z. v. Vahingen, von welchen Friedrich An.o 1307 Bischof zu Augspurg ware, u. welche in den Cantons Högau, Algau u. Bodensee sich niedergelassen, wovon dermalen Maria Veronica Elisabetha gefürstete Aebtißin des Adel. Damens-Stifts zu Nieder-Münster ist. C. die Frh. S. v. Z. v. Pflaumen, davon Johann zu Zeiten Kaysers Maximiliani als ein Kriegsheld bekannt war. Dessen Nachkömmlinge ebenfalls in obgedachten Cantons floriren. D. die Frh. S. v. Z. v. Sulzburg, wovon Georg unter Kayser Carl V. als Obrister gedienet, welche jezo verschiedene Güther bey Regenspurg besitzen, E. die Frh. S. v. Z. ohne Beynamen, so zum Rs. Ritterschaftl. Canton Donau gehören, deren Einer Max. Felix Dom-Custos zu Augsp. Franz Conrad Domh. zu Würzburg u. Constanz ist, u. wovon folgende Linie abstammet.

Freyh. Carl Philipp Speth v. Zwyfalten, g. 739 Chur-Trier. Camj. u. Churpfälz. Ober-Lieut. unter dem v. Rodenhausischen Reg. R. Mannheim.

Geschwister: 1) Maria Sophia, G. Emrich Joseph, Jhr. v. Hedersdorff, Chur-Trier. Cám. Fstl. Fuld. Camj. u. K. St. Jos. O. R. 2) Joh. Frid. Carl, Churm. Cám. Rittm. v. der Leibgarde zu Pferd, Hauptm. bey dem Gudenusischen Reg. u. K. St. Jos. O. R. † 23 Jun. 777. 3) Franz Adalbert, des Adel. Ritterst. zu St. Alban u. Collegiatst. zu U. L. F. in Maynz Capitular. 4) Carolina

tolina Elis. G. Carl, Fhr. v. Esch, Hr. zu Langwie-
sen ꝛc. Chur-Trier. Cäm u. St. Jos. O. R. 5) Franz
Phil. des Adel. Ritterst. zu St Alban in Maynz u.
Collegiatst. zu St Peter in Aschaffenburg Domicellarh.
Eltern: Lotharius Franz, † 754 Churm. u. Cölln. Cäm.
u. Ob. Forstm. in der Bergstraße. G. Mar. Marg. An-
selmi Franz v. Breidenbach zu Bürresheim u. Sophia
Amaliæ Freyin v. Rotenhan T. g. 720. V. 738.
Vat. Geschw. a) Maria Anna, †. G. Franz Wilh Fhr.
v. Harthausen zu Liebspring, Chur-Cölln. Cäm. u. Fstl.
Münster. Hauptm. b) Phil. Ernst Franz, † 716.
Gros-Elt. Wolffg. Georg, † 734 Churm. Cäm. u. Ob.
Forstm. in der Bergstraß. G. Maria Anna, Fhn. Chri-
stoph Frid. v. Wachenheim u. Mariæ Sophiæ v. Schütz
zu Holzhausen T.

Stein zum Altenstein.

Dieses edele Haus, wovon ein Herr An. 1080 im Tur-
nier zu Augspurg eingelassen wurde, gehöret zu dem Frän-
kischen Rs. Ritterschafftl. Canton an der Baunach u. flo-
riret in drey Linien, deren ordentlicher Stammherr
Georg v. Stein zum Altenstein An. 1296. bekannt war.

I. Zu Ostheim.

Freyh. Phil. Gottfr. v. Stein zum Altenstein, Herr zu
Ostheim Pfaffenheim ꝛc. g. 722.
Geschwister: 1) Carl Heinr. g. 726. 2) Franz Lud. Heinr.
g. 727.
Eltern: Christian Wilhelm, g. Jun. 685 † 28 Jun. 734
Truhenmeister des Cantons Rhön-Werra. G. Polixe-
na Magd. Sab. v. Stein zu Ostheim u. Völkershausen.
Vat. Geschw. 1) Jul. Sophia, g. 28 May 679. G. Hans
Ernst, Fhr. Truchseß v. Wezhausen, Hr. zu Oberlau-
ringen, Schweickershausen, Alten-Münster u. Zim-
merau. V. 19 Jul. 701 † 16 Apr. 739. 2) Christ. Charl.
G. Joh. Christoph Ignatius v. Bastheim, Fstl. Würzb.
Hauptm. V. 738. 3) Christoph Hartm. † 26 Dec. 681.
4) Frid. Carl, † 687. 5) Joh. Erdm. g. u. † 688. 6) Al-
brecht Ernst, g. 16 Jun. 683. 7) Adam Gottlob, g. 5
Oct. 692 † 737 Kays. u. Fstl. Würzb. Obrister.

Stein zum Altenstein.

Gros-Elt. Frid. Sebast. g. 641 † 700 Herz. Sachf. Coburg. Geh. Hof- u. Justitz-R. Landschafts-Director u. Amts-Hauptm. zu Lichtenberg. G. Rosina Sabina, Georg Wilh. v. Stein zu Ostheim u. Völkershausen, dann Sus. Marg. v. Stein zu Ostheim in Völkershausen T.

II. Zu Marbach.

Freyh. Christian Adam Ludwig v. Stein zum Altenstein, Hr. auf Altenstein, Pfaffendorff, Marbach, Eckarts- u. Allertshausen ec. Fstl. Würzb. Geh.R.Fstl. Fuld.Geh. Staats- u. Conferenz-Minister, Ober-Hofmarschall, Ob.Amtm. zu Gentz u. Neckar-Stubl des Sachs. Weimar.Weiß. FalkenO.R. u. des Cantons Baunach Rit. R. g. 7 Merz 730. R. Fulda.

Eltern: Heinr. Bernh. g. 5 Feb. 706 † 3 Feb. 733. G. Charl. Sophia v. Elster.

Vat.Geschw. 1) Georg Ludw. g. 28 Dec. 704. 2) Soph. Charl.Wilh. g. 18 Nov. 720 †.

Gros-Elt. Christ. Heinr. g. 22 Oct. 680 Hr. zu Maroldsweifach, K.w.R.u.Rit.R. des Cantons Baunach, † 2 Jan. 732. G. Maria Reg. Christian Frid. v. Rabenstein zu Adlitz, Rabenstein ec. u. An. Cordulæ v. Rabenstein, a. d. H. Rabenstein T. V. 705 † 24 Feb. 730.

III. Zu Ditterswind.

Freyh. Gottlob v. Stein zum Altenstein, g. 17 Jul. 720. Herz. Sachs. Goth. Camh.

Geschwister: 1) Christiana Louisa, g. 20 Oct. 711. G. Joh. Adolph v. Gersdorf, Erbh. zu Lehna u. Grischa. V. 1 Apr. 731. 2) Frid. Antonetta, g. u. † 715. 3) Ernst Wilh. g. 17 Apr. 714 † 6 Feb. 715. 4) Joh. Frid. g. 5 Jan. 716 † 28 Oct. 739. 5) Jul. Augusta, g. u. † 717. 6) Elis. Johanna, g. u. † 718. 7) Sophia Charl. g. 25 Merz 722 † 7 Aug. 729. 8) Ernst Ludw. g. 21 Merz 725 † 9 Aug. 729. 9) Joh. Aug. Christian, g. u. † 727. 10) Frid. Carl, g. u. † 729. 11) Tugendreich Elis. g. 29 Merz 734.

Eltern: Ernst Ludw. g. 5 Merz 684 Hr. zu Altenstein, Maroldsweisach, Ditterswind, Pfaffendorff, Allertshausen, Voccawind, Eckartshausen, Neukirchen, Grischa,

ſcha, Großſtetten ꝛc. K.w.R. u. Ober-Hofmarſchall, K.
Pohl. " Churſächſ.Camh.Herz.Sachſ.Meinung.Geh.
R. u. Ob.Hofmarſ.Fſtl. Bamb Edler Lehen-Ger. Aſ-
ſeſſor u. Rit. Hauptm. des Cantons Baunach. (Stiff-
ter der Ditterswindiſchen Linie.) G. Sidonia Erd-
mutha, Frid. Fhn. v. Burdersroda, Hn. zu Ober u.
Nieder-Neukirchen, dann Jul.Soph. v. Thümen T. V.
30 Nov. 710.

Gros-Elt. Joh. Caſimir, g. 11 Merz 641 Hr. zu Alten-
ſtein, Maroldsweiſach, Ditterswind, Pfaffendorff,
Voccawind, Allertshauſen, Eckartshauſen, Zaugen-
dorf, Schottenhof, Corbersdorf u. Haag. Brandenb.
Culmb.Gch.R Hofmarſchall u.Ob.Jägerm. † 10May
703. G. I. Anna Suſ. Georg Adam v. Brands u. Eliſ.
Suſ. v. Wallenfels T. II. Reg. Polixena, Joh. Matthiæ
Häntels v. Gobelsburg u. An. Barb. Geyerin Freyin
v. Oſterburg T. g. 31 Merz 650. V. 683 † 721.

Stetten.

Dieſes zu dem Fränkiſchen Turnier-Ritter-u.Stifts-
mäßigen Adel gehörige Haus, beſitzet bey dem Canton
Ottenwald die Ritter-Güther, Schlöſſer und Dörfer
Kocherſtetten, Buchenbach, Bodenhoff, Vogelsberg,
Sonnhoffen, Laßbach, Mäußdorff ꝛc. Es führete vor Al-
ters den Namen v. Bartenau, bis Walther v.B. gt. Kün-
zelſau An. 1160 das Schloß u. Dorf Kocherſtetten acqui-
rirte u. ſich davon v. Stetten nannte. Anna v. B. die Ge-
mahlin Wilhelm v. u. zu Streitberg, hatte An. 1197 die
Ehre, von der FränkiſchenRs. Ritterſchaft zur Schau u.
Helmtheilung bey dem Turnier zu Nürnberg erwählet zu
werden. Gottfried v. Streitberg führete 1322 in einem
Donations-Brief, den Er der Kirche zu Künzelſau gege-
ben, zum beſtändigen Andenken den Namen v. Bartenau.
Beym Augſpurgiſchen Patriciat findet man eine Familie
v. Stetten, welche aber keine Verwandſchafft mit dieſer
hat, u. iſt obengedachter Walther v. B. der allgemeine
Stammvatter aller folgenden Linien.

A. Aeltere Linie zu Kocherſtetten.

Freyh. Maximil. Wilh. Sigm. v. Stetten auf Kocher-
ſtetten,

stetten, g. 17 Merz 717 des Teutsch.O.R.u.Command.
zu Flörsheim, K.K.G.M. Fstl. Würzb. Geh.R.u.Commandirender General aller Würzb. Truppen, Commendant zu Würzb. Chef des Roth. Infant.Reg.u. Chur-Cölln. Camh. R. Würzburg.

Geschwister: 1) Phil. Joh. Albr. g. 6 Dec. 710 Stunde in K.Pr. Kr. Diensten, quitt. † 10 Sep. 776 G. Wilh. Carol. v. Berlichingen. V. 743.

Kinder: 1) Wilh. Eleon Sib. Phil. g. 29 Jan. 745 StiftsD. zu Waitzenbach. 2) Albr. Sigm. Frid. g. 3 Feb 747 Würzb. Hauptm. des Roth. Infant. Reg. 3) Charl Eleon. Ther. g. 13 Dec. 752. 4) Frid. Carl Ernst, g. 8 Aug. 756. Wärtenb. Lieut.

2) Joh. Carl Christoph, g. 22 Jan. 712 † 20 Apr. 719. 3) Maria Wilh. Reg. g. 17 Merz 713 †. G. Christoph Heinr. Fhr. Truchses v. Wetzhausen, K.R.u.Rit.R. des Cantons Baunach. V. 7 Sep. 742 † 10 Oct. 748. 4) Christoph Frid. g. 714 † 17 Oct. 715. 5) Carol. Louisa Henr. g. 28 Oct. 715 StifftsD. zu Waitzenbach. resig. G. N. Truchses v. Wetzhausen. 6) Maria Joh. Frid. g. 3 Aug. 718 † 21 Oct. 719. 7) Christoph Sigm. g. 3 Feb. 721 K. K. Rittm. des alt Würzb. Dragon. Reg. G. N. N. 8) Joh. Sophia Frid. g. 2 Jan. 723. G Frid. Heinr. v. Adelsheim auf Senfelden. V. 22 Sep. 742 †.

Eltern: Joh. Christoph, auf Kocherstetten, Laßbach u. Vogelsberg, g. 4 Oct. 681 † 17 Sep. 730. G. Anna Eleon. Reg. Phil. Jacob Fhn. v. Jöbstelberg auf Hamhofen u. Rödenbach, dann MariæCath. v. Wildenstein a.d. H. Strahlenfels T. g. 684. V. 709 † 743.

Vat.Geschw. a) Phil Ernst, g. 671 † Sachs.Goth.Rittm. quitt. G.I. Charl. Jul. Albr. Ludw. v. Eyb, u. Joh. Cath. Schertel v. Bürtenbach T. II. Mar. Charl. Joh. Christophs v. Eßrichshausen auf Assumstadt u. Mar. Cunig. Kolb v. Rheindorff T. † 22 Oct. 741.

Kinder: 1) Maria Cath. g. 16 Jan. 702 † 8 Feb. 765. G. Sigm. Heinr. v. Stetten zu Buchenbach, G.M. bey dem Schwäb. Crayß. 2) Charl Frid. g. 1 Jun. 703 † 10 Sep. 704. 3) Christiana Eleon. g. 4 Sep. 704 † 8 Jan. 726. 4) Soph. Eleon. g. 28 Nov. 705 † 16 Oct. 707. 5) Ernst Albr.

Stetten.

Albr. g. 29 Nov. 707 † 23 Nov. 726. 6) Sophia Frid. g. 6 Apr. 711 † 15 Jun. 713. 7) Phil. Frid. g. 2 Jun. 712 † 713. 8) Christiana Charl. g. 29 Dec. 713, wurde catholisch, †. G. N. v. Lieppsdorff. 9) Ernest. Frid. g. u. † 2 Apr. 715. 10) Noch 3 Töchter aus 1ter Ehe. Aus 2ter Ehe: 13) Phil. Heinr. Christoph, g. 22 Sep. 718 † 3 Oct. 724. 14) ErnstLud. g. 9 Oct. 720 † 22 Oct. 724. 15) Albert. Sophia, g. 23 Jan. 723. 16) Eberh. Frid. auf Kocherstetten, Vogelsberg, Sonhofen u. Laßbach, g. 19 May 724 K. K. Mgr. Baad. Hof-Marschall, des de la Fidelite O.R.u.Rit.R. des Cantons Ottenwald. G. Ernest. Eleon. Christiana, Erh. Ludw. Schenck v. Gayern u Charl. Elis. Gayling v. Altheim T.V. 19 Nov: 754. R. Carlsruhe.
Kinder: a) Carl Ludw. Leop. g. 27 Aug. 755 Mgr. Baad. Lieut. bey denen Leib-Grenadiers u. Exspectant des hohen Domstifts Meissen, b) LouisaSoph. Mariana, g. 22 Oct. 756 Exspectantin des Adel. Stifts St. Johannis in Schleßwich. c) Fridrich, g. u. † 757 d) Albert. Carol. g. 10 Dec. 758. e) Maximilian, g. 21 Jan. u. † e.a. 760. f) Frid. Reinh. g. 17 Dec. 760 Sachs. Weim. Edelknabe. g) Ernest. Wilh. g. 11 Feb. 762. h) Eberh. Lud. Maxim. g. 7 Feb. 764 Edelknabe bey der verwitbeten Frau Marggräfin zu Bayreuth. i) Carol. Frid. Wilh. g. 20 Feb. 766 k) Christian Bernh. Sigm. g. 10 Aug. 768 † 10 Nov. e.a.
17) Philippina Jul. g. 24 Feb. 726 † 29 May 758.
b) Maria Sophia, g. 673 †. G. Joh. Frid. v. Bettendorff, Obrist-Lieut. c) Jul. Eleon. g. 675 †. G. Wolffg. Ad. v. Adelsheim auf Wachbach. d) Maria Christiana, g. 676 †. G. Joh. Albr. v. Ilten, Obrister, †. e) Joh. Christoph, g. u. † 678. f) Lud. Carl, g u. † 684.
Gros-Elt. Joh. Phil. Ernst, g. 638 † 700 Rit. R. u. Truhenmeister des Cantons Ottenwald. G. Mar. Benigna, Phil. Ad. v. Muggenthal zu Laybach u. Mariæ Barb. v. Eyb T. g. 647. V. 667 † 718.

B. Mittlere Linie.

Freyh. Carl Aug. Frid. v. Stetten, zu Kocherstetten, Maußdorff ic. g. 24 Sep. 739 Brandenb. Onolzbach.

Camh. G. Soph. Alexandr. Carol. Gotthard Frid. v. Appold auf Trendel u. Rosinæ Isabellæ v. Jaxtheim, a. d. H. Kaltenbrunn T. g. 21 Merz 743. V. 765.

Kinder: 1) Carol. Isab. Charl. g. 10 Oct. 766. 2) Carl Alexand. Max. g. 6 Oct. 767. 3) Christian Max. Wilh. g. 27 Sep. 768 † 13 Feb. 772. 4) Charl. Jul. Frid. Henr. g. 4 Merz 772 † 4 Apr. 773. 5) Eugen Ludw. Heinr. Gottfr. g. 16 Apr. 775.

Geschwister: 1) Bruder †. 2) Schwester †.

Eltern: Joh. Ferd. g. 13 Nov. 710 †. G. Charl. Jul. Joh. Christophs v. Ostheim u. Evæ Reg. v. Auffees a. d. H. Truppach T. g. 713.

Vat. Geschw. 1) Charl. Eva Maria, g. 18 Dec. 699 † 700. 2) Phil. Ernst, g. 26 Oct. 701 † 2 Oct. 728. 3) Phil. Carl, g. 7 Feb. 703 † 11 Oct. 728. 4) Heinr. Christoph. g. 3 Jun. 704 † 12 Nov. 727. 5) Carl Frid. g. 3 Sep. 705 † 28 Dec. e. a. 6) Christiana Alb. g. 28 Feb. 707 † 7 Aug. 708. 7) Christ. Lud. g. 11 Jan. 713. 8) Ernst Wilh. g. 721 †. 9) Albr. Ferd. g. 723 †. 10) Charl. Jul. g. 725.

Gros-Elt. Joh. Albr. g. 28 Jul. 674 †. G. I. Anna Cunig. Joh. Christoph v. Eürichshausen u. Mar. Cunig. Kolb v. Rheindorff a. d. H. Assumstadt T. g. 4 Jul. 679. V. 698 † 718. II. Johanna v. Buttlar V. 720 †.

C. Jüngere Linie zu Buchenbach.

Freyh. Phil. Frid. v. Stetten, g. 7 Aug. 728 K. K. Hauptm. des Moldisch. Infant. Reg.

Geschwister: a) Carl Ernst Lud. g. 8 Aug. 722 Mgr. Baad. Ob. Forstm. u. Ob. Bergwerks-Inspector, auch Rit. des O. de la Fidelité, † 26 Apr. 775. G. Hadriana, Eberh. Frid. Göler v. Ravensburg zu Sulzfeld u. Mariæ Reg. Goelerin v. Ravensburg zu Sulzfeld T. g. 730. V. 751.

Kinder: 1) Carol g. 21 Feb. 752. 2) Carl Lud. Magn. g. 19 Jul. 756 Mgr. Baad. Jagd-Page. 3) Regina, g. 21 Sep 757. 4) Gustava, g. 1 Apr. 759. 5) Friderica, g. 23 Oct. 760. 6) Frid. Gustav, g. 19 Jan. 764 Mgr. Baad. Edelknabe. 7) Sab. Charl. g. 11 Aug. 769. 8) Louisa, g. 5 Dec. 773 † 777.

b) Aug.

Stetten.

b) Aug. Christian Phil. g. 3 Sep. 724 †. c) Eleon. Christiana, g. 29 Sep. 726. G. Carl Albr. v. Stetten zu Bodenhof † 4 Jun. 769. d) Charl. Frid. g. 7 Aug. 7. y. e) Wilh. Frid. g. 6 Dec. 730 †. f) Aug. Frid. Carl. g. 5 Jul. 732. g) Ludw. Aug. Sigm. g. 16 Jul. 733 Mgr. Baad. Camh. u. Major bey den Leib-Grenad. G. Charl. Jul. Lamprecht verwitbete v. Sandberg. V. 775. h) Aug. Charl. g. 4 Merz 735. i) Alb. Louisa, g. 21 Nov. 736 †. k) Christoph Ernst, g. 15 Jun. 738. l) Carl Frid. Rud. g. 9 Nov. 739 K. Sardin. Hauptm. des Reg. Royal Allemand. m) Jul. Phil. Wilh. g. 27 Oct. 741 Würten. Camj. u. Hauptm. bey dem Reg. v. Gablenz.

Eltern: Sigm. Heinr. g. 11 Sep 685 † 760 G. M. bey dem Schwäb. Crayß. G. Maria Cath. Philipp Ernst v. Stetten auf Kocherstetten u. Charl. Jul. v. Eyb T. g. 16 Jan. 702 † 8 Feb. 765.

Vat. Geschw. 1) Phil. Lud. g. 17 Feb. 671 † 30 Nov. 692 bey einer Belagerung in den Niederlanden. 2) Phil. Conr. g. 13 Oct 674 † 9 Aug. 709 in Holland. Kr. Diensten. 3) Maria Rosina, g. 675 †. 4) Wolffg. Frid. g. 676 †. G. Eva Cath. Balthas. Phil. v. Moerlau gt. Böhm u. Evæ v. Lauter T. †. 5) Wolffg. Christoph, g. 13 Apr. 677 † 11 Merz 679. 6) Frid. Maria, g. 678 †. G. Heinr. Frid. v. Sarasin. 7) Mar. Amal. g. 17 Oct. 679 † leb. 8) Joh. Heinr. g. 7 Merz 681 †. Würtenb Ob. Forstm. zu Neustadt. G. Christina Aug. Charl. Joh Frid. v. Eyb zu Festenberg u. Annæ Elisab. Kolb v. Rheindorff T. †.

Kinder: 1) Joh. Heinr. 2) Anna Elis. 3) Charl. Juliana sämtl. † in der Kindheit.

9) Joh. Christoph, g. 6 Jun. 682 †. (Gros-Vat. u. Stammh. der Linie zu Bodenhof.) 10) Magd. Soph. g. 26 Febr. 684 † 7 Sept. 689. 11) Albr. Carl Phil. g. 5 Apr. 690 † 11 Sept. 709. 12) Louisa Frid. g. 7 Merz 692 †. 13) Philip. Albertina. g. 30 Sept. 693 † 26 Jun. 700. 14) Joh. Frid. g. 29 Jan. 696 † 1 Apr. e. a.

Gros-Elt. Wolf Christoph, g. 19 Jan. 643 † 16 Aug. 699. G. Maria Soph. Joh. Jac. Kolb v. Rheindorff u. Annæ v. Herda a. d. H. Assumstadt T. †.

D. Linie

D. Linie zu Bodenhoff.

Freyh. Christian Lud. v. Stetten auf Bodenhoff, g. 9 Oct. 759. K. Sardin. Lieut. unter Royal Allemand.
Geschwister: 1) Eleon. Louisa Cath. g. 4 Nov. 754 †. 2) Carol. Heinr. g. 17 Sept. 756. 3) Christiana Frid. Ernest. g. 12 Nov. 761. 4) Carl Frid. Lud. g. 5 Jun. 764 bey der Militair-Academie zu Stuttgard. 5) Wilh. Frid Leop. g. 11 Oct. 765 †. 6) Aug. Alb. Sigm. g. 12 Nov. 765. 7) Ludw. Carl, †. 8) N. N. †.
Eltern: Carl Albr. g. 8 Apr. 717 † 4 Jun. 769 Zweybr. Ob. Stallm. G. Eleon. Christiana, Sigm. v. Stetten auf Buchenbach u. Mariæ Cath. v. Stetten zu Kocherstetten T. g. 726.
Vat. Bruder: Joh. Georg Frid. g. 14 Dec. 714 † 26 Apr. 762 in Campagne. Mgr. Baad. Camj. u. Major.
Gros-Elt. Joh. Christoph, g. 6 Jun. 682 † 14 Apr. 758. G. I. Anna Cath. Georg Holtzschuhers v. Aspach u. Annæ Mariæ v. Wildenstein T. g. 12 Jun. 698. V. 13 Nov. 714 † 723. II. Eleon. v. Bettendorf. V. 724 †.

Stettner v. Grabenhoff.

Dieses alte Adel. Geschlecht kame aus Bayern nach Oesterreich, wo es die 2. considerable Rittersitze Grabenhof u. Dorf über 200 Jahr innen gehabt. Als Kayser Ferdinand II. die allgemeine Religions-Reformat. vornahme, verkaufte es die Güther in Oesterreich u. gienge nebst verschiedlichen Gräfl. Freyherrl. u. edelen Häusern nach Regenspurg u. bekame durch Heurath u. Kauf die Rs. freye Ritter-Güther Lobenbach u. Neuenburg, mit dem dazu gehörigen Reinersdorff u. anderen Pertinentien, weswegen es dem Rs. Ritter-Canton Ottenwald u. Altmühl einverleibt ist. Der Stammvater ist Walther, St. v. u. zu G. welcher An. 1466 als K. K. Hauptm. u. Jägermeister des Stifts Admont lebte.

I. Linie zu Neuenburg.

Freyh. Joh. Adolph Ehrenr. Stettner v. Grabenhoff zu Neuenburg u. Reinersdorf, g. 12 Aug. 737 R. Neuenburg, bey Erlangen.

Stettner v. Grabenhoff.

Geschwister: 1) Joh. Carl Frid g. 12 May 743. 2) N. N.
Eltern: Joh. Christian, g. 16 May 700 †, K. Pohln. u.
Churf. Obrist-Lieut. Br. Onolzb. Camh. K. u. Rit. R.
des Cantons Altmühl. G. Aug. Louisa, Joh. Georg
Frid. v. Rodhausen auf Opphausen u. Mar. Elis. v.
Streithorst T. V. 8 Oct 736.
Vat. Geschw. 1) Charl. Felicitas, g. 16 Sept 695 † 20 Dec.
729. G. Rud v. Bünau zu Treben, Joh. O. R. u. Tem-
pelh. in Sachs. g. 1 Sept. 669. V. 6 Dec. 719 † 24 Dec.
727. 2) Wilh. Amalia, g. 17 Merz 697 † 3 May 746 led.
3) Joh. Ehrenreich, g. 3 Aug. 698 †. Rit. R. beym Can-
ton Altmühl. 4) 5) 6) † alle j.
Gros-Elt. Joh. Gottfr Ehrenr. Sen. Fam. g. 12 Nov. 663
† 16 Dec. 745. G. Bened. Felicitas, Joh. Christoph
Wolffskeel, v. u. z. Reichenberg, u. Evæ Marg. v. Helm-
statt, a. d. H. Hinsingen T. g. 7 Aug. 675. V. 11 Nov.
694 † 2 Apr. 709.

II. Linie zu Lobenbach.

Freyh. Joh. Christoph Stettner v. Grabenhoff zu Loben-
bach, g. 15 Dec. 699 Hzl. Würt. Obrist des Schwäb. Cr.
Drag. Reg. G. Joh. Eleonora, Sigm. Christian v. Rit-
schefall u. Louisæ Charl. v. Münchingen T. g. 2 Jan.
708 V. 14 Sept. 730 †
Kinder: 1) Louisa Heinr. g. 4 Aug. 731. G. N.
Thumb v. Neuburg, Herzogl. Würtenberg. General.
2) 3) 4) † j. 5) Wilh. Friderica, g. 13 Apr. 737. G. N.
v. Doring, Hzl. Würtenb. Major. 6) Joh. Carl, † j.
7) Joh. Lud. g. 1 May 740 †. 8) Augusta Wilh. g. 12 Jun.
741. 9) Joh Frid. g. 3 Sept. 742 Hzl. Würtenb. Camh.
u. Major der Garde zu Pferd. 10) Carol. Jul. g. 20 Oct.
743 †.
Geschw. 1) Joh. Erhard Phil. g. 13 Dec. 694 † 21 Nov.
739 in Ungarn, Hauptm. des Alt-Würtenb. Cr. Drag.
Reg. 2) Sophia, g. 8 Merz 696. G. Joh. Frid. v. Kos-
lan, K. Pr. Obrister. 3) Clara Heinr. Zwilling mit vor-
stehender. G. Joh. Wolffg. Albr. Goeler v. Ravens-
burg auf Sulzfeld u. Dachsbach, g 11 Merz 690. V.
716 †. 4) 5) 6) 7) † j. 8) Joh. Carl Gottfr. g. 29 Jun.
703 † Hzl. Würtenb. Camj. u. Hauptm. G. Frid. Eleo-
nora,

nora, Frid. Magni v St. Andreé auf Königsbach u. Kochendorf, u. Charl. Louiſæ v. Weiler, a. d. H. Mayenfeld T. g. 12 Sept 710. V. 2 Oct. 737.
Kinder: a) Charl. Louiſa, g. 17 Aug. 738 b) Joh. Frid. Eberh. g. 12 Merz 740 Hzl. Würtenb. Camh. u. Major beym Leib-Corps. c) Wilh. Chriſtiana, g. 1 Jul. 742. G. N. v. Neubronn, Hzl. Würtenb. Obriſt. d) Frid. Erneſt. g. 3 Merz 744.
9) Joh. Frid. †j. 10) Eſther Chriſtiana, g. 2 Jun. 706 Hofd zu Weilb. †728. Noch 6 Kinder †j. 17) Wilh. Soph. Louiſa, g. 10 Merz 714 G. Eberh. Dietr. Fhr. Cappler v. Oeden, gt. Bautz. V. 1 Jul. 735.
Eltern: Joh. Chriſtoph, g. 19 Aug. 665 †733 Hzl. Würtenb. R. u. Hofm. G. ClaraAn. Heinr. Heinrich Wilh. v. Ellrichshauſen u. Eliſ. v. Goellnitz T. g. 672. V. 693 †720.
Gros-Elt. Joh. Baptiſta, g. 24 Jul. 726 †676 zu Regenſpurg. G. Reg. Eliſ. JonasKuttner v. Kunitz u. Eliſ. v. Rauchenberg, a. d. H. Hanfelden T. g. 637 †671.

Surgenſtein.

Dieſes Reichsfreye Geſchlecht gehöret zu dem Rs. Ritter Canton am Kocher.

A. Linie von u. zu Surgenſtein.

Freyh. Joh. Joſeph. Surgenſtein, Inhaber des Stammhauſes u. Fſtl. Coſtanz. Erbmarſchall.

Geſchwiſter: a) Joh. Franz, Domh. ſodann aber Weyhbiſchof zu Coſtanz. b) Maria Hildegardis Benedicta, Aebtiſſin zu Cloſter Urſpringen. c) Mar. Eliſ. Emerentia, Churpf. Hofd.

B. Zu Oberreitenau.

Freyh. N. v Surgenſtein zu Oberreitenau, Kayſ. Grenad. Hauptm. unter dem Reg. Fürſtenbuſch. G. Gräfin v. Wellenſtein in Oeſterreich.

Geſchwiſter: a) Chriſtoph Rupert. † Fſtl. Coſtanz. Geh. R. Stalm. u. des Cantons Hegau, Algau u. Bodenſee Rit. R. G. Münchin v. Loewenberg. b) N. N. Domherr zu Coſtanz, †. c) Emilianus, Capitular, Geh R. u. Cam.

Cam. Präsid. zu Cempten. d) Engelbert, Capitular u. endlich gefürsteter Abt zu Cempten, † 760.

C. Zu Aich oder Altenberg.

Freyh. Joh. Adam Ernst Gotth. v. Surgenstein zu Aich oder Altenberg, ꝛc. Chur-Tr. u. Cölln. w. Geh. R. u. Cäm. Ffstl. Cempt. u. Ellw. Geh. R. des St. Mich. O. Gr. Cr. u. Command. G. Maria Theodora, Freyin Reichlin v. Meldegg. R. Altenberg, bey Giengen.

Kinder: 1) Joh. Germann, Chur-Cölln. Camh. G. Walpurg. Vählin v. Frickenhausen.
  Kinder: a) Mar. Ludov. Adelheid. b) Maria Antonia Pia.
2) Mar. Johanna, Stiftsd. zu Andlau †. 3) Mar. Sophia. 4) Maria Elis. Stiftsd. zu Lindau †. 5) Mar. Franc. Stiftsd. zu Reindorff bey Bonn, resig. G. Alexand. Fhr. Reichlin v. Meldegg, Fstl. Thurn u. Taxis Hof-Cavalier. 6) Mar. Hildegard. 7) Maria Anna, Stifftsd. zu Niedermünster in Regensburg, resig. G. I. N. v. Huber. II. N. v. Tenzel. 8) Maria Cath. Stiftsd. zu St. Stephan in Augspurg.

Geschwister: 1) Juliana, Professa in dem Adel. Closter Wald. 2) Die übrige 6 in der Kindh. †.

Eltern: Joh. Franz Ferdinand †, Chur-Bayer u. Pfälz. Geh. R. u. Cämmerer, wie auch Rit. R. u. Ausschuß bey dem Canton Kocher. G. I. Freyin v. Pioccevzchi, Churpf. Hofd. II. Freyin v. Bemmelberg, †.

Gros-Elt. Joh. Gottfried †. G. Freyin v. Buech auf Woldertsaich, †.

Gr. Vat. Geschw. 1) Joh. Franz, Kays. Obrister, †. 2) Joh. Albert, Domherr zu Würzb † 3) Noch 7 Töcht. †

Ur-Gros-Vat. Jacob. erster Freyherr, †, Kays. u. Chur-Pfälz. Geh. R. G. Mar. Cath. Cæcilia v. Werdnau †.

Thann.

Das Stammhaus dieses sehr alt u. berühmten edelen Geschlechts, ist das Schloß u. Städtgen Thann, an der Ulster gegen Fulda gelegen, welches schon An. 276. da Kayser Flavius Claudius die Gothen geschlagen, erbauet worden seyn soll. Die Familie besitzet diesen Ort noch heutiges Tages, u. ist sowohl deshalber als auch wegen anderer vielen in selbiger Gegend besitzenden considerablen Güther dem Rs. Ritter-Canton Rhön-Werra einverleibt. Im Jahr 968 kame Ernst von der Thann zum Turnier nach Merseburg. An. 1284 befande sich Fridrich v. d. T. beym Turnier in Regenspurg ꝛc. u. Conrad v. d. T. wurde An. 1233 zum Bischof u. Fürsten des H.R.R. in Speyer erwählet u. bestätiget. Der ordentl. Stammherr derer jeho blühenden Linien, ist Fridrich v. d.T. Ritter, der eine Schenckin v. Roßberg zur Gemahlin hatte, u. An. 1160 florirete.

I. ältere Linie.

Freyh. Ernst Lud. v. u. zu der Thann, g. 702, Chur-Cölln. Camh. G. Charl. Reg. Juliana, Christian Carl Grafens v. Giech zu Thurnach ꝛc. u. Maximil. Cath. Gräfin v. Khevenhüller, a. d. H. Aichelberg T. g. 30 Nov. 696 v. 7 Nov. 730 †.

Kinder: 1) Christoph Carl Christian Frid. g. 8 Sep. 731 2) Frid. Wilhelm, g. u. † 732. 3) Soph. Henr. Ros. Juliana, g. 25 May 733. 4) Frid. Ernst, g. 24 Aug. 734. 5 Maximil. Charl. Louisa, g. 14 Sept. 735 6) Gg. Joh. Carl Adolph Ernst, g. 736 † 737.

Geschwister: 1) Adam Heinr. † als Hauptm. 726. 2) Gg. Frid. g. 696 † 736, Teutsch. O. R. u. Command. zu Münerstadt, Chur-Cölln. Geh. R. u. Vice-Präsident zu Mergentheim. 3) An. Christina Soph. g. 22 Febr. 699 † 19 Nov. 726. G. Joh. Christoph Phil. v. Ebersberg, gt. Weyhers, zu Gersfeld, Hessen-Cassel. Rittm. v. 718 † 739. 4) Ernest. Maria Jul. g. 704 † 739. G. Gg. Frid. v. Spiegel zu Pickelsheim. v. 727 † 737. 5) Adelbert Frid g 709 † in Ungar. Kr. Diensten; 6) Wilh. Louisa Rosina, † 740. G. Joh. Wilh. v. Köniz. v. 738

Eltern: Christoph Caspar † Fstl. Fuld. Geh. R. u. Ob. Amtm. zu Fürsteneck. G. Joh. Sophia, Joh. Adams v. Wizleben u. Soph. Eleon. v. Polenz T. †.

Vat. Geschw. a) Frid. Van. † in Ungarn. b) Adolph Melchior, Hessen-Cassel. Major, † 704 bey Höchstädt. G. Maria Christina Albert. Melchior Albr. v. u. zu Lehrbach u. An. Joh. v. der Thann T. †. c) Anna Jul. †. G.

Thann.

G. Valent. v. Geyso †. d) Frid. Lud †. e) Otto Heinrich † jung.

Gros-Elt. Georg Christoph, auf Ketten, g. 638 † 690. G. Juliana, Hans Melch. v. Buttlar auf Dietlaß u. Jul. v. der Thann T. †.

II. jüngere Linie.

Freyh. Christoph Frid. v. u. zu der Thann, auf Ostheim, Nordheim, Oberwaldbehrungen, Franckenheim, Birx ꝛc. g. 697 Kayſ. w. R. Fſtl. Fuld. Geh. R. Ob. Hofmarſchall u. Rit. R. des Cantons Röhn-Werra u. Buchiſchen Quartiers. G. Hel. Eliſ. Juliana, Carl Fhn. v. Venningen u. Soph. Louiſæ Freyin v. Degenfeld T. V. 728 R. Tann

Kinder: 1) Hel. Amal. Louiſa, g. 15 Nov. 729. 2) Adolphina Marg. g. 731. 3) Fridrich, g. u. † 732. 4) Adolph Wilh. Heinr. g. 735 Churpfälz. Cämmerer, Fſtl. Fuld. Hof-R. Ob. Amtm zu Biberſtein u. Rit. R. des Cantons Rhön-Werra u. Buchiſ. Quartiers. 5) Suſ. Wilhelm. Eliſab. g. 737.

Geſchwiſter: 1) Suſ. Eleon. † 736. G. Gg. Frid. Auerochs v. Depfershauſen u. Ober-Katz, K. Schwed. u. Heſſen-Caſſel. General u. Obriſt eines Drag. Reg. † 731 ult. Fam. 2) Chriſtina Jul. 3) Conr. Carl, g. u. † 704. 4) Chriſtina Soph. Dorot. G. Joh. Wilh. Aug. Schütz v. Holzhauſen zu Büdesheim V. 736. 5) Wilh. Albr. Lorenz, g. u. † 709. 6) Heinr. Auguſt, g. 713 † 21 Dec. 739.

Eltern: Heinrich, Fhr. v. u. zu der Thann, † 8 Jul. 714 Kayſ. w. R. Reichs-Hofr. Fſtl. Fuld. Geh. R. Ob. Hofmarſch. Rit. Hauptm. des Cantons Röhn-Werra u. Director aller Fränkiſ. Ritter-Cantons. G. Amalia Roſina Maria, Chriſtoph Sigm. v. Streitberg zu Veilbrunn ꝛc. u. Mariæ Eleonoræ v. Künsperg a d. H. Schmeilsdorff T. g. 677. V. 696 †.

Gros-Elt. Fridrich v. der Thann, g. 610, Kayſ. Obriſt-Lieut. u. Rit. R. des Cantons Röhn-Werra † 667. G. Suſ. Barbara, Gg. Chriſtoph Heußleins v. Euſenheim zu Kiſingen u. Margar. v. Eſchwege T. g. 616 † 668

Thüngen.

Dieses allgemein bekannt u. berühmte Freyherrliche Haus, welches 14 öffentl. Turniere besuchet, dem Hoch-Stifft Bamberg, einen Fürsten und 6 Domherren, dem Hochstifft Würzburg gleichfals einen Fürsten u. 15 Domherren, dem Ritter-Stifft St. Burckhardi 4. Capitulares, dem Hohen Teutschen Orden verschiedene Ritter u. Commandeurs, denen Römischen Kaysern einige tapfere Generals, vielen teutschen Prinzen eine beträchtliche Anzahl vornehmer Ministres, dann der Rsfreyen Ritterschaft in Franken, sonderlich Orts Rhön= u. Werra, nicht wenig Hauptleute u. Räthe gegeben, wird mit Recht zu den ältesten Turnier= Ritter- u. Stiffsmäßigen Adel in Franken gezählet. Sein Stammhaus, Schloß u. Flecken Thüngen, liegt im Rs. Ritter=Canton Rhön u. Werra bey Carlstadt. Den Namen Thüngen, hat es von denen alten Tunginis, welche Cent-Richter gewesen, u. wovon die grauen Urkunden berichten, daß sie in vorigen Zeiten den Namen Tugenden geführet haben. Ihre Güther sind beträchtlich; Sie besitzen Thüngen, Burgsinn, Weisenbach, Zeitlofs, Dettern, Dietlofsroda, Eckarts, Eichelberg, Heiligen-Creutz, Heßdorff, Reußenberg, Hochelmühl, Roßbach, Trübenbrunn, Völckersleyher, Weickertsgruben, Windheim, Wolffsmünster rc.

Freyh. Phil. Christoph Dietr. v. u. zu Thüngen, Hr. zu Thüngen, Roßbach, Weisenbach, Zeitlofs, Detter, Burg=Sinn, Heilig=Creutz, Heßdorf, Höllerich rc Kays. w. R. u. Rit. Hauptm. des Cantons Rhön u. Werra. G. I. Jul. Sophia Elisabeta, Joh. Georg Schenkens v. Schweinsberg zu Höllrich rc. u. An. Hel. Sophiæ v. Wallenstein T. g. 708. V. 2 Aug. 727 † 23 Aug. 734. II. Elis. Dorot. Philippina, Frid. Wilh. Schenkens zu Schweinsberg u. Jul. v. Berlepsch T. V. 738. R. Thüngen.

Kinder: (1ter Ehe) 1) Joh. Carl Sigm. g. 730 Hr. auf Zeitlofs, Detter, Burgsinn. H. Creutz, Heßdorf, Höllrich rc. Kays. w. Geh. R. u. des Kays. u. H. R. R. Cam. Ger. zu Wetzlar Präsident. G. N. N. 2) Jul. Soph. Charl.

Charl. g.731. 3) Rudolph Wilh. g.732, †735. 4) Frid. Wilh. g.733 Kayſ.Obriſt-Lieut.in Pohlen. (2ter Ehe) 5) Hans Carl, g. 739 Herz. Würtenb. Ob. Forſtm. zu Ludwigsburg. 6) N.N. Hzl.Würtenb. Hofjägerm.zu Stuttgard.

Geſchwiſter: a) Hans Phil. †. b) Ad. Sigm. Kayſ. G. F. M. L. u. Obriſter über ein Infant. Reg. †. c) Carl Frid. Kayſ.Obriſter über ein Infant. Reg. †15 Sept. 737.

Eltern: Phil. Reinhard, v. u. zu T. u. Roßbach, †. G. I. Eva, Phil. Ad.Voitens v. u. zu Salzburg u. Rödelmayer ꝛc. u. Amaliæ, Freyin v. Thüngen T. II. Maria Dorot. Caſpar Ad.Marſchalls v. Oſtheim zu Waltershauſen u. Roſinæ Salome Truchſeßin v. Wezhauſen T.†

Vat. Geſchw. (1ter Ehe) 1) Wolff Hartm. †. 2) Fridrich †. (2ter Ehe) 3) Anna Dorot. †. G. Wilh. Ulr. v. Schaumberg zu Unter Schwalbach ꝛc. †. 4) Carl Guſtav Eman. †. 5) Ad. Adolph, Capitular zu Bamberg, u. zu St. Burckhard in Würzb. g. 662 † 719. 6) Ad. Gottlieb, g. 664 Domh. zu Bamberg, reſig. u. †. 683. 7) Eva Salome, †719. G. I. Joh. Gottfr. Diet. v.Gebſattel, Fſtl.Würzburg.Amtm. zu Biſchofsheim, g.693. V. 689†711. II. Franz Ernſt v. Sänger zu Moſſau in Bayern, †. 8) Hel. Charlotta, †738. G. I. Ferd. Joh.Fhr. v. Pöllnitz zu Aſchbach ꝛc. II. Lothar. Ernſt, Fhr. v.Rollingen, Churm.Geh.R. u. Ob.Stallmeiſter, †735.

Gros-Elt. Wolff Heinr. v.u.z. Thüngen u. Roßbach ꝛc. †26 Febr.675. G. I. Anna, Wolff Albr. v. Thüngen zu Wüſtenſachſen ꝛc. u. Annæ Voitin v. Salzburg T. II. Soph. Eleonora, Chriſtoph Wilh. Voitens v. Rhineck zu Wertheim ꝛc. u. Mariæ Magd. Voitin v. Rhineck T. g.638 † 1 Merz 676.

Trümbach.

Das Alter dieſes Geſchlechts, welches ſich in ältern Zeiten Trübenbach, Drumbach u. Trüembach genennet, gehet weit hinauf, u. von deſſen Anſehen zeuget unter andern, daß ſchon im Jahr 1336 Sartard v. Trümbach

bach zu einer Composition zwischen Hrn. Landgraf Ludwig zu Hessen, mit denen Herren Aebten zu Hersfeld u. Fulda, sich gebrauchen ließ. vide Schannats Cod. Histor. Fuld. p 255. Des gedachten Hartrards Bruder Ludwig, wird in dem zweyten Fuldischen Pfandbrief über das Gerichte Neukirchen u. Schloß oder Kemmate zu Wehrda, d d. St. Peters- u. Pauls-Abend 1369 ein Ritter genannt. Albrecht war, teste Schannate in Histor. Fuld. p. 78. Fstl. Fuldischer Marschall 1506, und dessen Sohn Carl wurde es im Jahr 1530. Es hat dieses Geschlecht von Anbegin zum Reichs-Adel in Buchen gehöret, u. gehöret noch jetzt mit selbigem zum Fränkischen Ritter-Canton Rhön-Werra. Das Stammhaus, die Trübenbach, ist nahe bey Wehrda, jetzt noch deutlich in seinen Ruinen zu sehen, u. die Adeliche Ansitze sind nach Wehrda verlegt, welches Dorf mit denen Ortschaften Rhein, Wezels, Schlezenroda u. Kleinmohr auch Hof, Alerts, das Rsfreye Gerichte Wehrda ausmacht, woran der Stamm Trümbach 2/3 an Güthern, Unterthanen u. Gerechtsamen besitzt, der übrige 1/3 aber der weiblichen Descendenz Lucæ von Trümbach u. seines Sohnes Wolff Dieterichs, seit Hans Werners den 9 Sept. 1579 ohne männliche Erben erfolgten Ablebens, zugehöret. Des im Jahr 1563. verstorbenen Georg Reinhardts Söhne A) Georg Sittich, und B) Reinhardt Ludwig haben in zwoen Linien den Stamm fortgepflanzet.

A. Georg Sittichische Linie.

Herr Phil. Rud. v. Trümbach, g. 3. Jan. 729 Hessen-Hanauischer Reg.Rath, auch Ob.Amtm. zu Gelnhausen. G. Mar.Magd. v. Klettenberg. V. 7 Jun. 763 † 8 Aug. 768. II. Mar. Soph. Jul v. Heringen. V. 20 Feb. 770 K Hanau.

Kinder: (1ter Ehe) 1) Ernest. Christiana Sus. Wilhelm, g. = Jun. 766. 2) Carl Fridrich, g. 2 Aug. 767.

Geschwister: 1) Joh. Magd. Friderica, g. 29 Dec. 709 † 15 Jul. 714. 2) Carol. Ernest. Juditha, g. 22 Dec. 710 Pröbstin des Rsfreyen Fräulein-St. Waizenbach in Franken. 3) Wilh. Jul. Elisab. g. 5 Dec. 711, † 23 May 776. 4) Charlotta Christiana, g. 12 Apr. 713. G. J. Adam

Trúmbach.

I. Adam Wilh. v. Keudel auf Schwebba u. Klein=Ball=hausen, Hessen=Rheinfels. Gesamt=Drost der Herrsch. Plessen. V. 7 Aug. 747. II. Ludw. Wilh. v. Nor=deck zu Rabenau, Hessen=Darmstädts. G. M. V. 25 Aug. 763. 5) Sophia Frid. g. 15 Merz 714 † 17 Jun. 715. 6) Georg Heinr. g. 19 Apr. 717, † 8 Oct. 717. 7) Levin Carl, g. 5 Sept. 718 Hessen=Cassel. G. L. u. O=brister eines Reg. zu Fuß, des Hessen=Cassel. Militair=O.R. 8) Ernst Ludw. g. 14 Jan. 720 K. Dänischer Legat Rath. G. Dorot. Wilh. v. Weyhers, g. 22 Aug. 726. V. 13 Jun. 764. K. Gelnhausen. 9) Johannetta Frid. g. 29 Nov. 722 † 24 Jan. 728. 10) Georg Wilh. Hessen=Cassel. Major, g. 22 Apr. 724, † 25 Jul. 776. 11) Wallrab Ludw. g. 20 Nov. 725 K. Pr. Capitain.

Eltern: Adam Christoph, g. 28 Dec. 676 Kays. w. R. u. des Ritter=Orts Rhön=Werra erbetener Ritterhaupt=mann, † 26 Mart. 747. G. Sophia Louisa v. Baum=bach auf Kirchheim. V. 19 Feb. 709, † 6 Oct. 762.

Vat. Geschw. 1) Hermann Julius, g. 8 Nov. 664, † 2) Juliana Cath. g. 8 May 668, †. G. Frid. Phil. Moriz v. Buseck, gt. Brandt zu Alten Buseck, Hessen=Darmst. Hauptm. V. 24 Oct. 699, †. 3) Anna Marg. g. 18 Dec. 670 †. G. Georg Franz v. u. zu Buchenau, Fstl. Fuld. Rittm. V. 26 Nov. 695, †. 4) Brigitta Beata, g. 12 Sept. 679, † 6 May 734.

Gros=Elt. Georg Sittich, g. 16 Jan. 637, † 12 Feb. 688 G. Marg. Elis. v. Polheim, g. 23 Aug. 642, † 20 Dec. 716.

B. Reinhardt Ludwigische Linie.

Herr Carl Ludw. Frid. v. Trúmbach, g. 10 Feb. 747, K. Dänischer Rittm. G. Joh. Maria Philippina, des ehemaligen General=Gouverneurs in West-Indien, u. nachmaligen bevollmächtigten Ministers derer Her=ren General=Staaten d. vereinigten Niederlanden, am Niedersächsischen Creise, Johann Jacob v. Mauricius T. V. 15 May 768, g. in Surinam 9 Jun. 745.

Kinder: 1) Joh. Carol. Sophia, g. 6 Apr. 769. 2) Frid. Wilh. Heinr. g. 2 Nov. 772. 3) Johannetta Frid. Al=bertina, g. 11. Jun. 774.

Geſchwiſter: 1) Anna Jul. Frid. Dorot. g. 19 Nov. 745. (2ter Ehel) 2) Carol. Chriſtiana Albertina. 3) Frid. Louiſa Erneſtina. 4) Leonhardt, Heſſen-Caſſel. Lieut. bey dem Knyphauſiſchen Reg

Eltern: Frid. Adam Rudolph, g. 10 Nov. 722 K. Däniſcher G. M. G. I. Wilh. Henrietta Jul. v. Schenck zu Schweinsberg u. Buchenau. II. Frider. Wilh. Jul. v. Schenck zu Schweinsberg. V. 11 Merz 750.

Vat. Geſchw. 1) Anna Liberta Gita Louiſe Juliana, g. 31 Merz 717, † 771. 2) Johannetta Sophia, g. 3 Jun. 718. G. Ludw. Ernſt v. Schenck zu Schweinsberg auf Cöſtrich. V. 30 Oct. 742. 3) Joh. Carl, g. 24 Jun. 719, des Löbl. Reichs-Ritterſchaftl. Buchiſchen Quartiers, Ausſchuß, † 12 Sept. 764. G. Magdal. Wilh. v. Nordeck zu Rabenau, † 24 Aug. 764. 4) Louiſa Frid. Chriſtiana, g 4 Jul. 720. 5) Georg Reinhardt Wilh. g. 26 Febr. 725 Heſſen-Caſſel. Capitain, † an einer in der Bataille bey Laffeld empfangenen Wunde zu Maſtricht, 9 Jun. 747.

Gros-Elt. Joh. Georg, g. 30 Jun. 677, † 6 Jun. 727. G. Anna Clara Gütha v. Schenck zu Schweinsberg, † 20 Jul. 752.

Tucher v. Simmelsdorf.

Von dieſer Familie iſt eine Deduction unter folgenden Titul vorhanden: Summariſche Deduction von dem Alterthum, Turnier-Ritter-Stiftsmäßigkeit, auch Reichs-Immedietät des Geſchlechts der Tucher von Simmelsdorf und Winterſtein ꝛc. nebſt einer Beſchreibung dererſelben merkwürdigen Civil- u. Militair-Chargen, geiſt- u. weltlichen Fundationen, Güther-Acquiſitionen, vorzüglichen Heyrathen, Erb-Begräbniſſen, Monumenten, alten Wappen u. Siegelmäßigkeit ꝛc. gedruckt Schwabach 1764. Dieſe Geſchlechtshiſtorie erweiſet aus Geſchichtſchreibern u. Urkunden, daß Bethericus de Caſtello Tuchern An. 1040. gelebet, welcher auch Bethericus de Tachere genennet wird. Das ehemalige aber längſt zerſtörte Caſtell Tuchern, war ohnfern Leipzig, an dem Ort, wo jetzt das Städtgen Taucha ſtehet; Gozwi-

Tucher von Simmelsdorf.

Gozwinus de Tuchern befande sich an dem Bischöff. Naumburg. Hof An. 1174. Hermannus u. Ekkehardus de Tuchere finden sich An. 1196. 1197. u. ist Ekkehardus 1208. an dem Landgräfl. Thüringischen Hof als Ministerialis in Hofdiensten gestanden. An. 1190. bis 1200 war Henricus T. unter dem Bayerischen Adel. Wolff u. Sigmund T. befanden sich 1197. auf dem Turnier zu Nürnberg. An. 1260 lebte Conrad T. zu Nürnberg. Zu Anfang des 14ten Seculi finden sich auch die Tucher unter dem Fränkischen Adel. An. 1483. u. 1496. waren Lorenz u. Sixt T. Domherren u. Dom-Custos zu Regenspurg. An. 1479. war Hans T. Ritter des heil. Grabes. Die Ritter-Würde führeten auch in dem 16ten Seculo Endreß, Anton, Lazarus u. beede Robertus T. In diesem Jahrhundert waren auch verschiedene Tucher Kays. Königl. u. Fürstl. würkliche Räthe, bekleideten auch andere Adel. Chargen, dann haben sich auch im Kriegsstand besonders hervorgethan Endreß T. Ritter u. Obrister, war 1504. bey Kayser Maximiliano in der böhmischen Schlacht bey Regenspurg, u. hatte das Commando über 5000 Mann. Paulus T. 1581. Colonel-General der Niederländischen Armee u. Kriegs-Rath des Prinzen von Oranien. Ein anderer Paulus T. wurde 1709. Gen. Feld-Marschall-Lieutenant des Fränkischen Crayses. Christoph Berthold u. Gottlieb T. wurden 1709. und 1727. Obriste des Fränkischen Crayses. An. 1598 wurde diese Familie durch Erkaufung des damals Reichsfreyen Ritter-Guths Simmelsdorf, dem Fränkischen Canton Altmühl einverleibt. An. 1662. 72. u. 83. sind die Ritter-Güther Winterstein, Rüssenbach u. Morschreuth acquiriret, u. hierdurch die Familie dem Fränkischen Ritter-Canton Gebürg incorporiret worden, daher auch besagter Canton in dem wegen einer Ahnen-Probe den 13 Nov. 1775 ertheilten Canzley-Attestat bezeuget: „daß die Adel. Familie derer Tucher v. Simmelsdorf u. Winterstein auf Rüssenbach, wegen derer in dem disseitigen Ritter-Canton besitzenden Rs. unmittelbaren Güthern, würklich immatriculiret seye, auch das Jus Sessionis et voti auf Ritter-Conventen habe, somit auch gedachte Tu-

218　Tucher v. Simmelsdorf.

cherische Familie aller u. jeder Kayſ. Privilegien, Immedietæt, Immunitæt, Exemtion, Recht u. Gerechtigkeit, gleich anderen Ritter-Mitgliedern genieſet, gaudiret u. dabey manuteniret werden ſolle. Sie beſitzet auch die Adel. Güther Lohe, Groſſengſehe, St. Helena, Uzmansbach, Peringersdorf, Mayach ꝛc. u. iſt Conrad T. An. 1288. mit Gertraud Holzbergerin vermählt, ordentlicher Stammherr der folgenden Branchen.

I. ältere Linie.

Herr Joh. Georg Tucher v. Simmelsdorf u. Winterſtein auf Rüſſenbach ꝛc. Chur-Bayer. Adel. Hof-R. zu München, Reg. R. der Obernpfalz, des R. A. O. Gr. Cr. Mitglied der RS. Ritterſch. in Franken, Fam. Sen. u. der gemeinſchaftl. Lehen u. Güther, auch geiſtl. Stiftungen Adminiſtrator, g. 19 Apr. 735. R. Nürnberg.

Geſchwiſter: 1) Joh. Paul Tucher, g. 13. u. † 14 Merz 736. 2) Barb. Maria, g. 15 Apr. † 4 May 737. 3) Mar. Barb. g. 18 Apr. 738. 4) Jac. Frid. Tucher, g. 30 Sept. 739, † 10 Apr. 740. 5) Clara Roſ. g. 13 Nov. 740, † 31 Jul. 743. 6) Chriſtoph Jac. Tucher, g. 31 May 742, † 18 Jan. 743. 7) Carl Gottfr. Tucher, g. 22 Nov. 743, † 27 Jul. 777. G. Sophia Barb. Mar. Chriſtiana, Carl Albr. Chriſtian v. Mühlholz, auf Kirchrainbach, u. Hel. Reg. v. Fürtenbach auf Reichenſchwand T. g. 21. Febr. 751. V. 15 Sept. 767.

Tochter: Barb. Carolina Sabina, g. 14 May 770.

8) Joh. Carl Tucher, g. 26 Aug † 7 Oct. 745. 9) Maria Sab. g. 27 Jul. 747. 10) An. Suſanna, g. 29 Oct. 748. 11) Balth. Chriſtoph Tucher, g. 30 Oct. † 2 Dec. 749. 12) Georg Frid. Tucher, g. 31 Oct. 750. G. Mar. An. Clara, Chriſtoph Gottfr. Pellers v. Schoppershof u. Caſtenreuth auf Heuchling, u. Hel. Cathar. Ebnerin v. Eſchenbach T. g. 6 Apr. 758. V. 12 Aug. 777. 13) Chriſtoph Frid. Steph. Tucher, g. 29 May 752, † 7 May 764.

Eltern: Georg Steph. Tucher v. Simmelsdorf u. Winterſtein auf Rüſſenbach u. Mayach ꝛc. Senator des innern Geh. R. zu Nürnb. Sen. Fam. u. der geiſt. u. weltl. Geſchlechts-Stiftungen Adminiſtrator, g. 10 Nov.

Tucher v. Simmelsdorf.

709 † 1 Nov. 756. G. I. Hel. Maria, Hans Chrift. Löffel=
holtz v. Colberg, u. An. Mar. v. Lemp auf Ebenreuth T.
g. 27 Sept. 717. V. 6 Jul. 734, † 16 Jun. 752. II.
Eleon. Charlotta, Joh. Frid. v. der Oelsnitz, u. Soph.
Perpetuæ v. Watzdorff T. Carl Christoph Tuchers W.
V. 14 Feb. 753.

Vat. Schw. Clara Esther, g. 13 Dec. 706, † 28 Oct 729
G. Joh. Paul Winckler v. Mohrenfeld, zu Hemhofen,
Buch u. Zeckern. V. 26 Oct. 728.

Gros=Elt. Joh. Jac. Tucher v. Simmelsdorf u. Winter=
stein auf Rüssenbach, Sen. Fam. u. der weltl. Ge=
schlechts=Stiftungen Administrator, g. 13 Nov. 6-4,
† 7 Jan. 746. G. Clara Rosina, Georg Veit Dörrers
v. u. zu der Untern=Bürg ult. Fam. u. Barb. Cath. Oel=
hafin v. Schöllenbach T. g. 21 Jun. 682. V. 10 Febr.
705, † 23 Aug. 755.

II. jüngere Linie.

Herr Frid. Wilh. Carl Tucher v. Simmelsdorf u. Win=
terstein auf Rüssenbach u. Peringersdorf, g. 12 Aug.
736, Senat. des innern Geh. R. zu Nürnb. u. der Tucher.
Land=Stiftungs=Güther Administrat. G. An. Maria,
Joh. Burckh. Volckammers v. Kirchensittenbach u. Ma=
riæ Annæ Behaimin, Freyin v. Schwartzbach T. g. 21
Mertz 738. V. 14 Oct. 761, † 14 Feb. 776. R. Nür

Kinder: 1) Jobst Wilh. Carl Tucher, g. 28 Aug. 762. 2)
Joh. Burckh. Carl Tucher, g. 3 Oct. 763. 3) Carl Frid.
Tucher, g. 11 Nov. 764. 4) Eleon. Charl. g. 15 Dec.
755. 5) Joh. Christoph Carl Tucher, g. 25 Febr. 767,
† 6 Oct. 767. 6) Christoph Wilh. Frid. Carl Tucher,
g. 13 Jul. 768. 7) Joh. Christoph Sigm. Carl Tucher,
g. 22 Sept. 769, † 10 Jun. 770. 8) Christoph Carl Frid.
Tucher, g. 19 Apr. 771, † 22 Nov. 772. 9) Clara Mar.
Sophia, g. 16 Mertz 773. 10) Sus. Maria, g. 12 Jan.
775. 11) u. 12) Mar. Barb. Carol. u. Mar. Philip.
Joh. Zwillinge, g. 12 Feb. 776, erstere † 24 Jan. 777,
letztere † 13 Jul. 777.

Bruder: Jobst Christoph Tucher v. Simmelsdorf und
Winterstein, g. 4 Aug. 738, der Tucher. weltl. Ge=
schlechts=Stiftungen Administrator.

Eltern:

Eltern: Carl Christoph Tucher v. Simmelsdorf u. Winterstein auf Rüssenbach, Senat. des innern Geh. R. zu Nürnb. g. 5 Jan. 681, † 28 Dec. 742. G. I. Mar. Magdalena, Joh. Moritz Fürers v. Haimendorf auf Renzenhof u. Mar. Hel. Hallerin v. Hallerstein T. v. 24 Oct. 713, † 10 Jul. 734. II. Eleon. Charlotta, Joh. Frid. v. der Oelsnitz u. Soph. Perpetuæ v. Watzdorf T. v. 17 Oct. 735.

Gros-Elt. Jobst Christoph, Tucher von Simmelsdorf u. Winterstein ꝛc. g. 650 † 712. G. An. Maria, Christoph Sigm. Hackens v. Sul gt. v. Thill zu Thüngfeld u. Mar. Claræ Mufflin v. Eschenau T. g. 28 Merz 654. v. 4 Aug. 679. †.

Voit v. Salzburg.

Dieses edele Fränkische Turnier-Ritter- u. Stiffts-mäßige Haus, wurde von Carolo Magno, welcher zu Salzburg, (so eine alte Burg in Franken bey Neustadt an der Saal,) öfters zu residiren pflegte, mit diesem Salzburg belehnet und ihm der Name davon beygeleget. Es theilet sich in die Evangelische Haupt-Linie, welche im Jahr 1718 in den RS. Freyherrn-Stand erhoben worden und obige gedachte Kayserl. Burg besitzet, und in die Catholische, welche die zum Canton Rhön-Werra gehörige Ritter-Güther, Rödelmeyer, Querbach ꝛc. zu ihrem Antheil bekommen. Unter seinen Vorfordern wurde Melchior Otto, welcher 1648 die Universität zu Bamberg stiftete, im Jahr 1642 zum Bischof u. Fürsten des H. R. R. daselbst, ein anderer aber zum Teutsch-Meister und Fürsten des H. R. R. über die teutsch- und welsche Lande erwählet, und ist der ordentliche Stammherr aller jetzt blühenden Herren dieses Hauses, Wilhelm Voit von Salzburg, welcher Anno 1165 im Turnier zu Zürch mit Herrn Graf Poppen v. Henneberg aufgetragen wurde. Ein mehreres S. in dem Handbuch von 1775.

A. Evangelische Haupt-Linie.

Freyh. Carl Frid. Voit v. Salzburg, g. 28 Sept. 730 des Joh. O. R. K. K. w. Camh. u. Obrist-Wachtm. des Kays. Infant. Reg. v. Prinken. R. Anspach.

Geschw.

Voit v. Salzburg.

Geschwister: 1) Frid. August Valentin, g. 20 Jun. 733 Mgr. Brandenb. Camh. u. Obrist-Wachtm. des v. Schlammersdorf Infant. Grenad. Bataill. zu Ansp. 2) Jul. Gottlieb, g. 26 Jan. 735 †. 3) Carol. Sophia, g. 4 Apr. 736. G. Wilh. Joseph v. Redwiz, des K.A. O. R. u. Brandenb. w. Geh. R. † 10 Apr. 767. 4) Christian Ernst, g. 28 May 744 Fstl. Brand. Cam. u. Jagdj. wie auch Lieut. unter der Garde du Corps zu Anspach.

Eltern: Jul. Gottlieb, g. 19 Merz 704 Hr. zu Salzburg, Eichenhausen, Burglauer u. Dürenhoff rc. Brandenb. Onolzbach. Geh. R. Landschafts-Director, Ob. Amtm. der Städte u. Aemter Gunzenhausen u. Flüglingen, des K. A u. S Weimar. de la Vigilance O. R. G. Eleon. Carol. Christoph Frid. Fhn. v. Seckendorff, u. Frid. Wilh. Marschallin v. Ebneth T. g. 30 Apr. 712. V. 3 Nov. 729.

Vat. Geschw. 1) Carol. Jul. g. 5 Aug. 702 † 7 Jun. 723. G. Adam Heinr. Gottlob v. Lichtenstein rc. Burgm. zu Friedb. K. w. R. Hessen-Darmst. Geh. R. u. Ritter Hauptm. des Cantons Baunach, g. 693. V. 719 † 759. b) Fridr. Carl, g. 1 Jul. 698 Brandenb. Culmb. Minister, u. w. Geh. R. der Fr. Marggräfin Ober-Hofm. Lands-Hauptm. zu Hoff, Ob. Amtm. zu Lichtenberg rc. Condirectorial-Gesandter u. Kr. R. beym Fränk. Crayß, des Joh. O. R. u. ernannter Commandeur zu Lagow u. Nemerow. † 8 Jul. 740. G. Elis Jul. Martha Christina Charl. Joh. Philipp v. Hutten zu Frankenberg rc. u. Mariæ Jul. Marschallin v. Ostheim a. d. H. Walthershausen T. g. 708. V. 20 Aug. 728.

Kinder: 1) Carol. Louisa Jul. g. 5 Sept. 730. 2) Frider. Sophia Wilhel. g. 17 Nov. 732. 3) Soph. Dorot. Aug. g. 28 May 734 † 15 Nov. 736. 4) Elis. Frid. g. 18 Sept. 735 † 15 Nov. 736. 5) Frid. Christiana Florent. g. 11 Octob. 737. 6) Maria Amal. Albert. g. 8 Feb. 739 † 25 Merz 740. 7) Soph. Louisa Henr. g. 2 Merz 740.

Gros-Elt. Valentin, Jun. † 722 Fstl. Brand. Onolsb. Premieur-Minister, Geh. R. Landschafts-Director, Ob.

Ob. Amtm. verschiedener Städte u. Aemter ꝛc. G. An. Jul. Georg Wilh. v. Stein zu Ostheim in Völckershausen, u. Sus. Marg. v. Stein zu Ostheim a. d. H. Nordheim T. V. 695 † 720.

Gros-Vat. Brud. Hans Albrecht, g. 642 Obrist-Lieut. † 702. G. Marg. Louisa, Georg Wolffens v. Rotenhan zu Merzbach ꝛc. u. Marg. Sus. v. Neuhausen T. g. 655. V. 685 † 698. Dessen

Kinder: 1) Wolff Sigm. Fstl. Würzb. Geh.R. u. Ob. Amtm. zu Ebern. G. Anna Petronella, Adams v. Ebersberg gt. Weyers zu Gersfeld u. Evæ Mariæ v. Ruswurm a. d. H. Bonnland T. g. 689 † 719. 2) Maria Sus. † Priorin, im Closter Altenb. bey Wetzlar. 3) Anna Sab. Jul. G. Phil. Ernst v. Reichersb. zu Fechenbach, † 736. 4) Heinr. Gottlob, Kays. Hauptm. bey dem Wurmbr. Infant. Reg. 5) Lucretia Rosina. G Joh. Heinr. v. Händel, Kais. L. bey dem Welseck Reg. 6) Anna Cath. 7) Philipp Valentin. (S. der zweyten Linie Eltern.)

B. Catholische Linie.

Herr Phil Ernst Heinr. Carl Ant. Leonh. Voit. v. Salzburg, g. 726 Dom-Dechant des Hochstiffts Bamberg, Domh. des Ritterstiffts zu St. Burckhard in Würzb. Fstl. Bamb. w. Geh. R. Statthalter u. Reg. Präsident daselbst, wie auch Sen. Fam. R. Bamberg.

Geschwister: a) Joh. Phil. Franz Christoph Anton, g. u. † 719. b) Maria Anna Christiana Walburgis, g. 28 Merz 721. c) Franz Wilh. Ludw. Georg Maria, g. 8. Dec. 723 † Stiftsh. zu Fulda. d) Hans Carl Ernst Anton Sigm. g. 20 Aug. 725 †. e) Phil. Heinr. Sigm. Franz, g. 29 Dec. 726 Fstl. Würzb. w. Geh. R. u. Ob. Amtm. zu Wald-Aschach. G. Anna Jul. v. Greiffenclau.

Kinder: 1) Sohn. 2) Tochter. 3) Tochter. 4) Tochter. f) Maria Amal. Magd. Sophia, g. 6 Apr. 728. G. Fhr. v. Bubenhofen, Fstl. Bamb. w. Camh. u. Obrist-Lieut. † 758 g) Mar. Jos. Joh. Franc. g. 22 Aug. 729 Stiftsd. zu Bamb. h) Frid. Lothar. Georg Adam Christoph, g. 28 Oct. 730 † 731. i) Frid. Franz Phil. Joseph, g. 26 Jan.

Jan. 732 † 733. k) Mar. Carol. g. 22 Feb. 733 † 9 May 740. l) Theref. Cath. Joh. Eleon g. 29 Sept. 734. m) Eva Mar. Franc Louisa Charl. g. 737. n) Mar. Wilhelm. Cath Phil. g. 30 Merz 739.

Eltern: Phil. Valent. Hr. zu Salzburg, Rödelmeyer u. Querbach ꝛc. Fstl. Würzb. Geh. R. Ober-Hofmarschall u. Ob. Amtm. zu Werneck, (Stiffter der Catholischen Linie.) g. 28 Aug. 690 † 3 May 740. G. Maria Eva Brigitta, Carl Christoph Fhn. v. Guttenberg, Hns. zu Guttenberg, Steinenhauß ꝛc. u. Mariæ Annæ Antonettæ Waltbottin v. Bassenheim T. g. 700. V. 718 †.

Gros-Elt. Hans Albrecht. S. vorstehender Linie Gros-Vaters Bruder.

Wallbronn.

Dieses ist eine der ältesten Reichsfreyen adelichen Geschlechter am Rheinstrom. Humbracht fängt dessen Stammreihe von 1289 an. Es besitzet die betrachtlichen Güther Partenheim, Ernsthofen, Mommersheim ꝛc. Verschiedene Herren desselben haben die ansehnlichsten Hof-Civil- und Militair-Chargen begleitet und andere waren sowohl des Hohen-Teutschen- als Johanniter u. mehrerer Ordens, Ritter, Philipp v. W. ware Domdechant zu Speyer, und Cuno v. W. Kays. Cammer-Gerichts-Assessor.

Freyh. Phil. Carl Cuno v. Wallbronn, Gan-Erbe zu Nieder-Saulheim, Mommersheim ꝛc. g. 11 May 748 Mgr. Baad. Camh. G. Aug. Elis. Joh. Franz Carl v. Wreden u N v. Wurmser T. R. Carlsruhe.

Kinder: 1) N. N. 2) N. N.

Geschwister: (Lebende) 1) Carol. Maria Frid. g. 6 Aug. 750 2) Soph. Aug. Joh. g. 12 Dec. 751. 3) Carl Ferd. Aug. g. 20 Feb. 753. 4) Lud. Frid. Reinhard, g. 29 Dec. 757. 5) Wilh. Sophia Theres.. g 9 Feb. 765. 6) Henrietta Carol Frid. g. 16 Sept. 766.

Eltern: Frid. Carl Cuno, g. 16 Jun. 1703 †. G Frid. Hel. Mar Schenckin v. Schweinsberg.

Vat. Geschw. 1) Ferd. Reinh. g. 23 Jun. 1701 † Hofm.

der verwittweten Fr. Erb-Prinz. zu Würtenb. 2) Christoph, g. u. † 702. 3) Joh. Cunig. Anastasia, g. 28 Feb. 705.

Gros-Elt. Wolff Cuno, Erbh. auf Partenheim, Heß. Darmst. Ob. Amtm. g. 7 Feb. 666. V. 700†. G. Mar. Charl. Gustav Ferd. v. Menzingen u. Cunig. Marg. v. Laymingen T. g. 679 †.

Gr. Vat. Geschw. (1ter Ehe) a) Emich Hans Reinh. g. 655 † 657. b) Carl Frid. g. 17 Feb. 657 † 12 Dec. 676. c) Anna Mar. Eva, g. 659. G. Joh. Phil. v. Sperberseck. V. 701 †. d) Joh. Pet. g. u. † 660. e) Joh. Christoph, g. 11 May 661 Mgr. Baad. Durl. Geh. R. u. Präsid. † 28 Dec. 729 G. Eberh. Henrietta, Joh. Eberh. v. Stockheim u Jul. Henr. v. Closen T. g. 11 Dec. 669. V. 25 Merz 688 †.

Kinder: 1) Magd. Jul. Soph. g. 3 Jan. 689 †. G. Frid. Benjam. v. Münchingen. V. 709. 2) Joh. Eberh. Frid. g. 6 Sep. 690 †. Mgr. Baad. Durl. u. Cassel. Geh. R. G. N. v. Closter, Erbin auf Dornum. V. 22 Apr. 728 †. 3) Frid. Cath. Justina, g. 24 Feb. 692. G. Eberh. v. Gemmingen zu Bürg u. Presteneck. V. 720 †. 4) Christoph Reinh. g. u. † 693. 5) Mar. Christina, g. 5 Oct. 694. G. Frid. Schenck v. Schmidtburg. V. 716. 6) Carl Wilh. g. 10 May 696 Heß. Darmst. Camj. u. Ob. Amtm. †. G. Soph. Charlotta, Joh Rud. v. Waßbronn zu Ernsthofen und An. Dorot. Schenck.n v. Schweinsberg T. V. 723.

Kinder: N. N.

7) Augusta Wilh. g. 13 Feb. 698 Hzl. Würtemb. Hofd. †. 8) Benedicta Charl. g. 26 Oct. 699 †. G. Gg. Ernst v. Schlotheim, Hzl. Würtenb. Camj. u. Forstm. g. 689 †. 9) Eberh. Louisa, g. 28 Apr. 701. G. Casimir v. Gemmingen zu Bürg u. Presteneck, Mgr. Baad. Durl. Camj. u. Hof-R. g. 3 Dec. 697. V. 3 Oct. 730 †. 10) Gustav Magnus, g. 24 Dec. 702 †. 11) Bibiana Heinr. g. 18 Feb. 705 †. G. Christoph Ernst v. Beulwitz zu Löhnia, ehemals in Würtenb. dann in K. Dän. Dienst. als Geh. Conferenz-R. Canzlar u. Dannebr.

L.

O. R. g. 694. V. 16 Aug. 725 † 17 Apr. 757 zu Glück-
stadt. 12) Joh. Barb. g. 708 † 16 Dec. 729.
f) (2ter Ehe) Joh. Weiprecht, g. 665 † 675. g) Mar.
Marg. g. 667 † 668. h) Frid. Reinhard, g. 18 Jan.
668 † 7 Jul. 720. i) Joerg Christoph, g. 8 Jun. 669 der
Großherzogin v. Toscana Hofm. u. Oberschenk zu
Reichstädt in Böhmen †. G. An. Franc. Ludomilla
Proyns v. Findelstein.
Kinder: N. N.
k) Joh. Eberhard, g. 670 † 684. l) Mar. Dor. g. 16 Nov.
671 †; m) Hans, g. 15 Dec. 672 † 7 Jan. 715. n) Ma-
ria Amalia, g. u. † 674. o) Joh. Bernhard, g. 675 †
676. p) Joh. Frid. g. 3 Aug. 677 Chur-Pf. Hauptm.
der Grenad. Garde † 24 Merz 722. q) Joh. Lud. g.
678 † 683. r) Mar. Sidonia, g. 25 Jan. 683 † 710. s)
Soph. Marg. g. 1 Aug. 686. G. N. v. Knobelsdorff.
V. 709 †.

Waltbott v. Bassenheim.

Dieses Rs. Gräfl. u. Freyherrl. zur Mittel-Rhein.
Rs. Ritterschaft gehörige Haus, stammet von dem Ge-
schlechte derer Forestier oder Ober-Forstmeister in Flan-
dern ab, so hernach Grafen in Flandern worden, wie sol-
ches nicht nur das Wappen, sondern auch der alte Name
Waltbott, so eben so viel als Forstmeister heißet, hinläng-
lich zeiget, u. ist Adelhold Waltbott v. Alten Solfeld,
so Anno 1098 bekannt war, Stammherr aller jetzo blü-
henden Descendenten.
Freyh. Clem. Aug. Waltbott v. Bassenheim, Fhr. zu
Bornheim, Bggf. des Schlosses u. der Landschaft
Drachenfels, Hr. zu Bornheim, Ollbrücken, Walldorf,
Heimersheim, Königsfeld, Heckenbach, Dettenbach
u. Herresbach, g. 4 Dec. 731 Chur-Cölln. Geh. R. Ob.
Amtm. zu Brühl u. Hulcherath, auch Land-Commiss.
des Erzst. Cölln. G. Wilhelmina, Fhn. v. Loe zu Wis-
sen T. g. 5 Apr. 737. V. 11 May 756.
Kinder: 1) Aug. Wilh. Clemens, g. 14 Jun. 757. 2)
Franz Carl, g. 11 May 760. 3) Maxim. Frid. g. 21
Jul. 764.

Geſchwiſter: a) Iſabella, g. 5 Dec. 733. G. Fhr. v. Rothauſen, zu Thurnich. V. 23 Apr. 763. b) Felicitas, g. 17 Jun. 736 Aebtißin zu Neuß.

Eltern: Joh. Jac. Waltbott zu Baſſenheim, Fhr. zu Bornheim, Burggr. des Schloſſes u. der Landſchaft Drachenfels ꝛc. g. 688 Churcölln. Geh. Conſer. Min. Hof-Canim. Präſid. Camh. Amtm. zu Brühl u. Königsdorf, des St. Mich. O. Commenthur, auch Landcommiß. des Erzſt. Cölln, † 29 Sep. 755. G. I. Mar. Anna, Gr. v. Metternich zur Gracht, St. Cr. O. D. † 738. II. Freyin. v. Gymnich.

Vat. Schweſter: Maria Magd. Roſina Adolph.

Gros-Elt. Ferdinand, †. G. Ottilia Gottfrida, Jhn. Jobſt Edmunds v. Reuſchenberg zu Setterich T. u. Franz Dam. Wilh. v. Vorſcheid W. † im Jan. 733.

Wildungen.

Dieſes alt adeliche Haus, welches ſchon ſeit 1450 zu dem Rs. Ritter-Canton Rhön-Werra gehöret, iſt urſprünglich aus Nieder-Heſſen, allwo es zu Mölerich, Züſchen, Groſen-Englis u. zur Kalbsburg bey Fritzlar ehemals begütert und anſäßig geweſen. Auch hatte ſich Ludwig v. W. um das Jahr 1450 zu Mozlar im Hochſtift Fulda niedergelaſſen und daſelbſt die adelich Schleizbergiſche Güther u. Lehen erheurathet, ſo aber deſſen Nachkommen an Hrn. Placidum, Abt zu Fuld, käuflich überlaſſen haben. Einer davon Namens Hermann erkaufte 1692 das Ritter-Guth Geba nebſt der halben Wüſtung Grünlis in dem Sachſ. Meinungſchen gelegen, u. eheurathete mit ſeiner Gemahlin einer v. Heldritt das zur Fränkiſchen Ritterſchaft Orts Rhön-Werra gehörige, im Hennebergiſchen gelegene Ritter-Guth Weymarſchmidten nebſt einem Antheil des Dorfs Wilmars und einem adel. Wohnſitz zu Helmershauſen im Sachſ. Eiſenachiſchen, ſo folgende Nachkommen u. Enkel noch wirklich beſitzen. Ein mehreres S. in dem Handbuch von 1777.

Herr Ludw. Heinr. Wilh. v. Wildungen, g. 4 May 725 auf Weymarſchmidten u. Wilmars, Heſſen-Caſſel.

Geh.

Geh. Legat. R. u. Fränk. Crayß-Gesandter zu Nürnb. vertritt auch Henneberg-Schleusingen u. Römhild. G. Frid. Charl. Christiana, Christian Detlofs, Fhn. v. Corbey u. Louisæ Mariæ Specht v. Bubenheim T. g. 14 Oct. 729. V. 19 Jul. 753. R. Weymarschmidten bey Meinungen.

Kinder: 1) Ludw. Carl Eberh. Heinr. Frid. g. 24 Apr. 754 Hessen-Cass. Reg. Assessor zu Marburg. 2) Franc. Frid. Maria Soph. Albert. g. 29 Nov. 756 † 11 Aug. 762. 3) Georg Ernst Frid. Christian, g. 16 Oct. 762 Page zu Cassel.

Geschwister: 1) Eberhard, g. 7 Sept. 726 † 10 Sept. 727. 2) Eberh. Frid. g. 22 Merz 728 war zum Lieut. bey dem Holländ. Lindemannischen Cavall. Reg. ernannt, † 18 Dec. 748. 3) Ludw. Alexand. g. 7 Merz 730 † 5 Dec. 732. 4) Joh. Sophia Henr. g. 30 Jan. 732 † 28 Merz 751. 5) Carl Frid. g. 5 Sept. 733 S. Weimar- u. Eisenach. Major. R. Helmershausen. G. Frid. Louisa v. Hagken. V. 769. 6) Julius Wilh. g. 24 Oct. 734 auf Weymarschmidten, Willmars und Schmerbach, Gfl. Lippe-Dettmold. Schloß-Hauptm. G. Maximil. Henr. v. Spessart, V. 20 May 773.

Töchter: 1) Gottlieba Wilh. Frid. Marg. Aug. g. 28 Sept. 774. 2) Christiana Agnes. Carol. Maximil. Louisa, g. 1 Apr. 776.

7) Gottlieb Leop. g. 24 Jun. 736 † 11 Sept. e. a. 8) Georg Aug. u. 9) Erdm. Christoph, Zwillinge g. Nov. 738 †† 19 Jan. 739. 10) Sigm. Albr. g. 23 Nov. 740 † 11 Feb. 741.

Eltern: Adam Heinr. g. 16 Apr. 688 Württemb. Ob. Hofm. bey Ihro Hoh. der Erbprinzeß Henr. Maria, geb. Marggräf. v. Brandenb. Schwedt bis 730 † 26 Jan. 743. G. Henr. Sophia, Carl Heinr. v. Wülcknitz auf Reinsdörf u. Joh. Sophiæ v. Hacke T. g. 27 Apr. 702. V. 24 May 724 † 27 Nov. 740.

Pat. Geschw. a) Jul. Maria, g. 23 Jun. 682 † 8 Nov. 712. G. Dieter. Levin v. Ilten, Sachs. Meining. Hauptm. u. Camj. V. 24 Nov. 710.

Tochter: Frid. Doroth. Wilh. g. 8 Nov. 712. G. Wilh.

VVilh. Sigm. v. Prüschenek, Hessen-Cassel. G. L. der Cavall. u. Chef eines Reg. zu Pferd † Feb. 761.
b) Joh. Georg Heinr. g. 26 Dec. 684 † 12 Jul. 690. c) Marg. Elis. g. 12 May 692 † 17 Dec. 711.
Gros-Elt. Herm. VVilh. g. zu Mozlar 642 Fstl. Würzburg. ältester Hauptm. des v. Hadersdorf. Dragoner-Reg. bis 677 † 6 Oct. 722. G. Beata Sabina, Georg Heinr. Levins v. Heldritt u Beatæ Mariæ v. Aurochs T. g. 654. V. 22 Oct. 680 † 8 Merz 742.

Winckler v. Mohrenfels.

Die Herren dieses edlen Hauses sind sowol bey dem Rs. Ritter-Ort am Steigerwald als auch bey dem an der Altmühl wegen der im Besitz habenden Güther Semmhofen, Buch u. Zeckern incorporiret u. blühen in 3 Linien.

Aeltere Linie.

Herr Christoph Carl Gottlieb Winckler v. Mohrenfels, g. 22 Jul. 736. R. Nürnberg.
Eltern: Joh. Paulus, g. 7 Apr. 701 (Stifter der ältern Linie) G. Clara Ester, Joh. Jac. Tuchers v. Simmelsdorf zu Simmelsdorf u. Claræ Rosinæ Dörrerin v. u. zu der Untern Burg T. g. 705. V 728 † 739.
Vat. Geschw: 1) Anna Sibilla, g u. † 696. 2) Cath. Sibilla, g. u. † 698. 3) VVolfg Christoph, g. u † 700. 4) Marg. Esther, g. 25 Jun. 705 † 27 Merz 707. 5) Jac. VVilh. (S. die mittlere Linie.) 6) Cath. Marg. g. u. † 708. 7) Georg Christoph (S. die jüngere Linie.) 8) Joh. Georg, g. u. † 710. 9) Maria Barb g. 8 Jan. 712. G. Carl Alexand. Grundherr v. Altenthann zu Altenthann u. Weyherhauß, Assessor u. Schöff am Stadt- u. Ehe-Gericht zu Nürnb. g. 705. V. 731. 10) Joh. Georg, g. u. † 713. 11) Magd. Regina, g. 19 May 717. G. I. Hans Frid. Löffelholz v. Colberg zu Zerzabelshof. V. 737 † 738. II. Christoph Jac. Waldstromer v. Reichelsdorff, des innern Raths zu Nürnb. g. 701. V. 740. 12) Sus. Barb. g. 21 Nov. 715. G. Georg Frid. Pömer, des innern Raths zu Nürnb. V. 733.

Gros-

Winckler v. Mohrenfels.

Gros=Elt. VVolfg. Christoph, g. 4 Oct. 659 † 727 Hr. zu Hemmhofen, Zeckern u. Uttenreuth ꝛc. K. w. R. Churm u. Fstl. Bamb. Geh. R. G. I. Ursula Cath. Röslerin, g. 670. V. 690 † 693. II. Magd. Sibilla Metschgerin, g. 667. V. 694 † 701. III. Anna Marg. Johann Jobst Tuchers v. Simmelsdorf zu Simmelsdor ꝛc. u. Mariæ Sophiæ Ebnerin v. Eschenbach T. g. 672. V. 704 † 746.

Mittlere Linie.

Herr Jacob VVilh. Winckler v. Mohrenfels, g. 1 Jan. 707 Hr. zu Hemmhofen, Buch u. Zeckern, (Stifter der mittlern Linie) G. Barb. Maria, Leonhard Grundherrn v. Althenthann zu Althenthann ꝛc. u. Annæ Mariæ Welserin v. Neuhof T. g. 708. V. 731.

Kinder: 1) Joh. Jacob, g. 6 May 733. 2) Mar. Helena, g. 9 Dec. 734. 3) Anna Maria, g. 27 Oct. 737 † 24 Aug. 740. 4) Mar. Jacobina, g. 28 Oct. 739 † 24 Oct. 740.

Geschwister: S. der ältern Linie, Vaters Geschwister.

Eltern: S. eben dieser Linie Gros=Eltern.

Gros=Elt. Christoph, g. 13 Jan. 626 † 9 Jan. 697. G. Anna Schneiderin † 660.

Jüngere Linie.

Herr Georg Christoph Winckler v. Mohrenfels, g. 5 Feb. 709 Hr. zu Hemmhofen, Buch u. Zeckern, (Stifter der jüngern Linie) Brand. Culmb. Geh. R. u. Ob. Amtm. zu Bayersdorf. G. Soph. Cath. Sab. Louisa, Wolfg. Phil. v. Lindenfels zu Buch ꝛc. u. Dor. Sus. v. Würzburg a. d. H. Mitwitz T. g. 711. V. 732.

Kinder: 1) Anna Dor. Soph. Magd. Jul. g. 1 Aug. 733. 2) Soph. Helena Wilh. g. 26 Sep. 734. 3) Wolf Joh. Bernh. g. 29 Febr. 736. 4) Wolf Jul. Wilh. Phil. g. 21 Feb. 738. 5) Louisa Christiana Soph. g. 7 May 739. 6) Amal. Johannetta Sabina, g. 25 Jun. 740. 7) Wolf Carl Rud. Ludw. g. 6 Aug. 741. 9) Magd. Reg. Cord. Wilh. Henrietta, g. 22 May 743 † 745.

Geschwister: S. der ältern Linie Vaters Geschwister.

Eltern: S. ebengedachter Linie Gros=Eltern.

Gros=Elt. Christoph, g. 13 Jun. 626 † 9 Jan. 697. G.

Anna, Stephan Burckhards u. Ursulæ Schneiderin T. V. 657 † 660.

Würtzburg.

Dieses Turnier-Ritter- u. Stiftsmäßige Haus, wovon Anton v. Würtzburg sich An. 1119 im Turnier zu Göttingen befande, soll seinen Namen von der Residenz-Stadt Würzburg führen u. solchen folgendergestalt erhalten haben. Ein Herr aus diesem Geschlecht seye in Diensten Herzog Erichs in Franken u. Thüringen gestanden, und befehliget worden, ein Schloß, wo dermalen die Residenz Würzburg stehet, bauen zu lassen, welches den Namen Virteburch erhalten, woraus mit der Zeit die Stadt erwachsen. Von diesem Bau sagt man, führe es den Namen. Der ordentliche Stammher aller jezt florirenden Herren war Hans v. Würtzburg, welcher mit seiner Gemahlin Hedwig v. Guttenberg An. 1372 lebte. Es besitzet heutiges Tags die zum RS. Ritter Canton Gebürg gehörige ansehnliche Schlösser u. Dörfer, Ober- u. Unter-Mittwitz, Burg-Grub und Haig.

Freyh. Joh. Jos. Heinrich Ernst v. Würtzburg, g. 28 Jul. 722 Capitul. und Vicarius in Spir. gen. Geistl. Reg. Präsident zu Bamb. u. des Ritterst zu St. Burckhard in Würzburg Domicellar-Herr. R. Bamberg.

Geschwister: a) Anna Mar. Amal. g. 18 Aug. 705 † 706. b) Maria Aug. Theres. g. 708. G. Joh. Phil. Diet. Ernst Fuchs v. Bimbach u. Dörnheim. V. 726. c) Maria An. Lucia, g. u. † 710. d) Joh. Phil. Veit, g. 712 Fstl. Würzb. Camh. G. I. Mar. Anna Franc. Anselm Franz Ferd. Fhn. v. Breidbach zu Bürresheim u. Mariæ Soph. Amal. v. Rothenhan zu Merzbach T. V. 736 † 737. II. Maria Joh. Sophia, Marquard. Wilh. Grosens v. Trockau zu Trockau u. MariæAnnæ Freyin v. Guttenberg a. d. H. Leuzenhof T. g. 23 Jun. 714. V. 738. Dessen

Tochter: Maria Amal. Theres. Sophia, g. 737.

e) Maria Joh. g. 714 † 738. f) Maria Ern. Elis. Anton. g. 30. May 715 Stiftsd. bey St. Anna zu Würzb.

g)

Zobel v. Giebelstadt.

g) Maria Jul. Franc. g. 9 Aug. 716. G. Joh. Phil. Fhr. v. u. zu Aufssees, K. K. Rittm. V. 733 †. h) Maria Cordul. Soph. g. u. † 717. i) Maria Magd. Dor. Soph. Ursula, g. 721 Closterfr. bey denen Ursulinerinnen zu Würzb. k) Joh. Adolph Wolfg. g. 719 † 720 l) Phil. Franz Carl, g. 11 Jun. 720 † 26 Oct. 731 Domh. zu Würzb. m) Maria Elis. Soph. Magd. g. 22 Jul. 723. n) Christoph Franz Phil. Veit Georg, g. 26 Nov. 724 Domh. zu Würzb. resign. 760. G. I. Veronica Marg. v. Hoheneg †. II. Heinr. Weilburga, v. Fechenbach. V. 769.

Eltern: Georg Heinr. Wilh. g. 10 Jul. 679 † 21 Merz 724 Fstl. Würzb. Geh. R. u. Ob. Amtm. zu Neustadt an der Saal. G. Anna Ther. Frid. Hartm. v. Mauchenheim gt. Bechtoldsheim zu Bibergau u. Annæ Mariæ Freyin Fuchsin v. Dornheim T. g. 10 Sept. 684. V. 704 †

Gros-Elt. Joh. Veit, g. 638 † 703 war anfänglich Domh. zu Bamb. resign. aber. G. Maria Cordul. Georg Reinh. v. Redwitz zu Redwitz u. Evæ Barb. v. Schaumberg a. d. H. Dündorf T. † 679.

Zobel v. Giebelstadt.

Dieses uralte unmittelbare RS. Freyherrl. Haus ist ursprünglich aus Franken, und von jeher dem RS. Ritterschaftl. Canton Ottenwald einverleibt. Es besitzet darinnen seine Herrschaften und ansehnliche Güther zwischen den Würzburg-Anspach-Teutschmeister- u. Maynzischen Landen. Wilhelm v. Zobel ware schon im Jahr 940 auf dem Turnier zu Costniz und viele andere auf denen gefolgten als würdige Ritter erschienen. An. 1365 ware Andreas v. Zobel an weyland Kayser Carls Hoflager in großem Ansehen und es wurde Ihm nebst einigen andern von Adel der Schutz über die von Kayser Carl dem Grossen gestiftete Benedictiner-Abtey Neustatt am Mayn anbefohlen. Melchior v. Zobel ware Bischof zu Würzburg, Herzog zu Franken; Er wurde An. 1558 von der in Würzburg eingefallenen Grumbachischen Rotte, da Er eben von der Canzley auf sein Residenz-

Schloß Marienberg zurückreiten wollte, erschossen. Joh. Georg v. Zobel ware An. 1577 Bischof und Fürst zu Bamberg. Der Senior dieses Geschlechts ist allezeit Unter-Cämmerer des Würzburgis. Herzogthums Franken. In älteren Zeiten theilete es sich in verschiedene Aeste, welche wiederum erloschen, bis endlich im Jahr 1583 die 2 Brüder Heinrich u. Stephan v. Z. sich getheilet u. Stifter derer gegenwärtig blühenden zwey Haupt-Linien v. u. zu Gibelstadt u. v. Gibelstadt zu Darstadt u. Messelhausen worden, wovon die erstere sich nachhero mit zweyen Aesten, so sich v. Zobel v. u. zu Gibelstadt Friesenhausen schreiben, erweitert hat.

I. Linie zu Giebelstadt.

Freyh. Carl Heinr. Zobel v. Giebelstadt, g. 16 Nov. 732 Fstl. Würzb Geh. R. Ob. Amtm. zu Gerolshofen u. des K. St. Jos. O. R. G. Amalia Freyin v. Guttenberg.

Kinder: 1) Fridrich u. 2) Franz Wilh. Zwillinge 3) Lotharius. 4) Phil. Carl. 5) Alexand. 6) Carl Eugen. 7) Ferdinand. 8) Franz.

Geschwister: 1) Phil. Otto Wilh. g. 8 Dec. 716 ward als Domh. zu Würzb. aufgeschworen u. † 3 Jul. 735. 2) Maria Joh. g. 717 Ursulinerin zu Würzb. † 738. 3) Franz Christoph, g. 718 Capitular des Ritt St. St. Burkard in Würzb. †. 4) Sophia Wilh. g. 719 Ursulinerin zu Würzb. 5) Jos. Helena Amal. g. 720 Ursulinerin zu Würzb. †. 6) Maria Anna, g. 723 † 729. 7) Veit Hartm. g. 725 † 730. 8) Franz Wilh. Heinr. Carl, g. 30 Oct. 726 Domh. zu Würzb. † 750. 9 Frid. Carl Phil. g. 728 des Teutsch. O. R. u. Obrist-Lieut.

Eltern: Gottfr. Ludw. g. 695 Fstl. Würzb. Geh. R. Ob. Amtm. zu Böttingen u. des K. Landger. in Franken Assessor, †. G. Maria Elis. Esther, Joh. Erdm. Christoph Fhn. v. Guttenberg zu Leuzendorf ıc. u. Mariæ Annæ Freyin Füchsin v. Dornheim T. D. 6 Feb. 716 †.

Vat. Geschw. 1) Francisca Marg. g. 696 Ursulinerin zu Würzb. †. 2) Benedict Wilh. des Teutsch. O. Commentur, Fstl. Würzb. Obrist der Garde u. eines Curaßier-Reg. †.

Gros-

Zobel v. Giebelstadt.

Gros=Elt. Joh. Wilh. g. 666 † 740 Fstl. Würzb. Geh.
R. Ob. Stallm. Obrister der Garde zu Pferd u. Ob.
Amtm. zu Grünsfeld. G. Maria Jul. Sophia Joh. Frid.
Fhn. v. Frankenstein ꝛc. u. Annæ Marg. Voitin v.
Salzburg T. †714.

Erster Ast zu Friesenhausen.

Freyh. Frid. Zobel v. Giebelstadt zu Friesenhausen, Fstl.
Würzb. Camj. G. Friderica Freyin v. Gleichen.
Kinder: N. N.
Bruder: Amandus, des Dom St. zu Fuld Domicellar.
Eltern: Joh. Frid. † Fstl. Würzb. Obrist=Wachtm. G.
Freyin v. Züllnhard.
Vat. Geschw. 1) Joh. Gottlob, Kayf. Hauptm. bey dem
Lichtenstein. Reg. †737. 2) Joh. Carl, †. 3) Charlotta, †734. 4) Joh. Christoph, S. den zweyten Ast. 5)
Sophia, g. 716. G. N. N.

Zweyter Ast zu Friesenhausen.

Freyh. Leopold Zobel v. Giebelstadt zu Friesenhausen.
Mgr. Anspach. Camh. G. N. v. Willson.
Kinder: N. N.
Geschwister: 1) Carl, g. 743 Herz. Würtemb. Major, †.
2) Joh. Christoph, g. 745 †.
Eltern: Joh. Christoph, g. 710 Hauptm. in holländ.
Kr. Diensten †. G. Franc. Charl. Justina, Joh. Gottl.
Christoph Fhn. v. Guttenberg ꝛc. u. Felicitas Jul. Doroth. v. Winzingenroda T. V. 742.
Gros=Elt. beyder Aeste Joh. Gottlob, g. 679 † 730. G.
Mar. Sophia, Joh. Phil. v. Berlichingen zu Roßach ꝛc.
u. Mariæ Magd. v. u. zu Helmstadt T. †.

II. Zu Darstadt und Messelhausen.

Freyh. Joh. Frid. Carl Lothar. Franz Ignat Zobel v.
Giebelstadt ꝛc. g. 5 Oct. 732 Churm. u Fstl. Würzb.
Geh. R. Ob. Amtm. zu Carlstadt u. Reitshöchheim,
des Kayf. St. Jos. O. R. G. I. Freyin v. Redwitz zu
Küps, † 25 Jun. 772. II. Freyin v. Erthal.
Kinder: 1) Frid. Carl Phil. Lothar. Gottfr. g. 17 Oct.
766. 2) Joh. Phil. Leop. Const. Aloyf. g. 24 Feb. 768.
3) Phil. Christ. Sophia Ludov. Walburg. g. 17 Jun.
769. 4) Maria Franc. Sophia Carol. g. 19 Feb. 772.
Geschw.

Zobel v. Giebelstadt.

Geschwister: 1) Mar. Anna Magd. Sophia, g. 29 Oct. 733 † 17 Jan. 751. 2) Mar. Soph. Theres. Lioba Franc. g. 20 Dec. 734 † 6 Octob. 750. 3) Phil. Franz Joh. Jos. Adolph Christ. Frid. g. 30 Oct. 735 zu Würzb. Capitul. † 13 Jan. 772. 4) Joh. Phil. Gottfr. Franz Amand Carl Adalbert, g. 14 Dec. 737 Dom-Cust. zu Maynz, wie auch daselbst und zu Würzb. und Augsp. Capitulary. u. Präsenz-Cammer-Präsident. 5) Franz Conr. Leop Joh. Phil. g. 26 Jan. 739 des hoh. Teutsch. O. R. u. Trappirer auf der Land-Commenden Oettingen Churm. Cám. u. Obrist-Lieut. 6) Maria Joh Ludov. Esther, g. 7 Jun. 740. G. Franz Conr. RS. Graf v. Stadion, V. 1 May 759. 7) Maria Carol. Amal. Polixena, g. 6 Dec. 741 † 8 Merz 742. 8) Carol. Mar. Wilh. g. 2 Jul. 744. G. Fhr. v. Stauffenberg, Fstl. Bamb. Geh. R. Ob. Amtm. u. Ob. Marschall. V. 9 May 764. 9) Jul. Maria Ernest. g. 28 Oct. 746. G. Phil. RS. Graf v. Ingelheim, Churm. Geh. R. u. Ob. Amtm. V. 22 Dec. 764 † 767. 10) Maria Jos. g. 8 Apr. 749 † 3 Jun. 752. 11) Soph. Mar. Franc. Ferdin. g. 6 Merz 752 † 8 Apr. 756. 12) Mar. Ther. Ludov. Jos. g. 24 Aug. 755. 13) Maria Anna Soph. Jos. g. 9 Dec. 757.

Eltern: Joh. Frid. g. 24 May 704 Churm. und Fstl. Würzb. Geh. R. Ob. Amtm. zu Grünsfeld u. des Brandenb. R. A. O. R. G. Freyin v. Greifenclau.

Vat. Geschw. 1) Joh. Franz Adam, des Teutsch. O. R. u. Commentur zu Ulm, †. 2) Carl Phil. zu Würzb Capitular, geistl. Reg. Präsident, Vicar. general. u. Fstl. Würzb. Geh. R. 3) Conr. Ludw Ignat. Capitular zu Würzb. u. Probst zu Wechterswinkel, †. 4) Anton, des hohen Dom-St. Bamb. Capitular u. Scholaster, auch Fstl. Bamb. Geh. R. †. 5) Emilian, des Dom-St. Fulda Capitular u. Probst zu Zell, †. 6) Ferdinand, des Dom-St. Fulda Capitular u. Probst zu Holzkirchen, †. 7) Antonetta, G. Fhr. v. Boineburg, †. 8) Sophia, G. I. Fhr. v. Dalberg. II. Fhr. v. Münster, † 18 Jun. 774.

Gros-Elt. Joh. Franz, K. w. R. u. Ritt. R. des Rs.
freyen Cantons Ottenwald, † 731. G. Sophia Freyin
v. Frankenstein, †.

Züllnhardt.

Dieses Geschlecht ist Schwäbischen Ursprungs und
gehöret zu dem ältesten teutschen Turnier-St fts u. Rit-
termäßigen Adel. Es besitzet bey dem Rs. Ritter Can-
ton Ottenwald die Ritter-Güther Widdern ıc. Bernhard
v. Z. ware An. 996 bey dem Turnier zu Braunschweig ıc.
Heinrich v. Z. so An. 1235 in einem Turnier mitrennete,
ist der Stammherr dieses vornehmen Hauses von wel-
chem man die richtige Abstammung bis auf gegenwärtige
Zeit darthun kann. Wolff v. Z. ware 1550 Domdechant
zu Augspurg u. ein anderer, Dom-Capitular zu Speyer.
Freyh. Carl Frid. v. Züllnhardt, auf Roth u. Widdern,
g. 743 Churpf. Camh. u. Major. R. Mannheim.
Geschwister: 1) Eleon. Charl. g. 742. G. Dieter. v.
Gemmingen zu Fürfelden. V. 762. 2) Aug. Rudolph,
g. 13 Oct. 747 Hzl. Zweybr. Camh. u. Holländ. Haupt-
mann.
Eltern: Joh. Frid. † 753 Churpf. Hauptm. u. Com-
mend. zu Dillsperg. G. Anna Jul. v. Bettendorff a. d.
H. Mauren, g. 13 Feb. 705. V. 740.
Vat. Geschw. 1) Charl. Amal. G. Constantin v. Wöll-
warth zu Polsin, g. 17 Apr. 720. V. 26 Nov 740. 2)
Philippina †. 3) Albertina †. G. N. v. Ranzau,
Baad. Durl. Ob. Amtm.
Gros-Elt. Carl Wilhelm, †. G. Albertina Charl. Jo-
han Christoph v. Berlichingen zu Jarthausen u. Mar.
Phil. v. Gemmingen a. d. H. Bonnfelden T. g. 710 †.
Gros-Vat. Geschw. A. Cath. Sophia, †. G. Joh. Adam
v. Gemmingen zu Bonnfelden B. Frid. Dieter. †. G.
Soph. Amalia, Hans Albr. v. Gemmingen zu Meyen-
fels u. An. Cunigundæ Senfft v. Sulburg T. V. 683 †.
Kinder: a) Anna Clara, † G. Eberh. v. Gemmingen zu
Hornberg, K. K. Obrist u. Commend. des Arenberg.
Reg. g. 2 Sept. 688. V. 15 Sept. 709 †. b) Joh.
Dieter.

Dieter. † Deput. der Rs. Ritterſch. am Ottenwald.
G. Soph. Charl. Eberhard Frid. v. Holtz auf Alſdorf
u. Louiſæ Iſabellæ v. Wollmarshauſen T. g. 24 Merz
691. V. 712 †.

Kinder: 1) Joh. Dieter. g. 714. 2) An. Sophia, g.
716.

C. Hans Philipp †. D. Heinrich Max †.

Ur-Gros-Elt. Hans Phil. †. G. An Maria Ernſt Frid.
v. Remchingen u. An. Marg. v. Loewenſtern a. d. H.
Randeck T. †.

Neues Genealogische Handbuch

auf das Jahr
MDCCLXXVIII.

enthaltend

die Geschlechtstafeln

des

in= und ausser dem H. R. Reich blühenden

Adels ꝛc.

Zweyter Theil.

Mit Röm. Kayſ. und Chur=Sächſ. Freyheit.

Frankfurt am Mayn
In Verlag des adelichen Handbuchs=Comptoirs 1778.

Wichtige Anzeige.

Weil dieses Handbuch Eine hohe Noblesse in der Blüthe, nach dem Leben und wahren Familien-Stand darstellet, mithin zu Ersehung derer einzelnen Personen, Caracter, Vermählung, Geburts-Sterb-Jahr und Täge, auch Wohnorte wenigstens derer Hauptpersonen, und also auch zu einem Addreß-Buch dienen soll; So wird gebeten

1) Diejenige Geschlechter welche noch nicht darinnen stehen, nebst Wohnorte derer Haupt-Personen, 5. Monathe vor Ablauff eines jeden Jahres.

2) Die jährliche Verbesser- und Abänderungen an Caracters, Vermählung, Geburts-Sterb-Jahr und Täge hingegen, längstens 3. Monathe vor erstbemerkter Zeit, franco nebst 4. kr. Einschreib-Geld vor den Briefträger, an Endes bemeldtes Comptoir hochgeneigt einzusenden.

Des adelichen Handbuchs-Comptoir
in Frankfurt am Mayn.

Adlerflycht.

Dieses Adel. Haus stammet aus Schweden, u. floriret dermalen in der Rs. Stadt Frankfurt, wo es gegenwärtig ein Mitglied der Adel. Gan-Erbschaft Alt-Limburg ist.

Herr Joh. Christoph v. Adlerflycht, g. 24 Merz 729 Schöff u. des R. zu Frankf. G. Sus. Maria, Frid. Maxim. v. Günderode u. Sus. Mariæ v. Ruland T. V. 8 Jan. 750. R. Frankfurt a. M.

Kinder: 1) Sus. Maria Sophia, g. 17 Dec. 750 Chanoinesse des Adel. Evang. v. Cronstett= u. v. Hinsberg. Stifts. 2) Christiana, g. 7 Feb. 755. 3) Maria Phil. g. 12 May 756. 4) Justinian, g. 30 Jan. 761. 5) Carl Christian Frid. g. 10 Dec. 764. 6) Charlotta, g. 21 Sept. 766. 7) Louisa, g. 15 Sept. 769. 8) Carolina, g. 23 Jan. 771 † 17 May 776.

Eltern: Joh. Christoph, g. 6 Feb. 703 † 20 Merz 729. G. Sophia Henrietta, Gerh. Frid. v. Werkamp u. Wilhelm. Frid. v. Irmtraud T. V. 14 Sept. 727. Sie tritt in die 2te Ehe mit Bernh. Otto Fhn. v. Stackelberg 31 Jul. 731 u. † 12 Dec. 733.

Gros=Elt. Christoph, g. 13 Aug. 650 † 24 Nov. 729 K. Schwed. Bevollmächtigter Minist. bey denen Rhein. Churhöfen u. benachbarten Craysen, wie auch erster Etats=R. zu Zweybrücken. G. Soph. Magd. Philip. Wilh. v. Günderode u. Annæ Mariæ v. Scholier T. V. 12 Jul. 694 † 4 Jun. 724.

Adlersberg. S. das Handbuch von 776.

Auffem.

Dieses Haus ist aus einem alt-adelichen ehemals in Cölln seßhaft gewesenen Geschlecht entsprossen u. leitet seinen Ursprung von dem Röm. Geschlecht derer Ausoniorum her, deren Cicero in seinen Operibus sehr oft erwehnet, u. welche sich unter denen im IV. Seculo zu Zeiten Kaysers Claudii nach Agrippa oder Cölln transmigrirten vielen Röm. Familien befunden haben, wovon Annales Colonienses ein mehreres ausweisen. Nach denen im XV. u. XVI. Seculo in dieser Stadt entstandenen Religions-Stritigkeiten, hatte es sich, weil es der evangelischen Religion zugethan ware, in die bey Cölln gelegene Chur-Pfälzische Stadt Mühlheim gewendet, u. lange Jahre daselbst floriret. Ein mehreres S. in dem Handbuch von 1775.

Herr Wilh. Frid. Carl v. Aussem, g. 18 Apr. 738 Fstl. Oranien-Nassau. Justitz-R. zu Dillenburg. G. An. Marg. v. Riese. V. 5 Mart. 764. R. Dillenburg.

Kinder: 1) Amalia Rebecca Charl. g. 24 Nov. 764. 2) Maria Charl. g. 7 Dec. 765. 3) Christiana Sophia Justina, g. 28 Nov. 766. 4) Frid. Jacob, g. 8 Nov. 767. 5) Wilh. Marg. g. 6 Jan. 769 † 26 Apr. 770. 6) Am. Aug. Wilh. g. 30 Aug. 770. 7) Marg. Sophia, g. 23 Sept. 771 † 30 Apr. 772.

Schwester: Charl. Amalia, g. 18 Sept. 736 † 8 Nov. 771. G. Georg Albr. Fhr. v. Ungern-Sternberg. Oranien-Nassau. Ob. Hof- u. Land-Stallm. zu Dillenburg. V. 758 † 3 Jan. 768.

Eltern: Andreas Jacob, g. 688 Fstl. Nassau-Oran. Land-Drost, † 4 Aug. 752. G. Amalia Freyin v. Eberstein, † 23 May 772.

Vat. Geschw. a) Fridrich, Churpf. R. g. 690 † 747. G. Eleonora v. Beckers, † 770.

Sohn: Carl Eberh. g. 735 † 764. G. N. v. Mielen.
Tochter: N. N. g. 762.

b) Hermann Adolph, g. 696 K.K. Obrist-Wachtm. beym Reg. Jung-Königseck, quit. 752 † 24 Jun. 766. c) Arnold Heinr. g. 699 K. Pr. Geh. R. u. erster Cam. Director zu Breslau. Er erhielte das Schlessche Indigenat, u. wurde in dasige Ritterschaft aufgenommen, † 26 Nov. 771. G. Amalia v. Beckers u. Erbin der Freyfrau v. Kinsky, † 743.

Kinder: 1) Charlotta, G. N. N. Fhr. v. Eberstein. 2) Johannetta, 3) Juliana, 4) Henrietta.

Gros-Elt. Heinrich, Churpfälz. R. u. Erb-Director

der Pfälz. Poſtwägen, † 725. G. Juliana v. Dunder †.

Barckhauſen.

Eine adeliche Familie in der Rs. Stadt Frankfurt.
Herr Franz Phil. Maxim. v. Barckhauſen, g. 11 Apr. 753. G. Anna Sib. Amalia Fleiſchbein v. Kleeberg. v. 773.
Töchter: 1) Phil. Sophia Frid. Eliſ. Franc. g. 11 May 774. 2) Sophia Charl. g. 6 Jun. 775. 3) Joh. Eliſ. Franc. g. 21 Jan. 777.
Geſchwiſter: 1) Marg. Eliſ. g. May 756 des H. Grabes St. u O. D. 2) Frid. Hector, g. 4 Nov. 758 K. Franz. Lieut. unter Anhalt.
Eltern: Franz Phil. Maxim. Heſſen-Darmſt. Ob. Amtm. †. G. Sophia Sib. v. Syvertes, deren zweyter G. Frid. v. Schmid zu Roſſan, Bayer. u. Caſſel. Geh. R. u. Mgr. Baad. Geh. Legat. R. wie auch dieſes u. des Churpf. Hofes Reſident zu Frankfurt am Mayn.
Gros-Elt. Heinr. Bernhard, g. 8 Oct. 692 † 26 Nov. 745. G. N. v. Barckhauſen, †.

Baur v. Eyſeneck.

Ein adeliches bey u. in der Rs. Stadt Frankfurt florirend u. der daſigen Gan-Erbſchaft Alt-Limpurg einverleibtes Geſchlecht.

I. Linie.

Herr Phil. Carl Baur v. Eyſeneck, g. 18 Feb. 708. G. Maria Eleonora, Joh. Hieron. v. Hynsberg u. Mariæ Eleon. v. Denhard T. R. Bonamees, bey Frankf.
Kinder: 1) Joh. Carl, (S. Fichard.) 2) Maria Eleon. † 3) Joh. Maxim. g. 5 Oct. 739 Lieut. des Naſſau-Weilb. Crayß-Reg. Frankf. Contingents. 4) Georg Fried. u. 5) N. N. Zwillinge, g. u. † 741. 6) Juſt. Cath. †. 7) Maria Sophia Juſt. †. 8) Louiſa Carol. Wilh. g. 2 Sept. 748 Chanoineſſe des v. Cronſtett u. v. Hynsberg. Evang adel. Stifts.
Geſchwiſter: a) Joh. Max. g. 19 Jan. 711 Obriſt u. Com-

Baur v. Eyseneck.

Commendant der Rs. Stadt Frankfurt. G. Maria Anna Elis. Koch, † 26 Oct. 773.
Töchter: 1) Maria Eleon. g. 7 Oct. 736. G. Joh. Daniel Fleischbein v. Kleeberg, älterer Schöff u. des R. zu Frankf. V. 30 May 768. 2) Eleon. Elis. Charl. g. 13 Feb. 739 Chanoinesse des adel. Evang. v. Cronstett u. v. Hynsberg. Stiffts.
b) Georg Frid. g. 11 Jan. 714 Obristwachtm. zu Frf. † 23 Nov. 769. G. Mar. Pol. Just. Joh. Erasm. v. Denhard u. An. Phil. Fleckhammer v. Anstetten T. V. 25 Merz 740.
Kinder: 1) Mar. Charl. Eleon. g. 20 May 741 † 4 Sep. 746. 2) Aug. Christ. Carl, g. 20 Nov. 743 † 25 Sept. 746. 3) Just. Marg. g. 27 Dec. 745 † 6 Aug. 761. 4) Anna Phil. Charl. g. 27 Febr. 748 Chanoinesse des adel. Ev. v. Cronstett u. v. Hynsberg. Stiffts. 5) Maria Eleon. g. 1 Aug. 749 † 4 Jul. 756. 6) Mar. Magd. Carol. g. 11 Feb. 752. G. Carl Franz Frid. Heinr. Ad. v. Humbracht, Hauptm. des Nassau-Weilb. Crays-Reg. 7) Maria Marg. g. 8 Jan. 755. G. Joh. Carl v. Fichard gt. Baur v. Eyseneck, K. w. R. älterer Schöff u. des R. der Rs Stadt Frankf. † 25 Merz 775.
Eltern: Heinr. Carl, g. 30 Nov. 670 Ob. Först. der Rs. Stadt Frf. † 1 Sep. 730. G. Mar. Marg. Phil. Heinr. Fleckhammer v. Anstetten u. Annæ Eleon. v. Völker T. V. 3 Aug. 701.
Gros-Elt. Joh. Vincens, g. 8 Oct. 640 † 16 Aug. 672. G. Mar. Jul. Achilles v. Hynsb. u. Cath. v. Holzh. T. †.

II. Linie.

Herr Phil. Carl Baur v. Eyseneck, g. 2 Jan. 716 Senator zu Frankf. G. Maria Anna Eleon. Joh. Ernst v. Glauburg u. Mariæ Eleon. Freyin v. u. zum Jungen T. V. 26 Apr. 736 † 18 Dec. 762 R. Frankf. a. M.
Kinder: 1) Hieron. Max. g. 24 Jan. 739 Lieut. bey dem Nassau-Weilb. Ob. Rhein. Crays-Reg. 2) Sus. Maria, g. 6 Dec. 740. 3) Frid. Charl. g. 21 Dec. 750. G. Joh. Bernh. v. Manst. K. Pr. Rittm. des Cür. Reg. v. Arnim.
Eltern: Joh. Carl, g. 25 Dec. 674. † 8 Jul. 744. G. I. Sus. Maria, Joh. Christoph v. Stallburg u. An. Cunig. Baur v. Eyseneck T. V. 11 Oct. 699 † 19 Jul. 705. II Susanna,

Susanna, Joh. Phil. Fleischbein v. Kleeberg u. Sus.
Cath. v. Stalburg T. V. 28 Jul. 706 † 12 Apr. 727.
Gros-Elt. Frid. Maxim. g. 5 May 650 † 29 Nov. 713
Schöff zu Franff. G. Helen. Cath. du Fay u. Hel.
Fabricæ v. Gressenich T. †.

Behaim v. Schwarzbach.

Dieses alt-adelich Freyherrl. Ritter-Turnier- und
Stiftsmäßige Geschlecht, hat vor Alters seinen Sitz in
dem Königreich Böhmen an dem Wasser Schwarz, im
Pilsner Crayß gehabt, daher es auch von Schwarzbach
genennet worden, u. einen schwarzen Fluß in seinem Wap-
pen geführt. Nach des ersten Christl. Herzogs Berzivoji
An. 910. u. seines andern Sohns Wratislai I. An. 916.
erfolgten Tod aber haben viele davon wegen erfolgter Un-
terdruckung der kurz von ermeldten Berzivojo eingeführ-
ten christl. Religion, sich An. 919. um Nürnberg begeben,
wornach man sie insgemein die Bohemi oder Behaim ge-
nennet. An. 1681. geruheten Kays. Maj. aus eigener Be-
wegung Christoph Jacob u. Johann Fridrich Behaim,
Gebrüdere, in Absicht auf ihre wohlbekannte Verdienste,
samt Dero männ- u. weiblichen Nachkommen, in des H.
R. R. Freyherrn-Stand zu erheben u. das Wappen mit
einem Mittel-Schild u. dritten offenen gekrönten Helm,
mit dem Rs. Adler zu vermehren. Es hat übrigens die-
ses Geschlecht seinen Adel. Stand mit vielen geist- u.
weltl. Würden gezieret, indem Franz B. so An. 1394
gelebet, Ritter des hohen Teutf. Ordens u. Hans, Com-
menthur zu Nürnberg gewesen, Sebald B. vom Kay-
ser Sigmund An. 1433 auf der Tyber Brücke zu Rom
zum Ritter geschlagen, Stephan B. An. 1444 als Chor-
herr u. hernach zum Probst der Stiftskirche ad St. Steph.
zu Bamberg erwählet worden. Ein mehreres hievon S.
in dem Handbuch von 1777.

Freyh. Christoph Wilh. Frid. Behaim v. Schwarzbach u.
Kirchsttenbach, g. 15 Nov. 1727 des Innern Geh. R.
u. Landpfleger der Rs. Stadt Nürnb. G. Mar. Magd.
Kreß v. Kreßenstein, g. 5 Jun. 722. V. 21 Feb. 752.
Geschwister: 1) Frid. Hieron. g. 23 Aug. † 1 Nov 710
2) Anna Maria, g. 20 Aug. 711 † 8 Sept. 737. 3) Chri-
stoph Adam Frid. g. 6 Jan. 713. R. K. w. R. Cronhüter

244 Behaim v. Schwarzbach.

u. Verwahrer der Rs. Kleinodien, des ältern Geh. R. der Rs. Stadt Nürnberg u. Ober-Landpfleger ꝛc. † 21 Oct. 758. G. Sophia Cath. Hallerin v. Hallerstein, g. 24 Nov. 718. V. 22 Nov. 735.

Kinder: a) Sigmund Fridr. g. 24 u. † 29 Aug. 736. b) Georg Fridr g. 9 Nov. 737, Assessor u. Schöf des Unter-Ger. zu Nürnb. † 14 Jun. 767. G. Mar. Phil. Kreß v. Kressenstein, g. 1 Sept. 745. V. 31 Aug. 762.

Kinder: 1) Carl Frid. g. 30 Apr. 765. 2) Christoph Georg Frid. g. 15 Jun. 767.

c) Christoph Wilh. Frid. g. 19 May 740, † 18 Jul. 741. d) Joh. Sigm. Frid. g. 15 Apr. 743 † 11 Mart. 747. e) Sophia Maria, g. 18 Feb. 745. G. Christoph Gottlieb Scheurl v. Defersdorf ꝛc. Assessor u. Schöf des Stadt- u. Eheger. zu Nürnb. V. 10 Sept. 771. f) Joh. Burckh. Frid. g. 5 Jan. u. † 8 Jun. 747. g) Maria Hedwig, g. 6 Jul. 750 † 23 Sept. 756.

4) Maria Helena, g. 5 Apr. 714 † 28 Apr. 716. 5) Maria Anna, g. 7 Nov. 715. G. Joh. Burckh. Volckammer v. Kirchensittenbach, Oberwald-Amtm. zu Nürnberg. b. 19 May 737. 6) Sus. Maria, g. 4 Aug 717 † 12 Jan. 724. 7) Christoph Frid. g. 30 Dec. 718 † 16 Jan. 719. 8) Sigm Frid. g. 6 u. † 17 Jul. 720. 9) Carl Frid. g. 15 Dec. 721 des H. R. R. Ritter, R. K. w. R. Cronhüter u. Verwahrer der Rs. Kleinodien, des ältern geh. R. u. der Rs. Stadt Nürnb. Kirchenpfleg. † 17 Mart. 776. G. I. Maria Salome Fürer v. Haimendorf, g. 6 Jan. 727. V. 24 Oct. 746 † 23 Dec. 774. II. Helena Maria Haller v. Hallerstein, g. 3 Jun. 725. V. 16 Jan. 776.

Kinder: 1) Carl Frid. g. 30 Oct. 747. des Innern Raths der Rs. Stadt Nürnb. G. Maria Helena Harsdörferin v. Enderndorf, g. 11 Oct. 747. V. 18 May 771.

Sohn: Carl Frid. Christoph, g. 27 Jul 775.

2) Sigm. Frid. g. 9 Aug. 749 Amtm. des Umgeld-Amts zu Nürnb. G. Maria Sophia Clara Kreßin v. Kressenstein, g. 15 Aug. 755. V. 17 Aug. 773.

Tochter: Maria Frid. Salome, g. 5 Dec. 774.

10) Helena Maria, g. 11 Jan. 724 † 4 Jun. 728. 11) Joh. Frid. g. 8 Dec. 731 † 4 Feb. 774.

Eltern:

Belderbusch.

Eltern: Sigmund Frid. g. 22 Sept. 686, des H. R R. Ritter, dann des Fränk. Cr. Kr. R. u. zu Nürnb. des ältern Geh. R. ɾc. † 14 Mart. 746. G. Anna Maria Fürerin v. Haimendorf, g. 6 May 690. V. 15 Oct. 709 † 11 Oct. 763.

Vat. Geschw. 1) Georg Christoph, g. 21 Sept. †20 Dec. 683. 2) Maria Helena, g. 22 Apr †5 Jul. 685. 3) Wolff Frid. g. 27 Jun. † 30 Oct 688. 4) Suſ. Maria, g. 16 Sept. 689 † 19 Apr. 690. 5) Gustav Frid. g. 21 Mart. 691 †31 Aug. 695. 6) Suſ. Maria, g 19 Aug. 694 G. Christoph Wilh. Löffelholz v. Colberg, Senator zu Nürnb. V. 6 Jun. 719 † 21 Jul. 769. 7) Suſ. Helena, g. 8 Feb. 700. G. Carl Sigm. Holzschuher v. Aspach, des ältern geh. R. u. Kr. Obrister zu Nürnb. V. 21 Oct. 727.

Gros⸗Elt. Joh. Frid. g. 16 Sept. 653 Senator der Rs. Stadt Nürnb. † 24 Jan. 704. G. Maria Helena Tezlin v. Kirchensittenbach, g. 23 Oct. 663. V. 25 Sept. 682 † 24 Jun. 734.

Belderbusch.

Dieses Freyherrl. Geschlecht ist in dem Herzogthum Limpurg u. Jülich, auch im Churfürstenthum Cölln mit ansehnlichen Güthern angesessen, daselbst jederzeit unter die älteste Adel. Geschlechter gezählet worden, u. mit denen vornehmsten ein⸗ u. ausländischen Familien verwandt. Ein Herr davon ist den 10 Oct. 1548 zum allgemeinen Jülich u. Bergischen Landtag beschrieben, u. ein anderer unterm 4 April 1680 bey dem Rheinischen Rs. Rit. Abschiede zu Bingen als ein Ritterbürtig u. Stiftsmäßiges Mitglied aufgenommen worden. Johann, Herr zu Montzen, Ur⸗Ur⸗Gros⸗Vater, der sogleich folgenden Genealogie, war vermählet mit Isabella, Erbtochter Wilhelm v. Frongteaux zu Boenrath u. Isabellæ v. Schootz zu Egelheim, u. zeugte Leonard, der Maria Ida, Johann Bernards v. Bongard zu Passendorf ɾc. u. Cunigunda v. Isselstein zu Caster ɾc. Tochter, zur Ehe hatte.

Freyh. Carl Leop. v. der Heyden, gt. Belderbusch⸗Wylre, g. 8 Oct. 749, Chur⸗Cölln. Geh. R. Hof⸗ u. Reg. R.

Belderbusch. Bellmont.

Vice-Präsid. Amtm. zu Hard u. Zülpich, Hr. zu Miel, Plittersdorf, Bruck u. klein Aldendorf ꝛc. G. I. Francisca, Freyin v. Ullner zu Diepurg. V. 2 May 772 †. II. Maria Ludovica, Joh. Adolph, Fhn. v. Loe, zu Wissen u. Mehr, u. Cath. Freyin v. Wachtendonc T. R. Bonn.

Geschwister: a) Augusta, Stiftsd. zu Vylich. b) Clemens, Domh. zu Speyer u. Hildesheim. c) Maria Cathar. Stiftsd. zu Dietkirchen in Bonn. d) Anton, Chur-Cölln. Camh. Hauptm. des v. Kleistischen Reg. u. Amtm. zu Aldenahr.

Eltern: Maximil. Wilhelm, Hr. zu Monzen, Streversdorp, Bonrath u. Berchtolshofen ꝛc. Er erbte die Freyherrl. v. Wylresche Güther Terworm ꝛc. Churpf. Camh. G. I. Joh. Ambrosina, Gräfin v. Satzenhofen zu Berchtolshofen, †. II. Maria Anna v. Bernsau zu Schweinheim, †.

Vat. Geschw. a) Franz. Friedrich, Canonicus des K. K. Stiffts B. M. V. zu Aachen. b) Caspar Anton, des Teutsch O.R. Land-Commenthur der Balley Altenbiesen u. Niederlande, Erster Chur-Cöll. Staats- u. Conferenz-Minister ꝛc. c) Joh. Ernst, Teutsch. O. R. Commenthur zu Störzingen in Tyrol, Churpf G. L. der Infant. u. Referendarius des Militair-Departements. d) Anna Sophia, Stifftsd. zu Stoppenberg, †. e) Lucia Antonetta, G. Fhr. Zand v. Merle zu Lissingen, Chur-Tr. Camh. u. Amtm. zu Hillesheim u. Manderscheid. f) Nicolaus, Canonicus des K. K. Stiffts zu Aachen.

Gros-Elt. Vincentius, Director der Herzoglich Limburgischen Landstände, †. G. Maria Clara, Joh. Albert v. Westrem zum Gutacker u. Alex. Cath. Agnes v. Arschenberg zu Göttendorf T. †.

Bellmont.

Dieses Geschlecht blühet gegenwärtig in den Fürstl. Schwarzburgischen Landen, u. besitzet alda die Ritter-Güther Geschwende u. Kleinbreitenbach, mit hoher u.
niederer

niederer Gerichtsbarkeit, hohen u. niedern Jagden, Zins-
u. Lehen-Gerechtigkeiten, Frohndiensten ꝛc.
Freyh. Adolph v. Bellmont, g. 30 Jan. 747 Fstl. Schwarzb.
Camj. u. Churm. Hof-R. G. Aemiliana, Freyin v.
Sohlern, a. d. H. Graroth. V. 30 Jun. 772. R. Maynz.
Kinder: 1) Ant. Jos. Christian Günther, g. 9 Jun. 774.
2) Arnold Günther, g. 21 Oct. 775 3) Christian Frid.
g. 8 Oct. 776.
Eltern: Joh. Arnold, Erbh. auf Geschwende u. Klein-
breitenbach, Fstl. Schwarzb. Sondersh. Geh. R. g.
718. G. Magd. Frid. Sidonia, Caspar v. Bilstein u.
Mariæ Sid. v. Thüna T. V. 746.
Vat. Geschw. 1) Christ. Ignat. Canonicus ad B. M. V.
zu Erfurt, † 750. 2) Maria Charl. G. Franz v. Som-
merlatt, Churm. Obrist-Lieut. u. Marsch-Commiss. zu
Erfurt. 3) Eleon. Conventualin im Ursulin. Closter zu
Erfurt, † 771. 4) Maria Phil. Frid. † 3 Nov. 762. G.
I. Georg Adam v Fenster, auf Ulrichshalben, S. Wei-
mar. Rittm. II. Ignaz Christ. v. Gudenus.
Grós-Elt. Phil. Franz, † 740 Churm. Reg. R. zu Er-
furt. G. Eleon. Charl. v. Gerstenberg.

Benckendorff.

Dieses Geschlecht gehöret ursprünglich unter den äl-
testen Adel in der alten Mark Brandenburg, weil es schon
vor 500 Jahren in der Gegend der Stadt Salzwedel con-
siderable Ritter-Güther besessen, u. schon damals von gu-
tem alten Adel gewesen. Es bleibet diesem Geschlechte
etwas eigenes, daß dessen Herren meistentheils große ge-
lehrte Cavaliers gewesen, welche die höchste Höfe zu de-
nen wichtigsten Verrichtungen haben brauchen können.
Und eben um deswillen haben des Marggrafen Christians
Durchlaucht, als Sie aus der Mark nach Franken gegan-
gen, u. die Regierung zu Culmbach angetretten, Martin
v. B. sein Vaterland verlassen heissen, damit Er Jhnen
in diesem Lande nützliche Dienste leisten möchte, welches
derselbe auch gethan hat, u. nach der Hand statt der in der
Mark besessenen Güther, verschiedene Güther im Voigt-
land u. der obern Pfalz acquiriret u. seinen Stamm sol-
chergestalt fortgeführet, daß solcher jetzt in zwey Aesten
im

Benckendorff.

im Voigtlande u. in der obern Pfalz blühet, u. die Ritter-Güther Göppmansbühel, Korbersdorf, Lehen, Neuenreuth, Schlottenhof, Seibothenreut u. Steinbach besitzet.

I. Ober-Pfälzer Linie.

Herr Frid. Wilh. v. Benckendorff, auf Lehen, Steinbach u. Neuenreuth, g. 20 Jun. 720, Mgr. Br. Onolzb. u. Culmb. erster Minister, Geh. R. Cam. u. Landschafts-Präsid. R. Anspach.

Geschwister: 1) Ludw. Ernst, g. 5 Jul. 711 Churf. S. M. u. Inhaber eines Cüras. Reg. seines Namens. 2) Carl Christian, g. 10 Jun. 713, Kays. Fähndr. † zu Orsowa wider die Türken. 3) Joh. August, g. 16 Feb. 715 Hzl. Goth. Camh. Obrist u. Commend. der Garde zu Pferd u. Amtshauptm. zu Renthardsbrunn, †. 4) Joh. Frid. g. 23 Dec. 716, †.

Eltern: Joh. Achatius, Stammh. dieser Linie, g. 17 Jun. 677 Br. Culmb. Geh. R. Hofmarschall, Ob. Amtm. zu Feuchtwang u. R. A. O. R. † 4 Nov. 743. G. Ernest. Magd. Berndin. Alex. v. Lengefeld auf Reschwiz ıc. u. Agnes Jul. v. Wazdorff a. d. H. Sprau T. g. 15 Dec. 689 V. 21 May 709, † 746.

Vat. Geschw. a) Christoph Erdm. auf Filchendorff, g. 10 Feb 676, Fstl. Detting. Ob. Hofm. R. A. O. R. u. ältester Rit. Hauptm. der Voigtländ. Rittersch. † 8 Jan. 741. G. Esther Salome, Franz Albr. Fhn. Kappaun v. Schwonkowa ıc. u. Cath. Elis. v. Bäring T. V. 704, †.

Kinder: 1) Gg. Wilh. g. 705, Kays. Lieut. † 732. 2) Christiana Soph. Erdmuta, g. 707, † 732. 3) Christoph Erdm. g. 709, † 712. 4) Wilh. Friderica, g. 14 Jan. 710. G. Frid. Aug. v. Hübner, Churs. Obrister. V. 747. 5) Joh. Ernest, g. 711, Hofd. bey der Prinzeßin zu Culmb. † 6 Feb. 746. 6) Louisa Albert. g. u. † 713. 7) Esther Salome, g. 715, † 725.

b) Joh. Casimir, auf Eschelsdorf ıc. 10 Jun. 681 Brand. Culmb. Geh. R. Ob. Forst- u. Jägerm. Ob. Falconier, O. R. de la Sincerité, † 30 Nov. 722. c) Ad. Christoph Sigm. S. Eltern der zweyten Linie.

II. Voigt-

II. Voigtländische Linie.

Herr Georg Sigm. v. Benckendorff auf Schlottenhof, Göppmansbuhl, Lehen, Korbersdorff u. Seubothenreuth, g. 16 Apr. 718, Hzl. Weimar. Geh. R. Camh. Obrist-Hofmeist. u. des R.A.D.R. G. Carol. Dorot. Friderica, Joh. Gg. Rud. v. u. z. Wiesenthau u Schleifhausen, Sen. Fam. u. Dor. Cath. Freyin v. Auffees a. d. H. Oberauffees T. g. 20 Feb. 726. V. 3 Oct. 745. R. Schlottenhof.

Tochter: 1) Magd. Dorot. Ludomilla Charl. g. 22 Feb. 748. 2) N. N.

Geschwister: 1) Charl. Frid. Sib g. 16 Sept. 715. G. Ludw. Edler Herr v. Plotho, K. Pr. Minister. V. 740. 2) Gg. Wilhelm, g. 716, † 717. 3) Christiana Wilh. g. 16 Jun. 721, † 30 Jun. 724.

Eltern: Ad. Christoph Sigm. Stammh. dieser Linie, g. 26 Dec. 684, Br. Culmb. Geh. R. Consistorial-Præsid. Amtshauptm. zu Bayreuth u. Ritt. des Sachs. Weimar u. Culmbach. O. † 9 Nov. 745. G. Magd. Sib. Fridrich Wilh. v. Niclot auf Altstädt, u. Magd. Sib. v. Körbiz a d. H. Helderup T. g. 21 Jul. 692. V. 714 †.

Gros-Elt. Beyder Linien. Joh. Martin, g. 645 Kayserl. Land-Ger. Burggrafth. zu Nürnb. Assessor, Br Culmb. vorderster Cam. R. u. Ob. Amtm. zu Creussen, † 4 Aug. 713 G. An. Rosina, Wolff Adams v. Lillingau auf Ober-Redwiz, u. Annæ Ludomillæ v. Berglaß T, V. 672, † 20 Jul. 704.

Bender.

Eine Adeliche Familie in der RS. Stadt Gengenbach. Herr Joh. Blasius Columbanus v. u. zu Bender, g. 11 Nov. 713 K K G. F. W. u. Commend. zu Philippsburg. G. I. Maria Anna v. Colin, g. 6 Merz 720 † 2 Feb. 745. II. Joh. Cath. Michaelin v. Gutenthal, g. 16 Apr. 723 † 772. III. Louisa, Gräfin v. Isenburg Philipps Eich, g. 6 May 731. V. 19 Jan. 774. R. Philippsburg.

Sohn aus der 2ten Ehe, Joh. Nepom. g. 19 Feb. 758.

Geschwister: a) Jos. Severin, g. 7 Jul. 707 † 12 Merz 765

765 K. K Reg. R. zu Freyburg. G. Maria Anna v. Sulger, g. 10 May 714. V. 4 Merz 737 † 28 Apr. 747.

Kinder: 1) Joh. Joach. g. 12 Feb. 741 K. K. Hauptm. unter Anton Colloredo. 2) Jof. Auguft. g. 3 Jun. 742 K. K. Hauptm. unter Carl Colloredo. 3) Maria Anna, g. 14 Apr. 744. G. N. v. Frofch. 4) Franc. Felicianus, g. 14 Feb. 745 K. K Hauptm. unter Anton Colloredo.

b) Joachim, g. 15 Nov. 719. G. An Maria v. Dornblueth, g 25 Nov. 743 † 26 Merz 765.

Kinder: 1) Lutgardis, g. 15 Jan. 745. 2) Edmundus, g. 16 Nov. 749. 3) Carl, g. 15 Apr. 750 K. K. Unterlieut. unter dem Bottaif. Infant. Reg.

c) Maria Ther. Pofth. g. 31 Dec. 721. G. Joseph Ferd. v Fahnenberg, K K. Obrift. Wachtm.

Eltern: Cafpar, g. 12 Sept. 680 † 20 Oct. 721. G. Maria Lutgardis v. Jngling, g. 10 Jun. 682. V. 7 May 702 † 27 Merz 757

Vat. Geschw. a) Blafius, g. 10 Apr. 672 Benedictiner in dem Fftl. Stifft St. Blafii, dafelbft zum Abt erwählt 20 Jun. 721, wurde von Kayfer Carl VI. zum Ambaffadeur Plenipotentiair in der Schweitz ernannt, † 15 Jan. 727. b) Joachim, g. 10 Apr. 686 † 27 Apr. 762.

Gros-Elt. Johannes, g. 6 Apr. 640 † 7 Jun. 709. G. Maria Eva v. Handt. V. 8 May 670 † 12 Jul. 714.

Bibran.

Diefes vornehme alte adeliche feit 1642 Freyherrl. Geschlecht in Schlefien, wird von Sinapio mit dem Fränkifchen Geschlecht v. Bibra vor eine Familie gehalten, ohnerachtet es im Namen u. Wappen fich unterscheidet. In Abraham v. Bibran Origin. Fam. Libran. wird gesagt, daß es mit Adelheid, Kayfers Henrici IV. den man den Franken genennet, Tochter, Uladislai erften Herzogs in Schlefien Gemahlin, durch Sigmund v. Bibra nach Schlefien gekommen, wo es fich auf die Häufer Modlau, Profen u. Rittlizreben, im Jaurifchen, vertheilet. Abraham v. B. ware Ober-Land-Rechts Beyfitzer u. Landesältefter der Fürftenthümer Schweidnitz u. Jauer, u Nicolaus v. B. ware Kayf. Rs. Hofr. Cammerherr, Obrifter u. Landes-Haupt-

Bibran.

Hauptmann erstgedachter Fürstenthümer u. hat die Freyherrliche Würde auf seine Nachkommen gebracht.

Freyh. Frid. Heinr. v. Bibran u. Modlau, Hr. der Herrschaft Modlau, Altenlohm, Neuhammer, Gremsdorf, Zischken u. Rückenwalde, seit 1755 K. Pr. Landes-Deput. im Fürstenth. Jauer Bunzlauisch. Cranses, resig. 759 der öconom. patriot. Gesellf. in Schlesien, ordentl. Mitgl. g. 21 Nov. 715. G. I. Charl. Elisab. Albert. Hans Frid. v. Falckenhayn auf Groß-Krausche ꝛc u. Joh. Magd. v. Hock auf Polack T. g. 11 Jul. 711. V. 5 Jun. 743 † 23 Oct. 763. II. Helena Doroth. Abrah. Frid. v. Schweinitz a. d. H. Schmochwitz u. An. Elis. v. Mohl a. d. H. Groß-Rasen T. g. 8 Sept. 733. V. 7 Nov. 764. R. Modlau, in Schlesien.

Kinder: 1) Benig. Elis. G. Hans Jac. v. Suckow. 2) Soph. Frid. Zwilling mit vorstehender, g. 24 Apr. 745. G. Carl Sigm. Fhr. v. Seidlitz. 3) Fridrich, g. 28 Jun. 747 † 22 Feb. 751. 4) Joh. Lud. g. 17 u. † 19 Nov. 749. 5) Frid. Heinr. g. 10 Merz 751 † 4 Aug. 762. 6) Joh. Helena, g. 9 Aug. 754 † 19 Apr. 773. G. Joh. Christian v. Damnitz. 7) Joh. Heinr. g. 14 Dec. 755 † 10 Jan. 756. 8) u. 9) Ferd. Heinr. u. Charl. Christiana, Zwillinge, g. 31 May 756 erster † 30 Sept. 760 letzte † 21 Aug. 761. 10) David Heinr. g. 1 Sept. 758. 11) Joh. Ludw. g. 9 Merz 761 † 11 Dec. 763. 12) Frid. Benj. g. 23 Oct. 763 † 12 Nov. 764. 13) Frid. Dorot. g. 18 Jun. 768. 14) Gottlob Heinr. g. 13 Nov. 769 † 7 Jan. 770.

Eltern: Frid. Heinr. g. 18 May 685 † 2 Nov. 733 Hr. auf Modlau, Oihs, Gros-Pohlwitz ꝛc. G. I. N. N. II. Maria Elis. Georg Rud. Fhn. v. Schweinitz ꝛc. u. Mariä Elis. v. Zedlitz a. d. H. Reussendorf T. g. 6 Merz 698. V. 25 May 712 † 7 Aug. 721.

Gros-Elt. Heinr. Alexand. g. 15 Dec. 656 † 694 Hr. auf Ilnisch, Romolwitz, Falckenhayn ꝛc. G. Sus. Elis. Jacob Fhn. v. Schleebusch auf Lancken ꝛc. u. An. Elis. v. Eickre, Frau auf Groß-Pohlwitz ꝛc. T. g. 13 Apr. 667. V. 681 † 737.

Biedenfeldt.

Ein uralt adeliches Haus in Hessen, alwo es verschiedene Güther besitzet. Gegenwärtig blühen im Herzogthum Würtenberg folgende:

Herr Gustav Ferd. v. Biedenfeldt, Erb- u. Gerichtsh. zu Berneburg u. Stadthoßbach, Burgmann zu Sontra ꝛc. Hzl. Würtenb. G. L. des Militaire St. Charles O. R. Camh. u. des Schwäb. Cr. Gen. M. G. I. Dor. Ernestina v. Gaisberg aus Schnait, g. 2 Sept. 1719. V. 7 Oct. 1736 †. II. Frid. Joh. Marg. Frid. Carl Eberh. v. Kaltenthal u. Elis. Ernest. v. Sternenfels a. d. H. Ochsenburg T. R. Stuttgard.

Kinder: (1ter Ehe) 1) Carl Aug. Ferd. g. 3 Oct. 738 † 2) Aug. Frid. Christoph, g. u. † 741. 3) Ludw. Aug. g. 743 † 746. 4) Charl. Wilh. g. 19 Feb. 746. G. N. Kechler v. Schwandorff, V. 776. 5) Gustav Frid. Wilh. g. 2 Aug. 748 Hzl. Würtenb. Camj. u. Hauptm. bey der Leibgarde zu Fuß. G. Joh. Heinerica, Frid. Ernst v. Beulwitz auf Löhma, u. jul. Charl. v. Gaisberg T. V. 15 Jul. 776. 6) Ernst Heinr. g. 13 Merz 751 K. Sardin. Prem. Lieut. 7) (2ter Ehe) 1 Sohn u. 1 Tochter.

Geschwister: a) Wilh. Louisa. b) Frid. Christoph. c) Joh Carl. d) Ernst Wilh.

Eltern: Hans Christoph † Hzl. Würtenb. Major. G. Christiana Frid. Ernst Frid. v. Leutrum auf Heudach u. Aurel. Christianæ v. Stein a d. H. Neuweyher T.

Bienenthal

Eine adeliche Familie in der Ks. Stadt Frankfurt, woselbst sie der Gesellschaft Frauenstein einverleibt ist.

Herr Frid. Maximil. Bender v. Bienenthal, Holländ. Obrister. G. Mariana v. Malapart. R. Frankfurt.

Kinder: 1) Maria Charl. g. 22 Dec. 756. 2) Frid. Wilh. g. 22 Feb. 758.

Bruder: Joh. Carl, † 765 Hauptm. unter dem Ober-Rhein. Weilburg. Crays. Reg. G. N. Lehnemann, † 8 Merz 774.

Sohn: Ernst Frid. Benj. g. 8 Merz 750 Holländ. Fähndr. unter Nassau-Usingen, quit. 776.

Eltern:

Eltern: Carl Wilh. g. 2 Sep. 683 † 12 Merz 745 älterer Schöff u. des R. zu Franff. G. N. Bauer v. Enseneck, †.
Gros-Elt. Jacob, g. 12 Merz 644 † 10 Nov. 695 Schöff u. des R. zu Franff. G. Maria Marg. Fleischbein v. Kleeberg. V. 14 May 666 †.

Blittersdorff.

Dieses ur-alt adeliche u. Freyherrl. Haus, wird zu denen westphälischen gerechnet. Es floriret im Herzogthum Bremen u. Verden, in der Pfalz zu Creuzenach u. im Stift Lüttich, von da es nach Schwaben gekommen seyn solle. Es theilet sich in verschiedene Linien. Die Millendorffische hat mit dem Jahr 1561 durch Johann v. B. zu Gustorff ihren Anfang genommen. Dieser ehelichte Elisab. v. Asperschlag u. erhielte dadurch An. 1580 die Belehnung des sogenannten Deutjens Lehen zu Millendorff in dem Amt Horvenbroich des Herzogthums Jülich, dessen Nachkommen folgendergestalt blühen. Das mehrere S. in dem Handbuch von 1777.

Herr Wilh. Jos. Frid. Martin v. Blittersdorf, Mgr. Baad. Camj. u. Hof-R. g. 21 Feb. 748. R. Carlsruhe.
Eltern: Carl Caspar, Chur-Pf. Hauptm. u. Commendant zu Bensberg im Herzogth. Bergen, g. 710 belehnt mit obigem Lehen 27 Oct. 744. G. Wilhelmina v. Bronckhorst a. d. H. Battenburg, g. 22 Sept. 719 † 751.
Gros-Elt. Martin, g. 686 belehnt mit obigem Lehen 30 Apr. 709 † 717. G. Isabella v. Lemmingen gt. v. den Hove, g. 684 † 755.

Borne.

Ein uralt adeliches Haus in Pommern, Preussen u. der Marck, wovon der XXVte Bischof v. Merseburg Albertus de Bornis abstammet. Tidekanus u. Z. v. d. B. waren Herzogs Suantebori in Pommern Räthe, u. Joh. Georg v. d. B. 1653 Churbrandenb. Canzler. Folgende Linie ist seit langen Jahren in Pomerellen jetzt West-Preussen ansäßig.

Herr Joh. Lud. v. d. Borne, g. 741 K. Pr. Infant. Lieut.
Geschwister: 1) Dorot. Eleon. g. 15 Nov. 739 † 755. 2) Elis.

Elif. Sab. g. 7 Nov. 740 lebt zu Pagelkow. 3) Elif. Philip. g. 10 Feb. 743 † klein. 4) Ewald Crispin, g. 30 Dec. 743 K. Pr. Lieut. bis 768 quitt. Erbh. auf Pagelkow in Pomerellen. G. Dor. Marg. Frid. v. der Osten T. V. 4 Oct. 744. 5) Aug. Louifa, g. 20 May 745 † klein. 6) Paul Heinr g. 2 Jun. 746 † klein. 7) Maria Henr. g. 26 Aug. 747 † klein. 8) Maria Antonetta, g. 27 Merz 749. G. Lud. Heinr. v. Froreich, Herzog. Mecklenb. Strelitz. Camj. 1c V. 27 Nov. 770. 9) Ernst Franz, g. 6 Apr. 750 † klein. 10) Carl Heinr. g. 28 Jun. 741 † kl. 11) Sophia Anna Louifa, g. 11 Aug. 732 † kl. 12) An. Louifa Henr. g. 13 Aug. 753 defig. Chanoineffe zu Colberg. 13) Dorot Eleon g. 9 Sep 754 † fl. 14) Hedw. Carolina, g. 30 Jul. 757 † klein.

Eltern: Joh. Heinr Erbh. auf Pagelkow, g. 703 † 6 Jul. 775 quitt. als K. Pr. Lieut. der Cavallerie. G. Renata Louifa, Ludw. v. Puttkammer u. Doroth. von der Linden T. † 762.

Gros-Elt. Joh. Heinr. Erbh. auf Pagelkow, †. G. Elif. Hedwig, Erdm. v. Pfuhl auf Lübguft u. Erdmut. Marg. v. Bergen T. V. 698 †.

Du Bos du Thil.

Ein alt adelich Haus aus der Graffchaft Eu in der Provinz Normandie. Anno 1685 nach Aufhebung des Edicts von Nantes, schickte David du Bos Escuyer Sieur du Thil, (Grosvater folgender Linie, als ein eifriger Protestant, seine 6 Söhne nach Holland, welche alle in englisch-holländisch- u. deutsche Kriegsdienste traten u. ledig versturben, bis auf den jüngsten, so der Vater u. Stifter dieser Branche in Deutschland worden ist.

Herr Anton Ferd. du Bos du Thil, g. 23 Dec. 728 Herz. Braunsch. Obrist-Lieut. von der Leib-Garde zu Pferd. G. N. Ludw. Fhn. v. Roeder zu Diersburg u. Christiane Dor. Wilh. v. Drachstädt T. V. 776. R. Braunfels.

Schwestern: a) Hel. Louifa, g. 3 Jun. 724. G. Louis v. Roeder, Hr. zu Dierspurg u. Reichenbach, Fftl. Naffau-Sarb. Weilb. Ob. Forftm. V. 748 † 754. b) Soph. g. 3 Aug. 726. G. Christoph v. Pappenheim, Fftl. Hef-
sen-

sen=Cassel. G.M. u.Ob.Amtm. zu Schmalkalden. V.
749. c) Charlotta, g. 7 Jun. 734 † 20 Sept. 775. G.
I. Carl Werner v. der Asseburg, K. Pr. Capit. des Kalck=
stein.Reg. V. 14 Jul. 750 † 17 Nov. 755. II. Carl Fhr.
v. Dungern, Fstl. Isenb. Hofmarschall u. Ob. Forstm.
V. 24 Jan. 758.
Eltern: Isaac, Fstl. Braunfels. Obrist u. Commendant,
g. 679 † 21 Feb. 769. G. Eleon. Heinr. v. Graß.
Gros=Elt. David, †. G. Hel. de Remy Montigny †.

Bouchenrödern.

Ein alt Freyherrl. Haus, ursprünglich aus Sachsen,
so aber dermalen in der Churpfalz blühet.
Freyh Carl Frid. Joseph v. Bouchenrödern, g. 8 May 728,
K. Pr. Capitain. G. Maria Joh. Freyin v. Heyles.
Kinder: 1) Fridrich, g. 7 Oct. 758 K. Pr. Page. 2) Wil-
helmina, g. 6 Jun. 760.
Geschwister: a) Wilh. Sophia, g 730. G. N. v. Bergoffs=
ky. b) Gust. Wilh. g. 20 Jun. 747. G. Jul. Maria v. St.
Andreé. c) Joh. Michael, K. Pr Fahnenj. d) Maria
Barb. g. 750 †. G. Joh. Sam. Fhr. v Heyles auf Bramhof.
Eltern: Joh. Michael, g. 680 †. G. Freyin Jett v. Mün=
zenberg, †.
Gros=Elt. Franz Adam, g. 664 † Chursächs. Obrist. G.
N. v. Wizleben, †.

Brandenburg.

Ein schon im XII. Seculo unter denen Rittern berühm=
tes Geschlecht, welches, Cappel, bey Buchau, am Federsee
besessen u. in einem Vergleichs-Receß An. 1229 neben
andern Schwäbischen Edelleuten als Zeugen zwischen
Graf v. Löwenstein u. Landau zu Grüningen angezogen
wird. Der eigentliche Stammvater war Eberhard I. v.
Brandenburg, Ritter zu Cappel, der seine Familie in 2
Haupt=Branchen getheilet. Hildebrand v. B. führet die
Bieberachische Linie, wohin sie sich im Städtischen Krieg
ums Jahr 1380 mit andern des Land-Adels begeben, u.
sich durch Verehelichung dasiger Geschlechter fähig ge=
macht, in besagtem aristocratischen Regiment zu denen
vor=

vornehmsten Aemtern erwählet zu werden. Johannes v. B. auf Ober-Stadion u. Rettichhofen führet die Ritterliche Familie fort: wie dann dessen Enkel Joh. Christoph v. B. auf Zweiffelsberg u. Langenschemmern bey dem Rs. Ritter-Canton Donau immatriculiret worden ist. Weil diese Linie sich immer mit Reichs-Adelichen verheurathet, so wurde auch in Erprobung ihrer Ahnen sowohl bey dem Hohen Dom-Stifft zu Constanz in Aufschwörung Joh. Georg v. Hallweil, als bey dem Hohen Teutschen Orden An. 1616 beym Ritterschlag des Freyherrn v. Schönau darauf regardiret.

Die Bieberachische Branche wird abermahls in die Eberhardische u. Wilhelminische abgetheilet. Erstere, welche im vorigen Seculo †, erlangte das Ritter Guth Ried u. Ochsenbach, welches beym Ritter-Canton Neckar Schwarzwald incorporiret ist. Die letztere, so jederzeit unter die ansehnlichste der Biberacher Geschlechter gezehlet worden, wird durch Hieronimum, Burgermeister zu Biberach, Wilhelmi Sohn fortgeführet, dessen Nachkommen Leo Eberhard ebenfals zur Burgermeister-Würde gelanget, u. Hieronimum Joachim hinterlassen, der Anna Magdalena Kellerin, Freyin v. Schleichtheim zur Ehe, u. den in der Genealogie bemerkten Gros-Vater erzeuget hat.

Herr Joseph Anton Maria v. Brandenburg, g. 30 Jan. 1758, K. Sard. Lieut. bey dem Reg. Royal Allemand.

Geschwister: (2ter Ehe) 1) Maria Euphemia, g. 18 Feb. 762. 2) Joh. Nepom. Carl, g. 7 Feb. 764.

Eltern: Carl Jos. David, g. 16 Nov. 711 † 7 Jun. 768 Hauptm. bey dem Baad. Durlach. Schwäb. Cr. Reg. G. I. Maria Ludov. v. Pflummern. V. 26 Jul. 752 † 23 Dec. 758. II. Maria Elis. v. Naggengast. V. 26 Apr. 761.

Gros-Elt. Leo Eberhard. II. †. G. Freyin v Heures auf Magolfheim, †.

Brückner.

Dieses seit einigen Jahrhundert in Thüringen zu Erfurt bekannte Geschlecht, ist nunmehro auch in die Mark Bran-

Brandenburg dadurch gekommen, daß Jacob Ernst v. B.
so 1699 gebohren u. mit Concordia Sophia v. Gersten-
berg geb. 1698 im Jahr 1746 in Preußische Dienste als
Geh. Justitz- u. Cammer-Gerichts-Rath getretten, u. An.
1762 zu Berlin †, dem seine Gemahlin An. 1765 in die
Ewigkeit gefolget. Von seinen 11 Kindern, davon Ja-
cob v. B. in Preuß. Kriegsdiensten erst zu Pferd, nach-
hero aber unter der Infanterie gedienet, leben noch fol-
gende, als :

Herr Hieron. Christian Lebrecht v. Brückner, g. 1732 K.
   Pr. Major bey dem v. Thunischen Drag. Reg.
Geschwister : 1) Cord. Frid. g. 735. 2) Joh. Frid. g. 737 K.
   Pr. Geh. Reg. R. zu Cleve. G. MariaAnna v. Hymerer.
Sohn : Abraham Fridrich, g. 770.

Cronenfels.

Dieses adeliche Geschlecht stammet von Caspar Sei-
bert Chur-Brandenb. Obrist-Lieutenant ab, welchen
Kayser Leopold I. den 19 Dec. 1661 wegen seiner, Aller-
höchst=demselben u. dem Reich gegen die Türken geleiste-
ten Dienste in des H. R. R. Adelstand erhoben, u. ihme
den Namen nebst Wappen ertheilet. Churfürst Wilhelm
von Brandenburg der Große, belehnte ihn mit dem Sa-
gerschen Guth Schötzow im Fürstenthum Camin, so noch
heutiges Tags bey der Familie ist. Er hatte 3 Gemahlin-
nen, I. Rahel Schülern, II. Marg. Freyin v. Heidekapf,
u. III. Cath. v. Canitz, welch letztere die Mutter des Ge-
schlechts ist.

Herr Adam Ernst Aug. v. Cronenfels, g. 749 K. Pr. Lieut.
   des Koschenbarschen Infant. Reg. Ultimus Familiæ.
Geschwister : 1) Christiana Soph. Wilh. g. 750 design.
   Chanoinesse zu Marienborn. 2) Ludw. g. 751 † klein.
Eltern : Georg Wilh. g. 707 † 751 K. Pr. Capit. bey der
   Infant. G. Sophia, Ludw. v. Riftort u. Soph. Dorot.
   Amaliæ v. Zettwitz T. V. 748 † 769.
Pat. Geschw. a) Christoph Aug. g. 5 Dec. 703 † 31 Jan.
   768 war in K. Pr. Kr. Diensten, quitt. Erbh. auf Schö-
   tzow, G. Vigilanta Henr. Wilh. Fridr. Sigm. v. Bonis-
                                                   dorff

dorff a.d.H. Rantt u. Vigil. Soph. v. Münchow T. V.
1 Dec. 740
Kinder: 1) Caspar Frid. g. 741 † klein. 2) Aug. Wilh.
g.742 † kl. 3) Soph. Maria Frid. g. 743 † kl. 4) Christiana Henr. Carol. g. 745 † 18 May 774. 5) Casparina
Wilh. g. 747. 6) Elis. Aug. Joh. g. 748 † kl. 7) Charl.
Vigilanta, g. 752. 8 Soph. Louisa Doroth. g 755. 9)
Aug. g. 757. 10) Christoph Ludw. g.760 † kl.
b) Caspar, g. 24 Merz 705 † 764 K. Pr. Obrist des Koschenbarschen Inf. Reg. G. Maria Magd. v. Bonn, a.d.H.
Blauentin.
Tochter: Christ. Soph. Casp. g. 752. G. I. N. v. Quickmann, K. Pr. Lieut. des Koschenbar. Reg. II. N. N.
c) Catharina Sophia, g. 708 †.
Gros-Elt. Caspar, g. 10 Jun. 659 † 29 Apr. 708 K. Pr.
Major. G. Mar. Christiana, Bernd Christian v. Schönebeck u. N. v. Bismark T. V. 25 Jan. 702 † 751.

Dobeneck.

Dieses Geschlecht gehöret unter den ältesten Adel im
Voigtlande, das Stammhaus Dobeneck liegt bey Plauen. Nach Burgermeisters Thesauri Jur. Equestr. p. 81.
ist es in älteren Zeiten dem Freyfränkischen Canton Geburg einverleibt gewesen. Hiob v. D. der Eiserne genannt,
war Bischof in der Preußischen Landschaft Pomesanien,
u. Ursula v. D. in dem ehemals berühmten St. Claren-Closter zu Hof, Aebtissin, welche Stelle man keiner conferirte, sie mußte denn von Fürstlich-Gräflich- oder uralt
adelichen Geblüt entsprungen seyn. Bey denen Höfen
Wien, Berlin, Coppenhagen, Dreßden, Bayreuth, Arnstadt ꝛc. hat es sich in Civil-u. Militair-Diensten sehr verdient gemacht. Heutiges Tages besitzet es die Güther
Birck, Blindendorf, Brandenstein, Buch, Göritz, Hohendorff, Kirschkau, Kaulsdorff, Rothenberg u. Schlegel, u.
blühet in verschiedenen Linien.

A. Linie zu Brandenstein u. Kaulsdorf.
Herr Frid. Erdm. v. Dobeneck, auf Brandenstein, Kaulsdorf u. Bruck ꝛc. g. 15 Dec. 1732. R. Bayreuth.
Geschwi-

Dobeneck.

Geschwister: 1) Frid. Wilh. g. 22 Sep. 726 † 13 Apr. 729
2) Carl Heinr. g. 9 Aug. 728 † 18 Jan. 731.
Eltern: Joh. Heinr. g. 21 Dec. 699 Brand. Culmbach. Geh. R. Consistorial-Præsid. Amts-Hauptm. zu Culmbach u. K. A. O. R. G. Charlotta Wilhelmina, Joh. Frid. v. Beust auf Birckigt, u. Mariæ Magd. Bronsartin v. Schweickershausen T. V. 8 Oct. 725.
2 at. Geschw. a) Sigm. Frid. g. 16 Feb. 688 †. b) Joh. Christina, g. u. † 689. c) Aemilia Jul. g. 22 Feb. 690 †. G. Christoph Heinr. v. Obernitz auf Bucha, K. Pohl. u. Churs. Hauptm. d) Agnes Jul. g. u. † 691. e) Erdm. Frid. g. u. † 693. f) Christoph Frid. g. 26 Aug. 695 † 1 Sept. 750 Fstl. Rudolstädt. Obrister über ein Reg. zu Fuß u. Commendant zu Arnstadt. G. Charl. Friderica, Joh. Wilh. v. Seebach auf Schönwerde u. Christinæ Mariæ Freyin v. Werthern a. d. H. Wiehe T. V. 26 Sept. 723.
Kinder: 1) Soph. Christiana, g. 11 Dec. 724 † 1 Feb. 736. 2) Soph. Jul. g. 7 Apr. 726. G. Otto Wilh. v. Münchhausen auf Steuerberg, Kays. Hauptm. V. 24 Febr. 741 † 12 Feb. 748. 3) Rahel Frid. g. u. † 727. 4) Frid. Christian, g. 23 Feb. 728 in Holländ. Kr. Diensten. 5) Frid. Magdal. g. 19 Feb. 730. G. Frid. Carl v. Kropff auf Zeitz ꝛc. V. 749. 6) Charl. Soph. g. 11 Apr. 736. 7) Christoph Adolph, g. 1 Oct. 737.
g) Joh. Frid. g. u. † 695. h) Maria Elis. g. 10 Jul 696 †. G. Gg. Christoph v. Beulwitz auf Löhma, Fstl. Rudolst. Camj. u. Ob. Forstm. V. 14 Nov. 717. i) Magd. Frid. g. 19 Aug. 702. G. Aug. Alexand. v. Lengefeld auf Laasen.
Gros-Elt. Christoph Erdm. g. 1 Nov. 664 † 23 Feb. 725 K. Dänisch. Lieut. bey dem Leib-Reg. G. Maria Christiana, Gg. Frid. v. Beulwitz auf Eichicht u. Löhma, u. Cath. Sib. v. Stein, a. d. H. Neidenberga T. g. 18 Jul. 656. V. 13 Feb. 687 † 18 May 722.

B. Zu Buch.

Herr Hans Frid. Aug. v. Dobeneck, auf Buch u. Rothenberg, K. K. Hauptm. g. 4 Dec. 733. G. I. N. v. Sedlitzky †. II. N. N.

Geſchwiſter: 1) Chriſtina Aug. Mag. g. 22 Jun 731. G. Chriſtoph Heinr. v. Reitzenſtein auf Hadermansgrün. V. 762. 2) Hans Wilh. Heinr. g. 26 Oct. 732 in K. K. Kr. Dienſten. 3) Hans Chriſtoph Ernſt, g. 735 † 751. 4) Hans Carl Erdm. g. 14 Merz 737 K. Pr. Major. G. N. v. Lentz. V. 763.

Kinder: a) Charlotta. b) Carl. c) Heinrietta. d) Ferdinand. e) N. N.

5) Hans Ludw. Chriſtian, g 21 Merz 739 Hzl. Würt. Major. G. Mar. An. v. Wolff. V. 764.

Kinder: aa) Louiſa Carol. g. 12 Oct. 766. bb) Fridrich, g. 26 Sep. 769. cc) Charlotta, g. 13 Jan. 773. dd) Mariana, g. 10 Feb. 776.

6) Hans Ferd. Phil. g. 17 Jan. 741 Hzl. Würt. Hauptm. quitt. 7) Hans Frid. Wilh. g. 18 Apr. 742. Weil dieſes der ſiebende Sohn ohne eine Tochter darzwiſchen gebohren zu haben, ſo ſtunden des Hn. u. Fr. Marggräfin v. Bayreuth Durchl. zu Gevattern. 8) Frid. Soph. Wilh. g. 6 May 744. G. N. v. Beulwitz zu Berga bey Hoff. V. 772. 9) Hans Chriſtoph Moriz, g. 745 †747 10) Hans Phil. Heinr. g. 6 Jun 747 Braunſchw. Lieut. 11) Hans Chriſtian Rud. g. 19 Nov. 748 Hzl. Würtenb. Hofj. u. Prem. Lieut. bey der Garde zu Fuß. 12) Hans Gottlob Aug. g. u. † 750. 13) Heinr. Chriſtiana Amal. g. 11 Merz 752. G. N. v. Noſtitz, Mgr. Anſpach. Küchenmeiſt. V. 772. 14) Hans Gottl. Aug. g. 7 Jul. 754 Hzl. Würt. Hofj. u. Lieut.

Eltern: Hans Chriſtoph, g 31 Jul. 701 † 757. G. Chriſtina Marta Sidonia, Hans Chriſtian v. Rußleben auf Pielen u. Mariæ Sab. v. Biela a. d. H. Berga T. g. 9 Merz 710. V. 24 Sep. 730.

Pat. Geſchw. 1) Chriſtiana Suſ. g. 24 Nov. 696 †. G. N. Aichinger v. Aichſtamm zu Grünwöhr u. Seibolsdorff †. 2) An. Dorot. g. 9 Apr. 698 † 8 Dec. 750. G. N. v. Braun zu Eberſtädt in Thüringen Ob. Forſtm. †. 3) Charl. Soph. g. 24 Apr. 699 †. 4) Chriſtian Heinr. g. 12 May 700 † j. 5) Mar. Eliſ. g. 11 Aug. 702 † j. 6) Joh. Auguſta, g. 10 May 704 †. G. N. v. Berck auf Oldisleben, S. Weimar. Camj. u. Major †. 7) Georg Wilh.

g. 26 Apr. 707 †. 8) Erdmuta Eleon. g. 20 Feb. 710
† 10 Sep. 748.
Gros-Elt. Hans Heinr. g. 673 † 21 Jun. 738. G. Dor.
Elis Joh. Albr. Fhn. v. Meusbach auf Wenigen-Auma,
u An. Christinæ v. Einsiedel a. d. H. Prießnitz T. g.
672. V. 695 † 12 Jun. 727.

Drachstaett.

Ein alt adeliches Geschlecht, welches sich im Braun-
schweigischen, Magdeburgischen, im Herzogthum Lieg-
nitz u. in Hessen ausgebreitet hat. Franz v. D. war An.
1542 Braunschweigischer Land-Rath. Philipp v. D. war
1599 Burggraf zu Hain im Liegnitzischen. An. 1664 wa-
ren an dem Hof der Herzogin Anna Sophia v. Liegnitz,
Ursula v. D. geb. v. Nostitz u. Magdalena v. D. u. An.
1723 wurde Carl Gottfried v. D. unter den Schwedischen
Ritterstand aufgenommen.
Herr Carl Lud. Frid. Adolph v. Drachstädt, Holländisch.
Obrist-Lieut. des Waldeck. Reg. G. Carolina v. Hoyos
† 771.
Kinder: 1) Carolina. 2) Frid. Adolph, Fähndr. bey dem
Holländ. Reg. Waldeck. 3) Lud. Adolph. 4) Eleonora.
Geschwister: a) Wilh. Lud. Adolph, † 776 Hzl. Braun-
schw. Ob. Forstm. b) Christiana Dor. Wilh. G. Lud.
Fhr. v. Roeder zu Diersburg, Fstl. Weilb. Ob. Forstm.
c) Louisa Dor. Agatha, G. Christian Max. v. Gunde-
rode. V. 758. d) Eleonora.
Eltern: Franz Christian Adolph, †, Ob. Stallm. des
Prinzen Heinrichs zu Darmst. G. Sib. Albertina, Joh.
Elias Albr. v Graß u. Christinæ Apol. Freyin v Bram-
bach T. †.
Gros-Elt. Christian Adolph, † Hess. Cassel. Obrister u.
Commendant zu Siegenhain. G. Agata Dor. v. Berg-
kl echt.
Ur-Gros-Elt. Franz †. G. N. v. Zersen †.

Duminique.

Dieses Freyherrl. Geschlecht stammet aus denen Nie-
derlanden, u. war der dasigen Ritterschaft einverleibt,

von da es sich ins Breisgau gewendet, alwo es sowohl als in der Französisch. Provinz du Maine ansehnliche Güther u. Herrschaften besitzet.

Freyh. Maximil. Joh. Nepom. v. Duminique, g. 6 Jan. 739 Camh. u. Obrist der Infant. G. M. sämtl. Truppen, u. Major der Garde zu Fuß bey Sr. K. Hoh. dem Infant Herzog zu Parma.

Geschwister: a) Ferd. Ant. g. 21 Jan. 742 Baad. Baad. Adel. Hof-Reg R. u. Camj. G. Carol. Magd. Freyin v. Gaismar zum Riepen gt. Mosbach v. Lindenfels.

Sohn: Ludwig, g. 20 Sept. 770.

b) Carolina, g. 7 Aug. 748 Mgr. Baad. Hofd.

Eltern: Jos. Ferd. Eusebius, Hr. zu Fischament, Haimbach u. Kindsheim, g. 9 Nov. 705 † 7 Aug. 750 Fstl. Bischöfl. w. Geh. R. u. Reg. Präsid. G. Theresia, Gräfin v. Hollen. V. 12 Dec. 718.

Vat. G. Schw. 1) Francisca, g. 24 Jan. 707. 2) Joh. Jacob, g. 23 Jul. 712. G. Mich. Herm. Marquis v. Broc, Hr. v. Foultourte, K. Fr. Marechal du Camps u. Command. des St. Lud. O. 3) Antonia, g. 13 Nov. 713.

Gros-Elt. Ferd. † K. K. Obrist des Reg. Lothringen u. Commendant der Schlösser, Stadt u. Vestung Freyburg im Breisgau. G. Anastasia v. Wilich.

Ebner v. Eschenbach.

Dieses edle Haus, wovon An. 1197 Hans Ebner als ein Rathsglied zu dem in Nürnberg gehaltenen großen Turnier von Raths wegen denen Turnier-Voigten zugeordnet worden, Friz Ebner aber, welcher im Jahr 1200 gelebt hat, der ordentliche Stammherr aller jetzt blühenden Herren von Ebner ꝛc. ist, gehöret zu den ältesten Rathsfähig adel. Geschlechtern der Ks. Stadt Nürnberg. Man findet, daß solches schon im X. Seculo dem Kayser Conrado III. bedient, und einige Herren aus demselben Kayserl. Wald-Richter u. Voigte in der Gegend Nürnberg gewesen. S. das Handbuch von 1777.

Herr Carl Wilh. Ebner v. Eschenbach, Senator zu Nürnberg, g. 15 Oct. 1721.

Geschwister: 1) An. Maria, g. u. † 1721. 2) Mar. Hedwig,

wig, g. 722 † 727. 3) Maria Helena, g. 6 Dec. 724.
4) Sab. Marg. g. 726 † 727. 5) Joh. Wilh. g. 30 Sept.
727 Senator zu Nürnb. 6) An. Maria, g. 20 Apr. 729.
7) Maria Phil. g. 9 Sep. 730. 8) Frid Wilh. g. 7 Dec.
731. 9) Paul Wilh. g. 12 Merz 733. 10) Mar. Cath.
g. 736. 11) Maria Hedw. g. 27 Jul. 738. 12) Joh. Sebast. g. 22 Apr. 744.

Eltern: Frid. Wilh. g. 9 Apr. 677 † Nürnb. Pfleg. zu
Hersbruck. (G. An. Maria, Joh. Sigm. Grundherrn v.
Altenthann ꝛc. u. An. Mariæ Pömerin T. g. 13 Jan.
704. V. 22 May 720.

Gros-Elt. Jobst Wilh. g. 16 Nov. 642 Senator u. Kr R.
zu Nürnb. † 19 Nov. 707. (G. I. An. Magd. Sigm. Gabr.
Holzschuhers v. Neuenbürg u. Mar. Magd. Sterckin v.
Reckenhof T. Wolfg. Martin Imhoff W. II. Maria
Magd. Joh. Paul Paumgärtners v. Helenstein u. Mar.
Magd. Hallerin v. Hallerstein T. III. Mar. Hedwig,
Jac. Pfinzings v. Henfenfeld u. Marie Marta Holzschuherin v. Thalheim T. Gg. Seifr. Colers v. Neuenhof W.
g. 26 Aug. 664. V. 13 Jul. 703 † 25 May 746.

Feilitſch.

Die Herren v. Feilitſch ſind urſprünglich alte edele
Voigtländer, u. können mit Recht unter den älteſten Turnier- Stifts- u. Rittermäſigen Adel gezählet werden, weil
verſchiedene aus Jhnen die berühmteſten Turniere in
Schweinfurt, Darmſtadt, Stuttgard, Würzburg, Bamberg u. Anſpach beſuchet, u. gerennet, andere bey hohen
Dom-Capituln aufgeſchworen worden, u. viele zum Theil
Ritter des H. R. R. u. des h. Grabes zu Jeruſalem geweſen, auch eine Linie davon ehhin bey dem unmittelbaren
Rs. Ritter-Canton Gebürg incorporiret war. Heutiges
Tages blühen ſie in 3. Hauptlinien, u. haben ſich in denen
Churſächſiſchen- Culmbachiſch u. Gräfl. Reuß Plauiſchen
Landen, wie auch in Polen u. Preuſſen ausgebreitet. Jn
beſagten erſten Ländern beſitzen ſie nebſt dem Stammhaus Feilitſch, welches eine Stunde von Hof liegt, die
Ritter-Güther Brodenfeld, Kürbitz, Lichtenhanna, Mädlareuth, Thanhof, Treuen, Trogen, Weinſchlag, Weiß-
derf,

Feilitsch.

dorf, Zech ꝛc. u. ist Hans v. u. zu F. welcher Anno 1269 Marggraf Fridrichs zu Meissen Rath war, ordentlicher Stammherr aller vor jetzo blühenden vielen Branchen.

A. Linie zu Feilitsch u. Mädlareuth.

Herr Ludw. Heinr. Ernst v. Feilitsch auf Feilitsch obern u. untern Theils, Mädlareuth, g. 19 Nov. 715. G. An. Sophia, Joh. Aug. v. Koßpod auf Oschütz ꝛc. u. Soph. Frid. Aemil. v. Beulwitz, a. d. H. Burg Lemnitz T. g. 713 V. 17 Jul. 733. R. Feilitsch.

Kinder: 1) Aug. Wilh. Ernst, g. 20 Feb. 740. 2) Hans Christoph, g. u. † 741. 3) Soph. Wilh. g. 30 Jan. 743 4) Hans Christoph, g. u. † 744. 5) Henrietta Jul. g. 3 May 746. 6) Christiana Charl. g. 14 Apr. 747.

Eltern: Adam Ernst, Gfl. Reuß Plauisch. Jagdj. zu Schlaiz, g. 1 Sept. 692 † 17 Merz 744. G. Justa Juliana, Jobst Christoph v. Koßpod auf Zollgrün, u. Jul. v. Koßpod a. d. H. Oschütz T. g. 9 Oct. 698. V. 12 Feb. 715 † 3 Apr. 744.

Vat. Bruder: Hans Christoph Erdm. Kays. Lieut. † 20 May 720 zu Alcamo in Sicilien.

Gros-Elt. Hans Christoph, † 706. G. Sib. Barbara, Wolff Gerh. v. Reizenstein auf Unter-Lippertsgrün, u. Sib. Marg. v. Reizenstein a. d. H. Birck T. † 26 Apr. 724.

B. Linie zu Trogen u. Zech.

Herr Georg Frid. Carl v. Feilitsch auf Trogen u. Zech, g. 25 Oct. 731, in Hzl. Sachsen-Goth. Diensten bey dem Leib-Regiment.

Schwestern: a) Christiana Erdmutha Dor. Frid. g. 20 Sept. 734. b) Maria Phil. Henrica, g. 6 Jan. 739.

Eltern: Wolffg. Christian Wilh. Brand. Culmb. Camh. u. Reg. R. g. 2 Feb. 695 †. G. I. Maria Magd. v. Feilitsch aus Altdorff. V. 732 † 5 Dec. 748. II. Elisab. Soph. Christoph Gottlieb v. u. zu Fräncking, u. Mariæ Magd. v. Reizenstein, a. d. H. Schwarzenstein T. g. 26 Nov. 704. V. 31 Oct. 749.

Vat. Geschw. a) Georg Frid. g. 21 Aug. 693 † 721 Brand. Culmb. Fähndr. b) Christoph Dan. g. 17 Oct. 695 † 748 G. Sus. Barb. Christoph Adam Rud. v. Reizenstein auf Schwar-

Fichart, gt. Baur v. Eyseneck.

Schwarzenbach ꝛc. u. An. Mar. Dor. v. Reizenstein a. d. H. Schwarzenbach T. g. 15 Sep. 687. V. 18 Feb. 714.
Sohn: Heinr. Christoph Traugott, g. 18 Jan. 725. G. N. v. Reizenstein, a. d. H. Dürnthal. R. Weischliz.
c) Christiana Eleon. Ros. g. 2 Feb. 703. G. Anton Gustav v. Watzdorff, Chursäch. Hauptm. V. 723 † 742. d) An. Louisa Erdmuta, g. 23 Feb. 705. G. N. v. Obernitz auf Liebschütz. e) Christoph Ernst, g. 3 Jun. 707. G. Erdmuta Sophia, Hans Dietr. v. Rab auf Grümeln u. Elis. v. Thüna a. d. H. Schlettwein T. g. 4 Oct. 709. V. 20 Jan. 728.
Kinder: 1) Christ. Dietr. †. 2) Phil. Ernst. g. 30 May 730. 3) Traugott Christoph Ernst, g. 24 May 732. 4) Frid. Lebr. g. 10 Feb. 735. 5) Rosina Barb. g. 5 Merz 738. 6) Christoph Heinr. g. 740 †. 7) Dor. Erdmuta Ernest. g. 30 Oct. 743. 8) Lud. Christoph, g. 24 Nov. 745. 9) Christoph Ernst, g. 30 Oct. 748.
Gros-Elt. Christian Daniel, g. 11 Apr. 664 Brandenb. Culmb. Cam̄j. u. Ob. Forstm. zu Gößla, Stammh. dieser Linie † 17 May 722. G. Rosina Barb. Christoph Adam v. Reizenstein auf Hohenberg, u. An. Barb. v. Zettwitz, a. d. H. Schönbach T. g. 4 Feb. 666. V. 699 †.

Fichart, gt. Baur v. Eyseneck.

Dieses Adeliche Geschlecht blühet in der Rs. Stadt Frankfurt, wo es der Adel. Gan-Erbschaft Alt-Limpurg einverleibt ist.
Herr Joh. Carl v. Fichart, gt. Baur v. Eyseneck, g. 16 Apr. 773. R. Frankfurt.
Schwester: Anna Philip. Charl. g. 17 May 774.
Eltern: Joh. Carl, g. 8 Merz 736 † 25 Merz 775 K. w. R. älterer Schöff u. des R. zu Frankf. Wurde An. 771 von dem Letzten des Fichartischen Hauses Namens Joh. Carl v. Fichart, K. w. R. älteren Schöff u. des R. zu Frankf. an Kindes Statt angenommen. G. Mar. Marg. Georg Frid. Baur v. Eyseneck u. Mariæ Polixenæ Justinæ v. Denhard T. V. 23 Merz 772.
Gros-Elt. S. Baur v. Eyseneck.

Firnhaber v. Eberstein.

Eine Adeliche Familie in der RS. Stadt Frankfurt, wovon das Handbuch 1777. nachzusehen ist.

Fischern.

Ein in Thüringen u. Henneberg florirendes adeliches Geschlecht.

Herr Hartmann v. Fischern, g. 714 K. Pr. Capitain.
Eltern: Frid. Hartm. g. 685 Hzl. Weimar. Geh. R. u. RS. Tags-Gesandter, †. G. N. v. Leonhardi.
Vat. Geschw. A. Joh. g. 671 † 716 S. Eisenach. Hof- u. Reg. R. G. Phil. Sophia, Freyin v. Jungkenn.
Kinder: a) Johannetta. G. Janus v. Eberstedt, Weisenfelsis. Amts Hauptm. b) Joh. Carl, Cavalleriza bey dem Herzog v. Monteleone. G. Donna Olivia.
   Kinder: 1) Anton. 2) Louisa.
  c) Joh. Carl Burckh. Hzl. Weim. u. Eisen. R. G. N. N.
   Kinder: 1) Christ. Ant. Frid. S. Weimar- u. Eisenach. Cam. Secretair. 2) Wilh. Ernst Aug. 3) Frid. Henriet Charl.
  d) Louisa Maria. G. I. N. v. Gleichen. II. N. v. Reck.
B. Cath. Sophia, g. 672 †. G. Joh. Christ. v. Beck, K. Pr. u. S. Naumb. Geh. R. ꝛc. Dechant zu Zeiz. C. Elis. Maria Sidonia, g. 676 † 695. G. Georg v. Forstern, S. Goth. Geh. R. D. Joh. Justina, g. 678 †. G. Emanuel, Fhr. v. Willisen auf Gräfenrode ꝛc. Hof-R. E. Joh. Georg, g. 681 † 734 Br. Culmb. Geh. R. G. Cath. Marg. Freyin v. Tanner. F. Fridr. Albr. auf Liebenstein, g. 9 Jun. 682 † 17 May 769 Meinung. Geh. R. G. I. Joh. v. Trier, II. Magd. Christ. Freyin v. Tanner, † 746.
Kinder: a) Charl. Frider. G. Jost Frid. v. Griesheim, Meinung. Cam. u. Major. b) Ludw. Hans, Meinung. Cam. c) Soph. Christiana, G. Joh. Christoph Vippach auf Obernitz ꝛc. d) Frid. Jos. Weimar. Land-Cam. R. G. Joh. Wilh. v. Stein, a. d. H. Barchfeld.
  Kinder: 1) Frid. Lud. g. 5 Apr. 769. 2) Carl Joh. Wilh. Ant. g. 8 Dec. 770.
e) Antonetta Louisa. f) Carl, Anhalt-Zerbst. Geh. R. u. Amts-Hauptm. zu Coswig. G. Amal. Ulr. v. Pfau.

Tochter:

Tochter: Amalia, g. 768.
g) Ernest.Wilh. G. Joh.Ernst v.Bentheim auf Osthausen, Weimar Camj. h) Ant.Wilh. Cassel. Dragoner-Hauptm. i) Anton Carl, Philipsthal. Hof-Cavalier.
G. Heinr.Burchard, †718 K.Schwed.Obrister. H. Ludwig, † Chur-Sächs. Capit. I. Joh. Wilh. † Obristlieut. bey dem Fränk. Cr.
Gros-Elt. Joh.Jost Hartm. Hr. auf Frankenhayn u Gräfenrode ꝛc. † 701 Sachs. Goth. Geh. R. u. Canzlar. G. N. v. Bonn. V. 669 †.

Fleischbein v. Kleeberg.

Dieses adel. Geschlecht, wovon der ordentl. Stammherr circa an. 1500 gelebet und an Martha Sladin von Obernburg vermählet gewesen, befindet sich seit 1589 bey der uralten Gesellschaft Frauenstein zu Frankfurt am Mayn.

Herr Joh. Dan. Fleischbein v. Kleeberg, g. 20 Oct. 715 K. w. R. älterer Schöff u. des R. zu Frankf. G. I. Sus. Fleischbein v. Kleeberg, †763. II. Maria Eleon. Baur v. Eyseneck. V. 20 May 768. R. Frankfurt a. M.

Kinder: 1) Joh. Max. g. 1 May 769. 2) Joh. Dan. g. 22 Feb. 772.

Schwester: An. Sib. g. 12 Jul. 705 †. G. Phil. Wilh. Fleischbein v. Kleeberg, Senator zu Frankf. g. 26 Nov. 671 † 6 Aug. 745.

Eltern: Phil.Wilh. g. 668 †. G. Maria Christina, Joh. Adolph v. Lersner u. Sus. Mariæ v. Bodeck T. V. 702 †.

Vat. Bruder: Joh. Dan. g. 666 † 1 Sep. 728 Schöff u. des R. zu Frankf. G. Rebecca v. Barckhausen. V. 692 †.

Sohn: Phil. Wilh. g. 693 † 766 Senator zu Frankf. G. I. Sus. Marg. Joh. Christoph v. Stalburg u. An. Cunigundæ Baur v. Eyseneck T. † 740. II. An. Sibilla, Phil. Wilh. Fleischbein v. Kleeberg u. Mariæ Christ. v. Lersner T.

Kinder: a) Joh. Dan. g. 723 † 774. G. Anna Sib. Johann Max. v. Stalburg u. Joh. Elis. Franc. v. Glauburg T. deren 2ter G. N. v. Montgommery.

Töchter: 1) Anna Sib. Amalia, g. 23 May 755. G. Phil.

Jomann zu Waldsachsen.

Phil. Franz Max.v.Barckhausen. V.773. 2)Johannetta Eliſ. Franc. g. 21 Aug. 756.

b) Phil.Wilh. †767. c) Anna Sibilla,†. G. Jac.Frid. Fhr. du Fay, Heſſen=Caſſel.Geh.Legat.R.

Gros=Elt. Phil. Wilh. g. 19 Jul. 643 Schöff u. des R. zu Franff. † 19 Jun.705. G. Maria Salome Weitzen. V. 9 May 665 † 19 Sept. 693.

Gros=Vat. Geſchw. A. Joh. Phil. g. 18 Aug. 637†9 Apr. 691 Schöff u. des R. zu Franff. G. Suſ. Cath. Daniel v. Stalburg u. Suſ. Rulandin T. †.

Sohn: Joh. Phil. g.675 †724 Schöff u.des R. zu Franff. G. Cath.Eliſ. Johann Adolph v. Lerſner u. Suſ. Mar. v. Bodeck T. †.

Sohn: Phil. Adolph, g.703†739 Senator zu Franff. G. Erdmutha Frid. Agatha, Freyin v. Werther zu Wiehe, g. 10 Oct. 715. V. 30 Jan. 732.

Tochter: Aug. Louiſa Charl. G. Frid. Chriſtian v. Hohenſtein. V. 19 Mart.754.

B. Maria Marg. †. G. Jac. Bender v.Bienenthal,Schöff u. des R. zu Franff. † 14 May 666.

Jomann zu Waldsachsen.

Dieſe adeliche Familie beſitzet das, dem Haus Sachſen Erneſtiniſcher Linie zu Lehen gehende Schloß u. Ritter=Guth Waldſachſen, wovon es ſich den Beynamen zugeleget hat.

Herr Joh. v.Jomann zu Waldſachſen. G. I. N. v.Bonn. II. Henrietta v. Cachedenier. III. Sophia, verwitbete v.Schauroth. IV. Magd.Eliſ.v.Schaumberg.

Kinder: 1) Magd. Sophia. 2) Carl Sigm. Frid. Sachſen=Hildburgh. Cami.

Geſchwiſter: 1) Aug. Leop. † Sachſ. Meinung. Cami. 2) Sibilla. 3) Magd. G. N. v. Schierſtädt.

Eltern: Valentin Ernſt. G. N. N.

Vat. Brud. A. Siegfried Chriſtian.

Kinder: a) Joh. Chriſt. Sachſ.Meinung.Ob. Forſtm.u. Cami. G. Florent. Maria Auerin v. Hornkirchen.

Kinder: 1) Joh.Chriſtian,Anſpach.Hof-u.Jagdj. 2) Ludwig, Hzl.Braunſchw.Hauptm. 3) Carl, Kayſ. Lieut. b) Sophia. G. N. v.Henniges. B.

B. Hannibal, † als Franz. Capitain.
Gros-Elt. Ernst, Sachs. Coburg, Geh. R. Canzlar u. Consist. Präsident †. G. N. N.

Franck.

Diese Familie stammet aus dem Elsaß, von wannen sich ein Ast nach der Rs. Stadt Frankf. wendete, u. noch bis jetzo darinnen floriret. Ein mehreres S. in dem Handbuch von 1775. u. 1776.
Herr Joh. Christian v. Franck, g. 13 Sept. 729.
Bruder: Joh. Phil. g. 22 Aug. 739 † 23 Jan. 775.
Eltern: Joh. g. 1 Feb. 697 †. G. Maria Marg. v. Riese.

Friese.

Ein Gräfl. u. Freyherrl. Haus in Sachsen, welch ersteres aber mit August Heinrich, K. Franz. Marechal de Camp, 1755 †.
Freyh. Carl Aug. v. Friese, g. 29 Aug. 747 Mit-Inhab. des Mansf. Amtes Rammelburg u. Churf. Camj. G. Charl. Frid. Marschallin v. Biberstein. V. 28 Nov. 769.
Sohn: Carl Frid. g. 10 Dec. 770.
Eltern: Carl Aug. g. 24 Merz 721 K. Pohln. u. Churf. Sächs. Obrist-Lieut. † 25 Feb. 751. G. Charl. Wilhelm. v. Wangenheim. V. 16 Aug. 746.
Vat. Schw. Hen. Charl. Christ. g. 28 Aug. 709. G. Ernst Aug. Frid. von der Borg, Chur-Braunschw. G.M. V. 726 W. 28 Nov 752.
Vat. Bruders Kinder: 1) Charl. Henrietta Christ. g. 19. Jul. 752. 2) Joh. Georg Frid. g. 28 Apr. 757 Freyer Standesherr zu Königsbrück, Erbh. auf Rötha rc. Mit-Inhaber des Mansfeld Amtes Rammelburg.
Gros-Elt. Christian Aug. g. 646 K.R. Hof-R. u. Churf. Camb. Dom-Probst zu Meissen u. Domh. zu Magdeburg, † 10 Oct. 681. G. Christina v. Offenberg aus Lesdau rc. g. 650. V. 5 Jun. 670 † 687.

Froreich.

Dieses uralte Stiftsmäßige Haus stammet aus Liefland, woselbsten es wie auch in Curland die angesehensten

sten Güther besessen u. den Freyherrl. Titul geführet. Richard v. F. war Herzogl. Pommerscher Hofrath und Dom-Probst zu Col‑‑g. Er wurde von Churfürst Frid. Wilh. Magno von Brandenburg mit denen Güthern Schultzenhagen u. Kaltenhagen im Fürstenth. Camin, belehnet. Seit dieser Zeit blühet es in Pommern in zwey Haupt-Linien, welche sich wieder in einige besondere Linien abtheilen. Ein mehreres S. in dem Handb. von 1777.

I. Kaltenhagensche Haupt-Linie.
A. Zu Güdenhagen.

Herr Lorenz Wedig v. Froreich, Sen. g. 13 Jul. 703 K. Pr. Capit. bey der Infant. quitt. 763. G. Cath. Louisa v. Versen, a. d. H. Crampe. V. 13 Apr. 736. R. Güdenhagen, im Fürstenthum Camin in Hinter-Pommern.

Kinder: 1) Ernst Wilh. g. 15 Merz 737 K. Pr. Rittm. quitt. 762. 2) Paul Richard Lor. g. 12 Aug. 738 † als Fähndrich bey Kay. 3) Ulrich Carl, g. 18 Oct. 739 Staabs-Capit. bey dem Pr. Drag. Reg. v. Wulffen. 4) Aug. Ferd. g. 22 May 741 † 745. 5) Ernest. Eleon. Henr. g. 6 Jan. 743. 6) Clara Louisa, g. 14 Aug. 744. 7) Joh. Heinr. g. 21 Aug. 745 K. Pr. Lieut. bey der Infant. quitt. 770. 8) Frid. Reinhold, g. 3 Feb. 747 K. Pr. Lieut. der Infant. 9) Otto Ludw. g. 22 Aug. 749 K. Pr. Lieut.

Geschwister: a) Ida Benigna, g. 11 Apr. 697. b) Cath. Elisab. g. 31 Jan. 699. c) Clara Louisa, g. 19 Oct. 700 † 15 Nov. 747. d) Paul Ernst, g. 22 Jan 702 † 5 Apr. 766. (S. die Linie B.) e) Richard Heinr. g. 29 Aug. 705 † 6 Jun. 775. (S. die Linie C.) f) Anna Eleon. g. 24 Dec. 707 † 20 Jan. 708. g) Frid. Bogislav. g. u. † 709. h) Barb. Christiana, g. 27 Feb. 712. G. Paul Wedig v. Froreich, K. Pr. Obrist-Lieut. V. 27 Dec. 750 †. i) Joach. Frid. g. 28 Jun. 714 † 3 May 715. k) Joh. Carl, g. 14 Nov. 716 K. Pr. Major des Seidliz. Curassier-Reg. u. pour les merites O. R. quitt. 763 Erbh. der Güther Güdenhagen, Plümenhagen u. Datjow, † 22 Merz 770. l) Ernest. Sophia, g. 2 Jun. 719 † 759. G. Frid. Alex. Ferd. Burggraf u. Graf zu Dohna Leistenau, Erbh. auf Cranzin ꝛc. V. 5 Jun. 753 † Feb. 775.

Eltern:

Froreich.

Eltern: Richard Lor. g. 18 Aug. 666 K. Dänisch. Capit. Erbh. auf Kaltenhagen, † 19 May 730. G. Marg. Clara, Richard v. Below, a. d. H. Seleske, u. Barb. Benig. v. Versen T. V. 11 Oct. 695 † Apr. 753.

Gros-Elt. Paul Richard, g. 624 † 3 Apr. 722 K. Schwed. Camh. G. Ida, Joach. v. Damitz a. d. H. Rützow u. Adelh. v. Massow T. V. 23 Jan. 665 † 30 Jan. 686.

B. Zu Ritzig in der Neu-Mark.

Herr Ernst Frid. Carl Heinr. v. Froreich, g. 741 K. Pr. Staabs-Capit. des Finkensteinischen Drag. Reg.

Geschwister: (2ter Ehe) a) Wilh. Leop. g. 24 Jan. 748 K. Pr. Lieut. des Pannewitz. Curass. Reg. b) Sophia Charl. g. 2 Feb. 749. G. Paul Gustav Ernst v. Froreich zu Papenzin, K. Pr. Capit. V. Jun. 771. c) Fridr. Gottlob, g. 2 Feb. 749 † Zwilling. d) Ernst Ludw. g. 2 Jan. 750 K. Pr. Lieut. beym Stojentinsch. Infant. Reg. e) Frid. Modesta, g. 751 † kl. f) Frid. Georg Wilh. g. 2 Oct. 752 K. Pr. Cornet bey Zetteritz Husaren.

Eltern: Paul Ernst, g. 22 Jan. 702 † 5 Apr. 766 K. Pr. Obr. Lieut. bey dem Finkenstein. Drag. Reg. G. I. Charl. Henr. v. Gleisenthal † 741. II. Modesta Soph. Tugendreich v. der Osten. V. 4 Apr. 747 † 15 Jun. 762.

Gros-Elt. S. die Eltern vorstehender Linie.

C. Zu Schulzenhagen.

Herr Ludw. Heinr. v. Froreich, g. 20 Jan. 747 Erbh. auf Schulzenhagen, Borkenhagen u. Zoven, Mecklenburg-Strelitz. Camj. G. Maria Antonetta, Joh. Heinr. v. dem Borne u. Renatæ Louisæ v. Puttkammer T. V. 27 Nov. 770. R. Plümenhagen, im Fürstenth. Camin.

Geschwister: a) Carl Ernst Ferd. g. 16 Dec. 747 † 751. b) Joh. Christian Aug. g. 23 Dec. 748 † 749. c) Alex. Conr. g. u. † 750. d) Sophia Doroth. g. 8 Oct. 751 † 755. e) Louisa Charl. g. 8 Apr. 753. f) Hans Wilh. g. 9 Aug. 754. g) Frid. Ernst, g. 6 Sep. 756 in K. Pr. Kr. Diensten bey dem Beverisch. Reg. in Stettin. h) Ferd. Eugen. g. u. † 758. i) Carl Albert, g. u. † 760.

Eltern: Richard Heinr. g. 29 Aug. 705 † 6 Jun. 775 K. Pr. Major des Marggraf Friderich. Curass. Reg. Von 763 Commandant eines Garnis. Reg. Erbh. auf Schulzenha-

zenhagen, Plümenhagen, Borkenhagen u. Datzow. G.
Charl. Albert, Alexander Magni v. Konow u. Susan.
Louisæ v. Vorstius T. V. 746.
Gros-Elt. S. die Eltern der ersten Linie.
  II. Schutzenhagensche Haupt-Linie.
   A. Zu Nelben im Saal-Craise.
Herr Heinr. Franz Lebrecht v. Froreich, g. 726 K. Pr. Husaren-Rittm. quitt. 763. G. Eleon. Elis. Joh. Heinr. v. Cours u. ScholasticæSoph. v. Thun T. V. 29 Nov. 772. R. Crossen.
Geschwister: a) Richard Wilh. Frid. g. 723 † als K. Pr. Fähndr. bey Kesselsdorf. b) Wilh. Soph. Christophora, g. 724 † 770. c) Maria Frid. Carol. d) Christiana Hel. † 3 Apr. 774. e) Christophora Dor. Ernestina, G. Ad. Gottfr. v. Benediger, Erbh. auf Köckern in Sachsen. V. 764. f) Carl, † kl.
Eltern: Lor. Frid. g. 9 Merz 694 † 744 K. Pr. Lieut. bey den Drag. quitt. Erbh. auf Nelben. G. Joh. Christophora, Albert v. Krosigk u. N. v. Köberer T. V. 722 † 768.
Vat. Geschw. a) Soph. Esther, g. 5 Aug. 695 † 757. G. I. Hans Sigm. v. Varchmin. V. u. † 716. II. Peter Rüdiger v. Rudicofsky. V. 736 †. b) Georg g. 5 Jul. 696 Russisch K. Rittm. quitt. † in Pommern 746. G. I. N. v. Puttkammer. II. N. v. Natzmer verwitb. v. Massow † 769. c) Paul Wedig, g. 12 Aug. 698 K. Pr. Obr. Lieut. des Leschwitz. Infant. Reg. quitt 755 † 10 Dec. 766. G. Barb. Christiana, Richard Lor v. Froreich, a. d. H. Gudenhagen u. Marg. Claræ v. Below T. V. 27 Dec. 750. d) Alex. Joachim, g. 29 Jan. 701 † als K. Pr. Lieut. 724. e) Heinr. Casimir, g. 29 Nov. 703. (S. folgende Linie.) f) Joh. Gustav, g. 9 Sept. 708 † als K. Pr. Lieut. 738. g) Ernst Bogislav, g. 10 Jul. 712 † in der Schlacht bey Zaslow 742 als K. Pr. Lieut.
Gros-Elt. Richard Joach. † 26 Sept. 728. War unter des Herz. v. Croy Leib-Reg. zu Pferd. G. Anna Maria v. Münchow, a. d. H. alten Buckow, † 14 Jun. 738.
   B. Zu Papenzin.
Herr Heinr. Casimir v. Froreich, g. 29 Nov. 703 K. Pr. Capit.

Fürer v. Haimendorf.

pit. quitt. 763 Erbh. auf Papenzin. G. Sophia Magd. v. Germar a.d.H. Gürsleber. V. 736 † 771.
Kinder: 1) Frid. Richard Alex. g. 10 Oct. 737 † zu Leipzig als K. Pr. Fähndr. der Garde zu Fuß. 2) Heinr. Carl, g. 19 Apr. 740 † zu Leipzig als K. Pr. Lieut. der Garde. c) Charl. Soph. g. 8 Nov. 738 † 740. d) Paul Gustav Ernst, g. 23 Jul. 741 K. Pr. Capit. quitt. 771. G. Soph. Charl. Paul Ernst v. Froreich, a.d.H. Ritzig u. Modestæ Soph. Tugendreich v. der Osten T. V. Jun. 771.
Tochter: Frid. Sophia Hel. g. Jun. 773.
e) Lud. Wilh. g. 22 Nov. 742 K. Pr. Lieut. des Kleist. Infant. Reg. f) Franz Casimir, g. 745 † 747.
Eltern: Richard Joach. S. Eltern der Linie zu Nelben.
Gros-Elt. Lor. Heinr. † 13 Feb. 709 (Stifter dieser Linie) G. Susanna, Joach. v. Damitz a.d.H. Rützow u. Adelheid v. Massow, aus Suckow T. † 27 Merz 679.

Fürer v. Haimendorf.

Dieses Rittermäßige Haus ist schon zur Zeit des Römischen Kaysers Ludovici Pii bekannt, in der Gegend von Strasburg begütert u. ansäßig gewesen, u. zu der Elsasser Noblesse gezählet worden. An. 1274 kame Conrad Fürer mit dem Kayser Rudolpho Hapsburgico auf den Reichstag nach Nürnberg, u. fande so viel Vergnügen, daß er schlüßig wurde, sich daselbsten nieder zu lassen, dessen Nachkommen alsdann zu denen vornehmsten Raths-Aemtern gezogen u viele Güther, sonderlich Haimendorf, Himmelgarten, Renzenhof ꝛc. acquiriret haben. Das mehrere S. in dem Handbuch von 1777.

I. Linie zu Wolckersdorf.

Herr Sigm. Frid. Fürer v. Haimendorf, g. 23 Oct. 737 Senator zu Nürnberg.
Geschwister: 1) Anna Lucia, g. 19 Nov. 742. 2) N.N.
Eltern: Anton Ulrich. g. 4 Jun. 713. G. Maria Hel. Joh. Christoph Kressens v. Kressenstein ꝛc. u. Helenæ Pömerin T. g. 16 Nov. 715. V. 15. Feb. 735.
Vat. Geschw. 1) Christoph, g. u. † 689. 2) Anna Maria, g. 4 May 690 †. G. Sigm. Frid. Behaim v. Schwarzbach,

bach, des H. R. R. Ritter, des Fränk.Cr.Kr.R. u. des ält Geh.R.u. Kr. Hr. zu Nürnb. g. 686. V. 709 † 746. 3) Christoph, g. u. † 693. 4) Anna Lucia, g. 21 Aug. 711. G. Sigm. Gabriel Holzschuher v. Aspach auf Harlach, Losungs-R. zu Nürnb. g. 702. V. 728. 5) Christoph, g. 714 † 715.

Gros-Elt. Christoph, g. 11 Jul. 663 K. w. R. Chur-M. Braunschw. Wolffenb. u. Pfalz-Sulzb. Geh. R. dann des ältern Geh. R. vorderster Losungsherr u. Reichs-Schultheiß zu Nürnb. Wurde 1709 Præses des Hirten- u. Blumen-Ord. an der Pegniz, † 4 May 732. G. I. Sus. Maria, Georg Christoph Behaims v. Schwarzbach u. Mariæ Reginæ Starckin v. Reckenhof T. g. 670 V. 687 † 701. II. Maria Barbara, Georg Christoph Pömers, u. Mariæ Magd. Stockhamerin v. Diepoldsdorf T. V. 10 Merz 710 † 22 Sept. 724.

II. Linie zu Wolckersdorf.

Herr Christoph Carl Sebast. Fürer v. Haimendorff, g. Jan. 742 Ob.Lieut. bey dem Fränk. Cr.Reg. v. Kerpen.

Geschwister: 1) Carl Sigm. g. 9 May 744. 2) Maria Hel. g. 22 May 746.

Eltern: Carl Seb. g. 11 Merz 706. G. Hel. Jacob. Christoph Wilib. Harsdörfers v. Fischbach zu Enderndorf u. Mar. Hel. Gewandschneiderin v. Weyherhauß T. g. 16 Apr. 718. V. 25 Apr. 741.

Pat. Geschw. a) Sus. Maria, g. 691 † 699. b) Mar. Hel. g. u. † 693. c) Sus. Sibilla, g. 694 † 695. d) Mar. Sab. g. 17 Nov. 695 †. G. Christoph Carl Welser v. Neuhof u. Röthenbach, g. 690. V. 713. e) Carl Gottlieb, g. 6 Feb. 697 † 700. f) Christoph Carl, g. 11 Feb. 701. G. Anna Maria, Christoph Wilh. Tuchers v. Simmelsdorf u. Cath. Sophiæ Oelhafin v. Schöllenbach T. g. 23 Oct. 703. V. 11 Sept. 725.

Kinder: 1) Maria Magd. g. 6 Dec. 727. 2) Christoph Carl, g. 28 Nov. 729. 3) Maria Helena, g. 731 † 732. 4) Maria Sabina, g. 26 Jun. 741.

Gros-Elt. Ulrich Seb. Fürer v. Haimendorf, Ober- u. Unter-Wolkersdorf, g. 26 Jan. 665 K. R. u. des ält. Geh. R. dritter Obrister Hauptm. zu Nürnb. †. G. Sus. Maria,

Maria, Carl Gottlieb Harsdörffers v. Fischbach u. Sus.
Sabinæ, Behaim v. Schwarzbach T. g. 25 Jun. 672.
V. 2 Merz 691 † 25 Merz 727.

Gabelenz.

Nach denen neuern Schriftstellern stammet dieses Haus ursprünglich aus Meissen, weil in dasig Erzgebürgischen Crayse, welcher ein Theil von Meissen ist, ein der Familie zugehörig gewesener Ort gleiches Namens befindlich ist, u. floriret noch bis jetzo in Sachsen.

Herr Joh. Georg v. Gabelenz, auf Poschwitz, g. 25 Oct. 707 Herz Sachs. Gothaisch, Ober=Land=Jägermeister. G. Christiana Amal. Carl Heinr. v. Bose auf Naundorf u. Christinæ Erdmut. v. Hartitzsch a.d.H. Großen Zschepa T. g. 26 May 711. V. 23 Nov. 734. R. Gotha.

Kinder: 1) Hans Frid. g. 16 Nov. 735 S. Goth. Ober= Forstm. 2) Wilh. Ludw. g. 10 Jan. 738 S. Goth. Camh, u. Joh O. R. 3) Frid. Wilh. g. 12 May 739. 4) Aug. Heinr. Ad. g. 13 Apr. 747 Lieut. unter dem Chur=Sächs. Graf Solmis. Infant.Reg.

Bruder: Wolff Albr. g. 31 Dec. 705 Bayreuth. Camf.

Eltern: Wolff Heinr. g. 28 Sept. 669 † 13 Jun. 709. G. Anna Hel. N. Bodo v. Bodenhausen auf Göritz u. Annæ Soph. v. Roseritz a.d.H. Burg=Chemnitz T. g. 30 Aug. 669 † 9 Jun. 722.

Vat. Geschw. a) Christ. Frid. Hr. auf Lömnitz u. Schiebelau, †. G. Joh. Magd. von der Gabelenz auf Poschwitz, †. Dessen

Kinder: 1) Charl. † in der Jug. 2) Frid. Magd. Soph. †. G. N. v. Stein auf Cospeda. 3) Joh. Frid. † als Pr. Capit. 4) Wolff Heinr. † jung. 5) Christ. Frid. g. 710 Hzl. Würt. G.M. Camh. Chef eines Infant. Reg. u. Chevalier de l'ordre milit. 6) Georg Carl Gottlob, K. Pr. G. L. Commend zu Schweidnitz, Chef eines Infant. Reg. u. des S. A. O. R. † 777. 7) Joh. Christ. Gottlob, S. Goth. Obrist=Lieut. vom Drag. Reg. G. N. v. Brand.

b) Anna Maria, G. Georg Heinr. v. Dürfeld.

Gros-Elt. Hans Georg, g. 13 May 624 † 19 Oct. 700. G. Sib. Soph. Carl Heinr. v. Zehmen auf Neumühl u. An. Cath. v. Kospodt a. d. H. Frankendorf T. g. 3 Jun. 646 † 20 Oct. 702.

Gaismar zum Riepen.

Dieses Adeliche Geschlecht, ist nach Spangenberg ꝛc. eines derer ältesten in Westphalen. Es gehöret zu der Paderbornischen Ritterschafft, u. hat seit vielen Seculis das adel. Haus Riepen als ein Paderbornisches Mann- u. Stamm-Lehen besessen, u. ist von Kayser Carolo I. in des H. R. R. Freyherrn-Stand erhoben worden. Die Stamm- u. Ur-Gros-Eltern beyder Linien sind die Gebrüdere Martin u. Justin v. G. wovon Erster eine v. Hörde ꝛc. letzter aber eine v. Exterde zur Ehe hatte, dessen Nachkommen den Beynamen Mosbach v. Lindenfels angenommen haben.

I. Linie.

Freyh. Ant. Ernst v. Gaismar zum Riepen, Fstl. Münster. Obrist-Lieut. G. Louisa v. d Lippe aus Odenhausen ꝛc.

Kinder: 1) Rhaban Heinr. Fstl Münster. Lieut. 2) Fritz. G. Charl. v. Amelunxen ꝛc. 3) Theresia, im Closter Gerden. 4) Eleonora.

Eltern: Wilh. Heinr. Fstl. Paderb. Ober-Forstmeister. (Stammh. derer v. G. zum Riepen) G. N. N.

Vat. Geschw. a) Martin Justus. G. Joh. Eleon. Joach. Frid. v. Hoym zu Rhoden ꝛc. u. Magd. v. Buttlar a. d. H. Kirchberg ꝛc. T. †.

Kinder: 1) Christ. Frid. V. Fstl. Münster. Hauptm. u. Droste des Stiffts Werden. G. Soph. Dor. Maria. Bojoc. Franz Constans Ortgis v. der Wenge ꝛc. u. Sophiæ Christ. Marg. v. Morsey a. d. H. Krebsburg ꝛc. T. V. 753. 2) Clemens Aug. Chur-Cölln. Cam. Hauptm. des Elverfeld. Reg. u. Fstl. Hildesh. Hoff. 3) Maria Theresia. G. Fritz Schoneberg Spiegel zu Buna u. Aldorpsen.

b) Benedictus, RS. Abt zu Werden u. Helmstädt, auch Präsident der Boursfeld. Congregation. 2) Christ. Bernh. Droste des Stiffts Werden.

Gros-Elt. Wilh. Otto, †. Fſtl. Münſter. Obriſter über ein Reg. zu Fuß u. Commendant zu Münſter. G. Suſ. Maria, Franz Wilh. v. Boland ꝛc. u. Agnes v. Hillen zur Hilden T. †.

II. Linie.

Freyh. Hugo Franz v. Gaismar zum Riepen gt. Mosbach v. Lindenfels, Fſtl. Speyer. Geh. u. Reg. R. Hofmarſch. Ob. Amtm. auch Churm. u. Trier. Camh. R. Speyer.

Schweſtern: 1) Eliſabeta, Obriſt-Hofmeiſterin bey der Erb-Prinzeß zu Baaden-Baaden. G. Lud. Ant. Maria, Fhr. v. Rechbach, Obriſt-Hofmeiſter bey vorſtehender Prinzeß. 2) Charlotta, Hof-D. bey der verwittbeten Frau Marggräfin Mar. Victoria zu Baad. Baaden.

Eltern: Franz Lothar. † Churm. Geh. R. Baaden-Baad. Cammer Präſident, Ob. Amtm. zu Oberkirch u. de la fidelite O. R. G. N. v. Kerpen a. d. H. Illingen.

Gros-Elt. Phil. Gottfried, † Fſtl. Eichſtätt. Hofmarſch. ſodann Cammer-Präſident bey Chur-Pfalz, endlich Churm. Geh. R. u. des K. u. des H. R. R. Cammerger. zu Wetzlar Aſſeſſor †. G. Eliſ. Freyin Mosbach v. Lindenfels. (Mit welcher Er die anſehnlichen Güther Nierſtein u. Ober-Ingelheim erheyrathet u. den Beynamen Mosbach v Lindenfels angenommen hat.)

Geuſau.

Von dieſem alt adelichen Haus in Thüringen findet man Hans v. G. An. 1443 als Zeuge bey einer Mannsfeldiſchen Erbtheilung. Der Stammvater iſt Hans v. G. ſo An. 1475 gelebet hat. Die Herren dieſes Hauſes pflegen nur einen einigen Vornahmen zu führen.

Herr Georg v. Geuſau auf Farnſtädt, Hayßgendorf, Schaafſtädt, Ziegenhayn ꝛc. Sachſ. Weimar u. Eiſenach. erſter Camh. u. Sen. Fam.

Geſchwiſter: 1) Eleonora. G. N. N. v. Meusbach. 2) Fridrich, g. 24 Aug. 718 † 4 Jun. 774 Mgr. Baad. Landvogt zu Hochberg u. de la Fidelite O. R. G. Charl. Wilhelm. Joh. Franz Reinh. v. Gemmingen auf Bonfelden u. Soph. Hel. v. Prettlach T. g. 22 Dec. 731. V. 760.

Tochter: Eleon. Soph. g. 27 Jan. 761.

Eltern:

Geusau.

Eltern: Fridrich, † 720. G. Eleon. Cath. Wolff Dietr. Arnold v. Witzleben auf Wollmerstädt u. Cath. Louisæ v. Seebach a. d. H. Oppershausen T.

Vat. Geschw. a) 1ter Ehe: Florentina Cath. G. Hartmann Ludw. v. Witzleben auf Wollmerstädt, K. Pohln. u. Chursächs. Camh. b) Aug. Soph. †. c) Louisa †. d) Christian, G. Eisenach. Camj. u. Cammer-R. G. N. v. Streidtnitz a. d. H. Großen-Jena. V. 726. e) Levin, g. 698 † Mgr. Baad. Landvogt zu Emmedingen. G. I. Maria Christiana v. Vippach. II. Soph. Magd. Hans Ludw. v. Heringen auf Ottenhausen c. u. Rahel Soph. v. Starschedel a. d. H. Lodersleben T.

Kinder: (1ter Ehe) 1) Carol. Wilhelmina, g. 3 Dec. 722 war Hofd. zu Carlsruhe. 2) Soph. Eleon. Charl. g. 22 Dec. 723. 3) Wilhelm, g. 28 Febr. 727 K. K. Obrist-Lieut. 4) Johannetta Charl. g. 728 †. 5) Christiana Soph. g. 10 May 729. G. Joh. Christoph v. Weiss, Mgr. Baad. Camh. u. Obrist-Lieut. der Garde zu Pferd. V. 770. (2ter Ehe) 6) Soph. Magd. g. 733. G. N. N. v. Heringen. 7) Carl, g. 24 Jul. 734 Mgr. Baad. Camh. u. Hofjägerm. 8) Levin, g. 25 Oct. 735 K. Pr. Major. u. Flügel-Adjutant. 9) Justus, g. 27 Sep. 737 † 773 K. Pohln. u. Chursächs. Accis-R. 10) Charl. Wilh. g. 738 †. 11) Fridrich, g. 4 Sept. 739. 12) Joh. Soph. Heinr. Amal. g. 4 Merz 741. 13) Ludwig, g. 742. 14) Louisa, † jung. 15) Adolph, g. 745. 16) Gottlob, g. 748 K. Pr. Oberlieut. 17) Carl Frid. g. u. † 749.

f) Georg, † 716 vor Stralsund. g) Mar. Sab. †. G. Carl Ludw. v. Reusbach. h) Hartmann, †. G. N. v. Hahn. i) Justus, g. 700 K. K. G. R. Mgr. Baad. Ob. Jägerm. † 749. G. Maria v. Schütz. V. 723.

Kinder: 1) Wilh. Carol. g. 16 Merz 740. G. Carl Frid. v. Gültlingen auf Berneck, Mgr. Baad. Ober-Schenk, Camh. u. Obr. Lieut. des Leib-Grenad. Corps. 2) Carl, g. 8 Dec. 741 Mgr. Baad. Camh. u. Obr. Lieut. in holländ. Diensten. G. Elis. Benedicta, Reinhard v. Gemmingen auf Guttenberg u. Mariæ Magd. v. Berenfels T. V. 17 Aug. 773. Dessen

Söhne: 1) Carl, g. 7 Merz 775. 2) Ludw. g. 17 Merz 776. 3) Maria

3) Maria Sab. g. 742 †. 4) Aug. Frid. Eleon. g. 28 Merz 745 Stifts-D. zum H. Grabe. 5) Friderica Ernest. Heinr. g. 23 Merz 747.

Gros-Elt. Justus, g. 14 Merz 662 † 701. G. An. Soph. Christoph Ulrich v. Burgsdorff auf Voigtstädt ꝛc. u. An. Cath. v. Stedern a. d. H. Grosen Münzel T.

Glauburg.

Ein alt adelich Stiftsmäßiges Haus, welches sich im XII. Seculo von seinem in der Wetterau gelegenen Schloß Glauburg nach Frankfurt am Mayn gewendet, u. bey denen alten Geschlechtern der dasig Adel. Gan-Erbschaft Alt-Limpurg incorporiret ist, auch seit jener Zeit sich gar sehr um diese Stadt verdient gemacht hat. Es blühete in 3 Linien, wovon aber die letztere, so in dem Handbuch von 1776 befindlich, erloschen ist. Der Stamm-Vater sämtlicher Linien ist Arnold v. G. so in einer Urkunde von 1240 vorkommt. Weiters S. das Handb. von 1775.

I. Linie.

Herr Hieron. Maximil. v. Glauburg, g. 9 Oct. 715 K.w. R. älterer Burgermeist. Schöff u. des R. zu Frankf. G. Mar. Charl. Fridrich Maxim. v. Lersner u. Sus. Cath. Baur v. Eyseneck T. V. 20 Oct. 738.

Kinder: 1) Marg. Hel. g. 7 Jul. 744 † 17 Jun. 769. G. Joh. Frid. Maximil. v. Stalburg, Schöff u. des R. zu Frankf. V. 27 Aug. 766. 2) Frid. Maximil. g. 31 May 748 Fstl. Isenb. Birst. Hofmarschall. G. Wilh. Aug. Carol. Carl Frid. v. Geismar u. Joh. Heinr. Gayling v. Altheim T. V. 11 Merz 775 † 28 Dec. 776.

Tochter: Wilh. Sophia Charl. Maximil. Henr. g. 23 Dec. 775.

3) Maria An. Eleon. g. 14 Jun. 751. 4) Heinr. Ludw. g. 10 May 753 Holländ. Hauptm.

Geschwister: a) Maria An. Eleon. g. 15 Nov. 717 † 18 Dec. 762. G. Phil. Carl Baur v. Eyseneck, Senator zu Frankf. b) Frid. Hector, g. 1 Dec. 725.

Eltern: Joh. Ernst, g. 27 Apr. 681 Churm. Abel. Hof-R. † 17 Aug. 733. G. Maria Eleon. Joh. Maximil. Föhn. v. u. zum Jungen u. Mar. Marg. v. Völker T. † 17 May 731.

Vat.

Glauburg.

Vat.Schwest. An. Marg. g. 15 Apr. 684 † 21 Merz 751. G. Reinh. Bonavent. v. Günderode † 10 Merz 720.

Gros=Elt. Joh. Hieron. g. 6 Feb. 654 † 6 Feb. 727 älterer Schöff u. des R. zu Frankf. G. I. An. Marg. Adolph Ernst v. Humbracht u. An. Marg. v. Strahlenberg T. V. 22 Jan. 679 † 31 Aug. 684. II. Mar. Clara, Phil. Wilh. v. Günderode u. An. Mariæ v. Scholier T. V. 21 Oct. 685 † 11 Jun. 720.

Stifter dieser Linie: Johann v. G. † 1461 älterer Sohn Johannis zu Rüstenberg, welcher Cunigunda v. Holzhausen zur Gemahlin hatte.

II. Linie.

Herr Frid. Adolph v. Glauburg, g. 26 Jan. 722 K. w. R. älterer Schöff, Ob. Rhein. Cr. Gesandter, Consistorial-Vice-Director u. des R. zu Frankf. R. Frankfurt.

Bruder: Joh. Jacob, g. 23 Jun. 730 Hzl. Würt. Hauptm.

Eltern: Adolph Ernst, g. 14 Jan. 685 † 7 Apr. 745. G. An. Marg. Johann Adolph v. Glauburg u. An. Marg. Faust v. Aschaffenburg T. V. 5 Merz 716 † 6 Sept. 745.

Vat. Geschw. a) Joh. Adolph, g. 18 May 691 † 20 Jul. 744 des R. zu Frankf. G. Soph. Magd. Heinr. Ludw. v. Günderode u. An. Sib. zum Jungen T. V. 20 Jul. 719 † 28 Jan. 746.

Tochter: Mar. Justina, g 20 Jun. 720 † 13 Feb. 751. G. Joh Max. v. Holzhausen, V. 16 Merz 746 † 5 Oct. 768.

b) Sophia Magd. g. 26 Jan. 696 † 10 Sep. 754. G. Theod. Wilh. v. Pappenheim. V. 13 Jan. 736 † 6 Oct. 764.

Gros=Elt. Joh. Adolph, g. 11 Nov. 647 † 11 Apr. 704 des R. zu Frankf. G. I Mar. Justina, Phil. Wilh. v. Günderode u. An. Mariæ v. Scholier T. II. Mar. Elisab. Johann Phil. v. Degenhard u. Ros. Cunig. v. Mengershausen T. Joh. Ernst v. Völckers W. V. 26 Aug. 700 † 4 Merz 719.

Stifter dieser Linie: Arnold v. G. † 1494 jüngerer Sohn Johannis zu Rüstenberg, der mit Ottilia Brunn zu Brunfels vermählet war.

Stamm=Vater beyder blühenden Linien: Johann v. G. † 1446 der Anna v. Rotsmann zur Gemahlin hatte.

Gordon.

Gordon.

Dieses uralte u. vornehme Haus stammet aus Schottland, hat sich aber zu Anfang des vorigen Seculi nach Pommern gewendet.

Herr Bernd Frid. v. Gordon, g. 743 K. Pr. Lieut. der Inf.
Schwester: Eleon. Christiana, g. 1742 Chanoinesse in Colberg.
Eltern: Bernd Frid. †757 war erst in K. Pohln. nachher in K. Pr. Kr. Diensten. G. I. N. v. Borck. II. Elis. Clara, Joach. Lorenz v. Below, a. d. H. Datjow u. Cath. Marg. v. Froreich aus Kaltenhagen T. V. 8 Feb. 741.
Gros-Elt. N. v. Gordon †. G. N. v. Sydow †.

Graff.

Dieses Adeliche Geschlecht gehöret zu der Heßischen Ritterschaft, u. besitzet von Chur-Trier u. Heßen-Darmstadt adeliche Lehen.

Herr N. v. Graff, Holländ. Obrister. G. N. v. Roeder.
Kinder: 1) N. Holländ. Lieut. 2) N. Lieut. bey den Ob. Rhein. Cr. Truppen.
Eltern: Heinrich Wolffarth †. G. N. N. †.
Vat. Geschw. a) Gottlieb Eberh. G. Brigitta v. Brambach. b) Joh. Elias Albr. G. Christina Appol. Joh. Math. v. Brambach u. Marg. Brigit. Weißin v. Wallendorff T. †.
Kinder: 1) Sib. Albert. g. 9 Jul. 687 †. G. Franz Christian Adolph v. Drachstätt, Fstl. Heßen-Darmst. Ob. Stallm. †. 2) Eleon. Heinr. g. 9 Aug. 689 †. G. Isaac du Bos du Thil, † 21 Feb. 769 Obrist u. Commend. zu Braunfels. 3) Ferd. Wilh. g. 5 Jan. 695 † Fstl Waldeck. Geh. R. u. Hofmarsch. G. N. v. Metsch †. 4) Maria Ludovica, g. 698 † 763. G. Carl Gottfr. v. Günderode, Gfl. Isenb. Ob. Forstm. † 741.
c) Albertina, †. G. N. v. Waltenheim.
Gros-Elt. Albrecht, †. G. Elis. v. Roth † 682.

Grundherr v. Altenthann.

Dieses uralte bey der Rs. Stadt Nürnberg in unterschiedlichen Linien blühende Rathsfähige über 600 Jahre daselbst seßhafte Haus, ist, so viel man weiß, aus dem Fränkischen Aisch-Grunde dahin gekommen. Eben daher weil es in erwehntem Grunde ansehnliche Herren-Sitze mit ihren Ein- u. Zugehörungen innen gehabt, soll der Name Grundherr entsprungen seyn. Es ist Ernst G. ordentlicher Stammherr derer jetzo blühenden Linien, der von dem Rath zu Nürnberg als einer aus dessen Mittel An. 1197 verordnet worden, denen Turnier-Voigten bey damals gehaltenen grosen Turnier hülfliche Hand zu leisten. Siehe das Handbuch von 1777.

I. Leonhardische Linie.

Herr Leonhard X. Grundherr v. Altenthann auf Weyherhauß, g. 18 Jul. 732. R. Nürnberg.

Geschwister: 1) An. Maria, g. 29 Nov. 734. 2) Joh. Leonh. g. 15 Sep. 738 † 19 Jan. 739. 3) Barb. Hel. u. An. Cath. Zwillinge, g. u. † 745.

Eltern: Leonhard IX. g. 3 Oct. 705 Consul u. Senator zu Nürnberg. G. Eleonora Regina, Christoph Elice Delhafens v. Schöllenbach auf Schöllenbach u. Eißmansberg u. Annæ Mariæ Gewandschneiderin T. g. 14 Jan. 714. V. 18 Sept. 731.

Pat. Geschw. 1) Christoph, g. u. † 697. 2) Anna Maria, g. 698 † 699. 3) Doroth. Maria, g. 3 Aug. 700. G. Joh. Christoph Kreß v. Kressenstein zu Dürenmungenau, g. 680, V. 720. 4) Anna Maria, g. 28 Nov. 701. G. Christoph Sigm. Fürer v. Haimendorff auf Steinbühl ꝛc. g. 693, V. 723. 5) Reg. Maria, g. 703 † 704. 6) Sus. Maria, g. 707 † 708. 7) Barb. Maria, g. 2 Sept. 708. G. Jac. Wilh. Winckler v. Mohrenfels, g. 707, V. 731. 8) Mar. Hel. g. 9 Jul. 710. 9) Mar. Barb. g. 25 Oct. 713.

Gros-Elt. Leonhard VIII. g. 27 Jul. 670 zu Nürnb. Alter Burgermeister ꝛc. † 4 Merz 725. G. Anna Maria, Carl Welsers v. Neuhof u. Magd. Barb. Schlüsselfelderin v Kirchen-Sittenbach T. g. 678, V. 696 †.

II.

Grundh. v. Altenth. Gugel v. Diepoldsdorff.

II. Georg Ulrichische Linie.

Herr Paul Sigm. Carl, Grundherr v. Altenthann, g. 13 Jan. 741 Ob. Lieut. bey dem Fränk. Cr. Reg. v. Oelhafen.

Geschwister: 1) Franz Christoph Carl, g. 21 Sept. 738. 2) Sara Joh. Sab. g. 1 Jan. 740. 3) Carl Sigm. Ferd. g. 2 Aug. 742 Ob. Lieut. bey dem Fr. Cr. Reg. v. Kempen. 4) An. Maria Johanna, g. 8 Sept. 743. 5) Cath. Dor. Joh. g. 21 Jun. 745.

Eltern: Joach. Sigm. g. 9 Dec. 709 wurde Nürnb. Pfleger zu Reicheneck 746. G. Sara Joh. Sabina, Joh. Simon Wilkens u. Mariæ Sab. Venerandæ Amtmännin v. der Heyden T. g. 12 Jan. 720. V. 9 Dec. 737.

Vat. Geschw. 1) Anna Maria, g. 13 Jan. 704. G. Frid. Wilh. Ebner v. Eschenbach, Pfleger zu Hersprud, g. 9 Apr. 697. V. 22 May 720. 2) Carl Sigm. g. u. † 706. 3) Paul Sigm. g. 7 Sept. 708 bey dem Fränk. Crayß in Kr. Diensten, †.

Gros-Elt. Hans Sigm. g. 19 Jul. 662 Obrister bey dem Fränk. Boineb. Crayß-Reg. Wurde zu Nürnb. Alter Burgerm. 714 † 10 Apr. 723. G. Anna Maria, Wolff Frid. Poemers u. Annæ Mariæ Pellerin v. Schoppershof T. g. 12 Dec. 678. V. 20 Merz 703 † 30 Jan. 717.

Gros-Vat. Bruder: Ferd. g. 15 Aug. 656 Obrist-Lieut. bey dem Fr. Cr. Reg. blieb 2 Jul. 704 auf dem Schellenberg. G. Maria Elis. Christ. Carl Wölckers, u. Annæ Mar. Eleon. Heherin T. V. 690 † 31 May 726.

Kinder: a) Amal. Cath. g. 5 Merz 693 †. b) Carl Sigm. g. 25 Sep. 694. Wurde zu Nürnb. Alt. Burgerm. 746 †. G. Sabina Reg. Georg Hieron Poemers u. Mar. Reg. Löffelholzin v. Colberg T. g. 28 May 702. V. 1 Jun. 723.

Kinder: 1) Sab. Reg. g. 31 May 724. 2) Christoph Carl, g. 27 Merz 727 Senator zu Nürnberg.

Gugel v. Diepoldsdorff.

Dieses Haus gehöret zu denen Adelich-Rathsfähigen Häusern in Nürnberg. Es hat dermahlen die Herren-Sitze Diepoldsdorff u. Brand innen. Conrad Gugel Ritter, wird nebst Kilian v. Seckendorff Ritter, Ulrich **Schlittenhofer Ritter, u. Stephan v. Kitzingen Ritter,**

auf

auf der Ritter=Tafel, auf welcher die Wohlthäter des An. 1206 zu Nürnberg erbauten Franciscaner=Closters stehen, ein anderer gleiches Namens, so An. 1409 geboren 1502 † u. Eva v. Holzingen zur Gemahlin gehabt, als ordentl. Stammherr aller gegenwärtig blühenden Herren v. Gugel, Christoph Gugel aber, welcher den 17 Sept. 1466 geboren, mit Margaretha v. Espelbach verheyrathet gewesen, u. dreyer Röm. Kayser als Maximil. I. Caroli V. u. Ferdinandi I. Rath u. Canzler war, gefunden, daß Er verordnet, daß alle seine Descendenten männlichen Geschlechts den Namen Christoph führen sollen.

Herr Paul Christ. Gugel v. Diepoldsdorff auf Brend, g. 31 Dec. 727 Senator zu Nürnberg.

Geschwister: 1) Sigm. Christ. g. u. † 723. 2) Mar. Magd. g. 12 Merz 724. 3) Christ. Wilh. g. u. † 726. 4) Reg. Clara, g. u. † 732. 5) Maria Sab. g. 5 Dec. 733. 6) Maria Hel. g. 4 Dec. 735 † 736. 7) Mar. Cath. g. 14 Jun. 738.

Eltern: Joh. Christ. g. 20 Jun. 691 Senator zu Nürnb. G. Maria Hel. Gabr. Sigm. Stromers v. Reichenbach, u. Claræ Barb. Praunin T. g. 3 Aug. 669. V. 6 May 720 † 1 Jul. 746.

Pat. Geschw. 1) Clara Maria, g. 27 Jun. 689 † 16 Oct. 730. G. I. Christ. Bonavent. Tucher v. Simmelsdorf, g. 662. V. 713 † 718. II. Joh. Sigm. Holzschuher v. Aspach, des ältern Geh. R. u. vorderster Landpfleg. zu Nürnb. g. 677. V. 720 † 742. 2) Carl Christ. g. u. † 649. 3) Georg Christ. g. u. † 695.

Gros=Elt. Albr. Christoph, g. 14 Nov. 662 † 7 Nov. 735. G. I. Maria Jacobina, Joh. Dietr. Löffelholzens v. Colberg u. Claræ Grundherrin v. Altenthann T. g. 654. V. 688 † 693. II. Maria Magd. Georg Jerem. Harßdörffers u. Reg. Cath. Pezin T. g. 657. V. 694 † 735.

Hack v. Sul, gt. v. Thill.

Von diesem ausgestorbenen Geschlecht ist nähere Nachricht in dem Handbuch von 1777 zu finden.

Haeseler.

Haeseler.

Dieses Geschlecht blühet in Ober- u. Nieder Sachsen. Herr Frid. Aug v. Haeseler, auf Häseler, Alperstädt ꝛc. g. 21 Dec. 729 Churf. Camj. u. Ob. Forstm. G. Carol. Louisa v. Hopfgarten. V. 18 Feb. 766 † 4 Feb. 767.

Geschwister: a) Joh. Aug. † 24 Apr. 763 K. Pr. Geh. Leg. R. G. Soph. Dor Gräfin v. Podewils.

Kinder: 1) Carol. Frid. g. 20 Oct. 760. 2) Aug. Ferd. g. 15 Dec. 761.

b) Christiana Mariana. G. N. v. Randow, K. Pr Hauptmann. c) Dorot. Elis. G. Peter Fhr. v. Hohenthal, auf Lossa ꝛc. Churf. Vice-Præsid des Ober-Consistorii zu Dresden u. des Rußis. St. Alex. O. R. d) Aug. Wilh. g. 9 Sep. 734 † 15 Apr. 765. e) Joh. Sophia, g. 29 Sep. 735. G. Jac. Frid. Jhr. v. Fritsch, Hzl. Eisenach u. Weimar. Erster w. Geh. R.

Eltern: August, g. 4 Aug. 693 † 14 Sep 739 K. Pr. Geh. R. G. Joh. Christiana v. Cramer, Erbin der Ritter-Güther Alperstädt, Altstädt u. Wölferstädt.

Gros-Elt. Valentin, g. 657 † 13 Apr. 728. G. Maria aus dem Köpkischen Geschlecht.

Hagen.

Dieses Freyherrliche Ritter- u. Stiftsmäßige Haus leitet seine Abkunft von dem auf dem Eichsfelde liegenden Guthe Düna her, welches es länger als 700 Jahr besitzet. Es theilet sich in die ältere u. jüngere Linie, wovon jede in zwey Aesten floriret.

A. Aeltere Linie. Erster Ast.

Freyh. Wilh. Adolph v. Hagen, auf Stöcken, Obergebra u. Westpreußen, g. 720 Rittersch. Director in der Graffschaft Hohenstein ꝛc. G. Soph. Christiana Jul. v. Winzingerode aus Ohmfeld.

Kinder: 1) Christoph Frid. Wilh. design. Joh. O. R. 2) Ludw. Phil. Adolph, design. Joh. O. R. 3) Christoph Phil. Heinrich. 4) Lud Philipp. 5) Wilhelmina. 6) Christiana. 7) Antonetta. 8) Friderica.

Geschwister: a) Christoph Frid. † 754 u. August. Maria Jul. Zwillinge. G. Aug. Christ. vom Hagen. b) Lud. Frid. g. 724 Erbh. der Stadt u. des Amts Möckern, Niedergebra u. Bleicherode, K. Pr w. Etats-Kr. u. dirigirender Minister, des Sch. A Joh. u. St. Morix-O. R. Domh. zu Magdeburg, † 771. G. I. Louisa, Freyin v. der Golz. II. Joh. Louisa v. Oerz.

Eltern: Frid. Phil. g. 683 † 754. G. Gertraud v. Münchhausen, aus Leitzkau.

Gros-Elt. Lud. Christ. g. 646 † 684 S Eisenach Cam. G. Soph. Marg. v. Dachrödern, aus Thal-Ebra.

II. Ast.

Freyh. Erich Anton Carl v. Hagen, auf Rüdigershagen, g. 749. G. Wilhelm. Anton. Vizthum v. Eckstädt, aus klein Bargul.

Eltern: Ernst August, g. 714 † 753 Churm. Lieut. G. I. N. v. Lindau. II. Elis. Margar v. Totrleben.

Gros-Elt. Christoph Wilh. g. 24 Apr. 678 † 729. G. Anna Christ. v. Uslar, a. d. H. Appenrode.

B. Jüngere Linie. Erster Ast.

Freyh. Franz Joseph Hartmann v. Hagen.

Eltern: Wilh. Hartm. † 719 als Obrist Lieut. u. Commendant zu Donauwerth. G. Joh. Magd. Steinling v. Reichenberg.

Gros-Elt. Jost Hartm. auf Wernigerode, † 702. G. I. N. v. Knorr, aus Ober-Sohlstädt. II. Christiana v. Creutzburg.

II. Ast.

Freyh. Wilh. Aug. v. Hagen, Erb-Lehn- u. Gerichts-Herr auf Düna, Nieder-Orsla, design. Joh. O. R. wie auch bey denen hohen Dom-Stiftern zu Magdeb. u. Halberstadt inscribirt g. 2 Sep. 755.

Geschwister: 1) Carl Otto Wilh. desig. Joh. O. R wie auch bey denen hohen Domstiftern zu Magdeburg und Halberstadt inscribirt, g. 2 Sep. 755 Zwilling. 2) Joh. Lud. Julius, g. 24 Sept. 762. 3) Wilh. Gertrud. Aug. 4) Carol. Joh. Eleonora.

Eltern: Aug. Christoph, K. St. Jos. O. R. Burgm. zu Friedb. Hess. Cassel, Geh. R. u. Minister am Ob. Rhein.

Rhein. Cr. †776. G. I. Aug. Maria Jul. v. Hagen.
II Soph. Ernest. Charl. Schlitz v. Görtz, gt. Wris=
berg.

Gros-Elt. Jobst Christ. g. 684 † 720. G. Soph. Elis.
v. Keudel aus Keudelstein.

Ur-Gros-Elt. Frid. Christ. g. 643 Hauptm. †707. G.
Juliana v. Knorr, aus Ober-Sohlstädt.

Ur-Gros-Vat. Brud. Hans Christ. Churm. R. u. Land-
Ger. Assessor, †. G. Anna Maria Koch v. Herrhausen.

Kinder: a) Zwey Töchter †. b) Hans Caspar, auf Düna ꝛc.
g. 3 Jun. 678 Churm Hof-R. †. G. Joh. Sib. v. Han=
stein, aus Ober-Ellen.

Kinder, a) Otto Christ. g. 710 Churm. G. F. M. L. Camh.
u. Oberster eines Reg. zu Fuß, auch Commend. der
Stadt u. Vestung Erfurth, † 770. b) Carl Wilh.
Churm. Geh. R. u. Reg. Vice-Präsident im Eichs=
feld ꝛc. G. Eleon. Freyin Breidbach v. Bürresheim.
Kinder: 1) Hugo Carl, Churm. Camh. 2) Maria
Sophia.

c) Ernst Frid. Churm. Camh. ꝛc. G. Freyin v. Zedlitz.
Welcher 2 Söhne gezeuget, so beyde jung †.

Hagen.

Die von Hagen im Eichsfelde sind von dieser Fami-
lie in der Mark Brandenburg zu unterscheiden, aner-
wogen die von der Hagen Burg- u. Schloß-Gesessene zu
Hohennauen sind, u. sich seit den ältesten Zeiten des Frey-
herrlichen Titels bedienet haben. Sie hat sich in die Ho-
hennausche u. Stöllensche Linie getheilet, worauf sich er-
stere wieder in die Hohennausche u. Mühlenburg-Rhi-
nowsche, u. endlich in die Hohennausche u. Langensche Li-
nie getheilet hat. Röne lebte zu Hohennauen Anfangs
des 16. Seculi, hatte Erdmuth v. Lochow zur Ehe, u. hin-
terließ 2. Söhne, Arnd u. Joachim. Dieser sturbe ohne
Kinder, jener aber heurathete Ilsabe v. Brösigken, aus
Kezur, u. war mit 2. Söhnen beerbt. Er † 1571 der äl-
teste Sohn Nahmens Cüne † ledig. Der zweyte Sohn,
Thomas, ehelichte Hypoliten v. Briest, u. erzielte mit
derselben 3. Söhne, Arnd, Fridrich u. Thomas II. Der
jüngste

jüngste zeugte mit Barbara v. der Gröben 3. Söhne, Hans Fridrich, Arnd Werner u. Thomas Christoph. Von diesen beyden sind keine männliche Descendenten vorhanden, Erstorer ist aber der Gros-Vater des folgenden Geschlechts worden.

Freyh. Thomas Phil. v der Hagen, Hr. zu Hohennauen 2c. g. 12 Dec. 729 K. Pr. Präsid. des Ober-Consistorii, des Amts-Kirchen- u. Armen-Directorii, Deputirt. der Chur-Märk. Landschafft, Joh. O. R. u. Domh. zu Brandenb. G. Mar. Albert. Wilh. Amalia, Hermann RS. Graf v. Wartensleben u. Dorot. Albert. Freyin v. der Gröben T. V. 765. R. Berlin.

Kinder: 1) Frid. Wilh. Ferd. g. 9 Aug. 766. 2) Wilh. Phil. August, g 2 Oct. 767. 3) Thomas Herm. g. u. † 16 Aug 768. 4) Alex. Heinrich, g. 6 Oct. 769 † 28 May 773. 5) Phil. Amalia, g. 3 Jul. 771. 6) Alex. Heinrich, g. 16 Nov. 774.

Geschwister: a) Cuno Frid. g. 723 Capit bey des Prinz v. Pr. Infant. Reg. u des pour le merite O. R. † 21 Jul. 762 bey Schweidnitz. b) Hedw. Elisab. G. Reimar v. Kleist, K. Pr. G. M. von der Caval. c) Agnesa Louisa, G. N. v. Treskow, K. Pr Hauptm. d Phil. Cath. G. Hauptm. v. Kleist. e Sophia Charl. f) Thoma Gottlieba. g) Friderica Wilh. h) Cunig. Maria. i) Joh. Ottilia. G. Hauptm. v. Treskow. k) Christiana Sophia Henrietta.

Eltern: Thomas Philipp, g. 12 May 685 zu Hohennau, † 13 Jan. 756 K. Pr. Hauptm. G. Cath. Hedwig v. Brunn aus Brunn, †.

Gros-Elt. Hans Fridrich, g. 630 † 690. G. Dorothea Hedwig v. Rohr aus Holzhausen. V. 680 †.

Hagk auf Schilfa.

So wenig das Alterthum dieses Hauses zu bezweifeln ist, da es vielmehr einen unverwerflichen Beweiß vor sich aufführen kann, daß es bereits vor 400 Jahren unter die Adelichen Geschlechter von Thüringen gezählet worden, u. mit solchen einerley Vorzüge u. Freyheiten theilhaftig gewesen; So kan man doch wegen Mangel der Nachrichten

Hagk auf Schilfa. Hahn.

ten nicht weiter als bis ins XV. Seculum zurückgehen. Die Geschlechts-Folge von Vater auf Sohn bis auf die jetzige Zeiten, so wie solche aus authentischen Urkunden zu erweisen ist, fängt sich mit Volkmarn v. Hagk an, der um das Jahr 1450 Besitzer des Ritterguths zu Schilfa war u. dessen Descendenten im Churfächsischen floriren.

Herr Carl Aug. v. Hagk, auf Schilfa, g. 10 Nov. 1710 Churf. Capitain. G. Joh. Aug. v. Hagk. V. 1 Nov. 752 † 760.

Kinder: 1) Hans Carl Aug. g. 2? Jul. 751 Goth. Fähndr. bey dem Leib-Reg. 2) Georg Frid. Aug g. 27 Aug. 752 Page bey der verwitbeten Herzogin v. Weisenfels. 3) Wilh. Eleon. Carol. Aug. g. 11 May 753. 4) Hen Eleonora Carol. Aug. g. 15 Sept. 755. 5) Aug. Christian Sigm. g. 10 Oct. 757 † 14 Dec. 767.

Geschwister: 1) Joh. Sophia Eleon. g. 5 Apr. 722. G. Hans Gottlieb v. Seebach auf Oppershausen. 2) Mar. Eleon. g. 717 † 721.

Eltern: Carl, g. 29 Merz 689 † 8 Apr. 723 K. Schwed. Lieut. G. Maria Agnesa Judith v. Soldacker aus Ushofen.

Vaters Bruder: Christoph Aug. g. 12 Oct. 686 † 4 Dec. 752 Churf. Lieut. G. Hel. Wilh. v. Bandeleben, verwitbete v. Uhder, † 757.

Kinder: 1 Aug. Magd. g. 2 May 725 † 23 Feb. 749. G. Hans Wilh. v. Wittern auf Wundersleben. V. 743. 2) Joh. Aug. g. 3 Jun. 727 † 12 Aug. 760. G. Carl Aug. v Hagk. V. 1 Nov. 750. 3) Frid. Henrietta Aug. g. 25 Sept. 734. 4) Carol. Aug. Elis. g. 28 Apr. 737. 5) Wilh. Aug. g 2 Aug. 741 † 19 Apr. 757. 6) Eleon. Aug. g. 26 Feb. 743 † 20 Feb. 758. G. Der ältesten Schwester hinterlassener Mann.

Gros-Elt. Georg Dietr. † 29 Merz 715. G. Anna Eleon. v. Hausen.

Hahn.

Die Herren dieses Hauses haben sich in den ältesten Zeiten v. Hain geschrieben, die sogenannte Saineburg bey Mühlhausen erbauet, nach ihrem Namen benennet, und

lange

lange Jahre besessen, und wird Hans, welcher Magd. v.
Blanckin aus Haußdorf zur Gemahlin hatte, als der erste mit dem Namen Hahn in einem Lehenbrief von Churfürst Ernst de 1481 über Ringethal u. Kleintzschocher u.
von Herzog Albrecht de 1486 benennet, gefunden wird.
Ein mehreres S. in dem Handbuch von 1777.

Herr Aug.Joh. v.Hahn, g.722 Mgr. Baad Durl. w.Geh.
R.Reg.Kirchen-R.Hof-u.Eheger.Präsid.u.de la Fidelite O.R.G.N.v.Ramschwag. V.775. R Carlsruhe.

Geschwister: 1) Ludw. Christoph, g. 13 May 720 † 775
G. Carol. v. Blomce.

Kinder: a Leopold, g. 12 Jan. 767. b) Carl, g. 770.
2) Christian Carl, g. 5 Merz 723 † 724. 3) Elis. Ernest.
g. 724. 4) Frid. Louisa, g. 725. 5) Carl Heinr. g. 727.
6) Heinr. Wilh. g. 729. 7) Frid. Leopold, g. 732 S.
Goth. Camh. u. Ob. Forstm. zu Schwarzwald. (S. Antonetta Sophia Ernest. Jacob Wilh. v Forstern, u. Euphros. Reg. Sinolds gt. v. Schlitz T. g. 31 Jul. 738. 8)
Aug. Sophia, g. 733. 9) Heinr. Joh. g. 735.

Eltern: Heinr. Gottfr. g. 692 † 759 Hr. zu Witzschersdorf u. Weydenthal, S. Meinung. (Geh. R. G. Eleon.
Ernest. Freyin v. Wolzogen.

Vat.Halb-Gesch. 1) OttoFrid. †. 2) Sibilla. †. 3) Dorothea. †. 4) Christiana. †. 5) Erdmutha, †. 6) Sophia. †. (Rechte Geschwister) 7) Christ. Louisa Hedwig, g. 687 †. 8) Christ. Dorot. g. u. † 688. 9) Johaphetta Sib. g. 689 †. 10) Eleon. Clenegeo, g. 692 †.
11) Wilh. Charlotta, g. 693 †. 12) Carl Gottlob g.
695 †. 13) Eva Nanetta, g. 697 †.

Gros Elt. Wolff Gottfried, g. 640 † 699 aus Kleinzschocher, auf Grüningen, Nieder-Topfstädt u. Witzschersdorf, Dom-Dechant zu Merseburg. G. I. Eva Maria
v. Breitenbach V. 673 †. II. Helena Cath. Händelin
Freyin v. Gobelsburg †.

Haller v. Hallerstein.

Der Ursprung dieses edlen Hauses wird, so weit man
Nachricht hat, in der Böhmischen Hauptstadt Prag gefunden. Daselbst lebten dessen Ahnen im X. Seculo u. einige

nige davon giengen mit Kayser Henrico II. Sancto von dar nach Bamberg Hier befanden sie sich als Freysassen, u. bekleideten die Ober-Münzmeister-Stelle viele Jahre. Im XIII. Seculo wendeten sie sich nach Nürnberg. Von dieser Zeit an hat sich dieses Geschlecht bey der Rs. Stadt Nurnberg weit ausgebreitet, u. verdient gemacht. Wilhelm H. Sen ware An. 1197 bey dem grosen Turnier zu Nürnberg, andere bey dem hohen Teutschen-Orden, verschiedenen Hochstiftern, Bißthümern u. dem Rs. Ritter-Canton Altmühl aufgenommen, Ulrich I. H. hingegen, welcher mit seiner Gemahlin Beatrix Füchsin, zu Bamberg in der alten Münz an der Rednitz wohnete u. Anno 1279 lebte, Stammherr aller jetzt blühenden Branchen. S. das Handbuch von 1777.

I. Hanß Friderichische Linie.

Herr Joh. Sigm. Haller v. Hallerstein, g. 23 Merz 732 Schöff u. des R. zu Nürnb.

Geschwister: 1) Soph. Maria, g. 31 Aug. 721. G. Joh. Sigm. Pfinzing v. Henfenfeld. V. 740 †. 2) Joh. Georg, g. 23 Merz 723 Obrist-Lieut. bey dem Fränk. Cr. Reg. v. Oelhaven. Zwill. 3) Cath. Eleon. g. 20 Aug. 731.

Eltern: Joh. Sebast g. 25 May 684 † 21 May 745 R. A. D. R. des Fränk. Cr. G. F. M. L. Obrister über ein Reg. zu Fuß u. Senator zu Nürnb. G. I. Maria Helena, Georg Christoph Pömers u. Mar. Magd. Stockammerin T. II. Soph. Maria, Wolff Jac. Nüzels v. Sundersbühl u. Cath. Eleon. Löffelholzin v. Colberg T. Joh. Paul Paumgärtners v. Holensteins W. V. 21 Jun. 730.

Vet. Brud. Joh. Georg, g 3 Nov. 685 †. G. Cath. Eleon. Wolff Jac. Nüzels v. Sundersbühl u. Cath. Eleon. Löffelholzin v. Colberg T. V. 30 Oct. 715.

Kinder: a) Christoph Jac. g. 716 † 717. b) Gg. Burch. g. 17 Jul. 717 †. G. Sus. Maria, Christoph Michael Kressens v. Kressenstein u. Mar. Salome Scheurlin v. Defersdorf T. g. 25 Aug. 719. V. 6 Nov. 742.

Kinder: 1) Soph. Mar. g. 22 Nov. 743. 2) Christoph Mich. g. 24 Nov. 744 Ober-Lieut. bey dem Fränk. Cr. Reg. Hohenlohe-Ingelfingen. 3) Sus. Maria Cath. g. 26 May 746. 4) Mar. Hedw. g. 25 Merz 748

c) Soph. Cath. g. 24 Nov. 718. G. Chriſtoph Ad. Frid.
Fhr. Behaim v. Schwarzb. Senator zu Nürnb. V. 736.
d) e) u. f) †. g) Hel. Eleon. g. 26 Aug. 724. G. Jobſt
Wilh. Ebner v. Eſchenbach. V. 746. h) Mar. Jul. g.
23 Merz 726. i) Maria Jac. g. 30 Merz 727. k) T. †.
l) An. Maria, g. 7 Aug 730. m) Gg. Chriſtian, g. 3
May 732 n) Adam Rudolph, g. 5 Aug. 739.

Gros-Elt Hans Frid g. 10 Merz 643 (Stifter der Hanß
Friderichiſchen Linie) beym Fränk. Cr. u. zu Nürnb.
Rittm. Pfleger u. Commendant zu Lichtenau 680 † 18
Merz 699. G. Joh. Cath. Johann Sebaſt. Tuchers v.
Simmelsdorf u. Joh. Mariæ Löffelholzin v. Colberg T.
g. 651. V. 681 † 703.

II. Tobiä Halleriſche Linie.

Herr Chriſtoph Joach. Haller v Hallerſtein, g. 25 Sept.
723 Conſul u. Senator zu Nürnberg.

Geſchwiſter: 1) Regina Jul. g. u † 721. 2) Soph. Maria,
g. u † 722. 3) Hel. Maria, g. 3 Jun. 725. G. Joh. Sigm.
Fürer v. Haimendorf, g. 725 V. 15 Nov. 746 † 20 Dec.
746. 4) Sophia Jul. g. 727 † 728. 5) Hans Joach g. 6
Nov. 729. 6) Chriſtoph Gottlieb Joach. g. u. † 730. 7)
Mar. Magd. g. 731 † 732. 8) Carl Joach. g. 1 Jul. 733
9) Chriſtoph Wilh. Joach. g. 11 May 739.

Eltern: Hans Joach. g. 22 Jul. 695 kame 728 in den
Rath als alter Genannter, wurde 730 Junger Burger-
meiſter, 744 Alter Burgermeiſter, Waldherr u. Appel.
Ger. R. 745 Pfleger des Halleriſchen Pilgrim-Spitals
zum H Creutz †. G. I. Mar. Jul. Wolff Jacob Nützels
v. Sündersbühl u. Cath. Eleon. Löffelholzin v. Colberg
T. V. 16 Apr. 720 † 11 Apr. 727. II. Maria Helena,
Joh. Frid. v. Pömer u. Hel. Jacobinæ v. Roggenbach T.
V. 18 Jan. 729.

Gros-Elt. Hans Joach g. 13 Febr. 645 kame zu Nürnb.
in den Rath als alter Genannter 712. Wähler des
neuen Raths, Ausrichter im Spital u Viertelsmei-
ſter bey der Carthaus 714 † 15 Merz 720. G. Clara
Regina, Chriſtoph Wilh. Scheurls v. Defersdorf u.
Helenæ Gammersfelderin v. Solar T. g. 14 Aug. 655
V. 5 Sept. 681 † 30 Nov. 727.

Harsdörfer v. Fischbach.

Dieses Geschlecht ist seiner Abstammung nach aus Nieder-Sachsen, von da es sich in dem dreyzehnten Jahrhundert in das Fränk. Gebürg gewendet u. das ohnweit Culmbach zwischen Reuth u. Mangau gelegene Harsdorf erbauet u. geraume Zeit besessen hat. Ohne Zweifel hat daher die Familie den Namen erhalten, oder denselben (da sie um den Harzwald gewohnet) von ihrer Herkunft auf diesen Ort gebracht. Wegen dieses erbauten Rittersizes sind die v. H. lange Zeit bey der unmittelbaren Ritterschaft in Franken, löbl. Orts Gebürg incorporiret gewesen. In der Folge der Zeit ist aber dieses Stammhaus an das Haus Brandenburg-Culmbach gekommen. Heinrich I. v. u. zu Harsdorf ist der ordentliche Stammvater aller Herren u. Frauen dieses Geschlechts. Er lebte 1337 u. war Hochf. Bamb. Pfleger zu Neideck. Mit der ersten Gemahlin, einer gebohrnen Strobel v. Azelsberg, zeugte er nur Kinder, welche sich An. 1380 zum erstenmal nach Nürnberg wandten. Mit der zwoten, einer gebohrnen v. Eglofstein, erhielte er keine Nachkommen. Die historische Nachrichten von Nürnberg p. 243 geben auch zu erkennen, daß dieses Geschlecht schon unter der Regierung des Kaysers Rudolps An 1280 nach Nürnberg gezogen sey. Das nähere S. in dem Handbuch von 1777.

Herr Jobst Christoph Harsdörfer v. u. auf Fischbach, Enderndorf u Eschenfelden ꝛc. Senator u. Landpfleger zu Nürnb. g. 24 Nov. 721. G. I. Maria Jul. Christoph Sigm. Fürers v. Haimendorf u. An Mariæ Grundherr. v. Altenthann T. g. 29 Aug. 726 V. 16 Merz 745 † 4 Jul. 753. II. Phil. Jacob. Johann Jacob Hallers v. Hallerstein u. Mariæ Hel. Fürerin v Haimendorf T. g. 19 Nov. 723. V. 1 Oct. 754. R. Nürnberg.

Kinder: (1ter Ehe) 1) Christoph Sigm. g. 8 Jun. 746 † 16 Sept. 747. 2) Maria Hel. g. 11 Oct. 747. G. Carl Frid. Behaim v. Schwarzbach, Senator zu Nürnb. g. 30 Oct. 747. V. 11 May 771. 3) Carl Christoph Sigm. g. 16 Apr. 749 † 31 May 754. 4) Carl Christ. Sebast. g. 1 Nov. 751 Senat. zu Nürnb. G. Maria Hedw. Soph.

Chri-

ChristophCarl Kreß v. Kressenstein u. Soph. Mariæ Kreß v. Kressenstein T. g. 13 Nov. 756. V 22 Aug. 774. (2ter Ehe) 5) Maria Christina Phil. g. 22 Oct. 755 † 28 Jan. 756. 6) Sigm. Christoph, g. 20 Jan. 757.

Geschwister: a) Joh. Christoph, g. 3 Sep. 702 † 23 Jul. 750. G. I. Cath. Maria, Hans Jac. Pellers v. Schoppershof u. Reginæ Geuder v. Heroldsberg T. g. 28 Aug. 705. V. 19 Jun. 725 † 24 May 742. II. Mar. Anna, Caroli Magni Fhn. Leutrum v. Ertingen u. Charl. Soph. v. Bobenhausen T. g. 22 May 731. V. 15 Merz 747. b) Clara Maria, g. 4 May 704 † 12 Dec. 770. c) Christoph Andreas, g. 28 Jul 707 † 2 Jun 709. d) Barb. Hel. g. 15 May 710. G. Carl Sigm. Kreß v. Kressenstein, Senat. V. 22 Nov. 740 † 7 Sep. 750. e) Christ. Gottl. g. 24 Merz 713 † 4 Apr. 730. f) Hel. Sab g. 1 Dec. 715 † 5 Merz 720. g) Hel. Jac. g. 16 Apr. 718 † 28 Sept. 767. G. Carl Sebast. Fürer v. Haimendorf, Major bey dem Fränk. Cr. Drag. Reg. V. 25 Apr. 741 † 5 Nov. 757. h) Maria Hel. g. 30 Apr. 724. G Sigm. Frid. Löffelholz v. Colberg auf Herolzbach, vorderster Losungs-R. V. 25 Feb. 755.

Eltern: Christoph Wilibald, g. 11 Sept 674 † 26 Oct. 758 des ält Geh. R. u. vorderster Losunger. G. I. Maria Hel. Joh. Paul (Gewandschneiders v. Weyerhauß u. Hel. Ros. v. Kriener T. g. 23 Feb. 683. V. 22 Nov. 701 † 27 Jan. 745. II. Maria Hel. Christoph Andr. Tuchers v. Simmelsdorf u. An. Felicitas Haller v. Hallerstein T. g. 27 Merz 687. V. 20 Jul. 745 † 19 Sept. 767.

Pat. Geschw. a) Maria Jac. g. 9 Aug. 676 † 18 Oct. 747 G. Joh. Wilh. Tucher v. Simmelsdorf, Pfleger des Bau-Amts in Nürnb. V. 23 Oct. 708 † 19 Aug. 731. b) Christoph Andr. III. g. 11 Jan. 679 † 11 Jan. 703 Lieut bey dem Fränk Cr. c) Christoph Bened. g. 22 Merz 682 † 10 Nov. 704 Lieut. ebendas. d) Paulus, g. 1 May 684 † 11 Aug. 752 Obristwachtm. in Nürnberg, (Stifter der erloschenen mittleren Linie) G. Clara Sabina, Veit Dörrers v. u. zur Untern Burg u. Barb. Cath. Oelhafin v. Schöllenbach T. g. 4 Sep. 693. V. 29 Sep. 717 † 31 Dec. 761.

Kinder:

Harsdörfer v. Fischbach. Haßlingen.

Kinder: 1) Cath. Doroth. g. 2 Aug. 712 † 22 Apr. 772. G. Gustav Gabr. v. Thill, Pfleger zu Herspruck, V. 17 Feb. 739 † 19 Feb. 771. 2) Georg Jac. g. 13 Jul. † 6 Oct. 714. 3) Hannibal Paul, g. 11 Dec 715 † 11 Feb. 716. 4) Clara Maria, g. 23 Jan. 717 † 20 Dec. 775. G. Georg Marq. Muffel v. Eschenau, V. 31 Jan. 758. 5) Paulus, g. 28 Nov † 31 Dec. 719. 6) Hel. Jac. g. 4 Feb. 721 † 9 Aug. 757. 7) Joh. Sigm. g. 2 Merz 723 † 6 Sep. 740. 8) Cath. Maria, g. 25 May † 16 Jun. 725. 9) Hel. Sab. g. 13 Oct. 726 † 12 Jun. 763. G. Barthol. v. Viatis, Lieut. zu Nürnb. V. 22 Jan. 755 † 20 Apr. 767. 10) Reg. Clara, g. 11 Apr. 728 † 21 Sept. 754. G. Johann Wilh. Ebner v. Eschenbach, Senat. V. 17 Jul. 753. 11) Clara Sab. g. 9 † 20 Nov. 729.

e) Sigm. Christoph, g 22 Aug. 689 Septemvir u. Landpfleger (Stifter der erloschenen jüngern Linie) † 3 Nov. 759. G. 1 Reg. Clara, Gabr. Sigm. Stromer v. Reichenbach u. Claræ Barb. Praun T. V. 15 Merz 718 † 24 Nov. 735. II. Maria Salome, Christoph Mich. Kreß v. Kreßenstein u. Mariæ Salome Scheurl v. Defersdorf T. V. 4 Dec. 735. f) Christoph, g. 1 Jul. † 1 Oct. 689.

Groß-Elt. Christoph Andr. g. 28 Feb. 648 † 21 Oct. 712 des ältern Geh. R. u 2ter Losungsh. G. Maria Jac. Hans Wilibald Hallers v. Hallerstein u. Mariæ Magd. v. Thill T. g. 4 Apr. 650. V. 3 Nov. 673 † 8 Apr. 724.

Haßlingen.

Ein Freyherrlich und zum Theil Gräfl. Haus in Nieder-Sachsen.

Freyh. Ignatius v. Haßlingen, g. 8 May 722 Kayserl. w. Cämmerer u. G. F. W.

Eltern: Ignatius, g. 4 Jul. 686 K. K. G. F. M. L. u. ernannter Commendant zu Gros-Glogau, † 27 Aug. 739 G. Maria Anna Carol. Frevin v. Keßliß, g. 5 May 697 Stern-Cr. O. D. 14 Sept. 744 † 9 Sept. 745.

Vat. älteren Brud. Kinder: 1) Josepha, g. 726. G. Laurentius, Fhr. v. Güldenheim. 2) Joh. Franz, g. 6 Dec. 730 Hr. auf Nieder-Thomas Waldau, Lichten-Waldau

dau u. Heydau, K. Pr. Justiz=R. im Löwenberg. u. Bunzlauis. Crayse. 3) Antonia, g. 11 Jun. 735.

Jüngern Brud. Kinder: 1) Frider. g. 1 Jun. 732. 2) Joh. Heinr. g. 6 Merz 736 K. K. Hauptm. unter dem Giannin. Reg. 3) Maria Jos. g. 13 Sep. 740. G. Franz Adolph, Prinz v. Anhalt=Bernburg=Schaumburg. V. 19 Oct. 762. 4) Maria Anna, g. 19 Nov. 743. G. Carolus, Graf Leszinsky. V. 16 Oct. 770.

P. N. Dieser letztern Vater ist vom Kayser Francisco I. den 15 Jan. 762 für sich und seine Descendenten in den Reichs=Grafen=Stand erhoben worden.

Gros=Elt. Heinr. Tobias, g. 27 Nov. 649 K. K. G. F. M. Hof=Kr. R. Commend. zu Gros=Glogau, ward vom Kayser Leopold I. 14 Feb. 703 in den Freyherrn=Stand erhoben, † 3 Dec. 716. G. I. Sibilla Cath. Freyin v. Collast, g. 22 Jun 663. V. 25 Aug. 681 † 709. II. An. Clara, Freyin v. Korckwiz, verwitbete v. Eberstein, g. 650. V. 711 † 723.

Haugwitz v. Biskupitz.

Dieses alte Freyherrliche u. theils Gräfliche Haus, blühet in Meissen, Böhmen, Mähren, Schlesien u. Lausitz. Freyh. Wenzel Joh. Haugwitz v. Biskupitz, Dom=Capitular zu Königgrätz u. Dechant in Chozen.

Geschwister: 1) Joseph, Theatiner zu Prag unter dem Namen Andreas Avelinus. 2) Appollonia. 3) Anna Magd. Cath. Victoria Wilhelm. g. 21 Dec. 736. G. Joh. Loth. Fhr. v. Khronegg, Fstl. Würzb. Obrist, u. Commend. der Vestung Maria=Berg ob Würzb. 4) Maria Anna. 5) Franz Leopold, Fstl. Würzb. Ob. Lieut. des Drachsdorf. Inf. Reg. 6) Barbara. G. Fhr. v. Apfalter, Hauptm. des K. K. Ellrichshaus. Inf. Reg.

Eltern: Franz Wenzel, des K. K. Gröseren Land=Ger. Beysitzer K. K. R. u. Hauptm. des Saazer Crayses Elenbogener Antheils, † 767. G. Barb. Felicitas Brabanskyn v. Chobrzan, † 7 Apr. 761. II. Anna Maria Mulzin v. Waldau

Gros=Elt. Wenzel Rudolph, † 13 Jan. 713. G. Cæcilia Mechtildis v. Vinago.

Hertzberg.

Dieses Freyherrliche alte Ritter= u. Stiftsmäßige Geschlecht, wovon Augustin Edler v. Hertzberg, Kays. w. Rath u. Ob Kr. Commissarius, Stiffter der Freyherrl. Linie, im Jahr 1676 den 12 Nov. von Kayser Leopoldo aus dem alten Adel u. Ritter-Stand in des H R.R. Frey= u. Panner-Herren Stand erhoben worden, floriret in Ober-Sachsen, allwo es die Ritter-Güther u. Dörfer Rautenberg, Heuckewalde, Hermsdorff, Rothgübel, Klein Pörthen, Lötschitz u Brecau besessen, u. theils noch besitzet.

Freyh. Joh. Wilh. v. Hertzberg, Erbh. auf Heuckewalde, Hermsdorf, Rothgübel, Klein Pörthen, Lötschitz u. Brecau, Hzl. Würt. Camh. des St. Charles O. R. u Fstl. Nassau-Using. Hofmarschall, g. 1 Feb. 734. G. I. Frid. Eberhard. Freyin v. Zech. V. 25 Oct. 764 † 3 Sep. 767 II. Joh. Elis. Joh Georg v Lindenau, auf Pohlenz ꝛc. u. Henr. Aug. v. Pflug T. V. 4 Merz 771.

Kinder: 1) Wilh. Lud. g. 11 Dec. 771. 2) Johannetta Frid. Aug g. 7 Feb. 773. 3) Georg Aug. g. 29 Dec 773. 4) Amalia Carol g. 2 Nov. u. † 14 Dec. 774. 5) Mariana Sophia, g. 12 Jan. 776.

Geschwister: a) Magd. Sophia, g. 14 Jul. 722. G. Christian Ludw. v. Griesheim auf Herda, Hzl. S. Goth. Hof=R. b) Frid. Wilh. Hannib. g. 9 Sept. 724 † 27 Sept. 725. c) Lud. Carl, g. 16 Sep. 725 † 1 Aug. 726. d) Frid. Aug. g. 4 Jan. 727. G. Ottocar Joh. Ernst Lud. v. Seebach, auf Groß u. Klein Fahner Hzl. S. Goth. Geh. R. u. Consistorial-Præsid. e) Todte T. g. 29 Sept. 728 f) Lud. Frid. Christian, g. 28 Jan. 730 Hzl. Würt. Camh. u. des St. Charles O. R. G. I. Louisa Magd. des Würt. Hof=R. Joh. Dav. v. Keller, auf Köditz u. Frebitz, T. V. 3 Feb. 763. II. Christina Maria, verwitbete v Schauroth, der ersten leibl. Schwester. V. 2 Jul. 767.

Kinder: 1) Reg. Aug. Louisa, g. 20 Nov. 764. 2) Carol. Wilh. Christiana, g. 31 Merz 765.

g) Frid. Carl, g. 19 Jun. 732 Br. Onolzb. Bayreuth. Camh. R. Bayreuth.

Eltern: Ludw. Reinh. Hzl. S. Goth. Geh. R. u. Ob. Amts=Hauptm. zu Kranigfeld, g. 23 Apr. 691 † 9 Jan. 750. G. Joh. Soph. Amal. Hans Ad. Reinh. v. Röder auf Dörnfeld u. Annæ Elis. v. Lichtenberg, a. d. H. Geschwende, T. V. 24 Jun. 722 † 7 Oct. 757.

Vat. Geschw. 1) Magd. Franc. Sibilla, g. 4 Jan. 689 †. G. Carl Sigm. v. Rautenkrantz, S. Goth G. L. u. Commend. zu Altenburg, † 1 Dec. 752. 2) Christina Soph. Dor g. 5 Jan. u. † 5 Merz 693. 3) Frid. Wilh. g. 12 Nov. 694 K. Dän. Land=R. u. Ob. Amtm. der Insul Fehmern, † 8 Dec. 757. 4) Todte T. g. 695.

Gros=Elt. Hannib. Ehrenr. g. 16 Feb. 658 † 27 Dec. 739. G. Anna Jul. Wolf Frid. Zorn v. Plobsheim u. An. Jul. v. d. Grün, T. V. 15 Merz 688 † 5 Aug. 702.

Hertzberg.

Dieses uralte Geschlecht, welches von dem vorstehenden in Ober=Sachsen ganz verschieden ist, einen springenden Hirsch im Wappen hat, u. zu der Familie v. Hirschberg im Reich gehöret, ist im 13 Seculo mit dem deutschen Orden nach Pommern u. Preussen gekommen. In den älteren Zeiten hat es sich von Hirschberg geschrieben, welches durch die platteutsche Sprache in Hirtz u. endlich in Hertzberg verwandelt worden. Es blühete ehemals in Franken, Sachsen u. Braunschweigischen. Luitpold v. H. war einer der ansehnlichsten Lehensleute des Herzogs von Sachsen Heinrich des Löwen, der in denen Urkunden dieses Herzogs sowohl, als Kaysers Friderici I. sehr oft vorkommt, u. dem Herzoge lange beygestanden, nach dessen Aechtung aber, sein auf dem Harze belegenes Bergschloß Herzberg, dem Kayser geöffnet u. auf dessen Seite getretten. Seine Nachkommen haben dieses Schloß bis 1318 besessen, da Fridrich Konrad v. H. solches an seinen Tochtermann, einen von Lisperg überlassen. Nach Rüxners Turnier=Buch erscheinen die v. Hirschberg und Herzberg auf den meisten teutschen Turnieren, besonders von den Jahren 1337. 1339. 1479. u. 1498. Unter dem Nahmen v. Hirschberg ist dieses Geschlecht auch noch unter der Rs. Ritterschaft in Franken, Schwaben und am Rhein=

Rhein. In Pommern an dem bey Schneidemühl in die
Netze fallenden Kuddowstrohm, bey neu Stettin besitzet
es seit Jahrhunderten den zusammenhangenden District
der Dörfer, Hertzberg, Lottin, Barenbusch, Barckenbrüg-
ge u. Barcken als Lehen-Güther. Claus v. H. der Anno
1528 die Lehen über diese Güther empfangen, ist in der
zwölften Generation der Stamm-Vater der ganzen Pom-
merischen Familie v. H. u. besonders der Linie des so-
gleich vorkommenden K. Preuß. Staats-Ministers v. H.
welcher die Helfte aller erstgedachten Lehen-Güther besi-
tzet. Diese Familie hat sich besonders in denen Preußisch-
Kriegs-Diensten hervorgethan, u. eine große Anzahl von
Officiers geliefert, so, daß bey 30. derselben in verschiede-
nen Feldschlachten unter der Regierung des jetzigen Kö-
nigs von Preußen geblieben, worunter besonders Georg
v. H. der General-Major u. Chef eines Infanterie-Re-
giments gewesen, im Jahr 1745 in der Schlacht bey Kes-
selsdorff wider die Sachsen, u. Joachim W. v. H. als O-
brister des Finckischen Infanterie-Regiments An. 1760
in der Schlacht bey Kunnersdorff gegen die Russen ge-
blieben. Dessen Bruders-Sohn ist:

Herr Ewald Frid. v. Hertzberg, g. 2 Sept. 1725 zu Lot-
tin, K. Pr. Geh. Etats-Ministre. G. Hima Maria,
Freyin v. In- u. Knyphausen, aus Ost-Friesland. V.
1752. R. Berlin.
Bruder: Franz Ernst.

Herzogenstein.

Eine Adeliche Familie in der Reichs-Stadt Franks.
S. das Handbuch von 1776.

Heydebreck.

Dieses alte Pommerische Haus theilete sich in älteren
Zeiten in zwey Haupt-Linien, in die Parnowische u. Zu-
chenische. Der Stamm-Vater derer jetzt lebenden Her-
ren ist Bernd, Voigt zu Pommern, Stiffts-Voigt und
Hauptm. zu Cößlin, der zur Gemahlin hatte I. Sophia v.
der Osten aus Waldenburg. II. Dorot. v. Rahmel aus
Lubchow. Gegenwärtig theilet es sich in 2. Hauptlinien,
wovon

Heydebreck.

wovon sich die erstere in die ältere, mittlere und jüngere zergliedert.

I. Hauptlinie zu Parnow.
A. Aeltere Linie.

Herr Joh. Bernd v. Heydebreck, g. 1 May 713 K. Pr. Major der Inf. zu Colberg, Erbh. auf Parnow. G. Charl. Soph. Hel. Hans Christ. v. Heydebreck auf Parnow, u Hel. Louisæ v. Kleist T. † 10 Apr. 759. R. Parnow.

Kinder: 1) Joh. Louisa, g. 17 Oct. 750. 2 Hedw. Sophia Henrietta, g. 26 Nov. 751 desig. Chanoinesse zum H. Grabe. 3) Anna Frid. Bernh. g. 28 Dec. 752 † 14 Jun. 754. 4) Volrat Wilh. Christoph, g. 22 Dec. 753 † 15 Sept. 754. 5) Louisa Charl. Wilh. g. 5 Jun 755 † 28 Sept. 757. 6) Cath. Henr. Ernest. Frid. g. 14 Oct. 757. 7) Frid. Carl Bernd, g. 4 Merz u. † 8 Jun. 759.

Eltern: Henning Frid. auf Parnow u. Tessin Erbh. g. 24 Oct. 676 † 25 Merz 736. G. Cath. Lucretia von der Goltz, verwitbete v. Heydebreck, † 26 Merz 740.

Gros-Elt. Erasmus, Hzl. Holstein. Hofm. g. 24 Jun. 732 † 10 Oct. 694. G. Hedwig Sophia v. Paxleben aus Mechentin, † 11 Sept. 715.

B. Mittlere Linie.

Herr Otto Christoph v. Heydebreck, auf Parnow u. Tessin, g. 14 Apr. 1715 K. Pr. Hofger. R. in Cöslin, quitt. G. Anna Louisa v. Damitz a. d. H. Rützow. V. 13 Jul. 745. R. Parnow, in Hinter-Pommern.

Kinder: 1) Hedw. Joh Sophia, g. 23 May 746 design. Chanoinesse zum H. Grabe. 2) Henr. Louisa Frid g. 6 Oct. 747. 3) Charlotta, g. 27 Sept. 748. 4) Dor. Antonetta, g. 2 Apr. 751 † 19 Apr. 757. 5) Bernd Christ. Ludw. g. 16 Aug. 753 K. Pr. Fähndr. bey dem Plötzis. Reg in Stargard. 6) Bogislav Henning Carl, g. 20 Sept. 757 † 8 Oct. 758. 7) An. Hel. Christiana, g. 15 May 759.

Eltern: Hans Christoph, g. 24 Jun. 682 † 3 Apr. 751. G. I. Hel. Louisa v. Kleist, † 1 May 688. II. An. Soph. Freyin v. der Goltz, † 15 May 744 ohne Kinder.

Gros-Elt. Erasmus. G. Hedwig Sophia v. Paxleben. (S. die ältere Linie.)

C. Jun-

C. Jüngere Linie.

Herr Henning Frid. v. Heydebreck, g. 25 Jun. 750 K. Pr. Lieut. bey Prinz Heinrich Inf. Reg.
Brüder: 1) Georg Christoph, g. 9 Jul. 751 K. Pr. Lieut. beym Inf. Reg. Nassau-Usingen. 2) Wilh. Leopold, g. 7 Sept. 752 Lieut. ebendas.
Eltern: Christoph Ferd. auf Parnow Erbh. g. 13 Aug. 703 † 7 Aug. 758. G. Sophia Louisa v. Puttkammer. V. 15 Oct. 748 deren 2ter Gem. Hauptm. Detlev v. Münchow auf Tessin.
Gros-Elt. Christian Frid. auf Tessin u. Schulzenhagen, g. 13 Merz 670 † 12 Jan. 719. G. Ilsa Cath. v. Podewils aus Zittlow. V. 15 Jan. 701 † 7 Jul. 756.

II. Hauptlinie zu Parsow.

Herr Ernst Conrad v. Heydebreck, g. 21 Apr. 721 K. Pr. Geh. R. Land-R. u. Director des Fürstenth. Camin.
Geschwister: a) Georg Christoph, g. 31 Aug. 722 war K. Pr. Rittm. der Carabin. quitt. 761 Erbh. auf Parsow, Tessin u. Warnin. G. Charl. Tugendreich v. Wedel, a. d. H. Fürstensee, verwitbete v. Wöddke aus Breitenberg. V. 10 Jan. 764.
Kinder: 1) GeorgChrist.Frid. g. 28 Jan. 765 2) Louisa Aug. Frid. g. 5 Apr. 766. 3) Henning Ernst, g. 29 Jan. 769. 4) Phil. Christ. Carl, g. 2 Feb. 774.
b) AnnaSophia, g. 726 † 20 Oct. 765. G. Christoph Wilh. Ulrich v. Schnidtseck, K. Pr. Capit. V. 747. c) Wilh. Dorot. g. 14 Jul. 728. G. Wilh. Christoph v. Kleist, K. Pr. Capit. V. 760 † 3 Jan. 761. d) Christian Henning, g. 3 Feb. u. † 12 Sep. 730. e) Dor. Louisa, g. 1 Dec. 734 † 31 Jan. 739. f) Caspar Otto, g. 14 Merz 737 † 27 Aug. 740.
Eltern: Conrad Tessen, g. 6 Febr. 688 † 20 Aug. 760 Land-R. des Fürstenth. Camin, Erbh. auf Parsow, Zuchen u. Tessin. G. I. Dorot. Maria v. Ramcke a. Strachmin. II. Dor. Louisa, Georg Andr. v. Heydebreck auf Parsow u. Agnesæ Eleon. v. Ramcke T. † 22 Dec. 766.
Gros-Elt. Christian, auf Bizicken, Cratzig, Parsow, Schwemmin ꝛc. g. 5 Jul. 632 † 693 Land-R. u. Marsch-Di-

Director. G. Marg. Barb. v. Borck a. Regenwalde.
V. 16 Nov. 681 † 31 Oct. 731.

Heyden.

Eine Adeliche Familie in der RS. Stadt Frankfurt,
so der dasigen Gesellschaft Frauenstein incorporiret ist.
Herr Joh. Philipp v. Heyden, g. 5 Aug. 712 K w. K. älterer Schöff u. des R. zu Frankf. G. Rebec. Elis. Lehnemann, g. 4 May 721. V. 24 Feb. 739. R. Frankf. a. M.
Kinder: 1) Joh. Phil. g. 2 Dec. 739 † 31 Merz 743. 2) Sus. Maria Magd g. 19 Apr. 741 † 5 Jun. 743. 3) Rebecca, g. 15 Oct. 742 † 26 Dec. 743. 4) Henr. Domin. g. 21 Jan. 744 Mgr. Baad. Hof-R. 5) Cath. Rebec. g. 8 Oct. 745 † 4 Sep. 746. 6) Sus. Maria Magd. g. 24 Apr. 747. G. Joh. Christian v. Riese, Hzl. S. Coburg-Meinung. Legat. R. u. Resident. V. 2 Nov. 773. 7) Joh. Rebecca, g. 26 Aug. 748. 8) Henr. Elis. Wilh. g. 29 Aug. 751 † 17 May 760. 9) Joh. Georg, g. 23 Oct. 753 Premier-Lieut. bey dem K. Franz. Reg. Anhalt.
Geschwister: 1) Dominicus, g. 4 Jan. 715 † 31 May 742 Fähndrich in Hzl. Würtenb. Diensten. 2) Rebecca, g. 12 Apr. 718. G. Christian Lud. Fhr. v. Hayn, Hzl. S. Weimar. Obrist der Garde zu Pferd u. Vice-Präsident des Kriegs-Collegii. V. 25 Feb. 744.
Eltern: Joh. Matthæus, g. 28 Dec. 680 † 28 Apr. 719. G. Sus. Maria Amelburg, g. 12 Jul. 692. V. 17 Jun. 711.
Gros-Elt. Dominicus, g. 26 Sept. 644 † Schöff u. des R. zu Frankf. G. Rebecca Bartels, g. 9 Jul. 650. V. 18 Nov. 679 † 27 Aug. 713.

Heyles.

Eine Freyherrliche Familie, so aus Cur- u. Liefland herrühret, dermalen in der Chur-Pfalz blühet, u. allda verschiedene Mann-Burg- und Kunkel-Lehen besitzet. Das nähere S. in dem Handbuch von 1777.

Hohenstein.

Eine Adel. Familie in der RS. Stadt Frankfurt, so der dasig Adel. Gan-Erbschaft Alt-Limpurg einverleibt ist.

Herr

Hohenstein. Holleben.

Herr Frid. Christian v. Hohenstein, g. 7 Oct. 725. G. Aug. Louisa Charl. Phil. Adolph Fleischbein v. Kleeberg u. Erdm. Frid. Agathæ, Freyin v. Werther T. V. 19 Merz 754. R. Frankfurt a. M.

Tochter: Erdmut. Frid. Agatha, g. 8 Feb. 756. G. Anton Ulrich Carl v. Holzhausen, Fstl. Nassau-Saarbr. Using. Reg. R. V. 7 Aug. 775.

Eltern: Carl Lud. g. 9 Dec. 692 † 8 Jan. 737. G. Louisa Maria, Joh. Christ. v. Stetten u. Elis. Charl. v. Damm T. V. 29 Jul. 716 † 8 Feb. 738.

Gros. Elt. Christian Conrad, g. 26 Nov. 638 † 11 Jan. 697 Chur-Braunschw. Lüneb R. u. Resident zu Frankf. am Mayn u. an die Rheinische Crayse. G. Maria Juliana, Joh. Heinr. v. Penzenau u. Jul. Veronicæ v. Glauburg T. Joh. Christian v. Fichard W. V. 3 Jan. 684 † 20 Merz 696.

Holleben.

Dieses Haus gehöret unter die Zahl derer ältesten des Thüringischen Adels, u. hat in denen Schwarzburgischen Landen, worinnen es noch bis diese Stunde floriret, sein Stamm- u. Ritter-Guth Wildenspring.

Herr Anton Adam Lud. v. Holleben, auf Wildenspring, Herschdorf, Rödiz, g. 10 Merz 711 Fstl. Schwarzb Ob. Jägerm. G. I. Eva Cath. v. Linston. II. Soph. Marg. v. Normann auf Rödiz, g. 28 Merz 728. V. 27 Jan. 747. R. Sondershausen.

Kinder: 1) Frid. Christ. Beata Dorot. g. 6 Dec. 742. G. Aug. Wilh. Ferd. v. Staff, Hzl. Weimar. Camh. u. Ob. Forstm. V. 10 Jun. 768. 2) Fried. Bernh. Soph. Dor. Elis. g 3 Jan. 749. G. N. v. Herda zu Brandenburg, Hzl. Weimar. Cam. Präsid. V. 26 Nov. 772. 3) Frid. Bernh. Ludw. g. 5 Apr. 750 Fstl. Schwarzb. Rudolst. Ob. Forstm Camj. u. Cam. R.

Geschwister: a) Lud. Joh. Ernst, g. 12 Jul. 706 Mgr. Brandenb. Obrister, † 771. G. Marg. v. Stürzel zu Beerbach, g. 711. V. 736.

Kinder: 1) Victor Frid. Ludw. g. 737 K. Pr. Capit. 2)

Hans Frid. Ludw. g. 740 K. Pr. Fähndrich. 3) Chriſt.
Ludw. † als K. Pr. Lieut. 769.
b) Joh. Wilh. Ludw. auf Burglemnitz, Kleinliebringen,
Geilsdorf, g. 21 Jan. 715 Fſtl. Schwarzb. Geh. R. Cam.
Präſident, Steuer=Director, Vice-Canzlar u Amts-
Hauptm. G. I. Wilh. Erneſt. v. Roeder, g. 5 Dec 719 †.
II. Dor. Henriet. v. Zaſchnitz. V. 19 Sept. 762.
Kinder: 1) Franz Joh. Frid. Ludw. g. 22 Dec. 749 Fſtl.
Schwarzb. Rudolſt. Hof=Reg. u. Legat. R. G. Eliſab.
Erneſt. Aug v. Brüſt auf Reizenſtein ꝛc. V. 24 Aug. 776
2) Ernſt Frid. Ludw. g 4 Oct. 752 Fſtl. Schwarzb. Ru-
dolſt. Camj. u. Rittm. bey der Garde. G. Charl. Erneſt.
Louiſa Antonetta v. Noſtitz. V. 19 May 776. 3) Frid.
Sophia Doroth g. 24 May 765. 4) Carol. Henrietta,
g. 26 Jun. 770.
Eltern: Ernſt Ludw. auf Wildenspring u. Ettischleben,
g. 22 Aug. 669 † 18 Merz 737. G. Eleon. Doroth.
v. Witzleben, a. d. H. Liebenſtein.
Gros=Elt. Hans Chriſt. auf Wildenspring, g. 28 Jan. 622
† 19 Nov. 681. G. I. Sophia Maria v. Grieſheim. II.
Martha Eliſ. v. Eichhorn, †.

Holſten.

Dieſes Adel. Haus ſtammet urſprünglich aus Fran-
ken, aus dem Hauſe Wernfels. Sein Stammherr war
Rudolph v. Holſten, der vierte in der Genealogie.
Arndt v. H. ſetzte ſich zuerſt auf ſeinem Guthe Winſen in
Holſtein, nieder, deſſen Nachkommen ſich nachher in Dän-
nemark ausgebreitet, woſelbſt ſie jetzt die in der Inſul
Führen belegene Güther Holſtenshuus u. Langenſoe be-
ſitzen, welche mit Königl. allergnädigſter Confirmation
An. 1723 zum Stammhaus errichtet worden.
Herr Adam Chriſtopher v. Holſten auf Holſtenshuus und
Langenſoe Erbh. g. 18 Sept. 1717 K. Däniſ. Geh. R.
des Dannebrog O. R. Camh. u. Amtm. über Nüburg
u. Tranckiär in Führen. G. Adelheida Bened. v. Ran-
tzau, a. d. H. Pancker in Holſtein, g. 12 Feb. 1731. V.
29 Aug. 1749. R. Holſtenshuus.
Kinder: 1) Magd. Lucia, g. 8 Sept. 750 Stiftsd. in dem
Königl.

Königl. Adel Stift Walloe. 2) Detlef, g. 10 Oct. 751 K. Dänif. Hofj. 3) Fridrich, g. 30 Oct. 753 † 23 Dec. 756. 4) Soph. Dorot. g. 3 Jul. 755 † 21 Feb. 768. 5) Elif. Cath. g. 27 Sep. 756. 6) Hans, g. 17 Nov. 758 K. Dänif. See-Cadet. 7) Detlef Cai, g. 30 Apr. 760 K. Dänif. Lieut. 8) Soph. Dorot. g. 5 Jun. 768.

Geschwister: Davon sind 8. in der zarten Jugend †, u. nur am Leben: 1) Frid. Sophia, g. Dec. 718. G. Frid. de Löwenhöhn, K. Dänif. Confer. R. Amtm. über Antworschou in Seeland, u. R. A. O. R. V. 740 †. 2) An. Marg. g. 26 Dec. 719. G. Frid. Christian v. Pentz zu Fiellebroe u. Schousgaard, K. Dänif. Confer. R. † 770 3) An. Sophia, g. 4 Oct. 722. W. des Gen. Major v. Lyzow in Laaland.

Eltern: Gottsche Detlef Erections, Hr. zum Stammhause Holstenshuus u. Langensoe, g. 23 Feb. 674 Tratt 690 in Kriegsdienste, war mit den Dänisch. Auxiliar-Truppen in dem Brabans. Krieg, kame damit 709 zurück u. wurde Obrister, † 745. G. Elisab. Sophia, des Geh. R. Ritter u. Erbh. zu Meltz u. Aasmarck, jetzo Grafschaft Kunthenburg in Laland v. Knuth T. V. 709 † 3 Sept. 742.

Vat. Geschw. 1) Christian Adolph zu Finstrup und Holstenshuus, g. 23 Jun. 669 Obrister des K. Dänif. Leib-Reg. Drag. † 10 Merz 710 in der Schonischen Bataille. 2) An. Marg. g. 16 Sept. 670. Wurde per Prim. Preces des Herzogs v. Holstein in das Adel. Closter Preetz aufgenommen, nachdem sie der Holstein. Rittersch. ihre 16 Ahnen gebührend probiret hatte, †. 3) Wolff Siegfried g. 23 Nov. 672 K. Dänif. Major derer Truppen, die 703 nach Ungarn giengen, † 29 Jul. 718. G. Ide Scheel, T. des Etats-R. Jörgen Scheel zu Brocholm, †. 4) Fridrich, g. 1 Apr. 682 Fürstl. u. Bischöfl. Eutinischer Hofmarschall u. Jägerm. Errichtete das in Fühnen belegene adeliche Guth Soebyesoegaard per Testamentum zum Stammhaus unter dem Nahmen Holstensgaard, †.

Kinder: 1) Erich Scheel zu Gielschou u. Arreschow, g. 710 K. Dänif. Confer. R. u. Landricht. in Fühnen, †. 2) Chri-

Christian Adolph, g. 711 †. 3) Elisab. Sophia, V. mit dem Geh. R. Mogens Rosencranz zu Spötterup in Jüttland, hinterließ 1 Sohn u. 2 Töchter, †738. 4) Ide, V. mit dem Etats-R. Niels Juel, †. 5) Berte Scheel, V. mit dem Justiz-R. u Landrichter Knud Bille in Jüttland,†. 6) An. Marg. Chanoinesse in dem Adel. Closter Prenzen.

Gros-Elt. Adolph Hans zu Gielschou u. Arreschow, g. 16 Jul. 630. Kame nach absolvirten Studien u. Reisen 656 erst in Dienste Herzogs Christian Aug. v. Holstein-Nordburg als Rath u. Hofmeister, mit dem Er nach der adel. Academie Sorbe u. darauf durch Teutschland, Frankreich, Spanien u. Italien reisete. Empfing 663 zu Coppenhagen von König Fridrich III. im Nahmen gedachten Herzogs und Gebrüdere das Lehen über Schleswig mit großer Ceremonie. Wurde das folgende Jahr Königl. Dänischer Justiz- u. Hofrath, wurde zu verschiedenen Commißionen wie auch Einrichtung der neuen Land-Matricul gebraucht, und wurde 677 Amtmann über Pondern, Apenrade u. Lügum Closter, †2 Jun. 694. G. I. An. Marg. v. Pudewels, V. 664 †665 ohne K. II. Ide v. Rathlou, q. d. H. Geerby ein Holstein, so 4 Söhne u. 1 T. hinterlassen, †689.

Holtzhausen.

Ein alt-adelich Stifftmäßiges Haus, so sich im XII. Seculo von seinem bey Homburg vor der Höhe gelegenen Schloß Holtzhausen in die Rs. Stadt Frankfurt begeben, und daselbst der adelichen Gan-Erbschaft alt Limpurg einverleibt ist.

Herr Carl Justin. Joh. Heinr. Lud. v. Holtzhausen, g. 15 Dec. 750. G. Maria Soph. Frid. Joh. Maxim. v. Holtzhausen u. Mariæ Justinæ v. Glauburg T. V. 5 Nov. 770.

Kinder: 1) Joh. Justin. Georg, g. 28 Oct. 771. 2) Henr. Carol. Anna Sib. g. 7 Nov. 773. 3) Frid. Adolph Carl, g. 13 Oct. 776.

Geschwister: a) Henr. Mar. Elis. An. Sophia, g. 15 Jun. 753. G. Wilh. Aug. Carl v. Ziegesar. V. 9 Merz 774 b) Anton Ulrich Carl, g. 30 Jun. 754 Nassau-Saarbr. Ufing.

Uſing. Reg. R. G. Erdmutha Frid. Agatha, Frid. Chriſtian v. Hohenſtein u. Aug. Louiſæ Charl. Fleiſchbein v. Kleeberg T. V. 7 Aug. 775.

Sohn: Frid. Carl Chriſtian Ludw. g. 25 Jul. 776.

Eltern: Hieron. Georg, g. 22 Dec 726 † 20 Jul. 775 K. K. w. Camh. G. Carol. Frid. Maria, Carl Frid. v. Geiſpitzheim u. Hear. Wilh. Eleon. v. Wallborn T. deren 2ter G. Alex. Wolfg. v. Bock, † 5 May 768.

Pat. Schweſter: Eleon. Erneſt. g. 12 Jul. 723 † 17 Aug. 746. G. Joh. Frid. v. Ponickau.

Gros-Elt. Juſtinian, g. 21 Merz 683 † 22 Nov. 752. G. I Soph. Eleon. Joh. Georg v. Holtzhauſen u. Annæ Mariæ v. Günderode T. V. 27 Aug. 711 † 720. II. An. Sibilla, Joh. Maxim. Ihn. v. u. zum Jungen u. Mariæ Marg. v. Völcker T. V. 27 Aug. 721 †.

Gr. Vat. Bruder: Joh. Hieron. g. 30 Aug. 674 † 2 Aug. 736 Schöff u. des R. zu Frankf. G. Soph. Magd. Joh. Hector v. Günderode u. Jul. Cath. Baur v. Eyſeneck T. V. Apr. 705 † 27 Apr. 743.

Kinder: a) Joh Max. g. 1 Apr. 708 K. w. R. älterer Schöff u. des R. zu Frankf. † 5 Dec. 768. G. Maria Juſtin. Joh. Adolph v. Glauburg u. Soph. Magd. v. Günderode T. † 13 Feb. 751. Deſſen

Tochter: Maria Soph. Frid. g. 5 Nov. 748. G. Carl Juſt. Joh. Heinr. Lud. v. Holtzhauſen. V. 5 Nov. 770.

b) Juſtinian, g 18 Jun 710 † 24 Nov. 776. c) Anna Sib, g. 24 Jul. 712. d) Joh. Georg, g. 21 Jul. 716.

Holtzschuher v. Aſpach.

Dieſes Haus wird billig unter die älteſt-edle und Rathsfähige zu Nürnberg gezählet, indeme daſſelbe ſchon vorhanden geweſen, als Kayſer Henricus V. die Stadt Nürnberg An. 1106 zerſtöhret hat. Bey dem hohen Teutſchen Orden ſind aus demſelben Ritter aufgeſchworen u. bey der Rs. Ritterſchaft in Franken iſt es immatriculiret, wie es denn über 100 Jahre das zum Canton Altmühl gehörige Ritter-Guth Neuenburg u. das dem Canton Ottenwald einverleibte Ritter-Guth Aſpach noch bis dieſe Stunde beſitzet. Der ordentliche Stamm-

Herr derer gegenwärtig in verschiedenen Linien blühenden Herren ist Lorenz I. Holtzschuher, welcher An. 1106 lebte, dessen Sohn Lorenz II. von dem dasigen Rath als Einer aus dessen Mittel, bey dem An. 1197 daselbst gehaltenen großen Turnier, denen Turnier-Vögten hülfliche Hand zu leisten, verordnet wurde. Das weitere S. in dem Haudbuch von 1777.

I. Burckhard Sigmundische Linie.

Herr Christoph Carl Sigm. Holtzschuher v. Aspach auf Harlach, g. 27 Jan. 729 Consul, Senator u. Alt. Gen. zu Nürnb. G. Maria Magd. Gustav Phil. Fürers v. Haimendorf auf Wolkersdorf u. An. Mariæ Im Hoff T. g. 20 Oct. 720. V. 8 Jul. 738.

Kinder: 1) Maria Carol. g. u. †741. 2) Joh. Carl Sigm. g. 4 Apr 742 Hauptm. beym ƥten Bataillon zu Nürnb. 3) Christoph Wilh. Sigm. g. 7 May 743 † 16 Dec. 745 4) Mar. Helena, g. 744 † 745. 5) An. Lucia, g. 22 Merz 747. 6) Carl Sigm. g. u. † 748.

Geschwister: 1) Maria Lucia, g. 18 Jul. 707. 2) An. Lucia, g. 27 Jan. 711 † 28 Dec. 729. 3) Maria Barb. g. u. † 713. 4) Jacob Sigm. g. u † 715. 5) Mar. Helena, g. u. † 716. 6) Christoph Gottlieb, g. u. † 717. 7) Sib. Barb. g. u. † 719. 8) Jacob. Lucia, g. u. † 721. 9) Carl Christoph Sigm. g. 22 Sept. 722 Staabs=Capit. bey dem Fränk. Crayß. Reg. von Oelhafen.

Eltern: Burckh. Sigm. (Stifter dieser Linie) g. 26 Feb. 673 Wurde Obrist=Wachtm. bey dem Fränk. Crayß u. Pfleger zu Reicheneck 713 Senator zu Nürnb. 725 † 6 Jan. 744. G. Barb. Lucia, Carl Gottlieb Fürers v. Haimendorf auf Wolkersdorf u. Sus. Sibillæ Löffelholzin v. Colberg T. g 4 Dec. 684. V. 17 May 706 †.

II. Sigmund Jacobische Linie.

Herr Sigm. Frid Holtzschuher v. Aspach auf Harlach, g. 28 Merz 717 Senat. u. Alt. Gen. zu Nürnb. G. Mar. Sophia, Wolff Frid. Kressens v. Kressenstein auf Kraftshof u. Mariæ Sab. Fürerin v. Haimendorf T. g. 11 Aug. 719. V. 11 May 745.

Kinder: 1) Maria Hedw. g. 18 Aug. 746. 2) N. N.

Geschwister: 1) Sigm. Jacob, g. 8 May 710 † 13 Jan. 740 2) Sus.

2) Suſ.Maria, g.u.†713. 3) An.Maria, g.23 Jul.714.
4) Carl Sigm. g.u.†716. 5) Guſtav Sigm. g. u. †719.
6) An. Roſina, g. 30 Sept. 720. 7) Maria Hel. g. 8
Nov. 722.

Eltern: Sigm. Jacob, g. 19 Jul. 679 (Stifter dieſer Linie)
Pfleger im Almoſen=Amt zu Nürnb. †31 May 733. G.
Maria Helena, Phil. Jacob Hallers v. Hallerſtein u. Suſ.
Sab. Tezlin v. Kirchen=Sittenbach T. g. 15 Apr. 690.
V. 20 Aug. 709 †.

Gros-Elt. Beyder Linien: Sigm. Jac. g. 21 Aug. 634.
Wurde Nürnb. Pfleger der Stadt u. Amts Herſpruck
†13 May 701. G. Anna Maria, Chriſtoph Pellers
v. u. zu Schoppershof u. Mar. Magd. Tezlin v. Kir-
chen-Sittenbach T. g. 2 Sep. 639. V. 7 May 660 † 14
Dec. 709.

Humbracht.

So weit man zurück finden kan, iſt dieſes Freyherr u.
Adeliche Haus von Maynz nach Frankfurt gekommen.
Es hat ſich in ältern Zeiten zum Hombracht u. Heembracht
geſchrieben, u. wird Jacob Humbracht im Jahr 1416 als
der erſte von dem Geſchlecht auf der daſig=adel. Gan-Erb-
ſchaft Alt-Limpurg angeführet.

Herr Ludw. Caſimir v. Humbracht, g. 7 Sept. 719. G. I.
An. Sibilla, Georg Heinr. v. Haßlocher u. Veron. Marg.
Fiſcher T. V. 1 Sep. 748 † 4 Jan. 755. II. Charl. Ama-
lia, Joh. Frid. Hilmar v. Monsbruch u Wilh. Charl. v.
Steuben T. V. 20 Apr. 756 † 20 Aug. 763.

Kinder: 1) Adolph Carl, g. 18 Merz 753 Senat zu Frank-
furt. 2) Anton Heinr. g. 9 Sept. 757 Kayſ. Fähndr.
unter dem Pelegrin. Reg. 3) Louiſa Carol. Wilhelm.
Henr. g. 14 Jul. 762 Chanoineſſe des Adel. v. Cron-
ſtett= u. v. Hynsperg. evang. Stifts.

Bruder: Carl Franz Frid. Heinr. Adolph, g. 29 Nov. 727
Hauptm. des Ob. Rhein. Cr. Naſſau=Weilburg. Reg.
G. Maria Magd. Carol. Georg Frid. Baur v. Enſeneck
u. Mar. Polix. Juſt. v. Denhard T. V. 29 Nov. 773.

Eltern: Adolph Carl, g. 27 Apr. 687 † 12 Oct. 741. G.

Jul.Charl.Joh. Frid. v.Droschel u.Sus.Rosinæ v.Watkotsch T. †11 Aug. 755.

Vat. Geschw. a) Frid. Maximil. g. 29 Aug. 689 Brigadier der RepubliqueGenua,† 22 Feb.764. G. I.Soph. Sibilla, Joh.Maxim. Fhn. v. u. zum Jungen u. Mariæ Marg. v. Völcker T. V. 19 Oct.725 † 732. II. Franc. Jos.Antonia, Heinr. v.Koenig u.Mariæ Franc.v.Weigelsberg T. V. 24 Feb. 737 † 746. III. Clara Elisab. v.Koenig, der vorigen Schwester. V. 10 May 748.

Kinder: 1) Maria Eleon. g. 730 † 19 Jun.775. G. Peter Anton, Graf v. Grotteneg, K. K. Camh. 2) Frid. Franz Sigbert, g. 7 Dec. 739 K. Pr. Lieut. 3) Franc. Frid. Maximiliana, g. 2 Merz 741 Chanoinesse des adel. Ev. v. Cronstett= u. v. Hynsb. Stiffts zu Franckf. 4) Carl Georg, g. 30 Jan.743 K. K. Lieut. 5)Joh. Maximil. g. 19 Merz 744 Fstl. Münst. Fähndrich. 6) Joseph Heinr. g. 15 Merz 749 K.Pr.Hauptm. 7)Casimir Ludw. Heinr.g.1 May 750 K.Pr.Lieut. 8)Ant.Charl. Polix. g. 17 Merz 752. 9)MariaMarg. g. 15 Nov.755 10)Hieron.Maxim. g. 12 Oct. 757 K.Pr.Fähndr. 11) Wilh. Carol. g. 18 Aug. 759. 12) Sophia Charl. g. 10 Jan. 762.

b) Hieron. August, g.13 Sep.690 Fstl. Waldeck. Stallm. † 26 Merz 739. G. Elis. Phil. Frid. Oberzeller u.Sophiæ Orth, T. V. 12 May 712 † 8 Aug. 740.

Kinder: 1) Soph.Charl. g.1 Apr.716 Pröbstin des adel. Ev. v.Cronstett= u.v. Hynsberg.Stiffts zu Franckf. 2) Maria Jos. g. 26 Apr.718Chanoinesse in erstgedachtem Stifft. 3) Phil. Frid.Ludw. g. 27 Dec 721Obr.Lieut. des Holländ.Reg. Waldeck u.Gros=Major v. Ippern. 4) Ernest. Louisa, g 28 Jan.724. 5) Alexand. Aug. Christian, Freyherr, g.20 Aug.727 K.K.Obrist, u.des Militaire Marie Theresien-O. R. † 27 Feb. 774. G. Elis. Wiedersberger v. Wiedersberg u. Fhn. v. Ehrenburg W. V. Dec. 752 † Dec. 762.

Töchter: 1) Johannetta, g. 10 May 754. 2) Josepha, g. 20 Merz 757.

6) Carl Wilh.Christian, g. 1 Oct 729 Hauptm.unter dem Holländ.

Holländ. Reg. Waldeck. 7) Gottfr. Eitel Ludw. Hier. g. 12 Dec. 730 K. K. Obrist=Lieut.
c) Marg. Maria, g. 8 Aug. 701 Chanoinesse des Adel. Ev. v. Cronstett= u. v. Hynsberg. Stiffts zu Frankf. † 29 Febr. 776.
Groß=Elt. Joh. Hieron. g. 19 Merz 652 ält. Schöff u. des R. zu Frankf. g. 16 Nov. 713. G. Marg. Elisab. Niclas Christoph v. Hünefeld u. Annæ Cath. v. Neuhausen T. V. 18 Feb. 686 † 15 Dec. 703.

Imhof.

Dieses edle Haus leitet seine Ankunft von der bekannten Röm. Familie der Curiatorum her, u. ist bereits vor uralten Zeiten in sehr viele Branches vertheilet gewesen, davon aber die mehresten erloschen, u. hat sich promiscue im Hof oder v. Hof, in Curia, de Curia, auch de Villa geschrieben. Unter seinen Vorfordern ist Heinrich v. Hof, welcher An. 696 beym Turnier zu Merseburg gewesen, Hans im Hof aber, der älteste Stamm=Vater des ganzen Hauses so im Jahr 1340 nebst seiner Gemahlin Anna v. Gundelfingen lebte. Das mehrere S. in dem Handbuch von 1777.

Herr Christoph Andreas III. Imhof v. u. zu Helmstädt, g. 19 Jan. 704 Senator zu Nürnb. G. Maria Barb. Georg Gottlieb Pömers u. Claræ Barb. Scheurlin v. Defersdorf T. g. 24 Jul. 712 V. 6 Sept. 729.

Kinder: 1) Georg Andreas, g. 730 † 731. 2) Gottlieb Andreas, g. 732 † 733 3) Christoph Andreas IV. g. 3 Jan. 734. 4) Maria Barb. g. 10 Merz 735. 5) Helena Maria, g. 739 † 740. 6) Cath Hel. g. 6 Dec. 744.

Geschwister: a) Christ. Frid. g. 12 Merz 696 kame 737 in den Innern R. zu Nürnb. †. G. Magd. Christ. Hans Wilh. Löffelholzens v. Colberg zu Heroldsbach u. Magd. Cath. Viatisin T. g. 28 Oct. 689. V. 29 Feb. 724 †.

Kinder: 1) Christoph Frid. g. 724 † 725. 2) Gustav Frid. g. 725 † 726. 3) Carl Frid. g. u. † 729.

b) Maria Regina, g. u. † 698. c) Paulus Frid. g. u. † 700. d) Carl Frid. g. u. † 701. e) Wilhelm, g. 702 † 708.

Eltern: Christoph Frid. g. 19 Merz 666. Kame in den Innern

Innern R. zu Nürnb. 714. Wurde Jung. Burgerm. 716 † 24 Sep. 723. G. Maria Hel. Joh. Frid. Löffelholzens v. Colberg u. Mariæ Barb. Scheurlin v. Defersdorf T. g. 30 Sep. 673. V. 23 Oct. 694 † 11 Apr. 747.

Gros-Elt. Christoph Andreas II. g. 20 Jan. 639. Wurde Assessor u. Schöff am Stadt- u. Ehe-Ger. zu Nürnb. † 9 Apr. 686. G. Sus. Regina, Frid. Volckammers, u. Reginæ Viatis T. g. 6 May 645. V. 28 Sept. 663 † 11 May 719.

Ingersleben.

Dieses Haus stammet aus dem Fürstl. Schwarzburgischen her, von wannen es sich in das Preußische gewandet hat.

Herr Rud. Aug. v. Ingersleben zu Königrode, g. 19 Dec. 704 K. Pr. G. M. G. Joh. Elis. v. Phul, a. d. H. Wimmelburg.

Tochter: Albert. Aug. Wilh. g. 13 Merz 747. G. Alex. Christoph Aug. v. Seebach auf Stedten ꝛc. K. Grosbr. u. Chur-Hannöv. Rittm. V. 764.

Geschwister: a) Rud. Wilh. g. 24 Aug. 702 † 26 Feb. 704. b) Joh. Ludw. g. 16 Oct. 703 † 27 Nov. 757 K. Pr. G. M. G. Charl. Dorot. Eva v. Herold.

Kinder: 1) Christiana Joh. Wilhelm. g. 3 Sep. 745. G. Hans Frid. v. u. auf Krusemarck, K. Pr G. L. der Cavallerie ꝛc. Senior des Dom-Capitels zu Havelberg. 2) Frid. Wilh. Ferd. g. 9 Sept. 746 K. Pr. Lieut. G. N. v. Brösicke. 3) Albert. Wilh. Christiana, g. 26 Aug. 751. 4) Carl Ludw. g. 11 Apr. 753 K. Pr. Lieut. bey dem Cavall. Reg. Marwitz. 5) Amalia Albert. Wilh. g. 24 Jan. 755.

c) Doroth. Elis. g. 27 Jul. 706. G. N. v. Börnstadt. d) Heinr. Christian, g. 23 Apr. 708 † als Pr. Major bey Kunnersdorf. e) Joh. Louisa, g. 1 Jan. 710. G. N. v. Eberstein. f) Joh. Georg, g. 10 Jul. 711 † als Pr. Major bey Soor. g) Hedw. Sophia, g. 30 Jan. 714. G. N. v. Drechsler. h) Carl Wilh. g. 10 Apr. 715. G. N. v. Kropff.

Eltern:

Eltern: Caspar Heinr. g. 672 Hr. auf Königrode, Friedrichrode u. Willerode, K. Pr. Ob. Forstm. im Manßfeldischen. G. Wilhelmina v. Lautensack.

Juden.

Ein Ritter- und Stifftmäßiges Haus, so zur Paderbornischen Ritterschaft gehöret, aus der Rs. Stadt Cölln stammet, und seit vielen Seculis im Hochstifft Paderborn seßhaft ist.

Freyh. Frid. Georg Erasm. v. Juden zu Burgholtz, Natzungen, Tietelsen, Rhote, Aussel, Küterbrock ꝛc. Erbh. Chur-Cölln. Hauptm. g. 13 Jun. 718. G. Sophia Frid. Raban Elmerhaus, Fhn. Rübell v. Biberach, u. Charl. Freyin v. der Horst zu Milsen T. g. 20 Jan. 734. V. 7 Sept. 749.

Kinder: 1) Leopold Frid. Anton, g. 16 Jun. 751 K. K. Lieut. des Mollck. Reg. 2) Maria Clara Jul. g. 20 Jul. 752 Stiftsd. des Adel. Freyweltl. Kayf. St. Langenhorst, resig. u. wurde geistlich in dem Adel. Gotteshause Gravenhorst. 3) Louisa Vict. Hel. Carol. g. 17 Dec. 753 Stiftsd. in ebenged. St. 4) Frid. Otto Wilh. g. 27 Merz 756. 5) Polixena Maria Louisa, g. 8 Jun. 759.

Geschwister: 1) Joh. Leop. Ludw. g. 16 Aug. 712 † 758 Chur-Cöll. Grenad. Hauptm. G. N. Fhn. v. Stäl zu Holtzenstein u. Freyin v. Frankenberg T. 2) Maria An. † 759 Stiftsd. in dem Adel. Stifft Bucholtz. 3) Maria Ther. g. 6 Merz 716 G. Frid. Arnold v. Amelungen, Chur-Cöll. Camh. 4) Maria Victoria, g. 24 Merz 717 Aebtißin des Gotteshauses im Stifft Gerden.

Eltern: Jobst Frid. v. Juden zu Burgholtz, K. Frantz. Hauptm. G. Soph. Elis. Joh. Eckebrecht v. Wrede zu Steinbeck u. Christinæ Ottiliæ v. Wendt zu Pappenhausen T.

Vat. Geschw. a) Phil. Hilmar, Chur-Cöll. Obr. Lieut. G. Charl. v. Leliwa zu Freyenhagen u. v. Dalwigk zum Sande T.

Kinder: 1) Frantz Frid. Holländ. Hauptm. 2) Louisa, Priorin zu Gerden. 3) Maria Victoria. G. Phil. Moriz

riz v. Jmbsen zu Wever ꝛc. 4) Sophia, Geistl. im Adel. Gotteshause Hertzebrock. 5) Henrietta.
b) Victoria Doroth. † 741 Aebtißin zu Gerden. c) Erasm. Chur-Cölln. w. Camh. † als Scholaster des Adel. St. zu St. Gereon in Cölln.

Gros-Elt. Jobst Schönenberg †. G. An. Dorot. Martin Jobst v. Sieghard zu Menna u. Natzungen u. Jod. Dorot. Sidon. Spiegel zum Diesenberg v. der Oberen Klingenburg T. †.

Kalitsch.

Ein in denen Fürstenthümern Anhalt florirend Freyherrlich Ritter- u. Stiftsmäßiges Haus, welches gegenwärtig in dem Zerbstischen die Gäther Dobritz, Nutha, u. Sagendorf besitzet.

Freyh. Joh. Aug. Carl v. Kalitsch, g. 19 Feb. 746 Fstl. Anhalt Zerbst. Stallm. wie auch Hof- u. Reg. R. G. Christiana Albert. v. Zerbst. V. 20 Jan. 769. R. Zerbst.

Sohn: Carl Frid. Christian Ludw. g. 30 Sept. 773.

Geschwister: 1) Aug. Friderica, g 3 Aug. 739 † 12 May 741. 2) Joh. Christian Leop g. 3 Jan. 741 † 3 Sept. 748. 3) Soph. Louisa, g. 18 Apr. 742 † 15 Dec. 771. G. I. Christoph Gebh. v. Stammer. V. 21 Sept. 762 † 15 Dec 762. II. Heinr Adolph, Graf v. Brühl, Churf. Camh. u. Ober-Hauptm. v. Thüringen auf Bedra ꝛc. V. 18 Jul. 764. 5) Joh. Frid. Ludw. g. 31 May 744 † 18 Merz 772. S. alb. Geschw. 5) Leopoldina, g. 17 Jan. 750 † 16 Jun. 750. 6) Joh. Heinr. Gottlob, g. 6 Apr. 752 K. Pr. Fähndr. unter dem Salderf. Reg.

Eltern: Leopold, g. 10 Oct. 704 K. Pr. Capit. † 29 Apr. 752. G. I. Joh. Soph. Frid. v. Fuchs. V. 28 Aug. 738 † 10 Merz 746. II. Henr. Doroth. v. Schammer. V. 22 Apr. 749.

Pat. Geschw. 1) Joh. Wilh. Lebr. g. 10 Febr. 699. 2) Soph. Magd. g. 10 Jul. 700. G. Joh. Frid. Rsgrf. v. Schönberg, K. Pohl. u. Churf. Confer. Minister, des Pohl. W. A. u. Ruß. St. And. O. R. V. 723 † 749. 3) Frid. Ludw. g. 1 Oct. 701 Fstl. Anhalt Zerbst. Geh. R. wie auch Reg. u. Consistor. Präsid. † 11 Aug. 759. 4)

Gisela Agnes Christiana, g. 23 Merz 707. G. Fhr. v. Gersdorf, Fstl. Anhalt-Zerbst. Schloß-Hauptm. 5) Frid. Dorot. Charl. † 3 Jun. 751. G. Hans Heinr. v. Zezschwitz.

Gros-Elt. Ludw. Heinr. g. 6 Jun. 671 Fstl. Anhalt-Zerbst. Land-Cam. R. † 13 Merz 708. G. Sophia Marg. Justina v. Barbeleben, †.

Kellner.

Dieses alte adeliche Geschlecht ist unterm 26 Aug. 1777†. Ein mehreres S. in dem Handbuch von 1777.

Ketelhodt.

Dieses uralte Freyherrl. Turnier-Ritter- u. Stiffts-mäßige, in Ober- u. Nieder-Sachsen heutiges Tages blühende Geschlecht, welches auch Kesselhuet u. Kesselhuth genennt worden, hat seinen Ursprung aus dem zwischen der Elbe und Spree gelegenen Pago oder Gau Nisin. Georg, der jüngste Sohn des Ritter Vrederber, welcher den Nahmen Ketelhodt im Jahr 1069 auf seine noch heutiges Tags blühende Nachkommen gebracht, hat in den Mecklenburgischen Landen, zur Belohnung seiner Tapferkeit, das Guth Ketelhodsdorp, so jetzo Kötel genannt wird, erhalten: Und weil diese Linie sich fast vor beständig in den Mecklenburgischen Landen aufgehalten, u. daselbst viele ansehnliche Güther besessen, so hat man selbige unter die vier uralte u. originellen Mecklenburgischen Adel-Geschlechter von jeher gerechnet. Das nähere S. in dem Handbuch von 1777.

Freyh. Christian Ulrich v. Ketelhodt, g. 5 Aug. 701 Erb-Schenk der gefürsteten Graffschaft Henneberg, Fstl. Schwarzb. Rudolstädt. Geh. R. Canzler, Reg. u. Consistorial-Präsident, des Brand. R. A. O. Gr. Cr. Rit. des K. Dänisch. O. de l'union perfaite und des Hzl. Mecklenb. O. de la Fidelite & Constance, verschiedener Gelehrten Gesellschaft Ehren-Mitglied. Außer dem ererbten altväterlichen Guthe Camps u. dessen Pertinentien in Carbow, hat er im Jahr 743 die beyden im Rudolstädt. Amte Blankenburg gelegene Ritter-

ter-Güther zu Lichstedt erkauft, u. im Jahr 771 obig
gedachtes Erbschenken - Amt zu Herrmansfeld und
Stettlingen auf sein Geschlecht gebracht, auch zu Eich-
feld ein sogenanntes Tulpenfest, u. in Lichstedt ein
Rosen-Fest gestiftet. G. Maria Cath. Georg Ulr. v.
Beulwitz auf Eichicht u. Marthæ Cath. v Brandenstein
a. d. H. Oppurg T. g. 20 Jul. 703. V. 25 Nov. 729
† 9 Merz 769. R. Rudolstadt.

Kinder: a) ChristinaSophia auf Schwarzenau, g. 14Oct.
730 Conventualin zu Malchow, resig. G. Frid. Aug.
Ihr v. Kotzau, Fstl. Brand. Geh. R. u. Ob. Jägerm.
auch Erb-Schenk der Burggrafsch. Nürnb. V. 8 Dec.
761 † 4 Jan. 769 de l'Union parfaite D. D. Febr.769.
b) D. Carl Gerth. g. 3 Oct. 738 Fstl. Schwarzb. Ru-
dolst.Consist. Präsid. u.Canzlar, der Regier. u.Consist.
zu Frankenhausen, des R. A.D.R. wie auch der deutsch-
u. latein. gelehrt. Gesellf. zu Jena Ehren-Mitglied. G.
Aug. Frid. Freyin Bachof v. Echt, g. 28 Merz 741. V.
21 Apr. 763.

Kinder: 1) Frid.Wilh. g.24Feb.766. 2) Ludw. Ferd.
g. 16Aug. 767 desig. Canonicus zu Gandersheim. 3)
Soph. Henr. g. 22 Oct. 768 desig. Conventualin zu
Dobbertien. 4) Frid. Carol. g. 24 Jun. 770 desig.
Conventualin zu Malchow. 5) Carl Ulrich, g. 30
Merz 773. 6) Ther. Christiana Frid. g. 28 Merz 775
erhielte den 19 May e. a. eine Expectance auf eine
adel.Stelle in dem Mecklenb. Stift zu Ribnitz.

c) Henrietta, g. 20 Jan. 743 Conventualin zum H.Grabe
u.Ribnitz, D. Ihro K. Hoh. der verwitbeten Erb-Prin-
zeßin zu Würtemberg HenrietteMarie, geb. Prinzeßin
v. Preussen gestifteten Ordens de la Chastete. d) Joh.
Frid. g. 26Apr. 744 Schwarzb.Rudolst. w. adel. Stallm.
u.Camj. G. Frid.Bernh.Henr. v.Sommer, g. 24Sep.
747. V. 9 Jan. 770.

Kinder: 1) Ludw. Carl Christian, g. 26 Feb. 775. 2)
LouisaCarol.Henr. g. 3 Jun. 776 erhielte unterm 27
e.m.& a. eine Expectance auf die 566 Closter-Stelle
in den Mecklenb. adel. Closter Dobbertien.

Schwester: Magdalena, g. 20 Merz 704. G. Dieterich
Otto

Otto v. Winterfeld auf Vargo. V. 12 Jul 737 † 24 Nov. 770.

Eltern: Gustav Joach. auf Campse u. Carbov, g. 20 Feb. 654 † 27 Dec. 732 Hzl. Mecklenb. Güstrow. Ob. Stallm. G. Anna Cath. v. Hünemörder, † 6 Sept. 736.

Gros-Elt. Gerth, auf Camps, g. 30 Jan. 597 † 5 Sept. 688 Lüneb. Capitain. G. I. Eva v. Barold, † 31 May 638. II. Anna Maria v. Horn, † 1 Aug. 689.

Khronegg.

Dieses Haus florirte im Jahr 1429 in Gräflich- u. Freyherrlichen Linien. Erstere sturbe aus u. die letztere liesse sich im vorigen Seculo in dem Herzogthum Würtemberg nieder, blühet aber gegenwärtig in Franken u. ist bey verschiedenen Erz- u. hohen Domstiftern als Salzburg, Speyer, Costanz, Kempten u. dem hohen Teutschen Orden, für altadelich, Stift- u. Rittermäsig mehrmalen aufgeschworen. S. das Handbuch von 1775.

Freyh. Joh. Lothar. v. Khronegg, g. 20 May 721 Fstl. Würzb. Obrist u. Commend. der Vestung Maria-Berg, ob Würzburg. G. Anna Magd. Cath. Vict. Wilhelm. Freyin Haugwitz v. Biskupiz. R. Marienberg, ob Würzburg.

Kinder: 1) Christoph Franz Wencesl. g. 30 Jan. u. † 30 Merz 764. 2) Phil. Franz Joh. Nepomuc. g. 26 Jun. 765. 3) Carol Barb. Ludwina, g. 28 Sep. 770. 4) Frid. Jos. Valent. g. 28 Merz 772. 5) Carl Ant. Jos. g. 16 Sept. 774. 6) Josepha Wilhel. Franc. de Paula, g. 15 Feb. 776.

Geschwister: 1) Phil. Wilhelm, g. 714 Fstl. Würzb. Hof-R. u. Ob. Amtm. zu Aura. 2) Constantin Frid. Damian, g. 715 Capitul. des Collegiat-St. zu Aschaffenburg, † 9 Jul. 765. 3) Elis. Lucretia, g. 11 Jul. 716 Ursulinerin zu Kitzingen, † 739. 4) Christoph Franz, g. 25 Oct. 718 Speyer. Geh. R. u. Hof-Marschall, auch Command. des Bayr. St. Mich. O. 5) Hugo Jos. g. 2 Dec. 719 Dom-Capitular zu Kempten. 6) Anna Maria, g. 15 Jul. 724 † 31 Jul. 770 Ursulinerin zu Kitzingen.

Eltern: Phil. Helfrich, Fstl. Würzb. Camh. Fstl. Fuld. Geh.

Geh. R. u. Ob. Amtm. zu Neuhof, †728. G. Anna Mar. v. Hutten zu Stolzenberg, †10 Apr. 758.
Gros-Elt. Helfrich, Chur-Trier.R.†. G. Maria Elis. Freyin v. Hohenfeld, †.

Klock.

Von diesem alten Geschlecht wird unter dem Nahmen Conrad Campanator oder Klocker schon An. 1299 in der Reichs-Stadt Augspurg gedacht, daß er die Bürgschaft vor einen neuen Bürger daselbst übernommen habe. Im Jahr 1332 u. 1337 wird eben dieser unter denen Augspurgischen Stadt-Pflegern gefunden, wo ihme Kayser Ludwig Anno 1342 eine Anweisung auf die Reichs-Steuer soll gegeben haben. Von da hat sich dieses Geschlecht in die Rs. Stadt Biberach gewendet; und weilen die Herren desselben immer den Nahmen Conrad geführet, so wird um das Jahr 1384 eines Conrad Klock gedacht, welcher allda Burgermeister u. mit Imolgard v. Andelfingen verehelichet gewesen, seit welcher Zeit sie zu dem dasigen Stadt-Regiment und dessen ansehnlichsten Aemtern gezogen worden: Und gleichwie sie sich mit vielen des Land-Adels verehelichet, so haben sie die Ehre, daß das berühmte Freyherrliche Haus Schad v. Mittelbiberach u. Warthhausen von einer Elisabeta v. Klock abstammet. Matheus v. K. hat diesen edelen Stamm bis jetzo fortgeführet, dessen Sohn Honorius, welcher Franz Ruland gezeuget, so mit Catharina Bellerin, Edle aus Feldkirchen verheurathet gewesen u 8 Kinder hinterlassen, wodurch sich die Familie nunmehro in 3 Branchen abtheilet. Joseph Honorius führet die Biberachische- Honorius die Gerstbachische- und Carl Joseph die Sobernsheimer Linie fort.

I. Linie zu Biberach.

Herr Joseph Carl v. Klock, g. 731 des Innern Raths, Patricius u. Kirchen-Pfleger der Rs. Stadt Biberach. G. Mar. Barb. v. Fürtenbach. V 758. R. Biberach.
Kinder: 1) Carl Joseph; g. 19 Merz 760. 2) Mar. Christina, g. 11 Dec. 762. 3) Franz Leop. g. 6 Nov. 764. 4) Franz Frid. g. 10 Oct. 768.

Bruder:

Klock. Knuth.

Bruder: Franz Anton, g. 723 † 775 Jstl St. Gallischer Amtm. zu Feldkirch. G. Mar. Euphros. v. Pflummern. V. 6 May 755.
Kinder: 1) Mar. Franc. g. 12 Feb. 756 Englische Fräul. zu Mindelheim. 2) Carl Anton Maria, g. 2 Febr. 757 J.V.C. 3) Franz Ignat. g. 19 May 758. 4) Mar. An. Claudia, g. 16 Feb. 763.

II. Linie zu Gerstbach.

Herr Joseph Honorius v. Klock, Mgr. Baad. Ob. Amtm. zu Baden. G. N. N.
Kinder: 1) Heinr. Ludwig. 2) Carl Joseph.
Geschwister: 1) Carl, Ord. St. Bened. in der K s. Stadt Gengenbach Capitular. 2) Lud. Valentin, Ob. Lieut. bey dem Baaden-Baadischen Regiment.

III. Linie zu Sobernsheim.

Herr Carl Joseph v. Klock, Ob. Schultheis zu Sobernsheim. G. N. N.
Geschwister: 1) Franz, Ord. St. Bened. zu Tholii in Lothringen. 2) Carl Joseph, Hauptm. bey dem Kays. Reg. vom Prinz v. Hessen-Darmstadt. 3) Carl, Kays. Ober-Lieut. † in der Bataille bey Lissa. 4) Georg Anton, Kays. Ob. Lieut unter dem Reg. Loewenstein. 5) Bernhard Anton, K. Franz. Major bey dem Reg. Deux-Ponts.

Knuth.

Eine der ältesten adelichen Familien im Mecklenburgischen, welche gegenwärtig in 3. Branchen besteht. Jacob Ernst, g. 1609 † 1675 Hr. auf Leitzen, Priborn, Meltz u. Ludorff hatte 3. Söhne: Joachim Friederich, g. 1642 † 1684 Hr. auf Leitzen, Eggert Christoph, g. 1643 † 1697 Hr. auf Meltz u. Priborn, Königl. Dänischer Geh. Rath, u. Adam Levin, g. 1648 † 1699 Hr. auf Ludorff u. Geneve, Kön. Dänischer Geh. Rath u. Ober-Cammerjuncker. Ersterwehnter Joachim Friedrich hatte 4. Söhne: Jacob Ernst, Adam Levin, Eggert Christian u. Friedrich Christoph, wovon die beyden erstern ihr Geschlecht in Mecklenburg fortsetzten, letzterer aber sich in der Provinz Ober-Yssel niederließ. Der Geh. Rath Eggert Christoph

Knuth.

hingegen hatte einen Sohn AdamChristoph, g.1687 welcher im Jahr 1714 mit seiner Descendenz in den Dänischen Grafenstand erhoben wurde.

I. Die Mecklenburgische Linie.

Herr Adam Ernst v.Knuth, Hr. auf Ludorff u. Geneve, K. Dänis.Capit. g. 740. G. I. Dorot. Elis. v. Flotov, a. d.H.Stuersche Vorwerck. II. gebohrne v.Weltzien, a. d.H. kl. Tessien.

Kinder: 1) Joh.Christoph, g.762. 2) Eleon.Soph. g.763 desig. Chanoinesse zu Dobbertien. 3) Jacob Ernst, g. 765. 4) Dorothea, g. 774 desig. Chanoinesse zu Malchow. 5) Eggert, g. 776. 6) Elisabeth, g. 777 desig. Chanoinesse zu Ribnitz.

Eltern: Eggert Christoph, g. 709 † 752. G. Sophia Marg. v.Flotov, a.d.H. Stuersche Vorwerk.

Pat. Geschw. a) Joach. Fried. g.710 † 757 Hr. auf Ludorff u.Geneve, Hzl.Braunschw. Major. G. An.Elisabeth, Gottlieb v.Knuth, a.d.H.Leitzen, T. b) Adam Levin, g.712 K.Dänis.Capit. G. Louise v. Reder, †.

Kinder: 1) Adam Jacob, K. Frantz Capit. g. 745. 2) Frid. Adolph, g.747 K. Pr. Lieut. 3) Gustav Christoph, g. 753 † 772. 4) Christian Ernst, g.754 K. Pr. Fähndr. 5) Eine T.

c) Elis.Christina, g.714 † 746. d) Hedwig Maria, g. 717 † 747. G. Thedel Bodo v.Kniestedt, Hzl.Braunschw. G. R. e) Charl.Soph. g.719 † 11 Jun. 777. G. Elard v. Oldenburg auf Glave. f) Jac. Ernst, g. 739 Hzl. Braunschw. Hof=R. zu Wolffenbüttel. G. I. Charl. Wilhelm. v.Cramm, a.d.H. Sambelen, im Braunschw. V. 14 Feb.771 † 15 Apr.775. II. AmaliaSoph. v. Krosigk, a.d.H.Poplitz im Magdeburgischen. V. 28 Nov. 776.

Kinder: 1) Elisab. Wilhelm. g. 28 Jun. 772 desig. Chanoinesse zu Dobbertien. 2) Adam Ernst, g. 28 Aug. 773 exspectivirter Domh. zu Merseburg. 3) Joach.Frid. g.21 u. † 23 Mertz 775.

Gros=Elt. Adam Levin, g. 679 † 751 Hr. auf Ludorff

u.

u. Geneve, Hzl. Mecklenburg. Geh. R. G. I. Cornelia
v. Knuth, a. d H. Aasmark, itzt Knuthenburg, † 736.
II. Sophia Elisab. v. Kampz, a. d. H. Dratov.
Gros-Vat. Geschw. a) Jacob Ernst, † 704 Hr. auf Lei-
tzen, K. Dänis. Obrist-Lieut.
Sohn: Gottfr. Ernst, Hr. auf Leitzen, verkaufte ge-
dachtes altväterliche Stamm-Guth im Jahr 750 †.
G. Magdal. v. Holstein a. d. H. Anckershagen.
Kinder: 1) Anna Elisab. Gottlieb. G. I. Joachim
Fried. v. Knuth auf Ludorff. II. Major v. Cramm,
auf Volckersheim im Braunschweigischen. 2) Joach.
Fried. K. Dänis Rittm. †. 3) Magd. Dorot. Chanoi-
nesse zu Dobbertien. 4) Cornelia. 5) Adam Levin,
K. Dänis. Capit. g. 712. 6) Friederica, G. v. Stein-
storff. 7) Jacob Ernst, K. Dänis. Cornet, †.
b) Christina, G. I. v. Juel. II. v. Mösting, K. Dänisch.
Geh. R. u. Ober-Hofmeister. c) Soph. Eleon. G. v.
Reichov K. Dänis Camj. d) Dorothea † 751. G. v.
Beehr auf Jesendorf, K. Dänis. Major. e) Eggert
Christian, K. Dänis. Schiff-Capitain. f) Frid. Chri-
stoph. Siehe die Holländ. Branche.

II. Holländische Branche.

Herr Wilh. Frid. v. Knuth, g. 15 Merz 715. G. I. Ger-
traud Freyin v. Patkull zu Posendorf, V. 741. II. N.
v. Ableven. III. v. Lindehorst. K. Campen in Ober-
Yssel.
Kinder: 1) Adolph Jul. Burc. g. 24 Merz 751. 2) Rüt-
ger Wilh. g. 12 Jun. 757. 3) Joh. Anton. g. 24 Jan. 759.
Brüder: a) Daniel Johannes. b) Adam Levin.
Eltern: Frid. Christoph, † 759. G. Elis. Marg. v. Sae-
ten, V. 703 † 743.
Vat. Geschw. Siehe Mecklenburgische Branche.
Gros-Elt. Joach. Frid. g. 642 † 684 Hr. auf Leitzen ꝛc.
Provisor des Closters Malchow. G. Christina v. Wan-
ken, a. d. H. Järgendorf, †.

III. Dänische oder Gräfliche Branche.

Graf Joh. Heinr. v. Knuthenburg u. Güldenstein, Kön.
Dänisch.

Knuth. Konow.

Dänisch Camh. G. Constantina Alexandrina, Gräfin v. Cosel aus Sachsen. V. 26 Feb. 772.
  Kinder: 1) Constantina Frid. Henrietta, g. 6 Dec. 772. 2) Graf N. N. g. 24 Sept. 775.
Geschwister: 1) Graf N. N. † zu Leipzig. 2) Louisa Charlotta, G. Graf v. Görtz. 3) Gräfin N. N. G. v. Moltke. 4) Frid. Jul Maria, g. 755. G. Fhr. v. Löbenskiold. 5) Adam Christoph, K. Dänisch. Camj.
Eltern: Eggert Christoph, Graf v. Knuthenburg, g. 724 K Dänis. Geh. Conferenz-R. Stiffts-Amtm. über Seeland, Assessor im höchsten Gerichte u. des Elephanten-O. R. † 776. G. I Francisca Isiodora Calado Marquise de Monteleone, Gräfin v. Güldenstein, V. 743. durch welche die Graffschaft Güldenstein an das Gräfl. Knuthische Haus kam. II. v. Numsen, V. 753 † 765. III. v. Moltke, V. 766.
Vat. Geschw. 1) Gräfin N. N. G. I. Fhr. v. Güldencron. II Gr. v. Schulenburg, K. Dänis. G. L. 2) Conrad Detlew, Fhr. v Conradsborg, K. Dänis. Camh. Assessor im höchsten Gerichte u. des Dannebrog-O. R. G. Conradina Aug. Gräfin v. Reventlov. 3) Freyh. N. N.
Gros-Elt. Adam Christoph, Graf v. Knuthenburg, g. 687 K. Dänis. Geh. R. u des Dannebrog O. R. wurde im Jahr 714 mit seiner Descendenz in den Dänischen Grafen-Stand erhoben, † 736. G. I. Gräfin v. Güldenlöw, †. II. Gräfin v. Reventlov.

Konow.

Dieses ist ein uralt Pommerisches Haus u. besitzet seit langen Jahren das Guth Cunow vor Lahn.
Herr Frid. Wilh. v. Konow, g. 1 Feb. 724 Erbh. auf Langenhagen u. Schwochow in Pommern. G. N. N.
Sohn: 1) Carl Ludw. g. 19 Feb. 757 in K. Pr. Kr. Diensten. 2) Aug. Frid. g. 19 Aug. 764.
Geschwister: a) Sus. Louisa, g. 15 May 721. G. Frid. Wilh. Fhr. v Eichstett, Erbh. auf Tantow u. Radekow in Vor-Pom. V. 742. b) Charl. Albert. g. 6 Jun. 722. G. Richard Heinr. v. Froreich, K. Pr. Major u. Commend.

mend. eines Garnison-Reg. ꝛc. V. 28 Apr. 746 † 6
Jun. 775. c) Frid Alexand. g. 11 Jun. 725 † 745 als
K. Pr. Fähndr. bey Prag. d) Wilh. Dorot. g. 5 Sept.
729 † 752. G. Joh. Arnold Dietr. Gr. v. Rittberg, K.
Pr. Obrist von den Dragonern. V. 751.
Eltern: Alexand. Magnus, g. 692 † May 740 K. Pr. Geh.
R. Amts-Hauptm. zu Schwedt u. Wildenbruch, Land-
R. Mgr. Brand. Schwedt. Hof-Marschall, Erbh. auf
Konow, Langenhagen u. Schwochow. G. Sus. Louisa,
Frid. Wilh. v. Vorstius u. Sus. v. Stosch T. V. 719 † 758.
Gros-Elt. N. N. †. G. N. v. Dossow †.

Koppenfels.

Eine Adeliche Familie in Sachsen.
Herr Joh. Frid v. Koppenfels, g. 22 Jun. 738 Erb-Lehn-
u. Ger. Herr zu Rohrbach, Hzl. Weimar- u. Eisenach.
w. Geh. Reg. R. G. Maria Christiana v. Kühn, g. 26
Aug. 748. V. 17 Nov. 763. R. Weimar.
Kinder: 1) Joh. Wilh. g. 30 Sept. 764. 2) Amal. Carol.
Frid. g. 13 Jan. 771. 3) Louisa Bernh. g. 31 Oct. 776.
Brüder: a) Gottlieb, g. 10 Sept. 741 Hzl. Weimar- u.
Eisenach Legat. R. G. Ernest. Frid. Henrietta v. Kut-
schenbach, g. 28 Jun. 759. V. 4 Feb. 776. b) Carl Heinr.
g. 23 May 745 Churs. Grenad. Lieut. unter Prinz Cle-
mens Inf Reg. c) Just Siegfr. g. 5 Merz 749 Hzl.
Hildburgh. w. Canzl. auch Regier. u. Consistor. R. G.
Carol. Frid. v. Kutschenbach, g. 1 Dec. 755. V. 6 Jun.
775.
Eltern: Joh. Sebast. g. 15 Aug. 699 Hzl. Hildburgh. w.
Geh R. † 20 Nov. 765. G. Polix. Regina v. Wille, †
Jul. 756.
Gros-Elt. Michael, †. G. Maria Catharina v. Stern-
beck, †.

Kotzau.

Dieses Voigtländische Geschlecht stammet von dem
Hause Brandenburg ab: Marggraf Georg Albert zu
Brandenburg ꝛc. ein Prinz Georg Albrecht Marggra-
fens zu Brandenburg u. Sophiæ Mariæ, Marggräfin zu
Bran-

Brandenburg gebohrnen Gräfin v. Solms ꝛc. ließe sich mit Einwilligung Marggraf Christian Ernsts zu Brandenburg ꝛc. u. Königs Friederichs in Preussen ꝛc. als Vormündern, mit Regina Magdalena, einer gebohrnen Lutzin, den 27 Apr. 1699 zu Kunspern bey St. Loretto, ohnweit Eger, durch P. Joh. Lober, Jesuiten in Eger, copuliren, wobey zu bemerken, daß bey Errichtung derer Ehe-Pacten, sowohl das Königliche als das Marggräfl. Haus Brandenburg, dieser Frau Stamm-Mutter, das damals sehr viel sagen wollende Wort Madame de Kotzau beygeleget, die Descendenz aber von Kays. Maj. in des H. R. R. Freyherrn-Stand gesezet worden, u. vorjezo die in der Lands-Hauptmannschaft Hof gelegene importante Ritter-Güther, Ober-Kotzau, Heydeck u. Auttengrün mit ihren Ein- u. Zugehörungen besitzet.

I. Aeltere Linie.

Freyh. Frid. Christian Wilh. v. Kotzau, Hr. zu Ober-Kotzau, Heydeck, u. Auttengrün, g. 3 Sep. 732.

Geschwister: 1) Reg. Magd. Theres. g. 20 Nov. 733. 2) Soph. Ther. u. 3) Eleon. Charl. Zwilling mit vorgehender, g. 4 Merz 735 † 9 Dec. 735. 4) Christian Wilh. g. 14 Jul. 736. 5) Erdm. Wilh. g. 16 Dec. 737.

Eltern: Frid. Christian Wilh. g. 5 Dec. 700 † 26 Apr. 739 Stamv. dieser Linie. G. Christiana Ther. Eleon. Ludwig Frid. Grafens v. Schönburg u. Cath. Soph. Freyin v. Stein, a. d. H. Ost- u. Nordheim T. g. 19 Dec. 713. V. 24 Oct. 731.

II. Jüngere Linie.

Freyh. Georg Frid. Aug. v. Kotzau, g. 22 Apr. 728 Br. Culmbach. Camh. Commendant von der par Force-Jagd, Ob. Forstm u. Rittm. bey den Husaren. R. Bayreuth.

Geschwister: 1) Christiana Dor. Aug. g. 8 Jul. 729. 2) Theres. Aug. g. 29 † 31 Apr. 731. 3) Regina Magdal. Aug. g. 732 † 734. 4) Heinr. Aug. g. 17 Merz 734 in Brand. Culmb. Diensten. 5) Frid. Aug. g. 21 Aug. 735. 6) Frid. Theodor, g. 27 Sept. 736. 7) Frid. Reg. Augusta, g. 737 † 746. 8) Joh. Augusta, g. 26 Nov. 738. 9) Eleon. Charl. Wilh. g. 739 † 746. 10) Louisa Wilh. Charl.

Kotzau. **Krafft v. Dellmensingen.**

Charl. g. 741 † 746. 11) Eleon. Carol. Antoinetta, g. 11 Jan. 744. 12) Wilh. Johanna, g. 746 † 747. 13) Ther. Christiana Wilh. g. 23 Sept. 748.

Eltern: Frid. August, Posth. g. 16 Metz 703 Brand. Culmb. Geh.R. Erb-Schenk des Burggrafth. Nürnb. oberhalb Gebürg, Hof-Jägerm. zu Bayreuth u. Ob. Forstm. zu Lichtenberg ꝛc. R. A. D. R. u. Stammh. dieser Linie. G. Christiana Eleonora, Wolffg. Christoph v. Reizenstein auf Zoppaten ꝛc. u. Mariæ Sab. v. Würzburg auf Ober- u. Unter-Mitwitz T. g. 6 May 709. V. 24 Jun. 727.

Vat. Geschw. a) Frid. Christian. S. Elt. der ersten Linie. b) Frid. Carl, g. 10 Dec. 702 † 4 Feb 703.

Gros-Elt. Beyder Linien: Georg Albr. Marggraf zu Brandenburg ꝛc. Georg Albr. Marggrafens zu Brandenburg aus zweyter Ehe mit Soph. Maria, Marggräfin zu Brandenburg, einer gebornen Gräfin v. Solms-Laubach erzeugter jüngster Prinz, Posth. g. 27 Nov. 666 residirte auf dem Schlosse zu Kotzau, † 14 Jan. 703. G. Regina Magd. Madame de Kotzau, Joh. Pet. Lutzens, Brand. Culmb Raths u. Amtm. zu Kotzau älteste T. g. 22 Apr. 678. V. 27 Apr. 699 †.

Krafft v. Dellmensingen.

Eines derer ältesten Turnier- u. Rittermäßigen Geschlechter, welches anfänglich den Namen Steeg zu Scharenhausen führete, bey einem Turnier aber den Namen Krafft erlangete. Ulrich K. ware der allgemeine Stamm-Vater und Kaysers Rudolphi I. Hapsburgici Canzlar. Dieser wendete sich nach Ulm, um daselbsten in Ruhe zu leben, und stiftete das Prediger-Closter, worauf Er daselbst An. 1298 versturbe. Sein Sohn Hartmann, der in das Ulmische Patriciat aufgenommen wurde, führete sein Geschlecht dauerhaft fort. Seine Nachkommen erlangten nach u. nach über 20 Schlösser, Flecken u. Dörfer, worunter Dellmensingen, Dißhingen, Gamerschwang, Brandenburg u. Weiler war, u. besassen das Ulmer Todten-Gräber-Amt mit allen dazu gehörigen Zehenden nebst dem Zoll an der Herd-Brücken als ein Fürstliches Lehen

Lehen vom Gotteshaus Reichenau. Bey dem Stadt-Regiment wurden 7 Herren K. Raths Aeltere u. 16 Burgermeistere. Einer K. wurde An. 1280 Abt zu Hirschau. Gilgen K. Teutsch. Ord. Ritter. Cutz K. 1339 Reichs-Vogt über das Gotteshaus Ottenbeuren. Oswald K. erschiene 1374 auf dem Turnier zu Eßlingen. Jacob K. wurde 1473 Erzherzogs Sigismundi von Oesterreich Gesandter. Ulrich K. 1468 Probst bey den Wengen zu Ulm. Ein anderer gleiches Namens 1486 Domherr zu Augspurg und Constanz. Clara K. Aebtissin zu Söfflingen. Hans K. 1630 Chursächsischer Obrister, und Ludwig K. hat 1377 den Grundstein mit hundert Gold-Gulden im Münster zu Ulm geleget.

Herr Sebastian Krafft v. Dellmensingen, g. 737 des Innern R. Kr. Cassirer u. Waisen-Pfleger der Rs. Stadt Biberach. G. Euphrosia, Carl Lud. v. Lewen u. Euphrosiä v. Oppenheim T. V. 770.

Kinder: 1) Carl Lud. Joh. Frid. g. 15 Sept. 774. 2) Sebast. Wunib. Sig. Frid. Anton, g. 6 Oct. 775. 3) Franz Xaver. Ernst Anton, g. 11 Apr. 776.

Geschwister: 1) Maria Soph. G. Joh. Ferd. v. Weickmann, R. u. Ob. Amtm. des Rs. Gotteshaus Guttenzell. V. 759. 2) Mar. Antonia, g. 732. G. Joh. Ernst v. Kerndorff zu Mindelheim, Chur-Bayr. Gesandter. 3) Mar. Anna, g. 734. G. Augustin v. Roth zu Reuth. 4) Jos. Anton, g. 9 Jan. 736 Gemeinschaftl R derer 5 Schwäbischen Rit. Cantons. G. Francisca, N. v. Dolle u. Franc. v. Settelin T. V. 777. 5) Carl Lud. Kays. Lieut.

Eltern: Joh. Anton, g. 694 Gemeinschaftl. R. derer 5 Schwäbischen Rit. Cantons. G. I. Sophia v. Settelin. II. Mar. Marta, Edle v. Imthurn. V. 727.

Gros-Elt. Joh. Christoph K. zu Dellmensingen u. Weiler, †. G. Eleonora Thurnhofferin, †.

Kreß v. Kressenstein.

Die Herren dieses Hauses sind ursprünglich Böhmen, wo Sie das zwischen Eger u. Asch gelegene u. von Ihnen selbst erbauete; jetzo aber, völlig verödete Schloß Kressen=

Kreß v. Kressenstein.

Kressenstein ꝛc. inne gehabt. Von da kamen Sie ins Vogtland u. ließen sich in denen Gegenden Lobenstein u. Culmbach nieder. Endlich erwähleten Sie die Gegend um u. in Nürnberg zu ihrem Sitz, u. man findet, daß sie sich dasiger Orten schon An. 1197 aufgehalten haben. Es sind dieselben eines der ältest Rathsfähigen Häuser in Nürnberg, wovon eine Branche wegen des zur Rs. Ritterschaft in Franken an der Altmühl gehörigen Ritter-Guths Durenmungenau An. 1651 daselbst immatriculiret worden. Uebrigens haben sie bey dem An. 1197 zu Nürnberg gehaltenen grosen Turnier gerennet, u. ist Herold Krezz oder Kreß, welcher im Jahr 1270 gelebet hat, ordentlicher Stammherr derer gegenwärtig folgender massen blühenden Branches. Das mehrere S. in dem Handbuch von 1777.

I. Zu Rätzelsdorff.

Herr Joh. Burcard Kreß v. Kressenstein zu Rätzelsdorf, g. 17 May 742 Ob. Lieut. bey dem Fränk. Cr. Cürassier-Reg. v. Treskow. R. Nürnberg.

Geschwister: 1) Gottlieb Christoph, g. 21 Feb. 731. 2) Clara Maria Eleon. g. 21 Febr. 725. G. Carl Wilh. Scheurl v. Defersdorf auf Morneck, Pfleger der beyden Nürnb. Aemter Hilpoldstein u. Wildenfels ꝛc. V. 26 May 744. 3) Sophia Maria, g. 17 Dec. 726. G. Christoph Carl Kreß v. Kressenstein. V. 5 Merz 748. 4) Maria Hedw. g. 15 Apr. 729. 5) Anna Maria, g. 19 May 733. 6) Joh. Wilh. g. 19 Dec. 735. 7) Christoph Crrl, g. 10 Merz 739. 8) Maria Phil. g. 1 Sept. 745.

Eltern: Carl Christ. g. 4 Nov. 697 † Wurde 743 Nürnberg. Pfleger des Amts u. Closter Engelthal. G. Mar. Phil. Christ. Gottlieb Volkammers v. Kirchen-Sittenbach u. Claræ Mariæ Löffelholzin v. Colberg T. V. 5 Oct. 723.

Gros-Elt. Georg Christ. (Stiffter der Linie zu Rätzelsdorff,) g. 19 Jan. 654 K. w. K. Appellat. K. u. Losungsherr zu Nürnb. † 9 May 729. G. Maria Felicitàs, Sigm. Jacob Holzschuhers v. Neuenburg u. Annæ Mariæ Pellerin v. Schoppershof T. V. 12 May 684 † 25 Jan. 705.

II. Zu Rohenſaß.

Herr Georg Chriſtoph Kreß v. Kreſſenſtein zu Rohenſaß, g. 6 Nov. 725 Rittm. bey des Fränk. Cr. Cüraſſ. Reg. v. Treskow. R. Nürnberg.

Geſchwiſter: 1) Maria Reg. g. u. † 718. 2) JobſtChriſt. g. 720 † 723. 3) Maria Magd. Eleon. g. 8 Jan. 723 † 27 Nov. 746. G. Joh. Ad. Rud. Carl Geuder v. Heroldsberg zu Heroldsberg ꝛc. Senator zu Nürnb. V. 20 Nov. 741. 4) Joach. Gottfr. g. 26 Jan. 724 † 25 Dec. 727. 5) Chriſt. Carl, g. 16 Merz 727 Conſul u. Senator zu Nürnb. 6) Maria Hel. Jul. g. 17 Sept. 728 † 9 Dec. 729. 7) Anna Lucia, g. 27 Jun. 730. 8) Hans Paul Sigm. g. 17 Jun. 733.

Eltern: Chriſt. Gottfr. g. 13 Dec. 690. Wurde 729 Loſungs-R. zu Nürnb † 20 Oct. 741. G. Maria Magd. Chriſt. Leonh. Fürers v. Haimendorf u. Sib. Eleon. Paumgärtnerin v. Holenſtein T. g. 20 Jul. 693. V. 20 Jul. 717 †.

Gros-Elt. Wolff Chriſt. (Stiffter der Linie zu Rohenſaß) g. 1 Jun. 660 Aſſeſſ. u. Schöff am Land- u. Bauern-Ger. zu Nürnb. reſig. u. † 11 Sept. 723. G. Urſula Reg. Joh. Adam Rubmanns u. Reginæ Pezin v. Lichtenhof T. g. 8 Jun. 670. V. 22 Jul. 689 † 15 Dec. 727.

III. Zu Dürenmungenau.

Herr Chriſtoph Carl Kreß v. Kreſſenſtein zu Dürenmungenau u. Röthenbach bey St. Wolffgaug, g. 10 Jan. 723 Schöff u. des R. zu Nürnb. G. Sophia Maria, Carl Chriſtoph Kreß v. Kreſſenſtein auf Räzelsdorf u. Mariæ Philip. Volckamerin v. Kirchen-Sittenbach T. V. 5 Merz 748.

Geſchwiſter: 1) Maria Magd. g. 18 Jul. 714. G. Balth. Chriſtoph Kreß v. Kreſſenſtein zu Ebenreuth, Aſſeſſor und Schöff am Land-Bauern-Unter-Stadt- u. Ehe-Ger. ꝛc. zu Nürnb. V. 8 Feb. 735. 2) Maria Hel. 16 Nov. 715. G. Anton Ulrich Fürer v. Haimendorf. V. 15 Feb. 735. 3) Chriſtoph Sigm. g. u. † 717. 4) Joh. Chriſtoph, g. u. † 721. 5) Cath. Doroth. g. 29 Jan. 724. 6) Joh. Chriſtoph, g. u. † 725. 7) Georg Chriſtoph, g. u. † 726. 8) Frid. Chriſtoph, g. u. † 728. 9)

Krug v. Nidda.

9) Jobst Christoph, g. u. † 729. 10) Joh. Christ. Sigm. g. 16 Jun. 730. 11) Carl Christ g. u. † 732. 12) Georg Christoph, g. u. † 733. 13) Georg Christoph, g. 11 May 734. 14) Barb. Maria, g. 18 Nov. 735. 15) Sigm. Christoph, g. 7 Apr. 741.

Eltern: Joh. Christoph, g. 23 Oct. 680 des H. R. R. Stadt=Blut= u. Bann=Richter zu Nürnb. †. G. I. Maria Hel. Georg Sigm. Pömers u. Mariæ Magd. Schlüsselfelderin v. Kirchen=Sittenbach T. V. 8 Aug 713 † 15 Jul. 717. II. Dorot. Maria, Leonh. Grundherrns v. Altenthann u. An. Mariæ Welserin v. Neuhof T. V. 5 Nov. 720.

Gros=Elt. Ferd. Sigm. g. 31 May 641 zu Nürnb. Alter Burgerm. u. Appellat. R. 697 † 10 Apr. 704. G. I. Clara Sabina, Joh. Hieron. Oelhafens v. Schöllenbach u. Annæ Sabinæ Holzschuherin v. Neuenbürg T. II. Sus. Felicitas, Joh. Christoph Hallers v. Hallerstein u. Mariæ Salome Scheurl v. Defersdorf T. V. 27 Sept. 669 † 22 Apr. 705.

Krug v. Nidda.

Eine um das Jahr 1450 aus dem Elsaß abstammende adeliche Familie.

Herr Joh. Carl Phil. Krug v. Nidda zu Selters g. 21 May 729. G. Charl. Louisa, N. v. Horn u. Eleon. v. Eisenberg, a. d. H. Isenb. Birstein, T. R. Selters im Hanauischen.

Töchter: 1) Louisa Charl. g. 27 Apr. 756. 2) Frid. Henrietta g. 22 Feb. 758.

Eltern: Christoph Albr. Frid. g. 19 Sept 689 † 11 Aug. 771 Hanauisch. Grenad. Hauptm. G. Maria Charl. Cath. v. Radefeld. g. 28 Oct. 700.

Vat. Geschw. a) Frid. Wilh. †. b) Maria Emilia † 12 Aug. 771. G. N. v. Senning, K. Pr. Geh. Kr. u. Domainen=R. zu Berlin †. c) Charl. Sophia † 718. G. N. Krug v. Nidda, K. Pr. Reg. R. zu Ellerich †. Kinder: 1 Sohn † 737 u. 2 Töchter.

d) Louisa Elis. † 736 led. e) Carl Lud. † K. Pr. Justiz R. G. N. v. Schenck †.

Söhne: 1) N. N. K. Pr. R. u. Ober-Berg-Direct. zu Cönnern. 2) N. N. K. Pr. Geh. Cam. (Ger. R. zu Berlin. G. N. v. Weyden. O. 22 Feb. 776 3) u. 4) N. N. Canonici in Preussen.

f) Joh. Phil. Frid. † K. Pr. Geh. Kr. u. Domainen-R. auch Ober-Berg-Director. G. N. N. v. Ludewig, deren 2ter G. Graf Truchses zu Halle. Von deren ersten G. vier Söhne in K. Pr. Kr Diensten zu Halle, Breslau u. Gattersstadt bey Querfurd. g) Carl Wilh. †. G. Anna Lucretia v. Heste. O. 721 † h) Christian Lud. in H. Cassel. Kr. Dienst. †. i) Christoph Lud.†. k) Henr. Cath. †. l) Frid. Wilh. K. Pr. Cam. Ger. u. Geh. Kr. R. auch Ober-Berg-Director in Berlin. †.

Gros-Elt. Theodor Christoph, K. Pr. w. Geh. R. † 19 Sept. 701 zu Berlin. G. Cath. Sophia, Lucan v. Friege aus Hessen, †.

Kühn.

Eine Adeliche Familie in Sachsen.

Herr Christian Heinr. v. Kühn, Erb-Lehn- u. Ger. Herr auf Schönstedt ꝛc. G. N. N.

Kinder: 1) Christiana Wilh. 2) Victoria. 3) Joh. Wilh. 4) Georg. 5) Maria Frid. 6) Benjamin.

Geschwister: a) Joh. Georg, Erb-Lehn- u. Gerichtsherr auf Grüningen u. Nieder Topfstedt ꝛc. Hzl. Goth. Land-Cam. R. G. N. v. Schaller.

Kinder: 1) Henrietta Wilh. 2) Carl. 3) Friderica.

b) Maria Christiana, g. 26 Aug. 748. G. Joh. Frid. v. Koppenfels, auf Rohrbach, Hzl Weimar. u. Eisenach. w. Geh. Reg. R. O. 17 Nov. 763. c) Sus. Eleon. G. Franz Georg v. Hattorf, auf Völkershausen, K. Grosbritt. u. Chur-Braunschw. Lüneb. Hof-R.

Eltern: Joh. Wilh. Erb-Lehn- u Gerichtsh. auf Schönstedt, Grüningen, Nieder-Topfstedt, Hömbach, Grosen Borschla ꝛc. † 18 Aug. 770.

Gros-Elt. Joh. Andreas †. G. N. v. Ahna.

Kyckpusch.

Es ist dieses Haus eines der ältesten adelichen in Sach-

Ryckpusch.

Sachsen. Es hat den nahe an der Stadt Lubben im Calauischen Crayse des Marggrafthums Niederlausitz gelegenen Ort Ryckpusch zum Stammhaus u. floriret gegenwärtig in dem Schwarzburg-Rudolstädtischen.

Herr Ernst Frid. v. Ryckpusch, g. 15 Dec. 693 Fstl. Rudolst. Hofmarschall u. Ob. Stallm. G. I. Aug. Sophia Magd. Wilh. Ludw. v. Beulwitz auf Griesheim u. Aug. Aemil. v. Güntherod, a. d. H Zoppten T. g. 3 Oct. 711 V. 3 Oct. 732 †. II. Albert. Christiana Maria v. Nesselrodt, aus Krauthausen. R. Rudolstadt.

Kinder: a) Frid. Wilh. g. 14 Dec. 733 Homburg. Oberschenk u. Rit. des Würtemb. Militair-O. de St. Charles G. Rahel Jul. Wilh. v. Peirille. Dessen

Tochter: Frid. Carol. Ulrica, g. 25 Sept. 772.

b) Günther, g. 8 Jul. 735 K. Pr. Prem. Lieut. † 17 Aug. 759. c) Christ. Josias, g. 1 Dec. 739 Fstl. Schwarzb. Camj. Hof- u. Consist. R G. Carol. Louisa v. Boelzig. V. 11 Jan. 773.

Geschwister: a) Carl Sigm. K. Pr. Lieut. G. N. v. Rohr. b) Franz Albr. Mgr. Brand. Schwedt. Stallm. †. G. N. v. Stein, verwitbete v. Stosch, womit Er eine Tochter erzielet. c) Christoph Reinhard. d) Christian Frid. e) Sophia. f) Johanna. g) Eva.

Eltern: Christ. Reinh. †. G. An. Soph. v. Rechenberger †.

Vat. Brüder: a) Hans Sigm. Rußisch. Capitain. G. v. Bomsdorf, †. b) Christian Ernst, Churf Fähndrich, †. c) Otto Frid. auf Reutnitz, g. 670 †. G. Eva Magd. v. Ryckpusch auf Schlammeritz. Dessen.

Kinder: a) Joh. Eleon. g. 685 † 686. b. Christian Reinh. g. u. † 687. c) Joh. Eleon. G. Lothar. Sigm. v. Bomsdorf. d) Anna Marg. g. 691 † 692. e) Christian Frid. G. Christiana Sab. v. Karrus.

Sohn: Ernst Fridrich.

f) Carl Reinh. g. u. † 696. g) Mar. Elis. g. 697 †. h) Christ. Reinh. Churf. Lieut. i) Christian Ernst, g. 705 † 706.

Gros-Elt. Christian Reinh. auf Bahrensdorf †. G. Marg. v. Lindenberg, aus Mahrzahn †.

Lauterbach.

Eine Adeliche Familie in der Rs. Stadt Frankfurt, welche der dasigen uralten Gesellschaft Frauenstein incorporiret ist. S. das Handbuch von 1776.

Lersner.

Dieses Geschlecht nimmt seinen Ursprung aus dem Heßischen Städtgen Felsberg durch Curt, welcher Elisabeth, Jacob zu Sedumshausen, Tochter zur Ehe hatte. Er zeugte mit dieser drey Söhne, von welchen der jüngste Namens Johannes, das Geschlecht dauerhaft fortpflanzte. Es blühet gegenwärtig in der Rs. Stadt Frankfurt, und ist der dasig adelichen Gan-Erbschaft Alt-Limpurg einverleibt. Weiters S. das Handbuch von 1775. Herr Heinr. Ludw. v. Lersner, g. 20 May 703 Fstl. Stollberg. Hofmeister. R. Frankfurt a. M.

Geschwister: a) Frid. Maxim. g. 20 Feb. 697 † 8 Merz 753 K. w. R. älterer Schöff u. des R. zu Frankf. G. Maria Magd. Ludw. Adolph v. Sypertes u. An. Sib. v. Stalburg T. V. 8 Nov. 734 † 762.

Kinder: 1)) Frid. Maxim. g. 28 Aug. 736 Schöff u. des R. zu Frankfurt. G. Louisa Anna v. Mühlen. V. 679.
Tochter: Henrietta Charl. g. 17 Jun. 770.
2) Phil. Ludw. g. 1 Oct. 737 K. Dän. Camh. u. Hof-Jägermeist. 3) Ludwig Adolph, g. 11 Sept. 739 Chur-Hannöv. Obrist-Lieut. G. Hel. Rebec. Carol. v. Barckhaus gt. v Wiesenhüten. V. 8 Apr. 776.
Sohn: Carl Ludw. g. 27 Jul. 1777.
b) Marg. Helena, g. 9 Apr. 701 † 17 Feb. 774. c) Ludw. Erich, g. 712 K. Dän. G. L. u. Inhaber eines Reg. Dragoner, † 773. d) Maria Charl. g. 28 Jan. 720. G. Hieronym. Maxim. v. Glauburg, K. w. R. älterer Schöff u des R. zu Frankf. V. 20 Oct. 738.

Eltern: Frid. Maxim. g. 6 Apr. 671 † 8 Jul. 739. G. Sus. Cath. Frid. Maxim. Baur v. Epseneck u. Hel. Cath. du Fay T. V. 10 Oct. 694 †.

Vat. Geschw. a) Phil. Ludw. Kays. Capit. † 690 bey Belgrad. b) Joh. Heinr. g. 9 Sept. 658 † 25 Feb. 713.
G.

G. Jul. Eliſ. Joh. Chriſt. v. Fichard u. Mariæ Jul. Penzen v. Penzenau T. V. 26 Jan. 698 †.
Kinder: 1) Marg. Juſt. g. 18 Dec. 699 †. 2) Soph. Chriſtina, g. 13 Sept. 701 †. 3) Hel. Eliſ. g. 11 Dec. 706 †.
c) Maria Anton. g. 17 Dec. 659 † 5 Aug. 701. G. Joh. Chriſtian Baur v. Eyſeneck. V. 2 Dec. 685 † . d) Achil. Aug. g. 28 Apr. 662 † 29 Dec. 732. G. I. Anna Roſina, Matth. Carl Steffan v. Cronſtetten u. Mariæ Marg. v. Brommen T. V 12 Feb. 696. II. Anna Sib. Ochſin. V. 10 May 699 †.
Kinder: a) Georg. Aug. g. 1 Jun. 701 † 14 Sept. 749. G. N. v. Rothenhoff. V. 16 May 737.
Kinder: 1) Marg. Maria Anton. g. 2 Jan. 741. 2) Sohn, g. 745 † 767.
b) Marg. Ant. g. 1 Apr. 704 † 8 Nov. 751. G. Wilh. Chriſtian v. Gerresheim. V. 24 Aug. 735.
Gros=Elt. Henr. Ludw. g. 9 Feb. 629 † 26 Aug. 696 Ger. Schultheiß zu Franff. G. I. Maria Antonetta, Jacobi Löfflers v. u. zu Neidlingen auf Hohenſtein u. An. Mariæ Weiſin v. Limpurg T. V. 11 Feb. 656. II. Euphroſ. Marg. Joh. Phil. Steffan v. Cronſtetten u. Juſt. Marg. v. Völcker T. V. 16 Nov. 668 † 707.

Lilienſtern.

Eine Adeliche Familie in der Reichs=Stadt Frankf. Siehe das Handbuch von 1776.

Limpurg.

Von dieſem zwar erloſchenen aber ſeit grauen Jahren unter dem Namen der Geſellſchaft Alt=Limpurg zu Frankfurt am Mayn blühenden vornehmen Geſchlecht, iſt eine ausführliche Nachricht in dem Handbuch von 1775 enthalten.

Loeffelholz v. Colberg.

Dieſes uralte Turnier= Ritter= und Stiftsmäßige edele Haus, aus welchem zwey wieder erloſchene Branchen in des H. R. R. Freyherrn=Stand erhoben worden, ist ursprünglich aus Sachsen, u. An. 990 bereits als adelich bekannt gewesen. Zur Zeit Kaysers Henrici II. Sancti, wendete es sich nach Franken u. ließe sich in der Bambergischen Gegend Holfeld um das Jahr 1008 nieder. Es führete Anfangs den Namen Sachsen, nahme aber nachhero wegen eines bey Holfeld im Besitz gehabten Stück Holzes, welches man den Löffel nannte, den Namen Löffelholz an. Nachdem es in dem Bambergischen sehr considerable Güther adquiriret, auch zu Bamberg über 200 Jahr zu Rath gegangen, so wendete es sich An. 1420 nebst anderen Familien wegen der damahligen Kriegs-Unruhen von da nach Nürnberg, woselbst es unter die alt adeliche Raths-fähige Geschlechter an- und aufgenommen worden, von welcher Zeit an, es nicht allein daselbst bis jetzo, seinem adelichen Stande gemäß gelebet, und sowohl in dem dortigen Stadt-Regiment als auch auffer demselben verschiedenen ansehnlichen Civil- u. Militair-Chargen rühmlich vorgestanden, sondern auch auswärts an verschiedenen Kays. König-Chur- u. Fürstl. Höfen in vornehmen geist- u. weltlichen Aemtern sich in Ansehen u. guten Nachruhm gesetzet u. zu vielen Turnier-u. Ritter-Spielen gezogen worden, wie solches die vorhandenen Beweis-Urkunden, worauf man sich Kürze wegen beziehet, bestätigen. Gegenwärtig theilet sich dieses Geschlecht in die aus der ehevorig ältern u. jüngern Haupt-Linie erwachsene 1) Johann Fridrichische, 2) Hyeronimische, u. 3) Johann Paulinische Linien ab.

I. Johann Fridrichische Linie.

Herr Christoph Frid. Löffelholz v. Colberg auf Zerzabelshof, g. 14 Sept. 718. Wurde Senator in Nürnb. An. 770. G. Hel. Maria, Carl Benedict Volckammers v. Kirchen-Sittenbach u. Hel. Mariæ Tucherin v. Simmelsdorf T. g. 29 Apr. 718. V. 11 Dec. 741 † 27 Jul. 752. R. Nürnb.

Kinder: 1) Hel. Maria, g. u. † 742. 2) Joh. Wilh. Frid. g. 4 Oct. 743 Keller u. Niederlags-Amtm. G. An. Maria, Hans Jac. Hallers v. Hallerstein u. Hel. Mariæ Hallerin v. Hallerstein T. g. 1 May 749. V. 8 May 770.

Kinder:

Kinder: a) Hel. Maria Wilh. g. 8 Dec. 771. b) Phil. Jacob. Friderica, g. 31 Oct. 773. c) Georg Wilh. Frid. g. 7 Jul. 775.
3) Hel. Maria, g 22 Dec. 744. 4) Joh. Adam Carl Frid. g. 5 Feb. † 14 Jul. 746. 5) Hel. Cath. g. 18 Aug. 747 † 30 Oct. 750. 6) Joh. Burckh. Frid g. 2 Nov. 748 † 4 Nov. 750. 7) Maria Hel. g. 11 Jan. † 4 Nov. 750. 8) Paul Carl Frid. seit 773 Lieut. bey des Fr. Cr. Drag. Reg. g. 26 Apr. 751. 9) Maria Hel. u. 10) Hel. Sus. Zwilling, g. 22 Jul. 752 † 8 Apr. u. 15 Merz 754.

Geschwister: 1) Hans Frid. g. 7 Jan. 711 † 8 May 738. G. Magd. Regina, Wolfg. Christ. Winklers v. Mohrenfels zu Hembhofen ꝛc. u. Annæ Marg. Tucherin v. Simmelsdorf T. g. 717. V. 737 † 749. 2) Sus. Cath. g. 22 Jun. 710 † 763. G. Ge. Wilh. Löffelholz v. Colberg auf Gibizenhof, g. 711. V. 734. 3) Maria Cath. g. 22 Merz 712. 4) Hel. Cath. g. 14 Jun. 713. G. Carl Sigm. Elias Holzschuher v. Aspach auf Harrlach, g. 713. V. 736 † 755. 5) Anna Cath. g. 715 † 716. 6) Helena Cath. g u. † 716. 7) Anna Cath. g. 22 Apr. 720. 8) Regina Cath. g. 722 † 724. 9) Carl Frid. g. 723 † 734. 10) Eine todte T. 727. bey deren Geburt die Mutter †.

Eltern: Joh. Frid. g. 21 Jun. 682. Wurde 722 Ober-Zoll-Amtm. zu Nürnb. † 759. G. I. Maria Cath. Paul Gottfr. Imhofs u. Sus. Felicit. Praunin T. g. 689. V. 709 † 727. II. Maria Hel. Sigm. Elias Holzschuhers v. Neuenburg, u. Hel. Elis. Fürerin v. Haimendorf T. g. 681. V. 728 † 752.

Vat. Geschw. a) Joh. Carl, g. 28 Sept. 673 Senator in Nürnb. † 756. G. An. Sibilla, Georg Andreæ Imhoff v. u. zu Ziegelstein u. Hel. Cath. Schlüsselfelderin v. Kirchen-Sittenbach T. g 674. V. 707 † 733.

Kinder: 1) Hans Carl, g. u. † 708. 2) Cath. Sibilla, g. 710 † 711. 3) Hans Jacob, g. u. † 712. 4) Hel. Sibilla, g 713 † 714.

b) Maria Cath. g. 674 † 675. c) Maria Sab. g. 7 Feb. 676 † 716. G. Frid. Wilh. Imhoff, Assessor u. Schöff am Stadt- u. Ehe-Ger. g. 671. V. 699 † 717. d) Anna Jul.

g. u. † 677. e) Hans Christoph, g. u. † 678. f) Hans Burckh. g. u. † 680. g) Hans Frid. g. u. † 684. h) Maria Clara, g. 14 Jul. 685 † 734. G. Christoph Berthold Tucher v. Simmelsdorf, Obrister bey dem Jartheimischen Fränk. Cr. Reg. Senator zu Nürnb. u. Deput. beym Fränk. Cr. Convent, g. 667. V. 714 † 731. i) Hans Phil. g. u. † 687. k) Maria Christina, g. u. † 688. l) Maria Barb. g. u. † 691. m) Hans Wolf, g. 694 † 695.

Gros-Elt. Hans Carl, g. 1 Sept. 644 Senat. zu Nürnb. † 25 Merz 714. G. Maria Jul. Christoph Pellers v. Schoppershof u. Mariæ Magd. Tezlin v Kirchen-Sittenbach T. g. 10 Apr. 649. V. 11 Nov. 672 † 19 Aug. 696.

Gros-Vat. Geschw. 1) Mar. Reg. g. 18 Dec. 638 † 705. G. Gg. Burckh. Löffelholz v. Collberg, Anitni. des Waldes St. Laurentii. V. 660 † 714. 2) Hel. Cath. g. 11 Oct. 640 † 30 Merz 721. G. Tob. Gabr. Haller v. Hallerstein, Assessor am Land- u. Bauern Ger. g. 638. V. 665 † 673. 3) Hans Frid. g. 1 Sep. 642. Senator zu Nürnb. G. Mar. Barb. Christoph Wilh. Scheuerls v. Defersdorf u Hel. Gammersfelderin v. Solar T. g. 640. V. 672 † 704.

Kinder: a) Mar. Hel. g. 30 Sep. 673 † 11 Apr. 747. G. Christ. Frid. Imhoff v. u. zu Helmstädt, des Innern R. g. 666. V. 694 † 723. b) Joh. Frid. g. 4 Sep. 678 † 9 Aug. 679.

4) Mar. Barb. g. 14 Jul. 647 † 661. 5) Hans Wilh. g. u. † 649. 6) An. Maria, g. 650 † 664.

II. Hieronymische Linie.

Herr Georg Wilh. Löffelholz v. Colberg auf Gibizenhof, des ältern Geh. Raths zu Nürnb. g. 8 Sept. 711. G. Sus. Cath. Johann Frid. Löffelholz v. Colberg zu Zerzabelshof u. Mariæ Cath. Imhoff T. g. 22 Jun. 710. V. 18 May 734 † 763.

Kinder: 1) Hel. Sus. g. 9 Jan. 735. G. Hans Joach. Wilh. Scheurl v. Defersdorf, des H. R. R. Stadt-Blut- u. Bann-Richter zu Nürnb. g. 29 Dec. 721. V. 753. 2) An. Cath. g. 10 Apr. 736 † 11 Apr. 740. 3) Georg

Georg Chriſtoph g. 737 † 740. 4) Joh. Sigm. g. 738 † 740. 5) Carl Wilh. g. 12 Nov. 739 † 17 May 740. 6) Jacob Wilh. g. 17 May 741 Aſſeſſor am Stadt⸗ u. Ehe⸗Ger. † 11 Decemb. 775. G. Mar. Hedwig, Frid. Carl Scheurls v. Deſersdorf u. Mariæ Hedwig Scheurlin T. g. 749. V. 766.

Kinder: a) Georg Wilh. g. 767. b) Maria Cath. g. 768. c) Maria Hedwig, g. 769. d) Hel. Jacobina, g. 770. e) Suſ. Maria, g. 30 Nov. 771. f) Hel. Cath. g. 29 Jan. 773. g) Frid. Wilh. Carl, g. 23 Merz 774. h) Helena Suſ. Wilh. g. 27 May 775.

7) Maria Magd. g. 21 Jun. 742. G. Chriſtoph Andr. Imhoff v. Helmſtädt, Pfleger des neuen Spitals zum H. Geiſt in Nürnb. g. 3 Jan. 734. V. 19 Jun. 764. 8) Helena Maria, g. 27 Feb. 744 † 26 May 747. 9) Hel. Jacob. g. 7 Apr. 745 † 29 May 747. 10) Chriſtoph Frid. Wilh. g. 16 Merz 746 † 31 Merz 760. 11) Jac. Gottlieb Wilh, g. 6 Oct. 747 Aſſeſſor am Stadt⸗ u. Ehe⸗Ger. G. Suſ. Cath. Maria, Georg Burckh. Hallers v. Hallerſtein u. Suſ. Mariæ Kreßin v. Kreſſenſtein T. g. 746. V. 773.

Sohn: Georg Gottl. Wilh. g. 20 Aug. 775.

12) Hel. Cath. g. 28 Merz 749 † 3 Nov. 753. 13) An. Cath. g. 14 Aug. 750. G. Paul Wilh. Ebner v. Eſchenbach, Aſſeſſor am Stadt⸗ u. Ehe⸗Ger. g. 12 Merz 733. V. 2 May 775. 14) Anna Lucia, g. 12 Jun. 753.

Geſchwiſter: 1) Maria Hel. g. 702 † 703. 2) Joh. Sigm. g. 17 Jul. 703 † 1 Oct. 718. 3) Suſ. Maria, g. 21 Dec. 704. G. Jacob Guſtav Imhof, Pfleger u. Commendant der Beſtung Lichtenau, g. 681. V. 724 † 772. 4) Anna Cath. g. 9 Nov. 706. G. Chriſtoph Jacob Pömer, Pfleger zu Velden, 750 † 752. 5) Suſ. Eleon. g. 708 † 709. 6) Helena Jacob. g. 4 Merz 710. G. Georg Chriſt. Volckammer, VII. vir. V. 752 † 753.

Eltern: Joh. Sigm. g. 17 Merz 653 G. M. bey des Fränk. Cr. Cavall. dann Commendant u. Pfleger der Beſtung Lichtenau † 10 Aug. 732. G. Suſ. Eleon. Ferd. Sigm. Kreß v. Kreſſenſtein zu Dürenmungenau u. Suſ. Felicit.

cit. Hallerin v. Hallerstein T. g. 17 Jun. 670. V. 17 Jul. 701. † 752.

Vat. Geschw. 1) Joh. Hieron. g. 19 Jan. 652 des innern Geh. R. † 20 Apr. 732. G. I. Anna Maria, Paul Heugels u. Annæ Mariæ Kochin T. Georg Christoph Löffelholz v. Colberg W. V. 684 † 708. II. An. Lucia, Christ. Fürers v. Haimendorf u. An. Luciæ Löffelholzin v. Colberg T. Hans Jobst Harsdörfers v. Fischbach W. g. 666. V. 709 † 714. 2) Hans Jacob, g. 654 † 655. 3) Wilibald, g. 14 Nov. 655 † 23 Jun 686. 4) Anna Ursula, g. 5 Apr. 657 † 734.

Gros-Elt. Hans Jacob, g. 25 Aug. 614 † 7 Jan. 658. G. Anna Cath. Tobiæ Pellers v. Schoppershof u. Mariæ Magd. Schmidtmayerin v. Schwarzenbruck T. g. 6 Apr. 629. V. 21 Jul. 651 † 9 Oct 692.

Gros-Vat. Geschw. 1) Hieron, g. 598 Nürnb. Pfleg. zu Grävenberg † 21 May 624. 2) Magd. g. 599 †. 3) Thomas, g. 600 Assessor am Stadt- u. Ehe-Ger. † 632. G. Clara Jul. Hans Wilh. Hallers v. Hallerstein u. Claræ Imhoff T. g 608. V. 627 † 662.

Kinder: a) Jobst Hieron. g. 629 † 631. b) Gabriel, g. 630 † 646. c) Ursula Cath. g. 632 † 633.

4) Georg, g. 607 † 651. 5) Sebald, g. 609 † 632. 6) Sebast. Stamh. der in des H. R. R. Freyherrn-Stand erhoben aber im Mansst. † Sebastian. Linie, g. 20 Apr. 612 des Innern Geh. R: † 17 Aug. 693. G. I. Sib. Fürerin v. Haimendorf. II. Marg. Pfinzingin v. Henfenfeld, Joh. Clem. Ebners v. Eschenbachs W. V. 665 † 668. 7) Martin, g. 616 † 617. 8) Cath. Sib. g. u. † 619.

III. *A.* Johann Paulinische Linie.

Herr Sigm. Frid. Wilh. Löffelholz v. Colberg auf Herolzbach u. Ober-Lindelbach, bey des H. R. R. freyen Stadt Nürnb. vorderster Losungs-R. g. 12 Dec. 727. G. Maria Helena, Christ. Wilibald Harsdörfers v. Enderndorf u. Mar. Helenæ Gewandschneiderin T. g. 30 Apr. 724. V. 25 Feb. 755.

Kinder: 1) Sus. Maria Hel. g. 7 Dec. 755. 2) Christoph Wilh. Frid. g. 20 Sept. 757 † 17 Apr. 760. 3) Christ. Frid. Wilh. g. 8 Apr. 759 † 12 Apr. 760. 4) Carl Frid. Wilh.

Loeffelholz v. Colberg. 339

Wilh. g. 26 Feb. 761. 5) Barb. Helena Wilh. g. 26 Feb. 762 † 4 Jun. 765. 6) Hel. Maria Jacob. g. 20 Jun. 763 † 28 Jul. 763. 7) Jobst Christoph Wilh. g. 25 Oct 765 † 11 Aug. 767.

Geschwister: 1) Hel. Maria, g. 27 Jul. 720 † 6 May 724. 2) Clara Maria, g. 3 Sept. 722. 3) Sigm. Christ. Wilh. g. 5 Sept. 724 † 14 Feb. 725. 4) Anna Maria, g. 16 Feb. 726 † 6 Dec. 727. 5) Sus. Helena, g. 9. Feb. 730. 6) Magd. Christina, g. 27 May 732 † 16 Sept. 733. 7) An. Maria, g 8 Jul. 734 † 4 Apr. 736. 8) Sus. Maria, g. 16 Merz 736. G. Christoph Carl Gottlieb Winckler v. Wohrenfels, Assessor am Untergericht zu Nürnb. g 21 Jul 736. V. 21 Jul. 761 † 31 Jul. 766. 9) Magd. Christina, g. 13 Oct. 738 † 22 Feb. 741.

Eltern: Christoph Wilh. des Innern Geh. R. zu Nürnb. g. 6 Sept. 692 † 21 Jul. 769. G. Sus. Maria, Joh. Frid. Behaims v. Schwarzbach u. Mariæ Hel. Tezlin v. Kirchen-Sittenbach T. g. 19 Aug. 694. V 6 Jun. 719 † 15 Sept. 756.

Vat. Geschw. 1) Jacob Wilh. g. 17 May 686 † 12 Sept. 689. 2) Hans Paulus, des Innern Geh. R. g. 3 Sept. 687 † 3 Dec. 759. G. An. Maria, Joh. Wilh. Pömers u. Annæ Mariæ v. Eichler T. g. 27 Sept. 695. V. 7 Feb. 713 † 6 Apr. 740. 3) Magd. Christina, g. 28 Oct. 689 † 2 Dec. 761. G. Christoph Frid. Imhoff v. u. zu Helmstädt, des Innern Geh. R. g. 12 Mart 696. V. 29 Feb. 724 † 24 Mart. 750. 4) Jobst Wilh. g. 13 Jul. † 12 Sept. 691. 5) Joh. Wilh. g. 1 May 695 † 17 Dec. 696.

Gros-Elt. Joh. Wilhelm, vorderster Zoll- u. Waag-Amtm. g. 17 May 656 † 24 Jun. 715. G. Magd. Cath. Paul Martin Viatis u. Annæ Christinæ v. Oyrl T. V. 11 Jul. 682 † 1 Feb. 720.

Gros Vat. Geschw. a) An. Cath. g. 7 Aug. † 9 Sep. 622. b) An. Cath. g. 23 Jul. 623 † 23 Merz 675. G. Wolff Albr. Poemer, Nürnb. Pfleg. zu Engelthal. V. 28 Sept. 652 † 4 Dec. 659. c) Christ. Wilh. g. 29 Jul. 624 Nürnb. Pfleg. zu Velden † 10 May 664. G. Mar. Dor.

Dor. Wolff Albr. Poemers u. Hel. Kreſſin v. Kreſſen=
ſtein T. V. 28 May 660 † 6 Jun. 664.
Kinder: 1) Chriſt. Wilh. g. 15 ÷ 26 Jul. 661. 2) Gg.
VVilh. g. 15 May 664 † 22 Jan. 665.
d) Sabina, g. 5 Feb. 626 † 25 Feb. 694. G. Paul Hars=
dörffer v Fiſchbach. V. 17 Feb. 667 † 4 Jul. 688. e)
Mar. Hel. g. 21 Apr. 627 † 665. G. Hans Hartm.
Schnetter v. Sulzbach, V. 13 Jun. 664 † 690. f) Hans
Mart. g. 4 Sep. 628 † 22 Feb 672. G. Sab. Cath.
Chriſtoph Jac Muffels v. Eſchenau u. Claræ Magd.
Pfinzingin v. Henfenfeld T. V. 22 Jul. 661 † 6 Aug.
712.
Kinder: 1) Chriſtoph Gottlieb, g. 25 May 662. † 717.
G. Suſ. Mar. Heldin gt. Hagelsheimern. Jac. VVilh.
Tezels v. Kirchen-Sittenbach W. V. 3 Dec. 694 † 11
Jan. 658. 2) Gg. Jac. g. 17 Aug. 665 † 11 Oct. 687.
g) Barbara, g. 9 Dec. 629 ÷ 11 Jan. 630. h) Cath. Barb.
g. 7 Dec. 630 † 24 Jul. 680. G. Joh. Dict. v. Wimpf=
fen, V. 24 Aug. 663. † 17 Nov. 679. i) Sigm. Paul.
g. 23 Jan. † 14 Feb. 632. k) Gg. Paul, g. u. † 6 Apr.
633. l) Hans Paul, g. 4 Apr. † 17 May 634. m) Hans
Paul, g. 7 May 635 † 18 Feb. 680. G. An. Lucia Soph.
Stemplin. V. 7 Apr. 668. † 3 May 669.
Tochter: Anna Sophia, g. 3 May 669 † bald wieder.
n) An. Cath g. 6 Jun. ÷ 12 Aug. 636. o) Mar. Magd.
g. 16 Oct. 640 † 27 Dec. 707 led. p) Mar. Reg. g. 30
Jun. 647 † 15 Feb. 670. G. Andr. Zeidler Fſtl. Bam=
berg. Major ꝛc. V. 30 Jun. 668. q) Gg. VVilh. g. 13
† 14 Aug. 648. r) Reg. Hel. g. 14 Jul. 649 † 17 Oct.
667. s) Hans Hector g. 27 Feb. 652 † 15 Nov. 655. t)
Sab. Reg. g. 17 † 26 Jun. 654. u) Suſ. Jul. g. 11 Oct.
657 † 26 Aug. 712. G. Gg. Jac. Harsdörffer v. Fiſch=
bach, des Innern Geh. R. V. 25 Aug. 685 † 20 Merz
721.

III. B. Johann Paulinische Linie.

Herr Hans VVilh. Paul Löffelholz v. Colberg, auf He=
rolzbach u. Ober=Lindelbach, unter des Fränkiſ. Er. Cu=
raſſ. Reg. v. Treskow Rittm. dann Pfleger u. Com=
mend. der Veſtung Lichtenau, g. 12 May 730. G. Cath.
Frid.

Frid. Jacobina, Joh. Frid. v. Eyb auf Vestenberg u. Frohnhof u. Henr. Soph. v. Rothschüz T. g. 11 Apr. 736. V. 4 May 763.

Kinder: 1) Eine den 24 Jul. 764 todtgeb. T. 2) Sus. Maria Jacob. g. 7 Jul. 765. 3) Hans Georg Wilh. g. 19 Sept. 767 † 19 Nov. 768. 4) Hel. Jac. Frid. g. 17 Dec. 768 † 6 Mart. 773. 5) Eleon. Albert Maria g. 21 Dec. 769 † 2 Mart. 773. 6) Maria Sab. Wilh. g. 26 Feb. 772. 7) Hans Frid. Lud. Wilh. Carl Alexand. g. 30 Apr. 776.

Geschwister: 1) Hans Paul, g. 4 Dec. 714 † 1 Aug. 717. 2) Anna Maria, g. 27 Mart. 716 † 22 Jul. 720. 3) Joseph Wilh. g. 31 May † 8 Sept. 718. 4) Maria Felic. g. 5 Feb. 720 † 16 Feb. e. a. 5) Joh. Frid. g. 18 Jan. 725 † 8 Jun. 726. 6) Eva Soph. Maria, g. 11 Oct. 726. G. Carl Alex. Waldstromer, des Innern Geh. R. g. 732. V. 13 Mart. 764. 7) Anna Maria, g. 16 Jan. † 2 Sept. 728.

Eltern: Hans Paul, des Innern Geh. R. zu Nürnb. g. 8 Sept. 687 † 3 Dec. 759. G. Anna Maria, Joh. VVith. Pömers u. Annæ Mariæ v. Eichler T. g. 27 Sept. 695. V. 7 Feb. 713 † 6 Apr. 740.

Vat. Geschw. Gros-Eltern u. deren Geschwister sind die nehmliche wie bey der 3ten Linie A.

Loen.

Dieses alte edele Geschlecht stammet aus dem Herzogthum Geldern, wo es ehedem wichtige Güther besessen, u. einen Theil derselben bis ins Jahr 1698 beybehalten hatte. Es hat Matthias v. L. welcher im XIV. Seculo lebte, zum ordentlichen Stammherrn dessen Nachkommen in Frankfurt am Mayn und Schlesien blühen.

Herr Joh. VVolffg. v. Loen, g. 18 Oct. 732 Gfl. Solms-Laubach. Hof-Caval. u. Hof-Cam. R. auch Mitglied der uralten Gesellsch. Frauenstein zu Frankf. G. Louisa Henr. Albert. Georg Frid. v. Cloz u. Mariæ Eleon. v. Völcker T. V. 18 Oct. 757 † 17 Nov. 776. R. Frankfurt.

Kinder: 1) Maria Sib. Ernest. g. 1 Oct. 758. 2) Joh. Micha-

Michael, g. 19 Dec. 760. 3) Frid. Carl. g. 7 Jun. 763. 4) VVilh. Eleon. g. 26 Jan. 766. 5) Polexina Charl. Alexand. g. 3 Aug. 770.

Geschwister: 1) Joh. Mich. g. 10 Aug. 731 Hessen-Cass. Hauptm. quitt. u. lebt zu Lingen in Westphalen. 2) Rud. Eman. g. 14 Merz 734 Gfl. Benth. Steinfurt. Ob. Stallm. quitt. und lebet zu Franff. 3) Joh. Jost, g. 3 Jan. 737 Gfl. Lippe Dettmold. Schloßhauptm.

Eltern: Joh. Mich. g. 20 Dec. 694 † 24 Jul. 776 K. Pr. w. Geh. R. u. Reg. Präsid. zu Lingen. G. Cath. Sib. Maria, Cornelii v. Lindheim u. Cath. Elis. Seipin v. Pettenhausen T. g. 23 Nov. 702. V. 24 Nov. 729 † 20 Merz 776.

Gros-Elt. Michael, g. 11 May 663 † 5 Jan. 736 dieser verkaufte 698 die Güther im Gelderischen. G. Maria, Rudolph Eman. de Passavant u. Cornelii de Bassompiere (welche beyde ihr Geschlechts-Alter aus Burgund u. Lothringen von 208 u. 292 deduciren) T. g. 23 Sept. 669. V. 5 Aug. 690 † 5 Apr 697.

Gr. Vat. Bruder: Joh. Paul, g. 13 Aug. 674 † 11 Nov. 747. G. Const. Ludovica, Heinr. v. Portz u. Elis. v. Friedeborn T. Dieser ließe sich durch Ankauffung der Schmettauischen Güther in Schlesien nieder, u. machen dessen Nachkommen jetzo eine neue Linie.

Loewenstern.

Dieses unter König Carolo XI. unter die Schwedische Ks. Ritterschafft aufgenommene jetzt im H. R. R. blühende Geschlecht, führete sonst den Namen Kunckel v. Loewenstern, welch ersteren es aber abgeleget u. sich gegenwärtig nur bloß nach dem letzteren schreibet.

Herr Aug. Christian Heinr. v. Löwenstern, g. 11 Merz 725 Hzl Würtemb. Obrist-Wachtm. u. Ritt. des St. Charles militaire O. quitt. 767. G. Charl. VVilh. Frid. Ernst v. Westphalen auf Freißnissen u. Jul. Henr. v. Diepenbroick T. g. 22 Merz 743. V. 15 May 770. R. Lich, im Solmsischen.

Kinder: 1) Henr. Aug. Frid. VVilh. Alexand. Christian,

g. 14 Merz 771. 2) Sophia Joh. Charl. Henr. g. 25 Merz 773. 3) Wilh. Carl Christian, g. 5 Sept. 775. Geschwister: a) Frid. Carl Christian, g. 8 Jul. 726 † 23 Oct. 774 Gfl. Sayn-Witgenst. u. Hohenstein. Canzley- u. Consist. Präsid. G. Carol. Louisa Christina, Gerh. Frid. v. Werkamp gt. Alt-Barckhausen u. Frid. Sophiæ Wilh. v. Irmtraut T. g. 18 Nov. 726. V. 5 Nov. 761 lebt zu Marburg.

Kinder: 1) Hedervicus Lud. Carl Frid g. 10 Dec. 762. 2) Christian Wilh. Henr. Frid. g. 16 Dec. 763 Fähndrich bey dem Holl. Reg. Waldeck. 3) Wilh. Moriz Christian Frid. g. 6 May † 22 Sept. 765. 4) Fridr. Wilh. Ferd. g. 5 Merz 767. 5) Frid. Eleon. Carol. Sophia, g. 21 Jun. 769 † 24 Aug. 772.

b) Bruder † j. c) Frid. Christian, g. 8 Jul. 723 † auf der Elbe 14 Sept. 767 K. Dän. Obrist-Wachtm. u. Flügel-Adjutant. G. An. Soph. Cornelia, Christian Lud. v. Steuben u. An. Sophiæ v. Schwietringen auf Limberg T. V 11 Apr. 755 lebt zu Glückstadt.

Kinder: 1) Christiana Sophia Wilh. Polex. Henr. g. 20 Sept. 756. 2) Wilh. Aug. Charl. g. 15 Sept. 758. 3) Joachimina Franc. Wilh. g. 28 Nov. 760. c) u. d) † j. f) Frid. Wilh. g. 12 Sept. 731 Hzl. Würt. Camh. Obrist u. des militaire St. Charles O. R. quit. 774 u. ist jezt Adel. Hofm. bey denen Prinzen des Fürsten Carl Frid. v. Schöneich-Carolath in Schlesien.

Eltern: Frid. Wilh. g. 676 † 22 Aug. 739 Fstl. Nassau. Ob. Hofm. in Siegen. G. I. N. N. II. Rosina Elis. Joh. Frid. v. Königslöw u. Rosinæ Elis. v. Stahl T. g. 690 † 28 Merz 742. V. pp. 724.

Gros-Elt. Joh. Kunckel v. v. g. 625 † 702 K. Schwed. Berg-R. (wurde von König Carolo XI. in die Schwed. RS. Ritterschafft aufgenommen.) G. N. Freyin von Creutz aus Schweden †.

Logau.

Von diesem nunmehro ausgestorbenen Geschlecht siehe das Handbuch von 1777.

Maldiß.

Ein alt-adelich u. Rittermäßiges Haus, so aus dem Marg-

Maldiß. Mandelsloh.

Marggrafthum Meißen herstammet. Während des 30. jährigen Krieges kamen zwey Gebrüder Heinrich Burchard u. Heinrich v. Maldiß, Herrn zu Hermansdorff, in die Fürstl Nassauische Lande, von weßen ersteren folgende Descendenten floriren, des andern aber sogleich mit ihrem Vater ausgestorben sind.

Herr Leopold v. Maldiß, Hr. zu Hermansdorf, g. 18 Jul. 715 K. Franz. Obrist-Lieut. G. Magd. v. Dacherode, N. v. Kellenbach W.

Geschwister: a) Georg Wilh. g. 16 Dec 705. V. 25 Aug. 741 † 11 Merz 760. G. I Magd. Albert. v. Pflug † 18 Apr. 744. II. Maria Franc. Franz Reinh. v. Gemmingen zu Bonnfelden u. Soph. Hel. v. Prettlach T. g. 24 Jul. 723.

Kinder: 1) Carl Frid. g. 9 Apr. 746. 2) Frid. g. 28 Feb. 750. 3) Frid. Wilh. g. 3 Dec. 752 Lieut. unter der Jdstein. Crayß-Compagnie.

b) Charl. Henr. Albert. Frid g. 17 Feb. 707. G. Carl v. Decimb, Hr. zu Hebzen in der Graffschaft Bückeburg, g. 716 Obrist Lieut. unter dem Nassau-Weilburg. Er. Reg. c) Frid. Philipp, g. 21 Merz 713 Rußisch K. Brigadier, Ob. Jägerm. u Staats R. G. Hedw. v. Andrä.

Kinder: 1) Christiana Beata, g 30 Sept. 750. 2) Peter Frid. g. 22 Aug. 753. 3) Charl. Marg. g. 25 Merz 758. 4) Leopold, g. 1 Feb. 762. 5) Hedwig Eleon. g. 17 Jul. 764.

Eltern: Walrad Ferd. g. 6 Sept. 673 Fstl. Nassau. Us. Ob. Forstm. † 717. G. Anna Philip. Maria v. Geismar, g. 15 Aug. 677. V. 4 Jan. 704 † 31 Jan. 773.

Gros-Elt. Heinr. Burckh. g. 25 Apr. 630 Fstl. Nassau-Saarbr. Hof- u. Ob. Forstm, † 4 Merz 690. G. Doroth. Soph. v. Wolframsdoorf zu Birkenfeld g. 13 Jan. 639 †.

Mandelsloh.

Dieses adel. Haus floriret in Nieder- u. Ober-Sachß. Schon zu Anfang des XVI Seculi ware Jat: ber v. Mandelsloh, Dechant des hohen Stifts zu Minden und im Jahr 1503 Heinrich v. M. Dechant des Stifts zu Verden,

den, woraus abzunehmen, daß es schon damals für Stiftsmäßig erkannt worden seye.

I. Nieder-Sächsische Branche.

Herr Joach. Ludolph v. Mandelsloh, g. 24 Jan. 703.
Geschwister: 1) Gebh. Julius, g. 704. 2) Carl Frid. g. 705. 3) Aug. Lebr. g. 706. 4) Lucia Helena, g. 708.
Eltern: Otto Albr. Canonicus zu St. Sebastian u. Gangolf in Magdeburg, † 709. G. Christ. Elis. Joach. Ludolphs v. Veltheim auf Bartensleben u. Helenæ v. Bibow T. †.

Vat. Geschw. 1) Ursula Cath. G Gebh. Joh. v. Alvensleben auf Erxleben, Churbr. Ob. Steuer-Director u. Land-R. 2) Frid. Ulrich, † ohne Descendenz. 3) Lucia Dorot. g. 22 Merz 671. V. 30 Jan 695 † 4 Merz 696. G. Dan. v. Schulenburg auf Altenhausen.

Gros-Elt. Gebh. Jul. auf Ribbesbüttel u. Meseberg, † 692 Chur-Brand. Camh. u. Dom-Dechant zu Magdeburg. G. I. Maria Lucia, Alberti v. Schulenburg auf Oppenburg u. Luciæ Cath. v. Mandelsloh a. d. H. Morungen T. †. II. Doroth. v. Meding. III. N. v. Wellinghausen.

II. Ober-Sächsische Branche.

Herr Moriz Wilh. v. Mandelsloh, auf Eckstädt, Marckvippbach u. Balstedt, g. 9 Merz 707 K. K. Capit. G. I. Wilh. Eleon. v. Tympling. II. Sophia Jul. v. Dobeneck a. d. H. Dobeneck.

Kinder: 1) Frid. Wilhelmina, g. 2 Apr. 759. 2) Car. Christ. g. 31 May 760. 3) Carl Frid. Wilh. g. 12 May 762 Domh. zu Naumburg. 4) Gustav Aug. Moriz, g. 14 Jan. 764. 5) Frid. Wilh. g. 25 Merz 765.

Geschwister: 1) Joh. Sophia, g. 684. 2) Wilh. Doroth. G. Christ. Frid. v. Göttfarth, Herz. Weimar. Ob. Lieut. 3) Anton Albr. g. 687 † 1 Nov. 758 Hzl. Eisenach. Hofj. 4) Hans Aug. g. 12 May 700 † 9 Aug. 754 K. Pohln. u. Chur Sächs. Lieut. 5) Carl Gustav, g. 6 Sep. 701 † 6 May 766 Hzl. Weim. Geh. R. u. Landschafts-Casse-Director. G. Frid. Christiana v. Berlepsch a. d. H. Seebach. 6) Just Ernst, g. 26 Dec. 702 † 2 Nov. 748 Chursächs. Obrist-Wachtm.

Eltern:

Eltern: Frid. Anton, auf Eckstedt, Marckvippach u Ballstedt, g. 654 † 730 Hzl. Eisenach. Cammer-Director. G. I. N. v. Leutsch. II. Agnesa Elis. Hans Ernst v. Tropf auf Schiebelau u. Soph. Elisab. v. Einsiedel a. d. H. Prießnitz T. †.

Gros-Elt. Idocus oder Jobst, † 666 primus acquirens des Rittersitzes Eckstedt u. Marckvippach. G. Sophia Vitzthum v. Eckstedt, aus Marckvippach †.

Manteufel.

Dieses vornehme adeliche Haus in Hinter-Pommern führet den Titul, Burg u. Schloß Gesessen wegen Pozin u. mehreren Güthern. Erasmus v. M. war Bischof zu Camin u. hat die evangelische Religion in diesem Stift eingeführet. Der erste so von diesem Geschlecht bekannt, ist Heinrich, Ritter, so zu Zeiten Herzog Bogislai IV. in Pommern An. 1288 gelebet. Vor langen Zeiten florirte eine Linie davon im Mecklenburgischen u. eine andere im Gräflichen Stand, so aber ausgestorben.

Herr Frid. Heinr. v. Manteufel, g. 743 K. Pr. Capit. der Infant. quitt. 769 Erbh. der Güther Hohenwardin, Pozin, Buster, Santzkow, Gurkow u. Bernhagen, in Pommern. G. Frid. Louisa, Balth. v. Billerbeck, u. Soph. Carol. v. Bomsdorff a. d. H. Kanfft T. g. 751 V. 7 Dec. 769.

Kinder: 1) Henr. Frid. Carol. g. 770. 2) Fridr. August Wilh. g. 771. 3) Ludw. Heinr. Anton, g. 773. 4) Aug. Carl Jul. g. 775.

Geschwister: a) Ernest. Frid. Charl. g. 734. G. Ernst v. Borck, auf Dersberg, K. Pr. Rittm. b) Georg Gottlieb, g. 739 † in K. Pr. Kr Diensten 760. c) Louisa Doroth. g. 745. G. Carl von Alten Bockum, K. Pr. Lieut. Erbh. auf Zuchen.

Eltern: Georg Frid. g. 2 May 702 in K. Pr. Kr. Diensten, quitt. G. An. Louisa v. Wedel a. d. H. Lazow †.

Gros-Elt. Bernd Ewald, †. G. Abigail v. Glasenapp, a. d. H. Beerwalde, †.

Marschall v. Bieberstein.

Dieses uralte adeliche Haus stammet aus Meissen, u. hat allda bey denen ehemaligen Marggrafen zu Meissen das Erb-Marschall-Amt begleitet. Heinrich v. M. war 1198 auf dem Landtag zu Culmberg. Conrad v. M. soll 1294 unter die Rathsherrn u. 1312 unter die Burgermeister zu Freyberg gezählet worden seyn. Anno 1368 hat Nicolaus v. M. das Schloß Bieberstein bey Freyberg an sich gebracht, u. sich davon genennet. Sie stehen in keiner Verwandschafft mit denen Herren v. Bieberstein, u. ist das mehrere aus Königs Adelshistorie II. Th. p. 674 zu ersehen.

Herr August Ludw. Lebr. Marschall v. Bieberstein auf Reichstedt, Franckenau u. Bettenhausen, Mgr. Baad. Hauptm. bey dem Leib-Grenad. Corps, g. 8 Jul. 740. R. Carlsruhe.

Geschwister: (aus 2ter Ehe) 1) Frid Alex. Lebr. g. 746 K. Pr. Lieut. des Reg. Steinkeller. 2) Wilhelmina, g. 747 G. N. v. Taubenheim, K. Pr. w Geh. R. zu Berlin. 3) Henrietta, g. 749.

Eltern: Conr. Lebr. auf Nethern, Hedersleben, Reichstedt, Franckenau u. Bettenhausen, K. Pr. w. G. L. von der Caballerie, g. Jan. 696 † 28 Jan. 768. G. I. Wilh. Friderica, Leop. Ludw. Gayling v. Altheim u. Christ. Elis. v. Sternenfels T. V. 739. II. N. v. Treskau.

Vat. Geschw. 1) Georg Alexand. Gottlob. b) Aug. Christian. 3) Joh. Ant. Wilh. 4) Damm Otto Julius. 5) Carl Werner Adolph, Domh. zu Halberstadt, † 720 6) Erdm. Ludw. 7) Christian Moriz.

Gros-Elt. Alexander, K. Pohln. u. Churf. auch Sachs. Merseb Land-Cammer R. u. Ob. Steuer-Einnehm. †. G. I. Dorothea, Joh. v. Priseln, a. d. H. Döschitz. II. Rahel Sophia, Georg Frid. v. Helldorffs auf Kostewitz, u. Annæ Sophiæ v. Zastow a. d. H. Kannewurff T. V. 18 Sept. 689 † 9 Dec. 710. III. N. v. Beschnitz.

Meysenbug.

Ein alt-adelich seit dem XII. Seculo in Hessen blühendes und zu der dasigen Ritterschafft gehöriges Haus.

Herr Heinrich v. Meysenbug, g. 13 Jul. 741 Fstl. Hessen=
Cassel. Land=R. R. Nidda, in Hessen bey Wabern.
Schwester: Carolina Philip. † 774.
Eltern: Wilh. Carl, g. 683 † 762 R. Schwed. Camh. u.
Hessischer Obrist. G. N. N.
Gros=Elt. N. N. g. 632 † 702 Fstl. Hessischer Ober=
Hofmeister, G. N. N. †

Monster.

Ein alt Freyherrlich Ritter= und Stifftmäßig Haus,
welches ansehnliche Güther im Münster=Osnabrück=Pa=
derborn= u. Hannöverischen besitzet.
Freyh. Ludw. Fridr. Dietr. Wilh. v. Monster, g. 1 April
750. Hr. zu Langelage, Warburg, Germete ꝛc. tratt 776
im April nach getroffenem Vergleich die väterliche
Erbschafft an, u. wurde Herr von Eurenburg, Geis=
beck ꝛc. G. Charl. Adolphina, g. 13 Jan. 754 Otto v.
Münchhausen zu Schwobber u Louisæ Freyin v. Lich=
tenstein auf Lahm T. V. 23 Feb 773. R. Landegge.
Kinder: 1) Ludw. Frid. Wilh. g. 6 Nov. 774. 2) Georg,
g. 10 Feb. 776.
Geschwister: (1ter Ehe.) 1) Clara Cath. Dor. Phil. g. 7
Apr. 747. G. Lud. Clamor v. Schele zur Schelenburg,
Fstl. Osnabr. Droste der Aemter Witlage u. Heuteburg.
V. 18 Sept. 768. 2) Georg Werner Aug Dietr. g. 12
Jun. 751 Hr. zu LandEgge ꝛc. bey Münster, Chur=Cöll.
w. Geh. Staats=Rath, Cám. u. des Teutsch. O. R. zu
Utrecht. G. LouisaMaria An. Christiana Sophia, Ber=
tram Phil. Sigm. Rsgr. zu Gronsfeld Diepenbroick u.
Amoenen Soph. Frid Rsgr. zu Löwenstein=Wertheim
Virneburg, Mitreg. Gräfin u. Semper Freyin zu Lim=
purg Sontheim T. V. 4 Oct. 775. 3) Charl. Sophia,
Henr. Wilh. g. 7 Jul. 752. G. GeorgAug. Fhr. v. Ham=
merstein auf Equord, K. K. w. Cám. 4) Frid. Louisa
Dor. Phil. g. 9 Feb. 757. G. Ernst Frid. des H. R. R.
Gr. und Edler Herr v. Platen u. Hallermünde, Chur=
Braunsch. Lüneb. Erb=Gen. Postm. u. des Pfälz. Löw. O.
R. 5) Phil. Louisa. g. 25 Jan. 758 Stiftsd. zu Lipstadt,
resig. G. Ernst Phil. Fhr. v. dem Busche zur Ippen-
burg.

burg. V. 18 Apr. 776 (2ter Ehe) 6) An. Joh. Ant. Soph. Hel. g. 9 Apr. 790 Stiftstd. zu Wunsdorff. 7) Wilh. Charl. g. 4 Nov. 768 Stiftstd. zu Lipstadt. 8) Ernst Frid. Herbert, g. 1 Merz 766. 9) Carolina, g. 12 Merz 76) Stiftstd. zu Elze.

Eltern: Georg Herm. Heinr. g. 21 Aug 721 † 13 Dec. 773 Hr. zu Surenburg, Land-Egge, Warburg ꝛc. Fſtl. Osnabr. Droſt zu Iburg. G. I. Wilh. Louisa Dorot. Freyin v. Hammerstein zu Gesmold, g. 31 Jun. 730 † 12 Feb. 758. II. Eleon. Elis. Hel. Soph. v. Grothaus zu Ledenburg.

Vat. Geschw. 1) Henrietta, g. 719 † 764. G. Frid. v. Wulff, Hr. zu Suehteln, H. Cassel. Reg. R. u. Landdroſt zu Rotenberg. 2) Magd. Cath. Dor. Wilh. g. 16 May 724 † 26 Jun. 772. G. Wilhelm, Fhr. v. Schade, Hr. zu Land-Egge, Bergham u. Hundlosen. 3) Frid. Unico, g. 8 Oct. 726 des Teutsch. O. R. Raths-Geb. der Ballen Hessen, Commenthur zu Schiffenberg, Holl. Obrister der Inf. u. erster Major der Garde. 4) Dietr. Herbert, g. 728 K. Grosbrit. Obrist-Lieut. Gouverneur zu St. Philipp in Minorca u. des Teutsch. O. R. G. Carol. Pratt. des ehemaligen Engl. Gros-Canzlers Lord Cambden Schwester.

Gros-Elt. Joh. Heinr. Lud. g. 698 † 735. G. Mechtild Dor. Freyin v. Ledebus zu Königsbruck.

Mosbach, gt. Breidenbach.

Diese Freyherrliche Familie, wovon schon An. 1555 in dem Bergischen Ritter-Buch Meldung geschiehet, blühet in dem Herzogthum Bergen, und stammet von dem Haus Breidenbach, Amts Steinbach ab. In ihrem Wappen führet sie einen braunen abgeschnittenen Bären-Fuß im blauen Feld, aus dem Helm steigt ein blauer Halmenkopf, u. die Helmdecken sind blau u. weiß.

Freyh. Franz Bertram v. Mosbach, gt. Breidenbach, Hr. zu Seelscheit, Neukirchen, Vorsbach u. Marckelsbach, g. 711. G. Catharina, Phil. Ferd. v. Holtrop, a. d. H. Ernich, u. Adrianæ v. Rossum zu Rostern L. g. 716. V. 739. R. Seelscheit, im Bergischen.

Kinder:

350 Mosbach, gt.Breidenbach. Niebelſchütz.

Kinder: 1) An. Adriana, g. 741. G. Franz Joſ. v. Proff, a. d. H. Auel, Hr. zu Beuel u. Innerſauel, Chur Pf. Lantinger des Lands u. Amts Blanckenberg. V. 766. 2) Iſabella, g. 745. 3) Ferdinand, g. 752 Chur Trier. Leibknab. 4) Carl Joſeph, g. 754 Capitular der adel. Abtey Springersbach. 5) Franz Alexander, g. 757 Fähndrich bey dem Chur-Pf. Leib-Reg.
Eltern: Gerhard Wimar, Herr zu Seelſcheit, Vorsbach u. Neukirchen, †. G. Eleonora. Erdmund v. Geverthfan zu Attenbach u Eliſab. v. der Ihren zu Neukirchen T. †.
Gros-Elt. Johannes, †. G. Judith v. Belinghauſen, a. d. H. Benauen u. Leidenhauſen, †.

Niebelſchütz.

Dieſes Haus wird von einigen Wendiſcher Abkunft gehalten, u. ſoll bereits im vorigen Jahrtauſend in den Brittanniſchen Kriegen entſprungen ſeyn, u. im J. 1306 mit der Braunſchweigiſchen Prinzeßin Mathilde, Gemahlin des damaligen Herzogs v. Glogau, in Schleſien gekommen u. ſich niedergelaſſen haben, wovon das älteſte Stammhaus Bartſch heißet.

Herr Guſtav Sigm. v. Niebelſchütz, g. 30 Jan. 732 K. Pr. Hauptm. bey dem Infant. Reg. v. Eichmann.
Geſchwiſter: 1) Carl Heinr. g. 729 † 739. 2) Eleon. Mariana, g. 1 May 730. 3) Ernſt, g. 733.
Eltern: Frid. Adolph, g. 696 † 733. G. Carol. Gottlieba v. Logau.
Pat. Geſchw. a) Ludw. Sigm. g. 698 † in der Jug. b) Eleon. Mariana, g. 700. c) Hans Sigm. g. 702 in Ruſſ. Kr. Dienſten. G. I. Eleon. v. Poſtolſky. II. N. v. Stenſch.
Kinder: 1) Guſtav. 2) Tochter. 3) Ernſt Ludw.
d) Heinr. Ludw. g. 705 † 706. e) Balth. Guſtav, g. 6 Oct. 706 Obriſt bey dem K. K. Curaſſ. Reg. v. Modena.
Gros-Elt. Heinr. Ludw. g. 672 † 749. G. I. Eleon. Mariana v. Gersdorff, † 712. II. Barb. Hel. v. Stiebitz †.

Oberländer.

Die Herren v. Oberländer sind ursprünglich alte edle Pfälzer, und stammen von dem ehemalig berühmt edlen Geschlechte der Herren v. Lehneisen ab. Heinrich v. Lehneisen gienge aus der Ober-Pfalz, u. setzte sich An. 1389 im Voigtlande. Bey Verlassung seines Vaterlandes kame auch sein Stamm-Nahme Lehneisen in Vergessenheit, u. er wurde insgemein der Oberländer genennet, weil er oben aus der Pfalz ins Voigtland gekommen. S. Biedermann von dem Adel im Voigtlande.

A. Hauptlinie zu Cottenau.

Herr Georg Wilh. v. Oberländer, auf Cottenau u. Berg, g. 722 Brand. Culmb. Camh. u Geh. R. G. Carolina Aug. Hans Adolph v. Spiznas auf hohen Oelsen, und Christianæ Charl. v. Pöllnitz a. d. H. Renthendorf T. g. 732. V. 750.

Kinder: 1) Frid. Sophia Charl. Sib. g. 751. 2) N. N.

Geschwister: 1) Amal. Mar. Christiana Frid g. 727. 2) Frid. Carl, g. 728 † 732. 3) Wilh. Christian, g. 730 † 732. 4) Christiana Soph. Louisa, g. 731. 5) Louisa Franc. Dor. g. 733. 6) Frid. Gottlieb, g. 734. Erbte 751 von dem Hrn. Geh. R. v. Heßberg Schnodsenbach, Burg Ambach u. Zeisenbrunn. 7) Wilh. Sophia Frid. g. 736. 8) Christian Carl, g. 737 † 743.

Eltern: Joh. Frid. Brand. Culmb. Geh. R. u. Ob. Land-Jägerm. R. A. O. R. g. 692 †. G. I. Maria Sophia, Wilh. v. Arnim auf Seidewiz ꝛc. u. Mariæ Soph. v. Kanne, a. d. H. Haidhof T. g. 698. V. 720 † 723. II. Salome Isabella, Phil Sigm. Fhrn. v. Heßberg, u. Amal. Sib. Jul. Marschallin, gt. Greiff T. Christoph Gustav Diet. Fhn. v. Münsters W. g. 28 Sept. 700. V. 725 † 748.

Vat. Geschw. 1) Margar. Sib. g. 691 † 719. 2) Christiana Louisa Rebec. g. 694 †. G. Carl Lud. v. Rothschütz, Brand Culmb. Obrister u. Oehring. Ob. Forst-u. Stallm. V. 726. 3) Frid. Maria Louisa, g. 696 † 721. 4) Wilh. Lud. g. 698 † 731 Brand Culmb. Lieut. G. Maria Catharina, Joh. Albr. v. u. zu Rabenstein ꝛc. u. Rosinæ Soph. v. Zettwiz, a. d. H. Asch T. V. 629 † 748. 5) Chri-

5) Christoph Adam, g. 699 † 700. 6) Christian Dan. g. 701 † 702.

Gros-Elt. Christoph Gabr. Brand. Culmb. Camj. g. 664 † 702. G. Marg. Elis. Adams v Lüchau ꝛc. u. Mariæ v. Bredow, a. d. Mark Brandenb. T. g. 667. V. 690 † 730.

B. Hauptlinie zu Rudolphstein.

Herr Hans Georg v. Oberländer auf Rudolphstein, Berg, Ober- u. Unter-Sachsen Vorwerk, g. 717 Br. Culmb. Camh. u. Hauptm.

Geschwister: 1) Dor. Maria, g. 711 † 712. 2) Mar. Elis. g. 713. G. Frid. Ernst v. Reizenstein, a. d. H. Sparenberg, Fstl. Heching. Obrister. V. 733. 3) Cath. Rosina, g. 715. G. Christian Ernst v. Feilitsch, a. d. H. Töpen, Kays. Obrist. V. 20 Jan. 751. 4) Christian Erdm. g. 718. 5) Margar. Dor. g. 720. 6) Soph. Christiana, g. 721. 7) Hans Christoph, g. 724 K. Pr. Hauptm.

Eltern: Hans Sigm. v. O. g. 687 † 28 Apr. 750 bekame von seiner Mutter das alte Stamm- u. Ritter-Guth Claffenberg, verkaufte dieses, u. kaufte dafür Sachsen Vorwerk obern u. untern Theils. G. Soph. Rosina, Rudolph Christoph v. Drechsel auf Weinschliz u. Dor. Cath. v. Reizenstein, a. d. H. Selbiz T. N. v. Pühl W. g. 692. V. 710 † 20 Dec. 741.

Pat. Geschw. 1) Joh. Adam, g. u † 683. 2) Eleon. Soph. g. u. † 685. 3) Christoph Anton, g. 689 † 709 Brand. Culmb. Lieut. 4) Frid. Günther, g. u. † 693.

Gros Elt. Hans Seb. v. O. auf Rudolphstein, Berg u. Claffenberg, Stammh. dieser Linie, g. 639 † 699. G. I. Rosina Cath. v. Schirnding auf Colmreuth. V. 673 † 680 ohne K. II. Magd. Rosina, Martins v. Oberländer auf Saalbach u. Claffenberg, u. Reg. Cath. v. Oberländer, a. d. H. Saalbach T. u. Erbin, g. 659. V. 681 † 694.

Ochsenstein.

Eine adeliche Familie in der Rs. Stadt Frankfurt.

Herr Carl Frid. Georg Lebr. Erdm. v. Ochsenstein, g. 768

Oelhafen v. Schöllenbach.

Schwestern: 1) Henrietta Elis. 2) Franc. Carol. Christophina.
Eltern: Heinr. Christoph, g. 26 Sept. 715 † 1 Dec. 773 Anhalt-Cöth. Geh. R. u. des R. A. O. R. G. N. Persbecher. R. Offenbach.
Vat. Schwestern: 1) Rebecca, † 772. G. Fhr. v. Reibniz u. Craysau, Bayreuth. Camh. 2) N. G. Joh. Christian, Rhost Edl. H. v. Eisenhard, des H. R. R. Ritter u. K. w. R. † 21 Feb. 777.
Gros-Elt. Joh. Christoph, g. 4 Nov. 674 † 740 K. w R. Reichs-Stadt Frankf. Gerichts-Schultheiß. G. N. Clemmin †.

Oelhafen v. Schöllenbach.

Dieses edele bey der Rs. Stadt Nürnberg Rathsfähige Haus, hat seinen Ursprung aus der Schweiz, von da es sich anfänglich in die Rs. Stadt Nördlingen, um das Jahr 1500 aber nach Nürnberg gewendet, wo es dermalen blühet u. auf dem Lande considerable Güther besitzet, wovon die jetzige Descendenten Heinrich Oelhafen, welcher 1370 in Nördlingen zu Rathe gienge, zum ordentl. Stammherrn haben.

Herr Georg Christoph Oelhafen v. Schöllenbach, g. 5 Merz 710. G. F. M. L. des Fränk. Cr. Reg. seines Namens. R. Nürnberg.
Geschwister: a) Carl Christoph, g. 16 Feb. 709 Pfleger des Amts u. Städtgen Velden zu Nürnberg, †. G. Maria Sabina, Joh. Carl Welsers v. Neuhof u. Jul. Geuderin v. Heroldsberg T. V. 734.
Kinder: 1) Joh. Wilh. Christ. Carl, g. 10 Jul. 735. 2) Maria Hel. g. 17 Aug. 737 † 1 Feb. 741.
b) Jacob Christoph, g. 22 Dec. 711. Wurde 743 Assessor u. Schöff am Land- u. Bauern-Ger. zu Nürnb. †. G. Maria Hedw. Carl Wilh. Ebner v. Eschenbach u. Mariä Salome Löffelholzin v. Colberg T. g. 720. V. 739.
Kinder: 1) Maria Hedw. g. 18 Jul. u. † 1 Aug. 740. 2) Christoph Frid. g. u. † 8 May 742. 3) Joh. Christoph Wilh. g. u. † 744.
c) Eleon. Reg. g. 14 Jan. 714. G. Leonhard Grundherr v. Alten-

v. Altenthann ꝛc. V. 731. d) Anna Cath. g. 27 Merz 720. e) Clara Maria Reg. g. 20 Oct. 721. G. Georg Frid. Pömer V. 743.

Eltern: Christoph Elias, g. 28 May 675 † 29 Sep. 736 Pfleger des Amts u. der Stadt Altdorf zu Nürnb. G. Anna Maria, Joh. Paul Gewandschneider u. Hel. Reg. v. Kriener T. V. 708.

Gros-Elt. Joh. Ernst, g. 30 Jul 630 (Stammh. der Eismansberg. Li:.) Wurde 684 Amtm. des Haber-Umgelds, †700. G. Anna Maria, Christoph Prauns u. Magd. Barb. Roggenbachin v. Oedenreuth T. V. 21 Oct. 672 † 16 Feb. 686.

Oldershausen.

Die Herren dieses vornehmen Hauses, wovon Hans VII. im Jahr 1489 bey dem Fürstl. Hoflager zu Hardegsen in einem Turnier rennete, bekleiden bey dem Chur-Haus Hannover das Erb-Marschall-Amt. Sie besitzen die ansehnlichsten Ritter-Güther mit Hoh- u. Niederer Gerichtsbarkeit, Jagden ꝛc. daselbst u. in Ober-Sachsen, u. stammen von denen Grafen v. Harzhorn, u. denen Herren v. Westerhofen ab, welch erstere lange Zeit vor Kayser Carolo M. vor dem Harzwalde an einem Ort gewohnet, der noch heutiges Tags der Harzhorn genennet wird, u. an der Braunschweigischen Heerstrasse lieget, die von Nordheim nach Seesen führet.

Herr Burchard V. Anton Frid. v. Oldershausen, g. 710 Hr. des Ritter-Guths Gebese in Thüringen, des Schäzel-Werther- u. Bohuslaischen Guths ꝛc. wurde 748 K. Grosbrit. Forstmeist. u. Ob. Hauptm. zu Erichsburg u. Schloß Ricklingen. Im Jahr 754 Chur-Hannover. Erb-Marschall. An. 771 K. Ober-Forst- u. Jägerm. über das Bremensche u. Verdische, sodann aber über die Fürstenthümer Göttingen u. Grubenhagen. G. Antonetta Frid. v. Redem. V. 733.

Kinder: a) Sib. Wilhelm. G. Ernst Aug. v. Meding, K. Grosbr. G. M. Erbh. auf Horst ꝛc. b) Franz I. Jost Frid. g. 734 K. Grosbr. u. Chur-Hannöv. Hofj. zu Hannover,

Odershausen.

nover, Drost zu Burgdorf u. Moringen. G. Ern. Frid. Louiſa, Detlef Alexander v. Wenckſterns T. V. 767. Kinder: 1) Frid. Henr. Carol. 2) Burchard Carl Detlef Frid. g. 27 Jun. 769. 3) Eliſ. Julia Louiſa Frid. 4) Sophia Wilh. Agneſa Carol. 5) Carol. Antonetta Jul. Frid. 6) Chriſtiana Eliſ. Joh. Eleon.

c) Heinr. Carl Frid. † jung. d) Adolph I. Aug. Wilh. g. 737 Major der Infant. bey dem Hannöv. Reg. Sachſen-Gotha. G. Eliſ. Philip. Sophia v Buttlar, a. d. H. Ermſchwerdt.

Kinder: 1) Eliſab. Frid. Carol. Wilh. 2) Frid. Wilh. Carl.

e) Eliſ. Charl. Frid. Henrietta. G. Detlef Bonavent. v. Ranzau auf Bodien, Chur-Hannöv. Reg. R. f) Joh. Soph. Carol. G. N. v. Mandelsloh, Chur Hannöver. Hauptm. g) Louiſa Albert. Eleon. † 742. h) Frid. I. Hans Otto, g. 743 K. Grosbr. u. Chur Hannöv. Ob. Forſtm. über das Bremenſche u. Verdiſche. G. geb. v. Poſt. i) Burchard VI. Günther Theod. g. 745. R. zu Marienſee. k) Joh. I. Georg Gottlob, g. 746 Churſ. Lieut. l) Wilh. I. Phil. Ernſt Lud. g. 748 Holl. Major bey der Infant. m) Amal. Louiſa Sophia, † jung. n) Adolph II. Chriſtian Clamor Ferd. † jung. o) Hans XV Carl Heinr. † jung.

Geſchwiſter: a) Joſt VI. Ludw. Adam, g. 700. Wurde An 720 Hof Ger. Aſſeſſor zu Hannover, 728 Ob. Appellat. R. zu Zelle, 737 Land-Droſt im Fürſtenth. Grubenhagen, 738 Land-Droſt über das Herzogth. Sachſen-Lauenburg. G. Sophia Carol. v. Redem, a. d. H. Hameln, N. v. Knigge W. b) Dorot. Sophia, †. G. Wilh. Buſſo v. Marſchall-Bieberſtein, Chur-Hannöv. Obriſt Lieut. c) Cath. Eleon. Henrietta. G. Wilh. Buſſo v. Marſchall-Bieberſtein, Obriſt-Lieut. u. Dom-Dechant, der vorigen Gemahl. d) Anna Louiſa. e) Ernſt Wilh. f) Frid Heinr. Dietrich. g) Hans XIII. Ernſt Adolph, g. 711 Hauptm. Hr. des Ritter-Guths Eula in Sachſen an der Saal, † 767. G. Sophia Doroth. v. Wurmb.

Kinder: 1) Sib. Louiſa Eliſ. G. N. v. Tanner, Churſ. Major.

Major. 2) Wilh. Sophia Eleon. †. G. N. von dem Busche, K. Großbr u. Chur Hannöv. Staats Minister u. Consist. Präsid. 3) Lud. Jobst Christian, g. 740 Hr. derer Güther Förste u. Brestorf bey Lüneburg. G. geb. v. Meding.

Kinder: a) Hans. b) Theodor. c) August.
4) Soph. Charl. Frid. 5) Carol. Frid. Henr. †. G. N. v. Hardenberg zu Wiederstedt. 6) Hans XIV. Georg Frid. †.

h) Aug. Heinr. † jung. i) Anna Frid. G. Ernst Philipp Ferd. v. Grothaus, Hr. zu Ledenburg, K. Großbr. G. K. k) Agnesa Wilh. † jung.

Eltern: Jost V. Adam, g. 670. Wurde nach Absterben seines Vaters Oldershaus. Lehen=Träger u. Erb=Marschall. Er erhielte 718 die hohe Jagd= u. Gerichtsbarkeit über die Dörfer Oldershausen, Echte, Duderode, Oldenrode u. Willensen, † 726. G. Sib. Lucretia, Georg Lud. v. Wurmb zu großen Furra T. V. 699 †.

Vat. Geschw. 1) Anna Cath. 2) Hans Ernst, † jung. 3) Magd. Sophia. G. Jost Ludolph v. Rauschenplatt, Rittm. 4) Engel. Elis. G. Dietr. v. Campen. 5) Doroth. Hedw 6) Sabina Doroth.

Gros=Elt. Jobst Burchard IV. g. 614 †. G. Dor. Engel, Luther Ernst v. Hacken auf Bodenwerder T. †.

Olenschlager.

Eine adeliche Familie in der Rs. Stadt Frankfurt.

Herr Joh. Daniel v. Olenschlager, g. 18 Nov. 711 K. w. R. älterer Schöff u des R. zu Frankf. G. Sara Orthin, g. 19 Feb. 723. R. Frankfurt am M.

Kinder: 1) Joh. Phil. g. 749 Lieut. unter der Artillerie-Comp. zu Frankf. 2) Joh. Nicol. g. 18 Feb. 751 Mitglied der uralten Gesellsch. Frauenstein zu Frankf. 3) Elisab. Soph. Louisa, g. 761. 4) Cath. Marg. Christiana, g. 763.

Bruder: Joh. Nicol. g. 4 Sept. 713 † 9 Aug. 763. G. Joh. Rebecca Frid. v. Wiesenhüten, g. 29 Jun. 722. V. 3 Dec. 741.

Kinder: 1) Johanna Frid. g. 9 May 745. G. N. Tritsch-
ler

ler v. Falckenstein, Mgr. Bayreuth. Geh. R. V. 9 Apr.
765 † 26 Jan. 771. 2) Mariana, g. 7 Nov. 748. G.
Fhr. v. Reizenstein, Mgr. Bayreuth. Camh. V. 23 Jan.
766. 3) Joh. Nicol. g. 1 Jul. 756. 4) Antonetta Rebec.
Frid. g. 19 Aug. 5) Charlotta, g. 3 Jun.

Peller v. Schoppershof.

Dieses edle Haus ist aus denen Oesterreichischen Erb-
Ländern in der Gegend der Wald-Städte ursprünglich.
Es theilet sich in die Ober-Oesterreich- u Nürnbergische
Linie. Die letztere hat sich in verschiedene Linien zerglie-
dert u. besitzet nebst denen ansehnlichsten Chargen in ge-
dachter Ns Stadt, die wichtigste Güther in deren Ge-
gend, als das Schloß u. Dorf Schoppershof. Kasten-
reuth, Neuses ꝛc. besonders aber, das dem Ritter-Can-
ton Altmühl einverleibte Guth Muggenhoff, welches ein
Bambergisch Dom-Probstey Ritter-Mann-Lehen ist.
Sonsten wird Albrecht Peller An. 1337 beym Turnier zu
Ingelheim, Balthasar Peller aber, welcher nebst seiner
Gemahlin Margaretha Heckerin An. 1534 bekannt war,
als ordentlicher Stammherr aller jetzo blühenden Descen-
denten gefunden. S. das Handbuch von 1777.

Herr Joh. Christoph Peller v. Schoppershof zu Kasten-
reuth, g. 7 Sept. 726 Capit. Lieut. bey dem Fränk. Cr.
Reg. von Kerpen. R. Nürnberg.

Geschwister: 1) Clara Jacob. g. 4 May 718. 2) Clara
Maria, g. 20 Jun. 719. 3) Gottfr. g. 720 † 721. 4)
Christoph, g. 16 Feb. 723. 5) Clara Sophia, g. 5 Nov.
724. G. Hans Jac. Frid. Kreß v. Kressenstein. V. 748
6) Clara Esther, g. 22 Jan. 728. 7) Joh. Jacob, g. u. †
729. 8) Clara Sab. Hel. g. u. † 730. 9) Paul Christoph,
g. 731 † 732. 10) Sus. Clara, g. 16 Jun. 733. 11) Carl
Alexand. g. 13 Sept. 735. 12) Maria Sophia, g. 11 Feb.
738 † 10 Jan. 743.

Eltern: Christoph Jacob, g. 16 Apr. 686 älterer Amtm.
der Obern-Waag †. G. Hel. Jacob. Georg Veit Dör-
rers v. der Untern-Burg u. Barb. Cath. Delhafin v.
Schöllenbach T. g. 698. V. 15 Jun. 717.

Gros-Elt. Gottfried, g. 2 Merz 664 † 7 Jun. 696. G.
Mar.

Mar. Clara, Jobst Christoph Kressens v. Kressenstein ꝛc. u. Annæ Sophiæ Fürerin v. Haimendorf T. g. 665. V. 9 Feb. 685 † 12 Feb. 743.

Pfinzing v. Henfenfeld.

Dieses Geschlecht ist ausgestorben, u. nähere Nachricht davon in dem Handbuch von 1777. zu haben.

Plotho

Diese Adeliche und theils Freyherrliche Familie hat von alten Zeiten her den Beynamen Edle Herren von geführet. Sie besitzet in dem Magdeburgischen die Schlösser Parey, Zerben, Ringfurt, Ilenburg, Resen, u. im Anhaltischen Weizen-Gölzau. Ihr altes Stammhaus Plato, so man ehemals Plotho genennet, liegt im Magdeburgischen, u. gehöret jezo dem Haus Preussen. Zuerst findet man Johannem aufgezeichnet, welcher als Zeuge in Bischofs Willmars zu Brandenburg Donation des Zehenden in Czechow, Parne, Lodiz und Wedern an die Stiftskirche zu Brandenburg von 1170 aufgeführet wird. Desgleichen hat An. 1171 Johannes den Titul, Edler Herr v. Plotho geführet, in einem Privilegio, so er dem Plebano u. Einwohner zu Krachow wegen Erweiterung der Stadt Gentin ertheilet. Gebhard auf Jerichow hatte 3. Söhne, Otto, Gebhard u Johann, davon ein jeder um das Jahr 1440 eine absonderliche Linie angeleget; 1) Otto nennete sich von Jerichow, dessen Nachkommen, wovon etliche der Crone Frankreich als Obristen gedienet, u. Sebastian An. 1540 Dom-Probst zu Merseburg gewesen, im 16. Seculo †. 2) Gebhard wurde ein Stamm-Vater der Adelichen Pareyischen u. Graboischen Linien, welch leztere noch An. 1710 Joachim Fridrich auf Grabow als Senior unterhielte, die erstere hingegen pflanzte Ludwig Otto auf Parey, Gerbstädt ꝛc. Königl. Preußisch. würklicher Geh. Staats-Rath, und dessen Bruder Philipp Friedrich Königl. Preuß. Major fort. 3) Johannes ist Stammherr der Freyherrl. Linie worden. Von seinen Nachkommen hat Otto, Französischer Obrister, An. 1594 die Herrschaft Engelmünster in Flandern, an statt einer
Schuld-

Schuld-Forderung von 133333 Gold-Gulden von Frankreich erhalten, u. davon den Freyherrlichen Titul angenommen, in welcher Würde Wolf, Magdeburgischer Land-Rath nebst seiner Descendence von Kayſ. Ferdinando III. bestätiget worden. Von deſſen Söhnen hat Delphin, Spaniſcher Geheimer Kriegs-Rath u. Obriſter über ein teutſches Regiment den Flandriſchen Aſt fortgeſetzet, u. bey ſeinem An. 1697 erfolgten Tode fünf Söhne nachgelaſſen. Joachim Fridrich aber, der An. 1685 geſtorben, hat die teutſche Freyherrl. Linie fortgepflanzet u. einen Sohn Nahmens Fridrich hinterlaſſen, der unterſchiedliche Kinder gezeuget hat.

Herr Fridr. Gottlob Heinr. Sigm. Edler Herr v. Plotho, g. 17 Oct. 750.

Geſchwiſter: 1) Magd. Frid. Sophia, g. 12 Dec. 745. 2) Charl. Louiſa Dorot. Antoinet. Joh. g. 17 Jan. 748. 3) Charl. Sib. Antoinetta Erneſt. g. 12 Jun. 749.

Eltern: Ludwig Edler Herr v. Plotho, K. Pr. Staats-Miniſtre. G. Charl. Frid. Sib. Adam Chriſtoph Sigm. v. Benckendorff auf Schlottenhof ꝛc. u. Magd. Sib. v. Niclot T. g. 16 Sept. 715. V. 740.

Pömer v. Diepoldsdorf.

Die Herren Pömer ſind urſprünglich aus Pommern, wo ſie in den älteſten Zeiten geblühet, gegen das Ende des XII. Seculi aber ſich nach Franken u. bald hernach in die Rs. Stadt Nürnberg gewendet haben, wo ſie unter die alten Rathsfähigen edlen Häuſer aufgenommen u. theils durch ihre anſehnliche Stiftungen, theils durch die erlangte höchſte Ehren-Stellen ſehr berühmt worden ſind; u. iſt Heinrich I. Pömer, welcher An. 1289 †, ordentlicher Stammherr aller jetzo blühenden Herren. S. das Handbuch von 1777.

I. Wolfiſche Linie.

Herr Hans Joach. Frid. Pömer v. Diepoldsdor, g. 18 May 737. R. Nürnberg.

Geſchwiſter: 1) An. Suſ. g. u. † 734. 2) Suſ. Barb. g. 16 Jun. 735. 3) Mar. Cath. g. u. † 736. 4) Chriſt. Wilh. Frid. g. u. † 738. 5) Leonh. Steph. Frid. g. u. † 739. 6) Ma-

6) Maria Helena, g. u. † 740. 7) Maria Magd. g. 10 Sept. 741.

Eltern: Georg Frid. g. 14 Oct. 707 Sen. Fam. † 7 Jun. 748. G. Sus. Barb. Wolffg. Christoph Winckers v. Mohrenfels ꝛc. u. Annæ Marg. Tucherin v. Simmelsdorf T. V. 23 Sept. 738.

Pat. Geschw. 1) Hel. Regina, g. 22 Merz 706. 2) Sab. Reg. g. 13 Dec. 708 † 2 Jul. 728. 3) An. Maria, g. 31 Jul. 710. 4) Maria Helena, g. 6 Jun. 712. G. Hans Joach. Haller v. Hallerstein, des Innern Geh. R. u. Land-Pfleger. V. 18 Jan. 729. 5) Barb. Sabina, g. 6 Jan. 714. G. Georg Christ. Gottl. Im Hoff v. u. zu Ziegelstein, Pfleger zu Reichenbach, Casten-Amts-Pfleger zu Herspruck ꝛc V. 22 Oct. 743. 6) Paul Martin, g. 6 May 715 Fähndrich, † 738. 7) Christ. Jacob, g. 24 Jul. 717 Schöff u. des R. zu Nürnb. 8) Anna Maria, g. 719 † 720. 9) Maria Hel. g. 16 Jun. 720. 10) Cath. Maria, g. 8 Jan. 724.

Gros-Elt. Joh. Frid. g. 4 May 674 Major, Pfleger zu Hohenstein, Hippoldstein ꝛc. Sen. Fam † 25 Jul. 745. G. Hel. Jacob. Georg Carl Roggenbachs v. Oedenreuth Ultimi Fam. u. Mariæ Magd. Hülsin v. Rathsberg T. V. 25 May 705.

II. Georg Abrahamische Linie.

Herr Georg Frid. Wilh. Pömer v. Diepoldsdorf, g. 19 Jun. 742 Unter Lieut bey dem Fränk. Cr. Reg. v. Kerpen. R. Nürnberg.

Geschwister: 1) Georg Wilh g. 28 Sept. 735. 2) Ant. Ulrich, g. 5 Merz 737. 3) Georg Carl Wilh. g. 28 Dec. 738. 4) Georg Ludw. Christ. g. u. † 741. 5) Maria Sophia, g. 31 May 744. 6) Georg Jobst Ernst, g. u. † 745. 7) Sophia Philip. g. 26 Sept. 747.

Eltern: Georg Wilh. Pömer v. u. zu Diepoldsdorf, g. 1 May 713. G. Reg. Maria, Joh. Wilh. Pömers u. Annæ Mariæ Eichlerin v. Auritz T. g. 23 Jun. 717. V. 24 Nov. 734.

Gros-Elt. Georg Christoph, g. 27 Nov. 658 der Stadt Nürnb. Blut- u. Bann-Richter, † 3 Dec. 733. G. Maria Magd. Joh. Paul Stockammers v. Diepoldsdorf,

dorf, ult. Fam. u. Mariæ Barb. Imhoff T. V. 18 Nov.
689 † 3 Jun. 739.

Poseck.

Bey diesem uralten Haus kan man in der Historie sehr
weit zurückgehen. Sein Stammhaus ist Poseck ohn-
weit Wittenberg. Fridrich v. P. vermachte aus Mild-
thätigkeit An. 1270 der Kirche St. Mariá in Altenburg,
jährlich ein gewiß Getrayde aus seinem Dorfe Stechau,
u. Hanns v. P. wurde 1430 im Tumult von denen Husit-
ten bey Plauen erschlagen. S. Gauens Adels-Lexicon.
Herr Carl Heinr. v. Poseck, auf Wolfershausen, Bößle-
ben, Rottenbach ꝛc. g. 7 Feb. 718 K. Pr. Major.
Geschwister: 1) Anna Doroth. g. 6 Aug. 707. G. N. v.
Porzig auf Bobelaß, Ganzeroda u. Neils. 2) Elis. So-
phia, g. 9 Nov. 709. G. Franz Lebr. v. Mengershau-
sen. 3) Emilia Sidonia, g. 7 Dec. 715. G. Heinr. Gottfr.
v. Seltzer, Herz. Goth. Camh. u. G. M. V. 6 Feb.
737.
Eltern: Heinr. Fridemann, g. 14 Sept. 673 † 9 Jun.
753 Fstl. Schwarzb. Capit. v. Tonndorff. G. Dorot.
Elis. Christoph v. Salza aus Brücken u. Anna Sus. v.
Stangen v. Tonndorf T. V. 18 Oct. 706 † 20 Jun.
722.
Vat. Geschw. 1) Joh. Conr. g. 1 Merz 647 †. G. N. v.
Salza v. Brücken †. 2) Soph. Doroth. g. 23 Jun. 667
†. G. N. v Witzleben †. 3) Clara Beata, g. 8 Jan.
670 † 720. G. Joh. Phil. v. Langguit †. 4) Bernh.
Christian, g. 26 Feb. 679 †. G. Clara Christina Elis.
v. Marschall. V. 10 Feb. 701 †. 5) Clara Margar. g.
29 Oct. 679 †. G. Ant. Frid. v. Seltzer, Hzl. Goth.
Obrist-Lieut. u. Commendant. auf der Wachsenburg.
V. 7 Sept. 698 † 24 Sept. 754.
Gros-Elt. Hans Heinr. g. 645 †. G. Soph. Emilia,
Joh. Valent. v. Marschall ꝛc. u. Annæ Cath. v. Hey-
delberg T. V. 21 Oct. 666 † 713.

Praun.

Die Herren v. Praun oder Brun, nach Schweizeri-
schem

schem Dialect, v. Schönenwerdt, als welches adeliche Guth Sie ohnweit Zürch, an dem Flusse Lindmat ehemals besessen, haben ihren Ursprung aus Zürch in der Schweitz. Von An. 1263 findet man aus ächten Documenten, daß Rudolph Praun, aus Zürch nach Nürnberg gekommen, von dessen Nachkommen Fritz Praun als ordentlicher Stammvater derer heutiges Tags daselbst blühenden Herren angegeben wird.

Herr Sigm. Christ. Ferd. v. Praun, g. 19 Oct. 731 Assess. u. Schöff am Stadt= u. Ehe=Ger. zu Nürnb. Sen Fam. G. Hel. Clara, Sigm. Christ. Harsdörfers v. Enderndorf auf Fischbach u. Reg. Clara Strömerin v. Reichenbach T. V. 6 Sept. 757. R. Nürnberg.

Kinder: 1) Sigm. Christ. g. 22 Jun. 758. 2) Maria Salome, g. 29 Sept. 759 † 12 Feb. 760. 3) Christ. Wilh. Frid. Sigm. g. u. † 761. 4) Christoph Frid. Sigm. g. 762 † 763. 5) Joh. Frid Sigm. g. 25 Jul. 763. 6) Maria Felicitas Eleon. g. u. † 764. 7) Jobst Christ. Sigm. g. 30 Oct. 766. 8) Ehrenfr. Christ. Carl Sigm. g. 767 † 769. 9) Paul Christ. Sigm. g. 29 Jun. 769. 10) Sigm. Frid. Wilh. g. 13 Jul. 771.

Geschwister: 1) Christ. Frid. Ferd. g. u. † 721. 2) Maria Hel. Ig. 6 Nov. 722. G. Fhr. v. Neidschütz, Erbh. v. Adelshausen. V. 6 Sept. 743. 3) Maria Felic. Eleon. g. 21 Dec. 725. G. Christian Wilh. v. Stein auf Laußnitz u. Neuhofen, Rußisch R. Ober-L. V. 6 Sept. 745 † 26 Dec. 758. 4) Mar. Soph. g. 11 Jan. 728. G. Joh. Frid. Bernh v. Mercklin, Erbh auf Scheuerfelden u. Aichhof, Sachsen-Coburg=Saalfeld. Hauptm. V. 6 Sept. 745

Eltern: Sigm. Ferd. g. 10 Merz 690 Vorderster R. Consulent zu Nürnb. † 31 Merz 739. G. Mar. Salome, Christ. Frid. Kreß v. Kressenstein u. An. Reg. Pömerin T. V. 9 Apr. 720 † 26 Nov. 744.

Gros-Elt. Jobst Sigm. g. 6 Nov. 652 Waag=Amtm. in der Obern Waag Sen. Fam. † 28 Jul. 718. G. Clara Maria, Ferd. Jenisch v. Neuhof u. Mar. Sab. Colerin v. Neuhof T. V. 1 Jun. 685 † 29 Jun. 714.

Proeck.

Ein altadelich aus dem Schweizerischen Canton Schafhausen herrührend, dermalen in dem Königreich Preussen u. Fürstenthum Anhalt, mithin in zwey Linien florirendes Haus. Weiters S. das Handbuch von 1775.

I. Preusische Linie.

Herr August Lebr. v. Proeck, Fstl. Hessen-Homburgisch. Camj. R. Homburg.

Eltern: Georg Christoph, K. Pr. Obrist-Wachtm. † 758. G. Amalia Soph. v. Proeck, † 765.

Gros-Elt. Georg Wilh. † 713. G. Cath. Tiesel v. Taltig, † 732.

II. Anhaltische Linie.

Herr Ferdin. K. Pr. Lieut. unter des Prinz Heinrichs Infant. Reg.

Eltern: Carl Lebr. † 771. G. Jul. v. Degenfeld, † 751.

Gros-Elt. Carl August. † 743. G. Jul. v. Denstädt, † 750.

Rango.

Dieses uralte adeliche u. vornehme Haus stammet aus Griechenland, von da es sich im Jahr 532 nach Italien gewendet, woselbsten aus ihme viele Grafen, Marquis, Cardinäle, Bischöfe u. Feldherren entsprossen. Im IX. Seculo hat Olimpius, im XI. Ludolphus, im XV. Gabriel Bischof zu Agria u. im XVI. Hercules de Rango gelebet, welche sämtlich Römische Cardinäle gewesen. An. 1340 kame es zuerst in der Person Nicolai v. R. nach Sachsen, welcher denen Sächsischen Fürsten Kriegsvölker zuführete. Dieses Nicolai jüngster Sohn kam nach Pommern u. sezte sich zu Colberg, woselbsten Er die Familie dauerhaft fortpflanzte, und bis jezo daselbst floriret.

Herr Frid. Heinr. Ludw. v. Rango, g. 20 Jul. 753 K. Pr. Fähndr. bey dem Drag. Reg. v. Reizenstein.

Geschwister: 1) Sophia Hedw. Bernhard. g. 1 Oct. 754 design.

desgn. Conventualin zu Stolpe. 2) Leopold, g. 756 †
klein. 3) Juliana, g. 758. 4) Carl Wilh. g. 764.
Eltern: Joh. Carl Frid. Erbh. auf Triglaf, Decanus des
Dom-Capituls zu Colberg, † 771. G. Henrica Soph.
Wilh. Frid. Wilh. v. Münchow auf Tessin ꝛc. u. Ilsæ
Hedwig v. Kamke aus Cordeshagen T. V. 751.
Gros-Elt. Tiburtius Joh. g. 29 Jun. 69 †. Reg. R. in
Stettin u. Canonicus St. Sebastiani u. Nicolai zu
Magdeburg. G. I. Soph. Elis. Dan. Frid. v. Kamke a.
Cordeshagen u. Barb. Hedw. v. Kamke a. Hohenfelde
T. II. Hedwig Jul. v. Steinwehr a. d. H. Schwes-
sow †.

Rauber.

Dieses Freyherrliche Haus floriret in den K. K. Erb-
landen, u. hatte in Oesterreich die Herrschaften Crunau,
Petronell, Planckenstein u. Carlstädten an sich gebracht,
von welchen beyden leztern es noch den Freyherrlichen
Titul führet. Es soll sich vor Zeiten Engelschalcken ge-
nennet, nachgehends aber den Namen Rauber von vielen
Streiffen und Rauben bekommen haben. Christoph Rau-
ber war Bischoff zu Laybach An. 1488 u. erhielte dabey
zuerst den Fürstl. Titul, Otto Christoph Rauber aber im
XVI. Seculo Domherr zu Regenspurg u. Freysingen.
Freyh. Franz Xaver v. Rauber, g. 3 Aug. 733 Hauptm.
bey dem K. K. v. Bülovisch. Infant. Reg. R. Ulm.
Geschwister: 1) Bernhard, G. Freyin v. Bethoni. 2)
Maria Anna. G. Leop. Fhr. v. Lasarini †. 3) Josepha,
G. Leop. Fhr. v. Widerkern, V. 774. 4) Ignatius,
K. K. Controlleur-Principal vom Finanzwes. in den
Niederlanden.
Eltern: Carl Bernhard, g. 10 Jun. 705 † 6 Jan. 772.
G. Josepha, Sigm. Gr v. Lichtenberg u. Annæ Elis.
Gräfin Blaggai T. † 5 May 768.
Vat. Bruder: Hans Jacob, † 772. G. Antonia, Gräfin
v. Auersperg.
Söhne: 1) Nicolaus, Ober-Lieut. bey dem 2ten K. Sie-
benbürg. Wallach. Reg. 2) Hans Jacob, Cadet bey
dem K. K. Vonblaisch. Infant. Reg.

Gros-

Gros-Elt. Georg Sigm. †. G. Polixena Elis. Marci Jhn. v. Wizenstein u. Claræ Constantiæ v. Hochenwart T. †.

Reineck.

Eine adeliche Familie in der Rs. Stadt Franckfurt, wovon das Handbuch von 1777 nachzusehen ist.

Rhost v. Eisenhard.

Eine adeliche Familie in der Rs. Stadt Frankfurt, so unterm 21 Feb. 1777. †.

Riese.

Stammen aus einer in vorigen Zeiten im Hessen-Casselischen seßhaft gewesenen adel. Familie, u. ihre Nachrichten besagen, daß sie als Hessische Lehensleute nebst andern adel. Familien die Saline zu Allendorf seit undenklichen Zeiten bis um die Mitte des XVI. Seculi unter andern mit in Besitz gehabt haben. Von Allendorf kame diese Familie nach Schmalkalden, von da sich nach dem 30jährigen Krieg 2 Brüder, welche Reformirt wurden, wiederum nach Cassel wendeten, deren 3ter Bruder Lutherischer Religion nach Giessen zoge, dessen Sohn Joh. Christian seit Anfang dieses Seculi sich in Frankfurt etablirte, u. der Stamm-Vater nachfolgender Familie ist. Ein mehreres S. in dem Handbuch von 1775.

Herr Joh. Christian v. Riese, g. 26 Dec. 739 Hzl. S. Meinung. Legat. R. u. Resident zu Frankf. a. M. G. Sus. Mar. Magd. Joh. Phil. v. Heyden T. V. 2 Nov. 773.

Tochter: Sus. Maria Rebec. Elis. g. 23 Sept. 775.

Geschwister: 1) Anna Marg g. 12 Feb. 738. G. Carl Wilh. Frid. v. Aussem, Fstl. Oranien-Nassau. Justiz R. zu Dillenburg. 2) Joh. Jacob. g. 25 Oct. 741 Hzl. Sachsen-Goth. Legat. R. G. An. Elis. Philippina, Joh. Max. v. Stalburg u. Johannettæ Elis. Franc. v. Glauburg T. V. 13 Jun. 774.

Kinder: 1) Joh. Maximil. g. 29 Merz 776. 2) Sophia Franc. Frid. g. 13 Aug. 777.

3) Joh. Frid. g. 6 Dec. 745 Lieut. unter dem Nassau-Weilburg.

burg. Ober Rhein. Crayß=Reg. Frankfurt. Conting.
G. I. Amalia Wilh. Eleon. Soph. Cath. Joh. Adolph v.
Glauburg u. Sib. Eleon. Henr. v. Pappenheim T. V.
8 Aug. 769 † 30 Apr. 776. II. Marg. Friderica. Joh.
Max. v. Stalburg u. Joh. Elis. Franc. v. Glauburg T.
V. 20 Nov. 777.

Kinder: 1) Rebec. Eleon. Charl. g. 11 Jun. u. † 14 Oct.
772. 2) Maria Eleon. Soph Franc. g. 20 Jun. † 16 Jul.
775.

Eltern: Frid. Jacob, g. 21 Aug. 710 Hzl. Sachsen Goth.
wie auch verschiedener anderer Fürsten u Stände Hof-
R. u. Crayß-Gesandter, † 27 Jun. 768. G. Rebecca,
Joh. Krafts T. V. 6 Dec. 736 † 9 Nov. 776.

Gros=Elt. Joh. Christian, g. 26 Jun. 609 † 16 Dec.
741. G. Anna Marg. einzige Tochter Christian Fen-
den, verschiedener Fürsten u. RS. Ständen R. V. 701
† 27 Feb. 746.

Ritter v. Ritterstein.

Dieses Adeliche nunmehr Freyherrliche Geschlecht
stammet nach Schorers Chronick von 1477 von Memmin-
gen aus Schwaben, u. ist der erste Ritter, v. Ulm, welcher
eine v. Sättelin aus Memmingen zur Ehe hatte, um die-
se Zeit daselbst Rathsherr gewesen, dessen Ur-Enkel un-
term 2 May 1551 von Carolo V. einen Wappenbrief und
Lehen erhalten. Im Jahr 1621 stiftete Franz v. R. zu
Augspurg ein Familien=Stipendium, welches dessen
Sohn, der ein Fürstl. Augspurgisches Lehen besessen ver-
mehrete. Gegenwärtig blühet es im Marggrafthum
Mähren, wohin es sich von Regenspurg gewendet.

Freyh. Hieron. Ritter v. Ritterstein, g. 3 Merz 729 K.
K. Obrist-Lieut. u. Militair-Verpfleg-Amts-Director
im Marggrafth. Mähren u. Antheils Schlesien. Wur-
de unterm 11 Dec. 776 von R.K.M. in Betracht seiner
30 jährig rühmlich geleisteten Militair Dienste in des
H.R.R. Freyherrn-Stand erhoben. G. Juliana, Weil.
des unterm 8 Jun 747 in Italien † K. K. G. F. M. L.
u. Regim Inhab. Mauritz Fhn. v. Roth u. Rützen u. N.
Freyin v. Dungern aus Laar T. R. Brünn, in Mähren.

Kinder:

Kinder: 1) Wilh. Carl Hieron. g. 12 Nov. 761 zu Troppau. 2) Joh. Elis. Sophia, g. 12 Jul. 765 zu Wien. 3) Ther. Josepha, g. 8 Oct. 766 zu Wien. 4) Jos. Ignatz, g. 8 Merz 768 zu Tyrnau in Ungarn.

Eltern: Elias, g. 19 Feb. 693 zu Augsp. † 17 Feb. 769 zu Regensp. G. Sib. Elisabeta, N. v. Weyßböck u. N. v. Harrerin T. g. 28 Oct. 695 † 28 Nov. 768.

Gros-Elt. Joh. Wolfg. J. V. L. u. Canzley-Director zu Augsp. g. 30 Nov. 658 † 743. G. Maria Elis. v. Lederer, g. 668 † 718.

Rothkirch u. Trach.

Der Ursprung dieses Turnier- u. Stifftmäßigen Geschlechts ist nicht zu ergründen. Von Bucelino, Sinapio u. andern wird es unter die ansehnlichsten in Schlesien gerechnet. An. 1241 sind in der Tartarischen Schlacht bey Liegnitz, 9 Ritter dieses Geschlechts auf der Wahlstatt geblieben. Nebst denen in der Genealogie bemerkten Ritter-Güthern besitzet es das Stammhaus Rothkirch, eine Meile von Liegnitz, u. die Ritter-Güther Gros- u. Kleinschottgau, Vertelsdorff, Schützendorff, Lampersdorff, Prißelwitz, Wanthen, Maserwitz, Sonnenberg ꝛc. in Schlesien.

Freyh. Johann v. Rothkirch u. Trach auf Nöbdenitz, Röda, Untschen, Ober- u. Nieder-Bärschdorff u. Neusorge, Hzl. Sachs. Goth. Ministre u. Canzlar zu Altenburg, g. 27 Sept. 710 adoptirt von Johann Wenzel, Freyherrn v. Trach, K. Pr. Camh. u. Land-R. u. mit Beylegung des Freyherrl. Trachischen Geschlechts-Nahmens u. Wappens im Jahr 757 in den Freyherrn-Stand erhoben. G. I. Hel. Henrietta v. Trach, g. 730 † 756. II. Jul. Hel. v. Rothkirch, a. d. H. Groß-Schottgau, g. 17 Jan. 739. R. Altenburg.

Kinder: 1) Joh. Carl Lud. g. 16 Jan. 764. 2) Charl. Carolina, g. 12 Nov. 765. 3) Dorotheus, g. 2 Nov. 766. 4) Henrietta Jul. g. 16 Feb. 768. 5) Ernst Wolfg. g. 1 Jun. 769. 6) Joh. Eleon. g. 16 Jan. 772.

Geschwister: 1) Wolfg. Heinr. Hzl. Würt. General der Cavallerie, g. 704 † 771. 2) Charl. Eleon. auf Liebenau, Panthenau, Steudnitz, Doberschau u. Raischmansdorf, g. 20 Jan. 707. G. Joh. Wentzel, Fhr. v. Trach, K. Pr. Camh. u. Land-R. † 767.

Eltern: Wolfg. Melchior auf Braunau, † 719. G. Joh. Elis. v. Falckenhayn, a. d. H. Reppersdorff, † 711.

Rotsmann.

Ein alt adeliches Haus in Hessen, wovon das Handbuch von 1777. nachzusehen.

Salis.

Dieses uralte Haus in Graubünden, dessen erstes bekanntes Document vom Jahr 913 ist, blühet in Reichsgräflich- u. Freyherrlichen Linien, wovon die erstere sich in die Catholische u. Evangelische abtheilet. Es hat unter seinen Vorforderen Anna Maria, Fürstin u. Aebtißin des Nieder-Münsters zu Regenspurg, g. 1590 erw. 1616 † 1652. Anna Elisabetha, Aebtißin des Ober-Münsters eben daselbst, † 1684. Johann Wolffgang, Commandeur des hohen Teutschen Ordens, g. 1580 † 1641 u. Rudolph, Rs. Fhn. v. S. Kays. Staatsrath, Ritter, Feldzeugmeister u. Grand Maitre d'Artillerie, g. 1529 † 1603.

A. Catholische Gräfliche Linie

Graf Leopold v. Salis, g. 169 Erb-Prior des Toscanischen St. Stephani O. G. Gräfin v. Sarentin, aus Tyrol. R. Salzburg.

Tochter: Catharina. G. Hauptm. v. Paravicin.

Eltern: Joh. Stephan, Rsgraf, † Kays. Camh. u. Podestat zu Tyrann. G. I. Cath. Gräfin v. Wolckenstein. II. N. N.

Geschwister: a) Cath. G. Graf Joh. F. Rovelli v. Brixen. b) Margaretha. G. Marchese Ottovio Verita-poeta, aus Verona. c) Johann. G. Raphael v. Paravicin. d) Isabella, unverm. e) Carl Podestat zu Trahona. G. Elis. v. Paravicin.

Kinder: 1) Joh. Steph. Syndicator 773 † 775. 2) Tochter. G. Gr. Marcassoli. 3) Tochter. G. Gr. v. Mohr. 4) Tochter. G. N. Stuppan v. Grossotto. 5) Noch drey Töchter so geistlich.

Vat.

Vat. Geſchw. a) Hortenſia †. G. Marcheſe Pietro Paolo Giuſano, aus Mayland. b) 4 Töchter ſo geiſtlich. c) Aemilia †. G. Gr. Pomp. Cavenago aus Mayland. d) Simeon † K. Spaniſch. Hauptm. War anfänglich Kayſers Leopoldi Page, ſodann aber Podeſtat zu Trahona, † 673. G. Maria Eliſ. v. Mont, Freyin v. Leuenberg.

Kinder: 1) Margaretha, Cloſterfrau. 2) Conſtantia, G. Joh. Simeon v. Paravicin. 3) Johann, Podeſtat zu Tyran 709 zu Morbenn 719 zu Trahona 721. 4) Aemilia, G. Joh. Georg, Fhr. Travers v. Ortenſtein. 5) Rudolph, Landhauptm. des Veltlins 729. G. N. Freyin v. Buol zu Rietberg.

Kinder: 1) Rudolph, g. 730 Neapolit. Gardehauptm. u. Brigadier. 2) Anton, g. 732 Obriſt-Lieut. Delegirter der 3. Bünde 773. 3) Joh. Heinr. g. 733 † 775 Domprobſt zu Chur. 4) Simeon, g. 736 Brigadier u. Major der Neapolit. Schweiz. Garde. G. Aemilia Joſepha, Joh. Heinr. Fyn. v. Salis T. 5) Aemilia, G. Leopold, Fhr. v. Roſt in Tyrol. 6) Johanna, G. Ritter Stanislaus v. Albertii, Podeſtat zu Worms 761.

e) Rudolph, † Domprobſt u. General-Vicarius des Hochſt. Chur, auch inſulirter Abt einer Abtey in Hungarn. f) Ulyſſes, Podeſtat zu Tyran 685 zu Trahona 697 der ſouverainen Republic Graubünden Geſandter zu Wien 707 Gr. Prior des St. Steph O. Cám. des Pabſt Clementis XI. Syndicatur-Præſes 701 † 716. g) Joh. Lucius, Domh. zu Chur, des St. Steph. O. R. † 722.

B. Evangeliſche Gräfliche Linie.

Graf Hieronymus v. Salis, g. 709 K. Grosbr. auſſerordentl. Geſandter an Graubünden. G. Maria, des Lord Vicomte Carl Jane T. welche als Abkömmling der Herzoge von York u. Landcaſter das Vorrecht erhalten, das Wappen von Engelland zu führen. D. 735. R. London.

Kinder: a) Carl, g. 736 in London. b) Peter, g. 738 Podeſtat des Bergells, Landshauptm. des Veltlins von 771 bis 773. G. I. Eliſabetha, des Landshauptm. Ant.

v. Salis T. † 764. II. Anna, des Bunds-Präsid. Anton v. Salis T. † 767. III. Anna, des Podestat. Joh. v. Salis T.

Kinder: 1) Hieronymus, g. 771. 2) Maria, g. u. † 773. 3) Johannes, g. 776.
b) Heinr. Hieron. g. 740 K. Grosbr. Hof=Caplan. d) Wilhelm, g. 741 † zu London 750.

Schwester: Margaretha, g. 704 † 765. G. Anton v. Salis, Bundes-Präsident.

Eltern: Peter, g 675 † 749 Rsgraf u Gesandter in Engel: u. Holland, wie auch bey dem Utrechter Friedens-Schluß, u. Obrist des Gotteshaus Bundes. G. Margaretha, des Bunds=Präsid. Hercules v. Salis T. g. 678 † 747.

Pat Geschw. a) Anton, Landshauptm. des Veltlins 707 Syndicatur - Præses 713 †. G. Margaretha, des Brigadier Hercules v. Capol T. ≠ 733. b) Cornelia. G. Andreas v. Salis, g. 655 Garde-Hauptm. Obrist-Lieut. Vicarius des Veltlins u. des Venetianisch. St. Marcus O. R. † 725.

C. Freyherrliche Linie zu Seewis.

Freyh. Joh. Ulrich v. Salis zu Seewis, g. 740 Land-Vogt zu Mayenfeld 761 Haupt des X. Ger. Bundes 766 Syndicator, Land=Amtm. zu Seewis, Richter zu Malans. G. Jacobea, des Bundes Land. Amtm. u. Land=Hauptm. Gubert. Abrah. v. Salis im Bodmer T. R. Seewis.

Kinder: 1) Jacobea, g. 760 †. 2) Catharina, g. 762 †. 3) Joh. Gaudenz Gubert, g. 763. 4) Jacobea, g. 765. 5) Abrah. Gubert Dietegan, g. 767. 6) Catharina, g. 768. 7) Hercules. 8) Anna Paula.

Geschwister: a) Hercules, g. 734 K. Franz. Brigadier, † 774. b) Elisabeta, g. 739 † 764. G. Baptist v. Salis, Holländ. Obrister.

Eltern: Joh. Gaudenz, g. 708 † 2 Aug. 777 Land=Amtm. zu Seewis, Commissar. der Graffsch. Cleven 737 Syndicatur-Præses 747 Haupt des X. Ger. Bundes 734— 750. G. Cath. v. Clerig.

Gros=Elt. Hercules, g. 684 † 751 Land=Amtm. zu Seewis,

wis, Podestatt zu Morbenn 711 Haupt des X. Ger.
Bundes 718 Vicar. des Veltlins 727 Gubernator
dieser Landsch. 745. G. Maria, des Brigadier Hercules v. Capol T.

D. Zu Zizers.

Freyh. Heinrich v. Salis zu Zizers, K. Franz. Obrist
u. Garde-Hauptm. R. Zizers.

Geschwister: 1) Aemilia Jos. g. 750. G. Simeon Rs.
Gr. v. Salis. 2) Rudolph, Garde Officier in Franz.
Kr. Diensten mit Hauptm. Rang. 3) Elis. Mariana,
ledig.

Eltern: Heinr Anton †. K. Franz. Marechal de Camps,
Land-Amtm. der Vier Dörfer. G. I. Marg. Freyin v.
Travers zu Ortenstein, † ohne Kinder. II. M. Elis.
v. Besler.

Vat. Bruder: Rudolph Anton, K. Fr. Garde Hauptm.

Gros-Elt. Johannes, † 726 K. Franz. Brigadier, Garde-
Hauptm. u. des Ludw. O. R. G. Marg. Cath. v. Mont,
Freyin v. Leuenberg, †.

E. Zu Haldenstein.

Freyh. Joh. Lucius v. Salis zu Haldenstein, g. 9 Dec.
746 Regierender Souverainer Freyherr zu Haldenstein,
Lichtenstein u. Grottenstein. R. Haldenstein.

Geschwister: 1) Joh. Lucius, † jung. 2) Maria Magd.
g. 28 Oct. 744. G. Land-Amtm. Rud. v. Salis. V.
775. 3) Rudolph, Officier in der Holländ. Schweizer-
Garde mit Hauptm. Rang 4) Thomas, † jung. 5)
Andreas, g. 1 Sept. 753 Officier im Holl. Graubünd-
ner Reg. 6) Gubert Dietegan, g. 28 Nov. 754 Lieut.
im Franz. Schweitzer-Reg. v. Salis. 7) Maria Flan-
drina, g. 28 Merz 756. 8) Cath. Barb. g. 23 Jun. 758.
9) Marg. Cath. g. 12 Sept. 760. 10) Judith, g. 15 May
763.

Eltern: Thomas, K. Sardin. Obrister. Uebergabe 775
die Regierung zu Haldenstein seinem ältesten Sohn
Joh. Luc us. G. Maria Magdal. des Landshauptm.
Rudolph v. Salis T. g. 718 † 768.

Vat (Geschw. a) Gubert, † 23 Nov. 737. Regierend. Ob.
Her. zu Haldenstein. G. Cleophea v. Menhard, g. 694.

Tochter: Barb. Cleophea, g. 16 Apr. 732. G. Bunds=
Präsid. u. Stadt=Vogt Nicol. v. Salis, g. 22 Oct. 714.
b) Mar. Flandrina, g. 701 † May 776. c) Marg. Cath.
†. G. Frid v. Salis, Lieut. in der Franz. Schweizer=
Garde u. Land=Amtm. g. 4 Apr. 677 † 762. d) Ursula
Hortensia, † 776. G. Peter v. Planta, Ruf. Kayf. G.
M. †. e) Dorothea, †. G. Egmond Balthaf. Ant. v.
Salutz, K. Franz. Hauptm. †.
Gros=Elt. Joh. Lucius, g. 27 Apr. 672 † 8 Jul 722 Frey=
u. Ob. Herr zu Haldenstein. G. Mar. Flandrina, Freyin
v. Schauenstein ꝛc. V. 22 Nov. 698 †.

Savigny.

Von dieser Familie, welche seit etlichen Jahren in
Frankfurt a. M. blühet, siehe das Handbuch von 1776.

Schacht.

Von dieser alt=adelichen Familie, blühen dermahlen
in dem Herzogthum Würtenberg folgende.
Freyh. Carl Ludwig v. Schacht, Hzl. Würtenb. Camh.
g. 724. G. Carolina, N. v. Dettlingen, Rit. R. im El=
saß u. N. v. Ockkana T. R. Stuttgart.
Kinder: 1) Theodor, g. 749 in Fstl. Tarischen Hofdien=
sten. 2) Fridrich, g. 753 K. K. Lieut. 3) Eleonora, g.
755. G. Joh. Christoph v. Waxdorff. V. 776. 4° So=
phia, g. 756.
Geschwister: a) Franz Carl, g. 28 Oct. 725 Hzl. Würt.
G. M. u. Camh. G. I. Soph. Florentina, Phil. Albr.
v. Rotenhan u. Dor. Frid. Cath. v. Künsperg T. V. 21
Jun. 752 † 755. II. Eberh. Louisa, Frid. Lud. v. Knie=
stedt u. Charl. Soph v. Gemmingen, a. d. H. Hornberg,
T. g. 24 Oct. 724. V. 756.
Kinder: (1ter Ehe) 1) Frid. Carol. Mariana Joh. g. 18
Jun. 753. 2) Franc. Eleon. Wilh. Louisa, g. 14 Febr.
755. 3) (2ter Ehe) Franz Carl Eberh. g. 1 May 757.
In Mgr. Baad. Diensten.
b) Maria Josepha, g. 11 Dec. 726. G. Carl Otto Franz
Adam Stockhorner v. Starein, Hzl. Würt. Geh. R. u.
Camh.

Camh. V. 17 Sept. 750. c) Erasmus, † 760 Holländ. Hauptm. G. N. v. Odonell.
Kinder: 1) Adelbert, g. 755 Hzl. Würt. Lieut. 2) Joseph, Hzl. Würt. Lieut. 3) Eine T.
d) Eberhard, † 763 Hzl. Würt. Hauptm. e) Friedrich, Chur-Tr. Truchseß, † 750. f) Colonies, g. 729 † 776 Hzl. Würt. Hauptm. g) Louisa, † 745. G. N. v. Lilien. h) Mar. Charl. † 760. G. Carl v. Imhof, Fstl. Tarisch. Ob. Forstm. i) Theresia, G. Mr. Vie Comte de Beckers.
Eltern: Christian Eberh. g. 689 † 3 Nov. 739 Chur-Pf. Obrist-Lieut. /G. Maria Frid. Reßlerin v. Garmsheim, g. 17 Merz 688. V. 712 †.
Vat. Geschw. 1) Frid. August, † led. 2) N. G. N. v. Grabov. 3) N. G. N. v. Bülow. 4) N. G. N. v. Buchwald. 5) N. G. N. v. Hecklow, alle im Mecklenburg.
Gros-Elt. Frid Eilhard, g. 658 † 704 Drost zu Behrumb in Ost-Friesland. G. Mar. Elis. v. Schmieden, aus Hollstein, †.

Schele.

Dieses uralte Haus, welches im Osnabrückischen ansehnliche Güther besitzet, u. zu der dasigen Ritterschaft gehöret, theilete sich sonsten in zwey Linien, in die Schelenburger u. Euhoffer, wovon aber die erstere mit Daniel Victor, Herrn zur Schelenburg ꝛc. 26 Nov. 77 4/12 im Manns-Stamm †, u. dadurch dessen Güther auf die Euhoffer Linie gefallen sind.
Freyh. Ludw. Clamor v. Schele, g. 13 Dec. 743 Hr. zur Schelenburg, Euhoff ꝛc. Hauptm. der Chur-Hannöv. Fußgarde, quitt. 768 Fstl. Osnabrück. Droste der Aemter Witlage u. Hunteburg ꝛc. G. Clara Cath. Doroth. Phil. Georg Hermann Heinr. Fhn. v. Monster zu Saurenburg u. Dor. Phil. Wilh. Freyin v. Hammerstein zu Gesmold T. g. 7 Apr. 748. V. 18 Sept. 768. Ware Stiftsd. zu Leden.
Kinder: 1) Louisa, g. 17 Jan. 770. 2) Georg Victor, g. Nov. 771. 3) Wilhelmina, g. Oct. 773.
Geschwister: a) Christoph, u. b) Sophia, Zwillinge, g. 734.

734.) G. Lud. Fhr. v. Var zu Varenam, Erblanddrost des Hochstiffts Osnabrück. V. 762. c) Carl Aug. g. 745 Chur-Hannöver. Hauptm. d) Carol. Phil g. 748. G. Albr. v. Landsberg zu Stadthagen, Chur-Hannöver. Obrist-Lieut. V. 771.

Eltern: Ludw. Aug. g. 700 † 767 Hr. zu Euhoff ꝛc. K. Grosbr. u. Chur-Hannöv Geh. R. G. Agnes Phil. Fhn. v. Schele zur Schelenburg u. Sophiæ v. Hauß T. V. 733.

Gros-Elt. Daniel, † 710 Hr. zu Euhoff, G. Clara v. Schele zur Schelenburg, †.

Scheurl v. Defersdorf.

Dieses alte edele bey der Rö. Stadt Nürnberg Raths-fähige Hauß, hat seinen Ursprung in Schwaben, u. dessen Vorfordern haben in den Gegenden Lauingen u. Gundelfingen im Adelich u. Rittermäßigen Stande gelebet, u. das Schloß Eßingen u. den Ort Hesselschwang im Besitz gehabt. In der Mitte des XV. Seculi wendete es sich nach Schlesien, von da aber bald nach Nürnberg, wo es heutiges Tages in großem Ansehen blühet u. die adelichen Land-Güther Defersdorf, Erlenstegen, Seuchling ꝛc. besitzet. Der ordentliche Stammherr aller jetzo blühenden Herren u. Frauen dieses Hauses, ist Albrecht I. welcher mit seiner Gemahlin Anna Eißlingerin An. 1355 lebte.

I. Aeltere Linie.

Herr Frid. Carl Scheurl v. Defersdorf, g. 3 Jul. 723 Schöff u. des R. zu Nürnb. G. Maria Hedwig, Christoph. Gottl. Scheurls v. Defersdorf u. Mariæ Barb. Löffelholzin v. Colberg T. V. 12 Sept. 747.

Geschwister: 1) Phil. Jacob, g. u. † 722. 2) Mar. Magd. g. u. † 724. 3) Maria Sabina, g. u. † 726. 4) Sigm. Carl, g. 29 May 727 Fähndr. bey dem Fränk. Cr. Inf. Reg. † 10 Nov. 746. 5) Joh. Paul Carl, g. 12 Jun. 728. 6) Maria Helena, g. u. † 729. 7) Christ. Carl, g. 731 † 734. 8) Joh. Carl. g. 732 † 736. 9) Maxim. Christoph Carl, g. 733 † 734. 10) Maria Anna, g. u. † 735. 11) Georg Sigm. g. 31 Jul. 736. 1 . Christoph Carl, g. u. † 741. Eltern:

Scheurl v. Defersdorf.

Eltern: Joh. Carl, g. 30 Jan. 696 † Losungs R. zu Nürnb. G. Anna Lucia, Georg Sigm. Fürers v. Haimendorf auf Steinbühl u. Mariæ Sabinæ Kreßin v. Kreßenstein T. g. 699. V. 14 Jan. 721.

Gros-Elt. Phil. Jacob, g. 22 Jan. 648. Vorderster Losungs-R. zu Nürnb. † 22 Oct. 725. G. Maria Magd. Sigm. Jacob Holtzschuhers v. Neuenburg u. Anna Mariæ Pellerin v. Schoppershof T. g. 664. V. 684 † 16 Jan. 733.

Gr. Vat. Brud. Christoph Gottl. g. 14 Feb. 641 † 20 May 712. G. Rebec. Barb. Mich. Rupr. Pellers u. Cath Barb. Roßin T. V. 26 Jun. 671 † 8 Jan. 684. II. Maria Magd. Jobst Christ. Pellers v. Schoppershof u. An. Mariæ Huberin v. Augspurg T. g. 11 May 667. V. 9 Nov. 689 † 11 Jan. 619.

Sohn: Christoph Gottl. g. 11 Feb. 693. Vorderster Assessor u. Schöff am Stadt- u. Ehe-Ger. auch Ober Pfleger des Amtes u. der Vorstadt Goßenhof, ꝛc. G. Mar. Barb. Jacob Wilh. Löffelholzens v. Colberg u. Sabinæ Mariæ Pfinzingin v. Henfenfeld T. g. 697. V. 718 †.

Kinder: 1) Christoph, g. 4 Aug. 719 † 17 Merz 724. 2) Carl Wilh. g. 30 Nov. 720 Pfleg. der beyden Aemter Hilpoldstein u. Wildenfels. G. Clara Maria Eleon. Carl Christ. Kreßens v. Kreßenstein u. Mariæ Philip. Volckamerin v. Kirchen Sittenbach T. g. 725. V 744. **Kinder:** a) Sophia Maria Eleon. g. 22 Sept. 745. b) Christoph Gottl. g. 19 May 747 Assessor u Schöff am Stadt u. Ehe-Ger. G. Soph. Maria Behaimin v. Schwarzbach. V. 10 Sept 771.

3) Suf. Maria, g. 22 Merz 722. G. Joh. Wilh. Ebner v. Eschenbach, des R. zu Nürnb. g. 720. V. 741. 4) Mar. Hedwig, g. 8 Merz 724. G. Frid. Carl Scheurl v. Defersdorf, g. 723. V. 12 Sept. 747. 5) Cath. Hel. g. 31 May 726. G. Joh. Christoph Fürer v. Haimendorf, g. 722. V. 747. 6) Maria Barb. g. 10 Jun. 728. 7) Joh. Christoph, g. 730 † 736. 8) Sab. Reg. g. 11 Sept. 734.

II. Jüngere Linie.

Herr Hans Joach. Wilh. Scheurl v. Defersdorf ꝛc. g. 29 Dec. 721 des H.R.R. Stadt- Blut- u. Bann-Recht. zu Nürnb.

Nürnb. G. Hel. Suf. Georg Wilh. Löffelholz v. Colberg auf Gibizenhof u. Suf. Cath. Löffelholzin v. Colberg zu Zerzabelshof T. V. 753.

Geschwister: 1) Hel. Cath. g. 1 Feb. 709. G. Christoph Frid. Stromer v. Reichenbach, des R. zu Nürnb. g. 713. V. 736. 2) Christoph Wilh. g. 27 Jun. 711 † 8 Jul. 732. 3) Joh. Wilh. g. u. † 713. 4) Anna Rosina, g. 716 † 720. 5) Jac. Wilh. g 1 Feb. 719. 6) Maria Clara, g. 26 Nov. 724. G. Paul Carl Welser v. Neuhof, g. 722. V. 747.

Eltern: Christoph Wilh. g. 17 Jul. 679 † Pfleger des Amts u. der Stadt Lauff. G. I. Clara Hel. Christoph Sigm. Tuchers v. Simmelsdorf u. Mar. Hel. Pömerin T. Wolff Jacob Schmidtmayers v. Schwarzenbruck W. † 11 Oct. 733. II. Maria Hel. Gustav Georg Tezels v. Kirchen-Sittenbach ꝛc. u. An. Mariæ Pellerin v. Schoppershof T. V. 756.

Gros-Elt. Christoph Wilh. g. 19 Nov. 638 Major bey dem Fränk. Inf. Reg. d'Avila, u. Pfleger zu Gräfenberg, † 4 Sept. 693. G. Anna Rosina Schlüsselfelderin v. Kirchen-Sittenbach. V. 24 May 678 † 1 Merz 736.

Schönfeld.

Eines der ansehnlichst und ältesten Adelichen Häuser in Meissen, Lausitz, Thüringen u. Schwaben ꝛc. von welchen Wilhelm von einigen Wolff genannt, An. 968 zu Merseburg u. Fritz An. 996 zu Braunschweig unter die Turniers-Genossen gezehlet werden.

Herr Frid. August v. Schönfeld, g. 2 Jun. 747 K. Sard. Hauptm. unter Royal-Allemand.

Geschwister: 1) Joh. Carl Wilh. † 20 Merz 776 Hzl. Würt. Camj. u. Rittm. bey dem Leib-Corps. 2) Carl Frid. Rudolph, Mgr. Anspach. Hofj. u. Prem. Lieut. bey dem Leib-Corps.

Eltern: Joh. Rudolph I. Hzl. Würt. Camj. u. des Durlach. de la Fidelité O. R. G. Aug. Wilh. v. Schlotheim u. N. v. Jechhausen T.

Vat.

Schreibersdorf. 377

Vat.Geschw. 1) N. N. K. K. Hauptm. † ledig. 2) N. Churſächſ. Hauptm. † ledig.
Gros=Elt. N. Churſächſ. Obriſt=Lieut. †. G. N. v. Loewenſtern †.

Schreibersdorff.

Dieſes uralte adeliche Geſchlecht, ſo jetzo in Schleſien u. Sachſen blühet, iſt Ober=Rheiniſcher Abkunfft, u. ſein Stammhaus Steinitz in der Wetterau gelegen, An. 892 Ulrico v. S. von Kayſer Carolo M. unter welchem Er als Obriſter gegen den Longobardiſchen König Deſiderius ſich ſehr hervorgethan, zu Lehen gegeben worden. Adalbert Rudolph v. S. ware zu Zeiten Kayſers Henrici V. Dechant zu Trier. Sigmund I. v. S. hat von Kayſer Friderico II. die Burggräfliche Würde auf ſeine Nachkommen gebracht, Sigmund XIII. v. S. hingegen ſolche verkauft u. ware Philipp v. S. der erſte, ſo ſich durch Ankauffung derer Güther Dunchſtein u. Duinnulwitz im Fürſtenthum Jauer, in Schleſien, niederließe. Das nähere S. in dem Handbuch von 1777.

Herr Joſeph Ernſt Sigm. v. Schreibersdorff, Hr. zu Belmßdorff u. Posmick in Schleſien, g. 11 Jul. 707 Studirte zu Halle u. Leipzig, reiſete durch Deutſch= Holl= Engelland, Frankreich u. Italien. G I. Adolphina Wilh. v. Monſterberg, a. d. H. Wildau u. Breſchincke, † 731. II. Maria Hel. v. Schimonsky, a.d.H. Schreibersdorff im Wartenberg. † 754. R. Belmßdorff, in Schleſien.

Kinder: (1ter Ehe.) a) Heinr. Benj. Gottlieb, g. 732 Lieut. unter dem K. Pr. v. Winterfeld. Infant. Reg. † in der Bataille bey Prag 6 May 757 (2ter Ehe) b) Helena Juliana, g. 25 Nov. 737.

Geſchwiſter: a) Erasmus Balth. Chriſtian, g. 701 Kayſ. Rittm. unter Reg Ottowa. G. Barb. Jul. v. Franckenberg, a.d.H. Maßdorff u. Lozendorff. V. 724.

Kinder: 1) Balthaſ. Moriz, Lieut. unter dem K. Pr. v. Schultz. Infant. Reg. 2) Adolphina. 3) Juliana. G. N. v. Petit, Hauptm. des K. Pr. v. Thielſchen Infant. Reg. V. 764.

b) Joh. Carl Wilh. g. 711 Kayſ. Obriſt=Lieut. unter Laſcy
Infant.

Infant. G. Sophia v. Zichlinsky. c) Christiana Soph. Carol. Frau v. Neudorff u. Ebißina. G. N. v. Walther. d) Joh. Cunigunda. G. N. v. Göß auf Ober- u. Nieder-Krickau, g. 704 † 764. e) Eleonora, G. N. v. Pein auf Steinsdorff u. Wilckendorff im Haynischen Cranse, g. 705 † 739.

Eltern: Christian Rudolph, g. 27 Oct. 673 in Heintzendorff, studirte, reisete durch Deutsch-Holl-Engelland, Frankreich u. Italien, überkame die väterliche Güther im Briegschen, erbte durch ein Grosmütterl. Testament die Güther Ober-Mittel- u. Nieder Olbendorff, Oberecke, Lönertei, Loosdorff u. Jünckwiß, † 716. G. Sophia Elis. v. Heugel a. d. H. Marswiß im Ohlauschen.

Vat. Geschw. a) Anna Jul. Charl. †. G. Bernh. Fridr. v. Wenßky auf Mickendorff †. b) Cunigunda Louisa, † in Olbendorff als Braut mit dem Churs. General Grafen v. Rosboth, †.

Gros-Elt. Asmann, g. 3 Feb. 649 Kays. Obrister, quitt. besaß nebst den väterlichen Güthern Heintzendorff, Schönbrum, Thirgarten, Jagschenau ıc. † 2 Jul. 715. G. Anna Cunigunda, Freyin v. Hennenfeld. V. 670 † 691.

Seiß.

Dieses Adeliche Haus stammet aus der Obern-Pfalz, von wannen es sich zu Zeiten der Kirchen-Reformation, ins Voigtland gewendet, und daselbst ehedem die Güther Priß und Koediß ohnweit der Stadt Hof besessen hat.

I. Linie.

Herr Frid. Phil. v. Seiß, Brand. Onolz- u. Culmbach. Camb. u. Grenad. Hauptm. bey dem v. Poellnißis. Fuselier Bataillon, g. 20 Apr. 741. R Bayreuth.

Eltern: Christoph Heinr. Rudolph, Brand. Culmb. Major, g. 6 Dec. 709. G. Hel. Soph. Albert. v. Leubelfing, Christoph Phil. Fhn. v. Leubelfing, u. Cordul. Euphrosinæ v. Reißenstein T g. 21 Dec. 712 † 22 May 754.

Gros-Elt. Conrad Frid. Brand. Culmb. Capit. Lieut. † 26 Jan. 741. G. Sus. Doroth. Wolff Heinr. v. Reißen-

Seitz. Seltzer.

tzenstein auf Dürrnthal, u. Annæ Doroth. v. Reitzen=
stein, a.d.H. Berg T. †.

II. Linie.

Herr Franz Erdm. v. Seitz, H. Cassel. Obrister u. Com-
mand. des Steinis. Infant.Reg. in America, g. 12 Oct.
719. G. Dorot. Franc. Joh. Wilh. Adolphs v. Rots-
mann, u. Marg. Agnes Schenckin zu Schweinsberg,
a d.H. Keßrich T. R. Heldmühl, bey Alßfeld.

Kinder: 1) Dorot. Wilh. Carol. g. 6 Jun. 750. 2) Moriz
Casimir Frid. Julius, g. 2 Dec. 752 † 25 Feb. 754. 3)
Ludw. Frid. Wilh. g. 23 Aug. 759 † als Page am Hes-
sen=Cassel.Hofe den 13 Jan. 776.

Eltern: Phil. Heinrich, Rittm. bey dem Fränk. Cr. Cu-
rass. Reg. g. 7 Jun. 680 † 29 Apr. 741. G. Maria Ros.
Jul. Georg Christophs v. Buttlar, u. Evæ Mariæ v.
Gebsattel T. † 17 Apr. 756.

Vat. Bruder: S. den Gros=Vater der ersten Linie.

Gros=Elt. Joh. Heinrich, g. 627 † 697. G. Sib. Magd.
Georg Ernsts v. Reitzenstein, u. Cath. Barb. v. Raiten-
bach T. †.

Seltzer.

Dieses Geschlecht hat vor diesem seine Ritter=Güther
zu Bodelwitz u. Klein=Liebenau bey Leipzig gehabt. Ver-
möge derer Geschlechts=Nachrichten war Hans Wolff u.
Peter v. S. in Diensten Kaysers Maximiliani II. Der
letzte Besitzer obiger Ritter-Güther ware Hans Gottfried
v. S. Kayß. Lieut. so 1737 in Klein=Liebenau †. Die
übrige Herren v. S. haben sich durch Verheyrathung im
Thüringischen Crayß niedergelassen, wovon einige im
Herzogthum Gotha wohnen. Das nähere S. in dem
Handbuch von 1777.

Herr Heinr. Gottfr. v. Seltzer, g. 1 May 702 Hzl. Goth.
Camh. u. G.M. G. I. Charl. Sophia Sus. Hans Casp.
v. Müßling älteste T. V. 734 † als eine 6 Wöchnerin
mit ihrem Sohne bey dem Italienischen Feldzug 1 Jan.
735. II. Emil. Sidonia, g. 7 Dec. 714 Heinr. Fridem.
v. Poseck auf Wölffershausen u. Dorot. Elis. v. Saltza
T. V. 6 Feb. 737. R. Gotha.

Kinder:

Seltzer. Smith, Schmitt.

Kinder: 1) Ein todter Sohn. 2) Erdmutha Soph. † 3 Wochen alt. 3) Henr. Soph. Agnesa. 4) Carl Heinr. K. Pr. Lieut. 5) Frid. Wilh. K Pr. Lieut. 6) Soph. Ernest. G. Joh. Adolph v. Henning, Hzl. Goth. Major. V. 30 Oct. 769. 7) Ludw Carl Wilh. Hzl. Goth. Lieut. 8) Ernst August, Holländ. Fähndrich. 9) Aug. Frid. Carolina.

Geschwister: 1) Anna Dorot. g. 704. G. Carl Frid. v. Müsling, Hzl. Goth. Major. 2) Joh. Andr. g. 706 † 7 Sept. 774 Hzl. Goth. Capit. 3) Conrad Ant. g. 20 Sept. 708 † 9 Sept. 769 Hzl. Goth. Camh. Major u. Commend. auf der Wachsenburg. G. Charl. v. Creutz, verwitbete v. Posen V. 743 † 7 Apr. 759.

Eltern: Ant. Fridrich, g. 6 Jan. 671 Hzl. Goth. Obrist-Lieut. u. Commendant auf der Wachsenburg, † 6 Dec. 766. G. Clara Marg. Hans Heinr. v. Poseck u. Sophiæ Emiliæ v. Marschall v. Tannheim T. V. 7 Sept. 698 † 24 Sept. 734.

Vat. Geschw. 1) Carl Christian, Kays. Lieut. Wurde 15 Apr. 702 vor der Pondoneller Schanze in Italien erschossen. 2) Gottlob Christian Hartm. †. 3) Christina Dorot. †. 4) Magd. Elis. †.

Gros-Elt. Elias Balthas. g. 639 † 694. G. Anna Christina, Hans Christoph v. Haugwitz auf Flößberg u. Christinæ v. Seebach v. Oppertshausen T. V. 668 † 19 Oct. 719.

Smith, Schmitt.

Dieses Adeliche u. nunmehro Freyherrl. Geschlecht stammet aus dem Herzogthum Braband, worinnen es bey Antwerpen u. Mecheln verschiedene Ritter- u. Lehen-Güther besessen. Ohngefehr um das Jahr 1641 wandte sich aber wiederum Ritter Carl v. Smith, Hr. v Balroe, wegen damaligen Unruhen in Irrland nach Teutschland, u. nahm als Volontair Kays. Kriegs-Dienste an, darinnen er es mit vielem Ruhm bis zum General-Feld-Wachtmeister von der Cavallerie brachte, u. wegen treuen Diensten von Kayser Ferdinand III. in den Reichs-Freyherrn-Stand aufgenommen, auch darinnen von Kayser Leopold

Smith, Schmitt. Sommer.

pold für sich u. seine eheliche Descendenz bestätiget, und mit einem Cavallerie-Regiment beschenket worden. Das mehrere S. in dem Handbuch von 1776.

Freyh. Franz Carl Werner v. Smith, g. 8 Jun. 744 Chur-Pf. Ob. Lieut unter dem Leib-Reg. G. Franc. Carol. Maria Cath. Joh. Ferd. v. Schick u. Mariä Louisæ v. Stamm zu Battenberg T. g. 20 Nov. 748. V. 19 Jul. 767. R. Mannheim.

Tochter: Maria Jos. Johanna, g. 4 May 768.

Geschwister: a) Franz Wilh. Carl Jos. g. 4 Nov. 739 † 21 Jul. 764. b) Peter Jos. Franz, g. 26 Jan. 742 † 16 Merz 748. c) Joseph Ant. Carl, g. 28 May 746 Chur-Pf. Neuburg. w. adel. Reg. R. G. Maria Anna, Josephs v. Mayenberg u Agnes v. Splender T. V. 16 May 774. d) Phil. Wilh. g. 1 Aug. 747 † 12 Jan. 748.

Eltern: Ernst Casp. Carl, g. 5 Sept 701 K.K. Hauptm. unter dem Lamberg. Inf. Reg. † 1 Dec. 761 G. Mar. Theresia, Franz v. Roseneck, u Mariæ Felicitas v. Montfort zu Starckenburg T. V. 4 Nov. 738 † 19 Merz 762.

Vat. Brüder: 1) Joh. Angelus, g. 23 Apr. 699 †. 2) Christian Lud. Stifftsherr zu St. German u. Mauriz in Speyer, † 7 Aug. 768.

Gros-Elt. Ignaz Conrad Alexand. g. 24 Dec. 674 Chur-Tr. Hauptm unter dem v. Bozheim. Infant. Reg. u. General-Adjutant, † 29 Nov. 710. G. Anna Sophia, Fhn. Wiederholt zu Weidenhofen u. N. Freyin v. Hedern T. † 9 Jan. 755.

Sommer.

Dieses Adeliche Geschlecht floriret in dem Fürstenthum Schwarzburg.

Herr Joh. Frid. Bernh. v. Sommer, Mitherr zu Ober-Pölniz, Mittel-Pölniz u. Witgenstein, g. 21 May 747 Fstl. Rudolst. Hof-R. u. Camj. G. Aug. Carol. Carl Gottlob v. Kutzleben, auf Auleben rc. T. g. 22 Febr. 751. V. 14 Sept. 773. R. Franckenhausen.

Kinder: 1) Sohn †. 2) Louisa Frid. Ernest. Carol. g. 6 Jul. 776.

Schwester: Louisa Henr. Magd. g. 12 Dec. 748. G. Hans. Heinr. v. Elterlein, an dem Fstl. Sächs. Stifft Reg. u. Consistorial-R. V. Jul. 768.

Eltern: Lud. Fridrich, g 3 Sept. 715 † 10 Jun. 759. Fstl. Rudolst. Hof-R. G. Christiana Carolina, Joh. Jul. v. Jobin jüngste T. g. 724. V. 747 † 23 Oct. 763.

Vat. Geschw. a) Joh. Heinr. g. 30 Sept. 717 † 23 Oct. 769 Fstl. Rudolstädt. Vice-Canzlar, Reg. u. Consistor. Direct. zu Frankenhausen, u. Vice-Präsid. des Consistorii zu Rudolst. G. Louisa Christina, Joh. Jul. v. Jobin ıc. älteste T. g. 23 Jun. 723 † 10 Jun. 773.

Tochter: Frid. Bernh. Henrietta, g. 24 Sept. 747. G. Joh. Frid. Fhr. v. Ketelhodt, Fstl. Rudolst. Adel. Stall. M. u. Camj. V. 9 Jan. 770.

b) Sophia Louisa, g. 713. G. Georg Frid. v. Wonna, Fstl. Schwarzb. Hof-R. † 20 Jun. 747. c) Marg. Sophia, g. 714. d) Sus. Frid. Christiana, g. 721. e) Soph. Ant. Augusta, g. 722 Hofd. bey der Prinzeß Magdalena Sibilla zu Schwarzb. Dechantin zu Gandersheim.

Gros-Elt. Lud. Fridrich, g 19 Merz 689 † 19 Jul. 742 Fstl. Rudolst. Hof-R. Vice-Canzlar, Cam. Präsid. u. w. Geh. R. An. 739 ernannte Ihn Kayser Carl VI. zum w. Reichs-Hof-R. Seine Vorfahren waren Pfand-Inhaber der Schaumburg. Dorffschaften Doeschniz, Rohrbach, Wittgendorf u. Dieterichshutten. G Doroth. Sophia, des Sachs. Altenburg. Hof-R. Hiob Wagners älteste T. †.

Stallburg.

Die Herren dieses Hauses haben sich ehemals auch v. Stalberg u. v. Stailberg geschrieben. Sie sind Rheinländischen Ursprungs und haben in alten Zeiten auf der ehemaligen Churpfälzis. Burg-Veste dieses Namens bey Bacharach gewohnet und davon den Namen bekommen. An. 1324 hielten sie sich zum Theil als Gan-Erben in der Burg zu Reddelnheim auf, wendeten sich aber nachgehends in die Rs. Stadt Frankfurt u. gelangten durch Vermählung zu der dasig adelichen Gan-Erbschaft Alt-Limpurg. Ein mehreres ist in dem Handbuch von 1775. u. 1777. zu finden.

Stallburg.

I. Aeltere Linie.

Herr Joh. Maximil. v. Stallburg, g. 1 Merz 699. G. Johannetta Elis. Franc. Joh. Adolph v. Glauburg u. Amaliæ Wilhelm. v. Westerfeld T. V. 9 Merz 736 † 24 Dec. 768. R. Frankfurt a. M.

Kinder: 1) Joh. Adolph Frid. g. 24 Dec. 736 Schöff u. des Raths zu Frankf. 2) AnnaSib. g. 6 Dec. 737. G. I. Joh. Daniel Fleischbein v. Kleeberg †. II. N. v. Montgomery. 3) Anna Elis. Philip. g. 19 Sept. 743. G. Joh. Jacob v. Riese, Hzl. Sachs. Goth. Legat. R. V. 13 Jun. 774. 4) Soph. Franc. g. 3 May 748. 5) Marg. Frid g. 28 Aug. 751. G. Joh. Frid. v. Riese, Lieut. unter dem Weils. Ob. Rhein. Cr. Reg. Frankf. Conting. V. 20 Nov. 777.

Eltern: Joh. Phil. g. 30 Dec. 666 † 30 Dec. 715. G. An. Marg. Joh. Hector v. Holzhausen u. Annæ Matg. v. Kellner T. V. 29 Apr. 696 † 16 Nov. 710.

Gros-Elt. Daniel, g. 20 Jan. 617 † 6 May 688 Schöff u. des R. zu Frankf. G. Susanna, Joh. v Ruland u. Sophiæ Mariæ v Bode T. V. 26 Oct. 646 †.

II. Jüngere Linie.

Herr Joh. Frid Maximil. v. Stallburg, g. 3 Feb 736 Schöff u. des Raths zu Frankf. G. Marg. Helena, Hieronim Maximil. v. Glauburg u Mariæ Charl. v. Lersner T. † 17 Jun. 769. R. Frankf. a. M.

Kinder: 1) Maria Charl. g. 22 Jul. 767. 2) Marg. Helena, g. 25 Aug. 768.

Geschwister: a) Sus. Maria Elis. g. 14 Dec. 738 † 14 Feb. 776. G. Hieron. Maximil. v. Günderode, Fstl. Nassau-Saarbr. Reg. Präsid. V. 759. 2) Joh. Carl, g. 28 Dec. 739 Fstl. Nassau Saarbr. Geh R u Crays-Gesandter. G I. Christina Eleonora, Joh. Maximil. v Günderode u. Elis. Charl. Freyin v. u. zum Jungen T. V. 761 † 14 Nov. 762. II. Maria Francisca, Franz Reinh. v. Gemmingen zu Bonnfelden u. Soph. Hel. v. Prettlach T. Georg Wilh. v. Maldiß W. V. 764.

Tochter: Sophia Wilh. Louisa, g. Nov. 762.

Eltern: Phil. Jacob, g. 2 Jul. 708 † 14 Jun. 760 R tö R. älterer Schöff u. des R. G. I. Anna Sibilla, Frid. Maximil. v. Günderode u. Sus. Mariæ v. Ruland T. V.

12 May 735 †. II. An. Christina v. Günderode, der vorigen leibliche Schwester, V. 1 Jul. 745 †.
Gros-Elt. Joh. Maximil. g. 10 Aug. 667 † 19 May 719 Senator zu Frankf. G. Anna Sibilla, Nicolai Aug. v. Ruland u. Annæ Cath. v. Kellner T. V. 22 Jul. 691 †.

Stock.

Dieses Adel. Geschlecht blühet in Oesterreich, und ist das mehrere in dem Handbuch von 1775 zu sehen.
Herr Andr. Xaverius Edler v. Stock, des H. R. R. Ritter, Kays. w. Hof-R. Rs. Hof-Raths-Secretarius u. Referendarius. R. Wien.
Bruder: Simon Ambrosius, Bischof in Rosonien, Kays. Kön. R. Librorum Censor u. der Theologischen Facultät in Wien Präses u. Director, †.
Eltern: Simon, Kays. w. Hof-R. u. Geh. Rs. Referendarius, †. G. N. N. †.

Stockhorner v. Starein.

Dieses uralte Adelich und Freyherrliche Geschlecht stammet aus Oesterreich. An. 1385 war Johann St. v. St. Erzherzogl. Oester. Schenk, andere haben die Kirche zu Buchberg reichlich beschenket, noch andere haben die ansehnlichste Hof-Civil- u. Militair-Stellen daselbst begleitet, wie dann An. 1537 Johann St. v. St. Unter-Land-Marschall gewesen.
Freyh. Carl Otto Franz Adam Stockhorner v. Starein, g. 16 Nov. 709 Hzl. Würtenb. Geh. R. u. Camh. G. Mar. Josepha, Christian Eberh. v. Schacht u. Mariæ Frid. Keßler v. Sarmsheim T. g. 11 Dec. 726. V. 17 Sept. 750. R. Stuttgard.
Kinder: 1) Carl Frid. g. 4 Sept. 752 Hzl. Würt. Leib- u. Cam. Page. 2) Jos. Ernst, g. 17 Merz 754 Hzl. Würt. Hofj. 3) Franz Carl, g. 11 Jul. 755 Hzl. Würt. Lieut. 4) Frid. Sophia Theres. g. 4 Jun. 756 5) Carl Christian Ferd. g. 12 Jun. 757 Mgr. Baad. Lieut. 6) Ferd. Frid. Christoph, g. 25 Nov. 759 Hzl. Würt. Page. 7) Alexand. Renatus, g. 23 Merz 761 Hzl. Würt. Page. 8) Ther. Renata, g. 6 Jun. 764. 9) Carl Lud. g. 8 Apr. 768.

Stockhorner v. Starein. Stomm.

768. 10) Carl Maximil. g. 12 Apr. 770. 11) Etliche † in der Kinheit.
Schwestern: a) Soph. Heinr. g. 8 Apr. 699 † 15 Merz 748 led. b) Sus. Renata, g. 24 Jun. 708. R. Hildburghaus.
Eltern: Franz Adam, auf Röhrenhof, g. 24 Merz 665 † 21 Sept. 709. G. I. N. II. Eleon. Ther. Christoph Mittmeyers v. Plagoditz u. Mar. Salome, Gräfin v. Sednitzky, Bayreuth ehemaligen Hofd. T. g. 3 Sept. 678. V. 2 Jun. 705 † 28 Feb. 740.
Vat. Geschw. a) Christian Sebast. g. 652 † 31 Oct. 724. S. Coburg. Geh. R. u. Präsid. aller Collegien. G. N. N. V. 680 †.
Kinder: 1) Carl Albr. g. 28 Oct. 680 † 755 S. Meining. Hof-R. G. N. N. V. 25 Jun. 721. 2) N. N.
b) Maximil. Frid. g. 654 † 695 bey Barcellona. G. N. N. V. 693.
Sohn: Joh. Frid. Heinr. Günth. g. 5 Feb. 695 † 17 Jun. 756 led. Hzl. Würt. Ob. Camh.
c) Hans Ernst, † zu Altdorf. d) Fridrich, † als Schwed. Lieut. e) Noch 5 Schwestern, die alle vermählet sind.
Gros-Elt. Joh. Frid. Hr. auf Heinrichs, in Nieder-Oester. g. 23 Aug. 627 † 669. G. An. Apollonia, Christoph Adams Gr. v. Geyersberg u. Polixenæ v. Oberhein T. V. 26 Jan. 649 †.

Stomm.

Ein alt adelich Freyherrl. Geschlecht, welches sonst in Irland, dermalen aber in Mähren floriret, wovon Peter Alexander v. S. Urgros-Vater derer gegenwärtig lebenden Herren, zu Anfang des XVI. Seculi mit Elisabetha v. Reiffenberg vermählet gewesen.
Freyh. Franz Jos. v. Stomm, G. Johanna v. Ottislav, V. 720. R. Brünn, in Mähren.
Kinder: 1) Maria Anna, G. Ferd. Graf v. Traun u. Abensperg, Fstl. Passauis. Ob. Jägerm. u Vice-Hofmarschall. V. 20 Aug. 759. 2) Franz, Major unter dem K. K. Carl Colloredischen Infant. Reg. 3) Carl, Obrist-Lieut. unter dem K. K. Erz-Herzogl. Maximil. Curas. Reg. 4) Johann, Hr. auf Dolloplaß, Jrzewno-

wiz, Tieschiz u. Lipthal in Mähren, dann der Herrschaft Berg u. Nieder-Cappl in Oesterreich ob der Ems, K. K. w. Cäm. u. der hochlöbl. Herrn Ständen errichteten Academie in Ollmütz Director.

Eltern: Franz Jos. Hannibal, Hr. auf Litlentschiz, †. G. N. v. Rzikovsky.

Vät. Geschw. 1) Schwester. 2) Joh. Franz, Kays. Obrister u. Commendant in Trentschin, † G. Gräfin v. u. zu Valtersveil, mit welcher Er 4 Töchter erzeugte, wovon die Eine mit dem Grafen v. Zernim vermählet gewesen.

Groß-Elt. Peter Ignatius, †. diente unter Kayser Ferdinando II. u. III. als Rittmeister, gienge aber Anno 1652 als Obrist-Lieut. in K. Sardinische Dienste, wurde sodann An. 1660 als Herz. Modenaischer Geh. R. u. Abgeordneter am Kays. Hof in Wien, von Kayser Leopold 1661 vor sich u. seine Descendenten in des H. R. R. Freyherrn-Stand erhoben. G. Elisab. Freyin v Beurelli, welcher Mutter eine Freyin v. Stafel u. Schwester des An. 1683 Phil. Adolph, der Familie leztverstorbenen Domh. zu Maynz gewesen.

Stromer v. Reichenbach.

Dieses alt-adeliche bey der Rs. Stadt Nürnberg schon im 13ten Jahrhundert Rathsfähige Geschlecht, führte in alten Zeiten lediglich den Namen der v. Reichenbach, u. wohnte, ehe solches sich in die Stadt begab, gleich andern vom Adel, in den Nürnbergischen Gegenden auf seinen Güthern. Gerhard v. Reichenbach zu Kammerstein, welcher An. 1197 bey dem Turnier in Nürnberg war u. An. 1205 die Welt verließ, ist der ordentliche Stammherr dieses noch blühenden Hauses. Den Namen Stromer bekamen die v. Reichenbach durch eine Vermählung, wovon eine ausführliche Nachricht in dem Handbuch von 1777 enthalten ist. Das Stammhaus der Stromer ist Reichenbach, hinter Schwabach gelegen. Sie besassen auch das Schloß Kammerstein, den Reichslehnbaren Herrensitz Maußgeseeß, das Ritter-Guth Gleisenberg. Mehrere Nachrichten findet man in Biedermanns Nürnbergischen

Patriciat, Tab. 458-474 in den Nürnbergischen Münzbelustigungen, Th. I. St. 7. Th. III. St. 49. u. in dem Handbuch von 1777.

I. Aeltere Linie.

Herr Christoph Wilh. Frid. Stromer v. Reichenbach, g. 5 Feb. 737 Assessor u. Schöff am Stadt- u. Ehe-Gericht zu Nürnb. G. Mar. Sabina, Christoph Carl Fürers v. Haimendorf auf Wolkersdorf u. Annæ Mariæ Tucherin v. Simmelsdorf T. V. 1 Dec. 761. R. Nürnberg.

Kinder: 1) Christoph Fridr. g. 26 Sep. 763. 2) Christoph Carl Frid. g. 22 Jun. † 1 Aug. 766. 3) Georg Christoph Frid g. 17 Aug. 768.

Geschwister: a) Maria Helena, g. 11 Feb. 739. G. Carl Gottfr. Grundherr v. Altenthann u. Weyerhaus, Losungs-R. zu Nürnb. V. 7 May 765. b) Sigm. Frid. g. 18 Feb. 741 † 25 Sep. 750. c) Sus. Maria, g. 8 May 744 † 24 Sep. 750. d) Maria Magd. Cath. g. 9 Sep. 749.

Eltern: Christoph Frid. g. 10 Feb. 712 Kayl. w. R. Cronhüter u. Verwahrer der Reichskleinodien, bey der Republik Nürnberg des ältern Geh. R. vorderster Losunger, Schultheiß u. Pfleger der Reichsveste, des neuen Spitals zum H. Geist Ober- u. des Klosters St. Catharinen Pfleger. Fam. Sen. G. I. Helena Cath. Christoph Wilh. Scheurls v. Defersdorf auf Vorra u. Schwarzenbruck u. Claræ Hel. Tucherin v. Simmelsdorf T. V. 17 Apr. 736 † 26 Oct. 756. II. Anna Cath. Christoph Elias Oelhafens v. Schöllenbach auf Eißmannsberg u. Annæ Mariæ Gewandschneiderin T. V. 23 May 758.

Gros-Elt. Wolff Adam Frid. g. 21 Apr. 677 des Aeltern Geh. u. Kr. R. zu Nürnb. † 12 Nov. 729. G. Sus. Helena, Georg Sebast. Löffelholzens v. Colberg auf Malmsbach u. Annæ Sus. Hallerin v. Hallerstein T. V. 31 Oct. 702 † 4 Jun. 764.

II. Jüngere Linie.

Herr Carl Christoph Stromer v. Reichenbach, g. 3 May 728 des innern Geh. R. zu Nürnb. G. Cath. Eleon. Joh. Sebast Hallers v. Hallerstein, G. F. M. L. des Fränk. Cr. auch Senators zu Nürnb. u. Soph. Mariæ Nützlin v. Sündersbühl T. V. 2 Merz 751. R. Nürnberg.

Kinder:

Kinder: 1) Soph. Maria, g. 22 Dec 751 † 4 Jan. 756. 2) Maria Hedw. g. 1 Feb. 753 † 24 Feb. 754. 3) Joh. Sigm. Carl, g. 26 Feb. 756 Fähndr. unter dem Churpf. Leib-Reg. 4) Christoph Frid. g. 9 Apr. 757. 5) Joh. Sigm. Jacob Carl, g. 6 Nov. 758. 6) Frid. Carl, g. 15 Jan. 760 7) Joh. Georg Carl, g. 22 Jul. 762 † 3 Jun. 765. 8) Georg Christoph Carl, g. 28 Jun 766.

Geschwister: a) Maria Magd. g. 20 Dec. 710 † 3 Jun. 718. b) Frid. Jacob, g. u. † 719. c) Sigm. Jacob, g. u. † 720. d) Carl Frid. g. u. † 722. e) Jacob Sigm. g. u. † 724. f) Jacob Wilh. g. 28 Sep. 726 † 11 Jun. 732. g) Maria Anna, g. 731 † 732.

Eltern: Christoph Jacob, g. 16 Aug. 686 des Innern Geh. R. u. Landpfleger zu Nürnb. † 2 Nov. 736. G. Anna Maria, Phil. Jacob Scheurls v. Defersdorf u. Mariæ Magd. Holzschuherin v. Aspach, T. V. 12 Nov. 709 † 29 Jan. 749.

Gros-Elt. Ulmann, g. 5 Jan. 641 des Innern R. zu Nürnb. † 4 Jan. 707. G. Sus. Maria, Joh. Wilh. Ebners v. Eschenbach u. Sus. Mariæ Löffelholzin v. Colberg T. V. 23 Jan. 683 † 14 Jul. 729.

Stubenvoll.

Dieses Freyherrl. Haus hat in ältern Zeiten seinen Sitz in den Kays. Staaten u. zwar in dem Niederösterreichischen u. Steyermärkischen gehabt, sich aber bey Gelegenheit der bekannten Reformation nach Sachsen gewendet.

Freyh. Frid. Sigm. v. Stubenvoll auf Lobeda, g. 17 Feb. 704. G. I. Magd. Aug. v. Goldacker aus Weberstedt. II. Anna Regina v. Rockhausen.

Kinder: 1) Frid. Aug. u. 2) Heinr. Christian, Zwillinge, g. 727 wovon letzterer in Braunsch. Kr. Diensten 749 † 3) Alexand. Ernst, g. 19 Jan. 732. 4) Ludw. Christian, g. 3 Aug. 743 Sachs. Weimar. Camj. u. Ober-Forstm. zu Allstedt. G. Freyin v. Hayne, V. 776. 5) Frid. Dorothea.

Geschwister: 1) Christiana Elis. Soph. g. 5 Oct. 700 † 20 Merz

Merz 702. 2) Hans Christoph Wilh. g. 5 Nov. 701 †
14 Nov. 714. 3) Albr. Sigm. Carl, g. u. † 3 Jan. 703.
Eltern: Albr. Sigm. g. 15 Feb 659 Sachs. Goth. Obrister
†. G. Doroth Sib. v. Treskau.
Gros-Elt. Hans Christoph v. Stubenvoll, g. 2 Jul. 635
† 684 Pfalz-Simmerisch. Geh. R u. Marschall. G. An.
Soph. v. Helfresen.

Trautenberg.

Dieses uralte Adel. Turniermäßige Haus, stammet ursprünglich aus Böhmen, wo es in denen ältesten Zeiten das Stammhaus Trautenau nebst vielen Güthern besessen u. theils noch besitzet. Albrecht v. T. auf Trautenau erbauete An. 1006 das Städtgen Trautenau. Philipp v. T. war 1119 zu Göttingen u Wilhelm An. 1209 zu Worms auf den Turnieren, u. ist Sigmund v. T. welcher mit seiner Gemahlin Eva v. Redwitz im XV. Seculo lebte, der Stamm-Vater derer gegenwärtig lebenden Herren.

Herr Gottfr. Emanuel Carl v. Trautenberg auf Wildstein, Nackendendörflaß, Fliessen rc. Chur-Pfälz. w. Geh. R. in der Obern-Pfalz, g. 12 Oct. 740.

Geschwister: 1) An. Cath Christiana Carol. Jos. Elis. g. 18 Nov. 728. G. Ferd. Casimir, Fhr. v. Herting auf Windisch-Eschenbach, Huldrupp u. Masser. V. 20 Apr. 749. 2) Soph. Maria, An. Magd. g. 11 Dec. 731 Stiftsd. in dem Adel. Stift Ueberwasser bey Münster. 3) Anna Wilh. Amalia Hel. Jos. g. 5 Jan. 733. G. Erdmann Mulz v. Waldau †. 4) Aemil. Charl. Magd. Josepha, g. 25 Feb. 734 Aebtißin des Adel. Stiffts Uebermünster. 5) Joh. Charl. Josepha, g. u. † 735. 6) Liebmann Casimir Carl Cajetanus, g. 6 Feb. 736 Churpf. Camh. u. Major. 7) Maria Anna Theresia, g. 10 May 737. G. Joseph Mulz v. Waldau, †. 8) Maria Elis. Christiana Dorot. Carol. g. 25 May 738 † 774. G. N. N. v Friedenthal aus Schlesien. 9) Anton Carl Erdm. g. u. † 739. 10) Franz Jul. g. u. † 742. 11) Dor. Elis. Crescentia, g. 20 May 743. V. 775. G. Pet. Eman. Amadeus v. Zettwitz, Churpf. Minister rc. 12) Barb. Christina

stina Elis. Ferd. g. 8 Apr. 745 Stiftsd. zu Münster. 13)
Ferd. Ant. Frid. Ernst, g. 25 Nov. 746 Mgr. Baad. erster Lieut. der Garde zu Pferd. 14) Carl Franz Jos. g.
16 Nov. 748 † 17 May 749.
Eltern: Ferdinand Phil. Sigm. g. 11 Feb. 707 † 25 Merz
763 Senior der Egeris. Ritterschaft in Böhmen. G. Mar.
Elis. Wolff Dietr. v. Zettwitz auf Liebenstein u. Cath.
Dor. v. Zettwitz a. d. H. Sorga T. g. 23 Merz 707. V. 17
Sept. 727.
Gros-Elt. Wolff Joach. Ernst, g. 6 Jun. 681 † 30 Apr.
710. G. I. Maria Franc. Carl Sigm. Gros v. Trockau
u. Mariæ Rosinæ v. Streitberg T. g. 688. V. 706 † 14
Feb. 707. II. Eleon. Soph. Marg. v. Schirnding a. d.
H. Neuen Zettlitz †.

Uchtritz.

Diese alte Adel. Familie soll schon vor 1100 Jahren
in Böhmen floriret u. Niclas v. U. An. 1225 bey einem
Turnier daselbst vielen Ruhm erworben haben. Von da
hat sie sich in die Ober-Lausitz gewendet u. noch An. 1115
die Güther Ebersbach, Gerhardsdorf, Goldbach ꝛc. besessen, woselbsten Schwerdta und Steinkirche ihre alte
Stammsitze sind.
Herr Frid. Emilius v. Uchtritz, g. 5 May 751 Hzl. Goth.
Cam. u. Reg. Assessor. R. Gotha.
Geschwister: 1) Frid. Carol. g. 17 May 749. G. Joh. Eustach. Gf. v. Schlitz, gt. Görtz. V. 11 Oct. 769. 2) Carl
Sigm. Emil. g. 20 Jul. 754.
Eltern: Carl Emil. auf Wangenheim, Haina, Tüngeda,
Hochheim ꝛc. Majoratsh. zu Gerhardsdorf u. Hr. zu
Vonitz, Hzl. Goth. w. Geh. R. g. 4 Oct. 694 †. G. I.
Sus. Magd. v. Stallburg. II. Dor. Christiana v. Oppel
a. d. H. Willerswalde.
Pat. Brüder: a) Frid. Wilh. g. 17 Oct. 697 † 25 Jun.
758 K. Dänis. Obrister. b) Magnus Ferd. g. 31 Jan.
701 † 6 Merz 769 Hzl. Goth. Camh. u. G. M. G. Amalia Franc. Freyin v. Bernerdin, a. d. H. Sindling.
V. 748.
Kinder: 1) Dor. Frid. Eleon. g. 23 Jan. 750 Hzl. Goth.

Hofd. 2) Frid. Ludw. Aug. Ferd. g. 7 May 753 Mgr.
Baad. Prem. Lieut. 3) Ernst. Aug. g. 13 Jun. 754.
Gros-Elt. Christian, g. 12 Jul. 668. † 18. Nov. 727. K.
Pohl. Ob. Auffeher. G. Anna Cath. v. Witzleben, a. d.
H. Ober-Ellen. †.

Uffenbach.

Von dieser adlichen Familie, welche der uralten Gesellschaft Frauenstein zu Frankfurt incorporiret, ist das nähere in dem Handbuch von 1776 zu finden.
Herr Joh. Frid. v. Uffenbach, Schöff u. des Raths zu Frankfurt am Mayn, g. 27 Jun. 725. R. Frankfurt a. M.
Geschwister: 1) Christiana Sib. g. 2 Merz 729. 2) Elis. Marg. Aug. g. 29 Merz 740. 3) Phil. Jac. g. 10 Jun. 743.
Eltern: Nicolaus, Schöff u. des R. zu Frankf. † 18 Aug. 744. G. Marg. Antonetta, Achilles Aug. v. Lersner u. Annæ Sib. Ochsin, T. V. 721 † 8 Nov. 751.
Gros-Elt. Zachar. Conr. g. 1 Feb. 6:9 Schöff u. des R. zu Frankf. † 691. G. I. Anna Maria Werlin. II. An. Cath. Schlingwolff †.

Varchmin.

Dieses uralte Haus ist seit undenklichen Zeiten in Pommern in großem Ansehen u. ansäßig. Der erste, so davon zuverläßig bekannt, ist Sivart oder Siegfried, welcher zu Herzogs Suantibori III. Zeiten in großem Ansehen gestanden.
Herr Hans Ernst v. Varchmin, g. 1 Feb. 703 K. Pr. Obrist, quitt. Erbh. auf Rechwitz in Schlesien. G. I. Maria v. Witten. II. Charl. Wilh v. Tschiersky. III. Eleon. Louisa, der zweyten leibliche Schwester.
Geschwister: 1) Joh. Tugendreich, g. 13 April 704 † jung. 2) Charl. Louisa, g. 16 Dec. 705 † 707. 3) Jul. Ernest. g. 29 Merz 707 † jung. 4) Anna Sab. g. 20 Apr. 708 † klein. 5) Eleon. Gottlieba, g. 712. G. Christoph, Fhr. v. Nostitz zur Burg bey Bautzen. V. 746.
Eltern: Siegfried Ernst, g. 7 Jun. 681 † 713 G. Anna Brigitta, v. Dalwitz, a. d. H. Kolow in Sachsen, † 741.
Vat. Salb. Geschw. a) Hans Sigm. g. 21 Jan. 697 Erbh.

auf Plümenhagen, † 14 Aug. 716 G. Sophia Esther,
Richard Joach. v. Froreich, a. d H. Schulzenhagen u.
An. Mariæ v. Münchow T. V. 14 Jul. 716. † als Wittwe 757. b) Sophia Eleon. † klein. c) Cath. Eleon. g.
19 Oct. 692 † 9 Dec. 746 G. Christian Gustav v. Kleist,
K. Pr. Capit. O. 27 Jun. 736. Er † 737 d) Christiana
Ernest. g. 4 Sept. 695 † klein.

Gros-Elt. Hans Sigm. † 1 Feb. 699. War in Chur-Brand.
Kr. Diensten bey den Grands Musquetairs G. J. Cath.
v. Schlieff a. d. H. Klein-Soldekow. II. Adelheid Elis.
Richard v. Below, a. d. H. Seleske u. Barb. Benignæ
v. Versen T. V. 26. Dec. 688 † 28 Apr. 736.

Villers gt. Masbourg.

Ein alt Adeliches Geschlecht aus dem Herzogthum Luxemburg, so dasigen Landes-Standes, folgende Linie aber
in der Pfalz und im Baadischen ansäßig ist.

Herr Pet. Jos. v. Villers gt. Masbourg, Hr. v. Bomal,
weil. Churfürsts zu Cölln Clemens Augusti, Truchses
u. Chur-Pf. Hof-Ger. R. g. 705. G. Apollonia N. v.
Mesbach u. Soph. Elisab. v. Eßingen T. R. Manheim.

Kinder: 1) Josepha, g. 733. G. Joseph Ludw. v. Canver,
des K. Franz. St. Lud. O. R. ju. Major des Collmar. Inf.
Reg. 2) Nicol. Joseph, g. 737 Chur-Pf. Ob. Lieut. des
Ostenis. Inf. Reg. 3) Christoph Joseph, g. 740 Chur-Pf. Ob. Lieut. des Ostenis. Inf. Reg. 4) Ernst Fridrich.

Schwestern: 1) Maria Josepha, g. 715. G. Ludw. v.
Trüherm zu Asnoy u. Arlencourt, †. 2) Petronella,
Bernhard. Ord. Priorin der Abtey zu Soliers.

Eltern: Jacob, Chur-Pf. Hauptm. von der Infant. †
746. G. Elisabetha v. Mol.

Pat. Geschw. 1) Gerhard, Chur-Pf. Major von der Inf.
† vor Landau 704. 2) Maria Cath. G. Ritter v. Warnau, Hr. zu Jupill, †.

Gros-Elt. Dritter Sohn Lamberti v. Villers, Ritter u.
Hr. v. Seleßin, Hoffay u. Dumont. G. Margar. Johann
v. Maron, Hrn. v. Klein-Bomal u. Johannæ v. Martial T. †.

Volckamer v. Kirchen-Sittenbach.

Dieses Haus gehöret seinem Ursprung nach zu dem alten Ober-Pfälzischen Adel, indeme erwiesen werden kan, daß es sowohl in der Stadt Neumarck, als auf dem Lande ansehnliche Güther besessen u. seinen Adel-Stand bis ins XII. Seculum auf seinen Rittersitzen fortgeführet, bis sich eine Branche davon, als die Ober-Pfalz unter Kayser Ludovico Bavaro durch den Krieg zerstöhret wurde, nach Nürnberg gewendet, u. unter die alten Raths-fähigen Häuser daselbst aufgenommen worden ist. Es hat Ulrich V. so nebst seiner Gemahlin Elisabeth v. Seckendorf im XIII. Seculo lebte, zum ordentlichen Stammherrn. S. das Handbuch von 1777.

A. Christoph Gottliebische Linie.

Herr Joh. Burckh. Volckamer v. Kirchen-Sittenbach, g. 8 Merz 713 Amtm. des Waldes St. Laurenzi u. Sebaldi auch des Kays. befreyten Forst-Ger. St. Laurenzi Oberrichter ꝛc. zu Nürnberg. G. Mar. Anna, Sigm. Frid. Behaims v Schwarzbach u. Annæ Mariæ Fürerin v. Haimendorf T. V. 29 Merz 737.

Kinder: 1) Anna Maria, g. 31 Merz 738. 2) Christian Gottl. g. 26 Merz 739 † 30 Merz 743. 3) Carl Frid. g. 12 Merz 741 † 8 Feb. 746. 4) Maria Anna, g. 742 † 743. 5) Hans Carl. Gottl. g. 3 Nov. 744. 6) Maria Philippina, g. 16 Merz 746.

Geschwister: 1) Maria Philip. g. 10 Dec. 704. G. Christ. Carl, Kreß v. Kressenstein, Pfleg. des Amts u. Closters Engelthal ꝛc. V. 23 Oct. 723. 2) Clara Maria, g. 705 † 709. 3) Georg Frid. g. 707 † 709. 4) Adam Gottl. † 720 u. 5) Joh. Christ. g. 25 Feb. 711 Zwillinge.

Eltern: Christoph Gottl. (Stammh. dieser Linie.) g. 29 Oct. 676 K. w. R. u. des H. R. R. Cronhüter u. Kleinodien-Verwahrer, Reichs-Schultheis zu Nürnberg u. Pfleg. der Reichs-Vesten. † G. Clara Maria, Georg Burckh. Löffelholzens v. Colberg u. Mar. Reg. Löffelholzin v. Colberg T. V. 24 Sept. 703 † 30 Nov. 729.

B. Georg Carolinische Linie.

Herr Jac. Gottl. Rud. Volckamer v. Kirchen-Sittenbach, g. 31

g. 31 Jul. 710. Conful u. Senator zu Nürnb. G. Mar. Anna, Chriſt. Jac. Pellers v. Schoppershof u. Mar. Soph. Löffelholzin v. Colberg T. V. 20 Aug. 737.

Kinder: 1) Adam Rud. g. 27 Jun. 738 † 9 Oct. 746. 2) MariaSoph g. u. † 739. 3) MariaSoph. g. u. † 740. 4) Magd. Criſtina, g. 10 Jul. 741.

Geſchwiſter: 1) Cath. Philip. g. 714 † 716. 2) Sabina Cath. g. u. † 719. 3) Joh. Carl, g. 9 Merz 720. In des Fränk. Cr. Kr. Dienſten. †.

Eltern: GeorgCarl, (Stammherr dieſer Linie.) g. 23 Feb. 684. Wurde 716 Amtm. in der Untern= u. 724 in der Obern=Waag, † Aug. 734. G. Clara Regina, Jacob Wilibald Haller v. Hallerſteins u. Annæ Cath. Frey in Rieterin v. Kornburg T. V. 10 Sept. 709 † 6 Sept. 739.

C. Carl Benedictiſche Linie.

HerrChriſt. Carl Joſeph Volckamer v. Kirchen=Sittenbach g. 19 Merz 716 Senator zu Nürnb. G. Hel Maria, Joh. Paul Tuchers v. Simmelsdorf u. Mariæ Hel. Pellerin v. Schoppershof T. V. 17 Oct. 741.

Kinder: 1) Hel. Maria, g. u. † 743. 2) Suſ. Regina, g. 11 Jul. 744. 3) Sib. Eleon. Maria, g. 22 Dec. 746.

Geſchwiſter: 1) Reg. Cath. g. 21 Merz 717 †. 2) Hel. Maria, g. 29 Apr. 718. G. Chriſt. Frid. Löffelholz v. Colberg, V. 11 Dec. 741.

Eltern: Carl Benedict, (Stammherr dieſer Linie.) g. 10 Merz 689 Aſſeſſor u Schöff= am Land= u Bauern=Ger. zu Nürnb. † 15 May 718. G. Hel. Maria, Paul Tuchers v. Simmelsdorf u. Mariæ Hel. Holtzſchuherin v. Neuenbürg T. V. Merz 715 † 745.

Gros=Elt. Sämtlicher Linien: Gottl. g. 15 Nov. 648. Dritter Obriſter Hauptm. Zeuch= u. Loſungsherr zu Nürnb. † 8 Apr. 709. G. Cath. Philippina, Chriſt. Wilh. Scheurls v. Defersdorf u. Hel. Gammersfelderin v. Solar T. V. 15 Nov. 672 † 30 Nov. 722.

Waldſtromer v. Reichelsdorf.

Dieſes Haus wird deswegen zu denen älteſt= u. edelſten Fränkiſ. Geſchlechtern gezählet, weil die älteſte Zeiten die hinlänglichſte Zeugniſſe davon ablegen. Nach Ausweis welß derer sichersten Nachrichten, hat es schon vor 600 Jahren sehr ansehnliche Aemter des H. R. R. bekleidet, u viele herrliche Güther besessen. Daß es sich anfänglich nur Stromer genennet, hernach aber zum Unterschied des Hauses Stromer v. Reichenbach, von dem Erb-Amt das Wort Wald vorgesetzet, ist bey erstgedachtem Hause bemerket worden. Ob es schon von undenklichen Jahren unter die alte Rathsfähige Häuser in Nürnberg zu zählen, so haben sich doch die meisten aus demselben an Kayserl. Königl. u. Fürstl. Höfe begeben u. Dienste angenommen. Einer schwur bey dem hohen Teuschen Orden als Ritter auf, ein Anderer war Prälat im Kloster Heilsbrunn u. Sebald Stromer, der im XII. Seculo lebte u. der ordentliche Stammherr aller jetzigen Descendenten ist, war im Jahr 1197 beym Turnier zu Nürnberg.

Herr Christ. Wilh. Waldstromer v. Reichelsdorf zu Schwaig ec. g. 15 Jun. 729. Cons u. Sen zu Nürnberg.

Geschwister: 1) Cath. Sab. Doroth. g. u. † 728. 2) Carl Alexand. g. 11 Jul. 732. Sen. zu Nürnb. 3) Carl Sigm. g. 17 May 734. 4) Rud. Christ. g. u. † 736. 5) Anna Regina, g. u. † 741. 6) Joh. Christ. g. u. † 746.

Eltern: Christoph Jacob, g. 26 Oct. 701. Aeltester Senator zu Nürnb. u. Sen. Fam. †. G. I. Sab. Dor. Joh. Christ Dietherrns v. u. zu Schwaig u. Annä Reg Fezerin v. Buschschwobach T. V. 16 Sept. 726 † 24 Jul. 738. II. Magd. Regina, Wolff Christ. Winckler v. Mohrenfels u. Annä Marg. Tucherin v. Simmelsdorf T. Hans Frid. Löffelholzens v. Colberg W. V. 15 Nov. 740.

Gros-Elt. Joh. Jacob, g. 22 Nov. 666 vorderster Hauptm. bey dem Fränkis. Cr. Inf. Reg. † 26 Oct. 704. G. An. Maria, Paul Martin Viatis u. Annä Christinä v. Oyrl. T. Georg Paul Pömers W. V. 19 Feb. 699 † 19 May 742.

Wallenfels.

Die Herren v. Wallenfels, welche zum öftern auch Waldenfels genennet werden, sind ursprünglich alte Turnier- Stifts- u. Rittermäßige Franken u. sonsten mit ihrem Stammhauß gleiches Nahmens sowohl als auch mit vielen andern considerablen Güthern dem Canton-
Gebürg

Gebürg einverleibt gewesen. Ihr Stammhauß Wallenfels liegt 4. Stunden von Cronach u. gehöret jetzo dem Hauß Bamberg. Gegenwärtig besitzen sie die Schlösser u. Dörfer Gumpertsreuth, Ober-Rößla, Unter-Höchstädt, Wernfels ꝛc. welche meistens zur Voigtländischen Ritterschaft gehören. N. v. Wallenfels erschiene an. 1042 beym 7ten Turnier zu Halle in Sachsen. Melchior v. W. an. 1403 beym 23ten zu Darmstadt. Eberhard v. W. an. 1485 zu Onolsbach, u. ein anderer Eberhard v. W. zu W. u. Wartenfels, der an. 1250 florirete u. Richza v. Reizenstein zur Gemahlin hatte, ist ordentlicher Stammherr aller jetzo lebenden Herren.

Herr Christoph Wilh. v. Wallenfels zu Gumpertsreuth. G. An. Maria v. Wallenfels, a. d. H. Lichtenberg.

Kinder: 1) Phil. Wilh. 2) Jos. Adam. 3) Phil. Frid. 4) Christoph Erdm. 5) Jos. Franz.

Geschwister: 1) Joh. Sigm. Christoph. 2) Phil. Frid. G. Elis. v. Schirnding.

Eltern: Christoph Phil. Sen. Fam. †. G. Eva Sus. v. Brand.

Vat. Geschw. 1) Christoph Heinr. †. 2) Elis. Sus. †. G. Gg. Wolff v. Schirnding zu Brumbach ꝛc. †. 3) Sigm. Heinr. zu Ober-Rößla, Stifter einer Linie zu Ober-Rößla †. G. Mar. Dorothea, Wolfg. Christoph Tritschlers v. Falkenstein u. An. Sus. Ratiburskyn v. Sechzehnbuß T. †.

Kinder: a) Phil. Heinr. †. G. An. Cath. v. Egloffstein. b) Christoph Casimir zu Ober-Rößla u. Redwitz. G. An. Mar. Teuflin v. Birckensee. II. Elis. Mar. v. Bünau. **Kinder:** 1) Phil. Christoph. 2) Christoph Frid. 3) Sigm. Heinr. 4) Christina Maria Soph. G. Gg. Wilh. v. Künsperg zu Hain ꝛc. v. 742.

c) An. Sophia. G. Ant. Rud. Fhr. v. Leonrod zu Leonrod ꝛc. Ruf. Kays. Obrister, Erbtruchses des Hochstifts Eichstädt. †. d) Phil. Sigm. †.

Groß-Elt. Philipp, zu Ober-Rößla, Unter-Höchstädt, Gumpertsreuth, Tauperlitz Hartmansreuth. Br. Culmbach. R. u. Ob. Amtm. zu Pegnitz u. Osternohe Sen.

Sen. Fam. † G. Suf.Sib. Christoph Dan. v. Watzdorf zu Alten-Gesees u. Suf. Sib. v. Zeyern ꝛc. †.

Walthausen.

Es leitet dieses Haus, welches sich in alten Zeiten mehrentheils Walthusen schriebe, seinen Ursprung eigentlich aus Schwaben her, u. hat sich bey Ausgang des XV. Jahrhundert in Nieder-Sachsen niedergelassen. Schon an. 1227 war Albert u. 1282 Godebald v. W. Domherr zu Würzburg.

Herr Joh. Christ. Aug. v. Walthausen, g. 10 Sept. 703. Chur-Cölln. Obrist-Lieut. G. Louisa Henr. v. Westphal aus Sieberhausen, V. 745. R. Bonn.

Kinder: 1) Louisa, g. 1 Jan. 747 Chanoinesse in der adel. Abtey Roll. 2) Carolina, g. 13 Merz 749 Chanoinesse in der adel. Abtey Bersen-Brügge. 3) August, g. 18 Apr. 754 Conducteur bey dem Ingenieur-Corps.

Geschwister: 1) Anna Marg. Frid. g. 9 Jan. 702. 2) Gottlob Ernst Christian, g. 13 May 705 † 737. 3) Georg Ludolph auf Lindau, g. 17 Apr. 713 K. Großbritt. u. Chur-Braunschw. G.L. der Cavall. u. Obrister eines Reg. Drag. † 776. G. Maria Louisa v. u. aus Fisenne, V. 2 Dec. 747.

Kinder: 1) Georgina, g. 23 Aug. 743 † 749. 2) Carl Maximil. g. 29 Aug. 749 Cornet bey dem Behrischen Reg. des K. Churh. Hannover. 3) Georg Ludw. Franz, g. 12 May 752. 4) Hel. Maria Frid. g. 19 Nov. 753 designirte Stifts-D. zu Burscheid. 5) Georgina Philip. g. 9 Aug. 755. 6) Georg g. 5 Sept. 757 † 10 Dec. 761. 7) Frid. Ludw. g. 27 Oct. 758. 8) Ferdinand, g. 759 † 762. 9) Emmerich Joh. Aug. g. 30 Dec. 767. 10) Georg Aug. Nicol. g. 3. Jul. 769.

Eltern: Ludw. Frid. g. 8 Jun. 678 † Apr. 746 Chur-Braunschw. Obrist-Wachtm. G. Irmengard Anna v. Wenhe, V. 10 Merz 701 † 10 Dec. 730.

Pat. Geschw. a) Louisa, g. 6-9 †. b) Joh. Moriz, g. 4 Dec. 680 † 2 Jul. 695. c) Jerem. Adolph, g. 12 Feb. 682 † Chur-Braunschw. Capitain. G. Gesa Cathar. v. Stockhausen.

Sohn: Otto Ludw. g. 7 Jan. 712 K. Grosbritt. u. Chur-
Braunschw. Obrister.
d) Otto Christoph, g. 8 Sept. 683 † Chur-Pfälz. Obrister
u. Commandant der Artillerie, ⚭. G. Philip. Elis. v.
Thurn. e) Jobst Gustav, g. 636 † in der Bataille bey
Malplaquet. f) Adam Alexand. g. 8 Merz 637 † Merz
738 Chur-Braunschw. Capitain. G. N. N. V. 719.
Kinder: a) Joh. Gottfried, g. 19 Nov. 721 Chur Braun-
schw. Obrist Lieut. bey dem v. Radenschen Infant. Reg.
Ertrunken 14 Nov. 775 bey der Insul Rhee. G. Louisa
v. Dannenberg aus Breselmitz. Dessen.
Kinder: 1) Sohn, g 761 designirter Page am K. Chur-
hofe zu Hannover. 2) Sohn, dasignirter Page eben
daselbst.
b) Gerh. Georg, g. 10 Apr. 733 Chur-Braunschw. Capi-
tain. c) Hans, g. 16 Dec. 736 Chur-Braunschw. Capit.
Gros-Elt. Hans Christoph, g. 27 Feb. 645 † 22 Apr. 709
Herzogs Georg Wilh. zu Zelle, erster General-Adju-
tant, Brigadier der Infant. u. Gouverneur zu Nien-
burg. G. Adelheid v. Honstedt, V. 20 Dec. 671 †.

Weichs.

Diese Freyherrliche Familie in Bayern besitzet das
Erb-Cämmerer-Amt im Stift Freysingen, in welcher Ge-
gend sie seit etlichen hundert Jahren gewohnet. Ihr
Stammhaus Weichs liegt nahe bey Regenspurg bey der
Stadt am Hof. Sie hat sich auch in Oesterreich ansäßig
gemacht u. An. 1623 den Freyherrn-Stand erhalten. Zu-
erst findet man Degenhard v. W. so An. 1410 Bischoff zu
Freysingen gewesen, woraus das Alterthum dieses Ge-
schlechts zur Genüge erhellet. Uebrigens aber sind ver-
schiedene Herren davon in den Niederländischen Stiftern
aufgeschworen.
Freyh. Clem. Aug. v. u. zu Weichs zu Rösberg, Chur-
Cölln. Geh. R. u. Ob. Jägerm. G. Magd. Elis. Jos. Frey-
in v. Forstmeister zu Gelnhausen, g. 734 † Sept. 766.
R. Bonn.
Eltern: Ferd. Jos. G. Maria Carol. Graf Maxim. Henr.
v. Velbruck u. Mariæ Annæ Freyin v. Wachtendonck T.
Gros-

Gros-Elt. Thederich Adolph, †. G. Amalia Sophia, Wilh. Degenhard v. Hompesch zu Bulheim u. Elisab. Christinæ v. Leick T. †.

Werkamp gt. Alt-Barckhausen.

Diese altadeliche Familie stammet aus Burgund, von da sie sich, als solches an Frankreich kame, in das Reich wendete. Unter Kayser Carl VI. wurde es, als die Rs. Grafschaft Ranzau von dem damaligen König in Dännemark dem Reich enzogen u. dem Grafen v. Reventlau, welcher eine Gemahlin aus diesem Haus hatte, gegeben, u. deswegen zwischen dem Kaiserl. u. Dänis. Hof Widersprüche entstunden, in der Person des Anspachischen Crays Gesandten u. Reg. R. Philipp v. W. welcher in bemerkter Streitsache gebraucht wurde, von Allerhöchst-gedachten Kayserl. Maj. in des H R. R. Freyherrn. u. Ritter-Stand erhoben, u. das dieserwegen ausgefertigte Diploma auf seine Descendenten u. Voreltern extendiret. In dem Röm. Reich blühet dermalen:

Freyh. Frid. Ludw. Joh. Phil. v. Werkamp gt. Alt-Barckhausen, g. 746. Hzl. Würtemb w. Hauptm. bey dem v. Stainis. Infant. Reg. K. Stuttgard.

Brüder: 1) Wilh. Carl Aug. Christian, g. 749 Würtemb. Grenad. Capit. Lieut. 2) Carl Frid. g. 752 † 755. 3) Ludw. g. u. † 756. 4) Christian Wilh. g. u. † 762.

Eltern: Wilh. Carl Ludw Aug. g. 720 † 764. Würtemb. w. Major u. Chevalier de l'ordre Militaire de St. Charles. G. Cath. Soph. v. Seuter v. Lözen aus Schwaben, g. 721.

Vat. Geschw. 1) Soph. Henr. † 2 Dec. 733. G. I. Joh. Christoph v. Adlerflycht. II. Otto Bernh. Fhr. v. Stackelberg, K. Schwedisch. G. L. u. Schwerd-O. R. 2) Charlotta, g. 708. 3) Frid. August, g. 710 † 766 als Prem. Lieut. in Holländ. Diensten. 4) Philippina, g. 712 5) Frid. Eckhard, g. 715 † 755 als Holländ. Capit. Lieut. 6) Frid. Magd. g. 718. G. Fhr. v Uder, K.K. Hauptm. unter dem Bayreuth. Reg. quitt. 769. 7) Carl Christian, g. 722 K. Pr. Prem. Lieut. † in der Bataille bey Czaßlau. 8) Carolina, g. 727. G. Fhr. v. Löwenstern,

Canzley-Director, so 774 †. 9) Frid. Wilh. K. Portugiesis. Haupt. † an einer Blessur von den Mohren 767. Gros-Elt. Gerh. Frid. g. 685. Adel. Ob. Amtm. u. Hof-R. quitt. 722 † 758. G. Frid. Soph. Wilh. Freyin v. Irmtraud, † 765.

Werthern.

Ein Gräflich u. Freyherrl. Haus in Thüringen, welches seit 1083 mit dem Rs. Erb-Cammer-Thürhüter-Amt beliehen ist. Es theilete sich in die Johanneische u. die Thiloische Linie; letztere, deren Stifter Thilo war, ist gegen das Ende des vorigen Seculi †. Die erstere, welche vom Johanne, der gest. 1437 gestiftet worden, floriret noch. Johannes u. Thilo waren beyde Söhne Fridrichs, † 1396. Die Johanneische Linie theilet sich wieder in I. Georgische, II. Brückische u. III. die Joh. Heinrichische Linie.

I. Die Georgische Linie theilet sich wieder in 1) Werthern-Frohndorf.

Freyh. Christian Ferd. Georg v. Werthern, g. 9 Jun. 738. Hzl. Weimar. Camj. u. Stallmeister. R. Frohndorf. Geschwister: a) Joh. Beata, g. 22 Dec. 726 ∗ 6 Jun. 733. 2) Joh. Georg Ludw. g. 30 Nov. 728. Churf. Rittm. unterm Vitzthum. Cür. Reg. † 762. 3) Leopold Elis. g. 7 Feb. 730 † 23 Oct. 763. 4) Joh. Clara Theres g. 10 Aug. 734 † 28 Nov. 747. 5) Carol. Frid. G. Gf. v. Harstall auf Brederode, Churm. Maj. des grünen Reg. V. Jun. 759. 6) Maxim. Frid. g. 731. Istl. Hess. Darmstädt. Lieut. † 756. 7) Joh. Adolphina Eleon. G. Carl Frid. v. Eberstein, Churf. Obristl. des Vitzthum. Cür. Reg. V. 759. 8) Alex. Theod. g. 3 Jun. 733 † 12 Aug. 771. Eltern: Joh. Georg auf Frohndorf, Colleda u. Guttmannshausen, g. 1 Apr. 699 Kais. Hauptm. † 9 Oct. 739. G. Joh. Frid v. Kalitsch, g. 703 † 11 Jun. 766. Gros-Elt. Christoph Ludw. g. 30 Jan. 664. Kays. Obr. † 10 Jun. 706. G. Anna Eleon. v. Götz, † 699. II. Ursula Elisab. Rudolph v. Verbisdorf auf Starkenberg ꝛc. V. 27 Dec. 700. †

2) Wer-

2) **Werthern-Beichlingen**, theilet sich in 2 Aeste, wovon aber der zweyte 1763 mit seinem Stifter Fridemann † u. nur der Ast zu Gros-Neuhausen noch blühet.

Graf: Joh. Georg Heinr. v. Werthern g. 19 Jan. 735. Gr. zu Beichlingen, auf Leubingen, Städten, Löbnitz, Großprießlich, Pobles u. Kreischa, Domh. u. Capitul. zu Merseburg, K. Pr. w. Staats- u. Kriegs-Min. u. Grand Maitre der Garderobbe, des S A. u. Pf. Löw.O.R. heutiger Erb-Cammer-Thürhüt. G. 1. Joh. Jos. Louisa Friderica, Schackin v. Buchwald, g. 5 Aug. 740. V. 2 Nov. 763 † 3 Jan. 764. II. des Churf. Geh. R. u. Ob. Consistor. Präsid. v. Globig älteste T. V. 2 Apr. 777. R. Berlin.

Geschwister: 1) Rahel Louisa Henr. g. 22 Merz 726 † 27 Apr. 753. G. Joh. Alexand. Gf. v. Calenberg. V. 3 Oct. 741. 2) Christina Jac. g. 19 May 727. G. Joh. Frid. Ernst, Fhr. v. Friese, Churf. Geh. R. u. Domherr zu Naumburg. V. 12 Aug. 751. W. 20 May 768. 3) Jac. Friedemann, g. 6 Sept. 739. Hr. zu Groß-Neuhausen, Neunheiligen, Eytra, Mausitz u. Kreinitz, Churf. Geh. R. Camh. u. bevollmächtigt. Minister am Spanisch. Hofe. G. Johanna Louisa, Fhn. Carl Phil. v. u. zum Stein, T. g. 28 Feb. 752. V. 12 Jul. 773.

Kinder: a) Louisa Henr. Carol. g. 9 Apr. 774. b) Tochter, g. 27 Jun. 775.

Eltern: Georg II. g. 7 Jun. 700 Hr. auf Eytra, Neunh.iligen rc. erbte 763 Beichlingen, Kayf. u. KS. Erb-Cam. Thürhüter, Churf. w. Geh. R. u. Camh. † 15 Dec. 768. G. Jacob. Henr. Gf. Bogislai Bodo v. Flemming T. g. 21 Jan. 709. V 12 May 724.

Vat. Geschw. a) Magd. Soph. Elis. g. 28 Aug. 692 † 2 Oct. 757. G. I. Aug. Wilh. Gf. v. Lynar. V. 28 Dec. 707 † 20 Jun. 712. II. Joh. Siegfr. Gf. v. Schönfeld. V. 14 Apr. 716 † 20 Nov. 718. b) Rahel Louisa, g. 24 Feb. 699 † 15 Jul. 764. G. Ludw. Gebh. Gf. v. Hoym zu Droysig. V. 3 Jun. 716 † 6 May 738. c) Frid. Aug. g. 28 Jul. 712 † Jan. 748. G. Carl Gottl. v. Lüttichau, zu Groß-Gemehlen, Churf. Camh. V. 729.

Gros-Elt. Georg I. g. 23 Jul. 663. Churf. Cab. Minist.

w. Geh. R. Canzlar u. Oberhauptm. in Thüringen, auch des W. A. O. R. Rsgr. nebst seinem Bruder Friedemann 1 Aug. 702 † 4 Feb. 721. G. Rahel Helena v. Miltitz auf Scharfenberg, g. 2 Apr. 676 V. 10 Sept. 689 † 9 May 736.

II. Die Georg-Thiloische Linie.

Freyh. Günther Carl Albr. Aug. v Werthern, g. 5 Dec. 768.

Eltern: Ant. Gustav Joh. g. 11 Merz 735. Oberhofmeist. des Erbprinzen zu Schwarzburg-Sondershausen, † 26 Merz 770. G. Christiana Wilhelm. Aug. Sigism. v. Zeutsch, Churf. G. L. der Cav. u. Kr. Vice-Präsid. zu Dresden T. g. 6 Nov. 741. V. 8 Dec. 767. deren II. G. Andr. Wilhelm v. Kaufberg, Schwarzb. Sondersh. Hofr.

Vat. Schwester: Agnesa Amal. g. 736. G. N. v. Vittinghofen, lebt in Curland.

Gros-Elt. Georg Christoph, g. 691. K. Pr. Geh. R. u. Plenipot. in Petersb. † 11 May 736. G. Elis. Freyin v. Kaiserling †.

Gr. Vat. Geschw. 1) Christiana Cath. 2) Joh. Charl. G. Ant. Gottlob v. Eberstein, W. lebt zu Harzerode. 3) Elisabetha. 4) Christian Frid. † 720, 5) Aug. Heinr. Deodeloph, g. 3 Apr. 699. Kayserl. Obristl. † 3 Nov. 755. G. Soph. Louisa Ther, v. Wilden. V. 3 Apr. 742.

Kinder: a) Ludw. Gottf. Aug. g. 26 Aug. 743. K. Pr. Prem. Lieut. unter dem Stojentin. Infant. Reg. b) Ludw. Georg Christian, g. 6 Sept. 744. K. Pr. Lieut. unter dem Seelhorst. Cür. Reg. c) Louisa Charl. Elisab. g. 18 Feb. 748 †. d) Joh. Soph. Christ. g. 25 Merz 750. e) Edmund 752.

Halb-Geschw. 6) Otto Ferd. g. 709 ehemal K. K. Obrist, hernach Russ. Käys. G. L. † 766. G. Maria v. Schellrohr. 7) Wilh. Rudolph, K. Pr. Geh. R. u. Cam. Präsid. der Grafschaft Hohenstein. G. Anna Alex. Albert. Gr. Hermann v. Wartensleben T. V. 30 Jun. 765.

Ur-Ur-Gros-Vaters-Bruder: Carl Heinr. g. 10 Jun. 660 † 4 Dec. 724. bey Hochstädt.

Kinder: 1) Ottilia Elisab. G. Gerhard, Gf. v. Hacken. 2) Eleon.

Werthern.

2) Eleon. Dorothea. 3) Phil. Agnesia. 4) Joh. Georg, K. Pr. Hauptm. G. I. Anna Sophia, v. Krackenhofen. V. 712 † 11. Frid. Wilh. v. Arnstedt.
Kinder: a) Georg Frid. g. 14 Oct. 734. G. v. Schneidewind. b) Fridrich.
5) Phil. Wilhelm, in Fstl. H. Cassel. Kriegsd. d) Jobst Christian †. G. Ottilia Eleon. v. Meusebach. V. 718 †.
Kinder: a) Gottlob Justus. b) Maxim. Ferd. g. 4 Sept. 722. in Churf. Kr. Dienst. c) Carl Gustav, g. 17 Jan. 726.

Stifter dieser Linie: Georg Thilo, † 663 mitl. S. Johannis.

III. Die Johann Heinrichische Linie theilete sich in vier Aeste, von welchen aber der jüngste Ast 1693 mit Joh. Heinrich †. Es bleibet daher nur der Ast
zu Wiehe.
Welcher sich abtheilet.
I. Unterhaus Wiehe.

Freyh. Hans Adolph Erdm. v Werthern, g. 10 Nov. 721. auf Wiehe, Bachra u. Allerstädt, Oberhofricht. des Oberhofger. zu Leipzig. Administrator der Schule Donndorf. G. Sabina Henrietta, Jhn. Dietr. Albrecht v. Bodenhausen, auf Nieder-Trebra T. g. 6 Oct. 721. V. 18 Feb. 752 † 19 May 774. R. Leipzig.

Geschwister: 1) Erdmuth Frid. Agatha, g. 10 Oct. 715. G. Phil. Adolph Fleischbein v. Kleeberg, des R. in Frankfurt a. M. V. 30 Jan. 733. W. 739. 2) Joh. Christiana, g. 17 Jan. 738. G. Carl v. Willißen, Fstl. Hessen-Cassel Hof- u. Jagd. V. im Feb. 770.

Eltern: Christian Erdm. Lud. g. 16 Apr. 692. H. S. Eisenach. Cammer R. † 1 Jan 749. G. I, Agatha Sophia v. Crullen, auf Morla g. 28 Sept. 689. V. 20 Nov. 714 † 12 Jul. 725. II. Magd. Sophia Freyin Bachof v. Echt. g. 12 Jan. 711. V. 25 Sept. 727 † 5 May 735. III. Joh. Friderica Freyin v. Willißen, g. 17 Apr. 712. V. 27 Feb. 736.

Gros-Elt. Joh. Frid. g. 25 Jun. 665. Theol. D. Hzl. Weimar. Geh. Ober-Kirchen- u. Consist. R. auch Ob-Hofprediger, † 15 Mer. 729. G. I. Rixa Margaretha v.

Köhler, auf Priora. g. 16 Merz 663. V. 26 Feb. 690 † 8 May 699. II. Christina Sophia von Babzin, auf Lomsen, g. 10 Nov. 679 V. 701 † 20 Sept. 756.

II. Oberhaus Wiche.

Freyh. Christian Carl v. Werthern, g. 734. H. Sachs. Goth. Camh. G. Louisa v. Wangenheim. V. 5 May 773.

Sohn: Ernst Frid. Carl Emil g. 27 Feb. 774.

Geschwister: a) Joh. Beata Eleon. g. 19 Aug. 724 b) Renata Christina Charl. g. 19 Oct. 725. G. Christ. Lud. v. Pleß auf Kettelbohm, K. Pr. Hus. Rittmeist. V. 31 Oct. 748. W. 760. c) Gottlieb Georg, g. 19 Jan. 730 Churf Rittmeist bey dem Ronow. Curaff. Reg. † 18 Nov. 773. d) Aug. Christiana; g. 16 Oct. 732. G. Adam Christ. v. Triebel. V. 14 Feb. 764.

Eltern: Adolph Georg, g. 30 Aug 700. Administrat. des Klosters Donndorf, † 9 Nov. 765. G. Christina Beata Eleonora v. Wrangel auf Rohlsdorf, g. 31 Jul. 707. V. 24 Apr. 722 † 26 Merz 735.

Vaters-Geschwister: S. folg. Linie, VatersGeschwister.

III. Lossa.

Freyh. Joh. Fridem. v. Werthern, g. 20 May 747. Hr. auf Lossa u. Rothenberg.

Geschwister: a) Renata Joh. Frid. g. 11 May 736. †. b) Joh. Wilhelm. Charl. g. 17 Sept. 739. G. Frid. Christian Junker, Med. Doct. u. Prof. ord. zu Halle. V. Oct. 757. W. 770 †. c) Constant. Augusta, g. Jun. 740 †. d) Sophia Dor. Magd. g. 20 Apr. 742. e) Eleon. Henrietta, g. Apr. 743 †. f) Eva Maria Victoria, g. 23 Merz 745. g) Florent. Agatha Erdmutha, g. 18 Apr. 750. G. N. v. Haym. h) Maria Amalia Carol. g. 16 Jul. 753.

Eltern: Ernst Frid. g. 26 Apr. 711. Hr. auf Lossa u. Rothenberg, † 2 Oct. 753. G. Eva Doroth. v. Knau, auf Strauenwalde, g. 5 Merz 712. V. 1 Feb. 736 † 760.

Pat. Geschw. 1) Joh. Benedicta, g. 25 Feb. 703. G. Rudolph Aug. v. Marschall, auf Altengottern, Schloßhauptm. zu Sangerhausen. V. 6 Apr. 742. 2) Aug. Doroth. g. 2 May 707. G. Heinr. Aug. v. Kaschau auf Salza, K. Pr. Major. V. 6 Sept. 726. W. im Nov. 742.

Gros-Elt. Adolph Heinr. g. 28 Oct. 669. Domh. zu

Merseb. † 12 Merz 724. G. Joh. Benedicta v. Schleunitz, g. 14 Jun. 676. V. 2 Sept. 697 † 731.

Westrem zum Gutacker.

Ein Stiftsmäßiges in Westphalen angesessenes adeliches Geschlecht, so sein Ritterbürtiges Alter besonders dadurch darthun kan, daß 1337 bereits Lobbo v. Westrem, welcher in Johann von Beerschworts Westphälisch-Adelichem Stammbuch, in Hebbelings Beschreibung des Stifts Münster p. 513 vorkommt, gelebt hat; daß Rosier v. W. 1577 schon Dom-Senior zu Paderborn und Probst des Canonicat Stifts zu Meschede gewesen ist, daß Anne Elisabeth v. W. 26 Nov. 1633 u. nach ihr unmittelbar Christine v. W. 1640 zur Aebtißin des adelich-freyweltl. Stifts Fröndenberg in Westphalen erwählet worden; daß einige aus diesem Geschlecht Ritter des Maltheser-Ordens gewesen sind; und daß die 1765 verstorbene Fräulein Ottilia Sophia v. W in das Stift Keppel im Oranien Nassauischen, die 1754 † Fräulein Angelique v. W. u. die noch lebende Fräulein Philippine Charlotte Isabelle v. W. beyde Schwestern der vorigen aber in das Stift Gevelsberg in der Graffschaft Marck, nicht weniger deren Brüder Dietr. Heinr. Conr. Werich v W. so 1755 † als Domh. zu Hildesh. aufgeschworen worden. Nach den drey Stamm-Gütern, welche das Geschlecht ehedem zusammen besessen hat, als Gutacker, Wilbreynck im Vest-Recklinghausen u. Summern im Amt Menden des Herzogthums Westphalen gelegen, hatte sich dasselbe in drey verschiedene Linien abgetheilet, wovon jedoch jetzt nur noch die älteste zum Gutacker bestehet, die andern beyden aber ausgestorben sind.

Herr Wilh. Adolph Herm. Ernst v. Westrem zum Gutacker, Gfl. Sayn-Witgenstein- u. Hohensteinischer Adel. Hofm. u. Hauptm. der Schloß-Wache, Senior des Geschlechts, g. 8 Oct. 721. G. Sophia Charl. Georg Lud. v. Ebersberg gt. Weyers zu Gersfeld ɛc. u. Marg. Eleon. Freyin v. Schlitz, gt. Görtz L. g. 9 Jun. 721. V. 6 Oct. 757. R. Witgenstein.

Kinder: 1) Hedwig Sophia Louisa Eleon. g. 28 Jun. 761

761 † 1 Aug. 762. 2) Frid. Louiſa Sophia Amal. Phil. g. 18 Oct. 762.

Geſchwiſter: a) Dietr. Heinr. Conr. Werich, g. 708. war Domh. zu Hildesheim, reſig. 749 wurde Chur-Cölln. Geh. R. † 755 ohne Erben. G. Ant. Ottilia v. der Lippe zu Windorp ꝛc. V. 749 deren zweyter G. Frid. v. Elberfeld, Fſtl. Münſter. G. L. b) Ottilia Soph. g. 711 † 765 als Chanoineſſe des adel. Stifs Keppel im Oranien-Naſſauiſchen. c) Anna Maria Doroth. † jung, als Chanoineſſe des adel. Stiffts zu Leiden. d) Phil. Charl. Iſabella, g. 714. Chanoineſſe des adel. St. zu Gevelsberg in der Graffſchaft Marck ꝛu. Hofd. der verwittibt. Fürſtin u. Gräfin Hedwig Eliſab. zu Sayn-Witgenſtein u. Hohenſtein in Witgenſtein. e) Angelika, g. 715 † 754 als Chanoineſſe des adel. St. zu Gevels-berg. f) Joh. Franz Phil. Georg, g. 716 † 12 Aug. 759 an den in der Schlacht bey Kunnersdorf empfangenen Wunden, als K. Pr. Hauptm. des Alt-Schenckendorf. Infant.Reg. g) Frid. Chriſtoph, g. 722. Fſtl. Münſt. Hauptm. h) Gisbert Wilh. Ferd. g. 726. K. Pr Hauptm. des Fuſilier-Reg. Heſſen-Caſſel.

Eltern: Joh. Phil. Churf. Cölln. Cám. u. Sen. der Ritterſchaft des Veſtes Recklinghauſen u. zu Bonn, g. 660 † 744. G. Clara Sidonia Conradina, Dietrichs Fhn. v. Schachten zu Schachten u. Agneſen Louiſen v. Dietfourth zu Donckerſen T. g. 692 † 726.

Gros-Elt. Bernh. Dietr. †. G. Ottilia, Philipp v. Lipperheyde zu Schoerlingen u. Ottilien v. Der zu Kakesbeck T. †.

Wider.

Dieſes Geſchlecht ſtammet aus Oeſterreich. Chriſtoph Wider von der Au, deſſen Vorfahren ſich ſchon in Kayſ. Dienſten hervorgethan, machte ſich bey den Kayſern Rudolph II. u. Matthias in verſchiedenen Legationen verdient, u. wurde von leztern nebſt ſeinen vier Brüdern, Johann, Carl Gottfried, Abraham u. Andreas in Adelſtand erhoben, wobey ſie die beſondere Freyheit mit rothen Waꝓ zu ſiegeln erhielten, laut Dipl. d. d. Prag den 27 Oct.

Oct. 1612. Von den Brüdern obigen Christoph v. Wider, stammen ab Benedict Eustach v. W. K. K. Gen. Maj. welcher mit Maria Anna Freyin v. Rabenhaupt u. Souche vermählet ist, u. Wilhelm Freyh. v. W. K. K. Grenad. Hauptm. unter dem Reg. Kollowrath, welcher den 19 Aug. 1771 in den Freyherrn-Stand erhoben worden u. Maria Elisabetha Caretto, Gräfin v. Millesimo u Marggräfin zu Savonna zur Gemahlin hat. Oft bemeldter Christoph v. W. gieng mit seiner Gemahlin Felicitas v. Kirchschlager v. u. zu Freileiten im 30jährigen Krieg nach Regenspurg, wo er den 25 Aug. 1668 in 80ten Jahr †. Dessen Ur-Urenkel ist

Herr Joh. Samuel v. Wider, g. 8 Jul. 739. Fstl. Schwarzb. Camj u. Reg. R. auch zur Zeit des Erb-Prinzens zu Schwarzb. Sondershausen Hofm. R. Sondershausen.

Eltern: Mathaeus, g. 27 Aug. 696 † 20 Apr. 760. der freyen Rs. Stadt Regenspurg Raths-Consulent. G. Jul Euphros. Marg. Christoph Wolfg. Rachel, aus einem alten adel. Ungaris. Geschlechte, u. Ros. Sus. Leopold v. Jert T. V. 731 † 9 Jul. 741.

Gros-Elt. Christoph, g. 668 † 20 Nov. 726. G. Cath. Reg. v. Schön, g. 669 † 746.

Gr. Vat. Brüder: 1) Christoph Wilh. g. 14 Jul. 666. † 12 Jun. 717. Kays. w. R. u. Statth. des Landes Hadeln auch nach Absterben des Kays. Gesandtens, Grafen v. Egkhs. Kays. Interims Sequestrations-Commissarius, besorgte 17 Jahre die Kays. Geschäfte am Niedersächs. Crayß. 2) Jac. Ehrenreich, g. 25 Jul. 667 † 21 Aug. 748. C. P. C. u. der freien R. S tadt Hamburg Gesandter auf dem Reichstag zu Regenspurg.

Willenson.

Dieses alte Adel. Haus ist ursprünglich aus Engelland, seit langen Jahren aber in Westphalen ansäßig u. hat in der Graffschaft Marck ansehnliche Güther besessen.

Herr Achatius Wilh. v. Willenson, g. 730. K. Pr. Lieut. quitt. Erbh. auf Primen in Vor-Pommern.

Geschwister: 1) Sus. Dorothea u. 2) Soph. Phil. leben unvermählt. 3) 5 Geschwister † jung.

Eltern: Alex. Frid. Sigm. † 752 K. Pr. Obrist-Lieut. des Bayreuth. Drag. Reg. G. Charl. Albert. Fridr. Wilh. v. Vorstius u. Sus. v. Stosch T. V. 719 † 766.
Gros-Elt. Diet. Wilh. † 725 K. Pr. Obrist der Infant. G. Dorot. Wilh. v. Elotzen, † 2 Nov. 724.

Wimpffen.

Dieses Freyherrliche u. Rittermäßige Geschlecht, welches ehemals dem Schwäb. Ritter-Canton Ortenau incorporiret u. in Chur-Sachsen, Schlesien u Nürnberg ansäßig gewesen, stammet aus der Rs. Stadt Wimpffen, wovon es mit Erlaubniß K. Caroli IV. von welchem Sigism. Serm. v. W. so Ludovica v. Keil zur Ehe hatte, An. 1373 zum Ritter geschlagen worden, den Namen angenommen hat.

Freyh. Stanisl. Gustav Lud. v. Wimpffen, g. 721 Hzl. Pfalz. Zweybr. Camh. G. Jul. Ludov. v. Joyssac v. Latour. R. Langencantel, im Elsaß.

Kinder: 1) Dorothea, in dem Adel. Stifft Münster zu Nüremond. 2) Franz, K. Franz. Lieut. 3) Herman, K. Franz. Lieut. 4) Christian, Hzl. Würt. Hofj. u. Lieut. 5) Ludovica. 6) Rosolia.

Geschwister: 1) Christian Pet. K. Franz. Marechal de Camps u. Obrist bey dem Reg. Lamarck. 2) Carl Armand, Fstl. Speyer. Adel. G. R. Cam. Präsid. 2c. † Dec. 777. 3) Jos. Philipp, K. Fr. Hauptm. u. des St. Lud. O. R. quitt. G. Freyin v. Stengel. R. Ethicofen bey Landau. 4) Franz Ludw. Hzl. Würt. G. M. Chef eines Infant. Reg. Camh. u. des K. Fr. St. Lud. O. R. quitt. 776. 5) Gg. Sigm. K. K. G. M. u. Chur-Cöll. Camh. 6) Felix, K. Fr. Obrist. 7) Doroth. G. N. v. Joyssac v. Latour, K. Fr. Obrist-Lieut. u. des St Lud. O. R. 8) Carolina, G. Theodor v. Brussell †. 9) Josepha, G. Fhr. v. Königsegg, Hzl. Würt. Camh.

Eltern: Joh. Georg, g. 688 †. Hzl. Pf. Zweybr. Adel. Geh. R. G. Dorothea v. Fouquerolle, aus einem altadel. Geschlecht in der Picardie.

Gros-Elt. Joh. Georg, g. 30 Oct. 656 †. Hzl. Pf. Zweybrück.

brück. Adel Geh. R. u. Ob. Amtm. zu Guttenberg. G.
I. Cath. v. Weidman. V. 682 †. II. Eva v. Zollern †.

Wölckern.

Dieses Haus führte vorhin den Namen v. Wolckersdorff, u. befande sich auf seinem nahe bey Schwobach liegenden Stammhaus dieses Namens. Georg W. welcher die sehr ansehnlichen Güther Markelsheim, Sassenheim u. Algoltsheim im Elsaß besessen hatte, begab sich im Jahr 1629 nach Nürnberg, u. stunde daselbst bis 1633 als Consulent, wo dieses Geschlecht seitdeme zu denen wichtigsten Ehren-Aemtern erhoben, u. im Jahr 1730 unter die Adelichen Gerichtsfähigen Familien aufgenommen worden, seit 1618 aber daselbst blühet. Weiters S. das Handbuch von 1777.

Herr Lazarus Carl v. Wölckern auf Kalkreut, g. 21 Feb. 727 bey des H. R. Rs. Stadt Nürnberg vorsitzender Assessor am Stadt- u. Ehe-Gericht, Richter des Amts u. Gerichts der Reichs-Veste u. der Vorstadt Wöhrd, Gesandter auf dem Reichs-Tag zu Regensburg, Fam. Sen. u. deren Fid. Commiss. Administrator. G. I. An. Sus. Catharina, Joh. Frid. Eicharts v. Sichartshof u. Marg. Claræ Preuin T. II. Anna Sibilla, Jac. Frid. Fhn. du Fay, u. An. Sib. Fleischbein v. Kleeberg T. g. 4 Dec. 747. V. 26 Jul. 772.

Tochter: Aug. Magd. Joh. Sib. Sabina, g. 22 Sept. 774.

Geschwister: a) Carl Wilh. g. 12 Sept. 728 Pfleger der Stadt u. des Amts Altdorf. G. I. Soph. Maria, Christoph Wilh. Tuchers v. Simmelsdorf, u. Mariæ Felicitas v Imhof T. g. 5 Nov 723. V. 14 May 754 † 30 Sept. 773. II. Maria Elisab. Wilhelm. Jac. Wilh. v. Furtenbach auf Reichenschwand u. Hel. Mariæ v. Pömer T. V. 26 Jul. 774.

Kinder: 1) Mart. Carl Wilh. g. 14 Febr. 755. 2) Soph. Maria Sab. Carol. g. 29 Merz 757. 3) Sus. Maria An. Jacob. g. 10 Jul. 758. 4) Carl Sigm. Ferd g. 11 Nov. 760. 5) Georg Christian Carl, g. 18 Nov. 761. 6) Lud. Christoph Carl Leop. g 15 Nov. 762. 7) Jul. Barb. Maria, g. 2 Jul. 765. 8) Carl Wilh. g. 8 Aug. 766.

b) Ama-

b) Amalia Eleon. g. 4 May 730. c) Hel. Sib. g. 6 May 731. G. Ludw. Christoph Erlebeck, Consil. u. Assessor am Stadt= u. Ehe=Ger. zu Nürnb. V. 13 Jan. 761. d) Maria Barb. Marg. g. 18 Jun. 732. e) Sab. Regina, g. 14 Dec. 741.

Eltern: Lazarus Carl, vorderer Consul. zu Nürnb. g. 26 Apr. 695 † 7 Sept. 761. G. Sabina, Joh Leonh. Fincks u. Claræ Sus. Langkopff v. Langenhofen T. g. 17 Aug. 705. V. 11 Apr. 723.

Gros-Elt. Georg Carl, g. 5 Aug. 660. Vorderster Consiliarius zu Nürnb. Pro-Canzlar der Universität Altdorff 2c. † 19 Nov. 723. G. I. Sib. Dorothea, Wilh. Imhof u. Mariæ Helenæ v. Pömer T. † 19 Nov. 704. II. Susan. Jacobina, Joh. Christoph Harsdörffers v. Beernbach u. Annæ Sabinæ Behaimin v. Schwarzbach T. V. 16 Nov. 706 † 25 Merz 714.

Wolff gt. Metternicht zur Gracht.

Diese alte adeliche und jetzo Freyherrliche Familie stammet aus Hessen von den Wolffen v. Guttenberg ab, u. setzet Humbracht Arndt W. v. G. zum Anherrn. Derselbe hinterliesse 2. Söhne, von welchen der älteste seinen Stamm in Hessen zu Jetter fortgesetzet, u. nennen sich dessen Nachkommen heut zu Tag Wolff v. Hauenstein u. Guttenberg; der jüngere Sohn aber hat sich am Unter-Rhein niedergelassen, u. Gotthard Wolff gezeuget, der ums Jahr 1429 mit Sibilla, Erbtochter v. Metternicht, Schloß u. Herrschaft Metternicht erheurathet, davon Er den Nahmen angenommen. Er hinterließ Peter W. gt. Metternicht, der mit seiner Gemahlin Jburga v. Meller, die Schlösser u. Güther Meller, Frisum u. Pinzum erhalten, u. mit ihr Heinrich W. gt. M. zu Friesheim gezeuget. Dessen ältester Sohn Hieronimus heurathete Catharina v. Buschfeld, Erbin zur Gracht u. Forst u. wurde ein Vater 1) Wilhelms, Jes. Ord. 2) Rudolphi, Domdechants zu Speyer 2c. 3) Herrmans W. gt. M. zur G. Dessen Sohn Johann Adolph ist erster Freyherr zur Gracht, Forst u. Langelau, Hr. zu Liblar u. Odenthal, Kays. Rath, Chur-Cölln. Geh. R Marschall u. Cämmerer, wie auch Bayerischer Geh. R. u. Obrister Cämmerer wor-

Wolff gt. Metternicht zur Gracht. 411

den, u. hat unter andern folgende Söhne gezeuget, a) Ferdinand Ernst, der An. 1680 als Domdechant zu Osnabrück †. b) Ignatium, der An. 1688 als Domdechant zu Speyer †. c) Hermann Werner, der Anfangs Domdechant u. hernach An. 1683 Bischof zu Paderborn u. Domprobst zu Hildesheim worden, u. An. 1705 †. d) Johann Wilh. Domdechant u. hernach Domprobst zu Maynz, † 1694. e) Hieronimum, Johannitter-Ord. Gros-Creutz, u. f) Degenhard Adolph, der An. 1624 als Domherr zu Speyer resigniret, u. 1668 als Chur-Cöll. Geh. Rath u. Ob. Stallmeister †, nachdeme Er seinen Stamm fortgepflanzet mit 1) Johann Adolph, Chur-Cöll. Geh. Rath, Ober-Cämmerer u. Ob. Marschall, der ums Jahr 1705 Kays. Geh. Rath worden. 2) Franz Arnold Joseph, der 25 Dec. 1718 als Bischoff zu Paderborn u. Münster †. 3) Hieronimo Leopold Edmund, Gros-Vater folgender Genealogie, und 4) Wilhelm Hermann Ignatio, Dom-Cämmerer zu Paderborn u. Münster. Gegenwärtig besitzet sie im Stifft Corvey an der Weser die Güther zu Wehrden, Amelunxen, Drencke, Löwendorff u. Rotendahl.

Freyh. Clemens Aug. Wolff gt. Metternicht zur Gracht, Stammh. zu Wehrden, Amelunxen, Drencke, Löwendorf u. Rotendahl, Chur-Cöll. Cäm. G. Maria Ther. Franz Bertram Jhn. v Hamm u. Bernhard Freyin v. Elverfeld auf Stein u. Dahlhausen T.

Kinder: 1) Franz Clemens, †. 2) Antonetta Mar. Soph. 3) Phil. Wencesl. 4) Adolphina Maria Anna. 5) Frid. Wilh. 6) Ignat. Jos.

Geschwister: a) Franz Anton, †. b) Maria Soph. G. Fhr. Spiegel. Hr zum Diesenberg ꝛc. K K. Obrister. c) Aug. Wilh. Ludwig, †. d) Carl Jos. Joh. †. e) Maria Antonetta. G. Clemens Aug. RSgrf. v. Meufeld, Fstl. Münster. Obrist-Marschall. f) Frid. Christian, †. g) Adolph Maria Christina, Chanoinesse im Stifft zu Getecke. h) Maria Anna, Chanoinesse im Stifft zu Langenhorst.

Eltern: Franz Wilh. St. Mich. O. R. u. Gr. Cr. wie auch Chur-Cöll. Geh. R. u Cäm. †. G. Soph. Brigit. Franc. Jhn.

Fhn. Herm. Ludw. v. der Aſſebourg u. Otiliæ Eliſab. Doroth. v. Haꝛthauſen aus Welda T. †.

Pat. Geſchw. 1) Maria Adriana, G. I. Fhr. v. Schade zu Antfeld. II. Caſp. Arnold, Fhr v. Bucholz zu Störmede. 2) Maria Magd. G. Fhr. v. Dumpsdorf zu Eicholff, Fſtl. Münſter. Obriſter, †. 3) Maria Anna. G. Carl Anton Fhr. v. Galen zur Aſſen, †. 4) Mar. Lucia, Aebtißin des Kayſ. Frey. Weltl. Stifts Getecke, † 763. 5) Maria Victoria, G. Frid. Chriſtian Fhr. v. Elverfeld, Fſtl. Münſter. G. L. 6) Aug. Wilh Dom Probſt zu Münſter, Dom-Scholaſter zu Paderborn, Dem Küſter zu Osnabrück, Sacellanus Episcopalis in Melle & Archidiaconus, Probſt der Collegiat Kirche in Wiedenbrück, Chur Cöll. Geh. Staats-R. u. Gr. Cr. des St. Mich. O. †. 7) Carl Adrian, Dom Cämmerer zu Paderborn u. Archidiaconus zu Brackel.

Gros. Elt: Hieron. Leop. Edmund, g. 661 Domh. zu Mainz u. Hildesheim. reſig. u. wurde Fſtl. Paderborn. Geh. R. u. Obriſt-Stallm. † 716. G. Antonetta Hel. Freyin v. der Horſt aus Hellenbrock †.

Wunderer.

Ein adeliches Geſchlecht urſprünglich aus dem Elſaß, welches gegenwärtig in der Rs. Stadt Frankfurt floriret, allwo es ein Mitglied der adelichen Gan-Erbſchaft Alt-Limpurg iſt.

Herr Ernſt Frid. v. Wunderer, g. 8 Feb. 728 Hauptm. des Naſſau-Weilb. Ober-Rhein. Cr. Reg. G. Maria Magd. Chriſtian Bonavent. v. Mohrenhelm u. Juſtinæ Sibillæ v. den Birghden T. V. 13 Jul. 768. R. Frankf. a. M.

Geſchwiſter: 1) Maria Sophia, g. 28 Oct. 722 Dechantin des adel. v. Cronſtett- u. v. Hinsberg. Stifts zu Frankf. 2) Adolph Maximil. g. 14 Aug. 724 † 16 Dec. 768 Hauptm. des Naſſau-Weilburg. Ober-Rhein. Cr. Reg. 3) Anna Sib. Marg. Eliſ. g. 5 Apr. 726 Chanoineſſe des Adelich v. Cronſtett u. v. Hinsberg, Stifts zu Frankf.

Eltern: Joh. Chriſtoph, g. 22 May 697 † 11 Jul. 729 Hauptm. bey dem Ober-Rhein. Cr. G. Sib. Chriſtina, Joh.

Wurster v. Creutzberg.

Joh. Maximil. v. Humbracht, u. Annæ Sibillæ v. Günderode T. † 4 May 729.

Gros-Elt. Joh. Adolph, g. 19 Merz 655 Rs. Stadt Franckf. Land Hauptm. † 26 Dec. 732. G. I. Rosina Doroth. Leißner, V. 18 May 678 † 693. II. Maria Ursula v. Greiff, V. 24 Apr. 694 † 732.

Wurster v. Creutzberg.

Diese Familie stammet aus der Rs. Stadt Nürnberg, woselbsten ihre Vor-Eltern schon seit dem XV. Seculo als Räthe in besondern Ehren u. Ansehen gestanden, u. in allen Vorfallenheiten durch Leistung ersprießlicher Dienste um das H. R. R. vielfältig sich wohl verdient gemacht haben, weswegen sie von Röm. Kays. Maj. An. 1764 in des H. R. R. Frey- u. Pannerherrn-Stand erhoben worden ist.

Freyh. Balth. Christoph Erasm Wurster Edler v. Creutzberg, g. 26 Jul. 762. R. Wilhermsdorf.

Geschwister: 1) Joh. Christoph Erasm. g. 25 Sep. 763 † 10 Nov. 769. 2) Joh. Frid. g. 21 Merz 765. 3) Cath. Magd. Wilh. g. 19 Jul. 766 † 1 Merz 767. 4) Christoph Carl Jos. g u. † 13 May 767. 5) Gottlob Carl, g. 11 May u. † 3 Aug. 768. 6) Cath. Magd. g. 20 Nov. 770 † 5 Merz 773.

Eltern: Georg Erasmus, g. 12 Apr. 742 Hr. der Herrschaft Wilhermsdorf u. des Rittergutsh Buchklingen samt dazu gehörigen Ortschaften, dann auf Kohensaas u. Frickenhöchstädt, Fstl. Fuld. Geh. R. C Dor. Maria, Balth. Christoph Kreß v. Kressenstein T. g. 15 Merz 742 V. 15 Sept. 761 † 1 Jan. 771.

Gros-Elt. Georg Erasmus, g. 716 † 28. Merz 758 Hr. auf Rauschenberg, Kohensaas, Warmersdorf, Frickenhöchstädt u. Grießhof, K. w. R. u. des H. R. R. Rit. C. Cath. Magd. Hofmännin. V. 14 Oct. 739.

Zaunschliffer.

Eine adeliche ehemalen in Schweden unter dem Namen v. u. zu Sternfeld geblühete Familie, welche, nachdem sie sich in das H. R. Reich gewendet, von R.K.Maj. auch in den RS. Adel-Stand erhoben worden.

Herr Carl v. Zaunschliffer, g. 22 Oct. 728 Fstl. Hohenloh-Bartenstein. adel. Hof- u. Reg. R. G. Maria Anna Emerent. Barb. Josepha, Rudolph v. Wagner zu Ehrenhausen, K. Geh. R. einzige T. g. 18 Apr. 728. V. 9 Oct. 755. R. Bartenstein.
Sohn: Joseph Franz Christian, g. 5 Jan. 764.

Zettwitz.

Die Herren dieses vornehmen Turnier- u. Rittermäsigen Hauses sind ursprünglich uralte edele Voigtländer, u. haben sich in Böhmen weit ausgebreitet, woselbsten sie viele importante Güther besitzen. Ihr Stammhaus Zettwitz liegt bey Hof im Voigtlande. Sie besitzen die considerable Rittersitze Asch, Elster, Krugsreuth, Liebenstein, Neuberg, Pressath, Schönbach, Sorge u. Troglau. Im Jahr 1119 hielte Heinrich v. Z. im 9ten Turnier zu Göttingen zwischen den Säulen. An. 1362 rennete Kilian v. Z. u. An. 1486 Jobst v. Z. zu Bamberg ꝛc.

I. Aeltere Linie zu Liebenstein.

Freyh. Heinr. Sigm. v. Zettwitz auf Liebenstein, Stammh. der ältern Linie, g. 30 Jan. 713. G. Maria Cath. Berglerin v. Berglaß a.d.H. Gazengrün. R. Liebenstein.
Kinder: 1) Maria An. Cath. g. 6 May 740. 2) Theres. Christiana Amanda, g. u. † 741. 3) Franz Jos. Christoph, g. 742. 4) Magd. Jos. Elis. Cath. g. 12 Nov. 744. 5) Carl Franz Victor, g. 27 Dec. 745. 6) Phil. Wilh. Fr. Anton, g. 19 May 747. 7) Sophia Frid. Carol. g. 749 † 751. 8) Maria An. Charl. Christiana, g. 29 Jun. 751.
Geschwister: 1) Moriz Wilh. † jung. 2) Wolff Dietr. u. 3) Erdm. Frid. Zwillinge, g. u. † 705. 4) Bernh. Alexander, g. 1 Apr. 706 † 749. G. Mar. Soph. Frid. Christian

Zettwitz.

Christian Erdm. v. Zettwitz auf Liebenstein u. Marian.
Franc. Raabin v. Schönwald T. welche ihm 3 Töchter
gebohren. 5) Eleon. Wilh. Sophia, g. 12 Jan. 712. G.
Volpert Frid. Riedesel zu Eisenbach, auf Ludwigseck-
Trunßbach ꝛc. K. Schwed. u. Hessen-Cassel. Rittm. g.
700. V. 14 Apr. 731 † 742. 6) Ferd. Anton, g. 714 †
730.

Eltern: Wilh. Fridr. g. 9 May 658 † 25 Feb. 706. G. I.
Eva Maria v. Reizenstein auf Höflaß. II. Christiana
Dorothea, Ferd. Carl v. Rohrscheid auf Hartmans-
reuth u. An. Rosinæ v. Wallenfels a. d. H. Rößla T. †.

Vat. Geschw. 1) Eleon. Sib. g. 11 Jul. 652 †. G. Wolff
Paul v. Satzenhofen auf Wildenau. V. 668. 2) Frid.
Abel, g. 653 † 654. 3) Wolff Dieter. g. 655 † 659. 4)
Christoph Heinr. g. 12 Febr 657 Kays. Fähndr. † 24
Jun. 676 in Ungarn an einer Blessur. 5) Wolff Dietr.
S. Eltern der zweyten Linie. 6) Maria Barb. g. 662 †
663. 7) Carl Frid. g. 664 † 665. 8) Christian Erdm.
g. 13 Jan. 666 † 716. G. I. Maria Franc. Joh. Frid.
Raabens v. u. zu Schönwald u. Urs. Marianæ v. Lö-
wen T. II. Franc. Josepha v. Bünau.

Tochter: Mar. Soph. Friderica, G. Bernh. Alexand. v.
Zettwitz auf Liebenstein †.
9) Joh. Phil. Gottfr. g. 17 Feb. 669 †. G. Soph. Cath. v.
Grafenreuth, N. Pfreumbdner v. Bruck W.

II. Jüngere Linie zu Liebenstein.

Freyh. Peter Eman. Amadeus v. Zettwitz auf Liebenstein,
Pressat u. Troglau ꝛc. g. 8 Dec. 715 Chur-Pfälz. Mini-
ster, Camh. ꝛc. G. Dor. Elis. Crescentia, Ferd. Phil.
Sigm. v. Trautenberg auf Wildstein ꝛc. u. Mar. Elisab.
v. Zettwitz auf Liebenstein T. g. 20 May 743. V. 775.
R. Mannheim.

Geschwister: 1) Erdm. Wolff Phil. g. u. † 705. 2) Mar.
Elis. g. 23 Merz 707. G. Ferd. Phil. Sigm. v. Trauten-
berg auf Wildstein ꝛc. V. 17 Sep. 727. 3) Joh Theo-
dora Franc. g. 10 Sep. 708. G. Gg. Ernst Mulz v.
Waldau auf Waldhof, K. K. R. u. Ob. Inspector über
die Ober-Ungarische Kupfer-Bergwerke, † 747. 4)
Jos. Eugen. g. 23 Apr. 710 Chur-Pf. Grenad. Lieut. †

1 Dec. 737. 5) Mar. An. g. 12 Feb. 712. 6) Carl Aug. g. 24 Febr. 713 Hauptm. bey dem Weymar. Grenad. Reg. quit. 7) Eleon. Sib. g. u. † 714. 8) Soph. Francis. g. u. † 718. 9) Wolff Emerich, g. 719 † 720. 10) Amal. Rosina, g. 721 † 722. 11) Franz Jul. Anton, g. 5 May 723 Kays. Hauptm. bey dem Lubomirskyschen Curassier-Reg. † 5 Sep. 744.

Eltern: Wolff Dieter. auf Liebenstein ꝛc. Stammh. der jüngern Linie, g. 9 May 660 Kays. Hauptm. bey dem Voubonischen Dragon. Reg. quitt. † 12 Jan. 726. G. Cath. Dor. Carl Jos. v. Zettwitz auf Schönbach, Sorge ꝛc. u. Annæ Cath. v. Künsperg, a. d. H. Hayn T. V. 25 Nov. 704 †.

Vat. Geschw. S. der ältern Linie Vat. Geschwister.

Gros-Elt. Beyder Linien: Wolff Heinr. v. Z. auf Liebenstein, g. 4 Jan. 726 †. G. Erdmuta Soph. Balthas. Frid. Raabens v. u. zu Schönwald, u. Barbaræ v. Hülsten, a. d. H. Dedeck in Liefland T. V. 2 May 651 †.

A.

Adelmann	1
Adelsheim	2
Adlerflycht	239
Adlersberg	239
Appold	5
Arnim	6
Aufſees	7
Auſſem	239

B.

Barckhausen	241
Baſſenheim	225
Baur	241
Behaim	243
Belderbuſch	245
Bellersheim	10
Bellmont	246
Benckendorf	247
Bender	249
Berckheim	12
Berga	15
Berlichingen	16
Beroldingen	18
Beulwitz	20
Bibra	31
Bibran	250
Biedenfeld	252
Bienenthal	252
Blittersdorff	253
Bodmann	37
Boecklin	40
Boineburg	41
Borne	253
Bos du Thill	254
Bouchenrödern	255
Brandenburg	255
Breidenbach	43
Breidenbach gt. Mosbach	349
Brückner	256
Bünau	47
Burckhard	47

C.

Caemmerer v. Worms	48
Cappler	52
Cronenfels	257

D.

Dalberg	48
Dobeneck	258
Drachſtaedt	261
Dungern	53
Duminique	261

E.

Ebersberg	54
Ebner	262
Ellrichshauſen	56
Erthal	58
Eyb	60

F.

Fechenbach	63
Feilitſch	263
Fichard	265
Firnhaber	266
Fiſchern	

Register.

Fischern	266	Hagen	286
Fleischbein	267	Hagen	287
Fomann	268	Hagk	288
Forstern	65	Hahn	289
Forstmeister	67	Hallberg	112
Franck	269	Haller	290
Franckenstein	71	Harßdörffer	293
Friese	269	Haßlingen	295
Froreich	269	Hauchwitz	296
Fuchs	73	Hedersdorff	113
Fürer	273	Helmstatt	115
		Hertzberg	297
G.		Hertzberg	298
Gabelentz	275	Herzogenstein	299
Gaisberg	74	Heuslein	118
Gaismar zum Riepen	276	Heydebreck	299
Gayling	79	Heyden gt. Belderbusch	
Gebsattel	81		245
Geismar	83		
Gemmingen	84	Heyden	302
Geuder	90	Heyles	302
Geusau	277	Hiller	120
Glauburg	279	Hohenstein	302
Gleichen	92	Holleben	303
Goeler	93	Holsten	304
Gordon	281	Holtz	121
Graß	281	Holtzhausen	306
Greiffenclau	94	Holtzschuher	307
Gremp	96	Humbracht	309
Groschlag	96	Hutten	123
Groß	98	**J.**	
Grundherr	282	Imhoff	311
Günderode	99	Ingersleben	312
Guden	101	Juden	313
Gugel	283	Jungkenn	124
Guttenberg	107	**K.**	
H.		Kalitsch	314
Habermann	110	Kellner	315
Hack	284	Ketelhodt	315
Haeseler	285	Khronegg	317

Klee

Register.

Klee	47	Minnigerode	148
Klock	318	Monster	348
Kniestädt	125	Mosbach	349
Knuth	319	Münster	151
Konow	322	**N.**	
Koppenfels	323	Niebelschütz	350
Kozau	323	**O.**	
Krafft	325	Oberländer	351
Kreß	326	Ochsenstein	352
Krug	329	Oelhafen	353
Kühn	330	Oldershausen	354
Kückpusch	330	Olenschlager	356
Künsperg	127	**P.**	
L.		Palm	153
Langenschwartz	129	Peller	357
Langwerth	130	Pfinzing	358
Lauterbach	332	Pflummern	154
Lehrbach	131	Plettenberg	157
Lersner	332	Plotho	358
Leubelfing	133	Pöllnitz	160
Leutrum	133	Pömer	359
Lichtenstein	134	Poseck	361
Liebenstein	135	Praun	361
Lilienstern	333	Pröck	363
Limpurg	333	**R.**	
Lincker	137	Racknitz	161
Linsingen	139	Rango	363
Loeffelholtz	333	Rauber	364
Loen	341	Redwitz	163
Loew	145	Reineck	365
Loewenstern	342	Reizenstein	165
Lozau	343	Rhost	365
M.		Riedesel	170
Maldiß	343	Riese	365
Mandelsloh	344	Ritter	366
Manteufel	346	Roeder	174
Marschall	347	Rotenhan	175
Mauchenheim	146	Rothkirch	367
Meysenbuch	347	Rotsmann	368
		S.	

Register.

S.
Salis	368
Savigny	372
Schacht	372
Schaumberg	177
Schele	373
Schelm	181
Schenck	182
Scheurl	374
Schmidberg	184
Schönfeld	376
Schreibersdorf	377
Schutzbar	184
Schwarzach	186
Seckendorf	187
Seefried	189
Seitz	378
Seltzer	379
Senfft	192
Sickingen	193
Smith	380
Sommer	381
Sparr	196
Speth	198
Stallburg	382
Stein	199
Stetten	201
Stettner	206
Stock	384
Stockhorner	384
Stomm	385
Stromer	386
Stubenvoll	388
Surgenstein	208

T.
Thann	209
Thüngen	212
Trautenberg	389
Trümbach	213
Tucher	216

U.
Uchtritz	390
Uffenbach	391

V.
Varchmin	391
Villers	392
Voit	220
Volckamer	393

W.
Wallbronn	223
Waldstromer	394
Wallenfels	395
Waltbott	225
Walthausen	397
Weichs	398
Wehrkamp	399
Werthern	400
Westrem	405
Widern	406
Wildungen	226
Willenson	407
Wimpffen	408
Winckler	228
Wölckern	409
Wolff gt. Metternich	410
Würzburg	230
Wunderer	412
Wurster	413

Z.
Zaunschliffer	414
Zettwitz	414
Zobel	231
Zülnhard	235

www.ingramcontent.com/pod-product-compliance
Lightning Source LLC
Chambersburg PA
CBHW020532300426
44111CB00008B/635